21世纪经济管理类精品教材

管理心理学

Management Psychology

（第三版）

主编 刘永芳

清华大学出版社
北京

内容简介

本书自始至终贯穿了“心理管理学”的思想，将人的心理活动作为管理对象进行研究，将心理资源作为不可忽视的资源加以优化和配置，形成了以动机管理、认知管理、情绪管理、行为管理和组织管理为主线的全新的管理心理学理论框架和内容体系。遵循基础与应用、理论和实践相结合的原则，既重视对管理心理学基础理论、基本思想的系统阐述，又注重教材的可用性、灵活性、实践性。在内容安排上，及时将近年来管理心理学的最新研究成果补充进来，便于读者更好地把握当今管理心理学的前沿动态。在体例安排上，每章均安排有“引例”“资料”“案例”等内容，每章后面都安排有“本章小结”，有的章节后面还有“技巧库”和“小测验”等，以开阔读者视野，深化对相关知识和原理的理解和应用。

本书旨在为读者打开一扇窗，展示一片管理心理学的广阔天地，为高等院校管理学、心理学等专业的师生以及从事人力资源管理的人员提供帮助。

图书在版编目（CIP）数据

管理心理学 / 刘永芳主编. —3 版. —北京：清华大学出版社，2021.2（2025.1重印）
21 世纪经济管理类精品教材
ISBN 978-7-302-57434-7

Ⅰ. ①管… Ⅱ. ①刘… Ⅲ. ①管理心理学—高等学校—教材 Ⅳ. ①C93-05

中国版本图书馆 CIP 数据核字（2021）第 019672 号

责任编辑：杜春杰
封面设计：刘　超
版式设计：文森时代
责任校对：马军令
责任印制：曹婉颖

出版发行：清华大学出版社
网　　址：https://www.tup.com.cn, https://www.wqxuetang.com
地　　址：北京清华大学学研大厦 A 座　　邮　　编：100084
社 总 机：010-83470000　　邮　　购：010-62786544
投稿与读者服务：010-62776969，c-service@tup.tsinghua.edu.cn
质量反馈：010-62772015，zhiliang@tup.tsinghua.edu.cn
印 装 者：三河市君旺印务有限公司
经　　销：全国新华书店
开　　本：185mm×260mm　　印　　张：26.25　　字　　数：618 千字
版　　次：2008 年 1 月第 1 版　　2021 年 4 月第 3 版　　印　　次：2025 年 1 月第 9 次印刷
定　　价：69.80 元

产品编号：087802-01

前言

第三版

党的二十大报告强调："坚持和发展马克思主义，必须同中华优秀传统文化相结合。只有植根本国、本民族历史文化沃土，马克思主义真理之树才能根深叶茂。"这对于所有学科的发展都具有普遍指导意义，特别是对于人文社会学科。管理心理学发端于西方，却弘扬于中国，一代代中国学者把这个概念坚持下来，并赋予其系统思想和内容，这是中国学者对世界心理学的一大贡献，使其成为具有中国特色和气派的学科！

学术需要创新，也需要积累、传承与进步！大约15年前，当我收到清华大学出版社的邀约，着手主编《管理心理学》的第一版时，还是一个"心理为管理"的时代，脑子里挥之不去的问题是：心理学究竟能够为管理贡献或带来点什么？与管理学有什么不同？于是萌生了"心理学取向的管理心理学"的思想，旨在突出管理心理学的心理学特色和优势。基于此思想形成的管理心理学的逻辑和内容体系，经受住了时间的考验，第一版即获得了上海市普通高校优秀教材二等奖，第二版被列为"'十二五'普通高等学校规划教材"，并获得了"华东师范大学研究生教学成果一等奖"。尤其令人欣慰的是，自问世以来，该教材已成为国内众多高等院校和科研院所相关专业全日制本科生、研究生乃至各类成人教育中颇受欢迎的管理心理学教材之一，是对笔者最大的鼓励。

从世界范围看，未来的竞争是人的竞争，更具体地说，是脑资源和"心智模式"（mindset）的竞争。美国"脑计划"、欧洲"脑计划"、中国"脑计划"无不是针对这种与未来发展的需要相关的国家层面的重大科研计划与方向，与其说是科学研究意义上的举措，不如说是针对未来国际竞争的重大国家战略。习近平总书记在党的十九大报告中强调"加强社会心理服务体系建设，培育自尊自信、理性平和、积极向上的社会心态"，也凸显了党和国家领导人从国家战略意义上对心理管理、心理服务体系建设的高度重视。在国外，从1978年的赫伯特·西蒙到1994年的莱因哈德·泽尔腾，到2002年的丹尼尔·卡尼曼，再到2017年的理查德·塞勒，众多具有心理学背景的研究者基于有限理性概念开展研究而获得诺贝尔经济学奖，并将相关研究成果应用于政府管理和社会治理，足以显现心理学对国家乃至全球发展和治理的重大意义。

现在的时代是“管理为心理”的时代。在此背景下，修订出版《管理心理学》（第三版），更需要凸显该学科的心理学特色和优势，应该说已经到了名正言顺地构建“心理管理学”学科体系的时候了。本次修订全书自始至终贯穿了“心理管理学”的思想，将人的心理活动作为管理对象进行研究，将心理资源作为不可忽视的资源加以优化、配置和使用，形成了以动机管理、认知管理、情绪管理、行为管理和组织管理为主线的全新的管理心理学理论框架和内容体系。遵循基础与应用、理论和实践相结合的原则，既重视对管理心理学基础理论、基本思想的系统阐述，又注重作为教材的可用性、灵活性、实践性。在内容安排上，及时将近年来管理心理学的最新研究成果补充进来，且更新了绝大多数的“资料”和“案例”，大大增加了本土化企业组织管理实践的案例，便于读者更好地把握当今管理心理学的前沿动态及应用前景。在体例安排上，本次修订的最大亮点或者说创新是遵循线上线下相结合的原则和精神，笔者就全书的思想观点、编排逻辑、内容体系以及各篇章的重点难点，以短语音的形式，亲自录制了系列“主编导语”，并亲自编制了本教材的教学大纲、教学课件及习题集和参考答案要点等，同时将原来放在书稿正文里的大部分资料和案例从书中移出，一起作为配套的教学资料或资源，以“二维码”或线上教学资源的方式提供给读者。这不仅有利于读者把握本教材的精髓，还大大增加了本教材的实用性。本书旨在为读者打开一扇窗，展示一片管理心理学的广阔天地，为高等院校管理学、心理学等专业的师生以及从事人力资源管理的人员提供帮助。值得一提的是，本次修订工作得到了“华东师范大学精品教材建设专项基金”的支持，算是对笔者及其他编写人员多年努力的肯定。希望即将问世的《管理心理学》（第三版）配得上“精品教材”称号。

“铁打的营盘，流水的兵”，本次修订由笔者和一群新的学生共同完成。在博士研究生李晴蕾带领下，硕士研究生陈春雨、陈巍、陈旭、陈雅梅、程红利、程艺、高雅琳、刘怡雯、杨秦丽、旃澜纾在查阅和整理文献、挑选案例、编写习题集及参考答案要点等方面做了大量工作；李晴蕾、陈雅梅、刘怡雯、程红利、程艺等协助笔者进行了内容更新和格式的修订，最后由笔者审阅、修改和定稿。清华大学出版社的杜春杰编辑为本版本付出了辛勤的劳动。在此对所有参与此前各版本及本次修订工作的人员表示深深的谢意，也对本书引用的所有文献的作者表示感谢。

由于编者学识有限，时间仓促，本书中的疏漏和错误在所难免，恳请专家、学者和广大读者批评指正！

刘永芳

2021年3月30日

1. 理论观点

2. 逻辑体系

3. 内容安排

前言

第二版

自从本人主编的《管理心理学》于2008年出版以来，其倡导的“心理学取向的管理心理学”和科学取向的“心理管理”思想受到了广大读者的认可，被许多高等院校和科研院所相关专业作为全日制本科生和研究生教材，在管理培训中也发挥了应有的作用，成为国内较受欢迎的管理心理学教材之一。

转眼八年过去了，无论在理论研究方面，还是在管理实践方面，我国的管理心理学都面临着新的机遇和挑战。经济、社会、文化的繁荣和发展对管理实践者和管理研究者提出了更高的要求。作为一门集科学性与应用性于一体的学科，管理心理学不仅需要系统地传递本学科的基础知识，还需要反映国内外研究的最新动态，与当前的管理实践相结合，跟上时代前进的步伐。

正是在这种背景下，应清华大学出版社之约，我们对《管理心理学》进行了系统的修订。本次修订承续了原版教材的理论观点、逻辑体系和框架结构，仍然以心理管理的理念为主线，用六篇内容来贯彻心理学取向的管理心理学思想，强调管理心理学理论以科学研究为基础。具体而言，主要做了以下几个方面的工作：（1）内容更新。在查阅国内外大量文献基础上，结合当前管理面临的新形势和新情况，更新了本书的大量内容。更新之后的内容既能够体现国内外近五年的研究进展，又能够更好地适应当前管理实践的需要。（2）增加案例和资料。为了使读者对管理心理学知识有更为直观的认识，本书在各章中均增加了管理案例，特别是中国企业的案例。此外，为了让读者能够把握管理心理学研究的前沿，本书也增加了研究资料，感兴趣的读者可以根据这些资料了解本学科的最新成果，甚至可以根据这些资料开展更为深入的研究。（3）增加课后习题。本书第一版课后习题的形式较为单一，本次修订我们增加了习题的类型和数量，以便于读者对自己所学知识进行检验。（4）完善引文格式。我们按照国际上通用的心理学引文格式（APA），对全书引文进行了规范和完善，读者可以很方便地根据我们列出的参考文献找到相关研究资料，对管理心理学进行更为深入的探索。

修订过程由我提出总的思路和分工，具体工作由我和我的学生共同完成。具体而言，宋洋、朱亦平、欧玉莹、龚恺妮、陈凤琦、冯陆、汪春晓、刘清华在查阅和整理文献、挑选案例等方面做了大量工作，我的访问学者夏春和郭亚协助我进行了内容更新和格式的修订，最后由我审阅、修改和定稿。清华大学出版社的吴颖华和杜春杰编辑为本书的出版付出了辛勤的劳动。在此对所有参与原版各章节撰写及本次修订工作的人员表示深深的感谢。

由于编者学识有限，时间仓促，本书中的疏漏和错误在所难免，恳请专家、学者和广大读者批评指正！

刘永芳

2015 年 5 月

前言

第一版

管理心理学是研究管理过程中个体的行为规律及其潜在心理机制的一门学科。作为应用心理学的一个重要分支，管理心理学自20世纪中叶发展为一门独立的学科以来，经过半个多世纪的不断壮大，如今已经成为倍受心理学、管理学领域研究者及管理实践者们关注的一门学科。

理论的发展和实践的需要带来学科的繁荣。近些年来，国内外各种名目的管理心理学著作可谓卷帙浩繁、层出不穷。每本书特色各异，往往在某一个或某几个方面显露出闪光点，但观其大略不难发现，这些著作在结构上多遵循"个体心理—群体心理—组织心理"三层次的架构，仅在内容上做了顺序和详略的调整。在这种架构下，个体在不同层面（个体层面、群体层面、组织层面）上的交互作用是研究的重点，为组织管理提供服务是研究的目标。因此，与其将它笼统地称为管理心理学，不如称为"管理学取向的管理心理学"或者"从组织角度出发的管理心理学"。作为应用心理学的一门分支学科，如果管理心理学不能充分体现心理学特色，那么管理学研究者不能从中汲取心理学的营养，对于广大心理学工作者来说也是一种遗憾。鉴于这种情况，我们提出了构建"心理学取向的管理心理学"的设想，该设想大体上包括两层意思：（1）突出人及其心理发展本身作为组织管理目标之一的地位，在重视管理心理学作为工具性学科为实现组织目标服务的同时，强调其作为非工具性学科为实现组织中人的全面发展目标服务的属性，体现心理学的人文关怀、科学主义取向等特征；（2）将企业组织看作背景和舞台，而把知、情、意、行等心理活动作为在前台演戏的主角，依照心理学的逻辑来统驭相关的知识和内容，形成以动机管理、认知管理、情绪管理和行为管理为主线的管理心理学体系。以该思路为主导构建的管理心理学体系既可以突出心理学的特色和优势，又可以更加深入细致地揭示组织行为背后的微观心理机制，更好地体现心理学的独特作用，为实现平等的、互动的、无创伤的人本管理提供了强有力的知识和理论支持。

近三十年来，心理学、管理学及其他相关学科的迅猛发展，为我们打开了窥探管理世界奥秘的新视野。新理论、新观点、新知识、新材料的不断涌现让我们有了一种强烈的冲动：将这些新鲜血液及时吸收进来，一方面为我所用，丰满学科体系，增加学科的生命力和活力，另一方面将这些思想的“瑰宝”从散碎的文献中发掘出来，予以整合，对于理论本身的发展和完备也大有裨益。在本书中，我们力求将近几年来涌现出来的新理论、新观点、新知识、新材料吸收过来，揉进我们的体系中，既反映当今管理心理学的前沿课题，又不失为一个完整的理论体系。

本书是一本著作，也是一本教科书。语言的简洁明了，行文的系统逻辑，内容结构的合理严谨是我们遵循的准则。考虑到教学的需要，本书每章之后都安排有“本章小结”“本章思考题”，有的章节后面还有“案例分析”“技巧库”“小测验”。此外，部分章节内安排有“管理小贴士”“阅读材料”等内容，以开阔学生的视野，加深其对相关知识和原理的理解。可以说，本书是心理学、管理学研究者的参考书，是高等院校学生的教科书，还是管理实践者的指导书。

本书是集体协作完成的一项科研成果，负责各章编写的人员如下：第一章，刘永芳、王怀勇；第二章、第三章，赵立军、刘永芳；第四章，王怀勇、刘永芳；第五章、第十一章、第十二章，方学梅；第六章、第十章，许科；第七章、第九章，王彦；第八章，王大伟；第十三章、第十四章，卢会志；第十五章，庄锦英；第十六章、第十七章，房慧聪；第十八章，王志勇、刘永芳。书稿完成后，主编对全书进行了认真而艰苦的审阅和修改。

本书撰写过程中，参考并引用了国内外专家的大量研究成果，多数已开列在书后的参考文献中，有的在文中注明了出处，在此对所有文献的作者表示衷心感谢。清华大学出版社的吴颖华编辑既是本书的发起人，又为本书的编辑出版付出了大量心血和精力，在此深表感谢。我的博士研究生许科在制订编写提纲和稿件审阅阶段帮我做了大量的具体工作，她的聪明能干给我留下了深刻的印象，谢谢她所付出的辛勤劳动。

由于编者水平有限，时间仓促，加之编写人员较多，书中的疏漏和错误在所难免，恳请专家、学者和广大读者批评指正。

刘永芳
2007 年 7 月

目录

第一篇　总　　论

第一章　管理心理学概述 2
学习目标 2
引例：从“海底捞”看人本管理 2
第一节　管理心理学的研究对象和内容 3
一、管理心理学的研究对象 3
二、管理心理学的研究内容 4
第二节　管理心理学的学科性质和研究逻辑 6
一、管理心理学的学科性质 6
二、管理心理学的研究逻辑 8
第三节　管理心理学的研究方法 11
一、观察法 12
二、实验法 12
三、问卷法 13
四、访谈法 14
五、测验法 15
六、个案法 15
本章小结 16
思考题 16
案例讨论 17
管理游戏 20
参考文献 21
第二章　管理心理学的历史沿革和现状 22
学习目标 22
引例：中国古代管理心理学的思想萌芽 22
第一节　管理心理学的产生 23
一、管理心理学产生的社会历史背景 23
二、管理心理学产生的理论背景 23
第二节　管理心理学的发展及现状 26

一、西方管理心理学的发展 26
二、我国管理心理学的发展 28
第三节　管理心理学面临的挑战和存在的问题 30
一、管理心理学面临的挑战 30
二、我国管理心理学存在的问题 32
三、管理心理学与后现代思潮 33
本章小结 35
思考题 36
案例讨论 36
参考文献 37
第三章　管理心理学的基础理论 39
学习目标 39
引例：管理行为背后的人性假设 39
第一节　管理学基础理论 39
一、人性论 40
二、博弈论 47
第二节　心理学基础理论 50
一、精神分析心理学 50
二、行为主义心理学 52
三、人本主义心理学 53
四、认知心理学 54
本章小结 55
思考题 55
案例讨论 56
参考文献 56

第二篇　动　机　管　理

第四章　动机与管理 60
学习目标 60
引例：渴望面对挑战的世界首富 60
第一节　动机的一般概念 61
一、动机的含义 61
二、动机的作用与功能 61
三、动机与行为效率 62
第二节　动机研究的历史演变 64
一、生物因素的动机理论 64

二、认知因素的动机理论 65
第三节 动机的种类 68
一、动机的一般分类 68
二、社会性动机 69
第四节 动机的激发及调适 74
一、动机的激发 74
二、动机的调适 75
本章小结 76
思考题 77
案例讨论 77
参考文献 78
第五章 激励理论 80
学习目标 80
引例：硅谷高科技员工的激励 80
第一节 西方的激励理论 81
一、是什么激发或驱动行为的 81
二、是什么引导行为方向的 86
三、是什么使得行为得到维持的 90
第二节 我国的激励理论 95
一、中国古代文化中的激励思想 95
二、中国当代激励理论 97
第三节 激励理论的比较及其文化相对性 98
一、激励理论的比较 98
二、激励理论的文化相对性 99
本章小结 100
思考题 100
案例讨论 101
参考文献 102
第六章 激励理论的应用 104
学习目标 104
引例：麦当劳的员工激励案例 104
第一节 激励的途径和方法 105
一、薪酬激励 105
二、工作设计 112
第二节 激励后果分析 116
一、组织公民行为 116
二、工作投入 120

本章小结……123
思考题……124
案例讨论……124
参考文献……125

第三篇　认知管理

第七章　组织中的知觉……130
学习目标……130
引例：柯达的没落……130
第一节　组织中的社会知觉……131
一、组织中社会知觉的种类……131
二、社会知觉的障碍……134
三、克服社会知觉的障碍……137
第二节　组织中的归因……137
一、归因的基本原理……137
二、归因偏差……139
三、归因偏差在组织中的表现……141
第三节　知觉和归因在管理中的应用……141
一、招聘面试和绩效评估……142
二、个人的印象管理……143
三、组织的印象管理……145
本章小结……146
思考题……146
案例讨论……147
参考文献……147
第八章　组织中的知识管理与学习……151
学习目标……151
引例：华为公司开放式创新特色背景下的知识管理……151
第一节　知识和知识管理……151
一、知识的含义及类别……151
二、知识管理的概念和方法……152
三、知识管理的相关理论……154
第二节　组织学习与遗忘……156
一、组织学习的概念……157
二、组织学习过程模型……158
三、组织学习中的智障……161

本章小结……165
思考题……166
案例讨论……166
参考文献……169
第九章 组织中的决策……171
学习目标……171
引例：问责“决策失误”……171
第一节 决策过程……171
一、决策的基本步骤……172
二、决策的个体差异和文化差异……173
三、组织中决策的类型……176
第二节 决策模型……178
一、理性假设和标准决策模型……178
二、有限理性假设和描述决策模型……178
三、前景理论……179
第三节 个体决策……181
一、个体决策中的创造性……181
二、个体决策中的理性与直觉……182
三、个体决策的偏差……183
四、改进个体决策……187
第四节 群体决策……188
一、群体决策与个体决策……189
二、群体极化和群体盲思……190
三、群体决策技术……192
四、改进组织中的决策……194
本章小结……195
思考题……196
案例讨论……196
心理测试……197
参考文献……200

第四篇 情绪管理

第十章 情绪劳动与管理……206
学习目标……206
引例：败于情绪失控的英雄……206
第一节 情绪劳动概述……206

一、何谓情绪劳动 206
二、情绪劳动的结构 208
三、情绪劳动的作用 209
第二节 情绪劳动与员工心理健康 210
一、情绪劳动中的心理健康问题 210
二、情绪劳动的策略 211
第三节 员工工作倦怠分析 213
一、工作倦怠的概念与结构 213
二、工作倦怠的影响因素 214
三、工作倦怠的干预措施 216
本章小结 218
思考题 218
案例讨论 218
参考文献 218
第十一章 应激与挫折管理 222
学习目标 222
引例：可怕的星期一 222
第一节 应激管理 223
一、应激的概念 223
二、应激源和应激感受性 224
三、应激的作用与后果 227
四、应激管理策略与员工援助计划 229
第二节 挫折管理 233
一、挫折的本质及表现形式 233
二、挫折的来源 235
三、员工受挫后的行为表现 236
四、挫折的积极和消极作用分析 237
五、挫折的应对措施 239
本章小结 240
思考题 240
案例讨论 240
管理训练 241
参考文献 242
第十二章 员工卷入与管理 246
学习目标 246
引例：真正的老板懂授权 246
第一节 心理契约 247

一、心理契约的概念及特点 247
二、心理契约的内容 248
三、心理契约的类型 250
四、心理契约的影响 251
五、心理契约的有效管理 251
第二节　工作价值观 253
一、工作价值观的概念 253
二、工作价值观的结构维度 254
三、工作价值观的影响 255
四、工作价值观管理 255
第三节　组织承诺 257
一、组织承诺的概念 257
二、组织承诺的类型 258
三、组织承诺对工作的影响 259
四、组织承诺的管理 260
第四节　工作满意度 262
一、工作满意度的概念及其影响因素 262
二、工作满意度模型 264
三、工作满意度与工作行为的关系 264
四、提高工作满意度的方法 265
本章小结 266
思考题 267
案例讨论 267
技巧库 268
参考文献 269

第五篇　行为管理

第十三章　领导与领导理论 274
学习目标 274
引例：马云谈领导力：坐牢也要推出支付宝 274
第一节　领导的概念与功能 274
一、领导的概念 274
二、领导的功能 276
三、领导者的影响力 278
第二节　传统领导有效性理论 279
一、领导有效性的特质理论 279
二、领导有效性的行为理论 281

三、领导有效性的权变理论 284
第三节　当代领导有效性理论 290
一、魅力型领导理论 290
二、变革型和交易型领导理论 291
三、领导替代理论 293
四、内隐领导理论 294
五、服务型领导理论 295
六、诚信领导理论 297
七、中国文化背景下的领导理论 298
本章小结 298
思考题 299
案例讨论 299
参考文献 300
第十四章　领导行为及策略 304
学习目标 304
引例：松下幸之助的伟大领导 304
第一节　领导者人力资源管理的行为及策略 305
一、领导者授权的策略与方法 305
二、领导者树立威信的策略与方法 307
三、领导者处理人际关系的策略与方法 309
第二节　领导者人力资源开发的策略与方法 312
一、员工职业生涯管理的策略与方法 313
二、员工培训的策略与方法 315
三、员工“工作—家庭”平衡的策略与方法 316
本章小结 318
思考题 318
案例讨论 318
参考文献 319
第十五章　胜任特征模型及领导干部选拔 321
学习目标 321
引例：任正非谈接班人要求 321
第一节　胜任特征模型 322
一、胜任特征的概念 322
二、胜任特征模型的构成及分类 322
三、胜任特征模型的特点 326
四、胜任特征模型的作用 327
五、领导胜任特征模型的建立 328

第二节　领导者胜任特征模型 329
一、领导者胜任特征模型的含义 329
二、领导者胜任特征模型的现有研究成果 330
第三节　领导干部的选拔 331
一、360度反馈评估 331
二、评价中心技术 333
三、结构化面试与非结构化面试 335
本章小结 338
思考题 338
案例讨论 339
参考文献 339

第六篇　组 织 管 理

第十六章　组织的基本概念与理论 342
学习目标 342
引例：华为组织结构运行机制的演变 342
第一节　组织的概念及功能 342
一、组织的基本概念 342
二、组织的功能 343
三、研究组织的意义 344
第二节　组织结构 345
一、组织结构及其构成要素 345
二、组织结构的基本类型 347
三、组织结构的新发展 348
第三节　组织中的团队 349
一、团队及其类型 349
二、团队效能及其影响因素 351
三、团队建设 356
本章小结 357
思考题 358
案例讨论 358
参考文献 359
第十七章　组织气氛和士气 361
学习目标 361
引例：成就高效团队的沃尔玛和谐文化 361
第一节　组织文化 361

一、组织文化的概念及构成要素 361
二、组织文化的功能 363
三、组织文化的冲撞与融合 364
四、组织文化的巩固与发展 364
第二节　组织权力 366
一、组织权力的概念 366
二、组织权力的来源和影响因素 366
第三节　组织政治 369
一、组织政治的含义及利弊 369
二、组织政治行为的类型或表现 369
三、影响组织政治活动的条件和因素 371
四、组织政治的管理措施 372
第四节　组织冲突 372
一、组织冲突的概念、种类及后果 372
二、组织冲突的来源 373
三、冲突管理 375
本章小结 379
思考题 380
案例讨论 380
管理训练 381
参考文献 381
第十八章　组织变革和发展 383
学习目标 383
引例：美的组织变革策："无变革，不发展" 383
第一节　组织变革 384
一、组织变革的外部动因 384
二、组织变革的过程 386
三、组织变革的结果 387
第二节　组织发展 392
一、组织发展的概念、目标及模式 392
二、组织发展过程中的组织公正 394
本章小结 397
思考题 398
案例讨论 398
参考文献 398

第一篇 总论

➔ 第一章 管理心理学概述

➔ 第二章 管理心理学的历史沿革和现状

➔ 第三章 管理心理学的基础理论

第一章　管理心理学概述

学习目标

- 理解管理心理学概念及其内涵
- 了解管理心理学的研究内容
- 理解管理心理学的学科性质
- 掌握管理心理学的研究逻辑
- 理解各种研究方法及其在管理心理学研究实践中的应用

引例：从“海底捞”看人本管理

作为一家起源于四川简阳的知名连锁火锅店，海底捞可谓家喻户晓，其经营模式也成为餐饮界乃至众多企业竞相学习的对象。相信去过海底捞的顾客都会有几个很直观的感受：第一，顾客多，排两个小时队才能吃上一顿火锅很常见。第二，服务好，点菜时会提醒你可以只要半份，以免浪费；饭桌上刚准备做手势，服务员已经心领神会地跑过来了；排队时会有人帮你擦鞋。第三，服务员总是保持微笑。

是什么动力让海底捞的员工始终充满激情，工作如此主动呢？答案很简单：快乐工作，为自己工作。作为海底捞的员工，公司会为他们提供正规公寓，配有空调，可以免费上网，并雇专人为员工宿舍打扫卫生，换洗被单。为解除员工后顾之忧，四川简阳还建立了寄宿学校以便员工子女就近入学；为增加员工的自豪感和荣誉感，公司每月定期将优秀员工的部分奖金寄给其在家乡的父母。除此之外，通畅的晋升制度也是海底捞服务差异化战略的核心保障。针对员工素质参差不齐的现状，海底捞提供了管理线、技术线、后勤线三条晋升途径供其选择。在这里，学历不重要，资历不重要，“只要正直、勤奋、踏实，每个员工都能成功”的理念深入人心。同时，海底捞给予员工充分授权，服务员有免单权。只要员工认为有必要，不论什么原因，都可以给客人免费送一份菜，甚至免掉一餐的费用。显然，在海底捞的管理体系中，每一个基层服务员都是一个“管理者”，员工已不仅是机械地执行上级命令，更是用“心”在为自己工作。

（来源：从“海底捞”看人本管理[EB/OL].（2012-12-10）. http://www.china-cdt.com/dtwz/indexAction.ndo?action=showDoc&d=A401EEE7-90D4-C8E7-A478-A5C50220F1FF.）

在国外，管理心理学又称为组织心理学或组织行为学，是研究组织管理活动中人的行为规律及其潜在心理机制的一门学科。管理心理学是由管理学与心理学两大学科交叉而形成的一门学科，属于应用心理学的研究范畴。自从 20 世纪 60 年代诞生以来，无论是在理论研究层面，还是在实践应用层面，管理心理学均得到了长足的发展，逐步成为一门独立而成熟的学科。本章将对管理心理学的研究对象、内容、逻辑及方法等基本问题进行探讨，以便为后面的章节奠定基础。

第一节　管理心理学的研究对象和内容

一、管理心理学的研究对象

什么是管理心理学？翻阅不同的教材和著作不难发现，学者们给出的定义千差万别，似乎有多少位管理心理学研究者，就有多少种管理心理学定义。本书在尝试全面把握管理心理学内涵基础上，对其做出如下定义：管理心理学是研究组织管理活动中人的行为规律及其潜在的心理机制，并用科学的方法改进管理工作，不断提高工作效率与管理效能，最终实现组织目标与个人全面发展的一门学科。为了更好地理解这个定义，可以从以下三个方面入手。

（1）管理心理学的研究对象：人的行为规律及其潜在的心理机制。具体地说，管理心理学不仅探讨组织管理活动中人的行为规律，而且揭示这些行为背后潜在的心理机制。它把人的行为规律及其心理机制作为一个辩证统一的整体来进行研究。之所以如此，主要是因为人的行为与心理之间存在互为因果、相互依存的关系，如图 1.1 所示。一方面，行为受到心理活动的调节、控制和支配，它是心理活动的外化表现形式，所以要想彻底、全面了解人的行为，就必须探索其背后潜在的心理机制；另一方面，心理又是行为的内部动因，是调节、控制行为的内部过程，因此要想揭示人类心理的奥秘，就需要分析和理解人的外显行为。

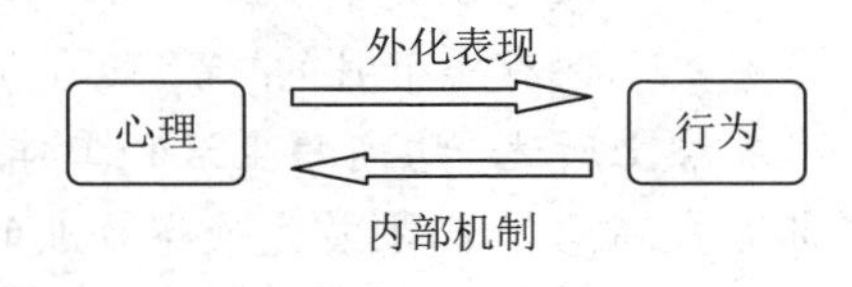

图 1.1　心理与行为的关系

（2）管理心理学的研究范围：组织管理活动中人的行为规律及其潜在的心理机制。人的行为规律及其潜在的心理机制也是普通心理学、社会心理学等学科探讨的对象，但管理心理学对它们的探讨是在组织管理活动这一大背景下进行的。管理心理学不是探索一般或其他情境中人的行为规律及其潜在的心理机制，而是把研究范围限定在组织管理活动这一特定情境中，突显了管理心理学这一学科的领域特殊性。这里的“组织”是广义的，不仅包括企业组织，还涵盖行政、教育、军事等形式的组织。无论是狭义还是广义组织，都具备一些共同的特征。

（3）管理心理学的研究目标：在掌握组织管理活动中人的行为规律及其潜在心理机制基础上，充分调动人工作的主动性、积极性与创造性，积极运用科学的方法和手段改进管理，提高管理的现代化水平，进而不断提高工作效率与管理效能，最终实现组织目标与个人的全面发展。管理心理学是一门应用性、实践性较强的学科，它源自于组织管理实践，反过来也服务于组织管理实践。管理心理学要不断挖掘人的发展潜能和价值，以实现组织和个人双重发展目标。

资料 1-1

【资料】

知名企业实现员工工作和生活平衡的策略

1. 合理的工作时间

- 美国星巴克、华互银行、波音、亚马逊等公司的管理人员周末绝不加班，他们的观念是在休息时间因工作打扰别人，是极失礼的。
- 台湾宏碁（Acer）公司董事长王振堂就以身作则，每天晚上七点就开始催下属离开，不要加班。

2. 关心员工的身体，对员工进行健康投资

- 强生公司采用物质激励手段，要求员工接受体检和问卷调查，被认为属于高发病人群的员工会被劝导参加饮食和锻炼计划，帮助他们培养健康的饮食习惯和运动方式。公司CEO韦尔顿每周都邀请员工到户外，开展"与CEO步行"一小时活动。
- 摩托罗拉公司经常安排一些体育活动、集体旅游等，敦促员工运动。员工出差时，要求必须入住有健身设施的酒店。
- 著名的统计软件厂商SAS公司，在办公区专门为员工设立了按摩室、午休室、游泳池等。

3. 帮助员工解决后顾之忧

- 花旗集团的"员工援助计划"设有儿童看护计划，设置了儿童智力、情绪、医疗等课程，每天为1500多名儿童提供服务。
- 微软在员工子女的幼儿园中安放了摄像设备，员工可以在线看到孩子；男性员工也有一个月的"产假"，以便照顾妻子和婴儿。

综上所述，均衡的生活和工作能为雇主和雇员带来双赢。因为要想真正实现企业的"外部客户满意"，必须首先使得企业的"内部客户"——员工满意。企业注重工作和生活平衡，能够提高员工满意度，降低员工流失和缺勤率，吸引高素质人才，从而最终使得企业提高效率，扩大产出。

（来源：如何让员工实现工作和生活平衡？[EB/OL].（2012-12-05）. http://www.ceconline.com/mycareer/ma/8800065532/01/.）

二、管理心理学的研究内容

管理心理学的研究对象决定了其研究内容应基于人的心理活动而展开，并辐射到行为和组织层面。基于此种考虑，本书将以组织情境中人的心理活动为主线来安排相关内容，意图在于突出管理心理学的心理学特色，增强其心理学色彩。除"总论"部分（第一篇）介绍管理心理学基本问题的三章内容之外，其余五篇内容将按顺序分别讨论动机管理、认知管理、情绪管理、行为管理和组织管理等主题。结合图1.2，下面分别对这五个主题做简要的说明。

1．动机管理

动机是其他一切心理活动的起点和前提。在现代管理活动中，如何有效激发员工的动机，充分调动员工的工作积极性、主动性和创造性，成为各类组织提高工作绩效、实现发展目标的关键。所以，动机管理问题亦应该成为管理心理学首先探讨和解决的问题。基于

这种考虑，“总论”之后，本书的第二篇即以“动机管理”为主题，用三章内容分别讨论动机与管理、激励理论和激励理论的应用等问题。

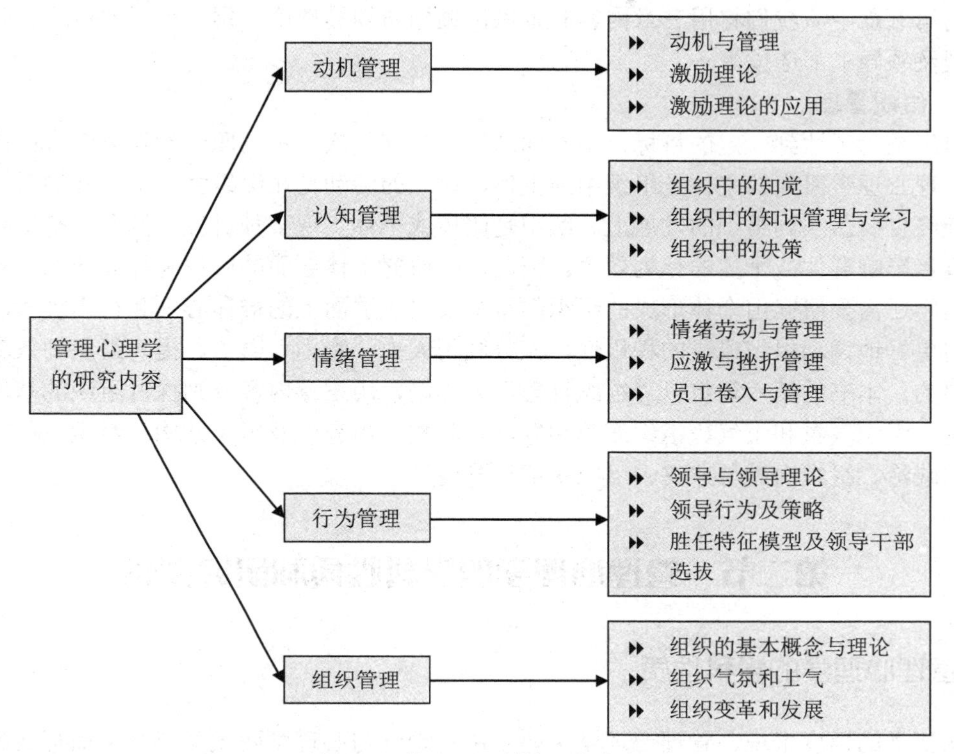

图 1.2　管理心理学的研究内容

2．认知管理

认知是人们获得或应用知识的过程，是最基本的心理过程。现代组织管理强调以人为中心，因此要想富有成效地开展管理工作，就必须了解组织情境中人的认知加工过程及规律，了解得愈透彻，愈能对症下药，做好管理工作。本书第三篇以“认知管理”为主题展开讨论，用三章内容分别探讨组织中的知觉、组织中的知识管理与学习、组织中的决策等问题。

3．情绪管理

随着生活节奏的加快及竞争的日趋激烈，组织及组织中的个人面对的应激事件越来越多，遭遇挫折的机会越来越大，压力越来越大，情绪管理问题在日常的组织管理活动中显得越来越重要。这方面的研究不仅有助于降低员工的压力，提高员工的身心健康水平，还有助于缓解组织冲突，调动员工的工作积极性，实现组织的发展目标。本书的第四篇以“情绪管理”为主题展开讨论，用三章内容分别探讨情绪劳动与管理、应激与挫折管理、员工卷入与管理等问题。

4．行为管理

良好的行为是一切心理管理的最终目标。而组织情境中起主导作用的行为是领导行为。领导是管理工作的主角，不同的领导行为会造成不同的组织心理气氛，给人以不同的心理影响，而这又是影响员工行为表现的最重要的条件。有效的领导行为有助于领导者做出正确决策、实现组织目标及改善领导者与被领导者之间的关系。因此，在以“行为管理”为主题的第五篇中，我们将用三章内容着重探讨领导与领导理论、领导行为及策略、胜任特征模型及领导干部选拔等。

5．组织管理

组织是为了达到一定的目标，由不同结构、不同层次、不同职能的群体组合而成的系统。管理心理学研究的主体是组织中的主体，研究的活动是在组织背景下展开的，研究的目标最终也要落实到组织的发展上。组织是团体或个体实现某种目标的舞台，整个组织的状况直接影响群体或个体的行为效率。因此，除研究个体层面的心理和行为问题之外，管理心理学还需要研究由个体形成的组织的特征及组织层面上的群体心理和行为规律，这对于如何更好地调动组织成员的积极性，充分利用人力、物力、财力，提高组织的效率是十分重要的。本书的第六篇将以“组织管理”为主题，用三章内容分别探讨组织的基本概念与理论、组织气氛和士气、组织变革和发展等问题，内容涉及组织结构、组织文化、组织权力与政治、组织沟通与冲突、组织变革与发展等。

第二节　管理心理学的学科性质和研究逻辑

一、管理心理学的学科性质

从狭义的角度来说，管理心理学主要是由管理学与心理学两大学科交叉而形成的一门学科。从广义的角度来说，管理心理学的研究成果还来源于社会学、人类学、教育学、社会心理学等众多学科。所以，管理心理学的学科性质较为多样，具体表现为边缘性、交叉性、综合性、实践性、应用性等。概括地说，管理心理学既有自然科学的性质，又有社会科学的性质。下面我们分别简要分析一下管理心理学与心理学、管理学、组织行为学等几个邻近学科的关系，以便读者更加明确这门学科的性质。

1．管理心理学与心理学

心理学是研究人的心理现象及行为规律的一门科学。它研究的内容是人的一般心理过程和个性心理。管理心理学研究的则是组织管理活动中人的行为规律及其潜在的心理机制。心理学似一棵枝繁叶茂的大树，有许多分支，而管理心理学是其中的分支之一，如图 1.3 所示。管理心理学就是探讨如何把心理学的基本原理和研究成果应用到组织管理领域中去的一门应用学科，学者们往往把管理心理学归入应用心理学的范畴。随着心理学理论层面与实践层面研究成果的不断涌现和积累，管理心理学必将得到进一步的发展；而管理心理学的发展又将反过来验证和完善心理学的基本理论，促进心理学的繁荣发展。由此可见，管理心理学与心理学是个别与一般、特殊和普遍的关系，二者密不可分，但又不可互相替代。

2．管理心理学与管理学

管理学是研究管理活动过程及其规律的科学。它是由一系列管理理论、职能、原则、方法等组成的科学体系，是社会科学、自然科学和技术科学相互渗透而形成的一门综合性学科。而管理心理学是研究管理活动过程中人的行为规律及其潜在心理机制的学科，即管理心理学把其研究对象严格限制在管理过程而非其他情境中。管理学与管理心理学是存在差异的。一般地说，管理学比较注重宏观的组织层面问题的研究，而管理心理学则比较关注微观的个体层面问题的探讨；管理学比较重视外在的行为层面问题的研究，而管理心理学比较注重内在的心理层面问题的探讨。所以，管理心理学与管理学的关系可以概括为：管理心理学是管理学的一个重要组成部分，是管理学的补充和发展。

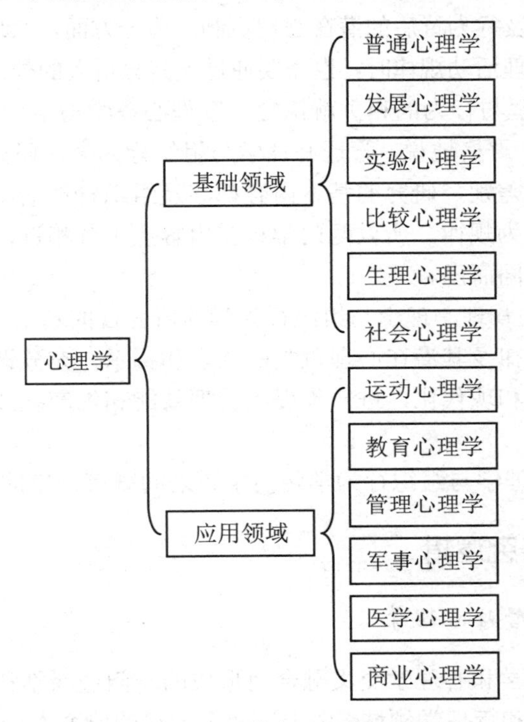

图 1.3 管理心理学在心理学中的位置

3．管理心理学与组织行为学

（1）管理心理学与组织行为学的区别。

① 研究的侧重点不同。管理心理学着重研究行为背后潜在的心理活动规律，侧重于把心理学的研究成果应用于组织管理活动中，而组织行为学则重点探讨行为特点和规律本身，把人的外显行为作为研究对象，以达到预测和控制行为的目的。一般地说，管理心理学侧重于本源学的研究，组织行为学则侧重于现象学的研究。

② 理论基础不同。管理心理学作为心理学的一个重要分支学科，理论来源主要是心理学；而组织行为学作为行为科学的一个分支，理论来源更加多样化，不仅来自心理学，还来自管理学、社会学、人类学、政治学、经济学等学科。

③ 形成背景不同。管理心理学的形成经历了长期的理论和实践准备。1912 年，美籍德国心理学家闵斯特伯格（H. Münsternberg）出版了《心理学与工作效率》一书，首先正式把心理学应用到工业管理中。1958 年，美国心理学家利维特（H. J. Leavitt）正式提出“管理心理学”这一术语，并出版了第一本《管理心理学》著作，促使管理心理学在 20 世纪

60年代成为一门独立的学科。组织行为学是由行为科学发展而来的，是行为科学与组织管理相结合而形成的分支学科。组织行为学是一个跨众多学科的研究领域，研究队伍除心理学家外，还包括社会学家、人类学家，甚至语言学家、数学家等。

（2）管理心理学与组织行为学的联系。

① 心理与行为密切相关。尽管管理心理学与组织行为学研究的侧重点不同，但实际上人的心理与行为之间是密不可分的。一方面，行为是心理的外化表现。组织行为学在研究人的行为时，必然会涉及行为背后的潜在心理机制。另一方面，心理是一种内在的活动。管理心理学在探索人的心理活动规律时，也需要通过观察分析人的外部行为来达到推断其心理过程的目的。所以，心理与行为的相关就决定了管理心理学与组织行为学之间的紧密关系。

② 研究内容相似。严格地说，管理心理学与组织行为学在研究内容上略有差异，但在总体框架上却无明显的差别，研究的基本内容都涉及组织管理活动中个体、群体、领导、组织等方面的心理与行为规律。所以两门学科在内容上十分相近，仅仅是对同一问题的研究视角和出发点有所不同而已。

③ 研究目的相似。管理心理学与组织行为学的研究目的基本相同，即都是通过对组织管理活动中人的行为规律及其潜在心理机制的探索和揭示，充分调动员工工作的积极性，不断促进管理的科学化和现代化，进一步提高管理效能和生产绩效，最终实现组织和人的全面发展。

总而言之，管理心理学与组织行为学两门学科之间既有一定的区别，又有密切的联系。

二、管理心理学的研究逻辑

（一）两种取向的管理心理学

管理心理学是管理学和心理学交叉融合而形成的一门边缘学科，从事该领域研究的人员也主要来源于心理学和管理学领域。由于这两个学科的研究人员在学科背景、知识结构、看待问题的角度等方面存在差异，所以在这门学科不断发展的过程中，逐渐演变出了两种取向的管理心理学，即管理学取向的管理心理学和心理学取向的管理心理学。

管理学取向的管理心理学是基于管理的或从组织角度出发的管理心理学，旨在为管理层或领导层出谋划策，教会他们如何管理员工，以便有好的业绩和绩效。这种管理心理学看问题比较宏观，也比较务实，侧重于用管理学的思想、原理和方法探讨相关问题，说明和解释相关现象。心理学取向的管理心理学是基于心理的或从个体角度出发的管理心理学。这种管理心理学看问题比较微观，注重个体层面的问题和行为背后的潜在机制，侧重于从心理学的角度出发，用心理学的理论、知识和方法来探讨相关问题，说明和解释相关现象。这两种取向已经在国内外不同的管理心理学著作中得到了体现。

两种取向的管理心理学在研究对象、内容体系等方面基本相同，不同之处在于研究问题的出发点。例如，在研究企业员工工作倦怠问题时，管理学取向的管理心理学侧重从组织管理的角度出发，分析员工工作倦怠的形成原因，探查引起员工工作倦怠的社会、文化、组织条件等。而心理学取向的管理心理学更关注员工工作倦怠形成的心理机制，寻求导致其工作倦怠的心理因素。

（二）管理活动中的人及其心理：手段与目的的辩证统一体

上述两种取向的管理心理学实际上触及一个非常重要而敏感的问题：管理活动的终极目的是什么？作为管理客体的人及作为管理主体的组织究竟是什么样的关系？人及其心理变化究竟是实现组织目标的手段或工具，还是组织管理活动的目的？换一种问法，管理心理学研究组织情境中人的心理活动规律的目的何在呢？管理学取向的管理心理学倾向于认为，探索管理活动中人的心理活动规律应该服务于管理的目的，是为了更加有效地、科学地开展管理工作，提高工作绩效，最终实现组织目标。按照这种观点，管理活动中的人及其心理变化只是实现组织目标的手段或工具，处于从属地位，而研究管理活动中的人及其心理规律的管理心理学则属于工具性或功利性的学科。而心理学取向的管理心理学则倾向于认为，管理活动中的人及其心理变化本身也应该成为管理的目的。管理心理学不仅应该服务于企业和组织目标，为该目标的实现提供依据，出谋划策，还应该服务于组织中的人，为企业和组织中人的全面发展提供依据和方法。当今的管理是以人性化管理或人本管理为主流的管理，在学术研究领域也已经出现了由人力资源管理（HRM）向人力资源发展（HRD）转变的趋势，人及其心理发展作为管理目的的地位更应该受到重视。

实际上，组织目标和人的发展目标并非一定是完全对立的关系，二者是互为因果、互为目的和手段的对立统一关系：揭示组织环境中人的行为规律及心理机制，一方面应该有利于科学合理地开展管理工作，提高工作绩效，实现组织发展目标；另一方面应该有利于改善组织中人的心理状态，促进人的全面发展。而组织目标的实现和组织中人的全面发展是互为目的和手段的：组织目标的实现为人的全面发展提供了条件，人的全面发展又为组织目标的实现奠定了基础。也就是说，管理活动中的人及其心理既是手段又是目的，同样组织也既是手段又是目的，二者都是手段和目的的辩证统一体。这种思想可以用图 1.4 更为详细地加以说明。

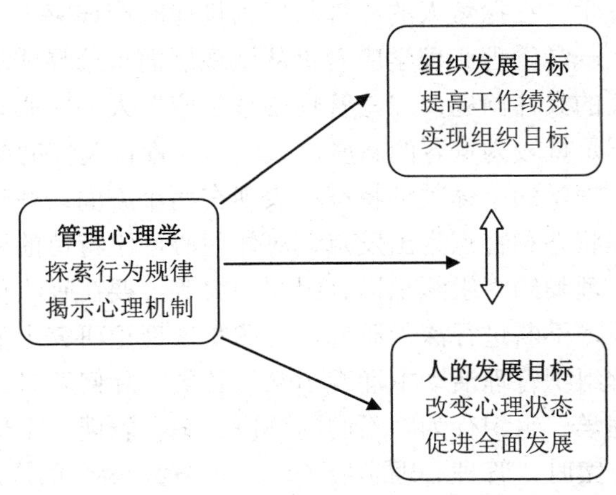

图 1.4 管理活动中的人与组织

首先，管理心理学具有双重目标或双重性：一方面，它要服务于组织发展目标，在这个意义上，它具有工具性或功利性；另一方面，它要服务于人的发展目标，在这个意义上，它具有人文性、教育性等非功利的特点。

其次，上述两种目标是交互作用、互相影响的。这种交互作用造成的四种状态可以用图 1.5 来表示。其中 A 是理想状态，B 是不常见状态，C 是常规状态，D 是最糟状态。

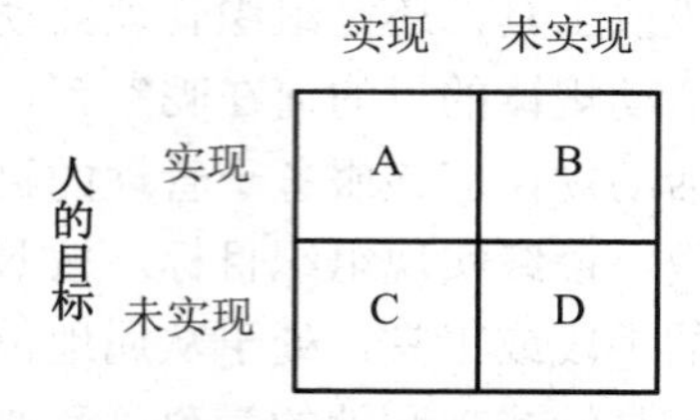

图 1.5　两种管理目标的交互作用产生的四种情况

最后，管理心理学除直接服务于组织发展目标和人的发展目标之外，还需要对这两种目标之间交互作用的方式进行干预，协调二者之间的矛盾，调整二者之间的关系，使其达到相互促进、共同发展的状态，即 A 所代表的理想状态。

（三）管理心理学需要思考的几个问题

如上所述，管理心理学是心理学的一个重要分支，属于应用心理学的范畴。因此，无论在理论研究层面上，还是在管理实践层面上，管理心理学都应该突出心理学的学科特色。那么，如何做到这一点呢？我们认为，至少应该解决好以下几个问题。

资料 1-2

（1）个体关怀或宏观关心。相对而言，管理学、组织行为学等学科在研究组织管理活动中人的心理与行为规律时，多是从较为宏观的层面上来考虑的。例如，管理学主要从组织层面上来研究，而组织行为学则主要从外显行为层面来研究，等等。作为管理学与心理学交叉而成的管理心理学，在探索人的心理与行为规律时应该突出个体关怀的特征。所谓个体关怀有两层含义：一是管理心理学应着重从微观层面来选择或理解问题，关心企业管理各个环节上与人有关的具体问题；二是管理心理学应以人为中心来思考和解决问题，对人身上存在的弱点和不足持较为宽容的态度，表现出人性化关怀的倾向。

具体而言，管理心理学的个体关怀特征应表现在两个方面：在理论研究方面，管理心理学应以研究个体心理状态和特点为出发点，对体现心理学特色的课题，如员工激励、工作压力、工作倦怠、心理契约、组织承诺、组织冲突等，要在吸收借鉴心理学中成熟的研究工具和手段的基础上，不断进行深入研究，力图实现理论研究上的创新；在实践应用方面，管理心理学在理解组织管理活动中涌现出来的各类实际问题时，应有独特的着眼点和分析框架，提出与管理学、组织行为学不同的解决方案，表现出个体关怀的特征。例如，在帮助企业设计薪酬方案时，管理心理学应关注这种方案与各阶层员工心理预期的匹配性以及它对员工心理产生影响的长效性，而不是笼统地仅从组织行为学或管理学中分配公正这一角度来思考问题。

（2）是什么或为什么。在研究组织管理问题时，管理学和组织行为学比较重视回答“是什么”和“怎么做”的问题。例如，在任何一本《组织行为学》中，都可以找到对企业普遍存在问题的描述和对相关应对措施的介绍，甚至还可以找到许多案例和练习性材料，却缺少对相关原理和措施的深入心理学分析。这样做没有什么不对的，却是不够的。作为研究人的心理与行为规律的管理心理学，应该发挥心理科学得天独厚的优势（关注“为什么”的问题、能够提供实证资料），不仅要回答“是什么”和“怎么做”的问题，更要去弥补组织行为学在回答“为什么”问题方面的不足。让人们既“知其然”，又“知其所以然”。

例如，无领导的小组讨论、结构性访谈、评价中心法、360 度反馈等都是在企业人员招聘和员工考评方面比较流行的工具或手段。那么，这些工具或手段的理论依据是什么呢？为什么它们一定会比传统的方法好呢？这样做的效果如何呢？如何测定它们的效果呢？针对这些问题，管理心理学应该能够做出深层次的探讨，而不仅仅是谈论“是什么”“怎么做”的问题。

（3）实务或理论。在我们的人力资源管理、管理学、管理心理学等学科的培训班上，通常学员们急切地想要掌握的是实务和操作方面的知识。这种心情可以理解，毕竟实务方面的知识针对性强，似乎也最有用。但实务和理论是不可分割的。没有深厚理论功底支持的实务训练只能是鹦鹉学舌式的学习，这样获得的知识可迁移性差、再生性差。任何人都不可能用在某个课堂上获得的实务技巧去应对管理实践中可能出现的各种局面。

因此，我们不应该把管理心理学看成一门纯实务的、技术性的学科，而应该认真掌握该学科中的各种管理学与心理学理论，唯有这样，才能更好地做好管理工作。也就是说，每一个管理工作者都不应该试图成为管人的“匠人”或“技师”，而应该试图成为管理的“大师”或“设计师”。从这个意义上说，系统地掌握管理学与心理学理论或许比掌握实务或案例更加重要。

（4）行为或意识。实现对人的科学化管理是管理心理学的中心任务。一般来说，对人进行管理就意味着对人的重塑。那么，究竟要改变人身上的哪些东西呢？多数人认为应该改变人的行为，而事实上我们更应该改变人的意识。行为是制度和规章的产物，而且具有高度的可模仿性和易获得性，你只要告诉员工应该做什么、怎样做，他就能够按照你的要求将有关的行为实现出来。然而，这样的行为是短效的、被动的，有时还会走样和变形，因为它没有员工意识的参与和支撑。举例来说，迎宾人员都会按照公司的要求使用规范的礼貌性服务用语，但我们常常能够明显地感觉出他们的行为是机械的、不带感情色彩的，并不代表他们的意识，就连鹦鹉或机器人都能模仿出这样的行为。

总之，只有干预和改变员工的意识才能最终改变人的行为。而在改变员工意识或觉悟水平方面，管理心理学无疑扮演着重要的角色。因为管理心理学是研究组织管理活动中人的心理活动（意识）与行为规律的一门学科，它所提供的知识、原理和方法对于组织管理的柔性化、合理化、有效化、科学化都起着不可替代的作用。管理心理学工作者有责任和义务将管理心理学的方法和手段运用和推广到管理实践中，最终达到干预、提升员工和管理者意识水平的目标。

第三节　管理心理学的研究方法

对任何一门学科的发展而言，研究方法都具有举足轻重的作用。正如苏联生理、心理学家巴甫洛夫（Иван Петрович Павлов）所说："科学是随着方法学上获得的成就而不断前进的。研究方法每前进一步，我们便仿佛上升了一级阶梯，于是，我们就展开更广阔的眼界，看见从未见过的事物。"（转引自陈元晖，1960）管理心理学的研究对象是人，而人的心理和行为是极为复杂和特殊的，所以要想全面准确地把握组织情境中人的心理与行为规律，就需要多种多样的研究方法。下面对管理心理学中常见的研究方法加以介绍。

一、观察法

观察法是有目的、有计划地观察研究对象（被观察者）在一定条件下的言语、行为、表情等反应，从而分析其心理活动和行为规律的一种研究方法。观察可以感官为工具，也可将录音、录像、摄影等现代技术手段作为辅助，以提高观察的效果。按不同的标准可把观察法做不同的分类。在管理心理学中，以下两种划分较为常见。

资料 1-3

第一，按照观察者所处的情境特点，可以把观察法分为自然观察与控制观察两种。自然观察是在自然真实的条件下观察他人的行为，被观察者不知道自己正处于被观察之中。控制观察是在限定条件下所进行的观察，被观察者一般知道自己处于被观察的状态。第二，从观察者与被观察者的关系出发，可以把观察法划分为参与观察与非参与观察两类。参与观察是指观察者直接参与被观察者的活动，在共同活动中进行观察。例如，某销售主管若想弄清楚该公司一名推销员绩效不佳的原因，就可以和该推销员一起销售产品，在工作过程中有意观察推销员的一言一行，从中发现问题的症结所在。相反，非参与观察是指观察者不参与被观察者的活动，以局外人的身份进行观察。观察法的优点是使用方便，所得材料真实。其缺点是只能消极等待被观察现象的发生，难以对所获材料进行数量化处理，也难以确定某种行为或现象的真正原因。

二、实验法

实验法是有目的地严格控制或创设一定条件来引起某种心理活动或行为表现以进行研究的方法。根据实验场地的性质差异，可以把实验法分为实验室实验与现场实验两类。

资料 1-4

实验室实验是指在特设的实验室中借助各种仪器设备，严格控制实验条件，以研究心理活动规律的方法。例如，要考察表扬对人行为产生的影响，在控制其他无关变量的前提下，就可以设立表扬组（实验组），对被试者良好的工作表现给予表扬；再设立一个对照组，不对该组被试者良好的工作表现进行表扬。经过一段时间之后，比较两组后续工作的成绩，若表扬组优于对照组，其就可以归结为表扬所致。实验室实验能较好地控制额外变量，从而有助于准确把握自变量与因变量之间的因果关系。实验室实验具有控制条件严格、结果精确度高的优点，不足表现为实验室的人为性及对心理现象的过分简化，可能会导致研究结论的推广性受限。

现场实验是指在实际工作场所中适当控制条件，结合日常工作来研究被试者的心理与行为规律的实验方法。例如，梅奥（E. Mayo）在霍桑工厂进行的福利实验就是一个典型的现场实验。近年来，为了提高研究的外部效度，使研究结果更具普遍的意义和推广性，管理心理学家越来越重视现场实验研究。现场实验的优点是能够结合日常工作生活开展研究，较好地避免了实验室研究的局限性，提高了研究的外部效度；现场实验的缺点是不易严格控制现场实验中的额外变量，研究得出的变量间的因果关系的说服力不如实验室实验强。

三、问卷法

问卷法是研究者根据研究目的和设想，编制出内容明确、表达准确的问卷，让被试者根据个人情况实事求是做出回答，从而收集所需资料和数据的研究方法。它是管理心理学研究常用的一种研究方法。一般来说，常用的问卷形式有三种：是非式、选择式和等级排列式。

（1）是非式。采用只有“是”与“否”两种答案的问卷，让被试者根据自己的情况对每个题目做出“是”与“否”的回答，不能模棱两可，也不能不回答。例如，你对目前的工作满意吗？是 □ 否 □

（2）选择式。它是要求被试者从并列的两种以上答案中按个人的实际情况选取一种或几种的问卷形式。例如，我觉得组织制定决策的程序是公正的。1=完全不同意，2=比较不同意，3=不确定，4=比较同意，5=完全同意。

（3）等级排列式。在问卷中列出可供选择的多种答案，要求被试者按其重要程度的次序加以排列。例如，我最喜欢的激励方式是……晋升、上光荣榜、奖金、海外进修、休假、旅游。

问卷法的优点是能够在相对较短的时间内获取广泛的资料，而且能对资料进行数量化处理。这种方法所获取的资料一般较难进行定性分析，因而难以把所得结论直接与研究对象的实际行为进行比较。

【资料】

如何打造一份高质量的标准可用性问卷

1. 主题明确，紧扣调研的主题

每次制作调研问卷前，都需要确定目标——明确知道“我们要调研什么”“我们要从哪几个方面调研”，之后所设计的问题，都必须是围绕调查目的的最关键的问题，可有可无的题目最好不要出现。

2. 问题的陈述要简洁、清楚，避免模糊信息

假如某商场想要了解顾客大多使用什么品牌的洗发水，那么在询问这一问题时，应该如何设问呢？

▸▸ 错误示例：请问您使用什么牌子的洗发水呢？

▸▸ 正确示例：请问您最近三个月使用什么牌子的洗发水呢？

很明显，正确示例是一个清楚的问题，而错误示例则是一个附带了模糊信息的问题。另外，在询问中要避免使用专业术语。

3. 注意问题的严谨性

严谨性包括两个方面：一是指设问的严谨性，即一个问题只包含一项内容；二是指所

涉及的答案选项能包括被访者的所有情况。

▶ 错误示例一：对于×品牌洗发水的包装与味道，您是否喜欢呢？

▶ 错误示例二：使用×品牌洗发水后，您的××问题是否得到了改善？A. 没有 B. 改善了

示例一的错误在于，一次询问了被访者两个问题；而示例二的错误在于，受访者可能没有使用过某品牌，这样就无法做出回答，所以应该再加一个“没有使用过某品牌”的选项。

4. 尽量不用反问句，避免使用否定句

询问问题的方式要恰当，平白直叙的疑问句能够获得受访者更直接的答案。

5. 避免使用引导性的语句

▶ 错误示例：大家都觉得×品牌很好，你觉得呢？

这样的问题很容易引起从众效应，可能受访者并不喜欢×品牌，但是看到题目里“大家都觉得×品牌很好”，就会选择和大家一致的观点。类似的错误还包括权威效应。总之，一切具有暗示性和引导性的表达，都不应该出现在问卷里。

6. 注意问题的排序

一个问卷大多是由许多问题构成的，这些问题的排列也是有讲究的。问卷项目的排列要有一定的逻辑次序，层次分明。一般而言，问卷的问题排列按照以下的标准：熟悉问题在前，生疏问题在后；简单易答问题在前，复杂难答问题在后；泛指问题在前，特定问题在后；感兴趣的问题在前，顾虑紧张的问题在后；行为问题在前，态度问题在后；封闭式问题在前，开放式问题在后。

7. 注意问卷的长度

一个好的用户研究问卷，需要控制它的长度，超过 20 分钟答题时间，会让受访者感到焦躁，从而放弃回答或者选择随意填写。

（来源：如何打造一份高质量的标准可用性问卷[EB/OL].（2016-10-23）. http://www.woshipm.com/pmd/433748.html.）

四、访谈法

访谈法是访谈者通过口头谈话的方式从被访谈者那里收集第一手资料，从而了解其心理与行为规律的一种研究方法。例如，访谈高层管理者，了解其首创精神、威望、领导力等。在管理心理学的发展史上，美国心理学家梅奥等人也曾使用访谈法开展研究。根据访谈者对访谈结构的控制程度，可以把访谈划分为结构化访谈、无结构化访谈和半结构化访谈三类。

资料 1-5

结构化访谈的特征是，访谈者根据提前设计好的、具有固定结构的访谈提纲进行访谈，并且控制和引导整个访谈过程的方向和节奏。之所以称为结构化访谈，很大程度上是因为对受访者所提出的问题、问题的顺序安排以及访谈记录的相关内容都体现出结构化和标准化特点。

无结构化访谈的特征与结构化访谈相反，它事先没有拟定的访谈提纲可供参考，访谈的问题完全是访谈者根据当时或过去的知识经验而确定的，在访谈的过程中，访谈者不断激发受访者用自己的语言表达看法。通过无结构化访谈，访谈者可以了解受访者自己对工

作生活的态度、行为及思想观念情况。另外，在无结构化访谈中，访谈者是配角，仅发挥一种辅助作用，而受访者是主角，在访谈者的鼓励下根据自己的思路自由思考并畅谈。

半结构化访谈在控制程度上兼具结构化访谈与无结构化访谈的特征，在这种访谈形式中，访谈者对整个访谈结构具有一定的支配和控制作用，但与此同时，也会让被访谈者积极参与访谈过程。一般而言，访谈者会提前拟定一个大概的访谈提纲，然后再结合自己的经验向被访谈者提出问题。需要注意的是，半结构化访谈中的访谈提纲主要是作为一种线索起到提示的作用，访谈者在访谈提纲的基础上，根据访谈的具体情况对访谈的程序和内容灵活进行调整。

访谈法的优点是简单易行，便于迅速取得第一手资料，因而使用范围较为广泛。其缺点是仅凭受访者的口头回答而做出的结论往往缺乏可靠性和真实性，因此，这种方法一般不单独使用，而是与其他研究方法结合起来运用。

五、测验法

测验法是指采用标准化的心理量表或精密的测验仪器来测量被试者有关心理品质或行为的研究方法。量表是心理测验常用的研究工具，目前流行的测验量表种类繁多，大致有以下几种类型：按测验的内容可分为智力测验、个性测验、态度测验和能力测验等；按测验的方式可分为文字测验与非文字测验；按测验的方法可分为问卷测验、操作测验和投射测验。

资料 1-6

在管理心理学研究中，测验法常常作为人才测评的一种工具。例如，用智力量表测定组织成员的一般和特殊能力状况；用个性量表测定组织成员和领导者的性格、气质等个体心理特征等。测验法简便易行，测验内容广泛，可以在短时间内了解许多人的一个或多个特点，且能从数量上比较个体之间的差异，所以得到广泛应用。但也存在一些问题，如目前所使用的有些测验量表还不够完善，信度和效度比较低。研究者在使用测验时也有许多要求，如必须经过专门的训练、在抽取研究样本时要遵循随机化原则等。

六、个案法

个案法是指对某一个体、群体或组织在较长时间里（几个月、几年甚至更长的时间）连续进行考察了解、收集系统的资料，以便研究其心理与行为发展变化规律的方法。例如，研究者参与某企业的一个研发团队，在长时间的体验生活中，掌握了整个团队成员的心理与行为特点、团队绩效的状况、团队的人际关系等，并在此基础上进行深入分析，整理出能反映该团队特点的详细材料。个案法的优势在于其能提供对某一个体、某一团体或某一组织的详尽分析，能加深研究主体对其变化的动态方面的了解，对于组织内部问题的诊断和纠正极有帮助。正因如此，个案法被广泛用于工业组织、企事业单位的研究。当然，个案法也有其局限性，表现在得出的结论往往缺乏普遍性和推广性。另外，个案法需要投入大量的人力、物力、财力，对研究者来说也是一个限制因素。

资料 1-7

图 1.6 概括了以上介绍的几种研究方法。总之，它们都有其各自的应用价值，但也都

存在一定的局限性。在特定的研究过程中，究竟采用哪种方法，应根据研究任务的要求和具体情境而定。一般而言，管理心理学研究往往以某种方法为主，辅以其他方法，取长补短、相得益彰，从而更准确、更客观地反映人的行为和心理活动的规律和特点。

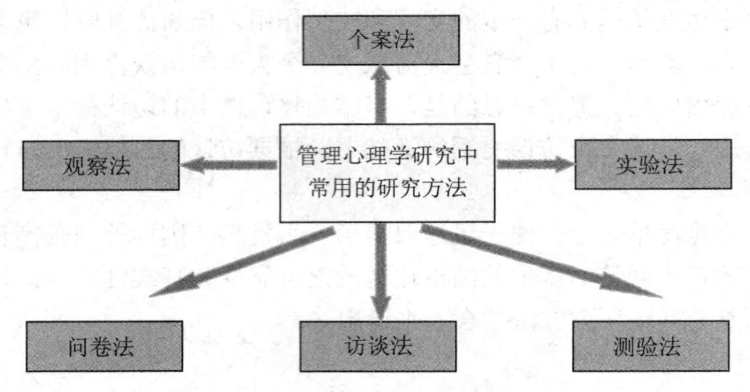

图 1.6　管理心理学研究中常用的研究方法

本章小结

1. 管理心理学是研究组织管理活动中人的行为规律及其潜在的心理机制，并用科学的方法改进管理工作，不断提高工作效率与管理效能，最终实现组织目标与个人全面发展的一门学科。其研究内容涉及动机管理、认知管理、情绪管理、行为管理和组织管理等主题。

2. 管理心理学是介于管理科学与心理科学之间的一门边缘性、交叉性学科，也是一门综合性和应用性很强的学科。它既是心理科学的一个分支，又是管理科学的一个重要组成部分。

3. 管理心理学与组织行为学既有区别，又有联系。区别主要表现为研究侧重点不同、理论基础不同、形成背景不同；联系主要表现为心理与行为的联系、研究内容上的联系、研究目的上的联系。有两种取向的管理心理学：心理学取向的管理心理学和管理学取向的管理心理学。二者在研究逻辑上有所不同。组织管理活动中的人及其心理发展既是手段，也是目的，是手段和目的的辩证统一体。管理心理学要突出自身的学科特色需要思考以下四个问题：个体关怀或宏观关心、是什么或为什么、实务或理论、行为或意识。

4. 管理心理学的研究方法主要有观察法、实验法、问卷法、访谈法、测验法和个案法。

思考题

1. 管理心理学为什么把人的行为规律及其心理机制作为一个辩证统一的整体来进行研究？

2. 什么是管理心理学？试比较本书与其他同类著作在界定上的异同。

3. 试分析管理心理学的研究内容。你赞同本书的理解吗？为什么？

4. 谈谈你对管理心理学中的个体关怀的理解。如果你是领导，你会如何做到个体关怀？

5．结合实际谈谈你对人本管理的理解。

案例讨论

案例1：领导与员工的博弈

世间的道理大多数人都能明白，但是角度不同、位置不同，又会使人当局者迷。咨询顾问在对企业做诊断时发现，许多问题老板或中高管人员都知道，为什么他们不去解决呢？是因为每个人都有“心魔”束缚自己，要战胜心魔，需要外力督促和激励一下。

我们看看以下的故事，联想到企业管理，相信许多人都会会心一笑，或许我们就是其中的兔子、羚羊、老虎、狮子、狼、野猪……

一天，一只兔子在山洞前写文章，一只狼走了过来，问：“兔子啊，你在干什么？”答曰：“写文章。”问：“什么题目？”答曰：“《浅谈兔子是怎样吃掉狼的》。”狼哈哈大笑，表示不信，于是兔子把狼领进山洞。过了一会儿，兔子独自走出山洞，继续写文章。一只野猪走了过来，问：“兔子，你在写什么？”答：“文章。”问：“题目是什么？”答：“《浅谈兔子是如何把野猪吃掉的》。”野猪不信，于是同样的事情发生了。

最后，在山洞里，一只狮子在一堆白骨之间，满意地剔着牙读着兔子交给它的文章，题目是：《一只动物，能力大小关键要看你的老板是谁》。

这只兔子有次不小心告诉了它的一个兔子朋友，这消息逐渐在森林中传播；狮子知道后非常生气，它告诉兔子：“如果这个星期没有食物进洞，我就吃你。”

于是兔子继续在洞口写文章。

一只小鹿走过来，“兔子，你在干什么啊？”“写文章。”“什么题目？”“《浅谈兔子是怎样吃掉小鹿的》。”“哈哈，这个事情全森林都知道了，你别糊弄我了，我是不会进洞的。”“我马上要退休了，狮子说要找个人顶替我，难道你不想这篇文章的兔子变成小鹿吗？”小鹿想了想，终于忍不住诱惑，跟随兔子走进洞里。过了一会儿，兔子独自走出山洞，继续写文章。

一只小马走过来，同样的事情发生了。

最后，在山洞里，一只狮子在一堆白骨之间，满意地剔着牙读着兔子交给它的文章。题目是：《如何发展下线动物为老板提供食物》。

随着时间的推移，狮子越长越大，兔子提供的食物已远远不能填饱肚子了。

一日，它告诉兔子：“我的食物量要加倍，例如，原来四天一只小鹿，现在要两天一只，如果一周之内改变不了局面，我就吃你。”

于是，兔子离开洞口，跑进森林深处，它见到一只狼，问：“你相信兔子能轻松吃掉狼吗？”狼哈哈大笑，表示不信，于是兔子把狼领进山洞。过了一会儿，兔子独自走出山洞，继续进入森林深处。这回它碰到一只野猪，问：“你相信兔子能轻松吃掉野猪吗？”野猪不信，于是同样的事情发生了。

原来森林深处的动物并不知道兔子和狮子的故事。最后，在山洞里，一只狮子在一堆白骨之间，满意地剔着牙读着兔子交给它的文章。题目是：《如何实现由坐商到行商的转型，为老板提供更多的食物》。

兔子凭借大家都知道自己有一个很厉害的老板，开始横行霸道，欺上欺下，没有动物敢惹。它时时想起和乌龟赛跑时所受的羞辱。它找到乌龟说："三天之内，见我老板！"说完扬长而去。乌龟难过地哭了，这时它碰到了一位猎人，就把这事告诉了他，猎人哈哈大笑。

于是森林里发生了一件重大事情，猎人披着狮子皮和乌龟一起在吃兔子火锅，地上有半张纸片，上面歪歪扭扭地写着：山外青山楼外楼，强中还有强中手。

在很长一段时间里，森林里恢复了往日的宁静，兔子吃狼的故事似乎快要被大家忘记了。不过一只年轻的老虎在听说了这个故事后，被激发了灵感。于是它抓住了一只羚羊，对羚羊说："如果你可以像以前的兔子那样为我带来食物，那我就不吃你。"于是，羚羊无奈地答应了老虎，而老虎也悠然自得地进了山洞。

三天过去了，老虎也没见羚羊领一只动物进洞。它实在憋不住了，想出来看看情况。羚羊早已不在了。老虎异常愤怒，发现了羚羊写的一篇文章，题目是：《想要做好老板，先要懂得怎样留住员工》。

（来源：管理故事：兔子狮子谁做老板[EB/OL].（2014-03-12）. http://manage.nlp.cn/art/story/76714.html.）

讨论问题：

请根据管理心理学的基本概述，从心理学的角度思考和讨论下面几个问题。

1．兔子为何能屡次成功地帮助狮子捕捉到食物？

2．猎人和乌龟赢在了哪里？

3．羚羊和老虎的结局说明了管理心理学中的什么问题？

4．这个故事在管理中给了我们什么启示？

案例 2：A 公司工作分析案例

A 公司是我国中部省份的一家房地产开发公司。近年来，随着当地经济的迅速增长，房产需求强劲，公司有了飞速的发展，规模持续扩大，逐步发展为一家中型房地产开发公司。随着公司的发展和壮大，员工人数大增，组织和人力资源管理问题逐步凸显出来。

公司现有的组织机构，是基于创业时的公司规划，随着业务扩张的需要逐渐扩充而形成的，在运行的过程中，组织与业务上的矛盾逐步凸显。部门之间、职位之间的职责与权限缺乏明确的界定，扯皮推诿的现象不断发生；有的部门抱怨事情太多，人手不够，任务不能按时、按质、按量完成；有的部门又觉得人员冗杂，人浮于事，效率低下。公司的人员招聘方面，用人部门给出的招聘标准含糊，使得人力资源部门主管往往无法准确地理解，造成招来的人大多令用人部门不满意。同时，目前的许多岗位往往人、事不匹配，员工的能力不能得以充分发挥，严重挫伤了士气，并影响了工作的效率。公司员工的晋升以前由总经理直接做出。现在公司规模大了，总经理几乎没有时间与基层员工和部门主管打交道，基层员工和部门主管的晋升只能根据部门经理的意见来做出。而在晋升中，上级和下属之间的私人感情成了决定性的因素，有才干的人却不能获得提升。许多优秀的员工由于看不到自己的前途而另找出路。在激励机制方面，公司缺乏科学的绩效考核和薪酬制度，考核中的主观性和随意性非常严重，员工的报酬不能体现其价值与能力。人力资源部经常听到大家对薪酬的抱怨和不满，这也是人才流失的重要原因。

面对这样严峻的形势，人力资源部开始着手进行人力资源管理的变革。变革从进行职位分析、确定职位价值开始，职位分析、职位评价究竟如何开展，如何抓住职位分析、职位评价过程中的关键点，为公司本次组织变革提供有效的信息支持和基础保证，是摆在 A 公司面前的重要问题。

首先，他们开始寻找进行职位分析的工具与技术。在阅读了目前国内流行的基本职位分析资料之后，他们从其中选取了一份职位分析问卷，作为收集职位信息的工具。然后，人力资源部将问卷发放到了各个部门经理手中，同时他们在公司的内部网也上传了一份关于开展问卷调查的通知，要求各部门配合人力资源部的问卷调查。据反映，问卷在下发到各部门之后，一直搁置在各部门经理手中，并没有发下去。很多部门是直到人力资源部开始催收时才把问卷发放到每个人手中。同时，由于大家都很忙，很多人在拿到问卷之后，都没有时间仔细思考，草草填写完事。还有很多人在外地出差，或者工作缠身，自己无法填写，而由同事代笔。此外，据一些较为重视这次调查的员工反映，大家都不了解这次问卷调查的意图，也不理解问卷中那些陌生的管理术语，何为职责，何为工作目的，许多人对此并不理解。很多人想就疑难问题向人力资源部进行询问，可是也不知道具体该找谁。因此，在回答问卷时只能凭借个人的理解来进行填写，无法把握填写的规范和标准。

一个星期之后，人力资源部收回了问卷。但他们发现，问卷填写的效果不太理想，有一部分问卷填写不全，一部分问卷答非所问，还有一部分问卷根本没有收上来。辛苦调查的结果没有发挥它应有的价值。与此同时，人力资源部也着手选取一些职位进行访谈。但在试着谈了几个职位之后，发现访谈的效果并不好。因为，在人力资源部，能够对部门经理进行访谈的人只有人力资源部经理一人，主管和一般员工都无法与其他部门经理进行沟通。同时，由于经理们都很忙，能够把双方的时间凑一块，实在不容易。因此，两个星期过去之后，只访谈了两个部门经理。人力资源部的几位主管负责对经理级以下的人员进行访谈，但在访谈中，出现的情况却出乎意料。大部分时间都是受访者在发牢骚，指责公司的管理问题，抱怨自己的待遇不公平。

而在谈到与职位分析相关的内容时，受访者往往又言辞闪烁，顾左右而言他，似乎对人力资源部这次访谈不太信任。访谈结束之后，访谈人都反映对该职位的认识还停留在模糊的阶段。这样持续了两个星期，访谈了大概 1/3 的职位。人力资源部经理认为不能拖延下去了，因此决定开始进入项目的下一个阶段——撰写职位说明书。

可这时，各职位的信息收集却还不完全。怎么办呢？人力资源部在无奈之中，不得不另觅他途。于是，他们通过各种途径从其他公司中收集了许多职位说明书，试图以此作为参照，结合问卷和访谈收集到的一些信息来撰写职位说明书。

在撰写阶段，人力资源部还成立了几个小组，每个小组专门负责起草某一部门的职位说明，并且还要求各组在两个星期内完成任务。在起草职位说明书的过程中，人力资源部的员工都颇感为难，一方面大家不了解别的部门的工作，问卷和访谈提供的信息又不准确；另一方面，大家缺乏写职位说明书的经验，因此，写起来都感觉很费劲。规定的时间快到了，很多人为了交稿，不得不急急忙忙东拼西凑了一些材料，再结合自己的判断，最后成稿。

职位说明书终于出台了。然后，人力资源部将成稿的职位说明书下发到了各部门，同时，还下发了一份文件，要求各部门按照新的职位说明书来界定工作范围，并按照其中规定的任职条件来进行人员的招聘、选拔和任用。这却引起了其他部门的强烈反对，很多一线部门的管理人员甚至公开指责人力资源部，说人力资源部的职位说明书是一堆垃圾文件，完全不符合实际情况。

于是，人力资源部专门与相关部门召开了一次会议来推动职位说明书的应用。人力资源部经理本来想通过这次会议来说服各部门支持这次项目。结果却恰恰相反，在会上，人力资源部遭到了各部门的一致批评。同时，人力资源部由于对其他部门不了解，对于其他部门所提的很多问题，也无法进行解释和反驳。因此，会议的最终结论是，让人力资源部重新编写职位说明书。后来，经过多次重写与修改，职位说明书始终无法令人满意。最后，职位分析项目不了了之。

人力资源部的员工在经历了这次失败后，对职位分析彻底丧失了信心。他们开始认为，职位分析只不过是“雾里看花，水中望月”的东西，说起来挺好，实际上却没有什么大用，而且认为职位分析只能针对西方国家那些管理先进的大公司，拿到中国的企业来，根本就行不通。原来雄心勃勃的人力资源部经理也变得灰心丧气，但他却一直对这次失败耿耿于怀，对项目失败的原因也是百思不得其解。

那么，职位分析真的是他们认为的“雾里看花，水中望月”吗？该公司的职位分析项目为什么会失败呢？

（来源：https://wenku.baidu.com/view/86bc123331126edb6f1a10b0.html.）

讨论问题：

1．该公司为什么决定从职位分析入手来实施变革，这样的决定正确吗？为什么？

2．分析在职位分析项目的整个组织与实施过程中，该公司存在哪些问题。

3．该公司所采用的职位分析工具和方法主要有哪些问题？

管理游戏

你 说 我 做

道具：七彩积木

参加人数：20～30人

用时：约1小时

游戏前准备：培训师先自己用积木做好一个模型。

过程：

1. 将参加人员分成若干组，每组4～6人为宜。

2. 每组讨论3分钟，根据自己平时的特点分成两队，分别为“指导者”和“操作者”。

3. 请每组的“操作者”暂时先到教室外面等候。

4. 培训师拿出自己做好的模型，让每组剩下的“指导者”观看（不许拆开），并记录下模型的样式。

5. 15 分钟后，将模型收起，请“操作者”进入教室，每组的“指导者”将刚刚看到的模型描述给“操作者”，由“操作者”搭建一个一模一样的模型。

6. 培训师展示标准模型，用时少且出错率低者为胜。

7. 让“指导者”和“操作者”分别将自己的感受用彩笔写在白纸上。

游戏点评：

1. 身为“指导者”的你体会到什么？
2. 身为“操作者”的你体会到什么？
3. 当“操作者”没有完全按照你的指导去做的时候，作为“指导者”的你有什么感觉？
4. 当感觉到你没能完全领会“指导者”意图的时候，作为“操作者”的你有什么感觉？
5. 当竞争对手已经做完，欢呼雀跃的时候，你有什么感受？
6. 当看到最后的作品与标准模型不一样的时候，你有什么感受？
7. 是效率给予的压力大，还是安全性给予的压力大？
8. “指导者”和“操作者”感受到的压力有什么不一样？

（来源：王里，2012）

参考文献

[1] 陈元晖．心理学的方法学[J]．心理学报，1960（2）：68-108．

[2] 戴良铁，白利刚．管理心理学[M]．广州：暨南大学出版社，2003．

[3] 柯江林，孙健敏，李永瑞．心理资本：本土量表的开发及中西比较[J]．心理学报，2009，41（9）：875-888．

[4] 刘颖．跨国企业员工工作交际的个案研究[J]．商场现代化，2008（36）：321-323．

[5] 王里．组织行为学[M]．北京：北京大学出版社，2012．

[6] 周利霞．大学生心理资本问卷编制及其相关因素研究[D]．上海：上海师范大学，2012．

[7] LUTHANS F, AVEY J B, AVOLIO B J, et al. Psychological capital development: Toward a micro-intervention[J]. Journal of Organizational Behavior, 2006, 27(3): 387-393.

[8] LUTHANS F, LUTHANS K W, LUTHANS B C. Positive psychological capital: Beyond human and social capital[J]. Business horizons, 2004, 47(1): 45-50.

[9] LUTHANS F, YOUSSEF C M, AVOLIO B J. Psychological capital: Developing the human competitive edge[M]. Oxford, UK: Oxford University Press, 2007.

[10] GOLDSMITH A H, VEUM J R, DARITY W. The impact of psychological and human capital on wages[J]. Economic Inquiry, 1997, 35(4): 815-829.

[11] SELIGMAN M E P. Authentic happiness[M]. New York: Free Press, 2002.

自测题

复习题

第二章　管理心理学的历史沿革和现状

学习目标

- 了解管理心理学产生的历史背景与理论背景
- 了解国内外管理心理学的发展和现状
- 了解管理心理学面临的挑战及存在的问题
- 理解后现代思潮对管理心理学的影响
- 理解中国古代管理心理学的优势和不足

引例：中国古代管理心理学的思想萌芽

自从有了人类，人们就开始了自己的管理实践，也开始形成管理心理学思想的萌芽。先秦时期是我国古代管理心理学思想产生和奠定的时期。在春秋战国大变革的时代，出现了“百家争鸣”的局面，诸子百家在政治、经济、军事、文化等方面提出了不同的管理主张，从人性与需要思想、用人心理、激励心理、领导心理、组织心理等不同的方面阐述了管理心理学问题。中国历代统治阶级的治国之道、用人之道（如人员甄选和测评思想）中也包含了丰富的管理心理学思想。

四部兵书（即《孙子兵法》《吴子兵法》《孙膑兵法》《尉缭子》）中蕴含了丰富的管理心理学思想。一是强调教育和训练。《吴子兵法》明确提出“用兵之法，教戒为先”，并且提出人人学战、人人教战，使所有将士都能熟悉作战的技术和方法。在《尉缭子·勒卒令第十八》中也有类似的主张，不但强调教育训练，而且提出要训练士卒服从和不避刀刃的牺牲精神。《吴子兵法》还提出“三军服威，士卒用命，则战无强敌，攻无坚陈（阵）矣”。二是赏罚分明。《尉缭子》提出“赏如山，罚如溪”。意思是赏功要像山一样重，罚过也要像高山溪水一样急流直下般湍急。在赏罚方面应做到“太上无过，其次补过，使人无得私语”。《孙子兵法》在探讨两军对垒哪方胜时，把“赏罚孰明”作为保证胜利的“七计”之一。《孙膑兵法》也明确提出“不信于赏，百姓弗德。不敢去不善，百姓弗畏”，还认为“夫赏者，所以喜众，令士忘死也。罚者，所以正乱，令民畏上也”。所以兵家明确赏功罚过必须及时地主张“赏不逾日”“罚不还面”。三是协调将士的关系。《孙子兵法》提出，为将一定要“视卒如婴儿”“视卒如爱子”。必要的时候士兵才心甘情愿地去冒险拼命。《孙膑兵法》中列举了几十种必然打败仗的原因，其中都涉及将士关系问题，如“令不行，众不壹”“下不服，众不为用”等。这就从另一个角度说明要治好军队，使其不致失败，就必须注意搞好将士之间的关系。

总之，中国古代的管理心理思想源远流长，内容极为丰富，有待我们进一步去发掘整理，并结合现代实际需要去粗取精，发扬光大。

（来源：欧阳库，1991）

本章从管理心理学产生的时代背景和理论背景两个角度探讨其发展历史，之后对新时期该学科面临的机遇和挑战做一论述，最后探讨后现代思潮对管理心理学发展的影响。

第一节　管理心理学的产生

管理心理学起源于 20 世纪初期，60 年代趋于成熟，成为一门独立的学科，其形成的主要标志是 1958 年美国斯坦福大学教授利维特《管理心理学》一书的出版。从此管理心理学有了自己的名称和学科体系。

管理心理学的产生同当时的经济、社会发展及心理学和其他相关学科的发展有密切的关系。

一、管理心理学产生的社会历史背景

19 世纪末至 20 世纪 40 年代的社会历史条件促成了现代管理心理学的产生。从西方的社会历史发展情况看，19 世纪末 20 世纪初，资本主义从自由竞争阶段向垄断阶段发展，生产的社会化程度不断提高。大企业的增多以及生产自动化程度的提高，特别是市场竞争的日趋激烈，迫使资本家考虑如何尽快改善劳动者的素质，缓和人机矛盾、劳资矛盾，提高工人的劳动积极性和工作效率，增强企业的竞争力。在解决问题的过程中，资本家发现改善企业内部的人际关系、领导行为有助于生产的发展。于是，他们就聘请大批心理学家从事这方面的研究。管理心理学应运而生。

两次世界大战的爆发，使心理学在军事管理领域得到高度重视和广泛应用，从而对管理心理学的产生起到了重要的推动作用。以美国为例，1917 年 4 月 6 日对德宣战的同时，组织成立了 17 个战争心理问题研究委员会，分工研究新兵心理、服役人员心理、飞行员心理、情绪不稳定者心理、士气与宣传训练心理、军纪心理、军队院校教育心理等数十项与军事有关的心理学问题。在第二次世界大战期间，美国训练了 1300 多名高级心理学工作者为战争服务，这项工作对美国取得战争胜利起到了巨大的作用。同时，军事上的协同、指挥、战争效能的心理学研究也产生了丰富的管理心理学研究成果，推动了管理心理学研究队伍的扩大、研究方法的发展，同时扩大了管理心理学的影响，从而加快了管理心理学的发展。

二、管理心理学产生的理论背景

管理心理学的形成除得益于 19 世纪末 20 世纪初整个社会经济的发展外，还与这一时

期社会科学的发展有密切关系。20 世纪初，泰勒（F. W. Taylor）倡导的科学管理运动和闵斯特伯格（H. Münsternberg）开创的工业心理学是管理心理学形成的先驱，而真正推动管理心理学产生的是 1927 年由梅奥领导的“霍桑实验”。随后相继出现了群体动力学理论、需要层次理论、社会测量理论等。这些理论的形成与发展，为管理心理学奠定了比较充分的理论基础和学术背景。到了 20 世纪 60 年代初期，管理心理学才真正成为一门独立的学科分支而被人们广泛地接受。

（一）心理技术学

资料 2-1

心理学知识在企业管理中的应用是从心理技术学开始的。“心理技术学”实际上是劳动心理学、工业心理学开始发展时的名称。心理技术学最早是由德国心理学家斯腾（L.W. Stern）在 1903 年提出的，而最早具体对心理技术进行系统研究的是冯特（W. Wundt）的学生闵斯特伯格。受聘于哈佛大学的他于 1913 年出版《心理学与工业效率》一书，提出心理学应对工人的适应能力与工作效率的提高做出贡献。他研究的问题涉及：如何用心理测验方法选拔工人以适应工作的安排；如何改善工作条件以减轻疲劳，使工人得到最大限度的满足，以提高生产效率；如何创造心理条件，发挥一切有益于经济发展的心理氛围；等等。这些研究课题后来成为工业心理学、工效心理学、人事心理学、管理心理学的主要研究课题。正因为如此，闵斯特伯格被后人称为“工业心理学之父”。心理技术学的基本方向是解决人如何适应机器的问题，即研究人—机关系问题。闵斯特伯格的研究方向和路线以及他所采取的方法，是与管理心理学的发展方向相一致的。但是，他所考虑的面比较狭窄，还缺乏社会心理学与人类学的观点和论据。所以，他的工业心理学未能引起广泛的注意。后来的霍桑实验增加了工业心理学的广度和深度。

（二）人群关系理论

资料 2-2

人群关系理论的创始人为美国哈佛大学心理学家梅奥。在霍桑实验的基础上，梅奥于 1933 年出版了著名的《工业文明的人类问题》一书，首次提出了人群关系（或人际关系）理论。其理论要点包括：（1）人是“社会人”而不是纯粹的“经济人”。工资不是员工的唯一追求，他们还有友情、安全感、归属感和受别人尊重等情感需求。管理者不能单纯从技术和物质条件着眼，而是需要首先从社会心理方面鼓励员工士气和生产积极性，以提高劳动生产率。（2）在正式群体中存在着非正式群体。管理者应充分重视非正式群体的作用，注意协调它们与正式群体的关系，以使管理者与员工、员工与员工能互相协作，充分发挥个人的作用，提高工作效率。（3）领导可通过增加员工的工作满足度来提高工人的士气，从而达到提高效率的目的。梅奥认为，提高生产率的主要途径是提高工人的“士气”，而欲提高士气则应首先提高工人的满足度，即要力争使职工在安全、归属感、友谊等方面的需求得到满足，并把领导能否提高工人的士气作为衡量领导能力的一种新型标准（欧骁，1996）。

因此，为了实现管理方式的转变，需要训练管理人员，采用以人为中心的管理方式，掌握通过交谈了解人的思想感情的技能技巧，并提高协调正式组织与非正式组织的能力。可以看出，对管理心理学的产生而言，梅奥的人群关系理论起着直接的推动作用。梅奥首次将管理研究的重点从物的因素转到人的因素上来，将人际关系提高到管理工作的首位，不仅修正和补充了古典管理理论，还开辟了管理研究的新方向，为现代管理心理学的发展奠定了基础，对管理实践产生了深远的影响。

（三）群体动力理论

群体动力理论的创始人是德国心理学家勒温（Kurt Lewin）。勒温用物理学的力场概念和场论来阐释他的理论，因此，群体动力理论又称“场”理论。勒温把外界环境因素看成外在的心理力场，把人未获得满足时的需要看作内部力场，人的行为动向取决于内部力场与环境力场的相互作用，但主要决定因素是内部力场。根据“场”理论，勒温提出了著名的行为公式：$B=f(P \cdot E)$，其中，B 表示行为，P 表示个体，E 表示环境（2003）。公式表明，个体行为是个体内部力场与所处环境力场的函数。后来勒温（1948）把他对个体行为的观点应用于群体行为研究，提出“群体动力”概念。“群体动力”意指群体构成要素相互作用的合力及其活动的方向。影响群体活动方向的因素是群体内部力场和环境力场的相互作用。勒温的群体动力理论对管理心理学的创立与发展有很大影响，是现代管理心理学理论体系中群体心理研究的重要依据之一。

资料 2-3

（四）需要层次理论

美国心理学家马斯洛（A. H. Maslow）于 20 世纪 40 年代提出需要层次理论。他把人的需要从低到高分为五个层次，即生理需要、安全需要、爱与归属的需要、尊重需要和自我实现需要（2007）；要想最大限度地激发人的心理动力去努力工作，提高工作效率，就必须采取适当的管理措施以满足人的不同层次的需求。马斯洛的需要层次理论是管理心理学激励原则形成的一个理论来源，对管理心理学的产生和发展都有极大的影响，直到今天，西方的管理心理学仍把这一理论作为其重要的理论基础。

（五）社会测量学

社会测量学的创始人是莫雷诺（J. L. Moreno）。1927 年莫雷诺迁居美国，从事社会心理学研究，提出了社会心理测量学理论。这种技术采用填写问卷的方法，让被试者根据好恶感对伙伴进行选择，并将这种选择用图表表示出来。这样人们便可以对群体中各成员之间的关系进行分析。

资料 2-4

尽管社会测量学有许多理论问题值得商榷，但是就其方法本身来说颇有实用价值，在当前的管理实践中也得到了广泛的运用。

综上所述，正是特定的社会历史背景、众多的理论研究及人们对管理实践经验的总结与概括，使管理心理学最终在 20 世纪 60 年代登上了历史舞台。其后，管理心理学快速发展，且在管理科学领域逐渐成为一门重要的基础学科。

【资料】

需要层次理论在管理中的运用如表 2.1 所示。

表 2.1 需要层次理论在管理中的运用

需要层次	一般激励因素	组织措施	人力资源政策
生理需要	衣食住行 水、空气 性 休息	暖气与空气调节 基本工资 自选餐厅 工作条件	基本薪酬 基本医疗保障 合理工时 基本住宿
安全需要	安全 保障 胜任 稳定	安全的工作条件 附加的福利 稳定的薪水 职业安全	雇用保证 退休金制度 意外保险 基本技能培训
爱与归属的需要	良好沟通 爱 友谊 协作的文化 团队的精神	管理的质量 和谐的工作群体 同事的友谊 公平的绩效制度 价值观的整合	工作协商制度 公平绩效考核 教育培训制度 互助金制度 团体活动计划
尊重需要	绩效的肯定 价值的承认 地位 信任与信赖 尊敬	工作称职训练 奖励随绩效增加 同事和上级承认 工作本身的价值感 责任	公平绩效考核 晋升管理制度 表彰制度 人才复制系统 委员会参与制度
自我实现需要	成长 提升 成就 回报社会	有挑战性的工作 创造性 在组织中提升 工作的成就	决策参与制度 提案制度 领导者培养制度 尊崇的荣誉激励

（来源：领导力与激励管理之需要层次理论[EB/OL].（2013-06-22）. http://blog.ceconlinebbs.com/BLOG_ARTICLE_203666.HTM.）

第二节 管理心理学的发展及现状

一、西方管理心理学的发展

在西方，管理理论的演变大致划分为三大阶段：古典管理理论阶段、行为管理理论阶段、现代管理理论阶段（包含数量管理理论、质量管理理论、权变管理理论、系统管理理论）（周三多，2012），相应地，西方管理心理学理论的演进大致也划分为以下三个阶段。

（一）古典管理心理学阶段

古典管理心理学大致形成于 20 世纪初到 20 世纪 20 年代，代表人物是泰勒、法约尔（H. Fayol）、厄威克（L. F. Urwick）以及闵斯特伯格等。这一时期理论研究的特点是以工作效率为中心，研究的重点是如何通过改进工作条件、健全工作制度，用科学的管理方法来提高工作效率。当时人的重要性还没有凸显出来，人不受重视，盛行的人性观是“经济人”假设。

（二）行为管理心理学阶段

行为管理心理学大致形成于20世纪20年代到40年代，代表人物是马斯洛、梅奥等。受行为主义心理学的影响，这一时期理论的特点是以人的行为为中心，研究的重点是如何通过满足人的需求、调整人的行为、改善人际关系来激发人的创造性、主动性。管理研究的重点从物的因素转到人的因素上来，管理者的人性观开始转向“社会人”假设，当然，最终的落脚点仍是如何提高工作效率。

（三）现代管理心理学阶段

现代管理心理学形成于20世纪50年代，至今仍处在发展过程中。这一时期理论研究的特点是比以往更强调从心理学和社会学的角度来研究管理，重视社会环境、个性发展及人际关系对提高工作效率的影响。它以现代管理理论作为自己的理论基础，以“人”为研究的中心。管理者的人性观经历了几次明显的变化：自我实现人—复杂人—文化人—决策人，对人的理解开始从多角度入手。这一阶段管理心理学得到了迅速发展，表现如下。

1．专业研究人员增加迅速，研究机构不断扩大

工业组织心理学会（Society for Industrial—Organizational Psychology，SIOP）是美国心理学会下属的专门机构之一。据该机构官方网站资料，1960年美国工业与组织心理学会会员为734人，截至2000年已增至3601人，而且进入这个领域的女性比例已经大幅提高。1989年统计数字表明，得到工业组织心理学博士学位的人中大约有一半（46%）是女性；美国有88所大学培养管理心理学专业博士研究生，其中46所授予工业与组织心理学博士学位，42所大学商学院授予组织行为学博士学位。

2．研究课题日益广泛深入

（1）组织变革。进入20世纪90年代以来，组织变革已成为全球化经济竞争中管理心理学研究的首要问题，这方面的研究主要探索组织变革的分析框架、理想的组织模式、干预理论以及变革代理人的角色。维克和奎恩（Weick & Quinn，1999）研究发现，勒温传统的阶段性变革程序（即冻结—变革—再冻结）已逐渐被连续性变革程序（即冻结—再平衡—解冻）所取代。这种新的理论强调变革应是连续的、发展的、渐进的，尽管这些变革所进行的调整可能较小，但能够从根本上改变组织的结构和战略，保障变革的顺利实施并达到预期目的。

（2）领导行为研究。与组织变革密切相关的是领导行为研究。受权变理论的影响，近年来先后出现了多种领导理论，如路径—目标理论、领导—参与模型、生命周期理论。目前有代表性的是费德勒（F. E. Fiedler，1986）提出的领导有效性权变模型，它强调决定领导成效的关键与其说是领导个人的智力和才能，不如说是使认知资源得到利用的条件。

（3）管理决策。在组织变革中，管理决策因素尤为重要，因为组织结构调整总是在一定的风险情境下进行的。目前，在个体研究水平上，比较注重决策和判断中所采取的认知

策略和判断决策问题；在组织研究水平上，主要分析不同背景下的决策模式、权力结构和参与机制，并特别重视决策技能的开发和利用。

（4）激励问题。激励问题是管理心理学研究的核心问题，过去曾产生了内容学派、过程学派和强化学派等有关激励的理论。目前，亚当斯（J. S. Adams）的公平理论对于薪酬设计的实际意义仍然受到普遍重视。

（5）组织承诺。有关工作或组织承诺的研究日益受到重视，主要从工作价值观、职业发展、工作责任心、组织认同和对社会的态度等方面开展研究，探讨了组织承诺对离职、工作满意感、工作安全感、人际关系的影响以及组织承诺的形成规律。例如刘小平（2011）选取社会交换过程中的关键要素，以风险认知作为员工建立与组织交换关系的起始点，以组织信任作为激发和维持社会交换关系的关键要素，建立了一个组织承诺形成过程的内部机制模型。

（6）组织文化。组织文化也成为研究的热点问题，它是教育和引导员工形成好的认知、思考和感知问题方式的有效方法，这方面的研究主要集中在组织文化的特点、结构和运行机制上。例如于天远、吴能全（2012）通过案例研究，构建了“组织文化变革路径模型”，阐释了“政商关系的非人格化水平”对组织文化变革路径的影响。

（7）团队研究。团队研究主要探讨团队的凝聚力、创造力，团队的构成、目标设定，团队内的关系、规范、角色、冲突和团队决策等，引起了广泛的注意。例如林晓敏、白新文和林琳（2014）从团队认知的角度出发，探讨共享心智模型与团队创造力之间的关系，指出团队也是信息加工者，团队决策实质上也是信息搜寻、编码、存储和提取的认知加工过程，心智模型的相似性与正确性均能影响团队创造力，但方向正好相反，心智模型相似性负向预测团队创造力，而心智模型正确性则正向预测团队创造力。

（8）跨文化研究。管理的跨文化研究是适应跨国公司发展的新的研究方向，最有影响的是关于个人主义与集体主义国民特性对组织管理影响的研究。例如研究者（田志龙，熊琪，蒋倩，Jin，Zhou，2013）运用深度访谈法研究了“走出去”的中国企业和“走进来”的外国企业中，中国员工面临的跨文化沟通挑战情境和挑战事项，企业和个人应对挑战的策略，以及中国员工跨文化敏感性等问题。

3．研究方法更加科学

为了提高研究结果的外部效度，当代的管理心理学研究大多采用现场试验、参与观察、大规模问卷调查等手段，开始从静态分析过渡到动态分析，从单一的心理学研究发展到心理学、管理学、社会学、人类学、政治学、经济学乃至数学的多学科综合研究。实验设计多采用多变量实验技术，开始应用结构方程模型、项目反应理论、关键事件法、计算机模拟等新方法、新技术。也有部分学者开始从后现代的视角研究管理心理学问题。

二、我国管理心理学的发展

从整体上看，我国管理心理学的研究起步较晚。从1978年开始，随着我国的改革开放逐渐深入，管理心理学者开始系统地引入国外管理心理学的理论和方法，逐渐完成了我国管理心理学的学科体系建设。1979年中国心理学会筹建“工业心理学专业委员会”，从1980

年 4 月该委员会正式成立算起，距今不过四十余年的历史。在这四十多年里，管理心理学理论知识的普及和研究工作已取得不少的成绩，突出表现在以下三个方面。

（一）建立了许多学术组织与教学、研究机构

目前，我国的许多高等院校和科研院所都成立了专门的管理心理学的教学研究机构，开展管理心理学的教学与研究工作，已具备从本科生到博士后的管理心理学后备队伍的培养体系，研究经费主要来源于国家自然科学基金委员会，部分来源于企事业单位横向合作项目，20 世纪 80 年代以来，已培养了管理心理学方面的百余名博士和数百名硕士，成为我国管理心理学研究的中坚力量。2002 年 11 月，国家教育部高等教育司委托苏州大学举办了第一期全国管理心理学骨干教师培训班。我国一些管理心理学研究者在国际应用心理联合会担任一定的领导职务，并参与了一些重要的管理心理学杂志的编辑工作，已在国际管理心理学界确立了自己的一席之地。

（二）开展了多方面的研究工作

我国的管理心理学研究课题虽未涉及管理心理学的所有领域，研究方法也主要以吸收国外的研究方法为主，但也开展了卓有成效的研究工作。首先，我国学者在工作动机、领导行为、管理决策、价值观、员工培训、人员选拔、组织变革和组织氛围等方面进行了较为系统的研究；其次，通过与国外工业与组织心理学家的合作研究，我国不仅缩短了与发达国家的差距，还丰富了国际管理心理学的知识体系；最后，近年来，管理心理学在国有企业改革、领导干部选拔、缓解员工工作压力、人才招聘和培训等应用领域也进行了一些研究和应用推广工作，发挥了越来越重要的作用。

（三）完成了一批研究成果

我国管理心理学的研究是从翻译和介绍国外的工业与组织心理学论著开始的。从 20 世纪 80 年代起，我国的学者陆续翻译了一些国外较有影响的管理心理学著作，如马斯洛的《动机与人格》、沙因（E. H. Schein）的《组织心理学》、麦考密克（E. J. McCormick）和伊尔根（D. R. Ilgen）的《工业与组织心理学》等。我国学者编著出版的专著或教材也越来越多，如卢盛忠主编的《管理心理学》（1985）、苏东水著的《管理心理学》（1986）、周妙群编著的《管理心理学》（1990）、王重鸣编著的《管理心理学》（2000）、孔祥勇主编的《管理心理学》（2001）、俞文钊编著的《管理心理学》（2002）、朱永新主编的《管理心理学》（2002）、张向葵主编的《管理心理学》（2003）、薛振田编著的《管理心理学》（2005）、梁宝勇主编的《管理心理学》（2006）、刘永芳主编的《管理心理学》（2008）、程正方的《管理心理学》（2012）、苏东水编著的《管理心理学（第 5 版）》（2013）、范逢春主编的《管理心理学》（2013）、郑安云和何飞主编的《管理心理学》（2014）、吴晓义主编的《管理心理学》（2015）、颜世富主编的《管理心理学》（2016）、孙健敏和穆桂斌编著的《管理心理学》（2017）、崔光成主编的《管理心理学》（2018）、范逢春主编的《管理心理学》（2019）等。这些著作大多是为了满足高等院校和企事业单位的教学和培训需要而出版的，基本的体系差不多，但写作的角度和强调的重点各有不同。此外，还涌现了一批具有中国特色的管理心理学研究成果，如

俞文钊关于同步激励论、公平感受阈的研究，凌文辁关于中国人内隐领导理论的研究，王重鸣关于管理决策相关问题的研究，时勘关于胜任特征和工作倦怠问题的研究，等等。

【资料】

我国管理心理学研究的特点

我国的管理心理学研究，虽然主要还是在吸收国外研究成果，并在此基础上结合我国企业存在的问题开展研究工作，但已经初步形成了自己的特色。具体表现在以下几个方面：（1）研究工作较多采取现场研究方式，较少在实验室内进行；（2）调查的对象很少是本专科学生，主要是企业的管理人员和职工；（3）许多研究是与企业管理人员合作进行的。

（来源：http://wiki.mbalib.com/wiki/管理心理学.）

第三节　管理心理学面临的挑战和存在的问题

一、管理心理学面临的挑战

作为一门应用性很强的学科，管理心理学将随着时代的变迁和社会环境的变化而不断面临新的挑战。在当前情况下，管理心理学面临的挑战主要来自以下几个方面。

（一）经济全球化

经济全球化（globalization）使企业和其他组织面对的环境发生了根本的变化，企业组织的开放程度更高，竞争将在全球范围内展开，这必然会面临诸多新问题，过去的管理心理学理论和知识将不能适应新形势的要求，这就是管理心理学面临的挑战。就我国而言，加入 WTO 之后，加速了融入经济全球化浪潮的步伐，在由计划经济向市场经济转轨的过程中，企业将会在相当长一段时间内面对组织结构调整和发展带来的一系列管理心理学问题，如企业转制和重组、企业战略调整、管理决策、技术和管理创新等都会带来一系列心理学问题，需要管理心理学加以解决。

资料 2-5

（二）劳动力的改变——多样化

与过去的管理心理学相比，现代管理心理学面临的一个突出问题是劳动力的多样化。首先，现代社会职业分工越来越细，新的职业领域层出不穷，使得劳动力在工作的性质、内容及在职业体系中所处的位置各不相同；其次，20 世纪 60 年代以来的妇女解放运动使得越来越多的女性成为职业女性，从而增加了劳动力的多样化色彩；最后，现代社会是一个价值多元化的社会，不同国籍、不同年龄、不同性别的员工的价值取向和心理需求不同，即便是同一国籍、年龄和性别的员工也会由于家庭和教育背景及个性特征的不同而表现出不同的价值追求，特别是新生代的员工常常表现出与老一代的员工完全不同的价值取向，这在精神层面上助

资料 2-6

长了劳动力的多样化趋势。劳动力的多样化实际上意味着管理心理学研究的主体发生了变化，使得传统的管理心理学理论难以适应新形势的要求，从而为管理心理学提出了新的课题。

（三）新型的雇佣关系

现代社会组织和员工之间的雇佣关系也在悄然发生变化。一方面，在工作内容和时间上，现在的员工不像过去那样把工作的稳定性和安全性作为职业选择考虑的第一要素，而是注重职业提供的发展空间和机会。当一种工作不能满足自己的发展需要时，人们就会选择离开，因此人们的工作内容具有多变性，员工流动性增强，临时性工作增多，有人甚至干脆不加入任何组织，成为自由职业者。另一方面，在工作方式上，出现了虚拟团队、家庭办公等新的组织形式。这也对管理心理学提出了新的挑战。

资料 2-7

（四）信息技术与知识经济

现代社会是信息化的社会，计算机技术和互联网的迅速发展使组织的形式和组织内外的管理活动发生了天翻地覆的变化。第一，信息技术为较小的公司参与全球市场竞争提供了可能，使企业和组织面对的市场扩大了，也使知识和信息成为更为宝贵的财富和资源；第二，信息技术改变了组织的结构和形式，正在重新形成组织，虚拟组织、家庭办公等新的组织形式都是信息技术的直接后果；第三，信息技术改变了组织与组织之间联络和沟通的方式，使得企业的经营和商贸活动发生了变化；第四，信息技术既改变了组织内人们完成任务的方法，也改变了人们沟通和一起工作的方式。这些变化所引起的人们的心理和行为问题亟须管理心理学加以研究和解决。

资料 2-8

（五）团队化

现代组织越来越重视团队建设和团队合作，因此团队管理成为现代管理的主要形式。之所以如此，主要是因为现代企业的规模越来越大，组织的结构越来越复杂，团队能够比个人更加有效地解决复杂问题，减少组织层次，简化组织结构，还能够增强和培养团队成员的责任感和协作精神。由团队化带来的一系列问题也是管理心理学需要面对和解决的新问题。

资料 2-9

（六）商业伦理的变化

随着社会的不断进步，人们的商业伦理观念在不断变化，伦理敏感度和道德紧张感也在不断提高。过去认为合乎商业规范的许多管理行为，现在常常被视为违背了商业道德。例如，过去认为监控员工行为是天经地义的事情，现在有了窥视员工隐私之嫌；过去认为平均奖励、大锅饭是最公平的事情，现在被视为有失公正。此外，对员工形成刻板印象、使用同伴压力诱迫员工完成任务、采取组织政治手段达到管理目标等都被认为是有违商业道德的行为。这些变化也为新形势下的管理心理学提出了新的研究课题。

资料 2-10

二、我国管理心理学存在的问题

（一）管理心理学理论的西方化

不可否认，我国管理心理学的学科体系来自于西方的管理心理学，只要将我国多数管理心理学教材的体系与1958年美国斯坦福大学教授利维特的《管理心理学》及目前比较权威的罗宾斯（Stephen P. Robbins）的《组织行为学》（第14版）的体系加以比较，就可以发现这一点。此外，我国管理心理学的理论概念和研究内容也基本上沿用西方的概念体系。这固然有其客观的原因，一方面，我国管理心理学研究的历史较短，基础比较薄弱；另一方面，我国的管理实践相对落后。但管理心理学的理论、概念和方法具有明显的地域性和文化相对性，适用于西方的理论和概念未必适合我国的国情，所以我们有必要从我国的国情出发建立具有中国特色的管理心理学理论和概念体系。而且，这也完全是可能的，一方面，中国传统文化中包含了丰富的管理心理学思想，为我们提供了充足的资料和理论起点；另一方面，当代中国的改革开放，经济腾飞，尤其是企业组织的改制、转轨实践，为提炼具有中国特色的管理心理学理论提供了绝好的素材，我们应该完全有信心建立起具有中国特色的管理心理学理论体系。

（二）管理心理学理论的学院化

管理心理学要想发展，离不开管理实践的推动，理论与实践的紧密结合是管理心理学发展完善的根本保证。一个很好的例子就是霍桑实验，在长达十年的实践研究基础上，梅奥提出了人际关系理论，发展了人性观，极大地推动了管理心理学的发展。一方面，目前我国的现实状况是从事理论研究的人员主要集中在高等院校和科研院所，与管理实践的分离和脱节，使得许多研究过于“阳春白雪”，只管理论上自圆其说，却没有考虑企业的实际状况和要求，或者所建立的理论要求的企业环境远远高于我国大多数企业的发展水平，从而导致很多理论无法在管理实践中应用推广；另一方面，企业组织中从事管理工作的人又常常由于理论素养不足，只能凭借经验开展常规事务性的工作，知其然而不知其所以然，一旦情况超出经验范围，就会手足无措，不知该如何应对。因此，我国的管理心理学必须走出“象牙塔”，从实践中来，到实践中去，从实践中汲取力量，为实践服务。

（三）管理心理学发展的滞后化

管理心理学作为一门重要的应用基础学科，发展的总体状况落后于管理实践要求。不妨用图2.1来分析一下这种状况。管理心理学应对微观理论层面的问题，人力资源管理则应对微观应用层面的问题，而组织理论和组织发展则分别应对宏观理论和应用层面的问题。值得注意的是，当前人力资源管理的重要性已经凸显出来，组织发展的好坏快慢已经很大程度上取决于人力资源管理的水平和质量。企业的领导者也已经认识到了这一点，如在美国很多企业的人力资源总监在组织中的地位仅排在总经理、财务经理之后，在日本人力资源总监的地位仅次于总经理。然而，管理心理学发展的滞后已经远远落后于人力资源管理实践发展的需要，严重地制约了人力资源管理水平的提高。

	宏观	微观
理论	组织理论	管理心理学
应用	组织发展	人力资源管理

图 2.1　管理心理学与其他研究领域的关系

此外，管理心理学发展的滞后还表现在：第一，由于国内的理论研究模仿多于创新，所以在对西方理论进行介绍时，语言转换和文献检索的时滞使得一些理论在西方风潮已过，在我国却被冠以“新理论”“新思想”。这种理论演进模式本身就使得我国管理心理学发展落后于西方数十年。第二，在研究内容上，我们总是喜欢对那些已经发生过的相当久远的问题进行回顾性的探讨，前瞻性和预测性的研究匮乏。出现这种状况的原因一方面在于思想保守，担心前瞻性和预测性研究所包含的不确定性给自己带来学术风险；另一方面则源于我国管理心理学工作者自身知识结构和创新意识的欠缺。前瞻性研究要求研究者高瞻远瞩，对国家经济、政策、企业的未来走向等方面有深刻的洞察能力，这是以深厚的理论功底和学术素养为基础的，也需要求真务实的学术胆量和勇气，我国学者常常对此望而却步，以致造成了研究内容上的滞后。

（四）管理心理学理论的抽象化

管理心理学理论的抽象化具体表现在：第一，一直抽象地延用个体心理学、群体心理学、领导心理学、组织心理学四部曲的模式，将心理过程和管理过程分离开来。研究中理论成分多，实际探讨少。第二，抽象化地将政府管理和企业管理统称为管理，而实际上二者有巨大的差异。如何做到政企分开，有针对性地、分门别类地探讨不同类型的问题尚未引起足够的注意。

除上面讲的四个方面之外，我国管理心理学还存在以下问题：第一，研究力量比较分散，在针对国际最新趋势和国家社会经济转型要求方面，缺乏较为系统的研究规划。第二，国家自然科学基金委以及国家科技部虽然对于心理科学，特别是管理心理学在国家社会经济发展上有迫切的要求，但是经费投入较少，使得一些重要的、涉及管理心理学长远发展的重大课题得不到必要的支持。如管理科学部主要资助有直接应用价值的人力资源管理对策项目，而较少对管理心理学的理论前沿研究课题给予资助。第三，实验室设备亟待改善。管理心理学是一个研究人—团体—机器系统的综合学科。随着高新技术的发展及其对于管理心理学研究的新要求，亟待组建现代化的管理心理学国家开放实验室，以缩短与国外管理心理学的差距。目前，国外很多管理决策实验、情境模拟评价和训练、大样本调查和数据处理都离不开计算机网络的支持。应通过启动重大项目组建适应跨世纪要求的管理心理学开放实验室。

三、管理心理学与后现代思潮

后现代（post-modern）思潮是对现代西方文化精神和价值取向的一次重大冲击，是对现代主流的科学认识观的怀疑，特别是对长期主导自然科学和社会科学的实证主义思想和原则的一种批判。它是20世纪中期西方发达国家由工业社会转入后工业社会（或信息社会）过程中出现的一种文化思潮，是在进入信息量剧增、知识爆炸、文化多元化的开放世界时，由关注人作为主体的认知功能等因素的驱动而产生的人类认识观念的再反思。

后现代思潮的发展经历了两个阶段：早期以激进和否定为特征，其主要流派有法国的德里达（J. Derrida）、福柯（M. Foucault）创建的后结构主义，德国的伽达墨尔（H. G. Gadamer）的哲学解释学，以及以美国哲学家罗蒂（R. Rorty）等为代表的新实用主义。晚期在回应和完善早期后现代主义的过程中，逐渐实现了以格里芬（D. R. Griffin）为代表的建构性后现代主义。早期的后现代主义哲学家主张对结构的消解和对中心的摧毁。德里达抨击结构主义者滥用结构概念，潜伏着某种危机。使用结构概念，意味着承认一种构架和一种占统治地位的原则。他主张消解整体性和等级性，即“解构”，以防止秩序的僵化和集权化。晚期的建构性后现代主义以美国格里芬（D. R. Griffin）为代表，坚持对现代主义的批判，但是并不主张激进的彻底摧毁。

后现代主义的主要观点可以概括为以下几点。

（1）后现代主义把人的认识观和科学观置于信息多样化和文化多元化的时代背景之上，强调认识主体内在概念系统对观察认知事物的先决作用，认为这具有不可忽视的合理性，符合辩证法。

（2）后现代主义不追求某种狭隘的唯一的方法，认为这可能误导人们的思想，而多元化的方法有益于人们在认识领域和科学研究中开放意识和展现思想。

（3）后现代主义强调科学与文化的联系，鼓励不同“文化成见”的沟通，认为这既有利于本土化研究，也有利于跨文化研究。

（4）后现代思潮强调方法的多元化，必然导致理论的多元化，认为这是契合当今多元世界发展的趋势的。

后现代思潮对管理心理学的影响可以从以下几方面来理解。

1. 后现代思潮推动管理心理学研究的转变

后现代思潮已经引起了并将会继续推动管理心理学研究主题、范式和方法的转变（吴岩，2005）。

（1）研究主题转变。主要表现在，在后现代思潮的影响下，许多研究者逐渐将注意力从过去聚焦于凝固、稳定的管理状态转向面对灵活的可变状态。当今流行的所谓变革管理、学习型组织、创新管理等概念和做法，就是这种转变的特殊表现。在过程管理方面，谈判、共识、双赢方式等受到了更多的重视；在人力资源方面，关注存在于主流之外的各种边缘人的生存状态、关注女性、关注人才多元化、关注民族和文化差异等也成了管理心理学研究的重点；在组织架构上，关心组织存在的生态环境等也属于后现代管理研究的内容。在后现代思潮影响下，管理心理学研究的主题和内容正在沿着多元化的方向悄悄地发生变化。

（2）研究范式和学术规范转变。改变追求统一范式的做法，强调个人的创造性和批判性，扭转少数学术精英对研究领域的控制局面，强调矛盾、讽刺和兼收并蓄及多元化因素等，是后现代学术规范兴起的标志。在文本表达方面，后现代主义研究者试图在论文中给读者提供尽可能多的生动案例，研究者和读者一起分享案例、证据、书信、照片、详细的对话记录以及研究者亲眼观察到的事物。采用后现代方法的研究者非常重视写作过程本身，试图建立起一种友好、愉悦的陈述环境，与读者共同建构和分享基本的内容。

（3）研究方法转变。以往对管理现象的研究习惯于进行大范围、大样本的调查研究和分析统计，无论是定性还是定量研究，都违背了后现代主义对世界的基本假设。由于大样本本身是不存在的，因此这些研究所得出的推论就显得没有实际意义。按照后现代主义者的主张，管理心理学研究应该从大范围的组织层面的研究转向对微观世界的独立而细致的案例性分析。此外，后现代主义还主张多种方法的兼收并蓄。

以新的态度对组织管理心理学的经典文献进行分析，也是后现代管理心理学研究的一种方法。波特（R. S. Burt，1987）曾经以全新的视角重新审视关于美国中西部地区内科医生滥用抗生素的经典著作，发现经典研究中存在着大量的主观主义的内容，这些内容纯粹是为了进行学术对抗，有时作者还会为此改造数据以达到自己的目的。客观而言，波特的贡献不仅在于对经典数据的权威解释进行了质疑，而且彻底改变了我们由于受社会影响坚守某些固定解释的信念。

后现代方法学的最大影响莫过于社会科学（包括心理学和管理心理学）领域质的研究的兴起。许多学术论文都采纳了这种方法。这种方法不仰仗于数据的统计分析，也不同于观察资料的报告，而是将重点聚焦在作者对问题本身的感受方面。在详细地研究过一个案例之后，作者不做大量的推广暗示，而是遵循这种分析方式，再度试图从这个分析中获得新的灵感。

2．后现代思潮对管理心理学传统理论产生了冲击

后现代思潮批判和解构的思想，必然对传统管理心理学的经典理论进行质疑。旧的理论被批判和解构，新的理论将会被创造。这种挑战和冲击会导致整个管理心理学研究领域学术研究的混乱，研究者在没有权威的解构主义思想冲击下会出现方向的丧失。后现代思潮到底会冲击到什么程度尚没有定论，但是这种冲击是客观存在的。

3．后现代思潮将会促进管理心理学向多元化的方向发展

后现代思潮强调思想的多元化，这有利于管理心理学研究方向的多元化。多元化的研究方向必然导致管理心理学研究领域思想更加活跃，观点更加多样，从而呈现出百花齐放、百家争鸣的局面。

本章小结

1．管理心理学的产生有其特定的社会和理论背景。19世纪末20世纪初，资本主义从自由竞争阶段向垄断阶段发展，生产的社会化和自动化程度不断提高，催生了现代管理心理学，同时期泰勒倡导的科学管理运动和闵斯特伯格开创的工业心理学是管理心理学的雏形或先驱，而真正推动管理心理学产生的是1927年由梅奥领导的“霍桑实验”。随后相继出现了群体动力理论、需要层次理论、社会测量理论等。到20世纪60年代趋于成熟，成为一门独立的学科，其形成的主要标志是1958年美国斯坦福大学教授利维特《管理心理学》一书的出版，从此管理心理学有了自己的名称和学科体系。

2．西方管理心理学理论的发展大致经过古典管理心理学、行为管理心理学和现代管理

心理学三个阶段。我国管理心理学的研究起步较晚，经历了从引进、介绍国外理论和方法到自主研究、发展的艰难探索过程，逐渐完成了我国管理心理学的学科体系建设。

3．新形势下管理心理学面临着来自经济全球化、劳动力的改变——多样化、新型的雇佣关系，信息技术与知识经济、团队化和商业伦理的变化等方面的挑战。我国的管理心理学还存在着西方化、学院化、滞后化和抽象化的不足，建立有中国特色的管理心理学理论和应用体系任重而道远。

4．后现代思潮拓展了管理心理学的研究视野和主题，克服了研究方法单一化等缺点，对现代管理心理学的发展将起到举足轻重的作用。

思考题

1．谈谈你对管理心理学中理论与实践的关系的理解，并举例加以论述。

2．深圳某大型眼镜生产企业的行政部门出台了一份文件，规定上班时间厕所要上锁，有需要的员工要履行请假手续方可如厕。对此，该公司的行政主管解释说，此前，公司员工消极怠工的现象非常严重，经常有员工躲在厕所里抽烟、看报纸、看书，半天都不出来，公司的生产秩序因此受到了影响。所以管理层开会确定了这个办法，老板也同意执行。

（1）请运用“经济人”假设理论解释这一现象。

（2）联系实际，谈谈如果该公司实施这一措施，会对员工的心理和行为产生什么影响。

（3）你认为当今企业中的人是“经济人”，还是“社会人”？为什么？

3．霍桑实验对于现代企业经营管理有哪些启示？

4．你认为应该如何把西方先进的管理心理学理论与中国的管理实践相结合，建构中国自主的管理心理学知识体系？

案例讨论

案例 1：UPS 的高效管理法

联合邮包服务公司（UPS）雇用了 15 万员工，平均每天将 900 万包裹送到美国各地和 180 个国家。为了实现他们的宗旨——“在邮运业中办理最快捷的运送”，UPS 的管理当局系统地培训了员工，以使他们以尽可能高的效率工作。UPS 的工业工程师们对每一位司机的行驶路线都进行了时间研究，并对运货、暂停和取货活动都设立了标准。这些工程师记录了红灯、通行、按门铃、穿过院子、上楼梯、中间休息喝咖啡的时间，甚至上厕所的时间，将这些数据输入计算机，从而给出每一位司机一天中工作的详细时间标准。

为了完成每天取送 130 件包裹的目标，司机们必须严格遵循工程师设计的程序。当他们接近发送站时，他们松开安全带，按喇叭、关发动机、拉起紧急制动、把变速器推到一档上，为送货完毕的启动离开做好准备，这一系列动作严丝合缝。然后，司机从驾驶室出溜到地面上，右臂夹着文件夹，左手拿着包裹，右手拿着车钥匙。他们看一眼包裹上的地址把它记在脑子里，然后以每秒 3 英尺的速度快步走到顾客门前，先敲一下门以免浪费时间找门铃。送货完毕后，他们在回到卡车的路途中完成登录工作。

（来源：科学管理原理案例[EB/OL].（2012-05-12）. http://www.docin.com/p-400710526.html.）

讨论问题：

1．UPS 主要运用了什么管理方法？

2．你如何评价这一管理方法？

3．你对于 UPS 的管理有何改进建议？

案例 2：离职的高才生

张哲是一个名牌大学高才生，毕业后在一家大厂工程部负责技术工作，工作诚恳负责，技术能力强。然而，工作快四年了，工资却同仓管人员不相上下，一家三口尚住在来时住的那间平房。对此，他心中时常有些不平。

厂长吴群，一个有名的识才的老厂长。四年前，张哲调来报到时，门口用红纸写的“热烈欢迎张哲工程师到我厂工作”几个不凡的大字，是吴厂长亲自吩咐人秘部主任落实的，并且交代要把“助理工程师”的“助理”两字去掉。这确实使张哲当时工作更卖劲。两年前，厂里有指标申报工程师，张哲排在可申报之列，但名额却让给一个没有文凭、工作平平的同事。他想问一下厂长，谁知，厂长却先来找他了：“张工程师，你年轻，机会有的是。”去年，他想反映一下工资问题，这问题确实重要，来这里其中一个目的不就是想得高一点工资，提高一下生活待遇吗？但是几次想开口，都没有勇气讲出来。因为厂长不仅在生产会上大夸他的成绩，而且，曾记得，有几次外地人来取经，吴厂长当着客人的面赞扬他：“张工程师是我们厂的技术骨干，是一个有创新精神的年轻人。”这的确让张哲兴奋，前段时间，厂长还把一项开发新产品的重任交给他。然而，最近，厂里新建好了一批职工宿舍，听说数量比较多，张哲决心要反映一下住房问题，谁知这次吴厂长又先找他，还是像以前一样，笑着拍拍他的肩膀：“张工程师，厂里有意培养你入党，我当你的介绍人。”他又不好开口了，结果家没有搬成。深夜，张哲对着一张报纸的招聘栏出神。第二天一早，吴厂长办公台面上放着一张小纸条：

吴厂长：

您是一位懂得使用人才的好领导，我十分敬佩您，但我决定走了。

（来源：管理心理学案例[EB/OL].（2017-04-05）. https://wenku.baidu.com/view/5530a6212379168884868762caaedd3382c4b573.html.）

讨论问题：

张哲为什么选择离职？请运用马斯洛需要层次理论进行分析。

参考文献

[1] 梅奥．工业文明的人类问题[M]．陆小斌，译．北京：电子工业出版社，2013．

[2] 高扬，张楠．基于层次分析的民航飞行员选拔心理素质模糊综合评价[J]．安全与

环境工程，2013（5）：149-153.

[3] 勒温．拓扑心理学原理[M]．高觉敷，译．北京：商务印书馆，2003.

[4] 林晓敏，白新文，林琳．团队心智模型相似性与正确性对团队创造力的影响：多层次模型[J]．心理学报，2014，46（11）：1734-1747.

[5] 刘小平．员工组织承诺的形成过程：内部机制和外部影响：基于社会交换理论的实证研究[J]．管理世界，2011（11）：92-104.

[6] 欧骁．试析梅奥人群关系理论的价值和意义[J]．理论与当代，1996（9）：35-36.

[7] 欧阳库．管理心理学[M]．西安：陕西师范大学出版社，1991.

[8] 卿涛，凌玲，闫燕．团队领导行为与团队心理安全：以信任为中介变量的研究[J]．心理科学，2012，35（1）：208-212.

[9] 隋杨，王辉，岳旖旎，等．变革型领导对员工绩效和满意度的影响：心理资本的中介作用及程序公平的调节作用[J]．心理学报，2012，44（9）：1217-1230.

[10] 田志龙，熊琪，蒋倩，等．跨国公司中中国员工面临的跨文化沟通挑战与应对策略[J]．管理学报，2013（7）：1000-1015.

[11] 吴岩．教育管理学基础[M]．北京：清华大学出版社，2005.

[12] 马斯洛．动机与人格：第 3 版[M]．许金声，译．北京：中国人民大学出版社，2007.

[13] 于天远，吴能全．组织文化变革路径与政商关系：基于珠三角民营高科技企业的多案例研究[J]．管理世界，2012（8）：129-146.

[14] 周三多．管理学[M]．3 版．北京：高等教育出版社，2012.

[15] BURT R S. Social contagion and innovation: Cohesion versus structural equivalence[J]. The American Journal of Sociology, 1987, 92(6): 1287-1335.

[16] FIEDLER F E. The contribution of cognitive resources and leader behavior to organizational performance[J]. Journal of Applied Social Psychology, 1986, 16(6): 532-548.

[17] LEWIN K. Resolving social conflicts: Selected papers on group dynamics[M]. New York: Harper, 1948.

[18] WEICK K E, QUINN R E. Organizational change and development[J]. Annual Review of Psychology, 1999, 50(1): 361-386.

自测题

复习题

第三章　管理心理学的基础理论

学习目标

- 掌握各种人性假设的基本观点及其相应的管理措施
- 理解博弈论
- 掌握心理学基础理论

引例：管理行为背后的人性假设

在学校管理中，我们常常会发现这样的现象：严格的出勤打卡制度及扣分；校长不打招呼的推门听课和突击检查；教师聘任中的末位淘汰；教学失误后对教师的经济惩罚；把教职工放在被动位置上大抓特抓；等等。

学校为什么要采取这些办法来管理学校呢？关键还在于学校管理者对教师的分析和管理的出发点。他们认为如果对教师不严格管理，不进行经济处罚，不搞突然袭击，不用严厉的措施和办法，他们就不会按时到校上课，就不会尽心尽力，就有可能敷衍了事。所以，以上管理几乎都是基于人性弱点和缺点假设而设计的管理制度和管理办法。这样的管理很难得到教职工的拥护和支持。

美国著名管理学家麦格雷戈（Douglas M. McGregor）说："在每一个管理决策或每一项管理措施的背后，必有某些关于人性本质及人性行为的假设。"他又说："这种人性本质和人性行为的假设，在一定程度上决定了管理的出发点、过程和归宿。"

因此，在管理中，要十分重视对员工的人性假设，只有这样才能充分调动员工工作的积极性，提高管理绩效。

（来源：人性假设：员工天性懒惰？[EB/OL].（2013-10-11）. http://goutong.nlp.cn/2013-10-11/75759.html. ）

本章主要探讨管理心理学的基础理论。众所周知，管理心理学是心理学和管理学交叉而成的边缘学科。管理学科的基础理论与心理学科的基础理论一起构成了管理心理学成长发展的理论基石。人性理论、博弈理论从管理学的角度为管理心理学奠定了理论基础，而精神分析心理学、行为主义心理学、人本主义心理学和认知心理学则从心理学的角度为管理心理学的发展铺平了道路。

第一节　管理学基础理论

管理心理学是把心理学，特别是社会心理学的理论在管理实践中加以应用的产物。人性问题的研究与管理心理学有着密切的关系，因为它直接涉及企业组织的管理者制定什么样的管理制度、采用什么样的管理方法、建立什么样的组织机构等问题。博弈理论是关于人们互动过程中策略选择的理论。这两种理论在员工管理、激励、绩效考核等方面影响和推动了管理心理学的发展，逐渐成为管理心理学的基础理论。

一、人性论

现代管理是以人为中心的管理，对人性的观点不同，必然产生不同的管理原则和方法，因此人性问题就成为管理心理学研究的重要内容之一。

自古以来，人性问题一直是众多学科争论不休的问题。直到马克思主义诞生以后，人们才有了正确理解这个问题的方向。马克思说："人的本质并不是单个人所固有的抽象物，在其现实性上，它是一切社会关系的总和。"这就是说，必须从人们在社会中所处的地位，从人们所处的社会关系来看待人性，不能抽象地看待人性问题。马克思主义关于人性、人的本质的理论是我们研究管理心理学问题、正确评价国外管理心理学中人性假设的基本指导思想，也是我们制定科学管理制度与管理方法的重要理论根据。这里的人性观，主要是指管理者对职工的需要和劳动态度的看法，并不涉及职工其他的观点和态度。

在西方管理心理学中，相继出现了四种主要的人性假设，即经济人假设、社会人假设、自我实现人假设和复杂人假设，近年来又出现了文化人假设和决策人假设。这些人性假设反映了西方管理学界对人性看法的发展演进历程。下面我们分别对这些人性假设的基本观点、所派生出来的管理建议及其局限性加以介绍和分析。

（一）经济人假设与X理论

1．主要观点及内容

"经济人"（rational-economic man），也叫"理性经济人"，又称"实利人"。经济人假设认为，人的本性是追求自身利益的最大化，其工作动机就是为了获得经济报酬。

这种假设起源于享乐主义的哲学观点和斯密（Adam Smith）关于劳动交换的经济学理论，在19世纪末到20世纪初十分流行。

美国工业心理学家麦格雷戈（Douglas M．McGregor，1957）在《企业的人性面》一书中，把这种人性假设发展为X理论。X理论的基本观点如下。

（1）多数人天生是懒惰的，都尽可能逃避工作。

（2）多数人都胸无大志，不愿负任何责任，甘愿受别人领导和指挥。

（3）多数人的个人目标与组织目标是相矛盾的，只有用强制惩罚的办法才能迫使他们为达到组织目标而工作。

（4）多数人干工作是为了满足基本的生理需要和安全需要，因此只有金钱和其他的物质利益才能激励他们努力工作。

（5）人大致可分为两类，大多数人具有上述特性，属于被管理者，少数人能克制自己的感情冲动而成为管理者。

2．管理措施

根据经济人假设，X理论认为，管理过程中应该采取以下措施。

（1）采用任务管理的方式。管理工作的重点是提高生产效率，完成生产任务，人的感情以及道义上应负的责任是无关紧要的。管理就是计划、组织、经营、指导和监督。

（2）管理工作只是少数人的事，与广大工人无关，工人的主要任务是听从管理者的指挥。例如，泰勒曾指出，计划职能应和执行职能分开。

（3）实施明确的奖惩制度。在奖励制度方面，主要用金钱来刺激工人的生产积极性，同时对消极怠工者采用严厉的惩罚措施，即采用泰勒所鼓吹的“胡萝卜加大棒”政策。

在西方管理实践中曾经风靡一时的泰勒制[①]就是经济人假设付诸实践的典型代表。

3．评价

对于经济人假设及由它派生出来的X理论，应该从以下两个方面进行评价。

1）局限性

首先，经济人假设和X理论是以享乐主义哲学为基础的。它把多数人看成天生懒惰、不喜欢工作的“自然人”。依据这种假设确定的管理理论、管理原则及措施，是以金钱激励为主的机械的管理模式，用权力严密地控制职工，因而不可能激发劳动者的主人翁精神和主动性、创造性。

其次，经济人假设和X理论认为大多数人缺少雄心壮志和责任心，只有少数人起统治作用，反对工人参与管理，这就把管理者与被管理者对立起来，不符合管理的本质。

最后，经济人假设和X理论对工人的思想感情漠不关心，反对工人参加企业管理，甚至对于人不像牛那样愚蠢而感到遗憾，它不可能激发劳动者的工作动机，所以也不可能最大限度地发挥人的积极作用。

2）合理性

经济人假设和X理论的产生有其特定的历史背景。在当时生产力不发达，物资比较匮乏的条件下，劳资矛盾突出的主要原因是工资待遇低下，使管理者考虑的重心落在了人性的自然层面。经济人假设的提出，对于缓和劳资矛盾，提高生产率，提供了可操作的理论基础。即使是现在，尽管一些发达的资本主义国家一般都认为该理论已过时，但在一些欠发达国家或一些中小型企业的管理实践中，仍然能看到这种理论的影子。

（二）社会人假设

1．主要观点及内容

“社会人”（social man，有时也译为“社交人”）假设也称人群关系理论。社会人假设认为人的最大动机是社会需求，只有满足了人的社会需求，才能对人有最大的激励作用。良好的人际关系是调动人的生产积极性的决定性因素，人们在工作中得到的物质利益对于调动生产积极性只有次要意义。

这种假设产生于20世纪30年代至50年代，是建立在社会心理学家梅奥（Elton Mayo）教授提出的人际关系学说理论基础上的。梅奥在著名的霍桑实验以后，提出了人际关系学说，在1933年出版的《工业文明中的人的问题》一书中，提出社会人假设的基本观点。

[①] 泰勒制形成于19世纪末20世纪初，是美国工程师弗雷德里克·泰勒创造的一套测定时间和研究动作的工作方法。通过科学分析人在劳动中的机械动作，研究出最经济而且生产效率最高的“标准操作方法”。泰勒制认为管理的特点是从每个工人抓起，根本目的在于提高劳动生产率。

（1）人是社会人。不能把人看成单纯的经济人，金钱不是激励职工积极工作的唯一动力，员工的社会心理需求才是影响职工积极性的主要因素。

（2）“以人际关系为中心”的管理。认为生产效率的高低主要不决定于工作方法和工作条件，而取决于职工的“士气”。而士气取决于职工在家庭、企业及社会生活中的人际关系是否协调一致。

（3）重视“非正式群体”。霍桑实验揭示了正式组织中存在着“非正式群体”。这种无形的组织有其特定的规范，影响群体成员的行为，应重视并加以研究。

（4）建立新型领导方式的必要性。领导者要善于倾听职工的意见，在研究工人们理性行为的同时，还必须了解工人们不理性的行为，如情绪、感情及人的潜意识等引起的行为。要设法使正式组织的目标同非正式组织的社会性需要相协调，使工人愿意为达到组织目标而协作和贡献力量。

2．管理措施

基于“社会人”假设，梅奥提出了“人际关系”理论，并认为管理者应该在以下几个方面发挥作用。

（1）管理人员不应该只注意生产任务的完成，而应该注意工人的各种需求，把重点放在关心人、满足人的需要上。

（2）管理人员除指挥、监督、计划和组织外，还要关注职工之间的人际关系，努力提高职工的认同感、归属感、整体感，激励职工对组织产生奉献精神，培养职工的群体意识，增进组织的凝聚力。

（3）在实施奖励时，主张实行集体奖励制度，不主张实行个人奖励制度。

（4）管理人员的职能也应有所转变，他们不应只限于制订计划、组织工序、检验产品，而应在职工与上级之间起联络人的作用，担负起上下级之间信息沟通的责任。一方面，要倾听职工的意见，了解职工的思想感情和需求；另一方面，要将上级的意图和部署向下级传达和贯彻。

最后，提出了“参与管理”的新型管理方式。所谓“参与管理”，就是在不同程度上让职工或下级参与企业政策的研究与讨论。实验研究和管理实践都证明了参与管理比传统管理更加有效。

3．评价

社会人假设及人际关系理论的局限性在于尽管突出了人际关系对调动员工积极性的重要性，却忽略了工作任务、工作本身对人的重要作用。其合理性表现在：（1）加深了对人性的认识。“社会人”的假设，承认人是社会实体，认为在看到人的自然性需要的同时，更要重视人的社会需要。（2）丰富了激励理论。从满足人的社会需要入手进行管理，可以收到比单纯的物质刺激更好的效果。（3）改变了管理重心。开创了以人为本的管理模式，促进了管理水平和生产效率的提高。

资料 3-1

总之，从经济人假设到社会人假设是管理思想的巨大进步。按照马克思主义的观点，人的本质属性是人的社会性，而社会人假设接近这样的看法。

（三）自我实现人假设与Y理论

1．主要观点及内容

自我实现人（self-actualizing man）也叫“自动人”。这种人性假设认为，人们力求最大限度地发挥自己的潜能，表现出自己的才华，只有这样才会获得最大的满足感。自我实现人假设产生于20世纪50年代，是由马斯洛（Abraham H. Maslow）、阿吉里斯（C. Argyris）和麦格雷戈（Douglas McGregor）等人提出来的。麦格雷戈（1957）在《企业的人性面》中总结并归纳了马斯洛、阿吉里斯以及其他人的类似观点，并结合管理问题，提出了与X理论相对立的Y理论，其主要观点如下。

（1）一般人都是勤奋的，如果环境条件有利，工作如同游戏或休息一样自然。

（2）限制和惩罚不是实现组织目标的唯一方法。人们在执行任务过程中能够自我指导和自我控制。

（3）一般人在适当条件下，不但能够接受责任，而且会追求责任。逃避责任、缺乏抱负以及强调安全感，不是人的本性。

（4）在人群中广泛存在着高度的想象力、智谋和解决组织中各种问题的创造性。

（5）在现代工业化社会条件下，普通人的智力只得到了部分的发挥。

2．管理措施

麦格雷戈提倡Y理论，反对X理论。他的Y理论实际上是自我实现人假设的具体化。与Y理论相对应，管理措施应发生如下改变。

1）管理重点的改变

管理重点不应只放在计划、组织、指导、监督和控制上，而应更加重视人的因素，更加注意人的价值和尊严，尽量把工作安排得富有意义、具有挑战性，使职工通过工作过程获得工作业绩，并得到满足、发展。这样既克服了经济人假设把管理重点放在任务上而轻视人的片面性，又克服了社会人假设仅重视人的因素与人际关系而忽视工作任务本身的局限性。自我实现人假设主张创造适宜的工作环境和工作条件，充分发挥人的潜力和才能，发掘个人的特长和创造力。

2）激励方式的改变

经济人假设靠物质报酬激励职工的积极性，社会人假设靠良好的人际关系来调动人的积极性。自我实现人假设认为，对人来说，最根本的、长远起作用的是内在的激励因素，即在工作中获得知识，增长才干，充分发挥自己的潜力，等等。只有内在奖励才能满足人的自尊和自我实现的需要，从而极大地调动起职工的积极性。

3）管理制度的改变

自我实现人假设主张下放管理权限，建立决策参与制度、提案制度、劳资会议制度，以及制订发展计划，让职工自己选择工作。

4）管理者职能的变化

从自我实现人假设出发，管理者的主要任务在于尽可能为人们充分发挥自己的聪明才智创造适宜条件，减少和消除职工在自我实现过程中所遇到的障碍。

3．评价

自我实现人假设与 Y 理论的局限性在于，从理论上看，仅仅把管理建立在人们自我实现的潜能和勤奋向善的本性基础之上，是靠不住的。而且，人性的发展和人的自我实现并非是自然成熟的过程，而是社会现实和主体能动性综合作用的结果。其合理性表现在，强调为职工创造学习与深造的机会和条件，以充分发挥其聪明才智，主张给职工有“挑战性”的工作，让他们在自己工作的成就中得到乐趣和满足，提倡建立决策参与制度、提案制度等，这些对于管理实践都有重要的参考价值。

资料 3-2

（四）复杂人假设与超 Y 理论

1．主要观点及内容

复杂人（complex man）假设认为，人不只是单纯的经济人，也不是完全的社会人，更不会是纯粹的自我实现人，而应该是因时因地、因各种情况采取适当反应的复杂人（沙因，1996）。不仅人与人之间的个性不同，而且同一个人，在不同年龄、不同时期、不同地点也会有不同的表现。人的需要和潜力会随着年龄的增长、知识的增加、地位的改变而有所变化，不能用单一模式去生搬硬套。复杂人假设就以这样的观点为基础，力求合理说明人的需要与工作动机的变化规律。

这一假设是 20 世纪 60 年代末至 70 年代初由组织心理学家沙因（Schein）等人提出来的。依据复杂人假设，1970 年莫尔斯和洛西（J. Morse & J. W. Lorsch）提出了一种新的管理理论——权变理论（contingency theory），认为人们怀着不同的需求加入组织中，由于需求的多样性，以 X 理论为指导的管理方式和以 Y 理论为指导的管理方式都有其适用的环境，因此对于不同的企业或不同的人应采取不同的管理方式。

这一理论也叫超 Y 理论，其主要内容如下。

（1）人的需要是多种多样的，并且随着人的发展和生活条件的变化而变化。每个人的需要各不相同，需要层次也因人而异。

（2）人在同一时间内有各种需要和动机，它们会发生相互作用，并结合为统一整体，形成错综复杂的动机模式。

（3）动机模式的形成是内部需要和外界环境相互作用的结果，人在组织环境中，工作与生活条件不断变化会产生新的需要与动机。

（4）一个人在不同单位工作或同一单位的不同部门工作，会产生不同的需要。

（5）由于人们的需要不同、能力各异，对于不同的管理方式会有不同的反应，因此没有一套适合于任何时代、任何组织和任何个人的普遍行之有效的管理方法。

2．管理措施

根据复杂人假设提出的权变理论，并不是要求管理人员采取完全不同于前述三种假设的管理措施，而是要求管理者根据具体人、具体工作性质和环境，灵活地采取不同的管理措施。其主要的管理措施有以下几项。

（1）管理者要有权变论的观点。领导方式要随实际情境而变。若企业任务不明、工作混乱，应采取较严格的领导方式，以建立良好的工作秩序；若企业任务明确，分工清楚，工作秩序井然，则应采用民主的、授权的领导方式，以充分发挥下属的积极性和主动性。

（2）管理者的管理策略与措施不能过于简单和一般化，应该根据具体情况具体分析，采取灵活多变的管理方法。

（3）采取不同的组织形式提高管理效率。根据工作性质的不同，采取灵活多变的组织形式。

（4）注重个体的差异性。善于发现职工在需要、动机、能力、个性等方面的个别差异，因人、因时、因事、因地采取奖惩措施。

3．评价

复杂人假设与超Y理论的局限性在于，只强调人们之间差异性的一面，而忽视了人们共性的一面，不利于发现和寻找管理的一般规律。其合理性在于包含了辩证法的因素，从人们之间的差异及其与环境的关系的角度出发，强调针对不同的具体情况和不同的人采取灵活的管理方式，这对于管理工作无疑有一定的启发意义。

上面介绍的四种人性假设与不同层次需要的关系及其管理意义可以用图3.1来加以说明。

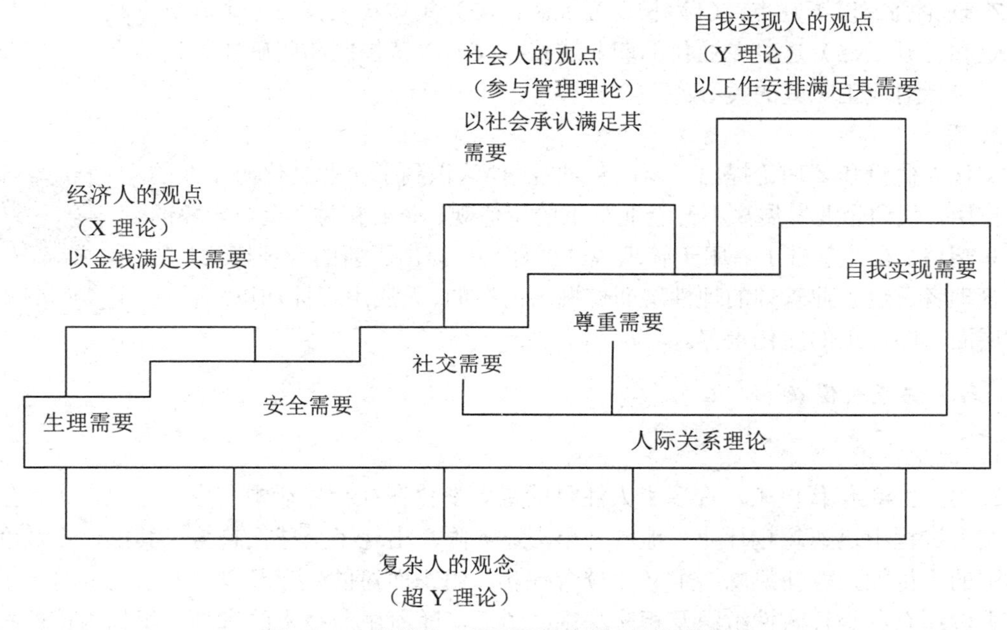

图3.1　人性假设、需要理论与管理理论的比较

（来源：何伟强，2005）

（五）文化人假设与Z理论

1．主要观点及内容

文化人假设是20世纪80年代初西方关于企业文化问题研究浪潮的结晶。文化人假设认为，人是文化的产物，人的心理与行为归根结底由人的价值观等内在因素决定。美国加州大学日裔管理学家大内（William Ouchi）1981年发表了《Z理论——美国企业界怎样迎接日本的挑战》一书，成为企业文化理论的代表。

文化人假设的主要观点可以概括为以下几个方面。

（1）人是文化的产物，即使是人的一些生物性行为也打上了某种文化的烙印。

（2）同一文化背景下的人具有共同的行为模式，如不同民族的人各有自己的民族性格或国民性，不同地区的人也有不同的地域性格，这其实是因人类行为的文化模式不同造成的。

（3）人格的塑造最核心的是对人的价值观、行为方式的培养和训练。

（4）群体或企业行为的效率主要依赖于群体成员是否具有共同的价值观和行为准则。

2．管理措施

文化人假设的着眼点在于管理模式的建构，而管理模式的形成与培育职工价值观念和树立企业形象这两方面的工作密不可分。大内认为，第二次世界大战后日本企业发展速度之所以远远超过美国，原因在于日本企业的管理模式不同于美国企业。美国企业要提高效率以迎接日本的挑战，需要把 J 型管理模式按照美国的方式进行修改，以适应美国国情。大内把经过修改的理想美国管理模式称为 Z 理论。

Z 理论强调以下几点：（1）长期雇佣制；（2）集体决策；（3）个人负责制；（4）缓慢的评定和提升；（5）适度专业化的职业道路；（6）含蓄控制和明确控制相结合；（7）整体关心，包括对职工家庭的关心。

3．评价

文化人假设和 Z 理论提出了新的管理视角，认识到了企业文化对企业的重要作用，强调企业发展离不开企业员工的价值观、企业精神、企业形象的培育和塑造。在此基础上着眼于管理模式的建构，提出了新的管理模式，从而使管理者透过企业管理的理性层面挖掘出内在的、无法用理性加以涵盖的文化层面，即职工的文化素养。

资料 3-3

（六）决策人假设

1．诞生背景

20 世纪 40 年代以来，许多引人注目的重大变化在社会生活中发生。首先，市场经济在其发育过程中迅速超越行业、地域乃至国家界限，出现了全球化趋势；其次，市场经济运作中的不尽如人意使凯恩斯主义[①]登台亮相，组织面对的生存环境，不仅有经济上的竞争对手，还有各类行政性组织及相应法规；最后，随着生产技术的进步，组织内部的技术结构日益复杂，仅靠规章约束、经济奖惩、诱因激励等手段来规范人们的行为和工作方式，已很难收到良好的效果。正是在此背景下，决策人假设应运而生。

2．主要观点及内容

决策人假设是巴纳德（Chester I. Barnard）率先在管理理论中提出来的，而后由心理学家西蒙（Herbert A. Simon）加以完善而成。前面探讨的理论无一例外地以调动劳动者的工作积极性为目的，这固然是提高管理绩效的前提条件，但这并不能保证管理绩效的必然提高，因为尽管在工作任务简单、经济关系单一的条件下，单靠调动劳动积极性可以获得良好管理绩效，但在环境（特别是市场环境）对组织的影响日益增强，以及组织对个人行为

[①] 凯恩斯主义（也称“凯恩斯主义经济学”）是建立在凯恩斯著作《就业、利息和货币通论》的思想基础上的经济理论。主张国家采用扩张性的经济政策，通过增加需求促进经济增长，即扩大政府开支，实行赤字财政，刺激经济，维持繁荣。

的调控更加多样的条件下，仅凭调动工作积极性来提高管理绩效是远远不够的，只有充分调动工作者的“大脑”，才能获得良好的管理效果。

决策人假设包括如下要点。

（1）每个人都是自主决策的行为主体，而决策本身并非不可分解的基本单位，应视为由前提推出结论的过程。决策前提包括价值要素和事实要素。

（2）决策前提的引入既与决策者本身的素质有关，也与决策者所处的环境有关。

（3）组织并不代替个人做决策，但是组织可以通过提供相关的事实前提和价值前提以影响个人决策。

3．评价

决策人假设的局限性在于过分强调组织应尽量、尽快将环境影响、决策前提的变化程序化、规范化，强调组织的稳定、有序，这就在事实上忽略了个人在工作中的创造性。个人的工作能动性是建立在被动接受信息基础上的，因而员工主体能动性的发挥受到了一定限制。

其合理性表现在以下两个方面。

（1）决策人假设把人的行为放在特定的组织背景下，不对人的活动目的及相应手段做永恒不变的先验设定，而把目的和手段看成可在一定范围内加以调节的变量。

（2）决策人假设的着眼点不是单个人的工作积极性，而是群体合理决策中的行为协调，强调了激发工作能动性的重要意义和可能途径。一方面，它提示组织要充分关注组织的生存环境，并努力寻找适应环境的一种管理模式，使组织决策与个人决策相协调，进而激发员工的工作能动性；另一方面，它提示组织要充分关注自身所拥有的信息条件，在采集、存储、加工、使用信息方面为劳动者发挥工作能动性提供帮助。较之仅关注劳动积极性的经济人和社会人而言，它强调创造条件（特别是信息条件）以激发工作能动性。

二、博弈论

（一）博弈论简介

博弈论（game theory）是研究人们互动行为决策的理论。这一理论为思考人类行为提供了一个很好的方式：每个人采取特定行动能够得到什么好处，不仅取决于这个人自己的行动，也取决于其他人对这个人特定行动的反应，即在一个交互式的行动环境中，人们的利益相互依存于对方的行动。因此，每个人在追求自己利益而采取自己的行动时，必须考虑其他人的行动选择。

博弈论本身包含三个最基本的要素：（1）局中人（player），即参与博弈的主体，又叫参与人；（2）策略（strategy），即各个局中人可以选择的战略行动空间；（3）支付（payoffs），即各个局中人在博弈的所有局中人的战略组合状态下能够得到（或失去）什么。

博弈论被称为 20 世纪人类最杰出的贡献。但在早期，博弈论的研究对象仅仅是赌博、牌局、象棋等的胜负问题，对博弈的把握仅停留在实践经验上，并没有上升到理论层面。博弈论真正的理论发展经历大致如表 3.1 所示。

表 3.1　博弈论发展历程

	萌　芽	诞　生	创立标志	发　展
时　间	20 世纪 20 年代初	1928 年	1944 年	1950—1970 年
人　物	法国数学家波莱尔（E. Borel）	诺伊曼（Von Neumann）	诺伊曼和摩根斯坦（O.Morgenstein）	纳什、海萨尼（John C. Harsanyi）和塞尔顿（R. Selten）
主要贡献	提出了“策略”和“混合策略”概念，并用数学方法处理了一些简单的博弈问题。研究对象主要是从竞赛和游戏中引申出来的利益完全对立的二人零和博弈	证明博弈论基本定理——极小极大值定理，为二人零和博弈提供解决基础	合著《博弈论与经济行为》，创立博弈论研究的基本概念，提出了二人零和博弈的完全解决，并对合作博弈进行了深入研究	纳什 1950 年的博士论文《非合作博弈》将博弈论拓展到非零和博弈，提出纳什均衡的概念，此后海萨尼和塞尔顿的不完全信息博弈理论进一步完善了非合作博弈理论

博弈论在我国的研究开始于 20 世纪 90 年代，大家公认的国内关于博弈论研究的起始标志是 1996 年张维迎教授《博弈论与信息经济学》一书的问世，从此博弈论在经济、管理、政治、军事等各个领域得到了广泛的研究与应用。

根据博弈双方的利益关系可以将博弈分为协作博弈、合作博弈和冲突博弈（卑力添，蒋柯，李先春，熊哲宏，2019）。协作博弈，又称为完全合作博弈（pure collaboration），博弈过程中双方的利益始终保持一致，即双方的收益和损失均完全一致，一荣俱荣，一损俱损。此时合作是必然的选择。合作博弈，又称为混合动机博弈（mix-motive games）、谈判博弈（bargaining game），博弈过程中双方的利益并未始终一致，而是取决于双方是否选择合作策略，是牺牲个人利益或承担风险来保全他人利益，还是损失他人利益保全自身收益。这一问题主要通过社会困境问题进行研究。冲突博弈，又称为零和博弈（zero-sum game）、纯粹冲突博弈（pure conflict game），博弈过程以竞争为前提，双方的利益对立，总是做出有利于自身的选择。当然，博弈根据不同的基准有多种不同的分类，例如，根据行动的时间序列分为静态博弈与动态博弈，根据博弈双方对彼此的了解程度分为完全信息博弈和不完全信息博弈，根据博弈双方是否可以达成具有约束力的协议分为合作博弈和非合作博弈等。

（二）博弈论在管理心理学中的应用

1．企业对员工激励与约束的博弈

我们可以在博弈论的框架下来分析管理活动中激励和约束机制的设计。博弈论认为，“任何一种有效的制度安排必须满足激励相容[①]（incentive compatible）或自选择（self-selection）条件”。这就是说，决策者必须在考虑其他局中人反应的基础上选择自己最理想的行动方案。

激励与约束机制的设计是博弈论和非对称信息博弈论在管理心理学领域的运用和发

① 激励相容是指在市场经济中，每个理性经济人都会有自利的一面，其个人行为会按自利的规则行动；如果能有一种制度安排，使行为人追求个人利益的行为正好与企业实现集体价值最大化的目标相吻合，那么这一制度安排就是“激励相容”。

展。组织的任务是如何通过合理配置组织资源，激发、引导和约束组织成员的行为，实现管理制度化和个性化的平衡，达成组织和个人目标的一致。管理者对被管理者实施激励和约束时，必须考虑被管理者的需求及可能采用的反应对策，必须在充分满足被管理者效用最大化的前提下去实现组织效用的最大化。博弈论提供的框架具有分析连续、多阶段互动的能力，因此，只有遵循博弈规则研究管理激励与约束机制，才能使所设计的激励和约束机制符合管理实践的需要。组织目标具有规范约束效力，这也是激励约束的立意基础，所以博弈过程是在目标约束下的博弈。此外，在企业与员工之间建立激励博弈的机制时，还应强调公平是留住员工、稳定队伍、创造价值的关键所在。

2．绩效考核博弈

在绩效考核博弈中，博弈双方是参与考核的主管与员工，博弈对象是员工的工作绩效，博弈方收益是考核结果。

博弈期间，员工的合作策略指员工愿意根据实际工作绩效做出客观的评估，而员工的不合作策略在实际中大多表现为有意识地掩盖自己的错误或抬高自己的工作绩效。类似地，主管的合作策略指能够根据员工的实际工作绩效做出客观的评估，而主管的不合作策略指随意做出考核结果，更多表现为采取宽容下属的决策。当员工和主管同时采取合作策略时，则人力资源部可以得到较为公正客观的数据和精确的考核结果，从而做出较为适当的处理，即与员工的工作绩效能有效结合。当员工采取合作策略而主管采取不合作策略时，人力资源部得到的数据则过多倾向于以员工提供的材料为主，从而使考核结果有利于员工，同时人力资源部会得出主管未能完成他的一部分职责的结论，因此影响主管工作绩效评估，从而影响主管的晋升及加薪。当员工采取不合作策略而主管采取合作策略时，则处理结果中主管所占的比重有较大程度的提高，人力资源部认为员工缺乏应有的敬业精神，从而影响员工的长期发展，而主管则得到认可，从而为他进一步的发展提供良好的基础。如果员工与主管均采取不合作策略，人力资源部缺乏客观的资料来源，从而对员工和主管的绩效评估结果均缺乏依据。随着考核博弈的不断重复，员工与主管都希望自己的策略收益最大化，他们会发现合作策略是最有可能实现此目标的策略。在实际工作中，由于主管在考核中通常占有较高的比重，所以主管的个人倾向往往对考核结果有较大的影响，而且考核常常是无限次的重复博弈，因此员工为了追求效用最大化，很有可能根据主管的个性倾向调整自己的策略。

【资料】

“智猪博弈”与激励悖论

在经济学中，“智猪博弈”是一个著名博弈论例子。意思是说：猪圈里有两头猪，一头大猪，一头小猪。猪圈的一边有个踏板，每踩一下踏板，在远离踏板的猪圈的另一边的投食口就会落下少量的食物。如果有一只猪去踩踏板，另一只猪就有机会抢先吃到另一边落下的食物。当小猪踩动踏板时，大猪会在小猪跑到食槽之前刚好吃光所有的食物；若是大猪踩动了踏板，则还有机会在小猪吃完落下的食物之前跑到食槽，争吃到另一半残羹。那么，两只猪各会采取什么策略？答案是小猪将选择“搭便车”策略，也就是舒舒服服地等在食槽边；而大猪则为一点残羹不知疲倦地奔忙于踏板和食槽之间。在这个例子中，对小猪而言，无论大猪是否踩动踏板，不踩踏板总是好的选择。反观大猪，已明知小猪是不会去踩动踏板的，自己亲自去踩踏板总比不踩强吧，所以只好亲力亲为了。故事中的游戏规则导致了“小猪躺着大猪跑”的现象，如果改变一下核心指标：每次落下的食物数量和踏板与投食口之间的距离。猪圈里还会出现同样的“小猪躺着大猪跑”的景象吗？

假设以下三种新的游戏规则。

新规则一：减量方案。仅投食原来的一半分量。谁去踩踏板，就意味着为对方贡献食物。结果是小猪和大猪因为没有踩踏板的动力而都不去踩踏板了。如果目的是想让猪们去多踩踏板，那么这个游戏规则的设计显然是失败的。

新规则二：增量方案。投食量增加到原来的二倍。结果是小猪、大猪都会去踩踏板，反正对方不会一次把食物吃完，所以竞争意识不会很强。对于游戏规则的设计者来说，这个规则的成本相当高（每次提供双份的食物）；而且因为竞争不强烈，想让猪们去多踩踏板的效果并不好。

新规则三：减量加移位方案。投食量仅为原来的一半，但同时将投食口移到踏板附近。结果，小猪和大猪都在拼命地抢着踩踏板。等待者不得食，而多劳者多得。每次的收获刚好消费完。对于游戏设计者，这是一个最好的方案。成本不高，但收获最大。

原版的“智猪博弈”故事给了竞争中的弱者（小猪）以等待为最佳策略的启发。但是对于社会而言，因为小猪未能参与竞争，小猪“搭便车”时的社会资源配置并不是最佳状态。为使资源达到最有效配置，规则的设计者是不愿看见有人“搭便车”的，政府如此，公司的老板也如此。而能否完全杜绝“搭便车”现象，就要看游戏规则的核心指标设置是否合适了。所以在企业人力资源管理中，进行激励制度设计时，如果奖励力度太大，又是持股，又是期权，公司职员个个都成了百万富翁，成本高不说，重要的是，激励因素转变成了保健因素，员工的积极性并没有提高。这相当于“智猪博弈”增量方案所描述的情形。但是如果奖励力度不大，而且见者有份，一度十分努力的大猪也不会有动力了，企业将会没有生命力，就出现了“智猪博弈”减量方案所产生的结果。

（来源：“智猪博弈”模型对团队激励机制的启示[EB/OL]. https://www.xzbu.com/3/view-6684617.htm.）

第二节　心理学基础理论

管理心理学的发展受到了不同研究取向的心理学理论的影响，其中尤其以精神分析心理学、行为主义心理学、人本主义心理学和认知心理学为重，它们为管理心理学学科大厦的建构做出了各自独特的贡献，共同构成了管理心理学的基础理论。

一、精神分析心理学

弗洛伊德（S. Freud）是精神分析学派的创始人。精神分析心理学是在弗洛伊德学说基础之上形成的一个心理学思想体系，其主要特点是探寻深藏于人类内心深处的动力源，以及揭示这些动力的性质、强度和活动模式。

美国著名心理学史家波林（E. G. Boring）在其巨著《实验心理学史》一书中曾这样写道："谁想在今后300年内写出一本心理学史而不提弗洛伊德的名字，那就不能自诩是一部心理学通史。"精神分析学说在西方心理学界占有举足轻重的地位，被称为心理学第一大势力。作为一种重要的社会人文思潮，它对整个20世纪的西方文化也产生了不可估量的影响。单就管理心理学领域而言，"西方所有的管理心理学家实际上都把弗洛伊德学说当作自己观点的理论根源"（安德烈耶娃，1987），尤其是他关于"本能""超我""人格发展""群体心理学"等方面的论述，对管理心理学发展影响深远。精神分析学派的发展经历了以下两个阶段。

1．早期的经典精神分析学派

早期的经典精神分析学派主要指弗洛伊德的精神分析学说，以他的人格理论为核心。其人格理论主要包括人格结构、人格动力以及人格发展三个部分。关于人格结构，弗洛伊德早期把人格划分为潜意识、前意识[①]和意识，而潜意识被认为是三者当中最重要的。潜意识是人的精神的动力来源，处于心理深层，主要包括两个方面：一是各种本能冲动；二是被压抑的心理活动。后来弗洛伊德在《自我与本我》（2011）一书中对之前的理论做了修正，提出了本我、自我和超我的三层次人格结构：本我是生物的"我"，依据本能而行动；自我是现实的"我"，依据现实的要求而行动；超我是理想的"我"，按照道德原则和理想而行动。在人格动力方面，弗洛伊德认为，驱动人行动的心理能量都来自于本能，一个人做什么或不做什么主要取决于本能在人格结构中的配置和流动。本能在人格三大系统中的分布和转移形成了人格的动力系统。关于人格发展，弗洛伊德认为，所有人的人格发展都源于童年的经验，特别是心理欲望的满足和挫折与人格发展关系密切。

2．后期的社会文化学派

后期的社会文化学派以荣格（C. G. Jung）、阿德勒（Adler）、霍妮（Karen Homey）和弗洛姆（E. Fromm）等人的观点为代表。他们的共同点在于，均不同意弗洛伊德过于强调性本能和其他生物性冲动的观点，而是强调文化的、社会的和心理的因素对人的人格和心理发展的影响。例如，荣格强调历史文化因素的作用，提出了"集体潜意识"学说；阿德勒和霍妮注重心理层面的分析；弗洛姆关注社会文化因素的影响。

精神分析心理学对管理心理学的影响主要表现在以下三个方面。

（1）提出了组织情境中观察人、理解人的一种新视角。作为一种探寻人类潜意识心理世界的理论体系，它超越了传统心理学设定的研究领域和范围，为深入地揭示组织行为的基础和来源提供了新的可能性。

（2）提供了一种新的研究方法。精神分析心理学不仅是一套理论体系，还是一套研究方法。它所倡导的自由联想、投射测验技术和日常行为分析方法，均可以应用于管理理论和实践中。

（3）从心理学的角度探索人类行为的动力系统，弥补了管理学中人性假设研究过于表面化和现象化的缺陷，有助于更加深入地解释人类行为的动力基础和机制，对完善管理心理学中有关的激励理论有重要的启示。

---

① 前意识是指潜意识中可召回的部分，人们能够回忆起来的经验，处于潜意识和意识之间，是一个"稽查员"，防止潜意识中的本能冲动进入意识。

二、行为主义心理学

行为主义心理学是20世纪初起源于美国的一个心理学流派，被称为“心理学的第二大势力”，其创始人为美国心理学家华生（J. B. Watson）。1913年，华生在美国《心理学评论》杂志上发表了《行为主义者心目中的心理学》一文，宣告了行为主义的诞生。行为主义心理学认为，心理学不应该研究意识，只应该研究行为。所谓行为就是有机体用以适应环境变化的各种身体反应的组合。行为主义心理学的影响范围广，持续时间长，在20世纪60年代以前一度成为心理学的主流研究“范式”。行为主义心理学的发展经历了以下三个阶段。

1．早期的行为主义

早期的行为主义以华生为代表，主张心理学应该摒弃一切心理的概念，只研究可以观察和测量的外显行为。心理学只关心引起行为的客观条件和这种条件导致的行为本身，而不关心内部发生的过程。只有这样才能使心理学走上客观实证的道路。华生的行为主义观点可追溯到桑代克（Thorndike）的联结律[①]和巴甫洛夫的经典条件反射原理[②]。桑代克的联结理论为行为主义搭好了桥，巴甫洛夫的经典条件反射原理为行为主义理论提供了生理学的最终依据。在华生看来，人类行为完全来自学习，尤其是早期训练，而学习的决定因素是外部刺激。外部刺激是可以控制的，控制的基本途径就是巴甫洛夫的条件反射机制。华生（1924）指出，复杂的行为是由一系列简单反应联结而成的，而联结的关键是先行反应所产生的动觉刺激成了后继反应的条件刺激。不论多么复杂的行为，都可通过条件反射机制建立起来。

2．新行为主义学派

新行为主义学派以赫尔（C. L. Hull）、斯金纳（B. F. Skinner）、托尔曼（E. C. Tolman）的工作为代表。

赫尔反对华生将有机体的所有行为都归因于后天学习的极端思想。他把适应性行为作为研究的重点，指出有机体在进化过程中产生了两种不同但又密切相关的适应手段：一种是在神经组织中固定下来的不学而能的感受器—效应器联结，是一种对经常发生的紧迫情境做出适当反应的行为机制；另一种是进化过程中习得的行为机制，即有机体本身主动获得的感受器—效应器联结，这便是学习。此外，赫尔认为除有机体主动学习之外，强化也是由行为形成的一种机制。（转引自高觉敷，1982）

斯金纳认为，除巴甫洛夫的经典条件反射之外，还有一种反射类型，即操作性条件反射（转引自郭本禹，2013）。经典性条件作用可以看作是由刺激物引起的，行为是对刺激的应答或反应，经典性条件作用行为也叫应答性行为，是被动的；而在操作性条件作用中，在有机体做出行为时没有明确的外部刺激，行为是自发产生的，是主动的，强化往往在操作行为发生之后才出现，这种行为又称操作性行为（转引自郭本禹，2013）。在斯金纳看来，“操作行为在现实生活的人类学习情境中是更有代表性的。”（转引自舒尔茨，1981）如果一个操作性行为发生了，接着就出现了一个正面的强化刺激（如奖励、表扬等），那么这个操

[①] 联结律把行为和生理反射联系在一起，认为大多数行为可以看作对环境中刺激的反应。

[②] 经典条件反射原理是指一个刺激和另一个带有奖赏或惩罚的无条件刺激多次联结，可使个体学会在单独呈现该一刺激时，也能引发类似无条件反应的条件反应。

作性行为以后出现的频率就会增加；相反，如果没有出现任何刺激或出现的是一个负面的强化刺激（如惩罚、批评等），那么这种行为以后出现的频率就会降低。基于这种原理，只要我们为人类可观察的行为反应设置好恰当的刺激，就可以有效地控制其行为，而无须考虑其心理内部发生了什么。在这里，斯金纳坚持了华生的环境决定论的基本立场。

托尔曼认为，有机体的一切行为都是由目的指导的，它总是设法获得或避免某些事物（转引自郭本禹，2013）。一方面，他认为，我们可以认同那些有意义、有助于解释生物有机体行为的心理学概念，另一方面，他又强烈地认同自己是一个行为主义者。为了摆脱这一困境，他引入了中介变量，即介于环境刺激与可观察反应之间的认知过程（转引自郭本禹，2013）。认知地图是托尔曼符号学习理论中的一个重要概念，指在过去经验的基础上产生于头脑中的某些类似于一张现场地图的模型（转引自车文博，1998）。在特定的刺激条件下，有机体就是借助于头脑中的认知地图的导引而将行为指向特定的目的的。也就是说，在托尔曼那里，传统的S-R公式加进了一个中介变量（O），使行为产生的模式成为S-O-R。

3．新的新行为主义

新的新行为主义以班杜拉（Albert Bandura）的社会学习理论为代表。其特点在于，一方面，将行为主义理论拓展到了社会行为领域，主要关心社会行为的习得过程；另一方面，提出了一整套不同于传统行为主义的新概念。班杜拉认为，与基于直接经验的学习相比，观察学习是一种更普遍、更有效的学习方式，前者已经得到了充分的研究，而后者却在很大程度上被忽略了（转引自郭本禹，2013）。观察学习是通过观察别人的行为结果而习得新的反应，或改变原有的某种行为方式的过程。通过这种方式习得的行为不是通过外来强化而是通过内部强化而得以巩固和加强的。他所建立的行为形成模式可以概括为图3.2。

资料3-4

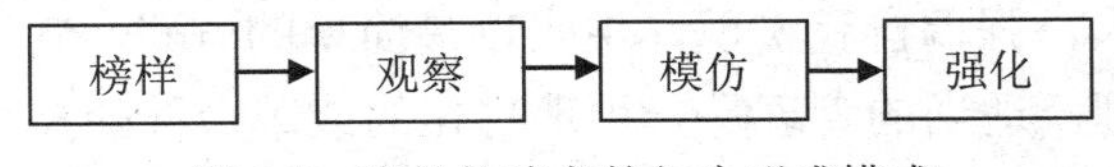

图3.2　班杜拉建立的行为形成模式

行为主义心理学对管理心理学的影响表现在如下几个方面。

（1）强调研究内容和方法的客观性，主张用客观的行为观察代替主观的意识内省，这对于组织心理和行为研究科学化和可操作化具有一定的借鉴意义。

（2）行为主义心理学研究的目标在于预测和控制人的行为。斯金纳提出的操作性条件反射原理及强化程式已经被广泛地应用于教学和行为矫正等领域，对于管理活动中薪酬和奖励系统的设计也具有明显的指导意义。

（3）班杜拉的社会学习理论说明了观察学习的重要性及其机制，这对于组织管理中如何利用榜样的力量来引导和鼓励正确行为具有启示意义。榜样的作用还表现在员工培训过程中，如可以为受训者提供明确的榜样供其效仿，消除不当观念和行为，促进学习效果。

三、人本主义心理学

人本主义心理学在20世纪五六十年代兴起于美国，以马斯洛、罗杰斯（Carl Rogers）等人为代表，被称为“心理学的第三大势力”。

人本主义心理学反对精神分析学派将人生物学化和行为主义心理学将人机械化和非人格化的倾向，强调人的潜能和价值，认为人与生俱来有向上向善的一面，有追求自我价值实现的共同趋向。马斯洛（1943）认为，个体成长发展的内在力量是动机，而动机是由多种不同性质的需要组成的；人有五种基本需要，分别是生理需要（physiological need）、安全需要（safety need）、爱与归属的需要（love and belongingness need）、尊重需要（esteem need）和自我实现需要（self-actualization need）。五种需要是逐渐递进的关系，只有满足了低层次的需要，高层次的需要才会显现。每一层次的需要及其满足的程度将决定个体人格发展的水平。在心理学上，需要层次论是解释人格发展的重要理论，也是解释动机变化的重要理论。罗杰斯则将人本主义思想运用于教学和临床实践，提出了“以患者为中心的疗法”和“以学生为中心的教学法”。

人本主义心理学对管理心理学的影响是巨大的，主要体现在以下几个方面。

（1）把人的潜能与价值提高到了心理学研究的首位，突出了人的动机系统与高级需要的作用，这本身对于管理实践就具有现实指导意义。由于马斯洛的动机理论使人们认识到了人有高层次的需要，包括自我实现和对真、善、美的追求，传统的经济理论和管理科学发生了革命性的改变，基于“经济人”假定的依靠物质刺激进行管理的 X 理论相继被基于“自我实现人”假定的依靠满足较高级需要和超越性需要进行管理的 Y、Z 理论所取代（车文博，1998）。这无疑对管理实践具有指导意义。

（2）促进了以人为本的组织管理和心理治疗的发展。在倡导人性化管理的今天，人本主义心理学的现实意义尤为明显。马斯洛（1971）强调：“这不是什么新的管理诀窍，什么‘鬼把戏’，或能够用来操纵人的肤浅技术，不是为了更有效利用人去达到剥削的目的。这是一种对人性理解的真正革命。”因此，管理应以人为本。

第一，他尊重个人，强调自我实现，主张以最简单的方式，对人类劳动、生活和谋生的方式进行适当的管理。适当的管理是一种理想化的或革命性的技巧。

第二，他倡导健康管理和协同管理，主张改变大型组织里一直在起作用的那种顺从性行为模式，让人们在一个公司里保持自己的个性，使工作不成为一种工作，而成为自己喜欢的娱乐。

第三，他提出了协同发展的观点，认为一个追求自身利益的人同时也自动地帮助了别人，而无私奉献帮助他人的人同时也满足了自我需要。

四、认知心理学

认知心理学有广义和狭义之分。广义的认知心理学不仅指信息加工心理学，还包括以认知过程为主要研究对象的各种心理学流派和理论，如格式塔学派、皮亚杰（Jean Piaget）的认知发展理论等。狭义的认知心理学专指信息加工心理学，又称现代认知心理学。

20 世纪五六十年代，由于心理学中占统治地位的行为主义发生危机，以及受到信息论、控制论、计算机科学和语言学等新兴学科的影响，心理学领域发起了一场运动，结果是产生了现代认知心理学，亦称信息加工心理学。它反对行为主义心理学无视人的内在认知活动的环境决定论和机械决定论，注重研究人类的内部认知活动，强调人们认知活动的复杂性、多样性、主动性和能动性。它深受当代计算机科学和信息科学的影响，把人脑类比为计算机，用计算机科学的概念和原理来说明和解释人的认知过程。在研究方法上，它既倡导实验的或实证的路线，又接受传统的内省方法，还创立了计算机模拟等新技术，呈现了兼容并包的趋势。

现代认知心理学一经产生，便迅速占领了心理学研究的各个领域，成为当代心理学研究的一种新的范式。迄今，它已经在诸多领域取得了丰硕的研究成果，产生了广泛的影响。

认知心理学对管理心理学领域的影响主要表现在如下几个方面。

（1）主张研究人的内部认知过程，强调人的认知活动主观能动性和复杂多样性。这就从一个侧面突出了管理过程中人的因素的重要性，特别是突显了管理者和员工的聪明才智和创造性的作用，对于改变传统的以“管”为主的管理模式具有启示意义。

（2）认知心理学的诸多发现对于管理实践具有直接或间接的指导和启示作用。了解和掌握人们认知活动的特点和规律，按照这些特点和规律开展管理活动，对于管理的科学化、柔性化具有举足轻重的意义。

（3）认知心理学的兼容并包的方法论和方法，对于开展管理心理学研究和解决实际的管理问题也具有重要的指导意义和参考价值。

本章小结

1．管理学科的基础理论与心理学科的基础理论一起构成了管理心理学成长发展的理论基石。人性理论、博弈理论从管理学的角度为管理心理学奠定了理论基础，而精神分析心理学、行为主义心理学、人本主义心理学和认知心理学则从心理学的角度为管理心理学的发展铺平了道路。

2．从传统管理的经济人假设发展为社会人、自我实现人、复杂人假设，反映了西方管理学对人性认识的发展过程，标志着管理思想的进步。继四种人假设之后提出的文化人、决策人假设，是对人性认识的进一步深化。

3．博弈论被称为 20 世纪人类最杰出的贡献之一。博弈论在激励和约束员工、绩效考核等方面充实管理心理学的内容。

4．管理心理学的发展，始终受到不同研究取向心理学理论的影响，其中尤以精神分析心理学、行为主义心理学、人本主义心理学和认知心理学为重。它们为管理心理学学科大厦的建构做出了各自独特的贡献。

思考题

1．你认为哪种人性假设比较切合你实际所在的组织？为什么？举例说明。

2．试比较各种人性假设的基本观点，并阐述你最喜欢哪种。为什么？

3．请阐述经济人假设、社会人假设、复杂人假设、自我实现人假设与需要层次理论的关系。

4．试用博弈论分析员工绩效考核。

5．试比较人本主义与行为主义作为管理心理学理论基础的区别。

6．你认为中国学者应该如何坚持问题导向，守正创新，提出具有中国特色的管理心理学理论？

案例讨论

富士康跳楼事件

富士康科技集团创立于1974年，是专门从事计算机、通信、消费电子、数位内容、汽车零组件、通路等6C产业的高新科技企业。

富士康作为全球最大的电子制造服务商对生产线有严格的要求。每个岗位的工作被分解再分解、细化再细化，每个在岗员工必须不间断地重复相同的动作。富士康的工作制度是每两个小时休息10分钟，每天平均工作时间达到12小时。员工进入富士康首先要签一份“自愿加班协议书”，以保证每个员工都“自愿”加班。而员工的底薪一般很低，如果要拿高薪，必须靠不断加班来获得。但这种“自愿加班”实质上并不是自愿的，因为协议上已经写明，如果选择加班，必须整个月都加班；如果选择不加班，那么整个月都没有机会加班。同时，线长对员工的绩效考核起着决定性的作用，对待员工的方式非常粗暴。富士康在文化里提出了“爱心、信心、决心”，但很多曾在富士康任职的员工则表示，自己对于“信心、决心”体会很深，但对“爱心”却感觉不够。

自2010年1月23日富士康员工第一跳起至2010年11月5日，约一年间富士康发生了14起跳楼事件，引起社会各界乃至全球的关注。而后也不时有富士康员工跳楼自杀的相关报道。

（来源1：激励理论与人性假设在管理实践中的应用[EB/OL].（2018-03-08）. https://www.docin.com/p-2089266591.html.）

（来源2：https://baike.so.com/doc/3843171-4035380.html.）

讨论问题：

1．富士康对一线员工的管理措施属于哪种“人性假设”？

2．为什么富士康的一线员工会自杀？

3．如何避免富士康“跳楼门”悲剧的再次发生？

参考文献

[1] 沙因．组织文化与领导[M]．陈千玉，译．台北：五南图书出版公司，1996．

[2] 梅奥．工业文明的人类问题[M]．陆小斌，译．北京：电子工业出版社，2013．

[3] 安德烈耶娃．西方现代社会心理学[M]．李翼鹏，译．北京：人民教育出版社，1987．

[4] 卑力添，蒋柯，李先春，等．博弈论视角下的超扫描多人互动任务新模型[J]．心理科学进展，2019，27（7）：1284-1296．

[5] 车文博．西方心理学史[M]．杭州：浙江教育出版社，1998．

[6] 麦格雷戈．企业的人性面[M]．韩卉，译．北京：中国人民大学出版社，2008．

[7] 舒尔茨．现代心理学史[M]．杨立能，沈德灿，译．北京：人民教育出版社，1981．

[8] 高觉敷．西方近代心理学史[M]．北京：人民教育出版社，1982．

[9] 郭本禹．西方心理学史[M]．2 版．北京：人民卫生出版社，2013．

[10] 葛玉辉．人力资源管理[M]．3 版．北京：清华大学出版社，2012．

[11] 何伟强．中西方教育管理人性理论之比较[J]．浙江教育学院学报，2005（5）：12-23．

[12] 大内．Z 理论：美国企业界怎样迎接日本的挑战[M]．孙耀君，译．北京：中国社会科学出版社，1984．

[13] 弗洛伊德．自我与本我[M]．林尘，张唤民，陈伟奇，译．上海：上海译文出版社，2011．

[14] 张维迎．博弈论与信息经济学[M]．上海：格致出版社，上海三联书店，上海人民出版社，1996．

[15] BORING E G. A history of experimental psychology[M]. 2nd ed. Englewood Cliffs, NJ: Prentice Hall, 1950.

[16] MASLOW A H. A theory of human motivation[J]. Psychological Review, 1943, 50(4): 370-396.

[17] MASLOW A H. The farther reaches of human nature[M]. New York: Viking, 1971.

[18] MORSE J J, LORSCH J W. Beyond theory Y[J]. Harvard Business Review, 1970, 48(3): 61-68.

[19] NASH J. Non-cooperative games[J]. The Annals of Mathematics, 1951, 54(2): 286-295.

[20] NEUMANN J V, MORGENSTERN O. Theory of games and economic behavior[M]. Princeton, NJ: Princeton University Press, 1944.

[21] SIMON H A. Administrative Behavior[M]. 3rd ed. New York, NY: Macmillan, 1976.

[22] WATSON J B. Psychology as the behaviorist views it[J]. Psychological Review, 1913, 20(2): 158-177.

[23] WATSON J B. Behaviorism[M]. New York: W. W. Norton, 1924.

自测题

复习题

第二篇　动机管理

➔ 第四章　动机与管理
➔ 第五章　激励理论
➔ 第六章　激励理论的应用

第四章　动机与管理

学习目标

- 理解动机的一般概念
- 掌握动机研究的历史演变
- 了解不同种类的动机
- 掌握社会性动机
- 掌握动机的激发与调适

引例：渴望面对挑战的世界首富

微软公司的创立者和领导人盖茨以日理万机著称。一般来说，一天中他有 12 个小时待在办公室，回家后还要再加几个小时的班。他没有电视机，以免分心。盖茨 35 岁的时候就已经积累了几十亿美元的财富，成为世界上最富有的人之一。然而，他工作起来还是比任何人都努力，即使他已经不再需要那么多的钱。是什么驱使盖茨如此拼命地工作呢？他说，激励他的是面对挑战和对学习新事物的渴望。（斯佩克特，2010）

几乎没有人像盖茨那么拼命，而且，也不是每个人都像他一样是为了面对挑战而工作。激励人们努力工作的因素多种多样，挣钱的需要当然是其中之一，但是还有其他因素：有些是有形的，如保险福利；而有些是无形的，如成就感。动机理论对人们努力工作的原因做出了解释，还解释了其他一些并不涉及工作绩效的工作行为类型。然而，大部分理论还是关注工作绩效，因为它已成为管理心理学领域中的一个核心变量。

动机是人类一切行为的出发点和原动力，组织行为也不例外。在组织情境中，员工做什么或不做什么、是主动积极地做还是被动消极地做、愿意投入多大精力和坚持多长时间来完成组织任务和实现组织目标，无不取决于他的动机。因此，研究和探讨员工动机变化的特点和规律、开展动机管理是其他一切管理活动的前提，也一直是管理心理学关注的中心问题之一。在管理心理学中，动机问题始终与员工激励问题联系在一起，既是员工激励的出发点，又是员工激励的目标和归宿。本篇将用三章内容较为系统地阐述动机及与之相关的激励问题。

在本章中，我们首先讨论动机的一般概念、功能及其与行为效率之间的关系，然后介绍动机理论的历史演变及常见的动机类型，最后探讨动机的激发和调适问题，以便为后面关于激励理论及其应用问题的讨论做好理论上的铺垫。

第一节　动机的一般概念

一、动机的含义

"动机"（motivation）一词来源于拉丁语 movere，意思是"趋向于"（to move），是一种非常复杂的心理现象。在管理心理学中，动机是一种由目标引导、激发并维持个体活动的内在心理过程或内部动力系统。也就是说，动机是由一定的目标引导和激发的，它产生原动力，推动个体的行为。而这种原动力经由个体对目标的认识，将外部的诱因变成内部的需要，进而推动个体去从事某种活动。

图 4.1 形象地说明了动机产生的心理过程——需要唤起了指向诱因的驱力。从系统论的观点来看，动机包含以下三个既相互作用又相互独立的因素。

图 4.1　动机产生的心理过程

1．需要

当个体在生理上或心理上感觉不平衡的时候，需要就产生了。例如，当我们感到饥饿、口渴时，会产生饮食、饮水的需要；而当我们因缺少朋友和伙伴而倍感孤独时，就会产生交际的需要。需要是引起动机的内在条件。

2．驱力

在动机产生的心理过程中，驱力处于非常核心的位置，它为指向目标的行为提供了原动力，并将个体的生理和心理需要维持在一定的水平上。例如，对食物和水的需要转化成了寻求食物与水源的驱力，对朋友的需要转化成了交往的驱力。

3．诱因

诱因是动机过程的最后一部分，它是指可以减轻需要程度、降低驱力水平的外部对象，是引起动机的外在条件。诱因可以重新帮助个体恢复生理或心理上的平衡，降低或消除驱力的影响。例如，食物、水和朋友都可以使我们恢复平衡，减轻相应的驱力。在此，食物、水和朋友都是诱因。

二、动机的作用与功能

作为行为活动的一种内部动力，动机具有以下四种功能。

1．激发功能

动机是行为的"发动机"。人的各种各样的活动总是由特定的动机引发的。就像汽车的发动机可以让汽车由静止状态变成运动状态一样，动机可以让个体从静止状态变成活动状态。例如，在企业中，某员工希望自己在年终取得更好的业绩，在这种动机的驱动下，他就会产生相应的行为（如努力工作、维系好人际关系等）。动机激活力量的大小由动机的性质和强度决定。

2．导向功能

动机是行为的“方向盘”。它不仅能激发和引起行为，还能将个体的行为引向特定的目标或对象，使个体的行为朝着特定的方向前进。例如，在成就动机支配下，人们会主动选择具有挑战性的工作；在权力动机驱使下，人们可能试图去影响和控制他人和周围环境等。动机的导向功能赋予人的行为特定的内涵和内容，使其有了正确与错误、高尚和卑劣之分。

3．维持功能

动机引起某种行为并将其导向特定目标之后，还需要继续发挥其作用，即维持已引起的活动，直到实现目标为止，具体表现为行为的坚持性。例如，具有较强成就动机的管理者，在追求成就目标的过程中，无论遇到什么困难与挫折，都坚持自己的想法和行动，直到达到预期目标。动机的维持功能是由个体活动与他所预期的目标的一致程度来决定的。一致程度越高，维持作用越强。

4．调整功能

动机是行为的“变速器”。在为个体行为提供动力与方向的同时，也对人的活动进行控制与调整。例如，一个具有较强工作动机的员工，当他的家庭出现的变故有可能影响他的工作状态时，他的工作动机就会自发地调整其现有的行为，使之朝着预定目标不断前进。

三、动机与行为效率

1．动机与行为的一般关系

动机和行为之间存在着复杂的关系，具体表现在以下几点。

（1）有动机不一定有行为，因为行为的发生还需要其他因素，如内心对某物某事的需求程度、行为合理性的权衡、外界的客观条件等。

（2）相同动机可表现为不同行为，如在成就动机驱使下，个体可能表现出一系列的行为，像努力工作、敢于冒风险、接受有挑战性的任务等。

（3）相同行为可能由不同动机引起，如员工努力工作可能受到高收入、高社会地位、周围人的认可等外部动机的影响，也可能受到来自内心的责任感、工作上的完美倾向等内部动机的影响。

因此只有理解个体的动机才能比较准确地解释他的行为，并对行为做出预测和控制。

2．动机与工作效率

（1）动机与效果。一般来说，良好的动机应该产生良好的行为效果，但是现实生活中常常出现有动机无效果或有效果无动机的两难情况，所以在判定人们的行为时，动机和效果孰轻孰重的问题一直是困扰许多领域专家的理论和现实问题。例如，人们常说的“好心办坏事”，就是一种典型的有动机无效果。在组织管理活动中，也存在类似的问题。例如，在评价员工的行为和考核员工的绩效时，究竟是重态度、重动机，还是重行为、重效果，也始终困扰着管理者们。鉴于这个问题是一个带有理论探讨性质的大问题，这里不予展开讨论。

（2）动机强度与效率。与管理心理学密切相关的另一个问题是动机水平或强度对工作效率的影响问题。人们通常认为，动机越强，个体活动的热情越高涨，活动的次数越频繁，活动的效果也越好。但事实并非如此。如果动机过于强烈，个体就会处于高度紧张的状态，其认知思维活动就会变得僵硬、狭隘、不灵活，也会影响能力的正常发挥，从而降低工作效率。例如，一位员工即将参加一场培训结果的测试，如果他希望通过的动机过于强烈，就会出现紧张和焦虑的反应，这会严重阻碍其记忆、思维或动作技能的正常发挥，最终影响测试结果。那么，究竟动机水平多高时最有利于提高工作效率呢？

心理学家耶克斯和多德森（Yerkes & Dodson，1908）的研究对此问题给出了答案。他们的研究结果如图 4.2 所示。该图表明：各种活动都存在一个最佳的动机水平。动机不足或过分强烈，都会使工作效率下降。而且，动机的最佳水平随着任务的难度和性质的不同而不同。在比较容易的任务上，工作效率随动机水平的提高而上升，总体上需要的最佳动机水平较高；在难易适中的任务上，中等水平的动机可以使工作效率达到最佳；随着任务难度的增加，所需要的动机水平有逐渐下降的趋势，也就是说，在困难和复杂的任务上，较低的动机水平最有利于任务的完成。这就是著名的耶克斯—多德森定律（Yerkes-Dodson Law）。按照这个定律，管理者需要根据任务的难度水平和复杂程度适当地调整员工的动机水平，特别是在那些难度高、所需要的动作或心智技能复杂的任务上，反而应该适当地降低员工的动机水平。

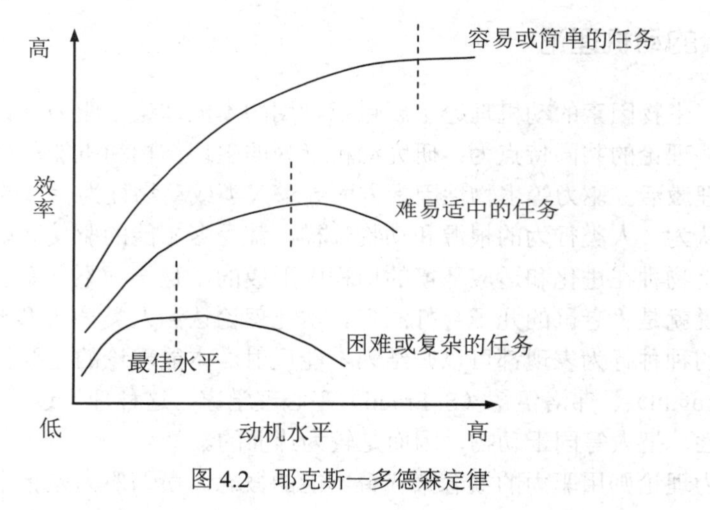

图 4.2　耶克斯—多德森定律

（转引自彭聃龄，2004）

【资料】

瑞士合理动机引起不合理甚至错误行为

瑞士的银行号称世界上最安全的银行，在其他国家的绝大多数银行中，只要出示相关证件和信息就可以调查储户的各种信息。但是 3 个世纪以来，瑞士银行一直坚持着为储户永久保密的原则。因此对于许多投资者来说，奉行和坚守银行使命与传统的瑞士银行成了逃漏税操作的理想之所。瑞士银行共管理着 2.2 万亿美元的离岸资产。

瑞士银行也曾经因为拒绝在就客户逃税行为向各国交出客户资料的问题上引起欧盟各

国的不满，这也令欧盟各财长达成协议，对瑞士银行实行金融制裁。瑞士银行的动机是合理的，但是却产生了包庇逃漏税犯罪人员的后果。

直到2014年6月，在巴黎举行的欧洲财长会议上，世界最大的离岸金融中心瑞士同意签署一项关于自动交换信息的全球新标准。这象征着瑞士告别了几百年来坚持保护银行客户隐私的做法，这是全球打击逃漏税举措的重大突破之一。

（资料1：https://wenku.baidu.com/view/a5f7f77ab94ae45c3b3567ec102de2bd9605dea4.html.）

（资料2：http://www.360doc.com/content/14/0508/00/12093531_375665248.shtml.）

第二节　动机研究的历史演变

一般来说，心理学中的动机研究以20世纪60年代为界，分为两个时期：60年代之前主要以行为主义和精神分析理论为主导，强调本能、冲动、驱力等生物性的因素在决定人的动机和行为方面的直接作用，因此，我们称这一时期出现的各种理论为生物因素的动机理论；60年代以后，认知的观点逐步介入动机研究中，相应地，我们称之为认知因素的动机理论。下面就对这两大类理论加以介绍。

一、生物因素的动机理论

一般来说，生物因素的动机理论主要包括早期的本能理论、驱力理论、唤醒理论和诱因理论等。这些理论的共同特点为：研究动机行为的生理结构和机能，试图从有机体的本能、冲动、生理激活、驱力等生物性因素方面寻求人类或动物行为背后的动因。

本能理论认为，人类行为的根源和动物一样，都受着本能的驱使。所谓本能，是先天的遗传倾向，是物种在进化和适应环境的历程中形成的，是一种不学而能的行为模式。用中国的老话来说就是“老鼠的儿子会打洞”。本能理论认为人类一切思想和行为的原动力是本能，个体的种种行为表现都可以归结为本能反射。本能理论的主要代表人物有麦独孤（William McDougall）、弗洛伊德（S. Freud）等心理学家。这种理论过分强调人的生物性，而忽视了社会性，把人等同于动物，因而是较为片面的。

随后的驱力理论则用驱力的概念来代替本能的概念。所谓驱力是指个体由生理需要或心理需要所引起的一种紧张状态。这种理论认为，有机体的生理或心理驱力是人类行为的动因，它能激发或驱动个体行动以满足需要，消除紧张，从而恢复机体的平衡状态。赫尔（C. L. Hull）是驱力理论的主要代表人物。驱力理论仍以人的生物性本能为出发点来解释人类的行为，因此也摆脱不了机械性的局限。

唤醒理论对驱力理论中无法解释的人类的活动常常不是为了减少驱力，而是为了增加驱力的行为进行解释（例如，驱力理论无法解释的人类挑战行为）。唤醒理论认为，人总是处于唤醒状态，并维持着生理激活的最佳水平，而这种最佳水平是存在个体偏好的。一般而言，由于中等强度的刺激引起最佳的唤醒水平，因此个体偏好程度高。赫布（Hebb）是该理论的主要代表人物。

本能理论和驱力理论强调个体的活动来自内在动力，但是忽略了外在环境的作用。与上述理论不同，诱因理论主要从有机体的外部来寻求行为的动因，强调外界的诱因在行为刺激中的作用。所谓诱因是指能满足个体需要的刺激物，它具有激发或诱使个体朝向目标的作用。诱因是个体行为的一种能源，是使行为持久的推动力。这种理论的代表人物主要有巴甫洛夫（Ivan Pavlov）和斯金纳（Skinner）。

纵观上述生物因素的动机理论，可以发现，这些理论的贡献在于，它们能够从动机的内在起因和外在诱因两方面对有机体的行为进行一定程度的解释；其不足在于，把诸如本能、冲动、刺激、驱力等内在的生物性因素作为人类行为的动因，而忽略了其他因素的重要作用。事实上，人类行为背后的原因是相当复杂的，仅用生物因素是难以解释的，于是就出现了一系列认知因素的动机理论，使动机研究进入一个新的时期。

二、认知因素的动机理论

认知因素的动机理论的共同点是：认为人是理性的，强调人的认知因素或变量在行为动机产生中所扮演的中介调节作用。这些认知因素包括人们对环境的分析、对目标的预期或期望、对成败可能性的分析等。该理论已经在教育、心理治疗、管理等领域得到了广泛的应用，具有较高的实用价值。在此，我们仅介绍其中与组织管理情境联系较为密切的两种理论。

1．动机的认知一致性理论

认知一致性理论是一种比较典型的认知因素的动机理论。该理论的基本假设是：个体认知（思想、态度等）的不一致能产生动机，从而激发个体努力减少或消除这种不一致，以此来寻求认知的协调或一致。也就是说，人的社会认知过程是一个由平衡到不平衡再到平衡的动态过程，通常个体的心理处于平衡状态，一旦出现认知矛盾就会打破这种心理平衡，使个体感到压力与不快，在保持心理平衡的需要与消除不快情感需要的驱使下，个体就会付出行动使其认知系统重新恢复平衡。认知一致性理论包括认知平衡理论和认知失调理论。

1）认知平衡理论

心理学家海德（F. Heider）在 1958 年提出了认知平衡理论。他认为，人们喜欢或倾向于使自己对人或事物的认知达到平衡，认知不平衡则会产生争取平衡的行为动机，从而寻求各种方式把不平衡转化为平衡。据此，海德提出了 P-O-X 模型，其中 P 代表个人，O 代表另外一个人，X 代表一些目标对象（如情境、事件、思想等）。海德认为，项目（P、O 与 X）如果有归属的关系，就构成一个单元。如果该单元在各方面具有相同的动力特性，那么它就处于一种平衡的状态，不存在去改变这种状态的压力。但如果单元中各个项目不能和谐并存，就会引起个体的紧张与不安，从而产生获取平衡的动机。举例来说，某男生 P 喜欢某女生 O，而 O 又爱好音乐，假如 P 对音乐无兴趣，则 P 会产生认知上的不平衡，这种不平衡会驱使 P 做出某种努力来扭转这种认知的不平衡。由此可见，认知的不平衡确实能成为行为的动力，起到动机的作用。

2）认知失调理论

认知失调理论是由费斯廷格（L. Festinger）于 20 世纪 50 年代首先提出来的。所谓认知失调是指个体所持有的认知彼此矛盾，处于相互对立的状态。例如，“我很喜欢体育”和“母亲不准我参加体育活动，要我多做家务”这两个认知便是失调的。在费斯廷格看来，认知失调将会造成个体心理上的不愉快和紧张，从而驱使其采取某种行动以减轻或消除认知失调。一般来说，失调强度越大，人们想要减弱或消除失调的动机就越强烈，而失调程度的大小主要取决于两个条件：其一，失调的程度同某一认知要素对个体的重要性成正比，例如，丢掉一元钱的失调程度要远远低于丢掉一份满意的工作所引起的失调；其二，失调程度还依赖于失调的认知数目与协调的认知数目的相对比例。这两个条件与认知失调程度之间的关系可以用下面的公式来表示：

$$失调程度=\frac{失调的认知数目\times认知要素的重要性}{协调的认知数目\times认知要素的重要性}$$

此外，费斯廷格在大量研究基础上提出了减小认知失调的三种方式：（1）改变某一认知因素和采取新的行为，使其与其他因素之间失调的关系趋于缓和。例如，“我喜欢抽烟”和“抽烟有害健康”是不协调的两个认知因素，个体就可以通过减少抽烟量或搜集抽烟无害于健康的证据来缓和认知协调。（2）突出某一认知因素的重要性，使其“战胜”另一认知因素。例如，可以特别强调抽烟的危害性，使个体在心理上产生恐惧感，彻底戒烟，从而达到认知的协调。（3）增加新的认知因素来协调与已有认知因素之间的关系。例如，通过增加“肺癌只要早发现，及时治疗，无生命危险”这一新的认知因素来降低失调。

2．动机的归因理论

动机的归因理论主要是由心理学家韦纳（B. Weiner）提出来的，他从归因的视角来研究人类行为背后的动因。所谓归因即从人们行为的结果寻求行为的内在动力因素。依照这种理论，当个体面对成就情境中某些特定的行为结果时，他会有意无意地寻找其产生的原因，找到的原因不同，个体随后的动机水平也就不同。韦纳通过对各种原因进行逻辑分析，最后总结出原因的三种特性或对原因进行分类的三个维度：内外性、稳定性和可控制性（1974）。其中每一个维度都衍生出了两类不同的原因，依次分别是：内部原因—外部原因、稳定原因—不稳定原因、可控制原因—不可控制原因。例如，个体的努力程度是一种内部的、稳定的、可控制的原因，而运气就是一种外部的、不稳定的、不可控制的原因。原因的各种特性及其之间的关系如图 4.3 所示。

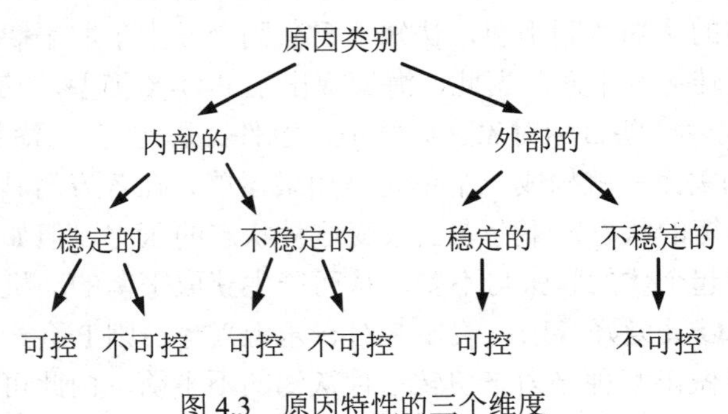

图 4.3　原因特性的三个维度

（转引自彭聃龄，2004）

那么，人们对行为的归因怎样影响其随后的动机呢？韦纳（1974）认为，归因通过影响人们对未来的期望及情绪、情感，进而影响人们的动机。在此，我们把动机随归因不同而发生变化的规律总结如下：（1）当失败被归因于稳定的、内部的、不可控制的原因时，将会弱化进一步活动的动机，而失败被归因于不稳定的、外部的、可控制的原因时，则不会弱化甚至还会强化进一步活动的动机；（2）当成功被归因于稳定的、内部的、可控制的原因时，将会强化进一步活动的动机，而成功被归因于不稳定的、外部的、不可控制的原因时，则无助于强化甚至会弱化进一步活动的动机。例如，在企业组织中，如果一名员工将自己较差的工作业绩归因于能力低这种稳定的、内部的、不可控制的因素，那么他可能会感到无助和无望，采取破罐子破摔的消极态度，失去进一步努力的动力；反之，如果他将不良的业绩归因于努力不够这种不稳定的、可控制因素，那么他就不会对未来产生无助和绝望的感觉，甚至还会主动和上级沟通，重整旗鼓，努力提高自己的工作绩效。由此可见，对行为结果的归因确实会影响个体随后的动机。作为管理者，在员工面对成功或失败的结果时，如何引导其做出合理的归因，既是动机管理水平的体现，也是管理能力的重要体现。

在韦纳动机归因理论的基础上后来又派生出了两种颇有影响的动机理论：自我效能理论和习得无助理论。

班杜拉（Albert Bandura，1997）在《自我效能——控制的实施》一书中，对自我效能问题进行了全面系统的论述。自我效能通常指个体对有效地控制自己的生活诸方面的能力的知觉或信心。动机的自我效能理论的中心思想是：个体的自我效能感决定了他在成就情境中的行为动机。具体来说，自我效能感高的人在有关的活动中行为积极性高，乐于付出努力和采取策略来应付遇到的问题、解决面临的困难，而当问题和困难得到解决和克服的时候，他当初的效能感就得到了证实，这就维持了动机。即便当个体偶尔遇到前所未有的困难时，他对有能力取得成功的信心也有助于克服先前操作的消极方面，诱发动机行为。相反，自我效能感低的人在有关的活动上行为积极性低，不愿付出过多的努力和采取相应的策略应付困难、解决问题，这必然导致活动结果不尽如人意，反过来又降低了他的效能感。而个体的自我效能感不仅来源于他所遭遇的经历和处境，更重要的是取决于他对自己遭遇和处境的认识，特别是归因。按照这种理论，在组织管理中，如何通过各种途径和方法培养和提高员工的工作自我效能感，是激发员工工作动机、点燃其工作热情的关键，其中一种重要途径就是引导员工对其工作绩效的成败做出正确归因。

习得无助理论首先是由塞利格曼（Martin E. P. Seligman）在1967年根据动物实验的结果提出来的。将老鼠放在一个有电击的区域，起初它尝试各种办法、做出种种努力试图逃离电击区域，后来发现无论如何也无法逃离，最后就再也不做任何努力了，也就是说，它习得了一种无助感。后来研究者们将习得无助的概念推广到人身上，是指当人们做出种种努力都无法改变某种行为的结果时而习得的一种行为与结果不相倚的信念，这种信念让人失去了对结果的控制感，一旦固定下来，后来遇到类似问题时，也会由于内心的无助感而放弃任何努力。很显然，习得无助理论是关于动机减弱或缺失的一种理论。那么，难道作为具有理性分析能力的人真的会像动物那样仅仅因为不断遭遇挫折而习得无助吗？人们对行为结果原因的知觉和分析在无助感的产生中究竟起什么作用呢？基于这样的考虑和问题，在习得无助理论后来的发展中逐渐吸收了归因研究的一些思想和成果，引入归因变量来解释人类习得无助的形成和变化规律。基本的观点是：如果一个人将不可控制的消极结果归因于内部的、稳定的、普遍的因素，那么一种弥漫性的无助或抑郁状态就会出现，自我评价降低，动机减弱到最低水平；如果不是这样，那么人们在经历不可控制的消极事件后所产生的无助感就只限于特定的时空条件，不足以降低人们的自我评价和弱化人们的动机，甚至还会强化随后行为的动机。这就是说，消极事件原因的可控制性和部位、稳定性、普遍性一起决定了无助感的产生和随后的行为动机，而不是单独起作用的。在组织情境中，管理者要通过建立完善的反馈和激励系统，并引导员工对失败和挫折进行积极的自我归因，来防止员工习得无助感的产生，避免员工出现自暴自弃、破罐子破摔的消极心态。

总之，无论是生物因素的动机理论，还是认知因素的动机理论，都从各自独特的视角探究了个体行为背后的动因。每种理论都不可能尽善尽美，都有其合理性和局限性。鉴于此，当我们应用这些理论来解释组织情境中人们的行为时，就应该吸取每种理论的精华并弃其糟粕。管理者应在充分了解有关动机理论的基础上，有效推测员工行为背后的动因，提高对员工行为的预见性，为激励、考核评估等管理工作奠定良好的基础。

【资料】

归因理论下的工作激励

传统的激励理论强调从外部采用某种管理策略来调动员工的工作积极性，因此我们不妨称之为外在性激励理论（如双因素理论强调尽量使员工感到满意，期望理论强调运用适当的方法以调整员工对未来行为结果的认知预期等）。而归因理论，既不要求增加工资奖金，也不需要改善环境条件。它强调通过改变员工对所发生事件的归因认知来激励和引导员工的行为，即引导员工对所发生的事情做出合理的归因分析，一旦员工接受了这种原因，他们的态度就会发生改变，从而主动积极地投入活动中。

（来源：归因理论在管理中的应用[EB/OL].（2018-10-19）. https://wenku.baidu.com/view/e6e270567dd184254b35eefdc8d376eeafaa171c.html.）

第三节　动机的种类

动机是一种复杂的心理现象，从不同角度和层面可以把动机分为不同的种类。在本节中，首先介绍了动机的一般分类，随后重点阐述了与组织情境密切相关的几种社会性动机，如成就动机、权力动机、亲和动机和工作动机等。

一、动机的一般分类

1．生理性动机和社会性动机

根据动机的性质，人的动机可以分为生理性动机和社会性动机。

生理性动机是指个体为满足生理、本能需要而引起的动机。例如，饥饿、干渴、睡眠等动机，都是生理性动机。这种动机具有原始性、自发性，是有机体与生俱来的，并且为人和动物所共有。但是由于人是社会的实体，所以纯粹的生理性动机是很少的。社会性动机是指由个体的社会物质、精神生活需要而引起的动机。例如，权力动机、成就动机、审美动机等。这种动机为人类所特有，是个体在其先天倾向的基础上，在广泛的社会实践活动中形成的，具有社会历史性。后面将会详细介绍几种常见的社会性动机。

2．外部动机和内部动机

根据来源，动机可分为外部动机和内部动机。

外部动机是指由外在力量激发而来的动机。在组织环境中存在许多外在诱因，如高报酬、高职位、和谐的同事关系、上司的赞赏等，同时也包括避免惩罚的驱力，如避免解雇或者调职等。这些都可以吸引和激励员工，成为推动员工积极工作的诱因。内部动机是指由内在心理因素转化而来的动机。内在心理因素包括很多内容，如兴趣、爱好、责任感、成就感、自我实现需要等，这些心理因素在一定条件下可以成为推动员工积极活动的内部力量。

需要注意的是，这两种动机并不是完全独立的。许多激励措施同时具有激发外部动机和内部动机的双重作用。例如，一位销售人员在销售竞赛中取得了胜利并得到了物质奖励。在这里，竞赛这种激励方式既激发了外部动机（物质奖励），又激发了内部动机（获得“优胜”的成就感）。此种情境中，内外动机就是相互交叉、互相推动的。

3．主导动机和辅助动机

根据动机在活动中所起作用的大小，可以把动机划分为主导动机和辅助动机。

主导动机是指在个体的动机体系中，对行为起调节和支配作用的动机。它是一个人最强烈、最稳定的动机，通常对行为有决定意义，具有更大的激励作用。相反，对个体行为没有决定意义，仅起辅助作用的动机，叫辅助动机。例如，某个组织成员工作积极努力，其工作动机可能有：为实现组织目标贡献力量、引起领导的重视、争取较高的酬金、表现自己的工作能力等。在这些动机中争取较高的酬金可能是他的主导动机，而其余为辅助动机。在行为的发生过程中，主导动机起的作用最大，支配着行为发生的方向和强度，与此同时，辅助动机也起一定的作用，也可能对行为有一些其他方面的影响。

总之，对动机进行分类，目的是从不同的侧面来研究动机的性质、机制以及它在管理活动中的作用。需要说明的是，上述各种分类仅具有相对的意义，而不是绝对的，还可以根据其他的标准来对动机进行分类。

二、社会性动机

1．成就动机

资料 4-1

一般来说，可以认为成就动机（achievement motivation）是驱动一个人在社会活动的特定领域力求获得成功或取得成就的内部力量，在行为上表现为一个人对自己认为有价值的、重要的社会或生活目标的刻意追求。理解这个概念至少应该注意以下几点：（1）它是后天获得的，而不是与生俱来的。没有哪个人天生就具有很高的或很低的成就动机。（2）它是摆脱了低级需要的有限制的、具有社会意义的发展性动机，而不是受低级需要驱动的缺乏性动机。这就是说，成就动机是一种发自内心的力求发展的高级动机，而不是由生理的匮乏状态引起的低级动机。所谓有成就或无成就、成功或失败都是根据一定的社会标准来衡量和确定的，所以成就动机必然是与特定的社会目标相联系的。一个人所追求的目标离个人的低级需要或趣味越远、社会性越强、社会价值越高，就越具有成就动机的性质。很难说那些终日忙碌于满足自己低级需要的人有什么成就动机。由于只有人类才会在满足了自己的低级需要的基础上产生较高级的社会性的需要，所以可以说成就动机是人所特有的动机。(3) 它是个体的，而不是种族的。正由于成就动机是在后天的社会生活中获得的，而不同的个体又有不同的生活环境和道路，所以它必然是因人而异的，具有个体性。一个人成就动机的水平、内容和性质是其个性特征的主要体现，而人们之间在成就动机的水平、内容和性质上的差异，是人们个性差异的主要表现形式之一。在满足低水平需要的活动上，人与人之间，甚至人与动物之间很难区别开来，即使能够区别开来，也只是一些非本质的、细枝末节的差异，衣食住行、柴米油盐，不过如此。但在满足高水平的需要的活动上，人与人之间的一些重要的、本质的差异就能体现出来。

美国哈佛大学心理学家麦克莱兰（D. C. McClelland，1961）根据人们成就动机的特点，区分出了追求成功的人和避免失败的人。追求成功的人对成功感到骄傲，对失败则不感到羞愧，而避免失败的人对失败感到无地自容，对成功则不会感到骄傲，这是由他们选择的目标的不同造成的。在目标的选择上，追求成功的人通常选择那些中等难度的材料或任务，敢于接受挑战，并对自己的行为结果负责，而避免失败的人所选择的材料或任务不是太难，就是过易。太难的任务可以推卸责任，过易的任务可以避免失败。追求成功的人对未来充满希望，认为在将来的活动上取得成功的可能性比目前正在完成的任务成功的可能性还要大，而避免失败的人则认为目前的情况已经不错了，将来不会比现在更好。

成就动机对个人的发展有重要的意义。许多研究发现，两个人在智商大体相同的情况下，成就动机高的人比成就动机低的人在活动中成功的可能性要高。在学校里，成就动机高的学生成绩可能较好，名次较高；在企业里，成就动机高的员工有可能取得较好的业绩（转引自彭聃龄，2004）。研究发现，中高级管理人员的成就动机与他们今后的职位晋升呈正相关；企业家的成就动机得分要显著高于员工的成就动机得分（舒尔茨等，2004）。

成就动机水平的高低还影响人们的职业选择。研究发现，面临职业选择时，高成就动机者偏好中等难度的工作，而低成就动机者则偏好过简或过难的工作（Weiner & Kukla，1970）。研究指出，高成就动机者倾向选择有挑战性且明确的职业目标来努力，故特别喜欢透过职业生涯规划来设立未来目标，并努力完成任务以满足成就需求（Souerwine，1978）。研究发现成就动机越高的人，对于生涯规划与职业探索的得分也越高（Lokan & Briggs，1982）。

实际上，成就动机不仅影响个人的发展，而且能推动社会经济的发展。有关社会成员成就动机水平与社会经济状况关系的研究指出：社会群体总体的成就动机水平与其社会经济发展水平之间有着密不可分的关系，如古希腊在由兴盛到衰落的过程中，社会成员动机水平也表现出了由高到低变化的特点（转引自张厚粲，2001）。

2．权力动机

资料 4-2

权力动机（power motivation）是指人们某种支配和影响他人以及周围环境的内在驱力。在权力动机支配下，人们表现出积极主动的参与精神并有成为某一群体领导者的愿望。高权力动机者经常表现为对社会事业的浓厚兴趣，会积极地寻求影响他人的方式。例如，他可能会使用上下级关系或外在报酬，来控制其他人的行为，在讨论问题时总是试图以自己的观点、看法去说服别人，在群体中希望处于领导地位，在日常生活中表现得比较健谈、好争论等。

权力动机与组织行为之间有重要的联系。麦克莱兰对权力动机做了相当多的研究。他认为，权力动机主要有两种不同的表现形式（D. C. McClelland，1987）：第一种表现形式运用了个人支配、生理侵犯和非法利用。用这种形式来表现权力动机的人，用胜败的观点来看待各种情境。他们必须获胜，而其他人则必须失败。麦克莱兰认为，这种权力行为不能够带来所想要的领导方式。

第二种表现形式所关注的是说服力和人际影响力。这种人会试图唤起他想要施加影响的人的自信心。例如，向大家澄清群体的目标，说服成员们来实现这个目标，努力让这些成员培养起对自己能力的信念，等等。麦克莱兰认为这种权力动机表现形式是组织中有效管理者所具备的特征，这种管理者能够带来组织急剧的变革和创新，实现组织的发展目标。

权力动机对取得管理成功的作用得到了美国电话电报公司所进行的研究的支持。该公司对不同动机状况的管理人员的晋升率进行了跟踪研究，发现权力动机强烈的管理人员工作绩效一贯较好，进步也快，而且职位也较高。樊耘、阎亮和季峰（2010）的一项研究显示，具有高权力动机的员工，组织文化对其情感承诺的影响比对低权力动机的员工的影响要大。即在相同组织文化的影响下，高权力动机的员工对组织的情感承诺更高。陈倩倩、樊耘和李春晓（2018）关于组织创新行为的研究发现，高权力动机的员工受到组织支持时，倾向于选择可实现度高、受欢迎的创新方案。因此在创新工作中，领导者需要平衡创新团队的个体权力动机差异。

3．亲和动机

亲和动机（affiliation motivation）是指个体对于建立并保持良好人际关系、受人喜爱以及与周围的人融洽相处的关注。具有很高亲和动机的个体会表现出强烈的与人友好相处的愿望，希望自己能够被周围人所接受和认可，愿意参与到人际交往活动之中。他们在团队或团队之间起到重要的调和作用，因为他们在所有的交往圈中都试图获得和谐亲密的人际关系。相反，具有中等或较低亲和动机的人更有可能对长时间的独自工作与学习感到自在，但他们通常也能够与他人建立并维持良好的人际关系，被团队成员所接受。

资料 4-3

亲和动机是个体保持社会交往和人际关系和谐的重要条件，与组织行为有着密切的关系。但值得注意的是，亲和动机也有一个适度的问题。麦克莱兰（1987）认为，管理人员的亲和动机过强会影响其管理绩效，因为这会导致管理人员主观上过分关心下属，有时很难做出令别人不快却很必要的决策。另外，他还发现，在更为集权主义导向的国家中，员工大都是高权力动机和低亲和动机的。动机的这种模式可能与滥用权力和独裁主义的管理风格有关。在一项下属意愿对领导者亲和动机与领导绩效间关系影响的研究中，研究者发现亲和动机过强或过弱都不利于领导者良好绩效的达成，只有适中时，才容易形成高效、融洽的工作局面。当下属意愿相对较高时，领导者亲和动机不会对绩效有太大影响；当下属意愿相对较低时，领导者的亲和动机将发挥非常重要的作用（郭丹，2011）。

每个人都在一定程度上具有上述三种动机，只不过在不同情境下它们所占的比重和表现程度不同罢了，而这主要取决于个人所处的职位。麦克莱兰发现，首先，在小企业的经理人员和在企业中独立负责一个部门的管理者中，高成就动机者往往会取得成功。其次，在大型企业或其他组织中，高成就动机者并不一定就是一个优秀的管理者，原因是高成就动机者往往只对自己的工作绩效感兴趣，并不关心如何影响别人去做好工作。最后，亲和动机和权力动机与管理的成功密切相关。最优秀的管理者往往是权力动机很高而亲和动机很低的人。（转引自昆明理工系大学管理工程系，2001）

4．工作动机

工作动机（job motivation）指的是一系列能够激发与工作绩效相关的行为，并决定这些行为的方式、方向、强度和持续时间的内部与外部力量。工作动机是一种看不见的、内在的、假设的结构，是工作激励的心理基础，长期以来受西方组织行为学研究者的重视。

早期的工作动机理论认为，人们工作无非是为了收入、报酬等一些物质利益。后来 20 世纪二三十年代梅奥（Mayo，1933）通过霍桑实验发现，物质利益不是工作动机中最重要的因素。20 世纪 50 年代曾有一项对美国员工进行的抽样调查，询问他们若是继承了一笔遗产，不用工作就可以生活得很舒服，他们是否愿意放弃工作，80%的人表示他们愿意继续工作。由此可见，物质需要并不是工作动机的唯一来源。20 世纪 50 年代末，马斯洛（Abraham H. Maslow）、阿吉里斯（C.Argyris）和麦格雷戈（Douglas McGregor）等人的研究表明，寻求归属感、满足自尊、追求自我实现等也是工作动机的来源（Douglas McGregor，1960）。

国内学者对中国企业员工的工作动机进行了大量的调查研究，并取得了一系列的成果。张炼（2004）对企事业人员工作动机进行测量，结果表明：内在动机是主要的工作动机，但在工作动机的不同维度上，其随着职业内容、单位性质不同而有所不同。张剑、郭德俊（2003）对中国企业员工工作动机的结构进行了研究，结果表明员工工作动机的结构包括追求胜任取向、外在报酬取向、他人评价取向、自我决定取向与良好关系取向五个因素，而且男性员工在追求胜任与自我决定取向上的得分明显高于女性员工，学历较高的员工在追求胜任取向上的得分显著高于学历较低的员工，但在外在报酬取向上的得分显著低于学历较低的员工。此外，工作动机会对员工其他行为产生影响，例如陈春晓、张剑、张莹和田慧荣（2020）的一项研究表明，不同工作动机特点员工的工作投入和心理幸福感之间的关系不同，内在工作动机会高的员工对工作有更高的投入，引起个体更多的心理满足，获得更高的幸福感。

总之，工作动机是一种复杂且重要的社会性动机，是人们不辞辛苦勤奋工作的强大动力。在现代管理中，要做好激励工作，关键的一点就是激发员工的工作动机。因此，管理者应对员工工作动机的特点和变化规律有更深入透彻的了解和把握。

【资料】

HR 经理：善用“动机”，你才会更优秀

HR 经理人的“动机”调查

在国内著名管理咨询顾问张伟俊先生主持“HR 职业生涯发展”的讨论会上，与会两百多名 HR 共同参与了一个简单的需求动机的调查，根据个人工作时间与精力分配的多少，对代表不同动机的三个选项进行排序：

A. 把事情做得更完美/进一步提高工作效率

B. 建立良好的人际关系/受大家欢迎

C. 对他人施加更多、更有力的影响

结果显示，51%的 HR 将 A 项置于第一位，以成就动机为主导动机；有 33%的人选择 C 项，以权力动机为主导动机；另有 16%的 HR 将 B 项置于首位，以亲和动机为主导动机。

成就动机造就主力“干将”

调查发现，选择成就动机为导向的人中的大部分是企业人力资源部的“干将”，很多是优秀的 HR 助理、HR 专员。他们追求个人高成就，比他人做得更多，做得更好。其中一小部分目前处于 HR 经理以上的职位。但是当他们需要用自己的观点和做法感染直线经理，并取得最终的成效时，他们常常觉得力不从心，容易与直线经理产生摩擦。

根据 McClelland 的研究，成就导向的人，习惯性地思考如何将事情做得更好。一旦下决心做某件事情，一般都能取得进展，并在公司里获得较多的表扬，提升机会也接踵而来。一个拥有很多这个类型员工的公司，较同类公司而言发展会更快，利润也更高。但是，当这类人被提升到管理岗位时，工作效率就会下降。因为他们仍与原先一样竭力完成工作，并且期望他人也跟他们做得一样好，这就会导致与平级之间的摩擦，并使下属员工产生挫折感，无法发挥最大潜能。

亲和动机使人更受欢迎

具有亲和动机的 HR 期待良好的关系，希望到处受欢迎。他们是很好的团队合作者，追求的不是工作为导向的成就，而是与人愉快的相处。当团队气氛良好，他们可以获得较多的人际接触和回馈时，他们的工作效率一般都非常高。然而，当他们被提升到领导者的位置，需要管理下属，推动各个不同部门的人力资源工作时，他们会遇到或强或弱的反对力量，内心感到痛苦。他们一如往常地关注其他人的感受，不希望造成冲突，为了维持原有的和谐，在妥协中失去作为一个领导者应有的公正性和判断力，导致工作无法推动执行。

三国时代的诸葛亮，他的动机类型是成就动机为主导，亲和动机极高，权力动机很低。他过分强调了自身的能力，没有培养下属，处理人际关系时又过于注重他人与己的亲善关系，没能充分发挥团队的创造力和主动性，以致错过了蜀国称雄的大好时机。

权力动机更能影响他人

对一些比较成功的 HR 经理或者总监所进行的访谈发现，他们大多选择了以权力动机为主导动机，并且拥有较高的成就动机和亲和动机。这些 HR 经理人比较倾向追求权威和权力，能够主动运用人际影响力来与上级进行沟通并与企业的高层结盟，获得足够的权威以推动自己的工作。工作中，他们能制造出一个比较确定的工作道德规范，培养员工对组织的忠诚度。这主要是因为权力动机为主导的人为权力所驱动，具有一种去影响他人、给人以深刻印象以及造成冲击的需求。

现在很多企业的 HR 提倡要做企业的战略伙伴，而 HR 能不能参与到战略中来，关键要看 HR 能不能用专业的知识去影响“最终做决定的人”，权力动机高的 HR 通常在这点上占有很大的优势。

改变动机，成就成功

我们把 HR 按照行政职能来分成六级，前三级包括人力资源助理、人力资源专员和人力资源主任（不考虑晋升的因素），最佳的动机曲线是成就动机最高，权力动机和亲和动机随后。后三级包括人力资源经理、人力资源总监和人力资源副总裁，他们是需要与企业高层合作来推动发展的经理人，他们的最佳动机曲线是权力动机最高，成就动机居其次，亲和动机最后，权力动机和成就动机的要求都相对较高。

这里要说明的一点是：动机有别于能力。例如，成就动机非常高的优秀销售人员，他们可以表现出极高的亲和能力，但是他们不一定具备非常高的亲和动机，他们只是在成就动机驱动下，为了获得成就而运用他们的亲和能力作为一种手段。一旦达成销售目的，他们就不再表现出销售时那样的亲和能力了。所以，我们通常所说的 HR 最好要有亲和力，不是指亲和动机，而是指亲和能力。非亲和动机主导的 HR 甚至有可能比亲和动机主导的 HR 具有更强的亲和能力。

如果说，想要成为优秀 HR 经理人，却发现自己的主导动机是亲和动机或者成就动机，是否还有机会改变？McClelland 及其合作伙伴 David Burnham 的专项研究表明，动机是可以改变的。他们在两年中培训了来自不同公司的一千多位中高层经理。结果发现，至少 2/3 的培训参加者发生了变化，更重要的是，他们的商业结果和员工的士气也得到了极大的提高。David Burnham 幽默地说，“要教会一只年纪大的狗新的把戏不容易，教会领导者怎么去做却还是可以的。”

因此，期望成为优秀经理人的 HR，要通过培训和工作实践来锻炼和发展自己的权力动机，并且培养适当的亲和动机与成就动机，这样才能够从个人角度为最终的成功做好准备。

（来源：高洁. 善用“动机”你才会优秀[J]. 经理人，2004（3）：72-73.）

第四节　动机的激发及调适

激发和调适组织成员的工作动机，维持其积极的工作行为，是管理者的重要任务之一。本节首先从动机过程的内在起因、外在诱因及归因等几个方面探讨动机激发问题，之后再对个体动机的调适问题进行分析。

一、动机的激发

1. 激发动机的内在起因

人的行为一定程度上源于个体的内在需要和内部唤醒状态，因此激发动机的首要策略就是从动机的内在起因入手。这在管理活动中具体表现为以下几个方面。

首先，管理人员要充分了解并激发组织成员的主导动机。个体在某一时期的社会实践活动中总会有一种主导动机，而它是个体行为的主要推动因素。

其次，由于动机的激发与需要的满足是密不可分的，所以管理者应及时满足员工的合理需要。

最后，使员工认清自己行为的目标。只有个体的内在需要与外在诱因（目标）相联系时，具有一定能量和方向性的驱力（动机）才会产生。

2．设置与运用动机的外在诱因

外在诱因主要指个体的行为目标和奖赏、惩罚等。众所周知，人是具有主观能动性的，一般来说，个体在付出行动之前就已经对行为的目标及其意义做出了自己的主观判断和心理预期。这样，行为目标（外在诱因）就可以转化为个体工作的内在动力，从而具有了动机作用。因而，目标设置就成为激发员工动机的重要方法，管理者应发挥目标的激励、引导作用，为员工设置具有较强吸引力、难度适宜的目标，调动员工努力工作的愿望和热忱。此外，对员工行为结果的奖惩也会影响其工作动机。所以，激发动机也可从行为入手。作为管理者，要勤于分析员工的行为及意图，及时对员工的行为进行合理的强化（奖赏和惩罚），奖惩分明，以此来提高员工工作动机的水平和强度。

3．利用员工的自我调节能力

在动机的激发中，自我调节发挥着重要的作用。目标、强化这些外在因素也只有通过自我调节才能将其转化为个体的内在动力。具体到管理实际中，帮助员工提高自我调节能力可以从以下几方面入手。

首先，管理人员要使员工正确认识自己，对自己的工作保持适度的期望值：既不能太高，远远超出自己的能力所及，也不能过低，使工作失去了挑战性与吸引力。

其次，要帮助个体建立起较高的自我效能感，使个体在工作中不断地获得成功的体验，对自己的能力产生一种较强的自信心。

再次，要锻炼员工的意志力，提高其意志水平。当员工自身具备较强的意志力时，他就会主动去克服困难，寻求工作中的挑战，行为也会更有坚持性。

最后，管理人员要及时向员工反馈其工作成效，利用员工自身的反省意识和能力，帮其提高工作能力，这样，员工在工作能力上的不断进步与提升就会进一步激发员工工作的愿望和动机。有关研究也证实，对个体行为结果的及时反馈能够激发其活动的动机，进而产生良好的激励作用。

4．对员工进行归因训练

由于个体对行为结果的归因直接影响其随后的动机水平，所以对个体进行归因训练就成为一种激发动机的有效策略。所谓归因训练是指一套训练程序，训练者运用说服、讨论、示范、强化等措施对个体进行有目的、有计划的指导，其目的是通过系统的干预，使个体原本不利于提高后继行为动机的归因模式转化为有利于提高动机水平的模式。例如，某员工在一次职务晋升中失败了，他将自己的落选归因于自身能力的不足，归因于自己不被领导重视和认可，从此一蹶不振，在工作中表现消极，总带着一种抑郁、悲观失望的情绪，失去了努力拼搏的动力。此时，管理者就可以从改变员工的归因模式着手，引导其做出外部的、不稳定的、可控制的归因，如公司该职位的名额有限、竞聘时优先考虑经验丰富的人员等，使其改变原先不合理的归因模式，正确归因进而保持努力工作的热情。总之，个体对事件结果归因的正确与否极大地影响着其随后的行为动机，在工作中，领导者要有意识地引导下属进行积极的归因，激发起员工工作的动机，保证员工工作的积极性和主动性。

二、动机的调适

以上探讨了动机的激发问题，事实上，在现实的组织情境中，员工的动机不仅需要激发，还需要适时适度地进行调适。这样才能使动机始终维持在适当的水平，成为员工行为积极性的持久源泉和动力。下面从动机方向、动机强度、动机稳定性和动机清晰度四个方面来分别探讨如何合理有效地调适动机。

1．动机方向的调适

动机的方向主要反映动机的思想倾向。不同个体做相同事情的动机方向有可能不同。企业中，同样是努力工作，有的员工是为了实现自我的价值，而有的员工单纯是为了追求权力和物质报酬。后一种动机虽然也可以改善工作绩效，但从长远角度看，对于组织发展和个人成长都会带来不利影响。因此，对于方向上失之偏颇的动机，管理者要进行适度的引导和调适，通过与员工共同构建企业发展的愿景，将员工的动机引导到与组织目标一致的方向上。

2．动机强度的调适

依据前述的耶克斯—多德森定律，应根据任务的难易程度来调整动机的强弱。对简单机械的重复性劳动而言（如装配流水线作业），较高的情绪兴奋水平和动机状态有利于做出好成绩，因此，需要尽可能提升员工的唤醒水平，有效利用外在奖励充分调动员工的动机；对于中等难度的工作任务，尤其是需要与人配合的工作，中等程度的动机水平更有利；而对于需要创新思维的复杂任务，适当减少外在压力，降低动机水平更有利于任务的完成。

3．动机稳定性的调适

即便个体有方向正确且强度适当的动机，但如果这种动机状态不稳定，难以维持，也不能保证任务的顺利完成和目标的顺利实现。因此，对动机的稳定性进行监控和调适，采取相应策略保持个体适当的动机状态，也是动机管理的重要任务之一。关于组织环境中如何做到这一点，将在第五章和第六章有关激励的内容中加以介绍和分析。

4．动机清晰度的调适

动机的清晰度是指个体对自身行为动机的意识程度，它是动机的一个重要特性。一般来说，只有当个体的行为动机被自己清晰地意识到时，才会对行为产生主动的影响作用。否则，即便内心有某种动机，但自己没有意识到或意识不够明确，就会使行为的方向、强度和稳定性大打折扣。人们不仅会因为具有某种动机而行动，还会因为对这种动机的意识程度不同而表现出不同的行为强度和稳定性。因此，充分了解员工的动机，分配给员工清晰的任务，给予员工清晰的任务说明，使员工准确清晰地明白自己想要做什么，明确其动机，能够大大增强员工行为的强度，从而有效地完成目标。

本章小结

1．动机是一种由目标或对象引导、激发和维持个体活动的内在心理过程或内部动力。它包括以下三个既相互作用又相互独立的因素：需要、驱力和诱因。动机主要有激发、导向、维持和调整等功能。

2．动机和行为之间有着复杂的关系，具体表现为：有动机不一定有行为，有行为不一定有动机；同一动机可能产生几种不同的行为，同一行为可能受不同动机驱使。动机强度影响工作效率，即动机不足或过强，都会降低工作效率，只有动机处于最佳水平，工作效率才会提高。

3．心理学中的动机理论按出现时期不同分为两大类：生物因素的动机理论和认知因素的动机理论。前者主要包括本能理论、驱力理论、唤醒理论和诱因理论等，后者主要包括动机的认知一致性理论和动机的归因理论等。

4．按照不同的标准可把动机分为不同的种类，如生理性动机和社会性动机、外部动机和内部动机、主导动机和辅助动机。其中社会性动机主要有成就动机、权力动机、亲和动机和工作动机等。

5．激发动机的主要策略有：激发动机的内在起因、设置与运用动机的外在诱因、利用员工的自我调节能力以及对员工进行归因训练等。在动机调适方面，主要包括动机方向的调适、动机强度的调适、动机稳定性的调适和动机清晰度的调适等。

思考题

1．激发动机的主要策略有哪些？结合管理实践谈谈你的看法。

2．动机调适的基本内容有哪些？试结合实际对某一内容的调适进行分析。

3．举例说明减少认知失调的方法。

4．运用动机的归因理论分析如何帮助员工对项目失败做出正确的归因。

案例讨论

四特公司的危机

四特公司是一家专门制造汽车零配件的企业，主要客户是美国通用汽车公司、福特公司和克莱斯勒公司。1981 年，四特公司面临许多问题。首先，产品质量低劣，其部分原因是公司实施的计件工资制导致工人只关心产品的数量而忽视产品的质量。其次，劳资关系持续紧张，工人们日复一日地重复着高度标准化的工作而无权进行任何改变。

由于日本汽车零配件的大量涌入，四特公司不得不响应美国三大汽车公司的要求，大幅度提高产品质量。公司采取的第一项举措是开展质量小组活动。不幸的是，因为没有让工会参与，产品质量虽稍有改进，但与预期目标相差甚远。

1984 年，四特公司最大客户——通用汽车公司开始减少货车配件的订单，这使四特公司再次感到了竞争的压力，因为自己在轿车配件生产方面没有优势。公司管理层认识到，只有提高产品质量，才能生存与发展。这次，劳资双方共同建立了质量管理委员会，负责处理各种质量问题。遗憾的是，双方努力的收效不大。虽然产品的质量有所提高，劳资双方的敌意也逐渐消失，但由于计件工资制，工人的缺勤率和产品的次品率依然很高。

1986 年，美国三大汽车公司开始对价格更低、质量更好的零配件产生需求。四特公司不得不解雇了 1300 名工人，公司已经走到破产边缘。此时，工会提出了挽救公司的几项建议：第一，废除计件工资制，实行为期三年的固定工资制；第二，采用弹性工时制，以克服工作的单调和工人的厌烦感；第三，组建自我管理团队。每个团队5～7人，团队有权决定日程安排、休息时间、奖惩办法等各项事宜。公司管理层采纳了工会的意见。结果，几个月后，产品质量迅速提高，次品率从20%下降到3%；同时，产品产量显著增加，工人缺勤率明显下降。这表明四特公司已经顺利地度过了危机。

（来源：https://blog.csdn.net/allenlooplee/java/article/details/4680585.）

讨论问题：

1．四特公司前两次提高产品质量的举措为什么没能成功？

2．工会的建议为什么会取得显著的效果？

参考文献

[1] 斯佩克特．工业与组织心理学：第5版[M]．孟慧，译．北京：机械工业出版社，2010.

[2] 杜·P. 舒尔茨，西德尼·E. 舒尔茨．工业与组织心理学：心理学与现代社会的工作：第8版[M]．时勘，译．北京：中国轻工业出版社，2004.

[3] 樊耘，阎亮，季峰．基于权利动机的组织文化对员工组织情感承诺的影响[J]．西安交通大学学报（社会科学版），2010，30（4）：36-43.

[4] 郭丹．下属意愿对领导者亲和动机与领导绩效间关系影响的研究[J]．洛阳师范学院学报，2011，30（9）：15-17.

[5] 昆明理工大学管理工程系．管理学概论[M]．昆明：云南科学技术出版社，2001.

[6] 彭聃龄．普通心理学[M]．修订版．北京：北京师范大学出版社，2004.

[7] 张厚粲．大学心理学[M]．北京：北京师范大学出版社，2001.

[8] 张剑，郭德俊．企业员工工作动机的结构研究[J]．应用心理学，2003，9（1）：3-8.

[9] 张烁．企事业人员工作动机研究[J]．重庆师范大学学报（自然科学版），2004，21（1）：62-64.

[10] 陈春晓，张剑，张莹，等．员工工作动机和工作投入与心理幸福感的关系[J]．中国心理卫生杂志，2020，34（1）：51-55.

[11] 陈倩倩，樊耘，李春晓．组织支持感对员工创新行为的影响研究：目标导向与权力动机的作用[J]．华东经济管理，2018，32（2）：43-50.

[12] BANDURA A. Self-efficacy: The exercise of control[M]. New York: Freeman, 1997.

[13] FESTINGER L. A theory of cognitive dissonance[M]. Evanston: Row, Peterson, 1957.

[14] HEIDER F. The psychology of interpersonal relations[M]. New York: John Wiley & Sons, 1958.

[15] LOKAN J J, BRIGGS J B. Student characteristics and motivational and process factors in relation to styles of career development[J]. Journal of Vocational Behavior, 1982, 21(1): 1-6.

[16] MAYO E. The human problems of an industrial civilization[M]. Cambridge, MA: Harvard, 1933.

[17] MCCLELLAND D C. The achieving society[M]. New York: Free Press, 1961.

[18] MCCLELLAND D C. Human motivation[M]. New York: Cambridge University Press, 1987.

[19] MCGREGOR D. The human side of enterprise[M]. New York: McGraw-Hill Education, 1960.

[20] SELIGMAN M E P, MAIER S F. Failure to escape traumatic shock[J]. Journal of Experimental Psychology, 1967, 74(1): 1-9.

[21] SOUERWINE A H. Career strategies: Planning for personal achievement[M]. New York: AMACOM, 1978.

[22] WEINER B. Achievement motivation and attribution theory[M]. Morristown, NJ: General Learning Press, 1974.

[23] WEINER B, KUKLA A. An attributional analysis of achievement motivation[J]. Journal of Personality and Social Psychology, 1970, 15(1): 1-20.

[24] YERKES R M, DODSON J D. The relation of strength of stimulus to rapidity of habit-formation[J]. Journal of Comparative Neurology and Psychology, 1908(18): 459-482.

第五章 激励理论

学习目标

- 掌握并比较西方的激励理论
- 了解中国古代文化的激励思想
- 掌握中国当代激励理论
- 理解激励理论的文化相对性

引例：硅谷高科技员工的激励

一些人认为，典型的加利福尼亚人与世界上别的地方的人有所不同。尽管这是人们的某种成见，但是至少有一部分加利福尼亚人确实与众不同。这部分人在硅谷工作，就职于那些推动科技与信息发展前沿的高科技公司。以他们当中的一员凯西小姐为例，她典型的一天是这样度过的：白天工作 12 个小时后，晚上 9 点锻炼身体，然后接着工作。这就是她一贯的作息安排，每周 6 天，并一直能坚持好几个月。凯西是娱乐产品部的项目经理，主管计算机游戏光盘的制作。她一般每周工作一百个小时左右。和她在硅谷的那些同事们一样，她并不需要遵守严格的时间规定，而只是在自己想工作的时候才工作，只不过她大多数时候都想工作而已。

那么，是什么可以激励人们过这样的一种生活呢？一种普遍的激励因素是金钱。在硅谷，很多特殊的机会层出不穷，短时间内暴富是完全可能的。除钱以外，对所从事工作的热爱是另一个重要的激励因素。很多人认为工作给了他们发自内心的快乐。同时，第三个激励因素是，在硅谷的工作有很高的认可度。相对于其他行业的人来说，他们有更多的机会在顾客中闻名。此外，来自同行的压力和认同也是非常重要的激励因素。最后一个激励因素是这些工作所提供的自主性。他们可以自主选择在何时、何地以及以什么方式开展工作。这对于当今的很多员工来说，是非常有吸引力的。

（来源：https://wenku.baidu.com/view/a8487331ee06eff9aef80791.html.）

现代组织管理的核心是对人的管理，任何组织的创建和发展，组织内的一切物流、资金流、信息流的运作都是由人来完成的，人是决定组织成败的最关键因素。组织中人的积极性的高低直接影响工作的绩效，而提高人的工作积极性就离不开激励。因此，激发、调动组织成员的工作积极性既是企业管理的基本内容，又是管理心理学研究的核心问题之一。本章首先对西方的激励理论加以介绍和分析，然后介绍和分析我国的激励理论，最后对中西方的激励理论做一简单的比较，指出激励理论的文化限制和文化相对性。

第一节　西方的激励理论

什么是激励？美国管理学家贝雷尔森和斯坦尼尔（Berelson & Steiner，1964）给激励下了如下的定义：“一切内心要争取的条件、希望、愿望、动力等都构成了对人的激励……它是人类活动的一种内心状态。”由于人的行为由动机引发，因此，激励是指激发人的内在动机，鼓励人朝着所期望的目标采取行动的过程。第四章介绍的动机理论主要说明了人采取某种行为的原因，而对于管理者来说，怎样使员工按照组织期望的方向产生特定的行为则成为关注的焦点。

激励理论是关于激励的基本规律、机制及方法的概括和总结，是激励在管理活动中赖以发挥功能的理论基础。自 20 世纪 20 年代以来，西方的许多管理学家和心理学家分别从不同角度进行研究、探索，提出了许多激励理论。这些理论从不同的侧面研究了人的行为动因，但每一种理论都具有其局限性，不可能用一种理论去解释所有行为激励问题。各种激励理论可以相互补充，从而使激励理论不断完善。

无论西方的激励理论多么千差万别，都围绕以下三个问题展开：（1）是什么激发或驱动行为的？（2）是什么引导行为方向的？（3）是什么使得行为得到维持的？下面以这三个问题为主线，依据不同理论回答问题的侧重点，对西方的激励理论加以介绍和分析。

一、是什么激发或驱动行为的

在这个问题上，研究者们已经提出了多种观点，下面仅就两种影响较大的理论加以分析：一种是马斯洛（A. H. Maslow）的需要层次论；另一种是赫茨伯格（F. Herzberg）的双因素论。

（一）需要层次论

需要层次论是由马斯洛在 1943 年所著的《人的行为动机》一书中提出来的，在世界上广为流传，成为应用最普遍、最主要的激励理论之一。

1．需要层次论的基本内容

马斯洛的需要层次论主要有以下三个观点。

1）人的多种需要分为五个层次

马斯洛认为，需要是人类行为的积极的动因或源泉。需要引起动机，动机驱动行为。因此，弄清楚了人类的基本需求结构或层次，就能很好地说明、解释、预测和控制人类的行为。他按照由低级到高级的顺序将人的需要分为五个层次：生理需要、安全需要、社交需要、尊重需要与自我实现需要。

生理需要是人类维持其生命和生存最基本的需要，也是需要层次的基础，包括对食物、水、性以及避免寒冷或炎热的需要等。对于缺乏这类东西的人来说，其主要的行为动机受生理需要支配。例如，一个极端饥饿的人，将会把全部的精力用在觅食活动上，对他来说有食物的地方是最理想的去处。马斯洛曾说：“一个人如果同时缺少食物、安全、爱情和被尊重等，则对食物的渴求可能最为强烈。”生理需要是人类最低层次的需要。一旦这种需要被满足，人们就开始追求更高层次的需要。

安全需要是指对避免危险、威胁和剥夺的需要。第一种安全需要是保护个人免受肉体上的危险，如火灾或事故等。在工业部门，常见到写有“此区禁止吸烟”“超过此处必须佩戴护目镜”等的标牌，这是管理者为满足安全需要所做的一种努力。第二种安全需要是经济保障。员工的各种福利待遇，如事故保险、健康保险以及人寿保险等，均有助于满足这类需要。第三种安全需要是对有秩序的、可预知环境的需要。安全需要的含义很广泛，从世界和平、社会安定直至个人的安全等都属于安全需要的范畴。安全需要是人类安居乐业的基本保证。

社交需要是指个人对爱、情感和归属的需要，主要包含两方面内容：一是爱的需要，即人都希望伙伴之间、同事之间关系融洽，保持友谊和忠诚，希望得到甜美而忠贞的爱情，希望爱别人，也渴望得到别人的爱。二是归属的需要，即个体都有一种要求归属于一个集团或群体的感情，希望成为其中的一员并相互关心和照顾。组织管理者应该认识到，当社交需要成为主要的激励来源时，员工们会把工作视为寻求建立温馨、友善、和谐人际关系的机会。

尊重需要是指个体希望获得成就感以及得到他人对自身价值的承认与尊重。尊重需要分为两类：一类是希望有实力、有成就、能胜任、有信心以及要求独立和自由；另一类是要求有名誉或威望，受到别人的赏识、关心、重视或高度评价。马斯洛认为，尊重需要得到满足，能使人对自己充满信心，对社会满腔热情，体会到自己生活在世界上的用处和价值。但尊重需要一旦受到挫折，就会使人产生自卑感、软弱感、无能感，从而使人失去生活的基本信心。关注员工尊重需要的管理者一般会通过公开奖励以承认其工作业绩等方式激励员工。这类管理者会采用在公司报刊上撰写文章或在公报栏里发布消息等方式对员工的良好表现进行表扬。当然，也有部分员工不喜欢公开表扬而宁愿私下里被肯定成绩。

自我实现需要是人的最高层次的精神需要。它是指发挥自我内在潜力，实现自己理想和抱负的需要。产生这种需要的人决心发挥自己最大的能力完成难度较大的工作任务，成就一番事业，努力使自己成为理想的人。这种需要往往是通过胜任感和成就感来获得满足，如音乐家创作出天籁之音，作家写出万古流芳的作品，诗人吟唱出脍炙人口的诗篇，这些都是借以达到自我实现的途径。注重自我实现需要的管理者会鼓励员工们进行工作设计，发挥一技之长，或者给予班组以自由安排工作任务的权力。

2）人的需要分等分层，像阶梯一样逐渐上升

马斯洛认为，人的五个层次的需要是由低向高排列的。一般来说，只有在低层次的需要满足之后，人才会进一步追求较高层次的需要，而且低层次需要满足的程度越高，对高层次需要的追求就越强烈。马斯洛将五种需要划分为高、低两级。生理需要和安全需要属于低级需要，这些需要通过外部条件使人满足，如借助于工资收入满足生理需要，借助于法律制度满足安全需要等。社交需要、尊重需要和自我实现需要是高级需要，它从内部使人得到满足，而且一个人对这些高级需要是永远不会感到完全满足的。因此通过满足员工的高级需要来调动工作积极性，具有更稳定、更持久的力量。人在不同的发展阶段，其需要结构也不同。一般来说，在同一时期内，人们可以同时存在几种需要，但总有一种需要

占支配地位，它决定着人们行为的方向。

3）未被满足的需要才有激励作用

需要是促使人产生某种动机的内在基础。当一个人一无所求时，也就没有什么动力与活力；反之，当一个人有所需求，就必然存在着激励的因素。五个层次的需要是人生来就有的，但每一个人的需求强度、显露程度可能不同，它由生物的、文化的和环境的因素共同决定。另外，当某种需要得到满足之后，这种需要也就失去了对行为的唤起作用，下一层次的尚未满足的需要就会成为人们行为的动力。高层次的需要，不仅内容比低层次需要更广泛，实现的难度也更大。马斯洛在 1943 年曾经指出，85%的生理需要和 70%的安全需要一般会得到满足，但只有 50%的社交需要、40%的尊重需要和 10%的自我实现需要能得到满足。

2．需要层次论在企业管理中的应用

马斯洛的需要层次论第一次系统地阐述了人的需要与行为之间的关系，在现代企业管理中具有广泛的应用价值。表 5.1 列出了不同层次需要对应的追求目标及相应的管理措施。

表 5.1　需要层次论与管理措施相关表

需要的层次	诱因（追求的目标）	管理制度与措施
1．生理需要	薪水、健康的工作环境、各种福利	身体保健（医疗设备）、工作时间（休息）、住宅设施、福利设备
2．安全需要	职位的保障、意外的预防	雇佣保证、退休金制度、健康保险制度、意外保险制度
3．社交需要	友谊（良好的人群关系）、团体的接纳与组织融洽	协谈制度、利润分配制度、团体活动制度、互助金制度、娱乐制度、教育训练制度
4．尊重需要	地位、名分、权力、责任、与他人薪水的相对高低	人事考核制度、晋升制度、表彰制度、奖金制度、选拔进修制度、委员会参与制度
5．自我实现需要	能发展个人特长的组织环境，具有挑战性的工作	决策参与制度、提案制度、研究发展计划、劳资会议

（来源：俞文钊，2008）

从表 5.1 可以看出，管理者可以根据五种需要层次对员工的多种需要加以归类和确认，然后了解员工未满足的或正在追求的需要是什么，采取相应的管理制度与措施进行激励，既不能落后，又不能超前于员工的需求状况。这就是说，当员工的低层次需要未得到满足时，不要奢望他们有更高的献身精神，应把解决他们的衣食住行问题放在首位；而当员工的低层次的需要被满足了时，就不能一味地停留于用物质奖励的办法来刺激他们，应该创设更好的工作和人际环境，来满足他们更高层次的需要。在某种程度上说，一个企业或组织员工需要层次的高低，应作为该企业或组织管理成败的重要标志之一。员工的需要层次愈高，说明这个企业的管理愈成功，反之亦然。

3．对需要层次论的评价

西方管理心理学对马斯洛的需要层次论的评价是各不相同的。总的来说，既重视这一理论，又指出了这一理论的不足之处。

一方面，马斯洛的需要层次论有其科学性的一面。第一，马斯洛对人类的需要进行系统研究，把千差万别的人类需要归纳为五个层次，并就五个层次需要的内容和层次间的关系做了详细阐述，这与以往心理学所进行的零散、不系统的研究相比，无疑是前进了一步。因此，需要层次论对心理学的需要动机理论发展是一个重要的贡献。第二，马斯洛提出的需要层次性和需要由低级向高级发展的趋向，在某种程度上是符合人类需要发展的一般规律的。一个人从出生到成年，其需要的发展基本上是按照马斯洛提出的需要层次进行的。第三，马斯洛的需要层次论为企业管理指出了调动积极性的工作方向和内容。例如，任何企业都应该从物质和精神两方面去满足员工的合理需要，同时要根据不同员工不同的需要层次，针对性地采取不同的管理措施。

另一方面，马斯洛的需要层次论也有局限性和不足之处。第一，马斯洛的需要层次论绝大部分谈的是人的自然需要，忽视了社会存在对人的成长所具有的影响。马斯洛认为人的需要都是本能的活动，都是生而具有的。人有生理需要是为了维持自己的生存；人有安全需要是出于“趋利避害”的本能；人有社交需要是为了自己享受生活的乐趣；人有尊重和自我实现的需要是为了自己能出人头地，高高在上。这样就完全否定了社会存在对人的成长的决定性影响，宣扬个人主义的实质非常明显。第二，马斯洛的需要层次论带有一定的机械主义色彩。把人的需要层次看成固定的程序，认为只有满足了低一级的需要层次之后，才能进入下一层次的需要，这显然是机械的。它忽视了人的主观能动性，忽视了高层次需要有对低层次需要影响的一面，忽视了为了崇高理想，人可以忍受物质生活困难带来的痛苦，甚至牺牲宝贵生命的事实。

【资料】

华为公司的员工激励

华为公司在2017年首次进入财富世界500强前100名，它的崛起固然与国家经济社会发展的大好形势有关，但也与其自身的人力资源管理，尤其是员工激励密不可分。华为公司的激励体系和制度在多个层面上满足了员工的需求，主要体现在以下三个方面。

物质激励满足了员工的生理和安全需要。华为会给员工提供优于行业的薪酬待遇，并且执行每年平均超过10%的工资薪酬提升；除此之外，华为实施员工持股计划，任正非仅持有公司1.4%的股权，其余股权由8.4万名华为员工持有，因此，员工与华为之间的关系由雇佣关系变成合作伙伴关系，公司的效益与每位员工的薪酬都密切相关。

精神激励满足了员工的尊重需要。华为专门成立了荣誉部，负责对员工进行考核、评奖，目的是挑选创新榜样。华为的荣誉奖获奖面广、获奖人数多，如新员工有进步奖、参与完成了一个项目有项目奖等。只要有自己的特点，工作有业绩，就能得到荣誉奖，获奖者会得到丰厚的奖励。获得最高荣誉的金牌奖得主还会获得与公司高层合影的机会。

文化激励满足了员工的自我实现和社交需要。华为的核心文化有两种：一是“狼”文化。其核心是互助、团结协作、集体奋斗，包括对专业领域敏锐的嗅觉，对事业不屈不挠、永不疲倦的进取精神。华为能够给员工提供的不仅是高薪，更是一个可以充分展现、发挥自我的大舞台。二是“家”氛围。华为一直强调企业就是家的理念，让员工感觉在为家服务，公司还成立了各种俱乐部，不仅丰富了员工的生活，还提供了员工间互相交流的机会。

（来源：华为公司的员工激励案例[EB/OL].（2018-07-13）. http://www.hrsee.com/?id=715.）

（二）双因素论

双因素论是美国心理学家赫茨伯格及其助手（Herzberg，Mausner，Snyderman，1959）提出的。像马斯洛一样，赫茨伯格试图弄清楚究竟是哪些因素激发或驱动组织中员工的行为的，但他不是在个人的内在需要中去找原因，而是将目光投向了个人之外的工作条件和环境，试图直接查明哪些因素影响员工的满意程度及其对工作的积极或消极态度。

1．双因素论的基本内容

20 世纪 50 年代后期，赫茨伯格与其助手们在匹兹堡心理研究所对该地区的 11 个工商业机构中的 200 位工程师和会计师进行了工作满意感方面的调查，发现使受访人员不满意的因素多与他们的工作环境有关，而使他们感到满意的因素通常是由工作本身所产生的。根据调查结果，他们提出了双因素理论，把企业中影响人的积极性的因素分为激励因素和保健因素两大类。

激励因素（motivative factors）是导致满意的因素，往往与工作内容或工作成果有关。这类因素有成就、认可、工作本身（挑战性、意义等）、责任、晋升和成长等，如表 5.2 所示。这些因素能产生直接的激励作用，使员工对工作有一种满足感，这是影响人们工作的内在因素，能够促使人们积极进取，不断提高工作效率，因此将这类因素称为激励因素。

表 5.2　激励因素与保健因素一览表

激励因素	保健因素
成就	公司政策与行政管理
认可	监督
工作本身（挑战性、意义等）	与上级的关系
责任	工作条件
晋升	薪金
成长	与同事的关系
	个人生活
	与下属的关系
	地位
	安全

（来源：康善招，姚小远，相正求，2012）

保健因素（hygiene factors）是导致人们不满意的因素，往往与工作环境或外在因素有关。这类因素有公司政策与行政管理、监督、与上级的关系、工作条件、薪金、与同事的关系、个人生活、与下属的关系、地位和安全等，如表 5.2 所示。保健因素没有激励人的作用，但却带有预防性，具有保持人的积极性、维持工作现状的作用。例如，你在回家的路上滑了一跤，手部摔破了皮。你回家后在伤处涂上碘酒。两周后你的手完全康复。虽然碘酒没有使你的手比受伤前更健康，但却防止了伤口进一步恶化，而且帮助你的手恢复原状。这就是保健的作用。

关于激励因素和保健因素与人们的工作满意度和工作态度的关系，赫茨伯格指出，传统上认为满意的对立面是不满意的看法是不正确的，满意的对立面是没有满意，不满意的对立面是没有不满意。实际上，有两个独立的满意程度量表：一个是反映从不满意到没有不满意变化的量表，主要受保健因素的影响；另一个是反映从没有满意到满意变化的量表，主要受激励因素的影响。在这两个分量表上，人们对工作态度的变化也是不同的，如图 5.1 所示。

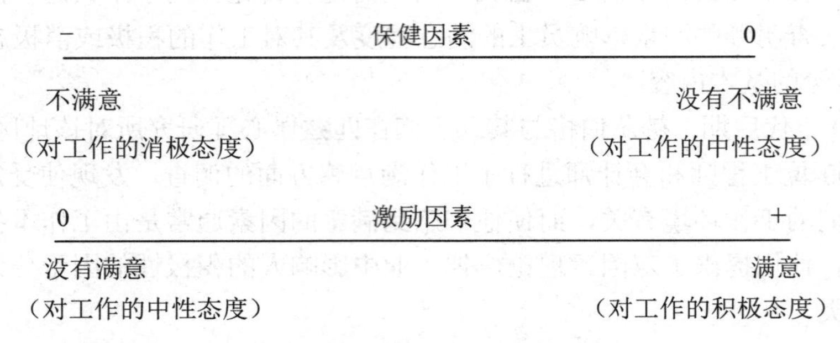

图 5.1　赫茨伯格的双因素理论

2．双因素理论对管理的启示

很显然，按照双因素理论，在管理实践中，为了增加员工的满意程度，充分调动他们的工作积极性，就不能仅仅限于改善企业的物质条件或工作环境这些保健因素，更为重要的是改善激励因素，为每个员工提供发挥自己才能的机会，增强他们的成就感和责任心，让他们感到有前途、有奔头。否则的话，即便你的工作环境和条件再好，付出得再多，也只能让员工感到没有什么不满意的，而不能让他们感到满意，因而难以起到调动员工工作积极性的作用。

许多管理者已经从双因素理论中得到启示，在企业管理中，采用工作丰富化、工作扩大化和弹性工时等具体措施来调动员工的工作积极性。关于这方面的具体内容将在第六章中具体介绍。

需要指出的是，双因素理论是在美国的文化背景下提出来的。我国与国外的社会制度、国情、民族传统不同，因而在企业中，哪些因素应该属于保健因素，哪些因素应该属于激励因素，与国外的划分是会有差异的。对于每一个人来说，激励因素和保健因素是各不相同的，对一个人来说是激励因素，对另一个人来说可能属于保健因素。因此实际应用时，区别对待不同人的保健因素和激励因素，才能提高激励效果。

二、是什么引导行为方向的

个体的行为不仅由内在或外在力量所驱动，而且是有一定目标和方向的。处于某个组织或机构中的个人，当被某种力量激发或驱动采取行动时，通常不会不计后果，莽撞行事，他总是要将其行为指向特定的目标。有些人可能将其行为指向较高层次的工作目标，而另一些人可能将其行为指向工作之外的目标。因此，弄清楚是什么引导个人的行为方向，对于管理工作也是有启发意义的。在这个问题上有两种理论影响较大：一是洛克（E.A. Locke）等人提出的“目标设置理论”（the goal-setting theory）（Locke & Latham，1990）；二是弗鲁姆（V. H. Vroom，1964）提出的“期望理论”（the expectancy theory）。

（一）目标设置理论

人的行为大多是有目的性的行为。一个人的行为有无目的性，其结果是大不一样的。心理学的许多研究也表明，漫不经心的练习是没有什么作用的。在掌握技能的过程中，练习者为自己确立一定的目标，对于提高练习的效果具有重要意义。例如，练习游泳时，练习者确定当天或一个阶段内所要达到的目标，并且向这一目标奋斗，就有助于练习效果的提高。正是基于这样的观点，美国心理学家洛克于1967年最先提出了“目标设置理论”。

1. 目标设置理论的基本内容

目标设置理论的主要观点是，管理者不需要直接控制下属的行为，如果这样做了，也常常是事倍功半，效果也不会好。相反，通过设定一些为下属所接受和认同的目标来指引下属的行为，常常可以起到事半功倍的效果，因为目标本身是具有内在激励价值的。同时，管理者还可以通过对下属提供目标达成程度的回馈信息，来使目标成为一个更加有效的激励因子。洛克等人设计了一个个体目标设置与绩效的模型，如图5.2所示。

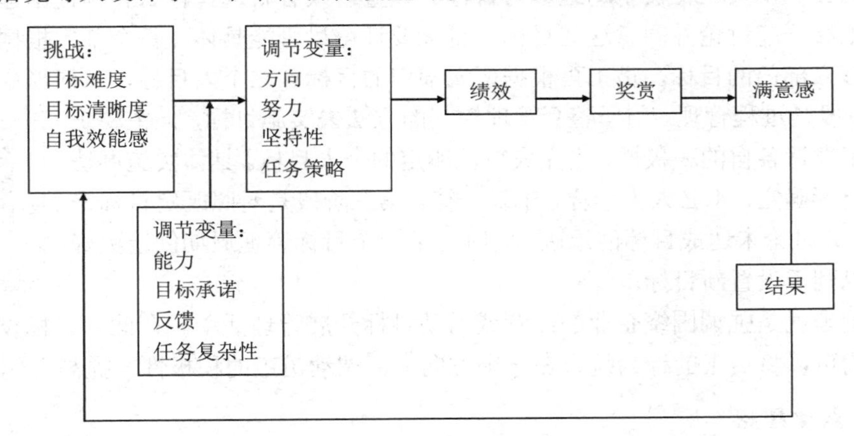

图5.2　目标设置模型

（来源：转引自曹正进，2007）

从这个模型中可以看出引发个体高绩效水平的因素及其关系。该模型的基本观点是把目标看作一种激励因素，因为它可以让人们对目前的绩效与期望达到的目标进行比较。从某种程度上来说，人们一般会认为，如果他们目前的水平达不到目标的要求，他们就不会感到满足。但只要他们相信经过努力是可以达到目标的，他们就会努力工作并实现目标。

目标有两个关键特征：目标难度和目标清晰度。

目标难度是指一项目标的挑战性和需要努力的程度。目标难度会影响部属对目标的接受与认可。当部属认为一项目标可行且有意义时，他们就愿意付出努力追求该目标。然而，当一项目标太简单或太困难时，目标不会被接受和认可，因此目标便失去激励的作用。

目标清晰度是指一项目标的明确与清楚的程度。许多事实证明，把目标定得明确要比笼统地要求“你们好好干吧”好得多。曼陀、洛克、克莱因等人（Mento，Locke，Klein，1992）的实验研究表明：若干人参加试验，先根据他们的成绩、能力和态度做评分，然后分别派到一个积极性高和一个积极性低的小组去。给那些积极性低的小组布置了十分具体的工作目标，而对积极性高的小组则只告诉他们“好好干”。结果表明，那个积极性低的小组，无论在工作成绩还是在工作态度方面，都很快赶上并超过了高积极性的小组。

2．目标设置理论在管理中的应用

根据上述的目标设置理论，在实际的管理活动中，管理者应注意以下两点：首先，应及时了解员工的目标设置状况。如果管理者了解员工所拥有的目标，知道他们重视什么或期望得到什么，就有了制定激励措施的依据。其次，管理者应采取一定的措施引导员工的目标设置，目前在很多企业中盛行的目标管理就是从这一角度出发进行的。

目标管理（Management By Objectives，MBO）是一种管理技术，其创始人是美国的心理学家德鲁克（P. F. Drucker）。目标管理是指管理者和员工为工作绩效和个人发展共同设置目标，定期对员工在实现目标过程中的进步进行评价，并对个体、团队、部门和组织的目标进行整合（P. F. Drucker，1954）。

目标管理的具体做法可分为三个阶段（P. F. Drucker，1954）：第一阶段是目标的设立。企业设立总目标，员工积极主动地参与目标的设置，或者就选择什么目标提出建议，或者至少能和上级一起讨论并同意这些目标。目标要订得尽可能具体。每个部门根据总目标，会同上级订立部门的目标，员工再根据所属部门的目标订立个人目标，从而形成一个目标链。第二阶段是过程管理。用一整套管理控制的方法去实施目标，但主要是放手让员工发挥各自的积极性，去完成自己所定的个人目标。具体实施办法可由个人自行确定，不必人人一样，千篇一律。第三阶段是对照既定目标来考评效果，并讨论未达成目标的原因，同时为下一个目标管理周期创造更好的条件，以利于设置新目标。

资料 5-2

目标管理就是强调围绕企业的经营或活动目标开展管理活动。在此，目标设置显得十分重要，它可以将员工的行为统一在一个方向上，调动员工的积极性，提高工作效率。

（二）期望理论

美国心理学家弗鲁姆于 1964 年在《工作与激励》一书中提出了期望理论，被认为是对激励问题最全面的解释。虽然它也受到一些批评，但有大量的研究支持这一理论。

1．期望理论的基本内容

该理论认为，只有当人们认为实现预定目标的可能性很大，并且实现这种目标又具有很重要的价值时，该目标才会对人产生最大的激励作用。换句话说，决定行为的因素有两个：期望值和效价。激励的程度由期望值与效价的乘积决定，用计算公式表示为

$$激励程度（M）=期望值（E）\times 效价（V）$$

其中，激励程度是指调动一个人积极性、激发人内部潜力的强度。

期望值是指一个人根据自己的经验判断一定的行为能够导致某种结果和满足需要的概率。例如，一个人认为自己考取大学的概率很高，相当有把握，那么他的期望值就很高；如果认为自己考取大学的可能性很低，那么他的期望值就很低。

效价是指达到目标对于满足个人需要的价值。例如，有员工希望能够升职为部门经理，因为这能得到别人更好的尊重，那么对他来说升职为部门经理的效价就很高；但如果升职

为部门经理并不能赢得别人的尊重，那么对他来说效价就很低。

该计算公式说明，假如一个人把目标的价值看得很高，估计实现目标的概率很大，那么激发的动机就越强烈，唤起的内部力量也就越大。不妨举例来说明三者之间的关系。一位公司销售经理对他的一位销售人员说：如果他今年能完成 1000 万元的销售额，公司将奖励他一套住房。这时，组织的目标是 1000 万元的销售额，个人的目标是一套住房。如果一套住房正是这位销售员梦寐以求的，那么住房对他的效价就很高。而且，销售人员根据今年的行情，认为自己再努力一点儿，1000 万元的销售额是可以完成的，那么实现目标的期望值也很高，这时这位销售人员的工作积极性就会很高。

效价和期望值的不同结合会产生不同的激励力量，其情况有以下几种。

$$E\text{高}\times V\text{高}=M\text{高}$$
$$E\text{中}\times V\text{中}=M\text{中}$$
$$E\text{低}\times V\text{低}=M\text{低}$$
$$E\text{高}\times V\text{低}=M\text{低}$$
$$E\text{低}\times V\text{高}=M\text{低}$$

可见，要使被激励对象的内部力量达到最大，效价值和期望值都必须很高。当效价和期望值中有一项的值很低时，这件事对被激励对象来说就缺乏激励力量。

为了使激发力量达到最佳值，弗鲁姆提出了人的期望模式，如图 5.3 所示。

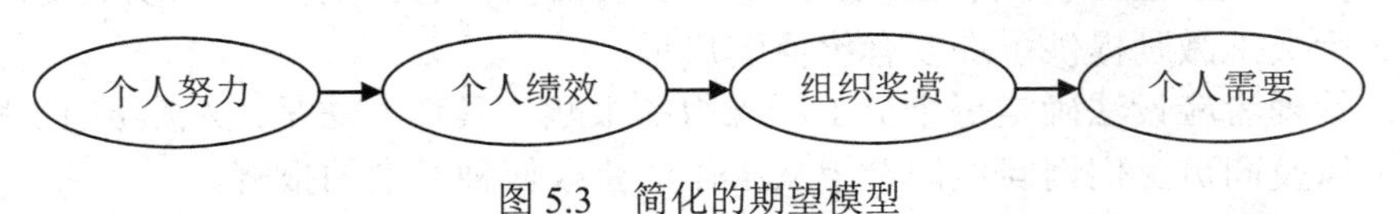

图 5.3　简化的期望模型

（来源：李中斌，杨国成，胡三嫚，等，2010）

弗鲁姆认为，根据人的期望模型，为了有效地激发员工的工作动机，需要正确处理好以下三种关系。

1）努力与绩效的关系

人们总是希望通过一定的努力达到预期的目标。如果个体主观上认为通过自己的努力达到预期目标的概率高，就会有信心，就可能激发出很强的工作动机；反之，就会失去内在的动机，导致工作不积极。

2）绩效与奖励的关系

人们总是希望获得成绩后能够得到奖励。这种奖励是广义的，既包括提高工资、多发奖金等物质奖励，也包括表扬、自我成就感、被赏识等精神奖励。对于一项干得出色的工作，甚至连象征性的口头上的承认都可能奏效。正如马克 • 吐温（Mark Twin）所说："我能仅凭一句赞美而生活两个月。"但是，高绩效是否一定能带来奖励呢？员工也会对此做出主观上的估计和判断，这种主观估计和判断的结果也会影响工作的热情和动力。如果认为好的绩效带来奖励的概率较高，就会增强工作动机，反之亦然。所以，组织能够看到员工的优异表现，并及时给以反馈、表示认可是十分重要的。基于这种思想，一些公司已采取了非常有创意的措施（见表 5.3）来及时地对员工的表现表示认可。

表 5.3　一些公司的非金钱认可方式

公　　司	商 业 性 质	认可的方式
肯戴尔	药品的临床测试设计	将所有员工（288 名）从事他们所喜爱的户外运动的照片沿着走廊张贴
洛哈德特电镀公司	钢铁制造厂	允许抛光部门的员工实行自我管理
辛辛那提机场附近的 50 家小型公司	多种经营	联合起来为住得较远的员工提供免费的交通服务
佩恩有限公司	环境咨询公司	建立电话交流设备以使某些员工在家中时工作更方便

3）奖励与满足个人需要的关系

奖励要能够满足个人的需要，如生理需要、尊重需要、自我实现需要等。由于人与人之间在年龄、性别、社会地位、经济条件等方面存在差别，反映在需要上也有明显的个别差异。因此对同一种奖励，不同的人所体验到的效价不同，所以同样的奖励对不同员工所具有的吸引力也不同。员工会对得到的奖励满足自己需要的程度或可能性做出估计和评价，这种估计和评价也会影响奖励的效果。

2．期望理论对管理的启示

期望理论的吸引力在于，它避免了马斯洛和赫茨伯格研究方法中的简单化的倾向，将员工工作动机的产生过程考虑得更加复杂，因而更加符合现实情境中员工动机变化的规律，为管理者进行员工激励提供了许多有价值的启示。

第一，管理者应设法确定每个员工所应得的报酬。具体办法是：观察员工对于不同报酬的反应，以及向员工们询问他们希望从工作中获取何种类型的报酬。

第二，管理者应该采用可观察、可计量的术语对员工表现好、一般和差的等级进行界定。员工们需要明白公司对于他们的期望是什么。

第三，管理者应该确保为员工们所设置的业绩水平标准是他们经过努力能做到的。

第四，管理者应将企业特殊的业绩要求与员工所渴望的工作报酬直接挂钩，当员工实现或超额实现了业绩标准时，应及时兑现相关的奖励，给予赞扬或认可。例如，如果一位员工达到了升职所要求的业绩水平，那么他就应该被立即提升。

第五，管理者应确保结果或报酬的变化大到足以激发个体做出努力的程度，还应该保证所给予的奖励或回报是员工所渴望的、有吸引力的。微不足道的奖励或不适当的奖励对员工都是没有意义的，不具有激励价值。

资料 5-3

三、是什么使得行为得到维持的

当企业员工受到某种因素的驱动，产生了一种目标行为时，这种行为如何才能得到维持呢？关于这个问题也有两种较有影响的理论：一种是源于斯金纳（B. F. Skinner）的操作性条件反射概念的“强化理论”（reinforcement theory）；另一种是亚当斯（J. S. Adams）的“公平理论”（equity theory）。

（一）强化理论

迄今为止，本章探讨的激励理论都是从纯理论的角度出发的，这种方法最大的问题是不易进行科学的度量和观察。例如，如何度量当事人对地位或者自尊的需求？美国心理学家斯金纳首先提出了强化理论，试图解释行为及其后果之间的关系。

1．强化理论的基本观点

该理论认为（Skinner，1938），人的行为是由外部因素控制的，控制行为的因素称为强化物。强化物是在行为结果之后紧接着的一个反应，它提高了行为重复的可能性。因此，强化理论认为行为是其结果的函数。按照这种理论，对员工的工作表现或成绩的强化（如物质奖励等）是使其行为得以维持的主要手段。斯金纳提出了以下几种行为改造策略（见图 5.4）。

	引入结果	没有结果	消除结果
行为增加或保持	正强化		负强化
行为减弱或消退	惩罚	消退	惩罚

图 5.4　行为改造策略

（1）正强化。正强化是指某种行为后，引入一种结果（这种结果通常来说是积极的，既包括奖金等物质奖励，又包括表扬、提升、改善工作关系等精神奖励），使该行为得到增加或保持。也就是说，奖励那些符合组织目标的行为，以便使这些行为得到进一步的加强。员工在成功完成一项重大项目之后得到的奖励就是一种正强化，奖励的目的是为了类似的行为得到维持或加强。

（2）负强化。负强化是指某种行为后，去除或避免一种结果（这种结果通常来说是消极的，如扣发奖金、批评等），使该行为得到增加或保持。员工上班迟到会受到上司的批评，一旦他意识到错误，按时上班了，上司就不再批评，这就是一种负强化。正强化和负强化都是为了使某种行为得到保持或增强。

（3）惩罚。惩罚就是对不良行为给予批评或处分，它可以减少这种不良行为的重复出现，弱化该行为。惩罚既可以是引入一种不愉快的结果（如要求加班、给予批评），也可以是取消一种愉快的结果（如扣发奖金、不再给予表扬）。

（4）消退。消退是指对某种行为不采取任何强化措施，既不奖励也不惩罚。这是一种消除不合理行为的策略，因为倘若一种行为得不到强化，那么这种行为的重复率就会下降。例如，当员工表现出的良好行为屡次被上司所忽视时，那么这些良好行为会由于没有得到及时强化而慢慢消失。惩罚和消退都是为了使某种行为减弱或消失。

此外，时间因素也会影响强化的效果。一般而言，强化时间的安排大致可分为以下几种程式。

（1）连续强化：每当出现所期望的行为后都给予强化。这种强化方式最容易塑造良好行为，但一旦取消强化，行为也最容易消退。

（2）定时距强化：是指不管行为本身，每隔一段固定的时间便出现一次强化。例如，员工每个月固定领取薪水和奖金。

（3）定比率强化：是指不管时间长短，每出现固定次数的行为便给予一次强化。例如，业务人员每推销出一定数量的商品便给予一次奖金。

（4）变时距强化：是指强化物按照不固定的时间间隔出现。例如，不定期检查员工的工作日志，凡是记录翔实者便给予一笔奖金。

（5）变比率强化：是指强化物按照不固定的行为出现次数而出现。例如，管理者不定次数地赞赏员工的优异表现。

一般来说，就维持行为而言，变化的、间隔的强化比固定的、连续的强化效果更好。这表现在：一方面，它能更经济有效地增加先前行为出现的概率；另一方面，它有助于提高强化中断或消失后的抵抗力或坚持性。如果总是连续不断地给予强化，那么一旦强化中断或消失，行为就会立即随之消失；相反，如果强化本来就是变化的、间隔的，那么即便有较长时间的不强化期，行为也能得到维持。根据自己的实验结果，斯金纳指出，总体上看，上面五种强化程式从前到后，一种比一种效果好。

【资料】

让员工敲锣

台湾有一家公司，在公司的大厅里，装置了一个大铜锣，只要业绩突破新台币 100 万的人，就可以去敲它一响，突破 200 万则敲它两响，依次类推上去。

该公司的办公室紧临着大厅，所以，只要这个铜锣被敲，它的声音马上会传入办公室内，也等于是告知全办公室内的人，有人的业绩突破了百万大关了。当这位敲锣的同人步入办公室时，所有的人又都会起立鼓掌，给予他英雄式的欢呼。

该公司管理部门有关人员表示，这种被大家鼓掌欢呼的场面，是多么有面子的一件事，当然，谁都希望自己是下一个敲锣者，也接受大家的欢呼，不过，想要敲响它，首先是把业绩做上去，这正是该公司设置这个大铜锣的目的。

（来源：激励招术：让员工敲锣[EB/OL].（2013-12-10）. https://www.docin.com/p-738651156.html.）

2．强化理论对管理的启示

在管理中运用强化时，必须遵循以下原则，进而达到预期的激励效果。

（1）强化方式的个体差异性。由于人们的年龄、职业、学历、经历不同，需要就不同，进而想要的强化方式也不一样。如有的员工重视物质奖励，而有的员工更重视精神奖励，所以应采用不同的强化措施。另外，不同的员工，其业绩好坏不同，如果奖酬实施平均主义，这种一刀切的模式只会惩罚了完成工作最好的，而奖励了完成工作最差的。

（2）及时强化。所谓及时强化就是通过某种形式和途径，及时将工作结果告诉行动者。及时强化以强化的正确性为前提，即要实事求是，令人信服。及时强化给人的作用最直接，印象最深刻，及时的奖励不仅能迅速提高员工的士气，还能有效形成人的自尊和自信，有利于将一时的良好行为固定化和稳定化。

（3）以奖励为主，以惩罚为辅。一般来说，工作中应以奖励员工为主，充分调动其工作的积极性和主动性，同时慎用惩罚。慎用是因为惩罚有时会造成新的不良行为，过多地使用会使人产生挫折感，甚至会损伤自尊和自信。而且仅仅依靠惩罚手段，长期下去只会把人训练成制度的奴隶，忽视了人的自觉性。

资料 5-4

（二）公平理论

员工不是在真空中工作，他们总在进行比较。如果你刚大学毕业就有人提供给你一份年薪40 000元的工作，你可能对自己的收入很满意，并且努力工作。可是，假如你工作了一年之后，发现另一位最近毕业的，与你年龄、教育相当的同事年收入为45 000元，你有什么反应呢？你可能会很失望。大量的事实表明，员工经常将自己的付出与所得和他人进行比较，而由此产生的不公平感将影响此人以后付出的努力。

1．公平理论的基本内容

公平理论是美国心理学家亚当斯（J. S. Adams）于20世纪60年代提出来的，也称社会比较理论。其主要目的是解决工资报酬分配的合理性、公平性及其对员工生产积极性的影响问题。

公平理论认为，员工首先考虑自己收入与付出的比率，然后选择与自己年龄、资历等方面相仿的人作为参照对象，将自己的收入/付出比与对方的进行比较。这种社会比较可能产生的三种结果如表5.4所示。

表5.4　社会比较可能产生的三种结果

觉察到的比率比较	员工的评价
我所得/我付出 < 他所得/他付出	不公平（报酬过低）
我所得/我付出 = 他所得/他付出	公平
我所得/我付出 > 他所得/他付出	不公平（报酬过高）

（来源：罗宾斯，库尔特，2004）

这里所谓的付出和所得都是个人的主观感觉和判断。付出是指一个人自己觉得劳动量的多少、效率高低和质量好坏，还包括年龄、性别、所受教育与训练、经验、技能、职务、社会地位、对组织的忠诚与努力程度等。所得是指一个人得到的劳动回报，包括工资、奖金、地位、权力、待遇、赞赏、表扬、对工作成绩的认可、提升等。当员工感到公平或不公平时，会出现什么后果呢？

一般来说，当员工感到公平时，他们会感到心安理得，保持心理平衡，维持甚至增加工作努力的程度。而当他们感到不公平时，就会产生紧张、焦虑和不安情绪。为了削弱所感受到的不公平以及相应的紧张焦虑情绪，员工就会采取一些行动。具体来说，当员工感到不公平时可能会采取以下几种做法。

（1）采取某种行为改变自己的付出或所得。感到报酬过低的员工可能会减少自己的工作投入，如迟到、早退、工作不积极等；或者是要求增加自己的所得，如要求增加工资待遇等；如果这些措施都不能奏效，他们也可能做出极端的行为，如挪用或盗窃公司的财物等。而感到报酬过高的员工可能增加自己的投入。

（2）采取某种行为使得他人的付出或所得发生改变。如通过申诉、上告、吵闹等方式要求降低他人的奖酬，或要求他人增加投入。

（3）在心理上重新评估自己或他人的付出或所得以获得公平感。感到报酬过高的员工更可能采用这种策略，他们常常会通过低估别人的付出或高估自己的付出来获得心理上的平衡。

（4）选择另外一个参照对象进行比较。

（5）辞职。

【资料】

他们为什么要走

张经理是公司的人力资源部负责人，近一段时间他烦恼不断，两位他所看重的公司业务骨干要走。主要原因是该员工认为他现在所做的贡献远大于回报，而且事实的确如此。而公司则认为他们所取得的成绩是因为有公司做后盾，离了公司他们什么也不是，又怎么会有作为？相持之下，两人一气走之。如果你是张经理，你该如何分析并解决这个问题？

（来源：他们为什么要走？[EB/OL].（2013-06-24）. https://wenku.baidu.com/view/7d9e395ce45c3b3566ec8b0d.html.）

2．公平理论的管理启示

公平理论在管理实践中具有重要的现实意义。实践证明，该理论所描述的关于公平的感受是一种普遍的心理现象，广泛存在于企业和其他组织环境中，并直接作用于员工的行为过程，影响员工的工作积极性。按照这种理论，管理者应该注意以下几点。

1）建立奖罚分明的制度

员工的不公正感有时确实是因为组织没有合情合理地奖励员工，存在着有功者不奖、无功者领赏的不良现象。组织只有消除这些不合理的现象，建立奖罚分明的制度，贯彻“多劳多得，少劳少得，不劳不得”的原则，增加分配制度的透明度，才能让广大员工真正感到公平。

2）发展员工参与制度

员工参与有助于保证制度本身的公正性，使他们感到制度在被严格执行，从而增强公正感，还有助于上下级之间的了解，改善上下级关系。企业各项与员工有利害关系的制度（如发展战略、分配制度、奖励制度、晋升制度和考评制度等）的建立，都需要员工参与。

3）加强组织沟通

沟通是理解的桥梁。上行沟通渠道不畅往往使得员工的不满难以为管理者所了解，下行沟通渠道不畅使得组织意图不能得到员工的彻底领会。因此，建立畅通的沟通体系，做到信息的上传下达可以起到疏通“组织经脉”、降低员工不公正感的作用。当然，沟通过程既可以公开透明，也可以照顾到员工的隐私性和安全需要而实行匿名的信息传递。

4）做好员工的心理疏导工作

公平感具有很强的主观性。人们的公平感受性不同，社会比较的参照标准不同，认识问题的角度和方式不同，对同样的事情也必然会产生不同的公平感。因此，做好员工的心理疏导工作，引导其树立正确的公平观，是非常重要的一项管理工作：首先，要引导员工认识到绝对的公平是没有的；其次，教育员工不要盲目攀比，纯主观的比较往往容易造成不公平感；最后，引导员工成为内控型的人。一项关于员工内外控型与公平感关系的研究发现，外控型的员工更容易抱怨组织不公平，因为他们习惯于把不利的事件归因于外部组织环境；而内控型的员工更容易体验到公平感，他们勇于承担不利事件的责任，积极从自身方面找原因，并努力寻求解决问题的方法（Horvath & Andrews，2007）。

资料 5-5

第二节　我国的激励理论

中国悠久的历史不仅孕育了博大精深的民族文化，还产生了至今不失光彩的激励思想。中国当代学者也有不少关于激励问题的精彩论述和研究。从我国古代管理思想和当代研究中采撷有关激励问题的花絮，对建立具有中国特色的激励理论有着重要的意义。

一、中国古代文化中的激励思想

（一）“惠民”“富民”“爱民”“教民”的激励思想

儒家主张通过国家的政治、经济、文化、教育等方面的政策来调动人的积极性。孔子提出了惠民、富民的思想，强调为政首先要考虑施恩惠于人民，使人民过上安逸而富裕的生活，否则就是“不仁、不义”。治理国家的目标，首先在于安民。民贫则怨，民富则安。统治者要“使民以时”，不滥征民力，放手让人民从事生产，并做到“薄赋敛”“节用爱人”，使人民得以“足食”和“济众”，这样会取得“近者悦，远者来”的最佳激励效果。

孟子提出爱民、教民的激励思想。爱民，就是要“与民同乐”。“乐民之乐者，民亦乐其乐；忧民之忧者，民亦忧其忧。乐以天下，忧以天下，然而不王者，未之有也。”教民就是强调培养人民使命感、责任感、道德感的作用，“善政，不如善教之得民也。善政，民畏之；善教，民爱之。善政得民财，善教得民心。”

儒家所阐述的以人为本的仁学思想，应用于现代企业管理中，就是要求管理者要有一颗真诚的仁爱之心。他必须热爱企业，热爱员工，热爱所从事的事业。这种爱心是发自内心的、真诚的，而不是以小恩小惠笼络人心的权宜之计。要办好企业，就必须“得民心”，而要得民心，就必须“以仁心买人心”。它的力量是巨大的，对于化解组织矛盾，增进企业凝聚力，激发员工的积极性，具有其他力量不可替代的作用。此外，儒家激励思想用于企业管理工作中，还强调以人为本的伦理道德建设，通过伦理规范和道德教化，培养人们共同的信念和价值观，增强员工对企业的向心力和凝聚力，激发人的工作积极性，实现企业和谐有序发展的目标。

（二）因人而异的激励方法

古代的兵书中包含了丰富的激励思想，提倡以心治心、因人而异、奖罚分明、赏罚及时的激励方法。

兵家提出，管理者要注重下属的心向、态度，“夫主将之法，务揽英雄之心”。不同的部下，心态、个性各不相同，管理者要因人而异地进行管理、激励。对此，姜尚提出了一些原则：“危者，安之；惧者，欢之；叛者，还之；冤者，原之；诉者，察之；卑者，贵之；强者，抑之；敌者，残之；贪者，丰之；欲者，使之；畏者，隐之；谋者，近之；谗者，覆之；毁者，复之；反者，废之；横者，挫之；满者，损之；归者，招之；服者，活之；降者，脱之。”

《孙子兵法》中指出，奖励时要论功行赏，使奖励具有差别性；奖励要做到公平合理。

孙膑认识到有的人贪生，有的人爱财，指出奖励要与受奖人的需要相结合。中国古代兵家还主张根据作战情况的不同，破格奖励，以达到“重赏之下，必有勇夫”的效果：“施无法之赏，悬无政之令。犯三军之众，若使一人”。

兵家的激励理论对企业管理中激励方式的选择具有实用价值。企业中员工有个体差异，企业不同发展阶段或不同类型的企业，员工需求也不同，因此必须因人而异选择不同的激励方式。随着人们整体物质生活水平的提高，只用物质激励已经不能很好地调动企业员工的积极性，物质激励必须与员工渴望的情感、荣誉、目标、行为等精神激励措施相结合，使员工得到感情上的慰藉、安全感和归属感，只有这样才能充分调动员工的积极性，实现企业目标。

（三）功利主义的激励措施

管子、韩非子等法家代表人物都认识到人的行为的根本动力是追名逐利，因此直言不讳地提倡功利主义的赏罚理论。管子认为，一般的人都有趋利避害的特点，所有的人，不分贵贱都是“得所欲则乐，逢所恶则忧”“民予则喜，夺则怒”。追求功利是人的本性，要以利作为杠杆，激励人民，“得人之道，莫如利之”“欲来民者，先起其利，虽不召而民自至”。为此，作为统治者必须善于给人以利益，满足人的物质需要。一旦人的利益或需要得到了必要的满足，必将激发起更大的积极性，产生更大效益。但管子不主张无限制地满足个人的私利，而要使个人欲望有所节制，否则国家就不好治理，而且对个人私利无所限制，则利益也就失去激励的作用。利益给多了，人们就不当回事了，即“万物轻则士偷幸”。意思是物价低，谋事易，则士人就苟且偷生。

法家激励思想同样适用于现代企业管理。能否正确运用利益原则，处理好管理者和被管理者的关系，在激励中起着重要作用。人的求利思想是行赏有效的思想基础，也是企业家应该重视和运用的客观规律，并且要在实践中用好“利”这根魔棒，发挥人的潜能与创造力，与员工一起追求企业的最大利益，创造辉煌的业绩。例如，在企业的管理中，将工资、奖金与个人业绩挂钩，就可以激励员工的积极性和责任感。在某些行业，对于脏、累、苦、险的第一线岗位，采取工资福利的倾斜政策，给予各种奖励，也能起到激励的效果。只要充分利用了利益的激励作用，就能激发起管理者和被管理者的智慧与创造力。

（四）赏罚分明的激励约束机制

韩非子把赏、罚作为君主的两根手柄：“君以其言授之事，专以其事责其功。功当其事，事当其言，则赏；功不当其事，事不当其言，则罚。”主张赏罚分明、赏罚公正、赏罚必信、赏罚及时、赏罚有度、随时而变、因俗而动。只要激励得当，用好赏罚二柄，管理工作便容易开展了：“政之大纲有二。二者何也？赏罚之谓也。君明于赏罚之道，则治不难矣。”

中国古代的管理者善于利用法家的赏罚学说进行名利等方面的赏罚：好名者则赐爵赐号，喜官者则升官，贪利者则赐物；同时，根据被管理者的过失大小，进行不同程度的惩罚。

激励和约束机制是现代管理中引导人们思想及行为的有力武器。古代管理思想中的赏罚分明原则给激励和约束机制的法律化、规范化提供了重要的依据和途径。

二、中国当代激励理论

我国学者在介绍和引进西方激励理论的同时，也在不断构建符合我国企业管理实践的本土化的激励理论。这里主要介绍苏东水和俞文钊提出的激励思想。

（一）苏东水的“人为为人”的激励思想

1986 年 7 月 1 日，苏东水教授在《文汇报》上撰文《现代管理学中的古为今用》，首次将中国管理文化的精华概括为“以人为本，以德为先，人为为人”（2005）。“人为为人”，指的是每个人首先要注重自身的行为修养，“正人必先正己”，然后从为人的角度出发，来控制和调整自己的行为，创造一种良好的人际关系和激励环境，使人们能够持久地处于激励状态，主观能动性得到充分发挥。对任何管理者或被管理者而言，都有一个从个人行为逐步向为他人服务转变的过程，即从“人为”向“为人”转变的过程。

“为人”就是管理者要为他人服务，满足员工的生理、心理、物质、情感等各方面的合理的需要，从而从根本上调动员工工作的积极性。“为人”，使员工感到管理者对自己的重视、信任和接受，从而得到情感上、精神上的激励，并使员工感到自己是组织的一个重要成员，感到自己的参与，感到自己的价值，从而激发积极向上的动机。

（二）俞文钊的激励理论

1．同步激励理论

同步激励理论（synchronization motivation theory）可简称 S 理论，是指物质与精神激励有机结合、综合使用、同步进行时，才能取得最大的激励效果（俞文钊，1993）。用计算公式表示为

$$\text{激励力量}=\sum f(\text{物质激励}\times\text{精神激励})$$

这一计算公式表示，只有物质与精神激励都处于高值时才有最大的激励力量。两个变量中只要有一个处于低值，都不能获得最佳、最大的激励效果。

该理论否定了单纯使用一种管理方法（用 X 理论或 Y 理论，精神或物质激励措施）的做法，也否定了简单地交替使用 X 理论或 Y 理论的做法，强调物质与精神激励要同步应用。

2．三因素（激励、保健、去激励）理论

三因素理论又称激励—去激励因素的连续带模式。

俞文钊（1991）提出了三因素具体是指激励因素、保健因素和去激励因素。三者含义上的差别如表 5.5 所示。

表 5.5　激励、保健、去激励因素的含义

激 励 因 素	保 健 因 素	去激励因素
使人产生满意感	使人不产生不满意感	使人产生不满意感
使人提高积极性	保护人的积极性	使人的积极性降低
使工作效率提高	维持原状，不会使工作效率提高	使工作效率降低

（来源：俞文钊，2008）

激励因素与去激励因素存在于连续体的两个断点，是两种极端的情境。在这两种极端的激励与去激励因素之间，还应该存在许多种强弱不等的激励形式，它们构成一个连续带。保健因素位于激励、去激励连续模式的中间过渡地带。这些因素之间是可以相互转化的。

在企业管理中，管理者要正确区分哪些是激励因素、哪些是去激励因素，然后创造条件使去激励因素向激励因素转化。

3．公平差别阈理论

俞文钊等人（1991）在亚当斯公平理论的基础上提出了公平差别阈这一理论模式。亚当斯认为，人们总是将自己所做的贡献和所得的报酬与别人进行比较。如果两者之间的比值相等，双方就会有公平感。但在现实生活中，既存在着两个人的条件相等的情况，也存在着条件不相等的情况，如资历、工龄、职务、劳动投入量等方面的差异。在这种情况下，无差异分配不仅不能产生公平感，反而会产生不公平感。在两个人之间的条件不相等时，适宜的差距分配才能使人产生公平感。

公平差别阈是指能使两个条件不相等的人，刚能产生公平感时的适宜差别的比值。这是一个可以测量的值。这一概念与量值适用于分配领域的各个方面，如工资、奖金及其他各种形式的分配。

俞文钊等人的实验结果表明，承包者与员工之间的报酬的公平差别阈为1∶2～1∶3之间，即承包者与员工的收入差别最多为2～3倍。如果大于此值，员工是不能接受的；如果小于此值，承包者也是不能接受的。

根据这一理论，管理者在进行分配时，既要打破平均主义大锅饭的分配方式，也要防止差距悬殊的分配方式，坚持适宜的分配差距，提高员工的工作积极性。

第三节　激励理论的比较及其文化相对性

一、激励理论的比较

上面介绍的各种激励理论的侧重点各不相同，下面对西方的激励理论做一简单的比较，如表5.6所示。

表5.6　西方激励理论的比较

西方激励理论	类　型	主要观点
需要层次论	内容型	当员工低层次需要满足后，就努力追求高层次需要的满足
双因素论	内容型	激励因素（工作内容或工作成果）是导致满意的因素。保健因素（工作环境等）是导致人们不满意的因素
目标设置理论	过程型	清晰、恰当的目标具有激励作用，能够提高员工的工作绩效
期望理论	过程型	只有当人们认为实现预定目标的可能性很大，并且又具有很重要的价值时，该目标对人的激励作用才最大
强化理论	过程型	人的行为由外部因素控制，行为是其结果的函数
公平理论	过程型	当员工自己的收入/付出比与他人的收入/付出比相等时就感到公平；不公平出现后，员工会采取行动消除它

从表 5.6 可以看出，每种理论关注的重点是不一样的。需要层次论和双因素论属于内容型激励理论，因为它们都着重于探讨激发和引起人们行为动机的各种因素，而不关心动机产生的过程。其中需要层次论中的生理需要、安全需要和社交需要相当于双因素论中的保健因素，而尊重需要和自我实现需要相当于双因素论中的激励因素。目标设置理论、期望理论、强化理论和公平理论都属于过程型激励理论，因为它们都试图揭示行为动机产生的过程，着眼于分析和探讨各种因素是如何交互作用，从而引起特定的行为的。其中，目标设置理论、期望理论和公平理论都属于认知的过程激励理论。它们的共同之处是：认可个体和环境之间的差异、注重个体认知在行为产生过程中的作用、承认行为的可预测性。不同之处在于，它们各自所强调的认知过程有别。目标设置理论强调目标和任务本身的激励价值和人们对其可接受程度的认知，而不关注行为后果的价值。期望理论强调人们对目标实现可能性的认知评估及对目标实现后所带来价值的认识，公平理论强调社会比较过程及其带来的心理和行为后果，这两种理论都强调行为后果的激励价值。强化理论属于行为的过程激励理论，强调先前的行为后果本身（而非个体对行为后果的预期和评价）对后继行为的强化作用，认为行为是由其结果塑造的，否定了个体认知过程的作用。

每种激励理论都有其适合说明和解决的问题，也都有一定的局限性。有人说“激励理论是个筐，什么东西都可以装”，每个组织都应该根据自身的发展状况和存在的问题灵活地选用适合自己的激励理论，来指导自己的管理工作。但对于调动员工的工作积极性来说，以下几点具有普遍的意义：重视激励的积极作用，承认员工不同的能力、期望和效价，建立明确的绩效—回报联系，提高环境的整体质量，尽可能让员工参与决策。

二、激励理论的文化相对性

民族文化的差异性是应用激励理论时要考虑的重要问题。大多数的激励理论都是由美国心理学家建立，并在美国文化背景下得到验证的。追求自我利益是这些理论的出发点和前提，资本主义和个人主义是这些理论的文化导向，因而它们可能更适用于诸如英国、澳大利亚等具有相同文化背景的国家。而对于集体主义占优势的国家（中国、新加坡、日本和墨西哥等），更看重的是个人对组织或社会的忠诚，组织的进步和发展是他们关注的重心，因此应用这些理论时，需要进行适当的调整，如强调以集体为基础的职务设计 ①、群体目标和群体绩效评估等。如果过于强调对个人表现的奖励，则会产生适得其反的效果。

有一个例子很好地说明了激励理论的文化相对性。在日本工作的一位加拿大籍经理决定将一位表现优异的年轻的日籍女销售代理提升为经理。但出乎意料的是，升职非但没有激发出这位新经理更好的工作表现，还让其原有的工作热情也丧失了。为什么会这样呢？因为日本人对于与同事之间的和谐关系和协调配合有很高的需求，升职作为个人奖励使得升职者与其同伴之间产生了隔阂，并始终困扰着她，从而压抑了她的工作热情。

我国受儒家文化的影响很深，重视血缘关系、强调家族主义传统、崇尚集体主义精神是我国传统文化的显著特点。因此在使用西方的激励理论时，必须考虑这些状况并进行适当调整。在借鉴西方激励理论基础上，根据我国的国情和实际，探索具有中国特色的激励

① 职务设计：分析每项职务（职位）应当做什么工作，以及什么样的人适合做这些工作。

理论是未来研究的方向。

本章小结

1．西方的激励理论主要包括六种：需要层次理论、双因素理论、目标设置理论、期望理论、强化理论和公平理论。它们从不同角度分别回答了以下三个问题：（1）是什么激发或驱动行为的？（2）是什么引导行为方向的？（3）是什么使得行为得到维持的？

2．马斯洛的需要层次论和赫茨伯格的双因素论是内容型激励理论的主要代表。前者试图从生理需要、安全需要、社交需要、尊重需要与自我实现需要及其相互关系的分析中找到工作积极性的基础，后者则从激励因素和保健因素两个方面来分析员工工作积极性的源泉。

3．目标设置理论、期望理论、公平理论属于认知的过程激励理论。目标设置理论通过提供具体的、富有挑战性的目标激励员工，引导和促进他们的工作积极性。期望理论强调只有当人们预期到某一行为能给个人带来既定结果，且这种结果对其具有吸引力时，才会积极地从事这种行为。认知的作用主要在于把握以下三种关系：努力与绩效的关系、绩效与奖励的关系、奖励与满足个人需要的关系。公平理论着眼于个体在与类似的人进行比较时所产生的公平认知及其产生的心理和行为后果。而强化理论属于行为的过程激励理论，强调环境因素和行为结果本身（强化）对后继行为的激励作用，否定个体认知评价的作用。

4．中国古代文化中蕴涵着丰富的激励思想。儒家提出了“惠民”“富民”“爱民”“教民”的激励思想；兵家提出了因人而异的激励方法；法家提出了功利主义的激励措施和赏罚分明的激励约束机制。这些激励思想对于指导现阶段我国的组织管理实践依然具有重要的价值。

5．我国当代学者在介绍和引进西方激励理论的同时，也在不断构建具有中国特色的激励理论。苏东水提出的“人为为人”的激励思想，俞文钊提出的同步激励理论、三因素理论和公平差别阈理论是其中的典型代表。

6．任何理论的发展都离不开特定的文化背景。在应用西方的激励理论时，应考虑我国的国情和文化特点，同时也要结合我国的实际不断探索适合我国组织特点的激励理论。

思考题

1．如何理解激励理论的文化相对性？

2．有人说现在的员工比以前任何时候都更难激励。你同意这一看法吗？为什么？

3．想一想过去你受到最大鼓舞和激励的一项工作或任务和受到最大挫折的一项工作或任务，用本章介绍的激励理论来解释其中的原因。

4．假如你是一个团队的领导者，你发现团队中有个员工对团队项目不愿付出更多的努力，因为他认为自己没有能力为团队做出贡献。请你根据期望理论，提出激发这位员工工作积极性的措施。

5．在一些非洲国家，许多员工都认为薪水的多少，部分是由员工拥有的孩子数量决定的，因为孩子多的员工需要更多的钱来抚养家庭。请你根据公平理论谈谈对这一现象的看法。

6．试述中国古代文化中激励思想的当代意义。

案例讨论

案例 1：航空公司的减薪冲突

某航空公司经营状况不佳，其总裁曾试图说服在工会的机械工程师们接受降低工资和福利 15%的比例，这样公司当年就能节省 2.5 亿美元的支出，对公司今后的发展十分有利。但在谈判时，工会成员列举了公司存在的许多问题，向总裁发起进攻。本公司有多少位副总裁？45 位。总裁及其家属乘坐一等机舱收费吗？不收。既然公司目前经营状况不佳，为什么总裁最近又加薪 11%？总裁回答说，他拿 350 000 美元的年薪是因为他付出了大量艰苦的劳动。为什么公司最近向一个已经离开公司的前董事发放无息贷款？工会成员认为，在资方享受奢侈生活的同时，却让他们减薪，这未免太不公平。

（来源：刘玉梅，2009）

讨论问题：

1．请用公平理论来评价上述案例中的事情。

2．假如确实有必要降低人工成本，总裁应该如何做才能使员工不仅能够接受减薪，而且在减薪后还能继续努力工作？

案例 2：立达公司的激励制度

立达公司地处中关村地区，是高强博士在 1998 年创建的。目前，公司每年的销售额达 1.7 亿元人民币，并计划 10 年内达到 5 亿元人民币。面对外界激烈的竞争环境，高强在充分发挥自己管理天赋的基础上创造了一套有效而独特的激励方法，人们一直认为该公司的管理是极为成功的。

他为职工创造了极为良好的工作环境。公司总部设有网球场、游泳池，还有供职工休息的花园和宁静的散步小道。他规定每周五下午免费为职工提供咖啡，公司还定期举办酒会、宴会及各种体育比赛活动。除此之外，他还允许员工自由选择机动灵活的工作时间。

他注意用经济手段来激励员工。例如，他每年都会拿出一部分公司股份用于奖励优秀员工，目前，部分员工已拥有公司股份的 30%了，这极大地激发了员工为公司努力工作的热情。

高强还特别注重强化员工的管理参与意识。他要求每个员工都要为公司长远发展提出自己的设想，以加深对公司的了解进而提高他们对公司强烈的责任心和感情，自觉地关心公司的利益。

高强本人是一个极为随和、喜欢以非正式身份进行工作的有才能的管理者。由于他在公司内对管理人员、技术人员和员工都能平等地采取上述一系列措施，公司的绝大多数人员极为赞同他的做法。公司员工都把自己的成长与公司的发展联系起来，并为此感到满意和自豪。

当然，高强深知，要长期维持住这样一批忠实工作的群体确实不是件容易的事。随着公司的快速发展，它的增长速度自然会放慢，也会出现一个更为正式而庞大的管理机构。在这种情况下，该如何更有效地激励员工呢？

（来源：激励理论案例分析[EB/OL].（2019-07-20）. https://www.docin.com/p-2232071200.html.）

讨论问题：

1．立达公司采取了哪些激励方法？

2．结合激励理论分析这些方法为什么能起作用。

参考文献

[1] 曹正进．组织行为学[M]．北京：经济管理出版社，2007.

[2] 陈国海，李艳华，吴清兰．管理心理学[M]．北京：清华大学出版社，2008.

[3] 格里芬，摩海德，唐宁玉．组织行为学[M]．刘伟，译．北京：中国市场出版社，2010.

[4] 李中斌，杨国成，胡三嫚，等．组织行为学[M]．2 版．北京：中国社会科学出版社，2010.

[5] 刘玉梅．管理心理学理论与实践[M]．上海：复旦大学出版社，2009.

[6] 康善招，姚小远，相正求．新编组织行为学[M]．上海：华东师范大学出版社，2012.

[7] 罗宾斯，库尔特．管理学：第 7 版[M]．孙健敏，黄卫伟，王凤彬，等译．北京：中国人民大学出版社，2004.

[8] 苏东水．东方管理学[M]．上海：复旦大学出版社，2005.

[9] 俞文钊．企业中的激励与去激励因素研究[J]．应用心理学，1991，6（1）：6-14.

[10] 俞文钊．公平差别阈与分配公平[J]．行为科学，1991（1）：8-13.

[11] 俞文钊．中国的激励理论及其模式[M]．上海：华东师范大学出版社，1993.

[12] 俞文钊．管理心理学[M]．3 版．大连：东北财经大学出版社，2008.

[13] 张东平．惠信科技的薪资难题[J]．企业管理，2003（11）：37-39.

[14] ADAMS J S, ROSENBAUM W B. The relationship of worker productivity to cognitive dissonance about wage inequities[J]. Journal of Applied Psychology, 1962, 46(3): 161-164.

[15] BERELSON B, STEINER G A. Human behavior: An inventory of scientific findings[M]. New York: Hartcourt Brace & World, 1964.

[16] DRUCKER P F. The practice of management[M]. New York, NY: Harper & Row, 1954.

[17] HERZBERG F, MAUSNER B, SNYDERMAN B B. The motivation to work(2nd ed.)[M]. Oxford, England: John Wiley, 1959.

[18] HORVATH M, ANDREWS S B. The role of fairness perceptions and accountability attributions in predicting reactions to organizational events[J]. The Journal of psychology, 2007,

141(2): 203-222.

[19] LATHAM G P, YUKL G A. Assigned versus participative goal setting with educated and uneducated woods workers[J]. Journal of Applied Psychology, 1975, 60(3): 299-302.

[20] LOCKE E A, LATHAM G P. A theory of goal setting & task performance[M]. Englewood Cliffs, NJ: Prentice Hall, 1990.

[21] MASLOW A H. A theory of human motivation[J]. Psychological Review, 1943, 50(4): 370-396.

[22] MENTO A J, LOCKE E A, KLEIN H J. Relationship of goal level to valence and instrumentality[J]. Journal of Applied Psychology, 1992, 77(4): 395-405.

[23] SKINNER B F. The behavior of organisms: An experimental analysis[M]. Oxford, England: Appleton-Century, 1938.

[24] VROOM V H. Work and motivation[M]. Oxford, England: John Wiley, 1964.

自测题

复习题

第六章 激励理论的应用

学习目标

- 掌握激励的途径和方法
- 理解激励后果分析

引例：麦当劳的员工激励案例

对于餐饮行业来讲，人员流失率居高不下一直都是摆在管理者们面前的一道难题。就国内而言，中国饭店协会发布的《2016 中国餐饮业年度报告》显示，餐饮业平均员工流失率达到了 40%，而其他行业的流失率明显低于这个数字，例如，软件行业员工流失率只有 22.6%，制造行业流失率只有 3%。麦当劳对此提出了一系列员工激励方案。

1. 健康的计划

在美国，麦当劳向员工提供 PPO 和 HMO 美国医疗保险；向员工及家人提供价值 400 美元年度体检、良好的婴儿护理、儿童免疫和接种等。此外，麦当劳还为员工提供了与牙齿健康、视力有关的计划，包括为员工支付牙齿矫正费用，提供眼镜和隐形眼镜，以及激光视力矫正手术的折扣等。

2. 安全的保障

为员工及家人提供了人寿保险、意外死亡保险、旅行和商务旅行意外保险等。这些保险都是基于员工不同的基本工资来进行投保，而且员工不需要出任何费用。

3. 较高的薪酬

国外网站（Salarylist.com）显示，麦当劳的平均工资是 99 352 美元/年，而肯德基的平均工资才 75 000 美元/年。在员工薪酬组成中，除基本工资、目标激励计划（TIP，为业绩达标的员工提供激励性薪酬）外，麦当劳还会为符合条件的员工提供一个长期的激励，以奖励和留住那些表现持续、能够影响麦当劳长期价值创造的关键员工。

4. 创新的假期

在如何让员工保持工作与生活平衡方面，麦当劳创新地想出了不少解决办法。例如，员工在一年中的某几个月份中间，如果每天能提前 30 分钟上班，那么该员工周五就可以休，这样等于是延长了周末。再如，当员工为麦当劳服务的年限有五周年的倍数时，如五周年、十周年、十五周年等，他们将获得额外的一周带薪假期。

5. 无上的荣誉

除了物质激励，麦当劳也注重对于员工的精神激励。在麦当劳，面对全球员工设置了总裁奖（Presidents' Award）。这个奖项是麦当劳的最高荣誉，只颁发给全球几十万员工中 1%的最优秀者。获奖的员工除能拿到一笔不菲的奖金之外，还可偕同一位家属或好友参加在美国举行的颁奖晚宴，与麦当劳全球的最高管理层见面。

6. 良好的培训

每家麦当劳餐厅都将员工视为最大的资产。麦当劳为各级员工提供系统的培训和灵活的发展计划，不仅包括为餐厅员工和经理所设的培训课程，面向高级管理人员、营运顾问和餐厅经理的汉堡大学，还通过“热汉堡大赛”“全明星选拔赛”“麦当劳奥运冠军员工团队选拔”等项目令员工有更多的训练及发展的空间，从而为麦当劳的顾客提供更优质、更高效的服务。

以上丰富的各种员工激励方案无疑能帮助企业在人力资源管理上取得较高的绩效。但我们同时也应该看到，企业如何在激励方案的设计上能够与时俱进，把握共性与个性，找出受时代、环境及个人条件差异影响的优势需要，并有针对性地开展激励，是所有企业面临的共同的管理课题。

（来源：麦当劳的员工激励案例[EB/OL].（2018-12-25）. http://www.hrsee.com/?id=917.）

在第五章中，我们对西方和我国的激励理论有了较为系统的了解。实际上，激励是一项系统工程，要想起到激发动机的作用，必须从满足员工的需要出发，帮助员工建立合理期望，设置合理目标，提高员工的公平体验，从多角度、全方位进行规划和设计。那么，具体应该怎样实施呢？本章将从薪酬体系设计和工作设计两方面，对激励理论在实践中的应用问题进行探讨，并对激励实施之后的结果进行分析。需要说明的是，激励产生的心理和行为后果很多（如组织公民行为、工作投入、工作满意度、离职率、组织承诺等），本章仅选取组织公民行为和工作投入这两种最直接的后果进行分析，其他后果将在第十二章进行深入分析。

第一节 激励的途径和方法

激励是一个体系或系统，它贯穿于管理的全过程，依托各种管理制度、管理工具来实现。激励是稳定存在的，是每个企业成长发展中必不可少的一部分；激励也是动态变化的，不同企业在发展的不同阶段，针对不同员工所采用的激励措施应该是不同的。因此，真正有效的激励是在综合运用各种激励理论的基础上，对各种激励措施进行选择、组合及优化的过程。本节将从薪酬激励和工作设计两方面，对企业中实际应用的激励途径和方法做介绍。

一、薪酬激励

（一）薪酬的含义及类型

薪酬是员工因向所在组织提供劳动或完成任务而获得的各种形式的酬劳或酬谢。它是劳动力价格的支付形式，在市场经济环境下，又是人力资本竞争的价格表现。按照存在的形态不同，薪酬可分为经济性薪酬和非经济性薪酬。

经济性薪酬又叫外在薪酬，是指以物质形态存在的各种薪酬。它又可分为直接薪酬和间接薪酬两大部分。直接薪酬包括员工收到的基本工资、奖金、津贴、加班费、佣金、股权等；间接薪酬是指企业向员工提供的各种福利，如各种保险、补助、优惠、服务和带薪休假等，是一些未包括在直接薪酬中的货币薪酬。

非经济性薪酬则主要包括工作本身和组织内部环境为员工所带来的效用满足。例如工作的挑战性、责任感、成就感、趣味性、员工在工作中所体验到的个人能力和适应性等方面的成长以及个人梦想的实现等。

具体关系如图 6.1 所示。

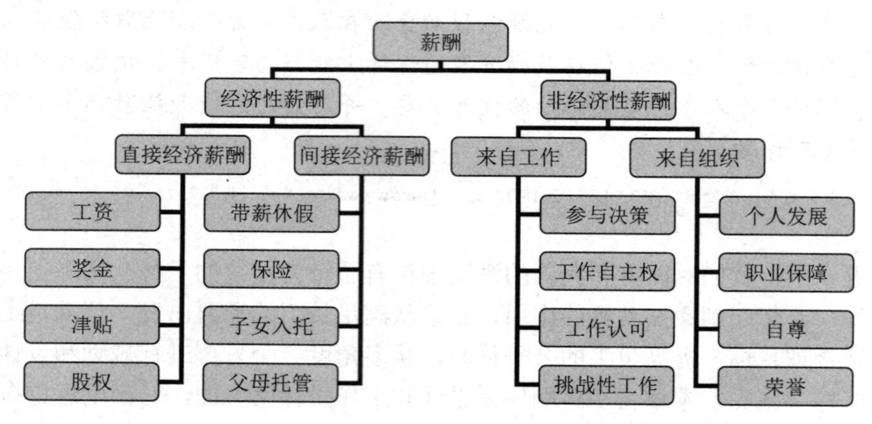

图 6.1　薪酬结构图

在传统观念上，人们经常将薪酬简单地与经济性薪酬画等号，认为两者是相同的。的确，经济性薪酬相对来说是直观的，可以换算成一定数额的金钱，是看得见摸得着的。但是不能忽视的是，非经济性薪酬对于员工来说更是愿意留在组织内，并为组织付出劳动的一个重要理由，它关系员工在组织内的切身感受。因此，从某种意义上来说，管理者需要花更多的精力来让员工获得满足。

（二）薪酬激励的原则

众所周知，在马斯洛的需要层次论中，生理需要被放在了第一位，只有这一需要被满足了，之后其他较高层次的需要才有可能出现，否则人的能量只能停留在较低层次的需要里，不会对在工作中创造更大的价值这种自我实现需要有太多的动机。这事实上也表明企业首先要满足员工的物质需要，也就是通过物质利益来激励员工，而薪酬也正是这种物质利益最主要的表现形式。企业可以通过提供诱人的薪水、舒适的工作环境以及各种福利来达到这一目的。但是，薪酬激励并不是光靠给员工高的薪酬就可以了，还需要讲究一些薪酬激励的原则和方法，以达到既能节约企业的薪酬成本，又能调动员工的积极性，实现企业目标的效果。因此，在进行薪酬激励时，遵循一些科学合理的薪酬激励原则，才能真正起到薪酬激励的作用。

1．公平性原则

资料 6-1

心理学家亚当斯（J. S. Adams）的公平理论认为，人们总是要将自己做出的贡献和所得的报酬，与一个和自己条件相等的人的贡献与报酬进行比较，如果这两者之间的比值相等，双方就都有公平感。由此可见，员工对报酬的满足过程是一个社会比较过程；一个人对自己的工作报酬是否满足，不仅受到报酬的绝对值的影响，而且也受到报酬的相对值的影响（个人与别人的横向比较，以及与个人的历史收入的纵向比较），需要保持分配上的公平感，而只有产生公平感时，才会心情舒畅，努力工作，而在产生不公平感时会满腔怨气，大发牢骚，甚至放弃工作，破坏生产（Adams & Rosenbaum，1962；Adams & Freedman，1976）。这也正应了中国的一句古话："不患寡而患不均"[①]。

事实上，公平是薪酬激励的核心问题，企业在进行薪酬设计时必须考虑如何建立一个适应本企业特点的薪酬体系，尤其要注意在企业目标指导下的薪酬公平性。薪酬公平性可分为外部公平性和内部公平性。

从企业外部来讲，企业员工经常会把自己的薪酬水平与其他同类型企业的薪酬水平进行比较，也就是外部公平性。但是由于各企业发展历史不同、经营状况不同等，薪酬也不可避免地会产生或大或小的差异。对该结果的判断可以作为求职者是否接受该工作的重要参考指标，也可以对在职者的工作积极性和满意度产生正面或负面的作用。对于这一问题，企业可能首先需要自我反省一下。企业可通过市场薪酬调查等方式了解其他同类公司的薪酬水平，从而在可能的范围内，对企业薪酬进行重新定位、调整。

而即使企业薪酬在同行业中处于领先水平，也并不能保证员工的公平感就会提高，因为即使在同一个企业内，员工也会同企业内部的其他员工进行比较，也就是内部公平性。内部公平性由于比较方式不同又可分为两种：一种是横向公平。比较对象是从事与自己相同工作的同事，或者其他工作岗位上与自己级别相同的员工。举例来说，如果一个员工认为自己与他人做的工作内容相同，工作量相同，可拿的薪水却少很多，就会认为自己受到了不公平待遇，而为了消除这种不愉快的情绪体验，员工可能会通过降低产品质量、减少工作时间以及经常缺勤甚至离职等方式以恢复公平感。另一种是纵向公平。比较对象是企业内部与自己级别不同的员工。例如，让优秀员工与后进员工做比较。当差距过小时，优秀员工虽然薪酬较高，但是他们仍会认为自己的付出大于对自己的回报，从而影响了他们的工作热情和效率，而如果薪酬差距过大，则后进员工会产生不公平感，觉得自己不被企业认可和重视。因此，对于内部公平性的问题，企业需要进行职位分析和职位评价，确定各个职位之间相对价值的大小，同时结合绩效评估，指定合理的工资结构和等级级差，尽量让员工的薪酬分配公平合理。

2．适应性原则

在使用具体的薪酬激励时，要做到"以人为本"。从横向来看，即使在同一个企业，不同员工也会有不同的需求，从而同一项激励措施所起到的激励效果往往也不尽相同。而从纵向来说，就算是同一位员工，在不同的时间或环境下，如职位变更、年龄增长等，也会随之产生不同的需求。

资料 6-2

任何一套激励方案，除了整体上要系统设计，对组织成员的激励具有统一性外，还要遵循个性化原则，根据不同员工的不同需求状况，提供个性化的人力资源解决方案。一些管理者错误地认为，钱可以激励所有的员工，把涨工资、发奖金当作放之四

[①] "不患寡而患不均"是孔子提出的税收思想之一。孔子在《论语·季氏》第十六篇中指出："闻有国有家者，不患寡而患不均，不患贫而患不安。盖均无贫，和无寡，安无倾。"

海而皆准的“法宝”。实际上，在不了解员工需要的情况下，一味提升工资水平只会把整个公司的工资体系搞乱，引起其他员工的不公平感。就像马斯洛的需要层次理论所说，人的需求是多样的、复杂的，只有在满足员工的低层次需求后，才会产生更高层次的需求，而只有这时，才会带来高绩效的产出。

3．优化组合原则

正如在薪酬的定义中所说的，薪酬不仅有经济性薪酬，同样也包括非经济性薪酬。因此，一个好的薪酬激励制度应该是多方面结合的，在同一目标的指引下，做到物质激励和精神激励相结合、外部激励和内部激励相结合、正面激励和负面激励相结合，而采用哪些激励方法的组合则要视员工的具体情况而定。

在双因素论中，赫茨伯格（Herzberg，1965）提出，导致对工作满意与不满意的事件是截然不同的。由此他将激发人的动机的因素分为两类：一类是保健因素，又称为维持因素，这些因素没有激励人的作用，但却带有预防性、保持人的积极性、维持工作现状的作用。薪酬中的工资水平、工作环境、福利和安全等皆属于此类因素。在工作中，保健因素起着防止人们对工作产生不满的作用。而另一类是激励因素，顾名思义，它是影响人们工作的内在因素，其本质为注重工作本身的内容，以此提高工作效率，激发人们做出最好的表现，薪酬中的工作本身、个人发展就能给员工带来极大的满足。

因此，在调动员工的积极性时，首先要注意保健因素，使员工不至于产生不满情绪，但是，更重要的是要利用激励因素去激发员工的工作热情。值得注意的是，两者是可以相互转化的，当一个因素长时间存在时，可能使员工产生心理疲劳，从而使得激励因素变为保健因素。例如，企业发放奖金时不是根据员工的绩效等工作表现来发放，而是成为变相的工资时，对于员工来说，此时奖金已经是一项固定不变的收入，已由原来设想的激励因素变为保健因素，当企业降低奖金额度或是取消奖金时，则会引发员工大大的不满，可谓得不偿失。因此，激励措施也不是制定出来之后就能一劳永逸的，只有能同时起到“保健”和“激励”的双重作用，才能真正达到效果。

【资料】

海尔集团的阿米巴式激励——自主经营体

自主经营体是海尔在不断发展扩张时，张瑞敏所设计的一种管理模式。这种自主经营体类似于日本京瓷的阿米巴经营模式，把员工的目标都集中到为用户创造价值上来，形成一种“倒三角”式的组织结构，客户在最上面，然后是一线经理、员工，最高领导在最下端负责为经理们提供资源。每个部门都要面对自己的客户，海尔就把它们称为“自主经营体”。

在这样一种管理模式下，海尔的所有员工都必须找到自己的市场定位，明确自己的目标价值。他们要学会利用集团提供的资源平台为集团创造利润，从获得的利润增值中“挣工资”。在海尔从此再没有“发工资”的概念。

具体来看，自主经营体的核算和分配机制采用了“人单合一”的方法，即人、订单和收入三者一致。这一分配机制的顺利进行，要归功于张瑞敏在1998年海尔内部推行的十年信息化和市场链变革。“将在外，君命有所不受。”总部的管理层不可能随时追踪每一个销售订单的落实和回款情况。因此，海尔内部引入ERP系统，对人员、产品和订单进行编码，这样决策者就可以随时进行可视化管理。

在ERP系统里，每位员工都有一个“资源存折”账户，员工的收入=劳动力价格损失+增值提成。劳动力价格是每个员工的岗位工资，损失是由于员工的失误所产生的成本，增值提成是员工创收部分。公司会为每个任务分配适当的资源，执行该任务的员工或自主经营体是这些资源的二次分配者。

如果完成任务后资源有结余，则属于员工创收部分，归员工所有；若资源入不敷出，则员工需弥补损失。资源的使用情况都是在员工完成每个环节的工作后，由系统自动生成的。实际上，管理者可以通过系统检测员工的实际工作情况，做到了公正、公平。

这样的一种管理机制改变了员工的世界观，员工由企业的“发工资”变成了企业的“挣工资”，员工的观念由“要我做”变成了“我要做”，同时企业也赋予了员工更多的自主权。

（来源：海尔激励员工的三种策略[EB/OL].（2019-12-02）. http://www.hrsee.com/?id=1164.）

（三）薪酬体系设计与发展新趋势

1．薪酬体系设计的原则

薪酬体系是连接企业与员工的纽带，是公司战略的一个重要组成部分，设计出一个行之有效的薪酬体系对于一个企业有举足轻重的作用。它必须满足以下几项原则。

（1）竞争性。设计薪酬体系的目的之一是提供具有市场竞争力的薪酬，为企业吸引有才能的人。企业的薪酬水平是否合理，直接影响企业在人才市场的竞争力。只有对外部环境具有竞争力的薪酬，才能吸引到企业发展所需的各类优秀人才。

（2）公平性。所采用的薪酬体系要达到组织内部的公平，合理确定企业内部各岗位的相对价值以及同一行业中不同企业中的薪酬水平，避免员工在各项比较中产生不公平感。

（3）激励性。薪酬必须与工作绩效挂钩，激励员工的工作动机，奖励优秀的工作业绩，利用金钱奖赏达到激励员工的目的。因此，适当拉开员工之间的薪酬差距，设置一定的浮动工资或奖金，奖励优秀员工，有利于激励员工在本岗位上做出更好的业绩或向高岗位竞争。平均原则或是大锅饭只会打击员工的积极性，并增加他们的惰性。

（4）认可性。薪酬的设定要得到员工与管理者双方的接受与认可。在传统观念上，在制定薪酬时，管理者往往是一言堂，想怎么来就怎么来。但是设想一下，如果结果不为员工所接受，那么必然将导致其产生不满，并由此引发一系列后果，而这也不是管理者所愿意看到的。因此，在设计时可以从两方面着手：一是由管理者自上而下地进行大局考虑；二是由员工自下而上地进行岗位分析。虽然最终拍板的仍然是管理者，但是这一结果却由于员工的切身参与而得到双方共同的认同，可谓皆大欢喜。另外，即使暂时无法进行这种共同的薪酬制定方式，在设计完成后，管理者在向员工说明结果时也应给予一定的解释，通过沟通得到员工的理解。正如之前所说的，激励在于员工的心理感受，而非直观的工资数目。

（5）经济性。薪酬的设定要与企业本身的实力相结合，这样才能长久实施下去。虽然企业的最终目的是获取利润，但若一味采用低薪酬策略来降低企业的人工成本，增加企业在市场中的竞争力，或许会暂时取得领先地位，但若长期薪酬低于市场平均水平，则会造成企业人才匮乏，对企业的发展产生很大的负面影响。与此同时，企业也应避免为了吸引人才而简单地提高薪水。这样长久下来，企业会因经济负担而难以保持员工的高薪酬水平，如果此时再降低薪酬则又会打击员工的积极性，可谓骑虎难下。

（6）动态性。由于在不同阶段公司的目标不同，市场的状况不同，员工的需要也在不断地发生变化。要使得企业的薪酬制度具有激励作用，薪酬的设定要动态地适应员工的需求。因此，为保证薪酬制度的适用性，公司应该对薪酬定期进行调整，针对公司的实际情况来设计适合公司的薪酬体制并使薪酬制度具有灵活性。

2．传统薪酬设计的一般步骤

（1）岗位分析（又称工作分析）。把每个岗位的工作职责、任务目标、汇报关系、任职资格等要素厘清，形成规范的岗位说明书。在此基础上，形成岗位评估，厘清岗位之间的相对价值，拉开不同岗位不同职级之间的距离。

（2）薪酬管理。进行广泛的薪酬调查，对所在地区同行业、同级别的相同岗位进行薪酬比较。同时考虑本企业有哪些优势岗位和核心员工，有哪些一般岗位和普通员工，给予前者高于市场水平的薪酬以吸引和留住人才，给予后者与市场价格相当的薪酬以控制人工成本。这样准确地量化各岗位的价值，确定其具体的固定工资水平，形成一个科学的、“对内公平，对外有竞争力”的固定薪酬体系。

（3）绩效管理。绩效管理首要的工作就是制定好各部门、各岗位的绩效指标体系，并将其落实下去。其次是切实公平地将绩效结果体现到反馈中去，包括员工对个人绩效水平的知情权，以及在业绩工资中体现绩效的差异。这样形成科学的岗位浮动薪酬体系，才能真正激励员工。业绩工资占整体薪酬的比例不能太小，否则起不到激励作用，企业内部仍然会回到平均主义“大锅饭”的老路上去；比例也不能太大，否则会冲淡基础工资的“保健”作用，业绩工资的“激励”作用也不能很好地发挥。

需要强调的是，上述三个步骤是一个整体，没有科学的岗位分析，薪酬管理和绩效管理就失去了安身立命的根本；没有绩效管理，仅靠岗位分析和薪酬管理，激励也就成了“水中月，镜中花”。因此，三者是缺一不可的，必须相互配合才能真正起作用。

3．一些新型的薪酬形式

除传统的薪酬设计以外，薪酬激励还出现了一些新的形式。这些形式作为传统方式的有益补充，已经在许多企业中实行开来，起到了极其重要的作用。

（1）宽带薪酬体系。在传统的薪酬体系中，往往出现这样的问题：一个平时表现突出、业绩优良的员工，即使苦干一辈子，如果没有空缺的提升职位给他，他也永远没有一个业绩平平的上级主管工资高；一个在本职工作岗位上表现出色的员工，如果其能力水平不适合提升到更高的职位上，其薪酬就不能得到大幅的增加。因为传统的薪酬体系总是与职位层级紧密挂钩的，而且层级数目可能很多，职位层级相差大，其薪酬等级也相差大。

宽带薪酬可以有效地解决上述问题。宽带薪酬实际上是一种新型的薪酬结构设计方式，是对传统垂直型薪酬结构的一种改进和替代。根据美国薪酬管理学会的定义，宽带薪酬是指对多个薪酬等级以及薪酬变动范围进行重新组合，从而变成只有相当少数的薪酬等级以及相应的较宽薪酬变动范围。也就是说，宽带薪酬拥有较少的薪酬级别，较大的级别内部差别。宽带中的“带”是指工资级别，“宽”是指工资浮动的范围比较大。在这种薪酬体系中，员工不是简单地按照企业的薪酬等级层次垂直往上走，薪酬也不是简单地随着岗位的变化而变化，而是身处于同一个薪酬宽带中，职级不变，只要自身能力、绩效改变，薪酬就会有很大不同。有时同一宽带的最高值与最低值之间的区间变动比率可达到 100%或100%以上，所以，在这种薪酬体系下，相同岗位上的员工薪酬可能迥然不同；较低职级的员工获得与上级主管相当甚至更高的薪酬也不足为奇。宽带薪酬更注重的是绩效，从传统的注重岗位薪酬转变为注重绩效薪酬，带宽拉大，员工的薪酬更加灵活，激励效果也更加明显。

宽带薪酬管理模式的有效实施有赖于以下几方面的条件。

首先，宽带薪酬支持扁平型组织结构。宽带薪酬并不适合所有的组织结构，它是为配合扁平型组织结构而量身定做的。只有战略明确、组织层级少、组织结构与发展战略相匹配、治理完善的企业，才适合采用宽带薪酬。那些薪酬管理和人力资源体系的基础非常薄弱，没有规范的职位说明书以及相应的岗位评价的企业，即使实施宽带薪酬，也只会造成一片混乱的局面。

其次，宽带薪酬要求高素质的薪酬管理人员。实施宽带薪酬提高了对人力资源管理部门的要求，同时也加强了各部门之间的密切合作。由于宽带薪酬高度依赖于绩效评价，因此，就要求企业做好岗位分析、绩效考核等方面的基本工作，要求薪酬管理人员以专业的水准、公平的态度为企业员工服务。这对企业人力资源管理部门，尤其是薪酬管理人员提出了较高的要求。

最后，宽带薪酬注重沟通。宽带薪酬的实施可能使领导者的权威因为薪酬不及下属而受到挑战。这就要求企业的管理层和员工能及时全面地进行沟通，使宽带薪酬的内涵得到组织成员广泛而深刻的理解，以一种正确、理性的态度对待薪酬差异。

【资料】

中国网通的宽带薪酬

随着市场竞争的加剧，一种新型的薪酬管理模式——宽带薪酬设计正逐渐被导入企业，中国网通就是较早采用这一方法的企业之一。

中国网通引进的是美国 HAY 公司的职位簇群的方法，即职位体系评估和分类。过去，网通的每个职位就是一个职级，是 49 级或者 53 级的一个职位，现在就不一样了，HAY 公司的职级是一个宽带，公司从上到下最多也就 6 级。这 6 级就把公司所有的职位都包含了，带来的好处是不用过多地考虑你现在是什么样的一个职位，无论是公司专员，还是经理，只要有业绩，都能获得高薪。原来每个职位很显眼，而在现在的职位体系下，你着重要考虑的是你在公司所处的角色，职位概念逐渐淡化，更多地突出你的角色。角色实际上反映的是你对公司的贡献大小。如销售，这个簇群的概念比销售部的定义更宽泛一些，它可能是从事销售的一类人员，只要是一类人员，就应该放在一块儿进行比较。这样调整的范围就宽了，因为原来每个职级的变动幅度一般都是在 40%～50%，而现在职位体系导致的薪酬，每个职级变动幅度在 100%。

（来源：中国邮政，2008）

（2）员工持股计划。企业是由经营者和员工共同组成的。企业效益的好坏不仅有赖于经营者大政方针的正确性，更与员工的努力程度分不开。因此，企业激励的对象不能只局限在经营者、管理层和个别“精英”，还应惠及广大员工群体。员工持股计划就是专门针对企业员工的激励而设计的。

员工持股计划（Employee Stock Ownership Plan，ESOP）是指企业内部员工以个人出资（大都指未来劳动的收益）的方式或贷款融资的方式，来持有本企业的一部分特殊股票，并委托员工持股会集中管理的一种产权组织形式。员工持股计划本质上属于一种股票奖励计划，员工可借此渠道参与企业经营管理并分享利润。

员工持股计划的根本出发点基于这样一条基本原则：人们对于自己的东西总是会更在乎些。当员工仅仅是为薪资工作的时候，他们没有办法，也没有热情发挥自己的创造力、持久力和主观能动性。而一旦员工拥有公司的股份时，作为股东，他们就会将企业利益与个人利益紧密相连，会直接关心生产效率和产品质量的提高。有人曾用“四金”来形容员工持股计划：“金手铐”“金色的梦想”“金色的握手”“金饭碗”。“金手铐”是指员工持股计划可以用企业发展所带来的丰厚收益把员工“铐住”，使其为企业的发展贡献力量；“金色的梦想”是指股份或者期权制是一种长期的报酬，具有诱人的长远利益；“金色的握手”是指员工持有企业股份后，企业经营者、管理人员和普通员工都成了“同一条战壕里的战友”；“金饭碗”是指实施员工持股计划后，员工会加倍珍惜自己的工作机会，离职率会相对降低。

员工持股计划对于不同的公司类型具有普适性，无论知识密集型的高科技企业，还是劳动密集型的零售业、制造业，无论上市公司（公众公司），还是非上市公司（私有公司）都可以使用。员工持股计划对于不同员工具有普惠性，它面向本企业的全体员工，尽量扩大持股面。但是普惠性并不是说在个体间平均分配股份，不同员工间持股的数量差距一定会不同。

员工持股计划在推行过程中须注意一些问题：首先，该计划并不能解决企业面临的全部问题。对那些产品无销路或者销路不畅的企业，特别是属于夕阳产业的企业，如果不能在产品和经营方向上走出新路，仅靠实行员工持股计划带来的资金成本的降低和员工对企业关心程度的提高，只能延缓企业存活的时间，而无法从根本上改变破产的命运。其次，该计划的福利化和短期行为化将会降低激励效果。一些企业在公司上市之初，将一部分股票送给员工持有。而员工往往利用内部员工股和市场股的价差，很快将股份抛售变现。这无形中助长了上市公司视员工股为一种短期福利的倾向，违背了该计划加强企业内聚力、调动生产积极性的初衷。同时，大量员工股被非本企业员工持有，造成员工股份的外部化，容易造成企业被控股或收购。

资料 6-3

二、工作设计

（一）工作设计的含义及其发展过程

人与工作之间的相互适应与匹配，是现代工业企业管理中的重要问题。而工作设计则是一种能让人与工作匹配，从而使人们的终生兴趣得以实现的重要方法。所谓工作设计

（job design）是指对工作完成的方式以及某种特定工作所要求完成的任务进行界定的过程，是一种确定企业职工工作活动的范畴、责任以及工作关系的管理活动。通过工作设计可以知道实现组织绩效的最佳办法，同时可以满足员工成长与福利方面的要求。工作设计涉及工作系统的各个方面，包括工作任务、工作职能、工作关系、工作标准与业绩、人员特性、工作环境等，其目的在于更好地提高职工的工作效率与工作生活质量，充分发挥每个人的工作能力，实现组织目标。

工作设计的发展过程分为两个阶段：第一个阶段是以泰勒（F. W. Taylor）的科学管理为核心的专业化的工作设计。它以任务导向为特征，主要关心工作效率，忽略了“人”的因素在工作中的作用，这种工作设计不具有激励的价值。这种最具有代表性的“泰勒制”对每个工种进行了精确的时间—动作分析，确定一名工人在最适合的条件下所能完成的最大日工作量，并以此为基础制定工作定额，对工作进行科学的设计。这种工作设计的结果是工作效率有了明显的提高，但员工成了名副其实的“工作机器”。工作专业化和简化使工作变得重复单调，造成员工厌恶工作，工作满意度下降；高度分工割断了工作任务之间的联系，破坏了工作的完整性，使员工对自己所承担的工作与企业生产过程整体之间的联系乃至工作意义缺乏了解，从而降低了工作主动性和积极性，劳资关系急剧恶化。1911 年工厂工人的大罢工使管理专家们警醒，开始重新审视工作问题。

资料 6-4

第二个阶段的工作设计又称工作再设计，是为了适应发展的需要，对某种工作的任务或者完成任务的方式做出改变的过程。在 20 世纪四五十年代，人际关系理论对管理理论和实践产生了深远影响。自此，管理方式从重物转向重人，“参与管理”便是工作设计思想向人本化方向迈出的重大步骤，它标志着工作设计思想的一次根本性变革。行为科学理论家赫茨伯格和他的同事于 1965 年提出了著名的激励—保健理论，将“参与管理”的思想进一步理论化、具体化。哈克曼（J. R. Hackman）和奥海姆（G. R. Oldham）于 20 世纪 70 年代提出了工作特征理论，认为通过重新设计工作，从而增加工作的多样性、完整性、重要性、自主性和反馈性，能使员工的心理状态得到积极的改善。在这种心理状态下，员工的内在工作动机就能被高度激发出来，表现出更优秀的工作绩效和较高的工作满意感，同时保持较低的缺勤率和离职率（Hackman & Oldham，1974，1975，1976）。总而言之，现代的工作再设计反对“泰勒制”对人性的泯灭，以“人”为导向，强调工作中人际关系、组织气氛、员工士气以及管理方式的重要作用，目的在于提高组织绩效的同时，提升员工满意度，具有重要的激励价值，是激励员工的重要途径之一。

（二）工作设计的原则

工作设计在实际操作中的应用通常需要考虑如下一些原则。

1．员工激励原则

员工工作的激励通常来自于工作内容的适度挑战性、工作的意义以及工作的价值。因此，需要通过各种有效的手段，对员工的各种需要予以不同程度的满足或者限制，以激发员工的需要、动机、欲望，从而使员工形成某一特定目标并在追求这一目标的过程中保持高昂的情绪和持续的积极状态，充分挖掘潜力，全力达到预期目标。

2．能力开发原则

员工能力的开发除通过培训之外，在实践中得到锻炼是最有效的办法。要让员工在挑战中工作，在挑战中不断提高自己的能力。目标的制订要高低适中。另外，工作设计针对岗位，而不是针对个人，一方面，要打破传统岗位的界限，深化岗位的工作内涵；另一方面，要考虑人员如何与岗位相匹配。

3．动静结合原则

伴随市场的变化和组织的发展，工作设计越来越趋向动态。配合组织的发展，激励性工作设计必须动静结合，对于基础性的工作岗位，宜采用静态的工作分析法，对于和企业业务紧密相关的岗位，宜进行动态分析，伴随组织的发展，不断丰富岗位的工作内涵。

（三）工作再设计的几种常用形式

1．岗位轮换

所谓岗位轮换，就是将员工由一个岗位调到另一个岗位以扩大其经验的方法。传统的工作设计强调劳动力的“专业化”，它用严格的标准、科学的方法将员工训练成本行业的“能手”后，就将该员工与岗位的匹配固定下来。岗位轮换是在工作流程不受较大影响的前提下，让员工从执行一项任务转移到执行另一项任务，进而创造“一专多能”的有利条件。岗位轮换尽量使员工发挥多种才能，尝试新的工作职责，获取新的工作经验。这将有助于员工适应能力的培养，同时也为员工提供了一个观察和了解工作全过程的机会，有助于工作动力的激发，并能消除长期从事某一项工作的厌恶感。

IBM公司大中华地区总裁周伟焜连续工作三十多年不易其主，有人问及原因，他这样答道：“IBM给你提供了很多机会去尝试新的工作，我在IBM的前25年里，平均每两年换一种工作，而且工作地点遍及中国、日本，以及太洋洲，每种新工作都是一个新挑战，试想，还有哪家公司能为你提供这么多机会，这么大的空间呢？”周伟焜的例子生动地向我们展示了岗位轮换所带来的积极作用。首先，可以为员工提供更多的机会，让他们从中感受到工作的乐趣；其次，员工通过工作轮换可以掌握更全面的工作经验，对组织的其他活动有更多的了解；再次，员工本身可以学到更多的技能，增强对工作中部门间相互依赖关系的认识，产生对组织活动的更广阔的视角；最后，员工的团结合作也会加强，有利于管理层组织一个团队，增进不同工作员工间的理解，提高工作效率。但是，此种方法也有一定的缺陷：首先，这种调动员工积极性的方法只适用于少数工作岗位，难以找到每人正好都能适合自己职务资格要求的工作岗位；其次，适用不当将会使部门中原有的工作关系被打乱，产生新的矛盾；最后，把员工从一个岗位转入一个新的岗位，培训成本必然相应增加，而且轮换过频，员工从事每种类型工作的时间过短，工作无法深入，必然导致整体工作效率和绩效的下降，在对比效应的驱使下，管理者可能追求短期的绩效而忽略长远的发展。

2．岗位扩展

岗位扩展又称工作扩大化，是指通过增加每个人工作任务的种类，扩大员工的工作范围，增加其所承担的责任，从而使他们能够完成一项完整工作中的全部或大部分程序，可以使他们看到自己的工作对客户的意义，从而提高工作积极性。其目的是使人感觉自己的工作对整个产出有更具体的贡献，从而对所从事的工作产生更大的兴趣。如果客户对他们所提供的产品或服务表示满意并加以称赞，还会使该员工感受到一种成功的喜悦和满足。此外，岗位扩展需要员工具有较多的技能和技术，这样可以促进员工钻研业务的积极性，使其从中获得一种精神上的满足。

岗位扩展并不是随意的扩展，给员工增加的工作一般都与其先前工作在性质上相似、程序上相连，这样可以使员工不经培训即可胜任，节省了招聘新员工所需的培训费用；工作程序上的连贯性则避免了产品或任务在不同员工之间的传递，减少了交接的程序，节省了时间。另外，从员工成就感角度而言，以前所从事的仅仅是一大项任务中很微小的一部分，个人在整个工作中的地位感知不清，而进行了岗位扩展之后，员工完成的是一个较大的单元，甚至整个产品，这对员工的个人价值是一个很好的承认，可以极大地激发员工掌握更多知识和技能的意识，丰富工作经验。

当然，岗位扩展也存在一些弊端。对于那些需要层次较低的员工，获得更高的报酬是他们工作的唯一目的，他们并不认为增加一些额外的工作是权力和责任的象征，而是把它当作一种额外的负担，不仅起不到激励效果，还会助长负面情绪的产生。岗位扩展使员工疲于更换工作项目，单一的动作变得复杂也是许多员工不愿看到的。因此，在实施岗位扩展之前，调查员工的实际需求，因人而异、对症下药是十分重要的。

3．工作丰富化

工作丰富化是指通过工作内容和责任层次的基本改变，使员工在计划、组织、指挥、协调、控制等方面承担更多责任。工作丰富化是工作的纵向扩展，它不仅给员工分派了更多的工作任务，还为员工提供了获得更多赏识、进步、成长的机会。工作丰富化的核心是体现激励因素的作用，它给职工更多的责任，有更多参与决策和管理的机会，增加员工对工作的计划与协调的责任，可以给人带来成就感、责任心和得到认可、表彰等的满足感。

工作丰富化始于20世纪40年代的IBM，50年代的时候人们开始对这种方法表现出兴趣。工作丰富化的核心内容有以下四点：第一，与客户的联系，这是重要的方法之一。员工和产品、用户直接接触，建立直接联系，从而了解客户的需求。让员工与客户联系是一种极为有效的方法。第二，自行安排工作进度。由管理层为员工设置截止日期和目标，员工自行确定工作步骤，这样可以提高他们的积极性。第三，让员工做整个产品的主人。允许员工自始至终完成一项任务，这将会给他们带来成就感，也会进而激发员工的责任感。第四，建立直接反馈机构，尽可能减少反馈的环节和层次，把工作者所做工作的成绩和效果数据及时直接反映给本人。

工作丰富化的优点在于能更好地激励员工，提高生产效率和产品的质量，减少离职率和缺勤率。其不足在于为使员工掌握相关的知识和工作技能，企业将增加培训费用，增加整修和扩充工作设备的费用，同时付给员工更多的薪酬。这就要求企业有相应的薪酬体系和良好的工作环境。没有这些辅助设置，而一味增加员工的工作内容和层次，只会起到相反的结果。

4．弹性工作制

弹性工作制是指在完成规定的工作任务或在固定的工作时间长度的前提下，员工可以灵活自主地选择工作的具体时间安排，以代替统一、固定的上下班时间。弹性工作制是对传统工作安排进行的重组或再设计，员工可以用这种新型的日程安排，在不损失工作时间的情况下，满足个人多样化的时间需要，包括履行家庭职责、日常生病求医、社交活动等。

弹性工作制的实施有如下几种形式。

（1）核心时间与弹性时间结合制。这种形式的弹性工作制主要由核心时间、带宽时间和弹性时间组成。核心时间是每天的工时中所有员工必须到班的时间，这个时间段里可能会有会议安排，或是重大事件需要集中处理。带宽时间界定了员工最早到达和最晚离开的时间，核心时间被包括其中。弹性时间则是员工根据个人需要，可以自由选择的时间，只要全部工时得到完成，每天的弹性时间可以有不同。这种工作制主要被小型公司采用。

（2）成果中心制。这种形式的弹性工作制是以任务的完成为指标的，员工只需在所要求的期限内按质按量完成任务即可获得薪酬，具体的时间进度安排可根据个体差异，将工作活动调整到身心状态最佳、最具生产效率的时段内进行。

（3）紧缩工作时间制。这种形式的弹性工作制可根据员工个人实际能力，通过增加每天的工作时间长度，使一个完整的工作周在少于五天的时间内完成。剩余时间或休假或娱乐，由自己处理。

（4）全日制工作与临时雇员队伍相结合制。目前一些企业正在向“双轨雇佣制”的方向发展。其中，核心轨道是全日制的正式雇员队伍，辅助轨道则是机动灵活的临时工队伍，两者互相配合。

弹性工作制的优点可以从三个角度进行理解：对于员工而言，灵活的时间使员工对个人的工作安排有了更大的自主权，在处理工作—生活平衡时有了更大的机动性，自尊、社交需要得到满足，满意度更高；对于雇主而言，不必苦心积虑于员工的缺勤和迟到现象，公司设备可以更优化地使用，办公资源紧张将得到缓和，利用了员工的高峰时间优势，避免“出工不出活”的尴尬局面；对于顾客而言，企业拉长了工作时间，更多人可以接受到服务，企业形象得到提升。

弹性工作制也存在一定的局限。首先，在该制度建立之初，必须对该岗位的工艺流程和技术规范进行严密的考察和规划，能进行精确的个体工作绩效（质量、数量）考核的工作才适宜实行该制度；其次，必须考虑监管上的安排，要确保有充足的员工可以轮班，有良好的沟通协作渠道避免“盲点”，有严密的管理规章制度保证实施井井有条；最后，一些岗位的特殊性使它无法实施弹性工作制，如接待员、销售人员等。

资料 6-5

第二节　激励后果分析

一、组织公民行为

（一）组织公民行为的含义

资料 6-6

组织公民行为的研究起源要追溯到巴纳德（Barnard，1938）提出的组织存在和发展的三大条件之一的“想要合作的意愿”（willingness to cooperate），罗斯利斯伯格和迪克逊（Roethlisberger & Dickson，1939）对霍桑实验中“非正式组织”的研究，以及卡茨和卡恩（Katz & Kahn，1966）提出的“组织公民”的概念。在1983年，贝特曼和奥根（Bateman & Organ）首次正式提出了“组织公民行为”（Organizational Citizenship Behavior，OCB）这一概念。奥根（Organ，1988）在其出版的《组织公民行为：好战士现象》一书中提到，任何组织系统的设计都不可能完美无缺，如果只依靠员工的角色内行为，很难有效地达成组织目标，因此，必须依靠员工的角色外行为来弥补角色职责的不足，促进组织目标的实现。所谓组织公民行为是指员工自觉自愿地表现出来的、非直接或明显的、不被正式的报酬系统所认可的、能够从整体上提高组织效能的个体行为。

从概念中，我们可以看到组织公民行为有几个重要的特征：（1）这些行为必须是组织成员自觉自愿表现出来的；（2）组织公民行为是一种角色外行为，并非工作角色要求做的，虽被组织所需要，但却是一种未被组织正式规范或工作说明书规定的行为；（3）这些行为不在奖赏的标准范围之内，即组织公民行为不是由正式的奖惩系统来评定的行为，完成这些行为不会受到组织奖赏，不完成这些行为也不会受到组织惩罚；（4）这些行为对组织能够产生积极的影响，能够促进组织有效功能的提高。

（二）组织公民行为的结构维度

对于组织公民行为的结构维度，西方许多研究学者都提出了各自的观点。概括组织公民行为结构维度的文献发现，虽然已被定义过的组织公民行为结构维度有三十多项，其中包括二维结构、四维结构、五维结构、七维结构等，但是在组织公民行为的多维性上，大部分学者已经达成共识。在现有的大多数研究成果中，学者们基本上都认同了奥根（1988）提出的组织公民行为特征维度的五维结构：（1）利他行为（altruism），是指员工愿意花时间主动帮助同事完成任务或是防止同事在工作上可能会发生的错误；（2）文明礼貌（courtesy），是指员工对别人表示尊重的态度和行为；（3）运动员精神（sportsmanship），是指员工在不理想的环境中，仍然会保持正面的态度去面对，不抱怨环境不佳，仍能忠于职守的一种自主行为；（4）责任意识（conscientiousness），是指员工的表现超过组织的基本要求标准，尽心尽责地对待工作，将组织规则、制度和程序内化为个人要求，即使在无人监督的情况下也能一丝不苟地完成工作；（5）公民美德（civil virtue），是指员工主动关心、投入与参加组织中的各种活动，将自己视为组织中的一员，为了组织的利益不惜牺牲自身的利益。其他在西方文献中提及的维度还有组织忠诚、组织顺从、个人首创性、自我发展、功能参与、拥护参与等，但是使用最广泛的仍然是上述奥根提出的五个维度以及波德萨科夫等人（Podsakoff，Mackenzie，Moorman，Fetter，1990）在此基础上设计的量表。

之后国内一些学者也开始在我国文化背景下对组织公民行为进行相关研究，提出了我国员工组织公民行为的结构维度。樊景立和郑伯埙（2000）调查了中国北京、上海、深圳和杭州4个城市75家国有、集体、合资、私营企业的166位管理人员，在工作情境下收集了756个有关描述组织公民行为的项目，经过严格筛选，整理出在中国文化背景下组织公民行为所包含的十一个维度：（1）积极主动；（2）帮助同事；（3）意见表露；（4）参与群体活动；（5）树立企业形象；（6）自觉学习；（7）参与公益活动；（8）维护节约组织资源；（9）保持工作环境整洁；（10）人际和谐；（11）遵守社会规范。其中，前五个维度类似于西方文化背景下的组织公民行为，而后六个维度是中国文化背景下特有的，这表明不同的文化背景下组织公民行为所包含的内容存在着显著的差别。中国人“以和为贵”的价值观使得他们对人情、面子、人际和谐等方面异常重视，因此维护人际和谐的行为在中国文化中被认为是重要的角色外组织促进行为。

（三）影响组织公民行为的因素

影响组织公民行为的因素有很多，主要包括以下四个方面。

1．个体特征（individual employee characteristics）

个体特征主要包括员工的工作态度和个体差异。其中，员工的工作态度主要考察了工作满意感、公平知觉和组织承诺三个方面。根据社会交换理论，当员工由于得到了良好的支持和公平的待遇而感到工作满意并获得组织承诺时，他们会通过参与组织公民行为来回报组织。近期的元分析研究结果发现，工作满意度与组织公民行为之间的相关性为 0.28，组织承诺与组织公民行为之间的相关性为 0.25（Harrison，Newman，Roth，2006；Hoffman，Blair，Meriac，Woehr，2007）。对公平的感知意味着对员工权利和尊严的尊重，并由此建立信任感，从而激励员工通过组织公民行为回报组织。以往研究发现，程序正义与个人层面的组织公民行为之间的相关性为 0.22，与组织层面的组织公民行为之间的相关性为 0.27（Colquitt，Conlon，Wesson，Porter，Ng，2001；Michel，2017）。

员工的个体差异也会影响组织公民行为。例如，以往研究发现了大五人格特质对组织公民行为的影响（Leephaijaroen，2016；Palinggi，Mawardi，Susandy，2019）。Palinggi，Mawardi & Susandy（2019）的研究发现，拥有高水平大五人格的员工会有更高的组织承诺，从而导致其更高水平的组织公民行为。国内研究者以高校教师为被试的研究也发现了大五人格特质的五个维度对组织公民行为都具有显著正向影响（姜红，孙健敏，姜金秋，2017）。

2．工作特征（task characteristics）

工作特征可影响组织公民行为。研究发现工作特征（包括工作反馈、工作固化、工作内在的趣味性）与利他行为、运动员精神、公民美德等存在明显的相关关系（Podsakoff，et al，1990）。员工对工作特征的感知与组织公民行为相关，是由于这样的工作被认为更有意义和价值，员工的工作满意感会更强，因此员工也会更积极地参与到组织公民行为中（Michel，2017）。

3．组织特征（organizational characteristics）

组织特征会影响组织公民行为。组织支持理论表明，组织目标的完成依赖于雇主慷慨地对待员工，组织支持满足了员工的社会情感需求，如果员工感受到组织愿意而且能够对自身的工作进行回报，员工就会为组织的利益付出更多的努力（徐晓锋，车宏生，林绚晖，张继明，2005）。研究表明，群体凝聚力与组织公民行为中的利他行为、文明礼貌、责任意识、运动员精神、公民美德存在正相关关系（Brief & Motowidlo，1986）。

资料 6-7

4．领导行为（leadership behavior）

领导行为也会对员工的组织公民行为产生影响。以往研究发现，变革型领导、授权型领导、支持型领导、仁慈型领导以及服务型领导等均会影响员工的组织公民行为（许多，张小林，2007；Walumbwa，Chad A. Hartnell & Oke，2010）。例如，中国学者李超平、孟慧和时勘（2006）的研究发现，变革型领导行为与利他行为、文明礼貌、责任意识、运动员精神及公民美德呈强烈的相关关系；交换型领导行为与利他行为、文明礼貌、责任意识、运动员精神及公民美德显著相关。

（四）组织公民行为的双重效应

1．组织公民行为的积极作用

对组织公民行为的研究从最初开始，就把它完全当作一种积极的对组织运作有利的行为。奥根（Organ，1988）认为员工们长期一贯的组织公民行为可在组织运作过程中充当“润滑剂”，减少组织各个“部件”运行时的项目摩擦，从而提高组织效能。其具体作用表现在以下几个方面。

（1）组织公民行为能提升组织成员的生产力，促进组织生产效率的提高。员工可以通过相互帮助而在工作团队中提高自己的工作技能，进而提升组织的绩效。在组织公民行为普遍的组织中，其成员在任何时候，包括组织面临困难和危机的时候，都能够全身心地投入，从而减少导致绩效波动的可能性。

（2）组织公民行为能提高管理效能。如果员工积极参与公司的事务，那么管理者就能获得更有价值的建议，如员工对管理措施的反馈便于进一步提高管理效能。

（3）组织公民行为能充当组织运行的润滑剂，减少人际矛盾冲突，有助于创造良好的企业文化。员工主动为他人提供方便，帮助他人，维护人际和谐，因而保证了工作关系的顺畅，有效地协调团队成员和工作群体之间的活动，促进团队成员之间以及跨团队的工作协调，进而会吸引和保留高素质的员工。

（4）组织公民行为能减少工作真空，并提高组织适应环境变化的能力。在任何组织中都不可避免地存在一些无法明确规定的工作与任务，我们把这些工作叫作模糊工作。而这些工作就要依靠员工的组织公民行为来完成。同时，组织公民行为也能使组织和组织中的成员增强对环境变化的适应能力，环境变化过程中伴随组织转型带来的职责真空也能很快被组织公民行为所弥补。

（5）组织公民行为能够提高组织的稳定性。互助互利的行为可以使员工同心协力，共同面对困难，保持稳定的工作成绩。同时，责任意识也有助于员工持续保持高水平的工作业绩。

（6）组织公民行为可以释放更多资源，投入生产性活动中去。责任意识强的员工需要的外部监管比较少。管理者可以更放心地授权，节省出时间和精力投入其他方面的管理中去。

（7）组织公民行为有助于创造组织的社会资本。社会资本是嵌入在社会结构中的资源，是通过人与人之间的密切关系体现出来的，它能有效地解决组织中的协调问题，降低组织中的交易成本，促进组织成员之间的信息沟通，是一种对组织有价值的资本。组织公民行为有可能增加组织的社会资本，例如，员工通过参加组织中的各种活动，使得在原有的工作关系中很少联络的组织成员之间形成新的联结，从而使整个组织形成社会资本。

2．组织公民行为的消极作用

组织公民行为对组织具有积极作用，任何组织管理者都不应当忽视。然而，组织公民行为也会对组织有一定的负面影响，这主要包括以下几个方面。

（1）组织公民行为对绩效的影响还不能确定是完全有利的。关于组织公民行为与绩效之间的关系，学术界目前主要有三种观点：第一种认为组织公民行为本身就是关系绩效；第二种观点认为组织公民行为直接影响工作绩效；而第三种观点则认为，组织公民行为与绩效之间的因果关系很难定论。赵红丹（2014）基于中国情境对强制性公民行为与工作绩效间的关系进行了探讨，结果发现：强制性公民行为对于员工的工作绩效具有负向影响。因此，有一点可以肯定，较高的组织公民行为与高绩效之间存在着密切的联系，但难以断定是组织公民行为导致绩效的提高，还是高绩效导致员工具有较高的组织公民行为。

（2）员工做出组织公民行为也可能是出于利己的动机或者消极的工作态度。例如，有的员工从事组织公民行为是为了通过帮助他人显示出自己乐于助人，通过参加组织中的活动展现自己多方面的知识技能，引起他人对自己的关注，等等，甚至某些情况下，员工故意做出一些职责范围之外的事情是为了显示出自己比其他员工表现得更好。

（3）组织公民行为不一定都会带来对组织有益的结果。例如，员工将主要精力放在做职责范围之外的工作可能会忽视了本职工作。

（4）组织公民行为有时也不一定使组织成为一个有吸引力的环境。如果员工争先恐后地表现出组织公民行为，就会出现一种“组织公民行为升级”的现象，员工会感到更高的工作压力以及工作超负荷；员工很多精力放在做职责范围之外的工作上，他们会感到角色模糊，对角色内的本职工作产生怀疑。

（5）组织公民行为是一种印象管理的策略。有些个体出现组织公民行为并非出自回报组织的愿望，而只是为了给别人留下好印象，进而实现个人意图。也就是说，某些员工做出组织公民行为是一种印象管理策略，是因为看到组织公民行为可能给自己带来的好处而刻意去表现出这些行为的。

资料 6-8

（6）组织公民行为虽然有利于组织目标的实现，但它的定位是短期性的，若没有相关因素的诱导、干预与维持，就不会出现或持续很长时间。一次晋升的机会就有可能使短期的组织公民行为增加，而随着晋升的结束，组织公民行为也会消失。

二、工作投入

工作投入是组织心理学家在最近引入的一个新概念。在此之前，工作倦怠已成为世界范围内的普遍现象，其对个体的身心健康、工作与生活乃至其所在组织均有较大的负面影响。而受积极心理学的影响，越来越多的人开始对工作倦怠的传统研究方式进行批评，认为其过分关注疾病、痛苦等消极方面。因此，心理学家们认为应扩大工作倦怠的研究范围，将其积极对立面——工作投入也纳入研究框架中。

（一）工作投入的概念

对工作投入的界定，到目前为止学术界还没有达成一致，总结起来主要有以下三种观点。

观点一：工作投入是工作人员通过管理自我使自己进入工作角色的现象。在这一观点中，工作投入被定义为员工的自我与工作角色的结合，两者实际上处于一个动态和互相转化的关系中。当员工对工作高度投入时，员工会在自己的工作角色中展现自己的能力和表达自我；相反，当员工的工作投入较低时，他们会将自我表现抽离于工作角色之外，以避免自己创造组织所需要的绩效，并可能产生离职行为。事实上，工作投入意味着员工在其工作角色扮演过程中，在生理、认知和情感三个层次上表达和展现自我，而员工所拥有的身体、情绪和心理资源是工作投入的必要前提。

观点二：工作投入是工作倦怠的对立面，两者往往被看作一个统一体，即一个连续体的两极。换句话说，就是将员工与工作情境进行匹配时所出现的两个极端。工作投入表示积极的一方，当工作投入度高时，则表示员工感觉精力充沛，处于积极、高效的工作状态。而当员工位于消极一端，也就是工作倦怠时，则员工会感觉到效能低、卷入程度降低。在这一观点中，工作投入的三个维度分别是精力、卷入和效能。

观点三：同样是将工作投入与工作倦怠看作两个相反的概念，但它们是两种既相互联系又相互独立的心理状态，而非简单的直接对立。这时，工作投入被定义为员工的一种持久的、充满着积极情绪和动机的完满状态，表现为活力、奉献和专注三方面特征。活力是指在工作中具有充沛的精力和心理适应能力，愿意在工作中付出努力，即使遇到困难也能坚持不懈。奉献是指集中精力地参与工作，并且能感受到工作带来的意义、热情、鼓舞和挑战。专注是指完全地集中注意力并且全神贯注地投入工作中，很难将个体与工作分开。这个三维结构的定义具有很强的操作性。

对于以上三个观点，最后一个由于其三维结构的定义具有很强的操作性，从而得到了较多的支持，成了学术界的主流。笔者认为，这三种观点从本质而言是不矛盾的，仅仅是看问题的角度不同。从认知、行为、情感三个层面共同界定才是最全面完善的。因而我们将工作投入定义为：由于个体在心理上对工作的认同，因而引发的重视个人工作表现的态度和积极主动参与工作的行为。

【资料】

中国员工的工作投入

如何保持员工在工作中的高敬业度是全世界公司都关心的一个话题。研究员调研了全球一万九千多名员工，发现只有16%的员工充分地投入了工作中（这并不意味着其他员工表现不佳或故意不投入工作中，只是说明了他们还有很大的提升空间）。在中国，人们近几年的工作敬业度明显下滑。2015 年中国充分投入工作的员工比例接近 1/5，并列成为全球最高。而 2018 年这个比例下滑至大概 1/16，跌至调查国家中的最低水平。在中国这个庞大的经济体中查出比例下滑的准确原因是困难的，研究员们推测原因可能是，中国在 2016 年的经济增幅跌至 1990 年来的最低水平，而中国迅猛发展的中产阶级开始对工作有了更多的期待，不再满足于“九九六”的工作模式。中国员工工作投入下降的具体原因应该进一步探讨，否则将会给企业、国家带来严重的后果。

（来源：哈佛商业评论，2019）

（二）工作投入的理论模型

目前主要有两个理论模型揭示工作投入的形成机制和影响作用：工作—个人匹配理论（job-person fit theory）和工作要求—资源模型（job demands-resources model）。

1．工作—个人匹配理论

这一理论（Maslach，Schaufeli，Leiter，2001）将工作投入/倦怠过程中的个人与情境因素加以整合，用以解释工作投入的形成机制。当个体的情绪、动机或压力反应与工作/组织环境持久匹配时，就会出现高工作投入；而不匹配时，就会产生工作倦怠。理论也提供了个体与工作情境匹配度的评判标准：工作负荷、控制感、价值观、团队、报酬以及公平。个体与环境在这六个方面越匹配，工作投入的程度就越高；越不匹配，工作倦怠的可能性就越大。具体关系如图 6.2 所示。

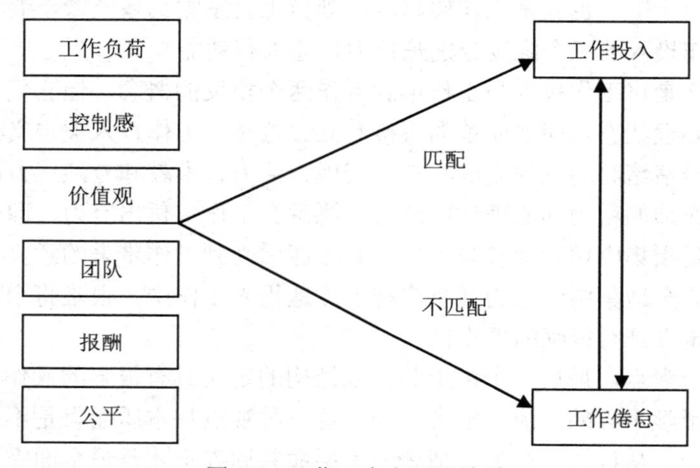

图 6.2　工作—个人匹配关系

（转引自林琳，时勘，萧爱铃，2008）

2．工作要求—资源模型

张继良和许庆华（2009）指出，工作要求—资源模型包含以下两个核心假设。

第一个假设是每种职业都有它特定的影响倦怠的因素，不管这些具体的影响因素是什么，都可以归为两类：工作要求和工作资源。工作要求与员工在工作上所涉及的身体、社交或组织的方面相关，要求在身体和精神上能够承受并努力完成，因此会在生理及心理层面产生负面的影响，如高工作压力、角色负荷过重、较差的工作环境以及组织重构等问题。工作资源涉及物质的、心理的、社会的或者组织的方面，它们有以下作用：促进工作目标的实现；减少生理和心理付出；激励个人成长和发展。

第二个假设是在工作压力和激励下会产生两种潜在的心理过程：第一个心理过程是指高工作要求会耗尽员工的精力及体力，可能因此导致健康问题或工作倦怠。缺乏工作资源或者资源不足会阻碍工作目标的实现，从而造成失败或者挫折。即过高工作要求—员工精力耗尽—工作倦怠。第二个心理过程是动机的激励过程，工作资源具有激励作用，能够促使员工成长，并帮助员工实现工作目标。即工作资源激发员工工作动机—工作投入。由此看来，工作资源能够满足员工的基本需要。

（三）影响工作投入的因素

影响工作投入的因素有很多，主要可分为个人因素、组织因素、个人与组织的交互作用三个方面。

（1）个人因素。人与人之间的差异一直存在着，这种差异来自于性别、年龄、婚姻状况、学历、个性等。研究表明，具有某些个性特征（如坚韧、成就驱动、情绪智力等）的员工工作更投入（Langelaan，Bakker，Van Doornen，Schaufeli，2006）。此外，研究发现抗逆力对工作投入有显著正向预测作用，而积极应对和积极情绪在抗逆力与工作投入的关系中有部分中介作用（李旭培，时雨，王桢，时勘，2013）。

（2）组织因素。组织中的因素也会对工作投入产生影响。根据工作要求—资源模型，工作要求包括角色压力、工作负荷以及问题解决等方面的要求，工作资源是指组织给予的心理、生理、物质等各方面的支持，如同事支持、上司指导，这些都无时无刻不在影响着员工的工作投入程度。除此之外，组织承诺、工作满意度、领导行为、组织中的沟通情况等也会影响员工的工作投入。

（3）个人与组织的交互作用。员工与组织之间建立的心理契约和对与工作相关的身份认同均会影响工作投入。心理契约（psychological contract）是在组织中每个成员和不同的管理者，以及其他人之间，在任何时候都存在的没有明文规定的一整套期望（Schein，1980）。当员工加入企业时，实际上在签书面合同的同时，也与企业签订了一份非书面的心理契约。这份契约界定了每一个员工对社会系统投入的贡献和期望的条件。员工寻求工作安全感、公平合理的待遇以及组织支持他们实现发展的愿望等。员工会根据组织心理契约履行状况，确定自己的工作投入程度，已有研究表明，工作投入与心理契约存在密切相关关系（Stoner & Gallagher，2010）。与此同时，Britt（2003）认为：当工作情境不清楚时，对与工作相关的身份认同可以预测工作投入水平，员工的身份认同程度越高工作投入水平越高。

资料 6-9

本章小结

1．薪酬是组织成员按照一定原则分配的劳动所得。薪酬可分为经济性薪酬和非经济性薪酬。经济性薪酬又称外在薪酬，是指以物质形态存在的各种薪酬，包括直接的经济性薪酬和间接的经济性薪酬。非经济性薪酬则主要包括工作本身和组织内部环境为员工所带来的效用满足。

2．薪酬体系设计的原则：（1）竞争性；（2）公平性；（3）激励性；（4）认可性；（5）经济性。

3．宽带薪酬实际上是一种新型的薪酬结构设计方式，是对传统垂直型薪酬结构的一种改进和替代。它实质上是对原本多个薪酬等级以及薪酬变动范围进行重新压缩、组合，但是将每一个薪酬级别所对应的薪酬浮动拉大，从而形成一种新的薪酬管理系统及操作流程。

4．工作设计是指对工作完成的方式以及某种特定工作所要求完成的任务进行界定的过程，是一种确定企业职工工作活动的范畴、责任以及工作关系的管理活动。

5．基于激励的工作设计方法：（1）岗位轮换；（2）岗位扩展；（3）工作丰富化；（4）弹性工作制。

6．组织公民行为，即员工自觉自愿地表现出来的、非直接或明显的、不被正式的报酬系统所认可的、能够从整体上提高组织效能的个体行为。奥根（1988）提出的组织公民行为特征维度的五维结构包括：（1）利他行为；（2）文明礼貌；（3）运动员精神；（4）责任意识；（5）公民美德。

7．影响组织公民行为的因素有很多，主要包括以下四个方面：（1）个体特征；（2）工作特征；（3）组织特征；（4）领导行为。

8．工作投入是指员工的一种持久的、充满着积极情绪和动机的完满状态，表现为活力、奉献和专注三方面特征。

9．工作投入的理论模型有工作—个人匹配理论和工作要求—资源模型。

思考题

1．薪酬体系设计随着社会的不断发展而涌现出了一些新的形式，你认为这些新形式相对于传统薪酬体系设计有哪些优势？

2．现代的工作再设计与“泰勒制”有什么不同？

3．基于激励的工作设计方法都有哪些？你最倾向哪种方法？为什么？

4．员工的组织公民行为对组织一定是有益的吗？请说出你的理由。

案例讨论

一个失败的员工激励案例

楚龙公司原是一家校办企业，主要生产一种为其他电器配套的机电部件，产品有较大的市场空间。从1994年到1997年，公司的经营业绩一直不理想。1997年，企业实施了改制，变成了一家民营企业。此后，公司凭借技术实力和灵活的机制取得了良好的效益，产品不仅为多家国内大型电器公司配套，并且还有相当数量的出口，一时成了所在区的纳税大户。

但是，伴随市场成功而来的却是公司内部管理上的一系列问题。尽管员工的工作条件和报酬比起其他企业都已经相当不错，但管理人员、技术人员乃至熟练工人都在不断地流失；在岗的员工也大都缺乏工作热情。这给公司的发展乃至生存带来了极大的威胁。

为什么会出现这样的问题呢？从以下几个具体事例也许能窥见公司的人力资源管理在员工激励方面存在的问题。

（1）红包事件。公司改制时，保留了原来学校那套做法，即“员工编制”（尽管这个“编制”是公司自己定的，而非原来的所谓事业单位编制）。这就使公司有了三种不同身份的员工，即工人、在编职工和特聘员工。其中，工人是通过正规渠道雇用的外来务工人员；在编职工是与公司正式签订过劳动合同的员工，是公司的技术骨干和管理人员，他们其中一部分是改制前的职工，一部分是改制后聘用的；特聘员工则是向社会聘用的高级人才，有专职的，也有兼职的。有一次，公司在发放奖金时，工人和在编职工的奖金是正式造表公开发放的，而特聘员工没有造表公开，而是以红包形式发放的，虽然实际上特聘员工所得是在编职工的2～3倍。但是这件事的实际效果却是大大挫伤了员工，特别是特聘员工的工作积极性。他们中一部分人感觉公司没有把他们当作“自己人”，认为自己是“外人”；而更多的人则误认为在编职工肯定也得到了红包，只是没有公开而已，而且在编职工一向都被看作公司的“自己人”，所得数额一定比自己更多，自己的辛苦付出没有得到公司的认可。公司多花的钱不但没有换来员工的凝聚力，反而“买”来了“离心力”。

（2）人尽其用法则。公司高层领导的“爱才”是出了名的，公司在招才上舍得花钱，但在如何用才方面却不尽如人意。公司的职能机构设置很简单，厂长室下设了生产科、技术科和综合科。生产科长兼任主要生产车间主任，还兼管供应；财务、统计、文秘等均压缩在综合科；市场则由副总经理直接管理。因此，职能科室成员往往是“一位多职”，如会计师同时还可能是文秘，又要做接待工作，等等。这本来体现了用人机制的灵活和高效，但是，这种“一位多职”又不稳定。一项任务交给谁完成十分随意。又由于职责与分工不明确，最终也就无从考核。于是多数科员为减轻自己的工作强度，纷纷降低了工作效率，以免因显得过于“空闲”而被额外“加码”。

（3）评比出矛盾。公司定期对员工进行考评，整个考评工作由各部门分别做出，但公司规定不论工作如何，必须分出A、B、C三等，采取末位淘汰制，并将考评结果与待遇挂钩。这使得员工之间产生了不少矛盾。

（来源：楚龙公司为什么留不住人？[EB/OL].（2016-12-07）. http://www.hrsee.com/?id=460.）

讨论问题：

1．你认为有哪些原因导致了楚龙公司的员工流失问题？

2．针对楚龙公司的现状，你可以提出哪些相应的改进建议？

参考文献

[1] 樊景立，郑伯埙．华人组织的家长式领导：一项文化观点的分析[J]．本土心理学研究，2000，13（1）：127-180．

[2] 姜红，孙健敏，姜金秋．高校教师人格特征与工作绩效的关系：组织认同的调节作用[J]．教师教育研究，2017，29（1）：79-86．

[3] 李超平，孟慧，时勘．变革型领导对组织公民行为的影响[J]．心理科学，2006，29（1）：175-177．

[4] 李旭培，时雨，王桢，等．抗逆力对工作投入的影响：积极应对和积极情绪的中介作用[J]．管理评论，2013，25（1）：114-119．

[5] 李燕萍，涂乙冬．组织公民行为的价值取向研究[J]．管理世界，2012（5）：1-7．

[6] 林琳，时勘，萧爱铃．工作投入研究现状与展望[J]．管理评论，2008，20（3）：8-15．

[7] 徐晓锋，车宏生，林绚晖，等．组织支持理论及其研究[J]．心理科学，2005，28

（1）：130-132.

[8] 许多，张小林. 中国组织情境下的组织公民行为[J]. 心理科学进展，2007，15（3）：505-510.

[9] 张继良，许庆华. 工作要求—资源模型（JD—R）应用研究[J]. 生产力研究，2009（2）：71-72.

[10] 赵红丹. 强扭的瓜到底甜不甜：员工感知到的强制性组织公民行为对工作绩效的影响[J]. 经济与管理研究，2014（11）：71-79.

[11] ADAMS J S, ROSENBAUM W B. The relationship of worker productivity to cognitive dissonance about wage inequities[J]. Journal of Applied Psychology, 1962, 46(3): 161-164.

[12] ADAMS J S, FREEDMAN S. Equity theory revisited: Comments and annotated bibliography[J]. Advances in experimental social psychology, 1976(9): 43-90.

[13] BARNARD C I. The functions of the executive[M]. Cambridge, MA: Harvard University Press, 1938.

[14] BATEMAN T S, ORGAN D W. Job satisfaction and the good soldier: The relationship between affect and employee "citizenship"[J]. Academy of Management Journal, 1983, 26(4): 587-595.

[15] BRIEF A P, MOTOWIDLO S J. Prosocial organizational behaviors[J]. Academy of management Review, 1986, 11(4): 710-725.

[16] BRITT T W. Black hawk down at work: When your most motivated employeescan't do their job, get ready for an exodus[J]. Harvard Business Review, 2003(81): 16-17.

[17] COLQUITT J A, CONLON D E, WESSON M J, et al. Justice at the millennium: A meta-analytic review of 25 years of organizational justice research[J]. Journal of Applied Psychology,2001, 86(3): 425-445.

[18] HACKMAN J R, OLDHAM G R. The job diagnostic survey: An instrument for the diagnosis of jobs and the evaluation of job redesign projects (Report No. 4)[D]. New Haven, CT: Yale University, Department of Administration Science, 1974.

[19] HACKMAN J R, OLDHAM G R. Development of the job diagnostic survey[J]. Journal of Applied Psychology, 1975, 60(2): 159-170.

[20] HACKMAN J R, OLDHAM G R. Motivation through the design of work: Test of a theory[J]. Organizational Behavior and Human Performance, 1976, 16(2): 250-279.

[21] HARRISON D A, NEWMAN D A, ROTH P L. How Important Are Job Attitudes? Meta-Analytic Comparisons of Integrative Behavioral Outcomes and Time Sequences[J]. The Academy of Management Journal, 2006, 49(2): 305-325.

[22] HERZBERG F. The motivation to work among Finnish supervisors[J]. Personnel Psychology, 1965, 18(4): 393-402.

[23] HOFFMAN B J, BLAIR C A, MERIAC J P, et al. Expanding the criterion domain? A quantitative review of the OCB literature[J]. Journal of Applied Psychology, 2007, 92(2): 555-566.

[24] KATZ D, KAHN R L. The social psychology of organizations[M]. Oxford, England: Wiley, 1966.

[25] LANGELAAN S, BAKKER A B, VAN DOORNEN L J, et al. Burnout and work engagement: Do individual differences make a difference?[J]. Personality and Individual Differences, 2006, 40(3): 521-532.

[26] LEEPHAIJAROEN S. Effects of the big-five personality traits and organizational commitments on organizational citizenship behavior of support staff at Ubon Ratchathani Rajabhat University, Thailand[J]. Kasetsart Journal of Social Sciences, 2016, 37(2): 104-111.

[27] MASLACH C, SCHAUFELI W B, LEITER M P. Job burnout[J]. Annual review of psychology, 2001, 52(1): 397-422.

[28] MICHEL J W. Antecedents of Organizational Citizenship Behaviors: Examining the Incremental Validity of Self-Interest and Prosocial Motives[J]. Journal of Leadership & Organizational Studies, 2017, 24(3): 385-400.

[29] ORGAN D W. Organizational citizenship behavior: The good soldier syndrome[M]. Lexington, MA: Lexington Books, 1988.

[30] PALINGGI Y, MAWARDI, SUSANDY. The Effect of Procedural Justice and Big Five Personality on Organizational Citizenship Behaviour through Organizational Commitment of Employees at Kutai Kartanegara Tenggarong University[J]. Russian Journal of Agricultural and Socio-Economic Sciences, 2019, 94(10): 108-115.

[31] PODSAKOFF P M, MACKENZIE S B, MOORMAN R H, et al. Transformational leader behaviors and their effects on followers' trust in leader, satisfaction, and organizational citizenship behaviors[J]. The Leadership Quarterly, 1990, 1(2): 107-142.

[32] ROETHLISBERGER F J, DICKSON W J. Management and the worker: An account of a research program conducted by the Western Electric Company, Hawthorne Works, Chicago[M]. Cambridge, Massachusetts: Harvard University Press, 1939.

[33] SCHEIN E H. Organizational Psychology[M]. Englewood Cliffs, NJ: Prentice Hall, 1980.

[34] STONER J S, GALLAGHER V C. Who Cares? The Role of Job Involvement in Psychological Contract Violation[J]. Journal of Applied Social Psychology, 2010, 40(6): 1490-1514.

[35] WALUMBWA F O, CHAD A. HARTNELL, et al. Servant leadership, procedural justice climate, service climate, employee attitudes, and organizational citizenship behavior: A cross-level investigation[J]. Journal of Applied Psychology, 2010, 59(3): 517-529.

自测题

复习题

第三篇 认知管理

➔ 第七章 组织中的知觉

➔ 第八章 组织中的知识管理与学习

➔ 第九章 组织中的决策

第七章　组织中的知觉

学习目标

- 了解知觉、社会知觉的概念
- 理解组织中社会知觉的种类和组织中的归因
- 掌握社会知觉的障碍和改善方法
- 掌握知觉和归因在管理中的应用

引例：柯达的没落

1886 年，乔治·伊斯曼研制出第一架自动照相机，并给它取名为“柯达”，柯达公司从此诞生。在数十年的企业竞争中，柯达顶住了许多场战役，如在成立初期时采用的“牺牲打”策略，即以一种产品作为扩充市场的先锋，以高质低价格在市场上站稳脚跟之后，通过增加相关产品的销售量弥补先锋产品跌价所造成的损失。尽管竞争对手爱克发拼力使出密集式供应的老方法，富士、樱花不借血本降价，但都敌不过柯达胶卷的销售量。至 1996 年，柯达在品牌顾问公司排名的十大品牌中位居第 4，是感光界当之无愧的霸主。

从 20 世纪 50 年代起，富士、樱花、爱克发等品牌就纷纷崛起，不断向柯达发起猛烈的进攻，富士一直是柯达最强劲的对手。在第 23 届洛杉矶奥运会前夕，正当柯达公司与奥委筹备人员为赞助费讨价还价时，富士主动出击，积极申请参加赞助，甚至把赞助费由 400 万美元提高到 700 万美元。富士在奥运会上大出风头，销量激增，给柯达以重创。除此之外，在中国市场上，富士又抢先一步适应中国文化，在胶卷包装上印上中文说明和北京名胜天坛，这比包装上全是英文的柯达胶卷更能打动中国消费者。这些活动使柯达总是慢富士半个节拍，处于被动不利的局面。

而数字成像技术的出现又给了柯达一记重创，作为感光技术的龙头老大，柯达当然是不惜巨资在这一新技术领域增加研究投入的，但是，数字成像技术的普及意味着照相将更加快速便捷的同时，也意味着柯达公司将丧失胶卷、相纸所带来的丰厚利润。再加上日本和中国制造业的崛起，柯达的胶片业务开始大量缩水，直到 2003 年，柯达才宣布开始转型，最终因为没有跟上时代的步伐而破产。

（来源：战略管理失败案例[EB/OL].（2014-12-31）. https://wenku.baidu.com/view/18d11396aef8941ea66e0542.html. ）

知觉是个体对感觉信息进行输入、主动处理并赋予其含义的过程，即个体选择、组织和解释感官信息，从而理解周围世界的过程。在组织管理过程中，管理的对象是人，管理是一个与人交往、对人产生认识，并与人发生相互作用的过程。管理双方在有限的时间内利用可用信息，对个体的需要、动机以及个性特征等做出迅速有效的判断，进而采取适当应对措施的过程就是组织知觉加工过程。个体就是通过这一过程对组织中的个体以及组织本身进行认识的。本章从知觉概念入手，对组织知觉中的障碍、归因等问题进行论述，并对实际应用提出建议。

第一节　组织中的社会知觉

知觉的对象包括人和物两部分，对人的知觉称为社会知觉，是管理心理学研究的主要内容。在工作中，每个人都会接触上级、同事、下属、客户等不同的人。个体对所获得的信息进行整合和解释，形成关于自己或他人的印象，加深对自己或他人了解的过程，就是社会知觉过程。个体对自己的体貌、能力、个性等方面特征的知觉过程称为自我知觉，而对他人各方面特征的知觉称为人际知觉。

一、组织中社会知觉的种类

（一）自我知觉

自我知觉是指人以自身的生理、心理和言行为对象的认知与判断活动。孔子说的“吾日三省吾身”就是自我知觉的一种形象说法。

当问一个人关于某事物的态度时，个体首先回忆他们与这种事物有关的行为，然后根据过去的行为推断出对该事物的态度。个人行动之前不仅要对周围的人与事物有正确的知觉，同时对自己的身体、欲望、感情与思想等也需要认知。由此可见，作为一个社会主体的人，不仅是认知客观世界的主体，还是被自己所认知的客体。

自我知觉的主要成分是自我概念和自尊。自我概念是个体关于自己的信念的集合，自尊则是个体对自己的评价及其带来的情绪体验。个体对自己的认识有多种来源，包括社会化、角色认知、对自己行为的观察、他人的反馈、与他人的比较、经历过的重要事件等。

自我概念是人格结构的核心部分，它是个人对自己身心特征的知觉和主观认识，是个体在社会化过程中逐渐形成与发展起来的，是一个关于自己及自己与周围环境关系的多方面的、多层次的认知评价体系。具体而言，自我概念由三个部分组成：物质自我、社会自我和精神自我。物质自我指个人的身体及其属性；社会自我即他人所看到的我；精神自我由个人目标、抱负和信念等组成。其中物质自我是基础，社会自我高于物质自我，精神自我在最高层。

自尊是个体对自己做出的评价，即个体的自我价值感，它在很大程度上会受情境的影响。成功会提高自尊，而失败会降低自尊。高自尊个体对自己持正面情感，认为自己既有优点又有缺点，但优点比缺点更重要，多数情况下，高自尊个体更乐观，心理更健康。低自尊个体对自己的看法比较消极，较容易受他人对自己看法的影响，行为上倾向于趋近称赞自己或给自己正面反馈的人，而回避苛责自己或给自己负面反馈的人，低自尊个体可能更加焦虑、抑郁，产生某些行为问题。在组织中，员工的自尊水平对组织行为有重要意义。

高自尊的人工作更出色，对自己的工作更满意，他们在求职时也期望获得更高的职位。研究表明（F. O. El-Anzi，2005），一个由高自尊个体组成的工作小组比平均自尊低的工作小组成功的可能性更大。当然，自尊过高的人处于充满压力的情境中时，可能会不适当地自夸，这可能造成他人的负面评价。总的来说，高自尊是一种正面的特点，所以管理者应该注意保护下属的自尊，给员工适当的挑战和获得成功的机会，从而达到激励目的。需要注意的是，单纯的表扬、鼓励或吹捧并不能真正提高自尊，自尊的主要来源是自身的成功体验，即通过努力取得成功，才会真正提高自尊（Bandura，1997，2000）。

那么，现实生活中人们对自己的评价是偏低还是偏高呢？刘明（1998）研究表明，多数人的自尊都偏高，表现出以对自己有利的方式知觉自己的倾向，即自利性偏差。自利性偏差主要有以下四种表现。

1．人们对积极和消极事件的解释方式不同

他们往往把成功归结为自己的才能和努力等内在因素，而把失败归结为运气差或问题本身的难度等外在因素。在组织中，当公司利润增加时，CEO 们往往会把这一成功归功于自己的管理能力，而当利润下降时，他们又会归咎于经济不景气、员工能力不足或不够努力等。企业中的员工也是如此，他们往往将失败归咎于工作负担过重、同事不易相处、目标不明确等。而且，只有当人们得到的奖金比大多数员工都高时，他们才认为是公平的。

2．每个人都认为自己的业绩高于平均水平

当人们把自己与别人进行比较时，往往认为自己符合社会赞许的方面多于平均水平。当问及自己的职业能力时，90%的商业经理认为自己的业绩优于同级经理的平均水平。澳大利亚的一项研究表明，86%的人把自己的工作成绩评价为高于平均水平，只有 1%的人评价自己的工作成绩低于平均水平（转引自迈尔斯，2006）。多数外科医生认为自己病人的死亡率低于平均水平（Gawande，2002）。

3．对未来的生活事件盲目乐观

大学生往往认为自己远比其他同学更可能找到好工作，获得更高薪水，而诸如酗酒、突发心脏病等消极事件则不会发生在自己身上。尽管乐观可以提高自我效能、促进健康和幸福感，但是过分乐观会导致个体不采取预防危险发生的措施，事前不做充分的准备，赌博时即使不断输钱仍然坚持，等等。因而，盲目乐观往往会造成最后的失败。

4．人们容易高估自己的观点和缺点的普遍性，同时低估自己能力和品德的普遍性

例如说谎的人往往认为别人也不诚实，逃税或吸烟的人认为大多数人都与自己一样（Sagarin，Rhoads，Cialdini，1998）。相反，当人们工作做得不错或取得成功时，则认为自己优于他人。

自尊偏高所造成的自利性偏差有一定的适应性意义。高自尊的人通常自我感觉良好、更能应付日常生活压力、心理更健康。但是，这种偏差也会带来不利影响。研究表明（Schlenker，Soraci，McCarthy，1976），自利性偏差在一定程度上会毁掉整个群体，这一点对组织来说非常致命。一些心理学家对群体成员的自利性偏差进行了一系列实验（Schlenker，Miller，1977a，1977b）。他们让被试者共同完成某些任务，然后使其得知任务完成得很棒或很糟糕。结果发现，成功组的成员宣称对他们组的成功做出了贡献，多数人认为自己比群体中其他成员

资料 7-1

的贡献要多，而失败组则刚好相反。如果一个组织中的成员都认为，自己做出了超出平均水平的贡献，但又没有获得相应的报酬和充分的赏识，那么很可能会产生不和谐和嫉妒。在这样的组织中，当宣布加薪时，总有一半的人得到平均或低于平均水平的加薪，那么他们很可能会认为自己是不公平的受害者。

（二）人际知觉

人际知觉是一个“以己度人”的活动，即个体根据自己的经验、知识等对来自他人的信息进行解释的活动。几乎所有的管理活动都依赖于人际知觉。在评价业绩时，管理者以他们对员工行为的知觉作为评价的基础；在招聘中，初次面谈的前四五分钟，招聘者通常已经根据他对应聘者的知觉做出了接纳或拒绝的决定。

【资料】

人际知觉在决策中的影响

一位心理学家曾做过这样一个实验：他让两个学生都做对30道题中的一半，但是让学生A做对的题目尽量出现在前15题，而让学生B做对的题目尽量出现在后15道题，然后让一些被试对两个学生进行评价：两相比较，谁更聪明一些？结果发现，多数被试都认为学生A更聪明。

无独有偶，美国总统林肯也曾因为相貌偏见拒绝了朋友推荐的一位才识过人的阁员，当朋友愤怒地责怪林肯以貌取人，说任何人都无法为自己天生的脸孔负责时，林肯说：“一个人过了四十岁，就应该为自己的面孔负责。” 虽然林肯的做法有待商榷，但是这正反映了人际知觉对我们的认知和决策所产生的重要影响。

（来源：https://zhidao.baidu.com/question/1434187309335296659.html.）

影响个体对他人知觉的主要有三类因素：知觉者的特点、知觉对象的特点及情境的特点。

1．知觉者的特点

知觉者的一些特征影响人际知觉。首先是其对被知觉者的熟悉性。一般而言，当熟悉知觉对象时，个体可以根据多次观察建立对他的印象。如果在这些观察中收集的信息是准确的，就可以形成对该个体的准确知觉。然而，熟悉并不总意味着准确。熟悉度过高会使知觉者滤掉那些与自己的信念不符合的信息，从而扭曲了事实的真相。这在绩效评估时特别明显，因为绩效评估的对象通常都是十分熟悉的人。管理者需要注意避免先入为主的倾向。

知觉者的态度也影响人际知觉。假设你在为组织中一个重要的职位面试应聘者，这个职位需要与供应商打交道，从事这一职位的多数是男性。此种情况很可能使你先入为主地认为女性不擅长在谈判中坚持自己的立场。这种态度无疑会影响你对女性应聘者的知觉。

情绪也对知觉他人的方式有影响。人们在高兴时与沮丧时思考问题的方式是不一样的，并且倾向于记住与情绪状态一致的信息。当处在积极情绪状态时，个体倾向于形成对他人的积极印象，而当处在消极情绪状态时，倾向于对他人形成消极的评价和印象。

另一个影响人际知觉的因素是知觉者的自我概念。持有正面自我概念的个体倾向于注意他人的正面属性，而负面自我概念会导致知觉者更注意他人的负面特点。对自我的更多了解和理解有利于获得对他人的准确知觉。

个体的认知结构，即思考问题的方式，也会影响人际知觉。一些人倾向于获得知觉对象身体特点的信息，例如身高、体重和外表等；另一些人则倾向于更多关注对方的人格特点。认知复杂性允许个体知觉他人的多个特点，而不是只关注少数特质。

2．知觉对象的特点

知觉对象的特点也影响人际知觉。身体外表，例如身高、体重、大致年龄、种族、性别、衣着等在人际知觉中起重要作用。研究表明（Taylor & Crocker，1981），那些与规范相反的、新异的或不寻常的外表特征及行为较容易引起知觉者的注意。说话大声的、衣着古怪的、身材和长相特殊的以及过度活跃的个体都很容易成为知觉的中心。此外，外表吸引力通常会影响他人形成的印象。尽管面试官可能会加以否认，但吸引力和外表修饰确实影响招聘访谈中的第一印象。一些研究考察了被试者的外表吸引力水平与收入之间的关系，发现吸引力得分每增加一个单位，被试者的年收入可增加 2000 美元左右（Roszell，Kennedy，Grabb，1989；Frieze，Sales，Smith，1991）。

知觉对象言语交流方面的特点也影响人际知觉的形成。他们谈论的主题、音调、口音等都会作为知觉者做出判断的信息依据。

知觉对象非言语交流方面的特点也传递着大量的信息。有时人们会尽量隐藏自己的真实信息或感受，甚至会撒谎。这时候，知觉者可以观察知觉对象的目光接触、面部表情、身体动作和姿势，从而建立起印象。这些行为相对来说较难控制，因此传递的信息较真实可靠。一些非言语的信号在不同文化背景下有不同的含义，但研究发现面部表情有普遍的含义，来自不同文化背景的个体以同样的方式识别和解读表情。

知觉者还会观察知觉对象的行为，从而推测其意图。当看到老板出现在办公室门口时，员工往往会不自觉地推断他此行的意图：是要安排更多的工作，还是打算祝贺最近取得的成功？知觉者由对方行为做出的对其意图的解释或推断影响其看待对方的方式。

3．情境的特点

知觉者和知觉对象相互交往的情境也影响形成的印象。交往发生的社会情境对人际知觉有重要影响。在教授的办公室遇到他，还是在一家饭店相遇，两种情况下你建立印象的方式有很大不同。在日本，社会情境显得尤其重要：人们会避讳在工作时间之外或午餐时谈论生意，如果你在这些时间试图谈生意，将被知觉为粗鲁的。

情境线索的强度也影响人际知觉。一些情境提供了关于什么是适当行为的强有力的线索。在这种情境下，我们会假定个体的行为可以被情境所解释，但却不能反映个体的性格倾向。这叫作人际知觉的折扣原则。例如，汽车展销会上热情又有魅力的汽车推销员，他询问顾客的工作和娱乐，并且对顾客的汽车品味很感兴趣，表现得周到又热情。你会认为这种行为反映了销售员性格？可能不会，由于情境的影响，你会将“试图卖车”知觉为该销售员的真实意图，而不会认为“热情”“有魅力”是他个性的表达。

二、社会知觉的障碍

尽管人们希望形成对他人的准确认识，但有很多因素造成形成的印象并不准确。研究者已经证实，许多知觉偏差和倾向会干扰人们对他人的准确判断。分析这些偏差，有助于找到避免它们的方法。

1．第一印象

资料 7-2

通常来说，个体对某个人的判断不仅依据当前获得的信息，在很大程度上还依赖于最初对他形成的判断，即第一印象。当第一印象影响过于强烈，严重阻碍了准确的印象形成时，被称为第一印象错误。

在组织中，一项关键的管理任务就是判断他人业绩，第一印象错误往往会给绩效评价带来严重后果。当一名下属的业绩有进步，需要识别和奖励时，如果当前的评估依据是糟糕的第一印象，那么管理者可能意识不到他的进步。同样，当一个最初给领导留下良好印象的人表现糟糕时，由于第一印象的作用，管理者也可能面对证实该下属业绩下滑的证据而仍视而不见。一项研究表明（Stevens & Kristof，1995），第一印象错误也可能以微妙的形式存在。该研究的被试者是公司的面试官，他们事先评估应聘者的申请表格和测验分数。研究者发现，被试者根据这两项标准对应聘者做出的评价越高，他们在访谈过程中对待应聘者的态度越正面。对访谈录像的分析发现，最初给人形成正面印象的应聘者会得到更好的对待，被试者与他们交谈的方式更愉快、互动更多，并且更多地告知他们关于公司的正面信息。也就是说，招聘者并不是利用访谈来获得更多的无偏见的信息，而是用访谈来确认他们根据表格和分数形成的第一印象。

2．晕轮效应

资料 7-3

光环效应（halo effect）又称“晕轮效应”“成见效应”“光圈效应”“日晕效应”“以点概面效应”，它是一种影响人际知觉的因素，指在人际知觉中所形成的以点概面或以偏概全的主观印象。当个体建立了对某知觉对象某方面的正面印象时，就倾向于认为该人的所有方面都是好的。类似地，当形成对某人某方面的负面印象时，就倾向于认为该人的所有方面都是不好的。成语中的“爱屋及乌”“厌恶和尚，恨及袈裟”就是晕轮效应弥散的体现。这两种现象都属于晕轮效应。常见的晕轮效应是根据个体的外表特征来推断个体的其他特征，例如，长相漂亮的人也被认为具有和蔼可亲、善良和受欢迎等特点。在组织中，当管理者使用正式的业绩评估表格评价下属时，晕轮效应很容易出现。在这种情况下，当管理者将某个雇员评价为在某些维度上表现良好时，很可能会认为该雇员在其他方面也很好，从而在别的维度上的评分也较高。晕轮效应很可能是造成雇员在不同维度上的分数呈现高相关性的原因。当出现这种现象时，评价的结果是不可靠的。

3．选择性知觉

资料 7-4

知觉的重要特征是具有选择性。我们并不是不加区别地接受所有眼前的事物，而是会受动机和认知等造成的预期的影响，只集中于环境中的某些方面，忽略其他方面。由于人们处在非常复杂的世界中，周围有过多的刺激，知觉的选择性可以使个体用有限的资源去关注那些重要的信息，因而是具有适应意义的。但是，选择性知觉也可能会造成我们的知觉偏差。

研究证实，选择性知觉可以在组织中起作用。早期的研究已经发现（Waller，Huber，Glick，1995），当要求企业管理人员阅读一份某工厂的案例时，销售经理认为案例中最重要的问题是销售，生产经理则认为最重要的问题是生产，其他人也各自认为自己负责的领域是案例中最重要的。也就是说，经理们受到选择性知觉的影响，他们更多关注那些符合他们背景经历的商业环境。这也是造成人们对同一情境产生不同知觉的重要原因。

4．自我实现的预言

信念会影响感觉和行动，并最终变成现实。默顿（R. K. Merton，1948）将其定义为自我实现的预言。默顿指出，如果人们相信银行即将倒闭，纷纷排队去提款，那么他们错误的信念最终会制造出现实；同样，如果人们相信股票将上涨，他们的信念和由此导致的行为可能会使股票真的上涨。

资料 7-5

自我实现的预言最著名的证据来自罗森塔尔和雅各布森（Rosenthal & Jacobson，1968）的研究。在他们的研究中，小学教师得到了关于学生的一些信息，这些信息暗示 20%的学生将在未来的学业上取得重大进展。结果发现，在 8 个月后的智商测试中，这 20%的学生的成绩确实比其他学生进步快。而实际上，这 20%的学生最初是随机挑出的，与其他学生并无不同。当老师相信他们有突出能力时，最终这一信念就变成了现实。这一现象也叫作皮格马利翁效应[①]。

自我实现的预言在工作环境、法庭、伴侣之间、面试等情境中都存在。以色列国防军告诉一组海军学校学员，他们很可能不会感觉到晕船，即使晕船，也不会影响他们的表现。结果发现自我实现的预言起了作用，这组学员表现比其他学员好，晕船的人也更少。在组织中，管理者对个体的预期既影响管理者本人的行为，又影响预期对象的反应。当管理者认为某个雇员有升职的潜力时，就可能花很多时间指导他，给他提供更多的挑战任务，从而培养这一个体走向成功。由于对个体的高预期可以变成现实，管理者可以利用皮格马利翁效应来提高组织的生产力。研究表明（Eden，1984），当一名经理对一个群体持有高的期望时，整个群体都表现更好。

5．刻板印象

刻板印象是人们对某个特定群体的成员共有的特征所持有的固定观点。刻板印象的存在形式通常是："来自 X 群体的人拥有 Y 属性"。例如，认为戴眼镜的人勤奋、害羞、不活跃，老年人不能学习新知识，女职员不善于坚持自己的观点，等等。刻板印象意味着，由于认定了特定群体的所有成员具有类似的特征和行为，因此根据某个人属于某个群体成员的身份，推断这个人的特点。刻板印象多数情况下都是负面的。

资料 7-6

刻板印象常常也有一些根据，并且也有一定的益处。例如，它可以节省人的认知资源。人们在思考他人时，倾向于尽量降低所需要的认知努力的程度。把某个人归于某一群体，假定这一群体的人有类似的特点和行为，据此认为这个人具有群体已知的特点，这样可以节省详细了解这个人所需要的时间和精力，是一种有效的捷径。而且，我们每天都要接触许多人，了解每个人的每件事情是不可能做到的。因此，个体往往依赖可以利用的信息，如年龄、性别、种族、工作类型等，作为组织知觉的方式。

但是，这种对某个群体的刻板印象往往并不准确，过于泛化，忽略了个体之间的巨大

[①] 皮格马利翁，古希勒雕塑家，传说他钟情于自己雕塑的女神像，后来这个女神像果真变成真人并与其结合。

差异。刻板印象使得知觉者仅仅根据对象所属的类别过早地下判断，而不去搜集和了解更多的信息，即使形成了不准确的印象，也很难有机会被检验和改变。如果一个人力资源经理认为某个群体的成员是懒惰的，他可能会有意地避免雇用或晋升属于那个群体的个体。这个经理可能坚持相信他收集了所有必需的信息，做出了很好的判断。但是，尽管没有觉察到，他所持有的刻板印象已经影响了他的判断。造成的结果是，某些个体的命运已经被决定了，并不是因为他的行为，而是由于他属于某个特定群体。而且，由于上述自我实现预言的作用，被贴上标签的群体成员往往会表现出与上司刻板印象一致的行为。例如，一个典型的刻板印象认为记忆随着年龄的增长而衰退。研究发现（B. Levy，1996），接受这一观点的老人比否认这一观点的老人更多地表现出记忆衰退。

三、克服社会知觉的障碍

知觉偏差的存在并不意味着人们有意做出不准确的判断，而是由于人们作为知觉者不能对信息进行全面加工。下面一些建议有助于改进社会知觉的准确性。

1．识别和面对刻板印象

必须承认，大多数人都持有并依赖于刻板印象，特别是涉及新认识的人时，这一点尤为明显。尽管这一倾向很自然，但它很可能会造成错误的知觉。为此，最好能够识别我们所持的刻板印象。这样可以帮助你意识到它们的存在，并尽量减少它们对行为的影响。

2．根据客观因素评价他人

用于评价他人的信息越客观，产生知觉歪曲的可能性就越小。

资料 7-7

3．避免匆忙做判断

即使对他人了解很少，人们也往往倾向于匆忙得出关于他人的结论。花些时间深入了解别人，而不是告诉自己你已经知道了所有有关他的信息。

第二节 组织中的归因

人们不仅想知道他人是如何行动的，还想知道他们为什么如此行动。工厂的生产率下降，是由于工人变懒了，还是由于生产设备落后了？销售员称赞别人的穿着，是因为他由衷地喜爱，还是另有所图？对自己和他人行为背后的原因进行解释的过程被称为归因。

一、归因的基本原理

归因理论描述了我们怎样解释自己和他人的行为（Heider，1958）。归因理论有一些一般的假设，通常认为人们试图将个体的行为归结为内部原因（也叫个人归因）或外部原因（也叫情境归因）。假设一名学生在一次测验中的成绩很好，当对其进行归因时，如果把他的成绩归结为能力或努力，即为内部归因；相反，如果认为这次测验很容易，或者是他运气好，即把成绩归因于任务难度或运气，即为外部归因。人们在组织情境下，也经常进行类似的归因。老板解雇了一名职员，对于该职员而言，如果认为是由于自己违反了公司的制度，就是内部归因；如果认为是由于老板的冷酷无情，则是外部归因。归因方式有一定的个体差异。成功导向的个体倾向于将成功归因于能力，失败归因于缺乏努力；失败导向的个体倾向于将失败归因于缺乏能力，并且由于这种归因模式，可能发展出无助感，弱化未来成功的希望和信心，甚至造成抑郁。那么，人们通常是如何做出归因的呢？对此有以下两种有影响的理论。

1．对应推断论

在组织中，人们经常需要了解某人是哪种人：对手是否是一个强硬的谈判者，同事是否好相处，等等。要了解他人，需要观察他的行为，然后从行为中推断其性格。对应推断是判断一个人表现出来的行为是否与其内在性格或真实意图相对应的过程。

这种推断表面上看很简单。例如，办公桌很混乱的人被认为是马虎的，在电梯口摔倒的人被认为很笨拙。但是，办公桌的混乱可能是由于某个同事到处翻寻一份文件的结果，而摔倒是由于地板很滑，任何灵巧的人都可能摔倒。也就是说，任何表现出来的行为都有很多可能的原因。另外，人们经常有意掩饰某些性格特点和真实的意图，特别是当这些特点和意图与当时环境的要求或社会期望相悖时。例如，毛脚女婿第一次登老丈人家的门可能表现得很规矩、很本分；申请销售职位的个体在面试时可能表现得很健谈、很外向，即使他的性格是内向的。因此，简单地做出对应推断很可能会犯错误。

那么，怎样才能做出准确的对应推断呢？或者说，在什么条件下才能认为一个人的行为反映了他特有的内在属性，与他的真实素质相对应呢？心理学家琼斯和戴维斯（Jones & Davis，1965）提出了两个基本的原则：（1）不寻常结果原则。当活动者的行为具有一些相当独特的或不寻常的结果时，知觉者可以做出对应推断，即将这种行为判断为与活动者的内在倾向相一致。一个人行为的结果越不寻常，越能够使他与别人区别开来，反映他的内在品质。例如，把某人撞倒会产生与其他可能的行为（如婉言谢绝、对某人吵嚷）不同的伤害性后果，从而体现出该人鲁莽的个性特点。再如，假设你的朋友接受了一项新工作，你得知这个职位薪水很高、工作很有趣，并且工作地点很诱人。这时，你难以判断对你的朋友来说什么是重要的，因为任何人都会接受这一工作。但是，假设这项工作薪水不高，工作任务繁重枯燥，但工作地点是一个风景优美的城市。这时，你可以很容易地推测什么对你的朋友来说最重要了。一种行为不寻常的结果越多、越独特，它就越可能被判断为与活动者的内在倾向和品质相对应。（2）低于社会需求性原则。知觉者关于其他人在同样情境中将会做什么的信念也直接影响对应推断。当一种行为与社会上人们所期望和赞许的行为常模不一致时，人们就会将这种行为归因于活动者的内在属性。例如，演员浓妆艳抹是符合人们的期望的，由此难以推断她是否具有喜欢化妆这种特点，而一般人若过分追求化妆，则能够提供关于她的特点的信息。

2．因果推断论

关于人们是如何根据观察到的结果来确定其原因的，归因理论的创始人海德（Heider，1958）曾经提出过一项著名的原则——协变原则，即看一看哪些因素与这种结果是协同变化的。后来，凯利（H. Kelley，1967）接受了这个原则，并给出了一个完整的定义："如果一种结果存在，某种条件存在，这种结果消失，这种条件也消失，那么这种结果就归因于这种条件。”

在协变原则指导下，凯利（1967）提出了一种详尽的因果推断模型。他首先区分出了两类归因问题：一类是能够在多次观察同类行为或事件情况下的归因，称为多线索归因；另一类则是依据一次观察就做出归因的情况，称为单线索归因。凯利认为，人们在对特定的社会行为进行归因时，可供选择的原因不外乎三类：（1）活动者个人方面的原因，如他的心境、个性、态度等；（2）环境方面的原因，如环境气氛、某种外界压力等；（3）刺激对象方面的原因，如活动对象的特点。对一种行为结果究竟做出哪种归因呢？这取决于下列三种行为信息：第一种信息称为“一致性信息”（consensus information），即看一看活动者的行为和多数人的行为是否一致，更具体地说，就是看一看究竟有多少人像活动者那样做了。例如，所有走相同路线上班的员工都迟到了，则迟到行为的一致性就高。从归因的观点来看，如果一致性高，我们对迟到行为做出外部归因。如果走相同路线的其他员工都准时到达了，只有一个员工迟到了，则该员工迟到行为的一致性低，可认为该员工迟到的原因来自于内部。第二种信息称为“区别性信息”（distinctiveness information），即看一看活动者只对当前的刺激对象产生了这种行为，还是对许多不同的对象都产生了同样的行为。例如，一名员工今天迟到了，我们就要看一看他是否在其他事情上也表现得自由散漫、违反规章制度。如果行为的区分性低，则可以对其迟到行为做内部归因；如果行为的区分性高，则迟到的原因很可能来自外部。第三种信息是“连贯性信息”（consistence information），即看一看活动者对当前的刺激对象是否一贯地都产生同样的行为。例如，如果一名员工并不总是上班迟到，他有 7 个月从未迟到过，则表明这是一次特例，行为的一贯性较低；而如果他每周都迟到两三次，则说明行为的一贯性高。行为的一贯性越高，观察者越倾向于对其做内部归因。凯利认为这三个方面的信息构成一个协变的立体框架，可以依据这三个方面信息的协同变化将人的行为分别归因于活动者、刺激对象和环境，如表 7.1 所示。

表 7.1　三种行为信息的协变与归因

行为信息			归因类型
区别性	一贯性	一致性	
低	高	低	活动者
高	高	高	刺激对象
高	低	低	环境

（来源：转引自刘永芳，2007）

二、归因偏差

人们在推断自己和他人行为的原因时，并不总是客观的，常常出现错误或偏差。常见的归因偏差如下。

1．基本归因偏差

罗斯（L. Ross，1977）发现，人们在归因时存在一种普遍的倾向，即当解释他人的行为时，往往会低估环境的影响，而高估个人特质和态度的影响。也就是说，即使存在明显的情境原因，人们仍然倾向于认为他人的行为起因是其内在的性格。由于这一偏差非常普遍，所以社会心理学家称之为基本归因偏差。例如，当发现一名员工迟到时，人们更多地将其归因于懒散，而不是交通堵塞；当发现一名职员把文件掉到地上，接着又打翻了咖啡时，人们倾向于认为这个人杂乱无章和笨拙，而不是考虑文件太滑或咖啡杯子太热。

之所以会出现基本归因错误，原因之一是用特质来解释一个人的行动很容易，而识别影响其行为的复杂情境因素则比较困难。当观察他人的行为时，人们倾向于注意他的行为本身，而忽略行为发生的情境。因而，与情境原因相比，内部原因更容易受到注意，更突出。

在组织中，基本归因偏差常常让我们过早推定别人的责任，而不考虑可能的外部原因，从而造成对他人的不准确判断。当员工业绩较差时，基本归因偏差会导致管理者完全忽略可能造成这一结果的不可控原因，过多地责备员工。要想避免这一偏差，就应该设身处地考虑别人的处境，即进行换位思考，看看对方的行为有没有迫不得已的原因。特别是要考虑当自己处在相同情境中时，是否也会表现得比较糟糕。如果回答是肯定的，就不应该过多地指责或责备员工，反而应该更多地体谅和帮助员工。

2．行动者—观察者效应

与基本归因偏差密切相关的一种归因偏差叫作行动者—观察者效应。也就是说，基本归因偏差仅在个体作为观察者解释他人的行为时发生，而在个体作为行动者解释自己的行为时则出现了相反的偏差，即当观察他人的行为时，更多地强调内部因素，而解释自己的行为时，则更多地强调外部因素。例如，别人绩效差是因为他们能力不足或努力不够，而自己绩效差是因为任务太难、运气不佳或领导支持不够。这种现象并不一定是行动者和观察者之间的个人恩怨造成的，可能是因为双方依据的信息不同，也可能是因为双方看问题的角度不同，但这种偏差常常会导致严重的人际矛盾和冲突，带来个人恩怨，需要在工作中加以注意并力求避免。

资料 7-8

3．自利性偏差

当涉及对自己行为原因的解释时，很容易出现的错误是自利性偏差。个体倾向于对自己的成功做内部归因，而对自己的失败做外部归因。也就是说，成功时，人们接受成功的荣耀；失败时，人们拒绝承担失败的责任。即使是企业的 CEO 们也难免出现这样的偏差。典型的例子是下面给出的绰号为“链锯阿尔”的邓拉普（Al Dunlap）的故事。在组织中，如果领导和下属都受到自利性偏差的影响，那么很容易出现归因矛盾，成功时争抢功劳，失败时互相推卸责任。

资料 7-9

上述三种归因偏差具有一定的文化差异。在强调个人自由的文化氛围下，如西欧、美国、加拿大等国家，基本归因偏差更普遍和明显；而在强调团队合作和相互依赖的集体主义文化背景下，如印度、日本、中国、韩国等国家，基本归因错误不那么明显。自利性偏差也有类似的情况，在强调集体主义的东方文化中比在强调个人主义的西方文化中表现得要弱一些。此外，归因偏差即使在亚洲国家之间也存在差异。例如，印度流行宿命论的文化观念，人们相信命运决定了一切，在这种文化背景下的人们倾向于强调行为的外部原因。而在中国，人们强调努力工作是通往成功的必经之路，因此当面临成功或失败时，中国人首先考虑的是他们是否足够努力或态度是否端正。

三、归因偏差在组织中的表现

个体解释周围事件的方式很大程度上影响他们的行为。人们试图理解行为的原因，是为了更好地预测和控制未来行为。管理者在很多方面都使用归因。在评估业绩和奖励员工时，管理者必须决定行为的原因和责任的归属。一项关于工作场所性骚扰申诉问题的研究发现，当收到这类申诉时，管理者首先需要确定是否存在性骚扰以及谁应该为此负责（Johnson，Stockdale，Saal，1991）。研究发现，一些性骚扰事件是由于归因错误造成的（Pryor，DeSouza，Fitness，Hutz，Kumpf，Lubbert，Erber，1997；Saal，Johnson，Weber，1989）。男性很容易把女性的亲密行为归结为性挑逗，这种错误归因造成男性进一步的举动，经常引发女性指控其性骚扰。当男性处在较高的地位时，这种错误归因更容易发生。一名男老板很可能会误解女下属的顺从或友善表现，并认为女性这样的行为是为了吸引他。

在工作场合中，解释自己行为的方式会影响随后的行为动机。例如，假设某员工在公司管理层面前做了一次重要的演讲，自我感觉良好，老板也认为非常出色。对于此次成功将做何归因？如果员工相信自己的认真准备和预演导致了成功，那么就会当之无愧地接受赞扬，并对将来的演讲很有信心。但是，如果认为自己只是运气好，碰巧那天老板的心情好，那么该员工将没有动机再现成功。

在招聘面试中，应聘者经常被要求解释他先前成功和失败的原因。研究表明（R. E. Ployhart & A. M. Ryan，1997），先前成功和失败的应聘者在对负面结果的归因方式上有差异。先前成功的应聘者防御意识不那么强，对消极事件倾向于做内部归因。而先前失败的应聘者倾向于将负面结果归因于他们不能控制的外部因素，留给面试官的印象是，他没有从失败中学到任何东西，而且面试官会担心当工作中出现问题时，这样的个体也会过多指责别人。

归因理论也可以解释相近的绩效评估结果为何会产生有差别的奖励。如果一名主管将员工的良好业绩归因于内部原因，例如努力或能力，那么他会倾向于给这名员工较高的奖励；但是如果归因于外部原因，例如他人的帮助，那么则不会这样做。管理者需要经常反省自己对他人行为做出的归因，以纠正出现的偏差。

第三节 知觉和归因在管理中的应用

组织中的人们经常需要互相判断。管理者评价下属的工作绩效和造成绩效高低的原因，员工也要评价同事在工作中的努力和贡献。申请某一职位的应聘者会受到面试官的评价，进入公司后也会立即受到已有员工的评价，这些应聘者和新来者通常希望给他人留下良好的印象。作为一个整体的组织也希望展示给公众一个良好的形象。组织的这些日常活动都需要知觉和归因的参与。本节从以下几个方面对知觉和归因的有关规律在管理中的应用问题进行分析。

【资料】

来自办公室设计的微妙信号

办公室设计——灯光、颜色、家具及其他物体的位置——影响客户、供应商、雇员和参观者的知觉。例如，暖色的灯光会使人感到更温暖，而人们在温暖的环境中会觉得周围的人更友善。又如，在一个低矮的办公室里，人的社交距离会随空间高度变短，人与人之间会更放松、有安全感，也更亲切，易于建立关系。

办公室布局——谁挨着谁——会影响个体的知觉和组织的最为着重的功效。例如，办公室依楼层设置，最高层管理者占据最高层、最理想的办公空间，依此类推，也传达出组织者重地位的信息。甚至办公室家具的布置也会影响对一个公司的知觉。

参观者根据接待处座椅是面对面排列还是相互间有合理的角度会对一个组织产生非常不同的印象。把座椅放成面对面排列的组织——更刻板、紧张和老谋深算；用合理的角度布置座椅的组织——热情、友好且更平和。参观者们宁愿与“热情友好”的公司做生意。

对工作场所的研究一致表明花卉和植物增加了热情和友好的知觉。

在墙上挂一些艺术品通常有正面效果，但一些图画的内容可能会有反面作用。例如，在一个总是招不到女性员工的公司发现遍布公司大楼的男人骑在马背上的图画，留给未来的女员工的知觉是一个冷淡、敌意、不友善的公司形象。

资料 7-10

（来源：知觉与归因理论[EB/OL].（2012-05-20）. https://wenku.baidu.com/view/00afca0b4a7302768e99395b.html.）

一、招聘面试和绩效评估

在工作环境中，社会知觉产生重要作用的两个情境是招聘面试和绩效评估。在招聘面试中，面试官的关键任务是形成对应聘者的准确印象。但是，如前文所述，作为知觉者的面试官的特点、知觉对象的特点和知觉情境的特点都会影响知觉的准确性。而且，面试官也会受到知觉偏差的干扰，导致对应聘者形成不准确的印象。通常，外表漂亮的人更容易找到工作，薪水也更高，一个主要原因就是面试官受到晕轮效应的影响，认为外表漂亮的人也具有其他一些积极特点，实际上这种关联很可能是不存在的。一旦面试官形成对应聘者的最初印象，不管这一印象是否准确，也不管印象是好是坏，都会在很大程度上影响面试官接下来与应聘者的交流方式，并最终影响面试的结果。选择性知觉和自我实现的预言也同样会出现在面试情境中。作为招聘者，必须认识到这些可能偏差的影响，避免做出错误的招聘决定。

绩效评估是在一系列与工作相关的维度上评价员工的过程。通常绩效评估每隔 1 年或半年进行一次，根据评估结果来决定加薪、晋升和培训需要。理想状态下，这一过程应该是完全理性的，以形成对每名员工业绩表现如何和应该如何被对待的公平的、客观的判断。但是，从我们对知觉过程的分析可见，绩效评估过程远不够客观。事实上，人们加工、存储和提取信息的能力有限，造成评估他人时倾向于受到偏差的影响。

研究者已经证实了评估过程中存在偏差。例如，研究发现，人们对他人业绩的评估依赖于业绩与人们预期的一致程度。一项研究（Eden，Geller，Gewirtz，Gordon-Terner，Inbar，Liberman，Shalit，et al，2000）要求银行经理指出他们期望新来的出纳员工作做得有多好。4 个月之后，要求这些经理评价出纳员的实际工作表现。结果发现，经理们给予那些符合他们先前预期的出纳员的评价最高，而对高出或低于预期的出纳员的评价要低一些。这样的结果使人不安，因为它们意味着一些员工的业绩提高可能不被识别和接受，甚至被贬低。当然，人力资源管理决定的依据是多种来源的信息，并非仅根据一名领导的判断，这种偏差很可能会被发现。但是，这样的研究结果强调一个重要观点：知觉不仅依赖于知觉对象的特点，还依赖于知觉者。

人们还发现了绩效评估中的归因偏差。当上级评价下属时，他们之间越相似，上级给出的评价分数越高。这种相似可以是工作价值观、习惯和工作方式上的，也可以是年龄、种族、性别和工作经历上的。下属也更加相信被知觉为与自己相似的领导。造成的结果是，相似的上级和下属之间的关系更积极，上级对相似下属的评价更高。一项研究考察了绩效评估情境下的相似效应（Wayne & Liden，1995），调查了不同职业的 111 对上级和下属。结果发现，员工为了使领导对自己形成正面印象所做的努力越多（如帮领导的忙和同意领导的观点），领导就越认为下属与自己相似。而领导越认为下属与自己相似，他们给这些下属的工作评价就越高。员工经常强调良好业绩的内因和糟糕业绩的外因，并尽量与上级的解释保持一致，从而赢得好感。两名业绩同样好的员工可能会因为上级对他们业绩的归因不同而获得不同的绩效评定。通常，糟糕业绩被归因于外部不可控因素的个体获得更高的评价，而糟糕业绩被归因于内部可控因素的个体获得较低的评价。

这些研究证明，组织中的绩效评估确实距离完全没有偏见和理性的理想状况有很大差距。实际的绩效评估过程包含了很多知觉偏差的混合，这些影响必须被识别和理解，以利于最终提高绩效评估过程的准确性。

资料 7-11

二、个人的印象管理

大多数人都想给别人留下良好印象。个体通过各种方式控制别人如何看待自己，尽最大努力按照别人的期望表现自己，这一过程叫作印象管理。个体通常非常注意自己在他人心目中留下的印象，特别是当他人很重要的时候。对于某些人来说，有意地向外界展示良好印象已经成为生活的一部分。这些人不断监控自己的行动，注意他人的反应，调整自己的行为以达到满意效果。这类人自我监控的程度比较高，始终在按照外界的期望和要求规范自己的言行。

潜在雇主对应聘者的印象可能依赖很多微妙的因素，如穿着和谈吐、介绍个人成绩的方式等。这些印象可能是有意造成的，也可能是无意表现的结果。当涉及招聘访谈时，应聘者通常会做一些事情来促成良好的印象。一项研究（Gilmore & Ferris，1989）对找工作的大学生和负责招聘的公司代表之间的谈话进行了录音。大学生的陈述被编码归类，分析他们使用的印象管理技术，结果发现了几种常用的策略及其使用的频率，如表 7.2 所示。最常用的策略是自我提升，即声称自己拥有很多正面的特点。应聘者通常把自己描述为不辞辛苦的、人际技能熟练的、目标导向的和具有领导才能的。这项研究还发现，应聘者使用这些印象管理技术取得了很大成功。他们对这些策略的使用越频繁，面试官在几个重要维度上对他们的看法就越正面。这项研究不仅证实了应聘者在招聘访谈中确实使用了印象管理技术，还证明了这些策略常常是有效的。招聘访谈是一个双向的互动过程，在这一过程中，应聘者努力以最好的方式展现自己，而面试官则需要努力识破这些手法，尽量准确地判断应聘者，但如上述研究所证明的那样，这项任务并不轻松。

表 7.2 应聘者有效展示自己的技术

印象管理技术	描述（例子）	使用频率
自我提升	以适合当前情境的正面方式描述自己（例如“我工作很努力”）	100%
个人故事	描述使自己显得很优秀的过去事件（例如“在我过去的工作中，我会在需要的时候加班到任何时间”）	96%
观点一致	表达对方可能会持有的观点（例如同意面试官所说的话）	54%
自我标榜	声称成功的过去事件有自己的功劳（例如“销售上升中有 90%是我的作用”）	50%
他人提升	在陈述中奉承、赞美或恭维对方（例如“我对你们公司近来的业绩增长印象深刻”）	46%
夸大	夸大某一积极事件（例如“我们的部门不仅有所改善，而且是整个公司中最好的一个部门”）	42%
解决障碍	描述面临可能降低成绩的障碍时，如何成功地加以解决（例如“尽管我做了两份兼职工作，但我还是获得了平均 3.8 的绩点”）	33%
辩解	承认个人的不良业绩，但否定其负面含义（例如“我们的团队获胜的次数不是很多，重要的是我参与了”）	17%
借口	拒绝为个人的行动负责（例如“我没有完成申请表是因为就业中心的表已经发完了”）	13%

（来源：Stevens & Kristoff，1995）

也有研究表明，上司的喜好会影响员工的印象管理策略，从而提高员工在组织中的安全感和绩效（Huang，Zhao，Niu，Ashford，Lee，2013）。

印象管理策略大抵可以分为两类：一类属于自我美化，即传达自身的积极信息，努力增加自己的吸引力；另一类属于他人美化，即通过各种途径努力使对方感觉良好。这两类策略可能反映了不同的目的，前者是希望自己看起来有竞争力，后者则是希望让别人喜欢。

自我美化的具体做法包括通过时髦的穿着、整洁的修饰和各种装饰来美化外表，也包括以肯定的方式描述自己，如表 7.2 中的自我提升、个人故事、自我标榜、解决障碍等。一种间接的自我美化手法是提及自己与重要人物的联系，借此来美化自己，抬高自己的形象。

他人美化的重点是引发他人积极的情绪和反应，使对方感觉良好。研究表明（Ralston & Elsass，1989），对方积极的反应会使得他们喜欢自己。最常用的他人美化策略是逢迎或他人提升，即称赞他人、称赞他人的特质或业绩、称赞他人所属的组织。其他的他人美化策略包括：对他人的观点表示赞同、帮助别人、对他人感兴趣以及询问他人的意见并给以反馈。通过频繁的目光接触、同意的点头和微笑也可以表达喜爱，赢得好感。

值得注意的是，一些员工可能会进行消极的印象管理。建立消极印象的方法包括降低业绩、不尽最大努力工作、躲避工作、表现恶劣态度以及宣传自己的弱点等。为什么这些人要让别人觉得自己很糟糕？有时是为了躲避额外的工作或某项特定的任务，也可能是为了被解雇或者吸引别人注意。

印象管理策略是否有效？研究表明（Wayne & Liden，1995），这些努力是有用的，成功进行印象管理的人在很多情况下都表现出了优势。多数研究集中于招聘访谈，结果表明进行印象管理的应聘者更有可能获得职位。而且，进行印象管理的员工在绩效评估中获得的评价更高。此研究还发现员工的印象管理行为会使平常上司对其的绩效评估有正面的帮助。文中研究者们探讨了下属对上司使用印象管理行为，以及下属与主管的关系深浅，长期而言是否会影响上司对其的绩效考核分数，对此的结果是肯定的。研究者们认为印象管理行为长期而言会很显著影响到上司对部属的偏好，并造成绩效考核分数明显提高，对部属来说是一项有利的策略。但是，这些策略的使用也有潜在危险，如果使用过度或不适当，会导致相反的结果。过多的印象管理会给人留下有意操纵别人或不诚恳的印象。在工作环境中媚上欺下的员工给人的印象非常糟糕。

总之，印象管理策略的使用可能会影响招聘决策或绩效评估的准确性，组织管理者需要认识到这一点，避免过度地受其影响。另外，这些印象管理的技术如果被适当使用，也可以在组织中获得成功或与客户建立良好关系。

资料 7-12

三、组织的印象管理

不仅个体需要培养他人对自己的良好印象，组织也需要培养良好的公司形象。组织给人们留下的印象很大程度上影响这些个体与组织的关系。在公司招聘中，不仅应聘者想给未来的雇主留下好印象，雇主也希望他们的工作岗位能被最好的应聘者接受。

研究（Gomes & Neves，2011）证明潜在申请者是基于职位的特性和企业的吸引力来进行评估的，申请者对于企业吸引力的感知将会影响他对职位的申请。一家公司的声望越高（根据《财富》杂志的调查），大学高年级学生为它工作的兴趣就越高（Hochwarter，Ferris，Zinko，Arnell，James，2007）。由于公司必须有效地雇用潜在的员工才可能顺利运作，因此了解到底哪些因素会影响公司形象是很重要的。盖特伍德等人（Gatewood，Gowan，Lautenschlager，1993）发现，公司形象与人们拥有的关于它的信息的数量（例如，来自先前的工作经历或大学就业指南上的广告）呈正相关。一般来说，较长的广告与更积极的形象相关联，也就是说，不仅广告内容很重要，广告的长度也很重要。由于招聘广告通常会强调被公司雇用的优点，因此更长的广告列出的优点更多，从而制造了更强烈的正面形象。并且，如果人们相信更长的广告反映了公司赢得优秀员工的承诺（因为公司愿意在广告上多投资），他们更有可能把这家公司作为潜在的工作场所。

组织用于提升公司形象的另一种手法是年度报告，即公司提供给股东的关于公司运作和财政状况的正式报告。根据传统，这些报告是非常精美的小册子，包含精致的照片和炫目的图像以及成功的装饰，用于保持和提升投资者的信心。但是，很多公司省下了这笔费用，代之以不加修饰的年度报告。公司管理层这样做并非是为了节省费用，而是为了在投资者心目中形成节俭的形象。由于当前的投资者寻求的是价值，很多公司都不遗余力地在投资者心目中培育他们不浪费钱财的印象。在精致的年度报告上挥霍金钱来显示成功，可能会让人怀疑利润都去了哪里。因此，不管这些报告是精致还是朴实，结论是相同的。年度报告是用来培养“正确的”公司形象的手段。组织与个人一样，通过给他人以良好的印象获益。

资料 7-13

本章小结

1．社会知觉是个体收集、整合和揭示关于他人信息的过程，人们的行为是以社会知觉而不是现实为基础的。

2．自我知觉是人们对自己的认识，主要包括自我概念和自尊。人们对自我的认识不一定准确。尽管自尊高有一些优点，但自尊过高会造成自利性偏差，对组织造成不利影响。

3．知觉者、知觉对象和情境的特点都会影响社会知觉。

4．人们对他人的判断存在一些系统偏差，包括第一印象、晕轮效应、选择性知觉、自我实现的预言、刻板印象等。

5．刻板印象是人们对某个特定群体的成员共有的特征所持有的固定观点。刻板印象有一定的根据，优点在于节省认知资源。但是，刻板印象常常造成人们忽视个体差异，产生判断偏差。

6．帮助人们克服社会知觉障碍的方法包括识别和面对刻板印象、根据客观因素评价他人、避免匆忙做判断等。

7．归因是人们解释自己和他人行为原因的过程。对应推断理论认为，人们根据行为推测他人的特点。因果推断理论认为，人们根据区别性、一致性和一贯性信息解释行为原因。

8．常见的归因偏差包括基本归因偏差、行动者—观察者效应和自利性偏差。在解释他人行为时，人们往往低估情境的作用，高估个人特质和态度的影响。对自己的行为进行解释时，人们倾向于对成功做内部归因，对失败做外部归因。

9．组织在招聘面试和绩效评估中很容易受到知觉偏差和归因偏差的影响，必须对这些偏差加以识别和排除。

10．人们希望控制他人对自己的印象。印象管理的策略包括两类：一类是自我美化，即传递自己的积极信息；另一类是他人美化，即让对方感觉愉快，从而喜欢自己。

11．组织需要保持良好的公司形象，以招聘到杰出的员工和使顾客与投资者满意。

思考题

1．试述归因偏差及其在组织管理中的表现。

2．假如你是一家大型食品公司的 CEO，面临着食品安全舆论的巨大压力，你会如何管理企业的公众形象？试从印象管理的角度进行分析。

3．随着中国经济水平的进步，越来越多的人拥有了手机和电脑，足不出户便可以了解到中国各个地区的历史文化、风土人情，与之一同而来的则是愈演愈烈的地域歧视，结合实际谈谈你会如何避免这样的刻板印象。

4．如何理解自尊与自利性偏差的关系？试分析个体的自利性偏差对组织的影响。

5．如何运用对应推断理论确定一个事件的原因？请结合组织情境作答。

6．举例说明如何纠正组织中的归因偏差。

案例讨论

这是一节五年级的体育课，正在进行的教学内容是50米快速跑。教师将全班学生分成了男女各两组进行分组练习，同时为了激发学生的学习兴趣，调动学生学习积极性，教师在练习前提出了要求，即男女两组中没有战胜各自对手的，要做俯卧撑五个。练习的一开始学生还为了比赛中的胜负争论，如谁抢跑了，谁跑的时候脚踩线了，等等。练习了几次后，出现了不协调的因素，“老师，太不公平了，我要求换人。”寻声望去，一名男生指着身旁的同学叫嚷着，一脸的懊丧，他的叫嚷得到全班大多数“失败者”的附和，原来与他一同跑的是校田径队的集训队员，他虽几经努力都以失败而告终，自信心不免受到不小的打击。教师问道：“你认为与谁比公平？”“我要和他比！”面对教师的提问，学生迅速做出了回答与选择，指着身后一名小胖子并脸上带着一丝“坏笑”。于是“失败者们”纷纷提出换人要求，一时间就乱作了一团。教师很快使学生安定了下来，对学生们说了这么一席话。“如果是比赛，你能因为对手的强大而要求调换对手或者拒绝比赛吗？”“不能！”学生的回答是坚决的。“什么是虽败犹荣？相信大家都懂，能与强者同场竞技是一种荣耀；什么是强者，就是困难面前不低头，永不言败，即使明知是失败的结果，也要冲上去与之争个高低。”听完教师的话，那些要求换对手的学生不再言语了，只是接下来的练习更具竞争性。那名学生又一次输了，他一边做俯卧撑一边说：“我就不信赢不了你。”

（来源：归因实际案例[EB/OL].（2016-04-08）. https://www.docin.com/p-1523251712.html. ）

讨论问题：

试用社会知觉偏差和归因理论来对学生和老师的行为进行分析。

参考文献

[1] 迈尔斯．社会心理学：第8版[M]．侯玉波，乐国安，张志勇，等译．北京：人民邮电出版社，2006．

[2] 刘明．高中学生自尊水平与学业、人际成败归因方式关系研究[J]．心理科学，1998，21（3）：281-282．

[3] 刘永芳．归因理论与人力资源管理[M]．上海：上海教育出版社，2007．

[4] BANDURA A. Self-efficacy: The exercise of self-control[M]. New York, NY: W H Freeman/Times Books/Henry Holt & Co, 1997.

[5] BANDURA A. Exercise of human agency through collective efficacy[J]. Current

Directions in Psychological Science, 2000, 9(3): 75-78.

[6] EDEN D. Self-fulfilling prophecy as a management tool: Harnessing Pygmalion[J]. Academy of Management Review, 1984, 9(1): 64-73.

[7] EDEN D, GELLER D, GEWIRTZ A, et al. Implanting Pygmalion leadership style through workshop training: Seven field experiments[J]. The Leadership Quarterly, 2000, 11(2): 171-210.

[8] El-ANZI F O. Academic achievement and its relationship with anxiety, self-esteem, optimism, and pessimism in Kuwaiti students[J]. Social Behavior and Personality: An International Journal, 2005, 33(1): 95-104.

[9] FRIEZE I H, SALES E, SMITH C. Considering the social context in gender research[J]. Psychology of Women Quarterly, 1991, 15(3): 371-392.

[10] GATEWOOD R D, GOWAN M A, LAUTENSCHLAGER G J. Corporate image, recruitment image and initial job choice decisions[J]. Academy of Management Journal, 1993, 36(2): 414-427.

[11] GAWANDE A. Doubts of a doctor[J]. US News & World Report, 2002, 132(12): 76.

[12] GILMORE D C, FERRIS G R. The effects of applicant impression management tactics on interviewer judgments[J]. Journal of Management, 1989, 15(4): 557-564.

[13] GOMES D, NEVES J. Organizational attractiveness and prospective applicants' intentions to apply[J]. Personnel Review, 2011, 40(6): 684-699.

[14] HEIDER F. The psychology of interpersonal relations[M]. New York: Wiley, 1958.

[15] HUANG G H, ZHAO H H, NIU X Y, et al. Reducing job insecurity and increasing performance ratings: Does impression management matter?[J]. Journal of Applied Psychology, 2013, 98(5): 852-862.

[16] HOCHWARTER W A, FERRIS G R, ZINKO R, et al. Reputation as a moderator of political behavior-work outcomes relationships: A two-study investigation with convergent results[J]. Journal of Applied Psychology, 2007, 92(2): 567-576.

[17] JOHNSON C B, STOCKDALE M S, SAAL F E. Persistence of men's misperceptions of friendly cues across a variety of interpersonal encounters[J]. Psychology of Women Quarterly, 1991, 15(3): 463-475.

[18] JONES E E, DAVIS K E. From acts to dispositions: The attribution process in person perception[J]//BERKOWITZ L. Advances in experimental social psychology. New York: Academic Press, 1965(2): 219-266.

[19] JOPLIN J R, NELSON D L, QUICK J C. Attachment behavior and health: Relationships at work and home[J]. Journal of Organizational Behavior, 1999, 20(6): 783-796.

[20] KELLEY H H. Attribution theory in social psychology[M]//LEVINE D. Nebraska symposium on motivation. Lincoln, NE: University of Nebraska Press, 1967.

[21] LEVY B. Improving memory in old age through implicit self-stereotyping[J]. Journal of Personality and Social Psychology, 1996, 71(6): 1092-1107.

[22] MERTON R K. The self-fulfilling prophecy[J]. The Antioch Review, 1948, 8(2): 193-210.

[23] NELSON D L, JOPLIN J R, QUICK J C. Attachment behavior and health: Relationships at work and home[J]. Journal of Organizational Behavior, 1999, 20(6): 783-796.

[24] NISBETT R E, WILSON T D. The halo effect: Evidence for unconscious alteration of judgments[J]. Journal of Personality and Social Psychology, 1977, 35(4): 250.

[25] PLOYHART R E, RYAN A M. Toward an explanation of applicant reactions: An examination of organizational justice and attribution frameworks[J]. Organizational Behavior and Human Decision Processes, 1997, 72(3): 308-335.

[26] PRYOR J B, DESOUZA E R, FITNESS J, et al. Gender differences in the interpretation of social-sexual behavior: A cross-cultural perspective on sexual harassment[J]. Journal of Cross-Cultural Psychology, 1997, 28(5): 509-534.

[27] RALSTON D A, ELSASS P M. Ingratiation and impression management in the organization[M]//GIACALONE R A, ROSENFELD P. Impression management in the organization. Hillsdale, NJ: Lawrence Erlbaum Associates, 1989: 235-249.

[28] ROSENTHAL R, JACOBSON L. Pygmalion in the Classroom: Teacher expectation and pupils' intellectual development[M]. New York: Holt, Rinehart and Winston, 1968.

[29] ROSS L. The intuitive psychologist and his shortcomings: Distortions in the attribution process[J]. Advances in Experimental Social Psychology, 1977(10): 173-220.

[30] ROSZELL P, KENNEDY D, GRABB E. Physical attractiveness and income attainment among Canadians[J]. The Journal of Psychology, 1989, 123(6): 547-559.

[31] SAAL F E, JOHNSON C B, WEBER N. Friendly or sexy?: It may depend on whom you ask[J]. Psychology of Women Quarterly, 1989, 13(3): 263-276.

[32] SAGARIN B J, RHOADS K V, CIALDINI R B. Deceiver's distrust: Denigration as a consequence of undiscovered deception[J]. Personality and Social Psychology Bulletin, 1998, 24(11): 1167-1176.

[33] SCHLENKER B R, MILLER R S. Egocentrism in groups: Self-serving biases or logical information processing?[J]. Journal of Personality and Social Psychology, 1977, 35(10): 755-764.

[34] SCHLENKER B R, MILLER R S. Group cohesiveness as a determinant of egocentric perceptions in cooperative groups[J]. Human Relations, 1977, 30(11): 1039-1055.

[35] SCHLENKER B R, SORACI S, MCCARTHY B. Self-esteem and group performance as determinants of egocentric perceptions in cooperative groups[J]. Human Relations, 1976, 29(12): 1163-1176.

[36] STEVENS C K, KRISTOF A L. Making the right impression: A field study of applicant impression management during job interviews[J]. Journal of Applied Psychology, 1995, 80(5): 587-606.

[37] TAYLOR S E, CROCKER J. Schematic bases of social information processing[M]

//HIGGINS E T, HERMAN C A, ZANNA M P. Social cognition: The Ontario Symposium on Personality and Social Psychology. Hillsdale, NJ: Erlbaum, 1981: 89-134.

[38] WALLER M J, HUBER G P, GLICK W H. Functional background as a determinant of executives' selective perception[J]. Academy of Management Journal, 1995, 38(4): 943-974.

[39] WAYNE S J, LIDEN R C. Effects of impression management on performance ratings: A longitudinal study[J]. Academy of Management Journal, 1995, 38(1): 232-260.

自测题

复习题

第八章　组织中的知识管理与学习

学习目标

- 了解知识的含义及类别、组织学习的概念
- 理解知识管理的概念和方法、组织学习中的过程模型
- 掌握知识管理的相关理论，克服组织学习中的智障

引例：华为公司开放式创新特色背景下的知识管理

华为技术有限公司成立于1988年，是全球最大的电信网络解决方案提供商、全球第二大电信基站设备供应商。30余年间，华为从一个注册资金只有2万元人民币的小公司发展成为营业总额超过2500亿元人民币、进入国际供应链并具有国际竞争力的大公司。目前，华为的产品和解决方案已经应用于全球170多个国家，包括45家全球前50强的运营商，在全球建立了108个分支机构，营销和服务网络遍及全球。纵观华为的发展历史，在开放式创新背景下进行有效的知识管理是华为成功的秘诀之一（本章中将具体介绍华为公司知识管理案例）。

（来源：朱瑷怿，2018）

那么，何为知识管理？为什么知识管理的作用如此巨大？怎样进行知识管理？本章将就这些问题进行讨论。

第一节　知识和知识管理

一、知识的含义及类别

今天，人类社会已经逐步演变到了知识经济时代。知识作为一种特殊的生产要素，继土地、劳动力、资本等传统生产要素之后，成为理论和实践关注的焦点。昨天自然资源决定一切，今天知识决定一切。因此，一场研究知识的热潮逐渐展开，形成了看待知识的几种观点。不同的学科有不同的看法，国内与国外也有不同的见解。从学科方面来看，认识论、经济学和信息论的观点是不同的。认识论认为知识就是认识、经验，是意识的反映，是观点的总和；经济学认为知识是产生生产力的资本；信息论则认为知识是浓缩了的系统化的信息。研究者（Davenport & Prusak，2000）认为知识时代的知识是一种有组织的经验、价值观、相关信息以及洞察力的动态组合，它所构成的框架可以不断地评价和吸收新的经验和信息。它起源于并且作用于有知识的人们的头脑。国家科技领导小组办公室（1998）对知识下的定义是：经人的思维整理过的信息、数据、形象、意象、价值标准以及社会的其他符号化产物（转引自李志刚，2010）。

随着对知识内涵的认识加深，人们从不同角度对知识进行了分类。

按照知识所涉及的领域的不同将知识分为应用性知识、学术性知识和精神性知识。

从知识的功能角度，可以把知识划分为：事实知识（know-what），即关于历史事实、经验总结和统计数据的知识；原理知识（know-why），即有关自然、社会和人的思维运动的规律和法则的原理性知识；技能知识（know-how），即技能和诀窍方面的知识；人力知识（know-who），即关于谁知道什么和知道怎样做的知识。

从认知加工和社会学角度上，可以把知识分为显性知识（explicit knowledge）和隐性知识（tacit knowledge）。所谓显性知识，是指外在的知识，它可以被编码，是可供人们交流、存储、传播和复制的知识。例如，以专利、科学发明等形式存在的知识。隐性知识或称为隐含经验类知识，主要指高度个体化，存储于人的大脑，难以编码和形式化的知识，是一种只能意会不能言传的知识。例如，个人的经验、技能、智慧等。显性知识和隐性知识的划分打破了传统上人们对知识的刻板认识，承认了未经系统化的经验类知识。如果把显性知识比作“冰山的顶端”，隐性知识就是隐藏在水面下的“宝藏”，是社会财富的主要源泉，对它的挖掘和利用能力将成为个人和组织成功的关键。但如何将知识的巨大潜能发挥出来呢？这就需要知识管理。

二、知识管理的概念和方法

（一）知识管理的概念

惠普公司前 CEO 普拉特（Lew Platt）曾说过：“如果惠普集团知晓惠普擅长什么，我们的盈利水平就会增加三倍。”（转引自弗莱保罗，2004）这提示企业不仅要拥有知识，还要知道如何运用和管理好知识。对知识管理（Knowledge Management，KM）问题的探讨可以追溯到 20 世纪 30 年代，哈耶克（Hayek，1948）在《个人主义与经济秩序》一书中论述了“知识要在社会中利用”的新观念，这也是知识管理思想的萌芽。随后，经过无数研究者们的努力，知识管理的概念在 20 世纪 90 年代初成型，并因受信息化的影响而蓬勃发展。知识管理的观念结合网际网络建构入口网站、数据库以及应用计算机软件系统等工具，成为组织累积知识财富、提升竞争力的新世纪利器。在 2000 年的里斯本欧洲理事会上，知识管理更是被上升到战略的层次：“欧洲将用更好的工作和社会凝聚力推动经济发展，在 2010 年成为全球最具竞争力和最具活力的知识经济实体。”关于知识管理的概念综合起来主要有以下几种观点（转引自袁庆红，2001）。

（1）马奎特（Marquardt，1996）认为，知识管理就是知识获取、知识创造、知识传播与应用、知识存储等活动过程。

（2）威格（Wiig，1998）指出，知识管理主要包括四个方面：自上而下的检测，推动与知识有关的活动；创造和维护知识的基础设施；组织和转换知识；提升知识的使用价值。

（3）法拉普多（Frappuolo）则将获得知识的渠道分为外部化、内部化、中介化和认知化四种。其中外部化是指从外部获取知识，分别将其组织起来；内部化和中介化所关注的分别是显性知识和隐性知识的转移；认知化则是将上述三种渠道获得的知识加以运用，是知识管理的最终目标。

（4）盖特纳（Gertner，2000）把知识管理定义为：通过使企业组织能力的提升，成功地达到对企业信息的掌握、鉴别、检索、分享与评价。

仔细分析上述学者的观点，可以看出，知识管理不再是传统上对人的管理，而是更倾向于对知识的分享、信息的传递、组织的学习、智力资本以及绩效的管理，其最终目的就是提升组织的绩效和核心竞争力。因此，本章将知识管理定义为：组织借助于一定的媒介或其他信息传递系统，对知识进行有效的识别、获取、储存、传播、开发和应用，以提高个人或组织创新能力，从而提升组织绩效和核心竞争力的过程。

（二）知识管理的方法

赫胥黎（Thomas Henry Huxley）曾说："人生的终极目的不是获取知识，而是付诸实施。"（转引自弗莱保罗，2004）研究知识管理，最为重要的就是掌握知识管理的有效方法，以运用到实际管理活动中去。国外对知识管理方法的探讨主要来自美国生产力和质量研究中心。该中心提出了实施知识管理的六种有效策略：构建知识管理的组织体系；加大对知识管理的资金投入；创造有利于知识管理的组织文化；制订鼓励知识创造和转移的激励举措；开发支撑知识管理的信息平台；建立知识管理评估系统。弗莱保罗（Carl Frappaolo，2004）也提出了知识管理的十大步骤：界定研究群体；确定实施战略和关键的成功因素；实施知识审计；计算 ROI（投资回报）；制订正确的知识管理计划；识别并认同组织的核心能力；进行知识资源盘存；确定非正规知识实践质量；建立有利于激励方案实施的生态环境；提供基础结构和优化手段。大型公司也会开发适合自身的知识管理系统，例如著名国际计算机公司 IBM 构建了由知识分享及团队合作两大主线构成的知识管理模式，将企业知识管理主要活动分解为创新性、技术性、反应性以及生产性四类。

国内学者也对知识管理的方法进行了研究。徐勇（1999）认为，有效的知识管理方法为：设立知识主管；创建动态团队；建立知识创新的激励机制；建设企业内部网络，形成知识交流网；建立递增收益网络；构建动态联盟。王如富、徐金发、徐媛（1999）也提出了知识管理的六种方法：知识编码、组织学习、建构知识库、设立知识主管、应用信息技术、进行基准管理和最佳实践。也有研究者对知识管理方法的有效性评价进行研究，例如孙红丽（2009）建立了包括知识获取能力，知识扩散、转化及应用能力，知识创新能力，知识保护能力，企业文化及基础设施支持能力等指标的知识管理能力评价指标体系。

尽管许多学者对知识管理的方法和手段进行了比较深入的探索，但是到目前为止还未形成一套完整的、成熟的、切实可行的方法。综合以往研究者的观点，可以看出，要有效地进行知识管理，以下几方面是不可或缺的：（1）创设有利于知识管理的文化。良好的组织文化建设是进行知识管理的前提。要从尊重员工、尊重员工的需要以及创设学习型的组织文化入手，提升组织成员内隐知识管理的动力。（2）建设学习型组织。组织学习是实现知识累积、转换和创造，化组织知识为企业最大价值的关键，也是掌握知识管理方法的重要途径。（3）对知识进行编码与构建知识库。对知识进行编码有利于组织更好地学习知识，特别把知识分类储存在可以直接提取的地方——知识库中，这是知识管理的关键所在。（4）建立知识管理的评估体系。为评估知识管理的方法是否有效，必须建立一套合理的评估系统，以便不断地修正模型，更好地进行知识管理。

近年来，虚拟企业知识管理（virtual enterprise knowledge management）成为研究的热点，为合理、有效地进行知识管理提供了新的视角。虚拟企业知识管理中的知识可分为企业内部知识和企业间的网络知识两种。其中，虚拟企业间的网络知识是不同成员企业知识系统中的显性知识和隐性知识有效互动和企业间知识整合的结果。对此种知识的具体管理流程如下。

（1）计划阶段。根据市场需求制订组织目标，在此基础上确定知识管理目标。

（2）实施阶段。运用知识管理工具和手段进行知识管理活动。

（3）调整阶段。对知识资产进行评估，并不断反馈，以调整、修正知识管理目标与计划。

其模型框架如图 8.1 所示。

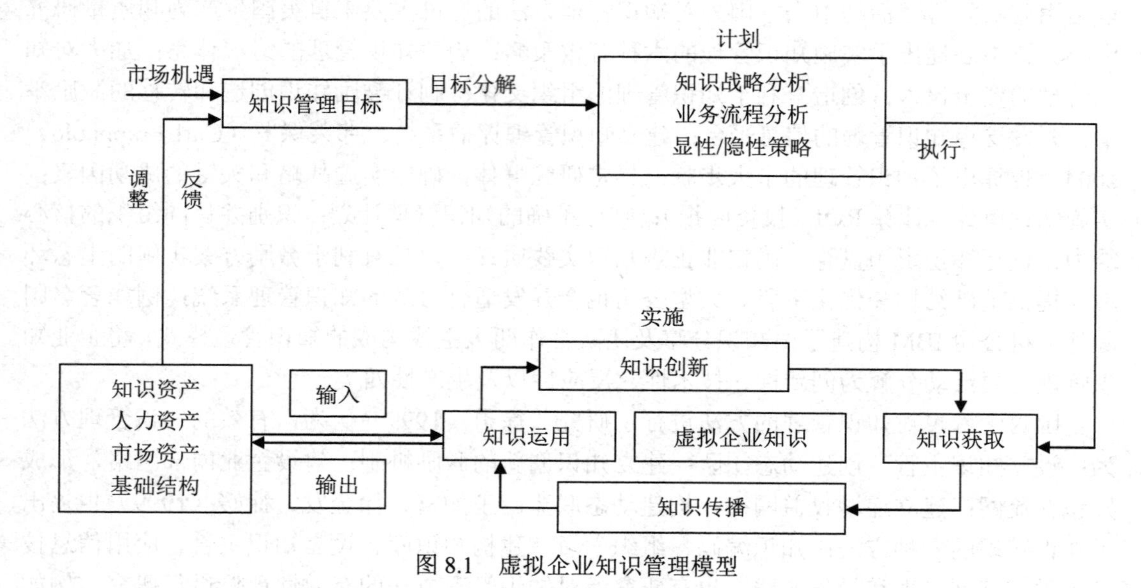

图 8.1　虚拟企业知识管理模型

（来源：转引自周浩，2008）

三、知识管理的相关理论

（一）基于知识链的知识管理论

基于知识链的知识管理论以波特（Michael E. Porter）为代表，借鉴价值链的概念，提出了知识的价值链（1997）。它立足于知识在企业业务中的流动过程，从业务流程的角度把知识在组织内部的流动情况划分为紧密相连的各项活动。“K9 知识链”理论将知识流动的过程分为如图 8.2 所示的九个环节。知识管理就是对不同环节及其相互间的关系进行管理。

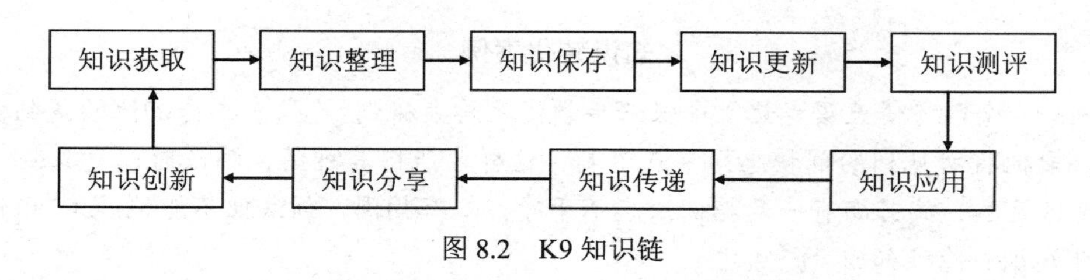

图 8.2　K9 知识链

（来源：波特，1997）

知识链理论在知识管理流程中加入了一个个的“节点”，便于在管理实践中进行控制与评价。其缺点是过分侧重显性知识的管理和创新，忽视了隐性知识的作用，未能探究知识创新的源泉，在指导知识创新活动中的作用有限。这就呼唤新的模型的产生，因此基于显性知识与隐性知识流动的知识管理模型应运而生。

（二）基于显性知识与隐性知识流动的知识管理论

以日本学者野中郁次郎和竹内弘高（I. Nonaka & H. Takeuchi，1995）为代表的研究者，从知识的性质出发，认为知识管理及知识创新的关键是充分挖掘组织的隐性知识，实现隐性知识与显性知识的不断相互转化。而这转化并不是单一层面上的单一循环过程，而是呈螺旋式上升的模式。在这种模式中，隐性知识与显性知识不断转化，从而使组织的知识量越来越大，知识也就从个人水平逐渐上升到部门、团队、组织水平，甚至跨越组织上升到组织之间，达到全社会水平。他们构建的知识循环模式如图 8.3 所示。

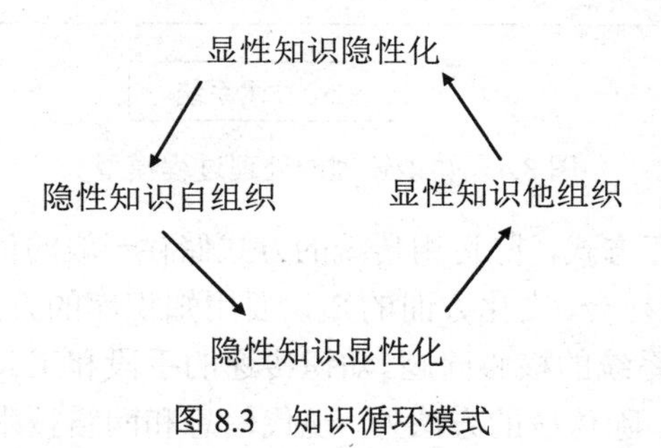

图 8.3　知识循环模式

（来源：I. Nonaka & H. Takeuchi，1995）

知识循环模式图中，隐性知识是通过自组织的形式来组织的，表现为动态、模糊与变化。显性知识的组织是他组织，表现为静态、精确与控制。知识的他组织是对现存知识的存储和整合，而知识的自组织是知识意义的倍增和创新。

总之，该模型从知识的性质出发，揭示了组织知识创新的源泉。它认为组织本身并不能产生知识，知识的创新只能从蕴含在员工头脑中的隐性知识开始。因此，企业进行知识管理以及创新管理的关键在于构建一套适应知识积累和创新的制度与环境文化，促进员工头脑中的隐性知识流动和传播，实现隐性知识的显性化。

【资料】

知识转化案例

案例一：金庸《倚天屠龙记》中张三丰教张无忌太极剑："张三丰传给他的是剑意，而不是剑。要他将所见到的剑招忘得半点不剩，这样才能得其神髓，临敌时以意驭剑，千变万化，无穷无尽，倘若尚有一两招剑法忘不干净，心有拘囿，剑法便不能纯。"（"内化"过程从显性知识—隐性知识。）

案例二：通用汽车公司规定，其工程研发部门人员和行销人员每月要有几小时在客服中心，观看顾客服务的情形，但不必写任何报告，即要求将观察结果内部化。

（来源：知识管理的经典理论[EB/OL].（2016-09-08）. https://wenku.baidu.com/view/c1e959cb0d22590102020740be1e650e52eacfa3.html.）

（三）基于有效处理过程的知识管理论

知识管理不仅是一个新的管理问题，还是一个复杂的社会技术系统。该系统以人和信息为基础实现知识整合组织的过程，主要包括知识表征、知识传递、知识利用和知识发现等对知识的处理过程，如图 8.4 所示。

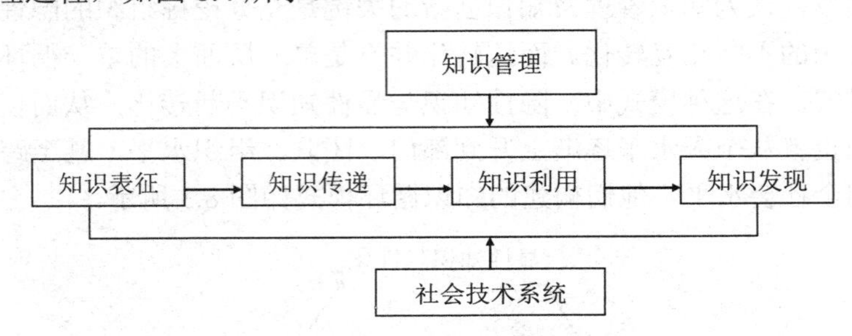

图 8.4　知识管理的处理过程模型

知识表征即知识的储存方式，除运用传统的方式储存一般的信息和数据外，大量的逻辑、智力以及社会、文化方面的知识要用知识库的方式来储存。如何保存知识是知识管理系统的核心问题。知识传递的手段和工具是知识管理系统的另一个重要问题。除传统的方法外，现代信息和网络技术提升了知识传递的效率。知识利用是知识管理的目的。除研究如何利用知识促进个体发展外，更重要的是研究如何利用知识为组织提供有效服务，如建立决策支持系统等。知识发现是知识创新的主要手段，如何能在使用知识过程中不断发现对组织有用的新知识，也是知识管理的重要任务之一。

第二节　组织学习与遗忘

联想创办于 1984 年，从十几个人、十多万元创业发展到现在，在全球有 19 000 多名员工，总部设在纽约，在中国北京和美国北卡罗莱纳州的罗利设立两个主要运营中心，同时，通过联想自己的销售机构、联想业务合作伙伴以及与IBM的联盟，新联想的销售网络遍及全世界。联想成功的秘诀是什么？董事长杨元庆说：“联想要成为IT巨头，必须首先是一个非常有心的‘学习者’”。联想的成功是联想人重视组织学习的结果。那么什么是组织学习？为什么它的作用如此巨大？

一、组织学习的概念

学习是日常生活中最常用的概念之一，在心理学上它是指通过经验获得而导致行为模式变化的过程。它本是用来描述个体行为的，这里用来描述组织的行为，实际上是一种类比或借用。但是组织不是个体的简单加总，组织学习也不是个体学习的简单累加。组织没有“大脑”，但它确实有记忆和认知系统，通过这些功能，组织可以形成并保持特定的行为模式、思维准则、文化以及价值观等。组织不但被动地受个体学习过程影响，而且可以主动地影响其成员的学习。因此，必须把个体视为一个有机系统的一部分，个体学习与组织学习之间存在相互影响、相互制约的互动作用。因此，除针对的是组织而非个体之外，组织学习与个体学习有类似的含义。

当将学习作为组织的一种行为时，由于研究者看问题的角度不同，形成了关于组织学习的不同理解。现从组织不断变革以适应环境变化的角度来介绍几种具有代表性的组织学习定义。

阿吉里斯等（Argyris & Schön，1978）认为：组织学习是发现错误，并通过重构组织正在使用的理论而加以改正的过程。

福尔等（Fiol & Lyles，1985）指出：组织学习是通过理解和获得丰富的知识来提高行为能力的过程。

圣吉（Peter M. Senge，1998）把组织学习看成管理者为了取得组织成员理解，提升管理组织和环境的能力，不断改进决策以提高组织效率的过程。

迈耶斯（Meyers，1990）认为：组织学习是企业应该拥有的一种能力，即通过观察、评估，并以目的明确的方式对组织内部与外部刺激采取行动的能力。

列维特等（Levitt & March，1988）将组织学习看作对过去行为进行反思、推论，形成指导组织行为的规范，从而实现组织目标的过程。

尼维斯等（Nevis，iBella，Gould，1995）把组织学习看成一个系统层面的问题，即组织基于经验维持或改善绩效的过程或能力。

李燚（2004）在其博士论文中指出，从不同的研究视角和研究领域出发，对组织学习的理解也会有偏差：从战略管理视角来看，组织学习更加偏向于一种内部能力的提升和竞争优势的获取过程；从组织行为视角来看，组织学习则可以被视为一个对组织中个体行为进行改进的过程，体现出组织结构的变迁，等等（转引自徐宁，2016）。

综上所述，尽管研究者对组织学习的概念存在一定的分歧，但在以下几点上也存在一些共识：组织学习是一个过程，是组织信息获取与传播、知识记忆与运用的过程；组织学习是一种能力，即知识获取、传播与创新和应对内外刺激的能力；组织学习是为达到组织目标而采取的行动，关注的是学习的效果；组织学习还是一个系统层面问题，涉及组织如何学习的问题。总之，要全面把握组织学习的概念，应该考虑以下几个方面：（1）组织学习的主体是整个组织，不是单个的人；（2）组织学习的客体是知识与信息及其衍生物（如文化、价值、观念等）；（3）组织学习的终极目标是提高组织效率，提升企业的素质。因此，组织学习是组织以系统思考和组织文化的共同愿景为工具，以组织结构为依托，以技术为保障，在持续进行的内外部信息交流中，重新设计以适应不断变化的环境的过程。其中，最为主要的是对知识的获取、整理、应用与创新，以指导组织行为，提升组织的核心竞争力与创新力，如图 8.5 所示。

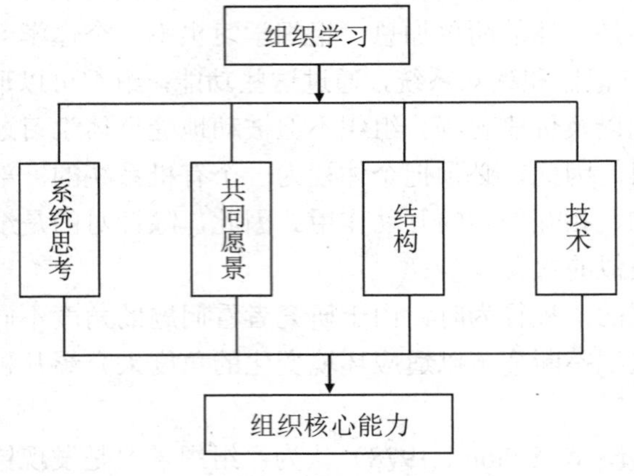

图 8.5　组织学习的概念

二、组织学习过程模型

组织学习过程模型试图抽象地描述组织学习的过程，阐释组织学习的构成要素及内在联系，目的在于回答组织究竟是如何学习的这个问题。不同的专家学者从不同的视角出发，对组织学习模型进行了深入探讨与研究，产生了许多理论与应用价值很强的组织学习模型。

1．经典组织学习过程模型

经典组织学习过程模型是最早，也是最有代表性的组织学习模型。它是由阿吉里斯和谢恩（Argyris & Schön）于 1978 年提出的，把组织学习过程分为如图 8.6 所示的四个阶段。

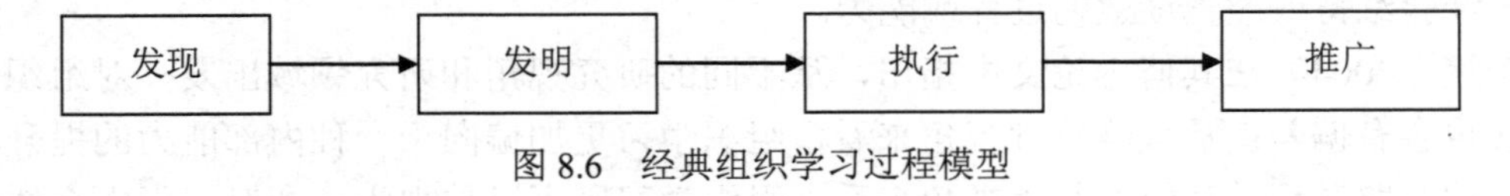

图 8.6　经典组织学习过程模型

（来源：转引自陈国权，马萌，2000）

“发现”（discovery）即找到组织存在的潜在问题或环境中存在的机遇。在“发明”（invention）阶段，公司着手寻找解决问题的方法。其解决方法在“执行”（production）阶段得到有效实施，即转化为新的或修改了的操作程序、组织机制或报酬系统。新程序的实施能否保证学习发生在组织水平上？答案是否定的。因此，学习必须从个人水平上升到组织水平，贯穿到组织各部门或组织边界，这就是“推广”（generalization）。

这一模型的前两个阶段属于适应型学习，不能引起组织原有规范的改变；而后两个阶段组织则产生了新的规范或程序，属于变革型学习。变革型学习需要根据外界环境的变化来调整企业的目标，使企业目标更好地反映外界的需要，是更高层次的学习。

该模型打破了传统适应型学习模型的传统框框，创造性地提出了变革型学习的概念，这无疑将组织学习的研究向前推进了一大步。它昭示人们在环境快速变化的时代，组织只有将适应型学习上升为变革型学习，才能应付激烈的市场竞争。

但是，经典组织学习模型也存在一定的缺陷。其一，没有反映组织学习的全过程——缺少学习的反馈环节。没有反馈的学习是无实际意义的学习，也不能反映企业内的真实情况。其二，该模型不能反映组织学习的螺旋式上升的过程，即学习不仅是有反馈的螺旋过程，还是积累组织知识的过程。假如没有以前的知识积累，组织学习根本无法进行。所以，经典的、直线式的组织学习过程模型难以描述组织学习的真正过程和本质。

2．改进的组织学习过程模型

当经典的组织学习过程模型不能真正描述学习的本质时，改进的组织学习过程模型便应运而生了。陈国权和马萌（2000）在经典的组织学习过程模型基础上，加入了反馈过程，使组织学习过程成为一个闭环，增加了组织学习的有效性。而且，在组织学习的各个阶段都可能发生知识的积累，图 8.7 所示的组织知识库就反映了这种知识的积累和组织学习的螺旋式上升过程。

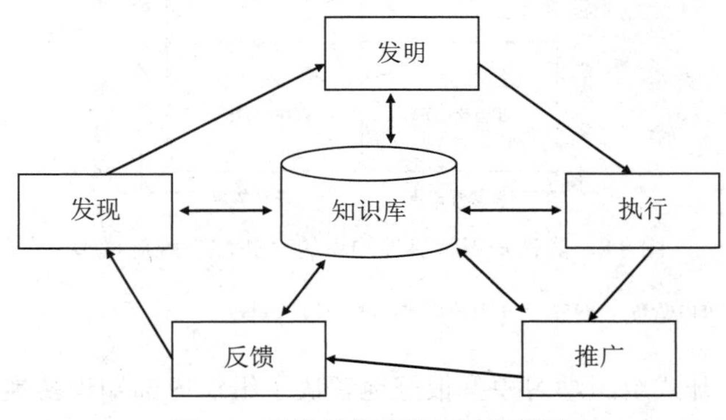

图 8.7　改进的组织学习过程模型

（来源：陈国权，马萌，2000）

图 8.7 中所示的知识库与组织学习各阶段之间的双向箭头，表明每一阶段既可以产生新知识存入知识库，也可以运用知识库中的知识辅助该阶段进行判断与学习。特别要注意的是，组织知识库不一定是一个在技术上实际存在的知识库或数据库，它会以各种不同的形式存在于组织中。知识的一部分可以保存在组织每个成员的头脑中，也有一部分可以存在于组织的经验、数据库、操作规范或文化中。组织在学习的过程中积累了这些知识，即把各阶段发现的知识存储在了组织的一个“知识库”中，以备随后需要时使用。上述组织学习模型反映了组织学习的五个阶段，每个阶段产生的知识存入“知识库”，而“知识库”中的知识也对每个阶段的学习行为产生影响。

改进后的组织学习模型更真实地反映了组织进行学习的过程。这样可以更加清晰地考虑组织在学习中发生的问题以及解决的方案。企业也只有认识了组织学习的全过程，才能更有效地进行学习，并制订推进组织学习的措施。

3．“SECI”螺旋上升式组织学习模型

“SECI”螺旋上升式组织学习模型是日本学者野中郁次郎和竹内弘高（1995）等首先提出的。他们认为组织内的知识可以分为隐性知识和显性知识。隐性知识是存在于组织个体头脑中的、个体的、有特殊背景的知识，即组织中每个人所拥有的特殊知识。它依赖于个人的不同体验、直觉和洞察力。而显性知识是指在个体之间能更系统地传达、更加明确和规范的知识。在此思想的基础上，他们构建了“SECI”螺旋上升式组织学习模型，也称为知识转化的组织学习模型，如图 8.8 所示。其中，“S”是指社会化（socialization），即组织学习是从个人间共享隐性知识开始的；E 则是指外在化（externalization），也就是隐性知识在团队内共享后经整理被转化为显性知识的过程；C 称为组合化（combination），是指团队成员共同将各种显性知识系统地整理为新的知识或概念；I 即内在化（internalization），是指组织内的各成员通过学习组织的新知识和新概念，将其转化为自身的隐性知识，完成知识在组织内的扩散。

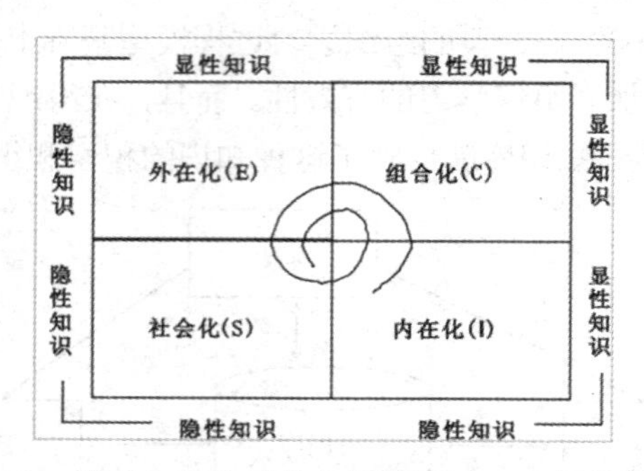

图 8.8　隐性知识和显性知识的“SECI”螺旋模型

（来源：野中郁次郎，竹内弘高，1995；转引自范道津，郭瑜桥，2008）

“SECI”螺旋上升式组织学习模型很好地解决了组织内部知识转换的问题，突破了仅仅把组织学习看作信息处理过程的局限，而把创新与知识产生建立在隐性知识和显性知识互相转化的过程上，是对以往组织学习模型的创新和突破。但正如日本的组织传统一样，它忽视了组织自身作为知识创新主体的作用，如组织可以设置专门的知识创新部门（如研发部门或知识管理部门）来促进知识的创新，而且仅仅将组织学习局限于组织内部，缺乏与外界的知识交换。

【资料】

在野中郁次郎所著的《知识创造的螺旋——知识管理理论与案例研究》中，列举了松下公司的面包机案例：田中以制作大阪最好的面包而出名的大阪国际饭店作为样板，拜该饭店首席面包师为师，研究了作为核心技术的揉制技术，并与项目工程师合作，提出了系统的新面包机制作说明书。这种全新的面包机能成功地复制面包师的揉制技术，使产品达到相同的品质。在此案例中知识转移的路线是：面包师→田中→项目工程师→面包机制作说明书。

（来源：范道津，郭瑜桥，2008）

4．组织学习循环过程模型

组织学习循环过程模型是迪克松（Dixon，1994）提出的，如图 8.9 所示。

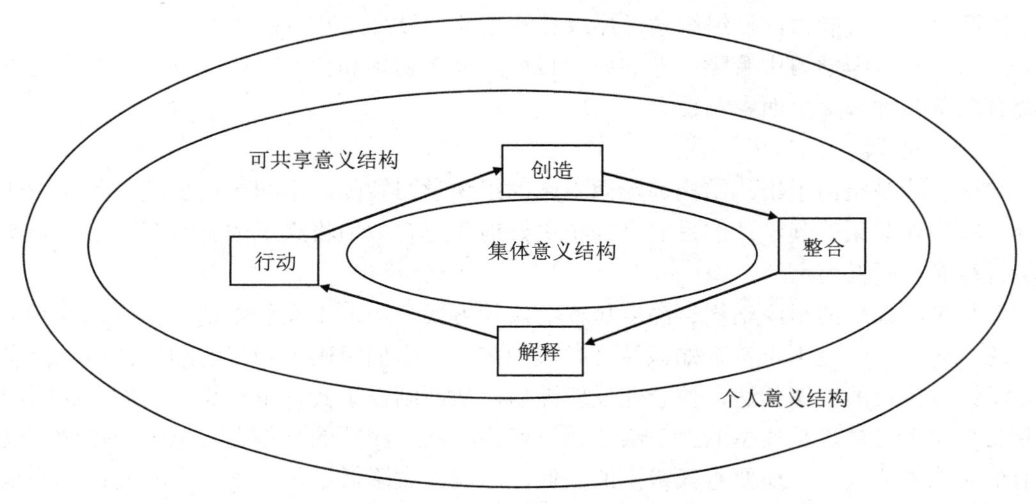

图 8.9　组织学习循环过程模型

（来源：迪克松，1994）

该模型把组织学习分为四个循环的过程：第一阶段为创造（generate）阶段，即对内外部信息的收集与归纳；第二阶段为整合（integrate）阶段，主要运用培训和会议系统的方式将这些信息整合到组织中去；第三阶段为解释（interpret）阶段，即通过改进的交互作用以及简化的层级体制来解释这一信息；第四阶段为行动（act）阶段，即个人和小组在共同理解的基础上采取适当的行动。

此模型最为重要的贡献在于“意义结构”概念的提出。它取代了传统意义上的“知识”和“信息”，创造性地将意义结构分为个人意义结构、可共享意义结构和集体意义结构三个大部分。个人意义结构与组织中共享部分形成可共享意义结构，而集体意义结构在可共享意义结构的基础上被整个组织吸收，成为组织内大多数成员所认同的价值观和信念。组织学习循环过程模型的目的是使个人意义结构成为可共享意义结构，最终形成集体意义结构。它把个体学习与组织学习有机地结合起来，并强调了组织学习与组织绩效的重要关系，具有一定的可操作性。

三、组织学习中的智障

1983 年英荷壳牌石油公司的一项调查发现，1970 年名列美国《财富》500 强的大企业，有三分之一已经销声匿迹了。企业从诞生到衰亡的平均寿命为 40～50 年。这是为什么？

圣吉（Peter M. Senge，1998）也曾经追问过：“为什么组织中每个成员的智商都在 120 以上，而整体智商只有 62？”

这一切都是组织学习中的智障——组织中削弱学习、阻碍学习的思维方式、习惯、看法、氛围等在作怪。它妨碍了组织成长，使组织被一种巨大无形的力量侵蚀着，甚至吞没。这就导致组织在传播、共享、储存和应用知识的过程中往往会发生“过程损失”，致使组织学习的效果远远低于个人学习效果的总和。学习智障是企业系统自身客观存在的一种负面因素，仔细分析组织学习智障，了解组织学习智障的类型，有助于挖掘造成学习智障的根源，提高组织学习能力，使组织学习形成良性循环，最终提升组织学习力。

国内外对组织学习中智障问题的研究目前还处于初始和探索阶段，综合所有研究发现主要有以下几种智障负面影响最大。

1．结构智障

结构智障是指由于组织结构弊端而引起的组织学习智障。组织结构反映的是组织成员的分工与协作关系，其设计的目的是为了更好地、更有效地将组织成员组织起来，为实现组织目标而共同努力[①]。

但是等级森严的组织结构、高度集权的决策方式、一成不变的规则和程序，这些工业时代的“宠儿”已经不再符合知识经济时代的需要。它们阻碍了知识的顺畅传播、信息的有效反馈、决策的快速传达，使企业反应滞后，从而削弱了其竞争优势。例如，我国国有企业的管理者与员工是典型的上下级关系，而不是同一团队的合作者。员工的报酬不仅取决于个人能力的大小，还要看其级别的高低，这就大大降低了员工学习的积极性，严重影响了企业的工作效率。

因此，科学、合理地设计组织结构，简化组织结构的层次以及等级，让信息和知识的传播更加通畅，提升企业反应速度，是消除组织学习结构智障的重要举措；加强员工之间积极而有效的沟通，增强员工的团队合作精神，提高员工学习的积极主动性，形成组织学习的合力，是清除组织学习结构智障的又一重要措施。

2．文化智障

这里的文化主要指企业组织文化[②]。它具有很强的影响力和渗透力，在组织学习模型中处于基础性地位。有人把组织文化比喻为一张弓，如果我们拉得太紧，它会试图弹回来，这样我们反而被击中了。

组织学习的性质和方式在很大程度上是由组织文化决定的。但是，大多数企业文化既不排斥学习，也不鼓励学习，处于追求平稳，害怕冒险、创新，拒绝信息共享，免予承担责任的状态。例如，组织中的成员安于政治化的环境，被政治虚伪、隐瞒与势力所熏染，导致在组织中如入鲍鱼之肆，久而不闻其臭。这样就会阻碍新思想和行为的推行。

组织文化的智障首先表现为对企业员工缺乏约束力。组织文化最大的魅力就是对企业员工的内隐约束力，它就像万能胶一样让员工牢牢地粘在企业周围。一旦缺失对员工的无形约束力，不仅会影响组织成员学习，还直接关系组织形象。例如，一度成为中国海外投资楷模的中国航空油料集团有限公司，因员工缺乏诚信违规暗箱操作，被斩落马下，损害了国有企业的形象。

其次，文化智障表现为企业凝聚力差。凝聚力的高低直接关系组织学习的效果。日本、

---

① 组织结构有关知识详见第十六章第二节内容。

② 组织文化有关知识详见第十七章第一节内容。

韩国企业最为突出的特点就是具有强烈的团队精神，这也是他们在竞争中立于不败之地的重要因素。

最后，不完善的激励机制是组织文化智障的重要表现。薪酬体系的不完善、绩效考核的不合理、晋升体制的欠缺等都是阻碍员工积极性的重要因素，难以形成一种积极向上的组织文化，从而降低了员工以及组织学习的效率与效果。

3．管理智障

通常情况下，进行有效的组织学习或建设学习型组织，需要获得高层管理层的承诺。组织学习过程中，领导者是引领组织学习的方向盘。作为设计师，他要通过战略策划工作来对现有的资源进行整合，设计出组织的结构与组织的政策、策略，提出组织发展的基本理念，设计组织学习的过程。但是管理层往往不能根据组织的实际情况来制订管理方案，致使部门之间不能很好地协调，责任不明确。具体表现为管理的观念落后、责权利不明确、领导的授权不足等。特别是当领导者信息过载时，就会影响组织决策，进而影响组织学习效果。此外，以下几种情况也可能造成管理智障。

资料 8-4

（1）从众效应。组织决策如果经常是在不容商量的气氛中做出的，组织成员就会表现出不情愿的从众行为，所以即使决策错误，也表示一致同意。强迫达成的共识会抑制成员的积极思维和有创意的想法，引起群体思维倦怠，影响组织学习的过程，丧失组织学习的机会。

（2）习惯性防御。个体免于说出真正的想法，用来保护自己或他人，是一种根深蒂固的习性。它在个体最有价值、最核心的思想和观念周围形成一层保护壳，让这些思想和观念无法通达他人。例如，组织学习过程中经常遇到的障碍是习惯性防御，让大家都保持缄默，知识和信息无法交流。

（3）共同悲剧（tragedy of common）。生态学家哈定（Garrett Hardin）1968 年在《科学》杂志上发表了一篇题为“*The Tragedy of the Commons*”的文章，他在里面提出了这样一个概念：行动对每一部分都是有利的，但对整体却是有害的。在一个组织中，个体常常会脱离组织，在短期内通过自利行动而获利，获利会引发更多的活动，进而获利更多。但是当他们发现出现共同错误时，要拯救整体已经太迟了，紧接着是所有的个体都跟着灭亡。因此，组织学习过程中，成员要为整体利益而不断向决策者提供自己的想法，以免自己虽然获得了微小的收益，但组织却遭遇大的灾难。

4．心智智障

心智智障是阻碍组织进行有效学习的重要障碍，具体体现在以下几方面。

（1）局部思考。它是指不从全局、整体和事物的普遍联系考虑问题，而是片面地、局部地、孤立地考虑问题。我们常只专注于自己的决定，而忽略自己的决定对他人有何影响。当组织中的人只专注自身职务时，他们便不会对所有职务互动所产生的结果有责任感。现代组织多按功能导向进行设计，分工比较细，更加深了这种学习智障。因此，在组织学习过程中，我们必须学会系统思考，放弃必定要由某个人或某单位负起责任的假设，共同分担系统所产生的问题。

（2）专注于个别事件。即组织成员关注的是问题或事件的本身，而忽略事件或问题是由缓慢、渐进的过程形成的。这一专注个别事件的习惯常常使缓缓而来的致命威胁习而不察，佛罗里达风暴的“蝴蝶效应”正是强调个别事件的结果。这就要求我们在组织学习的过程中，适当放慢认知变化的步调，注意细微的、不寻常的变化，察觉构成最大威胁的渐进过程，寻找出隐藏于事件或问题背后的真正原因，否则无法避免“温水煮青蛙”的命运。

（3）利己主义归因。这是人们在进行原因归纳时出现的一种偏差。即总是将成功的结果归因于自身，而把失败的结果归因为他人或外部环境。组织学习过程中出现的新情况、新问题阻碍学习的进程，组织成员往往会从引发障碍的客观因素找原因，而不愿反思自身。这往往导致组织不能寻找到阻碍组织学习的根本原因，从而降低组织学习的效率与效果，影响企业的工作效率。

（4）消极思维。遇到组织学习困难时，不能从整体上去思考，而是故意拖延，往往使问题扩大，最终导致危机。所以，要实现组织学习的有效性，必须让组织的思维积极起来，看问题有前瞻性，掌握整体思维的方法，并积极行动起来，将危机扼杀在萌芽中。

（5）经验思考的错觉。遇到问题，组织往往会思考以前解决问题的途径，运用以往的经验来决定解决问题的方法。但是，这里有一个前提，就是问题没有超越时空的有效范围，具有完全的相似性。一旦超越这一范围，试图运用经验发现问题、解决问题的方法就带有盲目性，有时会得到相反的结果。

5．执行智障

执行智障是阻碍组织学习活动顺利开展的特殊障碍。具体表现为组织领导力差、组织学习的战略流程不到位、人力资源配置不合理、学习的运营渠道不畅等。

组织学习过程中，领导的素质以及执行力直接关系组织学习活动能否顺利进行。在一个领导重视且执行力强的团队中，组织成员会有积极学习的强大动力。相反，则会使组织学习缓慢而滞后。

企业组织学习的战略流程是关系组织学习活动成败的重要因素。企业学习战略是企业发展的“生命线”，它指导组织学习活动，决定组织学习的方向和企业持续竞争优势的获取能力。制定并切实实施合理的组织学习战略流程，可以将组织学习的主体与组织学习的运营过程有机结合起来，让企业组织学习活动与外部环境紧密衔接，使组织在竞争中持续处于优势地位。

人是组织学习的主体，也是组织学习最关键的因素。组织中人力资源的选拔、培养与配置，是组织学习活动顺利开展的重要因素。人员配置合理与恰当，形成了学习型团队，就会让组织主体学习的积极性与能动性发挥出来，更好地认知组织学习战略与运营流程，提升组织学习的效果。

组织学习的运营渠道是贯彻组织学习战略的重要场所。一个完善的组织学习流程，必须以战略为指导，从知识的获取、传播、创新、评估等方面展开，环节和环节之间紧密相连。有一个方面出现问题就会导致渠道不畅，影响组织学习的效果，降低企业的综合素质，进而影响企业的可持续竞争力。

6．组织遗忘

资料 8-5

组织遗忘是指组织遗失或忘记组织知识的过程。组织记忆系统储存了大量的知识，但是随着时间的推移或者某些方面的原因，组织会丧失很多知识，这时与组织记忆相对的组织遗忘在起作用。

组织遗忘主要有两种类型：组织无意遗忘（intentional forgetting）和组织定向遗忘（directed forgetting）。组织无意遗忘是指组织在没有意识到的情况下遗忘了组织知识，其中包括遗忘对组织记忆系统有害的知识和有益的知识。而组织定向遗忘，则是指组织有目的地去遗忘组织知识——一般是阻碍组织发展的知识。因此，组织无意遗忘对组织有益的知识，成为组织学习的重要障碍。这会导致组织资源的浪费，降低组织工作的效率。这为组织提出了重要的警示：组织必须完善组织记忆系统，建设储存和管理知识的知识库，为组织进行有效学习、提升组织工作绩效提供可靠的保障。

【资料】

行动学习法破除组织智障

对于大部分企业来说，行动学习可以解决五类管理难题：领导力发展、战略执行、业绩突破、组织变革和文化建设。那究竟什么是行动学习呢？

行动学习法（action learning）最早由英国管理思想家雷格·瑞文斯（Reg Revans）于1940年提出，并将其应用于英格兰和威尔士煤矿业的组织培训。所谓行动学习法培训，就是通过行动实践学习，即在一个专门以学习为目的的背景环境中，以组织面临的重要问题为载体，学习者对实际工作中的问题、任务、项目等进行处理，从而达到开发人力资源和发展组织能力的目的。

行动学习法实际上是一个看似复杂实则简单的概念。它如此简单，以至于其蕴藏的力量多年来一直被人们所忽视。行动学习之于商业管理方面的基本概念就是：经理人们获得管理经验的最好方法是通过实际的团队项目操作而非通过传统的课堂教学。行动学习法的目的不仅是为了促进某一具体项目或个人的学习发展，更致力于推动组织变革，将组织全面转化成“一个学习系统”。

行动学习法简化为公式是：AL=P+Q+R+I，即行动学习=结构化的知识+洞见性问题+深刻反思+执行应用。简单地说，行动学习就是由企业高管提出一个亟待解决的问题，由来自各部门的管理者组成团队，群策群力，分享经验，来提出解决方案，并通过实践获得成功，给企业带来效益的方法。

（来源：https://wiki.mbalib.com/wiki/%E8%A1%8C%E5%8A%A8%E5%AD%A6%E4%B9%A0%E6%B3%95.）

本章小结

1．知识管理是指组织借助于一定的媒介或其他信息传递系统，对知识进行有效的识别、获取、储存、传播、开发和应用，以提高个人或组织创新的能力，从而提升组织绩效和核心竞争力的过程。

2．知识管理应包含几方面的要素：创设有利于知识管理的文化；建设学习型组织；对知识进行编码与构建知识库；建立知识管理的评估体系。

3．组织学习是组织以系统思考和组织文化的共同愿景为工具，以组织结构为依托，以技术为保障，在持续进行的内外部信息交流中，重新设计以适应不断变化的环境的过程。

4．组织学习有多种方法和多种模型，如经典组织学习过程模型、改进的组织学习过程模型和“SECI”螺旋上升式组织学习模型，试图揭示组织学习的过程和规律。

5．组织智障主要包括结构智障、文化智障、管理智障、心智智障、执行智障、组织遗忘几方面的内容。

思考题

1．联系实际谈谈组织学习的过程模型。

2．简述组织遗忘的概念及常见的类型，举例说明如何管理组织遗忘。

3．联系知识及知识管理的概念，谈谈你对知识的理解，并思考总结自己的知识管理策略。

4．结合“SECI”螺旋上升式组织学习模型，谈谈你对一个学科发展的认识。

案例讨论

案例 1：K-R 是如何进行学习的

Knight-Ridder（以下简称 K-R）是美国第二大报业集团，总部设在佛罗里达。它在全美总共发行 29 种报纸，其中有著名的《迈阿密先驱报》《费城时报》。K-R 的报纸曾荣获过 62 次普利策奖，赢得了极高的声誉。K-R 在大多数人眼中是一个保守、稳健的企业，管理层中的大多数人都已经在公司工作了多年。十多年来，K-R 报纸的发行量基本保持不变，销售收入稳步上升。但是实际上，K-R 的决策者很早就已经注意到了全球报业的停滞不前甚至衰退，因为尽管人口总数在增加，但看报纸的人却有缓慢减少的趋势。为此，K-R 在 1988 年实行了两项重要的举措：（1）收购了 Dialog 信息服务公司，使自己从原来的报业大王一跃成为集有线电视、报纸、计算机等多种媒体为一身的信息服务商。（2）执行了“25/43 计划”，对其属下的报纸风格进行了大胆的改革。

是什么使 K-R 这个稳健型的企业做出了如此重大的决策呢？我们从组织学习的各个阶段认识 K-R 产生这两大变革的历程。

发现阶段：公司的总裁 James 在最初阶段起了很大作用。他在公司发展良好的同时发现了报业萎缩的一些信号。为了使公司的人都能认识到这一点——也就是为了使个人的知识渗透到组织层面，James 首先启动了一项以读者为中心的活动，James 还亲自走访了下属的每一家报社，将“一切为读者考虑”的信条灌输到公司的各部分。在 James 的不断重申下，K-R 的大多数管理者与员工都认识到了读者减少的事实和顾客服务的重要性，并希望付诸行动给予改进。

发明阶段：组织对情况有了深刻认识并开始急切地寻找解决方案。“25/43 计划”最初源自管理者们的头脑风暴，然后又收集了大量数据进行验证。所谓“25/43 计划”，是指它的目标是吸引年龄在 25～43 岁的读者群，这些人是战后出生率高峰时成长起来的新一代，有着和前一辈人极不同的爱好和价值观。数据显示，这些人越来越少看报纸，而是将注意力转向了其他信息媒体：电视、多媒体计算机等。要重新吸引这些人对报纸的注意，K-R

必须彻底改变报纸的内容和风格。为此，公司首先选择了一份很小的报纸 *Boca-Roton*，在当地进行了改版实验。

公司的另一项计划是向其他信息服务媒体的战略转移。同“25/43 计划”类似，公司先后收购了几家小的有线电视和信息服务公司作为尝试，其中有几次是失败的，但对公司影响很小，公司还从失败的项目中获得了很多有用的经验。

实施阶段：“25/43 计划”从公司的一家报社推广到另一家，在企业内全面展开，报纸的版面设计、色彩、内容都有大幅变动。K-R 花费 3.5 亿美元收购了 Dialog 公司，一跃成为信息服务商中的带头者。Dialog 的在线信息服务提供了全球最大的全文信息库，吸引了一万多家出版商和专利文献所有者。Dialog 被全球的企业、学者和专业信息收集者使用。这次收购是 K-R 历史上最大的一次，使其自身规模扩大了一倍，业务扩展到 8 个国家。K-R 一夜之间就从在线信息服务业的边缘跳入了这一行业。

推广阶段：两个项目的实施使 K-R 在组织行为和观念上发生了巨大的变化。在组织观念上，组织成员对自己的企业有了新的认识：K-R 不再仅仅是一个报业的大亨，而是一个著名的信息提供商、一个国际化的组织。此外，员工对信息在现实世界中的形式和提供方式也有了崭新的认识，拓宽了经营的思路。K-R 的长期目标演变为：提供读者需要的任何信息——不论何时何地或以何种方式。组织对企业成功因素的认识也发生了改变。原来大家认为“高质量的报纸+不断增长的人口=不断增长的销售量与广告收入”，而现在新的技术和变革使他们认识到，信息内容成为成功的关键因素——而不是信息的媒介，那些拥有和传播重要内容的企业将会成功。在组织行为上，倾听读者的要求成为新的准则。

反馈阶段：以上各阶段都带给决策者有益的反馈，在今后组织的进一步发展与变革中发挥了作用。

知识库：显然，在两个项目的设计和执行过程中，组织积累了很多知识。在第一阶段，K-R 的组织成员在头脑中都有了“为读者服务很重要”的观念（知识），所以，后来在发明阶段所规划的策略就反映了这一点。实施阶段为企业提供了很多市场、经营战略、多元化经营方面的经验与教训。推广过程中，新的组织观念存入了“知识库”，成为组织知识的积累。所有这些知识都以隐性或显性的形式留在了组织的内部。

值得一提的是，在这次学习过程中，K-R 采用了几项避免组织学习智障的措施：（1）大量的数据收集和数据挖掘。（2）外部同盟的建立。同银行、咨询公司建立联系，听取其观点，每次开会讨论时都请外部人员参加，广泛吸取意见。（3）无等级制度的决策过程。所有高低层员工的意见被同等重视。

（来源：Wishart，Elam，Robey，1996）

讨论问题：

1．从本案例中你得到了哪些启示？

2．你认为 K-R 的做法还有哪些地方需要改进？

案例 2：一个失败的知识管理案例

身为一家通讯民营企业——捷华通公司信息部的一把手，吴毅遇到了大麻烦。本来，由于企业管理层对研发力量的大力投入，近几年捷华通不断推陈出新，在电子通信市场上占领了相当的份额。尽管算不上历史悠久，但捷华通以颇具优势的竞争力在业界小有名气。

和所有从事高科技的企业一样，捷华通也面临着员工离职频繁、流动性大的现实。常常是一个员工跳槽就带走了他掌握的全部客户资料，当然，还包括他脑袋里的知识资产。为了保证这些研发成果和核心知识资产不外传，捷华通花了很大力气来确保信息安全：文件加密、屏蔽计算机接口、设置屏幕和网络监控，还有一系列的管理制度。日子久了，公司成功地打造了信息安全至上的企业文化，力保所有项目都能保证信息安全。

很快矛盾就来了。由于扩大规模的需要，公司新进了大批新员工，培训是个巨大的工作量。老总钱一奇意识到，不能因为信息安全而忽视了知识共享。对于知识密集型的高科技企业来说，将知识快速重用和共享才能不断提升企业的生产力。在信息安全的大方针下开展知识交流和共享，就是钱总对吴毅下达的新任务，吴毅被要求务必在月底之前拿出有效方案，三个月之内改善目前的状况。幸好，吴毅对知识管理早已涉猎一二。初步规划后，他就紧锣密鼓地部署起来。

首先，通过公司内网广泛宣传其他企业应用知识管理的成功案例，给员工培养知识共享的意识。其次，在每个业务部门选择一两名业务骨干，给所发布的知识设定安全级别和读者权限，同时对内容质量进行审核和把关。最后，在公司内部的 OA 系统上搭建知识管理平台，所有员工都能在此获取所需知识和发布人信息。这一切都通过积分的激励措施和发布流程的管理制度予以规范化。

平台刚启动的那个月，访问量迅速上升，最多时曾达到 60%的员工日访问量。新增文章的数量也与日俱增，吴毅以为一切都步入正轨了。谁知到了第二个月，文章的增长率每况愈下，而且来来回回就是那几个贡献者；最初为了增加黏性，特意在平台中设置了休闲版，结果眼球都被吸引到了这里，真正目的所在的技能知识、项目经验却鲜有人问津，更别说贡献知识了。

经过讨论，知识管理团队成员一致认为激励制度不具有吸引力，于是吴毅又进一步制定了积分规则，每双周对发布的知识进行统计，奖励前 5 名知识贡献者，并加强了休闲版块的质量审核把关。吴毅以为这次总算可以走上轨道了，就把精力投入到其他项目中。不知不觉间三个月过去了，平台又面临了新的尴尬：真正有价值的知识难得一见，团队成员似乎也都热情不再。无奈之下，吴毅再次召集大家开讨论会，不期然听到了各种逆耳的声音：

“公司信息安全管控得那么严，我们可吃不准哪些资料可以共享，万一没掌握好度，违反了公司规定怎么办？”

“那些关键知识都掌握在业务骨干手里，人家都是公司里的大忙人，哪有时间去发布？”

“知识共享要靠自觉就没法继续，一定要把流程固化，强制执行。”

怎样才能把知识管理切实地推行下去，把有用的理念真正用起来？

（来源：一个失败的知识管理案例分析[EB/OL].（2008-12-30）. http://www.docin.com/p-5565007.html.）

讨论问题：

1．请分析吴毅知识管理失败的原因。

2．请帮助吴毅制定一套新的知识管理方法。

参考文献

[1] 陈国权，马萌．组织学习的过程模型研究[J]．管理科学学报，2000，3（3）：15-23．

[2] 圣吉．第五项修炼：学习型组织的艺术与实务[M]．郭进龙，译．上海：上海三联书店，1998．

[3] 范道津，郭瑜桥．对 SECI 知识创造模型的改进研究[J]．西北农林科技大学学报（社会科学版），2008，84（4）：77-80．

[4] 弗莱保罗．知识管理[M]．徐国强，译．北京：华夏出版社，2004．

[5] 李志刚．知识管理原理、技术与应用[M]．北京：电子工业出版社，2010．

[6] 波特．竞争优势[M]．陈小悦，译．北京：华夏出版社，1997．

[7] 孙红丽．高新技术企业知识管理能力的综合评价[J]．统计与决策，2009（20）：181-183．

[8] 王如富，徐金发，徐媛．知识管理的职能及其与组织学习的关系[J]．科研管理，1999，20（4）：80-84．

[9] 徐勇．知识管理：如何构建中国的知识型企业[M]．广州：广东经济出版社，1999．

[10] 徐宁．互联网时代下组织学习机制构建：以联想复盘式学习模式为案例[J]．中国人力资源开发，2016（24）：58-62．

[11] 袁庆红．企业智力资本管理[M]．北京：经济管理出版社，2001．

[12] 周浩．虚拟企业知识管理模式研究[M]．长春：吉林大学，2008．

[13] ARGYRIS C, Schön D A. Organizational learning: A theory of action perspective reading[M]. MA: Addison-Wesley, 1978.

[14] DAVENPORT T H, PRUSAK L. Working knowledge: How organizations manage what they know[M]. MA: Harvard Business School Press, 2000.

[15] DIXON N M. The organizational learning cycle: How we can learn collectively[M]. London: McGraw-Hill, 1994.

[16] FIOL C M, LYLES M A. Organizational learning[J]. The Academy of Management Review, 1985,10(4): 803-813.

[17] HARDIN G. The tragedy of the commons[J]. Science, 1968, 162(3859): 1243-1248.

[18] HAYEK F A. Individualism and economic order[M]. Chicago: University of Chicago Press, 1948.

[19] NONAKA I, TAKEUCHI H. The knowledge-creating company[M]. New York: Oxford University Press, 1995.

[20] LEVITT B, MARCH J. Organizational learning[J]. Annual Review of Sociology, 1988(14): 319-340.

[21] MEYERS P W. Non-linear learning in large technological firms: Period for implies chaos[J]. Research Policy, 1990(19): 97-115.

[22] NEVIS E C, DIBELLA A J, GOULD J M. Understanding organizations as learning system[J]. Sloan Management Review, 1995, 28(3): 73-85.

[23] WISHART N A, ELAM J J, ROBEY D. Redrawing the portrait of a learning organization: Inside Knight-Ridder, Inc[J]. Academy of Management Executive, 1996, 10(1): 45-60.

自测题

复习题

第九章　组织中的决策

学习目标

- 了解决策过程
- 理解个体决策
- 掌握决策模型、群体决策

引例：问责“决策失误”

国家审计署审计长李金华曾说，领导干部因决策失误带来的巨大浪费，比装进个人腰包更严重。他还说，有的领导干部贪污几百万元被查处，大家拍手称快，但有的领导大笔一挥造成决策失误，可能一下子就损失十几亿、几十个亿，比贪污受贿更可怕。陕西省榆林市一位副市长在他的题为《一个副市长眼中的基层行政十弊》这一篇影响广泛的文章中，更是直截了当地说：“决策失误是最大的腐败”。

当然，这样说，不是说贪污受贿等腐败的危害不严重，而是说，决策失误所造成的危害更加触目惊心。确实，如果我们细加剖析，就会发现，一些工程项目之所以令人匪夷所思，往往是决策失误造成的，它给中国的经济建设、社会发展造成了极大的影响。

国家审计署报告披露，2002 年全国审计机关查出由于违规担保等决策失误，给国家造成了 72.3 亿元的损失；2004 年，在对 10 家中央企业领导人任期经济责任审计中查出，这些企业转移挪用、贪污受贿等涉及经济犯罪的金额为 16 亿元，而由于决策失误、管理不善所造成的经济损失却高达 145 亿元，有 9 倍之多。2005 年的审计报告又指出，当年 1—11 月，全国共查出各类违法违规问题金额 2900 多亿元，揭示损失浪费问题金额也达 150 多亿元，其中相当一部分损失浪费是由于决策失误造成的。

同时，据世界银行估计，从“七五”到“九五”的 15 年间，我国的投资决策失误率在 30%左右，资金浪费及经济损失在 4000 亿～5000 亿元。

（来源：肖华. 问责“决策失误”[J]. 检察风云，2006（23）：24.）

第一节　决策过程

决策通常被定义为从多个备选方案中做出选择的过程。它是组织中最重要的管理活动之一。作为管理者，需要做出的决策大到决定组织目标、所提供的产品和服务、财务运作方式，小到生产日程安排、招聘新员工等。这些决定如何做出？有什么方法可以改进决策呢？

一、决策的基本步骤

资料 9-1

多数研究者将决策分解为一系列阶段，用于描述个人或群体的决策过程。获得 1978 年诺贝尔经济学奖的西蒙（H. Simon）是研究人类判断和决策过程的心理学家，他曾将决策过程分为三个阶段：第一阶段从事智力活动，对环境进行搜索，确定决策情境；第二阶段从事设计活动，探索、发展和分析可能发生的行为序列；第三阶段从事选择活动，在可能的行为序列中选择一个（1960）。

后续的决策研究者分别提出了各自的决策阶段划分（Mintzberg，Raisinghani & Theoret，1976；Harrison，1995；Witte，Joost & Thimm，1972），这些阶段划分对理解组织决策的本质特点很有帮助。一个较为全面的模型将决策过程分为八个基本阶段，其中前六个阶段属于决策规划，即理解问题和做决定的过程；后两个阶段属于决策实施，即执行所做决策的过程（Wedley & Field，1984；Nutt，1993a，1993b）。需要注意的是，并非所有决策都遵循全部八个阶段的模式，有的阶段可能被跳过，有的阶段可能联合进行，有的阶段可能会反复进行。这八个阶段具体如下。

1．问题识别

决策经常是对问题做出回应，识别问题是它的第一步，即发现问题。例如，管理者发现公司不足以支付员工的薪水，这时他认识到问题的存在，需要做出决策。识别问题并不像表面上看这么简单。人们经常会歪曲、遗漏、忽视或低估某些周围的信息，而这些信息提供了有关问题存在的重要线索。第七章中曾经谈到，人们并不总能准确地知觉社会情境，而且如果认识问题真相会让自己不安，就会在潜意识里忽略这些问题。否定问题的存在是有效应对它的第一个障碍。很多不良决策都是由决策者忽视问题或者定义了一个错误问题而造成的。

2．定义目标

在认识到问题存在之后，需要确定解决问题所要达到的目标。例如，如果问题被定义为没有足够的现金，那么目标就是增加可用的现金储备。任何可能达到这一目标的方法都应该考虑。

3．进行预决策

预决策是关于如何做决策的决定。当分析了存在的问题和情境之后，管理者可能选择自己独自决策，也可能委托他人决策，还有可能让群体决策。进行预决策时，应该注意不同的情境需要不同的决策方式。管理者经常依赖自己的直觉或经验来做预决策。但是，近年来已经开发出计算机程序来帮助人们做预决策。这种决策支持系统（DSS）主要基于现有的社会科学研究结果，对人们的决策过程很有帮助，尤其是可以帮助人们产生大量备选解决方案。

4．开发备选方案

在识别可能的解决方案时，人们主要依赖于过去曾经有效的方法。例如，解决资金短缺问题的可能方案包括削减劳动力、出售不必要的设备和材料，或者增加销售。

5．评估备选方案

备选方案一旦确定，就需要对它们进行评估和比较，力图选出最优的方案。在可选方案中，有些可能有效性更高，有些可能实施起来比较困难。例如，增加销售可以增加收入，但实施起来并不那么容易，它只是一种可能的方案，并不是马上就可以实行的。

6．做出选择

评估了多个选项之后，选择一个可以接受的方案。尽管理性决策模型假定人们会选择最优的方案，但我们将会看到，现实中的决策往往由于各种条件限制，只会选择可以接受或合理的解决方案，并不一定是最佳的。

7．执行选择

做出选择之后，实施选中的方案。

8．追踪调查

检验决策实施的有效性对组织来说非常重要。在决策实施之后，问题是否解决？有没有产生新的问题？也就是说，必须积极寻找解决方案有效性的反馈信息。因此，决策是一个循环往复的过程，如果问题没有解决，那么决策过程还要进行下去。

另一个被经常用到的决策过程模型是哈里森（Harrison，1995）的决策模型。他把做出选择作为决策过程的最后一步，将决策分为六个阶段：第一，界定问题，当事件的理想状态与现实状态存在差距时，问题便出现了；第二，确定决策标准，即确定选项优劣的标准；第三，给标准分配权重，并非所有标准都同等重要，需要排列它们的优先顺序；第四，开发备选方案，即列出所有可能的解决方案；第五，评估备选方案，将备选方案根据阶段二和阶段三确定的标准进行评估；第六，选择最佳方案，计算出在各项标准上总分最高的方案，选择这一方案。

上述每种决策模型都明确界定了各个阶段，并从第一阶段开始，一直到最后一个阶段。但需要注意的是，决策是一个动态的过程，几乎每个阶段都可能会发生跳过、停留或重复等现象。并且，现实中的决策往往并非完全理性的，不一定会严格遵循每一阶段直至选出最佳解决方法。尽管如此，这些决策模型还是提供了分析组织中复杂决策过程的有效工具。

二、决策的个体差异和文化差异

1．决策的个体差异

个体做决策的方式并不一样，有人确定解决方案的时间比别人长，有人更乐于冒险，有人更关注决定对他人的印象，有人强调不惜任何代价的成功，有人更依赖逻辑和分析，有人更有直觉和创造力，等等。

人们的决策风格有所不同，这些风格反映了人们认知周围世界、处理信息等方面的区别。罗（Rowe，1987）提出了区分人的决策风格的两个维度：思维方式和个体对模糊的耐受性。在思维方式维度上，一些人是理性和有逻辑的，对信息进行序列加工；另一些人是直觉和有创造力的，从整体上认知事物。在个体对模糊的耐受性维度上，模糊耐受性低的人需要结构化信息，从而使模糊性降到最低水平，而模糊耐受性高的人则可以在不确定的环境中工作，在同一时间进行多种思考。这两个维度的交叉就形成了图 9.1 所示的四种主要的决策风格。

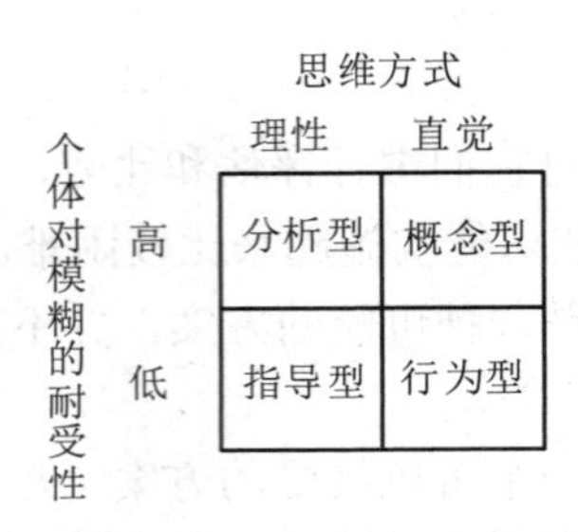

图 9.1 决策风格模型

（1）分析型的个体对模糊的耐受性高，希望得到更多信息，考虑更多备选方案，同时使用更多时间进行决策。分析型的管理者属于认真的决策者，能够适应和处理新的、意想不到的情境。

（2）指导型的个体难以容忍模糊性，并且寻求理性。这种决策者有效率，有逻辑，但是他们对效率的关注导致他们在收集很少的信息和评估少量的选项之后就做出决定。指导型的个体迅速做出决定，并关注短期效果。

（3）概念型的个体倾向于使用来自多个来源的数据，考虑很多备选项，并根据直觉进行决策。他们关注长期效果，善于发现创新的问题解决方案。

（4）行为型的个体则关注组织中的人们和他们的发展。他们关心下属的幸福感，愿意接受他人的建议。他们倾向着眼于短期效果，并且在决策中对数据的使用不予重视。这类管理者会努力避免冲突并寻求被接纳。

研究表明，多数管理者并非只属于一种类型（Jiang，Ananthram & Li，2018）。通常管理者存在两种或更多不同的决策风格，一种占主导，其他辅助。一些管理者几乎完全依赖于主导风格，而更灵活的管理者则可以根据情境进行调整。但通常个体的主导风格影响很大，不同主导决策风格的个体之间可能会发生冲突。例如，高度指导型的管理者可能很难接受一名缓慢的、谨慎的分析型风格的下属。罗等人（Rowe & Mason，1987）发展了决策风格量表（The Decision Style Inventory，DSI），用于测量个体的决策风格的相对强度。个体在某一决策风格上的分数越高，这一风格主导该个体决策的可能性就越大。使用决策风格量表的研究得出了有价值的结果。例如，若公司总裁在每一类型上的得分几乎都一样，这意味着他们没有主导风格，能够在不同类型间来回转换。而不同群体的主导决策风格也可能是不一样的。例如，军队领导并不像通常所认为的那样高度专制，而是有较高的概念型风格得分。这些不同的风格各有其优缺点。例如，指导型的决策者通常会快速决策，但往往比较独裁；概念型的决策者愿意冒险，喜欢创新，但决策时往往犹豫不决。人们的人格及人际技能的不同，造成他们以不同的方式进行决策。

另外，决策有一定的性别差异。研究发现，男性在决策时更倾向于运用逻辑和理性进行思考，而女性则更倾向于运用自己的情感或优先考虑自己的情感方面（Suari，et al，2019）。对于风险来说，男性更倾向于风险寻求，女性更倾向于风险规避（张冉冉等，2020）。例如，熊艾伦等（2018）发现中国企业中的女性领导人相比男性领导人来说，避险意识较强，竞争意识较弱，同时也有较高程度的涉他偏好。总的来说，女性在决策时分析问题的时间更长，她们往往在决策前过度分析问题，决策后又反复讨论已做的决定。积极的一面是对问题的考虑细致，消

资料 9-2

极的一面是造成决策难以做出，以及对过去决策的后悔。而对男性来说，他们往往能够快速、果断地做出决策。积极的一面是能够把握决策时间，在竞争中抢占先机；消极的一面是有时过度的自信会导致其缺乏风险意识以致决策失误。

对决策风格的分析除了提供理解个体差异的框架外，还可以解释有相同智商的管理者在分析了相同的信息之后，为什么决策过程和最终的选择完全不同。认识人们的决策风格还可以帮助理解组织中的社会交往。

【资料】

决策者角色及相关变量对风险偏好的影响

段婧、刘永芳、何琪（2012）采用 IAT 技术测查被试者的内隐自尊，并引入收益和损失两种任务框架，综合探讨了内隐自尊水平、任务得失框架对自我决策和为他人决策时风险偏好的影响。结果发现：（1）在收益框架下，被试者为他人决策时更冒险，而在损失框架下，为自我和他人决策的风险偏好无显著差异；（2）与为自我决策相比，低内隐自尊者为他人决策时更冒险，而高内隐自尊者为自我和他人决策的风险偏好无显著差异；（3）内隐自尊水平与任务框架的交互作用及内隐自尊水平、任务框架和决策者角色之间的三级交互作用均不显著。

（来源：段婧，刘永芳，何琪，2012）

2．决策的文化差异

尽管不同文化背景下遵循的基本决策步骤差别不大，但是决策的方式有较大差异。决策者的文化背景影响其对问题的选择和分析的深度、对逻辑和理性的重视程度，以及组织决策由个体管理者独断做出还是由群体共同做出，等等。首先，不同文化的时间观念有较大差异。如果一名美国人正在管理一个大型建筑项目，他发现最重要的供应商之一交付必需材料的时间要推迟几个月，这名美国人很可能会考虑更换一个供应商。但如果是在泰国、印度尼西亚或马来西亚，管理者很可能会接受这一点，允许项目推迟。也就是说，对于美国、加拿大或西欧的管理者来说，这种情境会被知觉为需要决策，但泰国、印度尼西亚或马来西亚的管理者根本就不会认为这是问题。由于决策过程开始于问题识别，所以必须注意的是，并非所有人都把同样的情境知觉为问题。另一个文化差异也与时间有关，表现在决策所花费的时间上。在美国，好的决策者的标志之一是他很果断，也就是说，乐意做出重要决策并且毫不迟疑。但是，在其他一些文化下，时间的紧迫感不被重视。例如，在埃及，事情越重要，决策者被期望花越多的时间去考虑。在整个中东，迅速做出决定会被认为过度草率。

其次，不同文化之间强调的决策主体也有所不同。例如，在美国，人们高度重视个人主义，通常是个体决策。但是，在集体主义文化下，例如日本，如果不先赢得同事的同意，就自己做出决定，会被认为不可思议。由什么人来做决策也有文化差异。例如，在瑞典，决策可能涉及的所有员工都要参与决策。但在印度，期待的是专制决策，如果管理者咨询下属的意见，会被认为是软弱的表现。

资料 9-3

三、组织中决策的类型

组织中的决策有很多类型，根据决策的常规性、包含的风险以及由组织中的什么人来做决定，可以做以下区分。

1．程序化决策与非程序化决策

有些决策是根据一套预先设定的选项重复做出的。例如，一个文档操作员决定将每天的工作都在磁盘上做一份备份，一名快餐店经理在供给开始下降时决定订购汉堡包用的小圆面包。这类决策属于程序化决策（programmed decisions），即常规决策，由低层人员做出，依赖于预先确定的行动惯例。而非程序化决策（nonprogrammed decisions）则没有现成的解决方案，决策者面临一种独特的情境，解决方案是新颖的。例如，一名试图找到罕见疾病治疗方案的学者面临的是一个没有客观标准的问题，必须依赖于创造性，而不是先前存在的答案，才能解决手头的问题。

一种带有全局性质和整体目标的非程序化决策叫作战略决策（strategic decisions）。这类决策通常由高层主管联合做出，对组织具有重要的长期意义。战略决策反映了以特定方式指导组织的一致模式，需要根据基本的组织价值观或使命进行决策。例如，一个组织可能会做出以特定速度增长的战略决策，或者由某种公司道德规范指引的战略决策。这些决策指引组织未来的方向，因此都可以被看作战略决策。

程序化决策和非程序化决策主要有三个方面的不同：首先，要完成的任务不同。前者的任务是普通的和常规的，后者涉及独特和新颖的任务。其次，对组织政策的依赖程度不同。在进行程序化决策时，决策者可以依靠来自组织政策和程序的指导方针，而非程序化决策需要使用创造性解决方案，过去的方案很少有帮助。最后，做决策的人员不同。前者通常由低层员工完成，而后者则由高层管理人员做出，如表 9.1 所示。

表 9.1　程序化决策与非程序化决策的比较

	程序化决策	非程序化决策
完成的任务	常规的重复出现的问题	独特任务
对组织政策的依赖程度	依靠组织的政策制度	决策者发挥自身的创新性
决策者	低层员工	高层员工
例子	企业定期的库存报表 公务员晋升系统	新产品开发及新市场的开拓 政府部门重组

2．确定性决策与不确定性决策

如果可以知道未来会发生什么，那么做决策是很容易的。遗憾的是，人们从来没法准确预测未来，只是有些时候更确定一些。与决策相关的因素的确定性是组织决策者所渴望的。确定和不确定的程度用风险这一概念来表示。所有的组织决策都包含某种程度的风险，从完全确定（没有风险）到完全不确定（高风险）。为了尽量把决策做到最好，人们寻求各种方法来管理所冒的风险，即通过掌握与决策相关的信息，把一个决策所带来的风险减到最小。

风险常常用渴望的结果出现的概率来表示。决策者试图确定当其他事件存在时，某种特定事件发生的可能性或概率。例如，一名金融分析师可能会报告，当最低贷款利率下降时，某一股票有80%的可能上涨；一名气象学者可能报告降水概率是50%。这些数据属于客观概率（objective probabilities），因为它们基于具体的、可验证的数据。还有许多决策基于主观概率（subjective probabilities），即对何事会发生的个人信念或预感。例如，一名赌徒因为一匹马的名字与他孩子的名字类似而在它身上下注，一个人因为他刚洗了车就认为不会下雨，这都是根据主观概率所做的判断。

在决策中，不确定性是不受欢迎的。组织中的很多决策者都在试图减少不确定性，以做出更好的决定。那么，当组织遇到高度不确定的情境，不知道将来会怎样时，他们会如何反应呢？研究表明，通过与其他组织建立联系，可以减少决策的不确定性（Keefer，Landau，Sullivan，Rothschild，2014）。一个组织对另一个组织将怎么做知道得越多，它在做决策时的确定性就越高。由于这个原因，决策者对不确定性的反应通常是，降低所在商业环境中其他组织的不可预测性。一般而言，信息可以减少决策情境的不确定性。过去和当前的知识可以用于对未来进行规划。计算机技术很大程度上提高了管理者迅速决策的能力，因为管理者可以使用最准确和全面的信息。在线信息服务可以提供与决策有关的最新信息。很多管理决策还基于管理者过去的经验和直觉。也就是说，在做决定时，人们经常依赖于过去有效的方案。这一策略经常成功的原因在于，在某些领域有专业知识的个体知道哪些信息是最重要的，并且知道如何解释这些信息，以帮助做出决定。正因如此，在做重要决定时，人们常常会求助于有经验的专家。这些专家不仅拥有评估各个选项风险所需要的信息，并且知道如何降低风险。

资料 9-4

3．组织管理严密的决策和充分授权的决策

在组织中，传统的做法是除最琐碎的决策之外，所有的决策都由管理者做出。下属收集信息并上报给领导，领导利用这些信息来做决策。这种组织管理严密的决策又被称为自上而下的决策（top-down decision making），即决策权在管理者手中，低层职员很少或没有做决策的机会。

但是，现在很多组织开始改变这一做法而采用充分授权的决策（empowered decision making）。授权决策也叫参与决策（participative decision making），是指把决策权交给那些可能受决策影响的人或让他们参与到决策过程中来。它允许低层职员对工作相关的问题独立做出决策，而不必征得上级的同意。这一方法的原理是，人们对自己的工作了解最清楚，知道什么决定是最好的。并且，当人们得到授权自己做出决策时，他们更愿意执行该决策，并接受这些决策的后果。不仅可以授权给单个人，还可以授权给工作团队。很多公司实行高度授权的自我管理小组（self-managed teams）制度，让他们自己来做决策。对决策的参与可以提高员工的自主感，让他们更多地体会到工作的意义和乐趣，提高其对工作的满意度，从而更好地发挥创造性。里夫斯等人研究发现，参与程度和生产效率正相关（Reeves，Walsh，Tuller，Magley，2012）。

资料 9-5

参与决策的形式非常多样：可以是所有与决策有关的人员全部参与，也可以是部分人参与；可以是参与决策过程的所有阶段，也可以是只参与部分阶段；可以是短期的，也可以是长期的；等等。不同形式的参与对生产效率和员工满意度的影响是不一样的。在实际决策过程中，参与的程度受到一些因素的影响，通常个体或团队越有经验、任务越开放和非结构化，需要参与的程度就越高。

第二节 决策模型

一、理性假设和标准决策模型

传统的决策模型是建立在理性假设基础之上的，这种假设来源于古典经济学理论，认为人是完全理性的，有能力做出最优决策。在此基础上，衍生出了一系列的具体假设：一是问题清晰，即假定研究者对决策情境拥有完整全面的信息；二是所有选项已知，假定决策者可以确定所有的标准，列出所有的可行方案，并且知道所有可行方案的可能结果；三是偏好明确，假定决策标准和备选方案的价值可以量化和排序，以反映其重要性；四是偏好稳定，假定具体的决策标准是恒定的，分配给它们的权重也是稳定的，不随时间的推移而变化；五是没有时间和其他条件的限制，假定可以获得相关标准和备选方案的丰富信息。

在理性假设基础上建立的决策模型被称为标准决策模型，其中比较著名的是诺依曼（John Von Neumann）和摩根斯坦（Oskar Morgenstern）于 1947 年提出的期望效用模型。该模型提供了一套明确的公理，包括有序性、占优性、相消性、可传递性、连续性、恒定性等。根据这些公理和公式可以准确地计算出各类决策的数学预测结果。

曾经有很多管理者将这种决策方式看作最佳的管理决策方法。但是在现实情境中，决策者往往面临各种各样的限制，不可能获得所有需要的信息，偏好不那么明确和稳定，导致真实的决策与要求结果最优化的标准化决策模型不吻合。因此，多数研究者并不认为标准决策模型是对人类实际决策行为的描述。只有当决策者是没有一点儿经验的新手时，当决策者面临只有少数几个行动选项的简单问题时，当搜索和评估备选方案的成本很低时，标准决策模型才能勉为其难地说明和解释人们的决策行为。遗憾的是，现实生活中的决策很少属于这些情况。

二、有限理性假设和描述决策模型

回忆一下你自己选择大学时的体验，你是否考虑了所有可能的备选方案？是否列出了所有的评价标准？是否根据这些标准评估了所有的备选方案，从而找到最合适的学校？多数人的回答是“否”，也就是说，不太可能进行完全理性的决策。同样，组织中的决策也是这样。例如，假设人力资源经理要招聘一名新的接待员，在面试了几名应聘者之后，他可能会选择见过的人中最好的那名，并停止面试。这名经理不可能去面试所有可能的候选人，然后决定最佳的人选。在找到一名足够好的人选之后，他便停止寻找。

上面的两个例子很好地说明了现实生活中的决策是如何做出的。为了很好地解释这种现实的决策过程，诺贝尔奖获得者西蒙（Herbert A. Simon，1976）提出了有限理性假设。

该假设认为，现实世界充满不确定性，人类的理性资源和认知能力是有限的，不可能掌握全部的信息并选出最佳的选项。因此，决策者并不是考虑所有可能的选择，而是考虑那些可用的选项，并选择第一个满足可以接受的标准的选项。西蒙指出："同人类生活环境的复杂性相比，人类的思维能力非常有限。"因此，人类必须愿意"找到问题的'足够好的'解决方法以及行动的'足够好的'路线"（Simon，1979）。实际上，人们做决策时，往往追求的是满意（能够满足需要的方案）而不是最优（效用最大化的方案）。

在有限理性假设基础上派生出来的决策模型被称为描述决策模型或行为决策模型，即试图描述人类真实决策过程或行为的模型。西蒙曾试图从以下几方面描述管理决策行为。

（1）决策者从备选方案中进行选择的时候，力图寻找令人满意的方案，满意的标准可以是足够的利润或市场份额，以及公平的价格，等等。

（2）决策者建构真实世界的简化模型，从问题中抽取重要的特点，而不是抓住问题的所有复杂方面。然后，个体可以在简化模型的范围内进行理性行为。

（3）由于决策者遵循满意而非最优化的原则，他们在进行选择时不需要首先确定所有可能的方案，也不用保证这些方案已经涵盖了所有的可能性。

（4）决策者使用相对简单的经验原则，或者根据习惯来进行决策，这些技术不会对思维能力要求过高。

西蒙的有限理性假设和描述决策模型比完全的理性模型更好地描述了人们实际是如何做决策的。但是，这个模型并没有说明决策偏差如何产生，也不能具体预测人们面临多个选项时到底会选择哪一个。西蒙之后被广为接受的模型是卡尼曼（Daniel Kahneman）和特韦斯基（Amos Tversky）于 1979 年共同提出的前景理论。

资料 9-6

【资料】

寻找缝衣针

美国著名经济学家西蒙曾经讲过这样一则经济学寓言：

在一个干草垛里随机地散布了许许多多的缝衣针，这些针在尖锐程度、长短、粗细等方面都存在着细微的差别。现在，一个人要从中找出一根针来缝补衣服。那么，这个人该怎样完成这个任务呢？如果这个人遵循最优化原则，那么他就要在干草垛中翻遍每一棵草，将所有的缝衣针都找出来，然后将所有的缝衣针进行对比，从中选择最尖锐、最光滑、最顺手的一根出来，这样未免太耽误时间。那么，还有第二个办法，就是寻找缝衣针的人只要找到一根针，能够完成缝衣服的目的，问题就解决了。

（来源：https://www.shangxueba.com/ask/11467695.html.）

三、前景理论

卡尼曼和特韦斯基提出的前景理论（prospect theory）解释了人们如何评估备选项以及如何做出决定。前景理论的要点可以用图 9.2 来表示。图中横坐标表示事物的客观状态，右边是正值（收益），左边是负值（损失），它们可以是金钱的输赢、工作的得失等。纵坐标表示主观状态或对事物变化的主观心理反应，也叫价值。

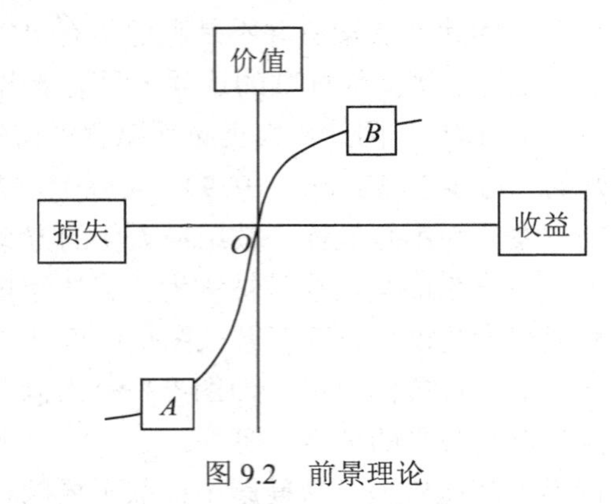

图 9.2　前景理论

（来源：Kahneman & Tversky，1979）

根据图 9.2，我们可获得以下三个关于前景理论的要点。

1．价值函数呈“S”形

从图 9.2 中可见，收益和损失的价值函数都是曲线，表明客观事物引起的心理价值感并不与客观状态相对应。对应于收益的价值曲线（*B*）表示人们对正面事件的反应，它随着曲线向右延伸倾斜程度逐渐降低，说明随着获利额的增加，人们从每个单位获得的满足感逐渐降低。也就是说，获得 200 元钱带来的满足感不到获得 100 元钱带来的满足感的两倍。因此，如果要求被试者从稳赚 100 元钱和 50%的概率赚 200 元钱中选择一项，人们将会选择前者。卡尼曼和特韦斯基（1979）指出，面临收益时，人们是回避风险的。而对应于损失的价值函数也是曲线（*A*），说明随着损失金额的增加，每单位损失造成的损失感逐渐减少。也就是说，损失 200 元钱造成的损失感不到损失 100 元钱造成的损失感的两倍。因此，如果要求被试者从稳赔 100 元钱和 50%的概率赔 200 元钱中选择一项，人们将会选择后者。正如卡尼曼和特韦斯基所指出的，面临损失时，人们是趋近风险的。

2．损失曲线比收益曲线陡峭

由于损失的价值函数比收益的价值函数更陡峭，造成损失比收益显得更突出。也就是说，损失 100 元钱的负面感受比获得 100 元钱的正面感受要更强烈一些。有研究者认为，同样的损失和收益，前者对心理的冲击比后者要大一倍以上（Kahneman & Tversky，1979）。因此，人们有回避损失的趋势。夸特龙（Quattrone）和特韦斯基（Tversky）指出，这种回避损失的倾向会使谈判变得更复杂，因为双方都将自己的让步看成一种损失，而损失比让步带来的好处显得更突出。回避损失所产生的另一种结果是，当人们拥有一件物品时，它的价值就增加了。例如，当要求人们对自己拥有的一件东西定价时，人们给出的定价通常比他们为购买这件物品而愿意出的买价更高。这一效应之所以出现，就是由于损失的感觉比获得同一件东西的感觉更强烈。这一效应也被很多公司加以利用，这些公司经常向顾客提供退款保证，诱使他们做出购买决定。而人们一旦拥有产品之后，放弃产品就意味着损失，因此多数人不会退还。

3．中心点的位置

前景理论认为，问题描述上很小的变动就可以改变中心参照点的位置，从而改变人们有关损失和收益的想法，并最终影响决策。如果相对某一参照点，某项结果看来是一种收益，那么决策者会倾向于回避风险（risk-aversive），选择比较保守的那个选项；而如果相对另一参照点，某项结果看来是一种损失，那么决策者会倾向于趋近风险（risk-seeking），选择比较冒险的那个选项。因此，对于各个选项的描述方式会很大程度上影响人们的决策，卡尼曼和特韦斯基称之为框架效应（framing effect）。

前景理论可以很好地对人们的决策行为和结果进行预测，是一个有用的决策描述模型。除此之外，卡尼曼和特韦斯基还研究了人们决策时所使用的方法。他们认为，当面临时间有限、信息不完全等不确定的决策情境时，人们依赖于启发式（heuristics）而不是正规的分析方法。启发式是能够提供捷径的一些非正式的经验法则，它们能够降低做决策的复杂性。卡尼曼和特韦斯基提出的启发式包括代表性启发式（representative heuristic）、易得性启发式（availability heuristic）、锚定和调整启发式（anchoring and adjustment heuristic）等。这些启发式可以帮助人们用很少的时间和努力达到令人满意的结果，甚至很接近标准决策模型确定的最优方案。但是，在某些情况下，启发式的使用可能会导致一些可以预测的系统性偏差。这些偏差的具体阐述见后文。

资料 9-7

第三节　个体决策

在组织中，有些决策是以个体为主体做出的，这些个体决策是如何做出的？除标准决策模型和描述决策模型所阐述的规律外，个体决策还受到一些因素的影响。

一、个体决策中的创造性

创造性是指就特定情境而言，产生新异和合适想法或产品的能力。这些想法不同于以前用过的，但对当前的问题或机遇又是合适的。创造性可以使决策者充分评估和理解问题，发现他人没发现的问题。并且，创造性最明显的好处是帮助决策者确定所有可行的备选方案。

研究发现，人们的创造性有一定的个体差异：只有不到1%的人具有超常的创造性，10%的人有较高的创造性，60%的人有一定程度的创造性（转引自戴元星，2011）。这说明，多数人都有创造潜能，问题是如何在决策中使用它。那么，如何激发员工的创造性呢？

研究表明，三种模式可以提高创造力水平：（1）冒险模式，未知的领域更容易激发个体的高创造力（Shen et al，2018）。（2）准备模式，在希望有所成就的领域中花费多年获得专业知识的个体更容易表现出高创造力（Adams & Ericsson，2000）。（3）内在动机模式，能从所从事的工作和创造的事物中得到快乐和满足的个体有更高的创造力（Amabile，1993）。

与此相应，研究者提出了一个三成分创造性模型，认为创造性主要需要专业知识、有创造性的思维技能和任务导向的内在动机（Amabile，Conti，Coon，Lazenby，Herron，1996）。（1）专业知识（expertise）是创造力工作的基础。不管是艺术家，还是科学家，他们关于自己领域的丰富知识和理解，是做出创造性贡献的必要条件。当个体具备他们所从事领域中的能力、知识、熟练的专门技能时，他的创造力潜能也会有所提高。（2）有创造性的思维技能（creative-thinking skills）包括与创造性有关的人格特质、类比能力以及从不同角度看待熟悉事物的才能。研究发现，智力、独立性、自信、冒险、内控、对模糊性的容忍，以及面对挫折时的百折不挠等个体特质与创造性想法的开发有关（罗宾斯，2008）。类比的有效运用可以使决策者把一种情境中的想法应用到另一种情境中，它们可以使陌生变得熟悉，也可以使熟悉变得陌生。（3）任务导向的内在动机模式是人们愿意从事某项工作，原因是该工作有趣、使人投入、令人兴奋、使人满足或对个人有挑战性。这个动机成分把创造潜能转为实际的创造性想法，它决定了个体充分使用其专业知识和创造性技能的程度。因此，创造性高的人们通常热爱他们的工作，甚至达到痴迷的程度。对组织来说，很重要的一点是，个体的工作环境对内在动机有很大影响。工作环境中的一些激励因素可以培养人们的创造性，包括：鼓励想法交流、对想法做公正和建设性的评价；对创造性工作的认可和奖励；充分的财力、物力和信息资源；决定做哪些工作和如何做的自由；有能够有效沟通、对他人表现出信任、支持的上司；有相互支持和信任的工作群体成员；等等。

二、个体决策中的理性与直觉

决策的完全理性模型倾向于认为，决策者在面临任何问题时都进行认真推理和分析，经过严密的逻辑思考之后做出决定。但是，正如前文所述，人们的信息加工能力并非无限的，不可能所有决策都遵循完全理性的原则。并且，有些时候依赖直觉做出的决策甚至优于理性分析后的决策。

越来越多的心理学研究证实，人们的思维只有一部分是受控制的，即有意识和深思熟虑的，还有很大一部分是自动产生的，即无意识和无须努力的。研究者承认，无意识的信息加工可以产生瞬间的直觉（Dijksterhuis，Bos，Nordgren，Baaren，2006）。直觉的拥护者认为，重要的信息即使不经过有意识的分析也可以获得。还有一些人支持直觉管理，在判断他人的时候，我们应该依赖右脑的非逻辑智慧。例如，聘用或解雇员工时或进行投资时，直觉主义者提倡倾听直觉的呼声。

到底什么是直觉（intuition）？人们通常将直觉描述成某种预感（hunch or gut feeling），或者描述为知道某事却不知道自己是如何知道的。在管理文献中，西蒙（Simon，1995）将直觉决策定义为从经验中提取精华的无意识过程，它不一定脱离理性分析而独立运作，而是与理性分析相辅相成的。其他定义包括：习得行为序列的顺利和自动执行（Isenberg，1984）；成为固定习惯的分析能力和识别后的快速反应能力（Simon，1987）；不经过逻辑的、有意识的推理而识别或了解事物的能力（周治金，赵晓川，刘昌，2005）；以决策者经验为基础的无意识的决策过程（孙慧明，傅小兰，2013）；等等。从上述对直觉的定义，可以概括出以下几点：首先，直觉是很快的；其次，直觉包含习得的信息加工模式；最后，直觉在决策中可能是一种积极的力量。因此，决策中的直觉并非神奇的第六感，而是建立在多年的经验基础之上，并开始于对问题的辨认和识别。

在管理实践中也有证据表明，管理者经常利用直觉来做决策。很多人认识到，也许理性分析的力量被过分高估了，在某些情况下，依赖直觉可以提高决策水平。例如，孙慧明和傅小兰（2013）在对直觉在军事决策的应用中总结发现，现代战争的动态性、不确定性、复杂性和模糊性要求指挥员在战场中要善于利用直觉进行快速决断。在消防员、医生、护士、军人等人群中，有经验者所看到的世界与新手有很大差别，我们可以把他们的直觉称为“专家式直觉”，丰富的经验与知识储备以及复杂却基本有序的情境决定了他们在做决策时依靠直觉往往可以得出最优解。

什么时候人们更有可能使用直觉决策？研究者确定了八种条件：存在很高的不确定性；很少有先例可以利用时；变量很难按科学的方法预测；“事实”很有限；事实没有明确指明方向；分析性数据用处不大；有几种似乎合理的备选方案，每种都有很好的根据；时间有限，并且做出正确决策有压力（刘耀中，晏建萍，2012）。

尽管直觉决策已经获得认可，却很难指望人们轻易承认自己在使用直觉决策，尤其是在北美、英国等推崇理性分析的文化中。具有较强直觉能力的人们通常不会告诉同事他们是如何得出结论的。由于理性分析更被社会赞许，所以直觉能力经常被伪装或隐藏。另一个问题是：能否教会管理者使用他们的直觉？有研究者通过研讨会来开发管理者的直觉技能，在一些组织中取得了积极结果（Goldberg，2006）。

资料 9-8

三、个体决策的偏差

在决策模型的讨论中，我们提到，决策者在很大程度上是有限理性的。并且，决策者经常依赖于捷径和经验法则（卡尼曼和特韦斯基称之为启发式）来节省精力和简化决策程序。通常，这些捷径有助于人们迅速做出令人满意的决策。但是，他们也可能会造成严重的偏差和对理性的偏离。因此，认识这些偏差可以有效地帮助决策者，在利用某些经验法则的同时，避免其负面的破坏作用。以下是一些常见的决策偏差。

1．证真性偏差（confirmation bias）

理性决策过程假定，人们总是客观地收集信息，但实际并不是这样的。人们选择性地收集信息。证真性偏差是选择性知觉的一种特定形式。人们寻求能证实自己过去选择的信息，忽视那些与自己做出的判断和决策相抵触的信息。人们还倾向于接受与自己预先形成的观点相一致的信息，对那些挑战这些观点的信息则持批评和怀疑态度。因此，个体所收集的信息往往偏向于支持自己已经持有的观点。证真性偏差影响人们到哪里或到谁那里去收集证据，因为人们总是希望看到自己想看到的、听到自己想听到的内容。它还造成人们对支持自己观点的信息给予较高权重，而对反对自己观点的信息给予较低权重。

【资料】

人有亡斧者，意其邻人之子。视其行步，窃斧也；视其颜色，窃斧也；听其言语，窃斧也；动作态度，无为而不窃斧者也。俄而掘其沟而得其斧，他日，复见其邻之子，其行动、颜色、动作皆无似窃斧者也。其邻之子非变也，己则变矣。变也者，无他，有所尤也。

——战国·郑·列御寇《列子·说符》

2．过度自信（overconfidence）

在人们的判断和决策中，过度自信是一个非常普遍的问题，它带来的潜在破坏性很可能是最大的。当给人们一些常识性问题，要求回答并估计回答正确的可能性时，人们倾向于过度乐观。研究发现，当人们有65%～70%的信心认为自己正确时，实际上正确率只有50%；当人们说自己100%确定时，实际的正确率只有70%～85%。在主观信心和实际正确率之间只有很小的相关性，或者不相关（Lichtenstein，Fischhoff，Philips，1982）。

资料 9-9

在组织中，一项与过度自信有关的有趣发现是，能力不足会增加过度自信倾向，那些智力和人际能力最差的人最有可能高估他们的成绩和能力（Russo & Schoemaker，1992）。管理者或员工对某领域掌握的知识越多，他们表现出过度自信的可能越小。当组织成员考虑自己专业领域之外的问题时，过度自信更有可能出现。过度自信的部分原因来自于上述的证真性偏差，人们总想证明自己是正确的，所以就产生了过度自信。要降低过度自信，一种方法是及时获得反馈信息，另一种方法很简单，却更实用和有效，就是经常反省自己的信念出错的原因。

3．易得性偏差（availability bias）

决策者往往会根据一些容易想起的典型事例做出判断和决策，这就是易得性启发式。很多时候这一启发式可以发挥积极的作用，但在更多情况下会导致系统偏差。很多人担心飞机失事，却不太担心驾车发生事故，他们认为乘飞机更危险。但实际情况并非如此。统计显示，美国旅行者在出行同样距离的情况下，发生汽车事故死亡的概率是飞机失事的26倍（迈尔斯，2006）。之所以有这样的判断偏差，原因在于媒体对飞机失事的渲染，人们很容易回忆起飞机失事的事例或场景，因而高估了乘飞机的危险。那些刺激情绪的、格外生动的或者最近发生的事件更容易从记忆中被提取出来，因而人们会高估这些事件的发生概率。从事说服教育工作的人经常利用人们的易得性偏差，举出一些典型的事例来影响人。易得性偏差让某些管理人员进行年度绩效评估时，更重视雇员最近的行为，而不是半年以前的表现，从而导致不可靠甚至是不公平的评估。

资料 9-10

4．代表性偏差（representative bias）

代表性启发式是指根据当前刺激或事件与已有范畴或概念的相似程度来进行判断和决策。例如，如果你发现自己的邻居比较传统和害羞，你会如何猜测他的职业？做出此种判断的重要依据是他与生意人、医生、服务员、律师、图书管理员等职业成员的相似程度。他与哪个职业的典型成员更相似，你就会认为他从事的是那种职业。结果是，你认为他是图书管理员。但是，这种代表性启发式可能会出错。因为这种判断或决策往往会忽视了基本比率，即在总人口中特定刺激或事件出现的概率。事实上，生意人是图书管理员的几十倍，因此你的判断很可能是错误的。管理者也可能受到代表性偏差的影响，经常根据过去成功和失败产品的经验，预测新产品成功的可能性。如果来自同一所大学的三名员工业绩很差，管理者可能会预测，来自这所大学的应聘者将不会是好的员工。

资料 9-11

5．锚定偏差（anchoring bias）

资料 9-12

锚定偏差是指固着于作为起始点的初始信息的倾向。一旦设定了初始值，人们就不能充分调整随后的信息了。初始值或起始点可能是由先前的历史、问题呈现的方式或者一些随机的信息决定的。由于人们倾向于给最先收到的信息以与其重要性不成比例的权重，因此很容易出现锚定偏差。因此，与后来接受的信息相比，最初的印象、观点、价格和估计等往往被给予过度重视。

在广告人、管理者、政治家、房地产代理、律师等专业领域中，说服技能是很重要的。因此，他们广泛地利用人们的锚定偏差，一开始就采取一个极端的立场，试图锚定人们的心向或态度。当谈判开始时，锚定也发生了。一旦某人给出一个数字，你就很难忽略那个数字。例如，当未来的雇主询问你上一份工作的报酬时，你的回答通常锚定雇主的出价。很多人了解这一点，因此会向上“调整”先前的薪水，希望雇主给自己更高的报酬。锚定也可以扭曲招聘访谈。当访谈应聘者时，你最初获得的信息很可能会锚定你对他的评估，过度地影响你对后来获得信息的解释。作为决策者，你可能会认为自己可以控制这种初始信息的不利影响，但实际操作中人们很难抵御锚定的作用。因此，在做出决策之前，对于任何极端的锚定值，都应该确定一个反方向的相等的锚定值。

6．事后通偏差（hindsight bias）

资料 9-13

事后通偏差是指在事件发生之后，错误地认为自己早已准确预见到这一事件的倾向。当事情发生之后，人们往往认为这样的结果是很明显和不可避免的，却忽略了自己的判断实际上已经受到已知结果的影响。例如，在一场比赛结束后，人们往往认为他们之前已经成功预测了谁将获得冠军，那样的结果是必然的；但在比赛之前让他们做判断的话，他们不会认为自己有这么高的准确性。出现事后通偏差的原因是，人们不能清楚地回忆起或很容易遗忘事件发生之前自己的判断。而且，人们很善于根据后来得到的信息重构过去，高估事先知道的内容。因此，事后通偏差可能是选择性回忆和重构过去的结果。

事后通偏差使得人们不能从过去学到东西。它使人们高估自己的预见性，并且对未来决策的准确性过度自信。例如，你真实的预测准确率可能只有 40%，但你认为有 90%，你实际上已经变得过度自信了，并且对自己的预测能力坚信不疑。

7．随机性错误（randomness error）

人们对随机事件的认识存在一定的问题。多数人认为自己可以控制自己的世界和命运。尽管个体确实可以控制一部分事件，但在世界上存在很多随机事件，是人力无法控制的。人们往往试图从随机事件中寻找规律，导致决策出现偏差。

对随机性的知觉常见的问题是相关错觉（illusion correlation）和控制错觉（illusion of control）。当人们期待发现某种重要的联系时，就很容易把随机事件联系起来，知觉到相关性（Ward & Jenkins，1965）。将随机事件知觉为有联系的倾向还容易造成控制错觉，即认为自己可以预测和控制随机事件。

设想一下股票市场的交易。尽管股票价格的短期变化实际上是随机的，但很大一部分投资者或投资顾问仍然认为他们可以预测股票价格的走向。例如，当向一组被试者提供股票价格和趋势的信息时，这些被试者认为自己有大约65%的把握能够预测股票变化的方向。但实际上，这些个体的预测只有49%的正确率，与随便猜测的水平相差无几。兰格（Langer，1975）研究发现，人们都在像可以预测或控制随机事件一样采取行动。赌徒和股票交易者往往表现出控制错觉，认为自己可以控制赌博的结果或股票交易，从而经常导致损失。

对随机事件的错误认识造成的最严重的后果之一是，迷信自己想象和构造出来的虚幻模式。这些迷信可能完全是人为的（“我从不在13号的星期五做决定”），也可能是来自某种先前被强化的行为模式（“我总是打我的幸运领带去参加重要会议”）。几乎所有人都有一定程度的迷信行为，但是当它影响日常的判断或者使重要决策出现偏差时，这种迷信就是有害的。如果走向极端，某些决策者可能会完全被迷信控制，造成他们几乎不可能改变惯例，也不可能客观地加工新的信息。

8．承诺升级（escalation of commitment）

决策者经常面临的一个难题是，为了获得正面结果，究竟应该放弃一个失败的行动，还是应该增加承诺或投入，以弥补之前的损失。布洛克纳（Brockner，1992）的研究表明，当决策过程实际上包括一系列的决策时，决策者有一种逐渐升级承诺的倾向。承诺升级是指，即使有清楚的证据证实一项决策是错误的，仍然固守该承诺。例如，一位男士4年来一直和一位女士保持约会关系。尽管他承认两人的关系并不十分和谐，他仍决定要和她结婚。当询问他做出这一决定的原因时，他回答：“我在这段关系中投入太多了！”很多证据表明，当个体认为自己需要为某一行动的失败负责时，他们会在这一活动中增加承诺。也就是说，他们在坏事之后投入更多金钱，为的是证明他们最初的决定并没有错，并且避免承认他们犯了错误。承诺升级也适合解释这样的现象，即人们总是试图表现出言行的一致性，哪怕有迹象表明继续兑现先前的承诺是错误的。

承诺升级对管理决策具有重要启示意义。很多重要决策都有可能发生承诺升级现象，包括资本投资、重大研发投资、工厂扩建等项目。理性决策理论认为，在对各种备选方案进行评估时，应该考虑方案的未来收益，而不是考虑“沉没成本”（sunk cost）。所谓沉没成本，顾名思义，即过去投入的不可挽回的成本，通俗地说，就是“打了水漂”的成本。但是，实际中的决策者往往不愿将那些成本看作不可挽回的，因此总是希望挽回“沉没”的成本，缅怀过去而非面向未来，于是将错就错，继续投入资源给那个从开始就注定要失败的行动，从而给许多企业带来巨大损失。

造成承诺升级现象的原因很多，主要有：（1）决策者为了自我辩解，认为有必要为过去的行动向自己或他人提供正当的理由。（2）决策行为的一致性压力。行为一致性常常是有效管理者的特点或标志。因此，管理者为了表现自己是有效的，在转向其他行动更有利的情况下，仍然坚持原来的行动以保持行为的一致性。实际上，真正有效的管理者是那些能够区分不同情境的人，他们知道哪种情境下坚持是有利的，哪种情境下坚持是有害的。（3）证明自己是理性决策者的愿望。（4）过度乐观，高估积极结果出现的可能性。（5）控制错觉，认为自己拥有他人所不具有的控制未来的能力。（6）受到损失框架的影响。

对于组织来说，在一些情况下可以避免承诺的不断升级。首先，当可用于进一步投资的资金有限，且失败的威胁非常明显时，决策者容易终止失败的投资；其次，当决策者能够分散先前失败的责任时，他们也倾向于终止继续投入，也就是说，如果人们认为自己只是需要对失败负责的众多人之一时，他们不会再主张为先前的失败继续投资；最后，当人们很清楚地得知，投入的总量已经超过了预期的收益时，他们也不会继续投入。

【资料】

沉没成本

2001 年诺贝尔经济学奖获得者之一的美国经济学家斯蒂格利茨（Joseph Eugene Stiglitz）用一个生活中的例子来说明什么是沉没成本。他说："假如你花 7 美元买了一张电影票，你怀疑这个电影是否值 7 美元。看了半个小时后，你最担心的事被证实了：影片糟透了。你应该离开影院吗？在做这个决定时，你应当忽视那 7 美元。它是沉没成本，无论你离开影院与否，钱都不会再收回。"斯蒂格利茨在这里不但生动地说明了什么是沉没成本，而且还指明了我们对待沉没成本应持怎样的态度。

（来源：http://wiki.mbalib.com/wiki/%E6%B2%89%E6%B2%A1%E6%88%90%E6%9C%AC.）

9．框架效应（framing effect）

资料 9-14

问题呈现方式的不同会导致人们做出不同的决策，这种现象叫作框架效应。特韦斯基和卡尼曼发现，当问题呈现的方式强调正面的收益时，人们倾向于回避冒险，寻求确定的结果；而当问题呈现的方式强调潜在的损失时，人们更愿意冒险，以避免确定的损失（Tversky & Kahaman，1981）。不妨考虑下面这个例子："政府正在准备对抗一种罕见的疾病，这场疾病危及 600 人的生命。现在有两套方案，需要从中选择一套。如果实施方案 A，将挽救 200 人的生命；如果实施方案 B，有 1/3 的概率挽救 600 人的生命，2/3 的概率无法挽救任何人。你会选择哪个方案？"特韦斯基和卡尼曼发现，当用这一框架呈现问题时，72%的人选择方案 A，也就是说，他们选择肯定挽救 200 人的方案，而不是冒 2/3 的风险去挽救 600 人的生命。同样的问题，改变一下结果的陈述方式又怎样呢？"如果实施方案 C，400 人会死亡；如果实施方案 D，有 1/3 的概率没人死亡，2/3 的概率 600 人都会死亡。"特韦斯基和卡尼曼发现，在这种呈现方式下，反而有 78%的人选择方案 D，也就是说，愿意冒险赌一赌，而不是接受肯定死 400 人的结果。

框架效应得到了很多研究的证实。认识这一效应的重要意义在于，它告诉我们，框架会在很大程度上影响决策者是回避风险还是趋近风险。如果仅从避免损失的角度来考虑问题，决策者可能做出过于冒险的决定，以避免承受确定的损失。这种决策倾向常常导致失败。要避免这一问题的出现，决策者应该从不同的角度来看待问题，不仅要考虑可能带来的损失，还要考虑可能带来的收益。研究还表明，避免框架效应的不良影响，要以如何有效应对事件为宗旨来做出决策，而不是局限于对信息表达方式的思考（汤志伟，彭志华，张会平，2011）。

四、改进个体决策

管理者可以做些什么来改进他们的决策呢？著名组织行为学专家罗宾斯（Stephen P.

Robinson，2005）提出了以下五点建议。

（1）分析情境。调整自己的决策风格来适应你所在国家或地区的文化以及你所在组织的评价和奖励标准。例如，如果你处在一个不太重视理性思考的国家，那么不要强迫自己遵循理性决策模型，或者试图使你的决策显得理性。类似地，不同组织的风险偏好、决策机制有所不同，要调整你的决策风格以确保它与组织文化相协调。

（2）了解偏差。要认识到偏差的存在，然后努力减少其影响。减少偏差和错误的方式见下文。

（3）理性分析与直觉有机结合。在决策中，理性分析与直觉并不冲突。将二者有机地结合起来，可以提高个人决策效力。随着管理经验的获得和增加，应该对自己的直觉越来越自信。

（4）不要以为一种决策风格对每项工作都适合。一个组织之内的工作部门和岗位也有所不同，就如同组织之间存在差异一样。如果决策风格与工作的要求相匹配，那么你决策的有效性将会提高。例如，如果某人的决策风格是指导型的，那么与那些需要迅速采取行动的人们一起工作将很有效率。这种风格可能很适合管理股票经纪人。而分析型风格则可能更适合管理会计人员、市场调查人员和金融分析人员。

（5）努力提高你的创造性。敢于公开自己的观点，努力寻求新的问题解决方案，试着从新的角度看待问题，并善于使用类比。努力消除可能妨碍创造性的障碍。

除此之外，罗宾斯还专门就如何减少偏差和错误提出了以下几条建议。

（1）专注于目标。没有目标，就无法保持理性，不知道自己需要什么信息，不知道哪些信息有关、哪些信息无关，很难从选项之间做出选择，甚至会经常对所做出的选择感到后悔。清晰的目标使决策变得更容易，并帮助你排除与你的利益不一致的选项。

（2）寻找违背你的信念的信息。对抗过度自信、证真性偏差和事后通偏差最有效的方法之一，是主动寻找与你的信念和假定相矛盾的信息。当我们能够坦然面对我们可能犯的错误时，就可以挑战自作聪明的倾向。

（3）不要试图从随机事件中寻找和创造意义。受过教育的头脑总是试图寻找因果关系。当事情发生时，人们问为什么。当不能找到原因时，经常就会虚构原因。必须承认，生活中有些事件在个人控制之外。要经常询问自己，周围所发生的事件是否有意义，或者它们仅仅是巧合。不要给巧合编造意义。

（4）增加你的选项。不管你已经识别了多少选项，你最终的选择不可能好于你已选中的选项集合中最好的那个。因此，要增加你的决策选项，使用创造性来开发广泛的、多种多样的选项。你产生的备选方案越多，且选项越多样化，找到一个好选项的可能性就越大。

需要注意的是，偏差并不意味着绝对的非理性和有害。正如前文所述，它们常常可以帮助我们迅速做出足够好的决策，只是在某些情境下可能导致严重问题。另外，尽管有各种减少偏差的技巧，但这些技巧的一个共性是：看待问题时使用不同的视角。

第四节　群体决策

在现代组织中，群体决策应用的范围很广。组织中重要的商业决策通常是由委员会、研究小组、特别工作组或评估小组做出的。这样做的好处在于：群体中的相互影响和鼓励可以刺激群体成员产生更多的解决方案；群体成员对决策有更高的承诺；群体带给问题解决情境更多的知识和经验；等等。这是否意味着群体决策一定优于个体决策呢？对这一问题的回答依赖于很多因素，下文将给出回答。

一、群体决策与个体决策

由于群体决策涉及多人，如何达成最终的一致是许多研究者关心的问题。可以对群体成员的最初观点与最终的组织决策进行比较，从而得知最终的群体决策是根据什么规则得到的。一种规则是多数决定原则（majority-wins rule），即群体支持大多数成员所持的立场；另一种规则是真理决定原则（truth-wins rule），即随着越来越多的成员认识到它的正确性，正确的决策将会出现。还有一种是 2/3 多数原则（two-thirds-majority rule），即得到 2/3 或以上成员支持的决定将被采纳。最后一种是首先转换原则（first-shift rule），即群体倾向于采纳群体成员的观点第一次发生转变时的决策。研究表明，这些决策规则可以说明 80%的组织决策（Stasser，Taylor，Hanna，1989）。很多研究着重揭示特定类型任务使用哪种规则。例如，有研究发现，当不存在客观正确的决策时，即决策反映的是一种偏好时，主要采用多数决定原则；而在有一个正确答案的智力型任务上，主要采用真理决定原则（Irwin & Davis，1995）。

群体决策有很多优点。第一，将人们召集到一起可以增加做出好决策所需知识和信息的数量，也就是资源共享。第二，群体决策可以产生工作分工，由于有足够多的人员分担工作任务，个体可以仅完成那些最擅长的任务，从而提高决策的质量。第三，群体决策比个体决策更容易被广泛接受。当人们参与到决策过程中时，他们很可能对决策更加理解，并且更愿意执行这一决策。

但群体决策也有很多缺点。第一，群体决策比个体决策需要更多时间来获得解决方案。第二，在重要问题上的观点不一致可能会导致敌意和群体冲突。第三，群体内部存在从众压力，群体成员希望被群体接受的愿望可能会导致不能畅所欲言。第四，群体讨论也可能受到少数人（如专制型领导）的控制，从而阻碍对相关解决方案的自由讨论。第五，群体决策还会导致责任不明和责任分散的后果。

群体决策既有优点又有缺点。那么，什么时候群体决策优于个体决策呢？一般来说，在重大的、复杂的、开放性的问题上，既应该又适合采用群体决策。假如一家公司正在考虑是否应该与另一家公司合并，这就不是任何一个人可以单独做出决定的事情。其重要性使得任何一个人都无力承担决策的后果和责任，其复杂性使得任何一个人（即便是专家）都没有足够的智慧和能力做出明智决策，其开放性使得群体观点的多样性能够得以充分发挥，因此群体可以做得更好。

如何判断群体决策是否优于个体决策呢？判断标准依赖于以下两方面因素：首先，好的决策群体通常由具备互补性技能的异质成员所组成。例如，在决定是否合并这类问题上，由律师、会计师、房地产代理人和其他专家组成的群体做出的决策很可能优于由同一领域专家组成的群体。事实上，群体成员提供观点的多样性本身就是群体决策的主要优势，如果做不到这一点，群体决策的优势也就不存在了。当面临需要了解多方面信息的决策时，单个决策者需要大量时间来查阅资料和咨询他人。而如果群体包括来自多个领域的成员，那么寻找信息所需的时间就会大大减少，观点的多样性也能够得到保证。其次，成员须以开放的、没有敌意的方式交流观点。要使群体决策有效率，仅有技能的多样性是不够的，如果某一个体或整个群体气氛使他人不敢贡献自己的专业知识，那么即便是由异质专家构成的群体，也难以表现出决策上的优势。研究表明，资深专家的意见在群体决策中扮演着重要作用。当资深专家的意见被充分重视时，群体才能做出好的决策（王玲玲，2005）。

相反，在较不重要的、简单的或封闭的决策任务上，群体决策的优势就不一定能发挥出来。假如有一个需要做判断的简单问题，它有一个很容易证实的答案，在这种情况下，群体有可能比个体做得好，但那是因为群体中的某个人可能知道正确答案，是他为群体完成了任务，也就是说，群体只是增加了知道正确答案的可能性。但是，如果群体非常大，那么很可能会影响拥有所需知识的那名个体完成任务。事实上，在一些知识竞赛或智力活动上，单独工作的专家常常会超过群体。原因是，在群体中完成此种任务的专家可能被其他人所干扰，还必须说服其他人自己的答案是正确的。

资料 9-15

此外，群体决策和个体决策哪个更好还取决于衡量效果的标准。如果考虑的是准确性、创造性和成员对最终方案的接受程度，那么群体优于个体。

二、群体极化和群体盲思

真正重要的决定很少交给个人，多数是由群体共同做出的。原因在于人们相信群体决策比个体决策更准确，不容易犯个体常犯的错误。如前所述，当满足一些条件时，群体确实优于个体。但是，也有充分的证据显示，有时候群体对各种备选方案的评估会出现问题，决策的质量也会受到影响，甚至会做出有害的决策。危害群体决策的两个现象分别是群体极化（group polarization）和群体盲思（groupthink）。

1．群体极化

群体极化是指经由群体讨论之后，群体态度往往比讨论之前的群体成员个人态度的平均值更趋向极端化的社会现象（王宁，赵胜洋，杨学成，2020），也就是说，群体讨论使冒险者变得更冒险，保守者变得更保守。早年，人们普遍认为群体比个体在决策时更为谨慎，斯托纳（James Stoner，1961）的研究对此质疑。他在研究中设计了一些两难决策情境，要求被试者对这些虚拟任务应该承担多高的风险做出评定。评定之后，将被试者分为约 5 人一组进行讨论，并就每个问题的解决方案达成共识。结果发现，被试者在参加群体讨论后，更愿意建议采用高风险方案。斯托纳将这一现象定义为冒险偏移（risky shift）。此后，其他研究者（Wallach，Kogan，Bem，1962）也对该现象进行了考察，他们使用的材料是包括 12 个模拟情境的两难选择问卷，情境中的主人公需要在冒险行动和保守行动之间做出选择。被试者的任务是决定当概率达到多少时，他们将建议主人公采取冒险行动。先评估个体被试者的冒险倾向，然后由约 5 名被试者组成 1 个群体，对这 12 个情境进行讨论并就每个情境的概率选择达成一致意见。个体与群体之间的平均分差值即冒险偏移的测量值。结果发现在某些两难情境下，群体讨论之后反而更加谨慎了。也就是说，当全体成员最初的平均倾向偏向于保守时，讨论之后会出现此种保守偏移（cautious shift）。以上两种现象被统称为选择转移（choice shift），更普遍的称呼是群体极化。

为什么群体会比个体采取更加极端的观点呢？有两种解释：第一种解释认为，人们在群体讨论中接受的说服性信息较多，而且人们提出的论据往往是支持最初立场的，从而使个体更加确信自己最初的观点。第二种解释强调社会比较的作用。个体关注自己观点与他人观点的比较。在讨论中，个体往往发现其他人有相似的态度，为了获得赞赏，人们会把观点表达得更极端。两种解释恰好对应于从众的两种原因，即信息性影响和规范性影响，所以，总的来说，是从众导致了群体极化。

【资料】

商业领域中的群体极化

在商业领域中也存在群体极化现象。例如，一种常见的有害决策叫作“投资过多难以退出”，导致很多企业蒙受巨大经济损失。怀特（Whyte）在 1993 年的一项研究中要求加拿大商学院学生设想自己必须做出决定：为了挽回在某些可能失败项目上的损失，是否应该追加投资？结果发现，如果是一个全新的项目，没有前期的投入，很少有人会决定投资；如果已经有所投入，72%的人会决定追加投资，即出现了“投资过多难以退出”现象。但是，更严重的是，如果是在群体中做决策，94%的人选择追加投资。

（来源：怀特，1993）

2．群体盲思

群体盲思是指一个群体在决策过程中，由于成员倾向使自己的观点与团体一致，而使整个群体缺乏不同的思考角度，不能进行客观分析，最终做出不合理甚至荒谬的决策的一种现象。一般认为，此概念由美国心理学家贾尼斯（Irving Lester Janis）于 1982 年最先提出，他将群体盲思定义为：“由于群体内压力而造成的心理效率、现实检验以及道德判断的退化。”贾尼斯认为，正是群体盲思导致了美国历史上几个重大的不幸事件，如 1941 年珍珠港在毫无防备情况下被偷袭、1964—1967 年的越战不断升级、1961 年的入侵古巴猪湾事件等。

根据贾尼斯的理论，群体盲思有八个主要症状：第一，群体中大多数人有一种自己无懈可击的良好感觉，这种错觉导致过分乐观和过度冒险；第二，对群体固有的道德观念持毫不质疑的态度；第三，群体对来自外界的警示性信息采取忽视态度，或者对其进行合理化；第四，对竞争对手持有刻板印象，认为他们太邪恶而不值得与之谈判，或者认为他们太软弱或太愚蠢而不会构成严重威胁；第五，任何不赞同多数人意见的群体成员都会感受到压力；第六，群体成员对自己与表面上一致的群体意见相背离的想法进行过多的自我审查或检讨；第七，形成了群体意见一致的共同错觉；第八，某些群体成员是自封的群体“精神保卫者”，使群体远离任何可能破坏群体自满感的信息。这些症状会阻止群体成员对相反信息及问题的各种可能性进行搜寻和讨论。当领导力主某种立场，而整个群体又有异议时，群体盲思就产生了，从而导致错误的决策。

为什么会发生群体盲思现象呢？有以下几种可能的原因：第一，群体具有较高的凝聚力。群体盲思在凝聚力高的群体中容易出现，因为这样的群体与外界观点隔离。第二，群体中领导者权力至上。强有力的领导人和独断的领导作风也容易导致群体盲思。这样的领导人可能会针对问题提出自己的解决方案，并且强烈维护自己提出的方案。在与领导保持一致性的压力之下，群体成员不敢表达自己的反对意见，或者忽视自己的意见或低估自己意见的重要性。第三，“少数服从多数”原则的刻板运用。少数决策参与者的观点代表了“不同思考角度”，如果其“少数”正是具有企业某些事项较高决策智慧水平行家的话，盲目追求少数服从多数就必然会使群体决策整体水平降低。第四，群体成员同质性较强。如果群体内成员在同一环境中共事多年，整个决策群体的思维方式不自觉地被打造得相同或相似，而决策群体完全陶醉于整个群体的高度和谐、高速率的决策情形，并对群体充满绝对自信时，必然会导致群体盲思的发生（戴冰，2013）。

那么，如何避免群体盲思的发生呢？贾尼斯认为，最好方法之一是正式任命某位群体成员充当“魔鬼代言人”角色。这名成员的责任就是对多数人的立场公开提出挑战，提出不同的观点。此外，其他预防措施还包括：群体领导应该明确鼓励不同的意见和批评，包括对他们自身观点的批评，扮演公正无私的角色；群体领导应该避免一开始就表明自己的个人偏好；群体应该要求群体外的专家或有资格的同事参与会议，并鼓励他们挑战群体的一致意见；控制群体的规模；将群体分为几个小群体，然后再重组到一起表达不同意见；在实施决定之前，召开“第二次机会会议”，要求群体成员质疑或提出任何新的建议；等等。一些组织已经开始有意识地采用这些方法。例如，有的公司使用了“魔鬼代言人”方法，改善了群体决策的质量；一些公司的执行官有意在讨论中引发争论，从而使决策的消极方面及早被发现。一些日本企业开会时是职位最低的职员首先发言，然后是职位稍高一点儿的职员发言，依次类推。

资料 9-16

也有一些研究者对贾尼斯的群体盲思理论进行质疑（Mullen，Anthony & Salas，1994）。有证据表明，该模型的某些方面与错误决策的联系大于其他方面。例如，独断的领导方式确实与糟糕的决策有关，但是群体凝聚力高则不一定会导致负面结果。但不管怎样，了解群体盲思有助于避免群体决策的一些陷阱，从而做出更好的决策。

三、群体决策技术

群体决策虽然有很多优点，但也有不利的方面，甚至可能会导致做出不良决策。因此，人们设计了很多方法来提高群体决策的质量。下面介绍几种改善群体决策的技术。

1．头脑风暴（brainstorming）

头脑风暴是一种激发尽量多观点的方法，它鼓励群体成员发挥想象力，自由地提出各种想法，而把对这些想法的评价延后去做。实施头脑风暴的几条原则是：（1）随心所欲原则，即鼓励提出各种观点，越疯狂越好。（2）无批评原则，即不能有批评，禁止对任何观点提出负面评价。（3）尽可能多原则，即假定想法越多，出现好主意的可能性越大。（4）骑肩原则，即鼓励群体成员对别人提出的观点加以整合和改良。典型的头脑风暴通常是 6～12 人围坐在一起，领导者讲明问题，然后大家自由发言，尽可能多地想出各种解决问题的方法。其目的是建立大量备选方案，而不是做出最终的决定。

研究表明，使用头脑风暴的群体的确比不使用头脑风暴的群体产生了更多的观点（Diehl & Stroebe，1987）。但是，尽管人们通常认为头脑风暴法会比个人单独工作产生更多的想法，研究结果却并不支持这样的推测。很多研究证实，单独工作的人比其头脑风暴中产生了更多更好的想法（Taylor，Berry，Block，1958）。

研究者提出了改进群体头脑风暴的方法：第一，将群体和个体头脑风暴相结合，即先进行群体头脑风暴，再进行个体头脑风暴，比反过来进行和单独使用二者之一的效果要好（Lindgren，1981）。第二，让群体成员通过书写进行互动，用写和读来代替说和听。第三，采用电子头脑风暴，即让群体成员通过联网的计算机匿名交流看法。这三种方法的优点在于，克服了传统头脑风暴中同时只能有一人发言的缺陷，避免了个体思路遭到阻塞，还解除了面对面时的社会顾虑和心理压力。研究表明，匿名的电子头脑风暴产生了比面对面的头脑风暴更多的观点（Gallupe，Dennis，Cooper，Valacich，Bastlanutti，Jay，1992）。

2．名义群体技术（Nominal Group Technique，NGT）

这种技术对决策过程中群体成员的人际沟通进行了限定，所以叫作“名义”群体。它通常包括以下步骤：首先，组成群体，但在进行群体讨论之前，每一成员将自己对问题的想法以书面形式写下来；其次，群体成员挨个表达自己的观点，用简单的语言记录他人所有的陈述，在所有观点都被记录下来之前不允许讨论；再次，群体开始就记录下来的想法展开澄清和评估；最后，群体成员安静和独立地对各种想法进行排序，合计出等级最高的想法，做出最终的决策。

3．德尔菲技术（Delphi technique）

德尔菲技术最早是由 Rand 公司开发的，是一种系统收集和组织多个专家观点并最终做出决策的方式。这一技术得到了广泛应用，大量的商业、教育、政府、医疗以及军队组织都在使用它。德尔菲技术有很多变式，但大多由以下步骤构成：第一，征募专家，把问题呈现给他们，通常通过信件或者计算机网络来实现。第二，每名专家提出他认为最合适的解决方案。第三，组织者汇编并复制所有专家的建议，把这些建议返回或发送给专家，在专家间实现共享。第四，每名专家评论他人的观点，并提出改进的解决方案。这些改进的解决方案再次返回给组织者，组织者再次对其进行汇编并反馈给每名专家。这样的方法重复多次，直到每名专家的意见都不再发生改变，表明他们都将坚持自己的观点。采用德尔菲技术的好处是，可以收集世界各地专家的意见，扩大了信息的来源和范围，还节省了召集专家面对面交流的成本和困难。德尔菲技术已经被广泛应用于建筑、医药等企业中，帮助开发有市场潜力的产品和服务，预测技术的发展趋势。它也可以被应用于政治、经济、社会和文化领域，解决大量决策方面的问题。

名义群体技术和德尔菲技术的主要差异是，后者的成员往往互不相识，也没有直接接触的机会；而且，前者可以在几个小时内完成，而后者需要更长的时间。与面对面交流的互动群体相比，名义群体技术和德尔菲技术可以减少从众压力，避免地位高的领导支配整个讨论。研究表明，名义群体技术和德尔菲技术产生的想法数量多于传统的群体决策技术

（Mullen，Johnson，Salas，1991），而且名义群体技术的预测准确性与许多专家预测的准确性很接近。但是，也有研究发现，在互动的群体成员都清楚面临的任务，且不存在支配者阻碍观点交流的情况下，名义群体技术没有面对面互动的效果好（王国平，闫力，2006）。面对面交流的好处在于，群体成员对决策结果的接受程度更高，更愿意去执行它。总的来说，尽管名义群体技术和德尔菲技术并非无懈可击，但它们解决了互动群体中的群体盲思和个人支配等问题，因此不失为做出明智决策的有效方法。

四、改进组织中的决策

阻碍组织做出有效决策的因素之一是个体的偏差。如果决策者能够认识到这些偏差的存在，并避免受到它们的影响，组织决策的效率就可以得到提高。除前面已经提出的改进个体决策的一些建议外，还可以通过对群体成员的训练来改进组织决策。研究表明，当训练组织成员避免了以下四种常见的错误时，群体在解决创造性问题时的错误大大减少了：（1）过分追求迅速找到解决方案；（2）执着于第一个想到的方案，不去深刻地评估后果；（3）迅速改变主意，采取出现的第一个新观点；（4）回避从事手头的任务。这类训练方法可以提高个体的决策技能，从而改进组织决策（Ganster，Williams & Poppler，1991；Bottger，1984；Bottger & Yetton，1984，1987）。

干扰组织决策的第二类因素是群体决策的一些缺陷，主要是群体极化和群体盲思。管理者需要清醒地认识到这两种现象的潜在危害，并力求避免受它们的不利影响。

组织本身的一些限制也会影响决策。这些限制包括：（1）时间限制。许多重要的组织决策需要在时间紧迫的条件下完成。这种情况下，决策者试图迅速做出决定，因而限制了对信息的搜索和对各种可能性的考虑。尽管时间限制常常是组织必须面对的真实情况，并非是人为设定的，但它确实在一定程度上会影响决策效果。（2）"保全面子"（face-saving）的压力。决策者可能做出使他们显得面子上好看的决策，但这种决策不一定对组织的发展有利。例如，如果正确的决策将危及他的声誉或威信，一名雇员可能会歪曲决策所需的信息。一项研究发现，在一项群体决策问题上，一群商业人士选择了一个足够好的（但不是最理想的）方案，而不是做另一种选择，因为那种选择可能造成与同事的严重冲突（Gudykunst，2005）。显然，人们经常做出一些对组织并非最佳的决策，目的是培养他们自己良好的形象。（3）管理者的决策会受到绩效评估标准和奖励体系的影响。例如，如果学校规定学生不及格的人数超过 10%，就要扣发教师的部分奖金，那么多数教师会决定不让太多学生不及格。如果组织奖励的是安全和稳健的行为，那么管理者更可能会做出保守的决策。（4）过去做出的决策通常会作为前提条件，限制当前的决策。（5）组织的正式规则。多数组织都设立各种规章制度、操作程序和其他规范，以保证个体取得较高的业绩水平，但同时也限制了决策者的选择权。作为管理者，应当意识到这些因素的存在，尽量减少可能危害决策的组织限制。

最后，一些计算机化的决策工具也可用于帮助管理者改进决策。这些工具有的是帮助个体决策，有的是帮助群体决策。专家系统（Expert Systems，ES）是一种程序化的决策工具，它通过模拟专家的知识系统和决策过程为决策提供帮助。例如，在一个为帮助医疗诊断而设计的专家系统中，包含了由各种症状及诊断标准构成的数据库和一系列决策规则。这个系统是交互式的，用户可以通过终端机或个人计算机进入系统寻求帮助。决策支持系统（Decision Support Systems，DSS）可以帮助管理者做出复杂的决策。它是一套计算机交流系统，加工输入的数据，并整合相关的信息供管理者使用。DSS 并非将决策转为自动化过程，而是为决策过程提供支持。它是一个动态的系统，随着决策者的使用，系统会发生变化。它也可以根据决策者制定决策的方式量身定做。根据不同的决策者和不同的决策类型，一个组织可以拥有多个 DSS。这一系统已经被用于销售预测、货运飞机航班时间表安排和医疗决策等领域。群体决策支持系统（Group Decision Support Systems，GDSS）则是使用计算机支持群体决策的工具。另外，现在很多管理者是在虚拟的工作场所工作，不受地理、时间和组织界限的限制，通过通信和信息技术的结合来完成任务。虚拟群体的成员很少碰面，也不固定。虚拟群体通常使用桌面视频会议系统（Desktop Video Conferencing Systems，DVCS）、GDSS 和互联网/内联网系统来进行决策。尽管这些计算机辅助技术的效果仍有待证实，但它们为提高组织决策的质量提供了新的可能。

本章小结

1．决策是指从多个备选方案中做出选择的过程，它包括问题识别、定义目标、进行预决策、开发备选方案、评估备选方案、做出选择、执行选择和追踪调查八个阶段。

2．决策具有一定的个体差异和文化差异。根据个体的思维方式和对模糊的忍耐性，可以划分出四种主要的决策风格，分别是分析型、指导型、概念型和行为型。不同文化背景下人们对时间的看法和使用的决策主体有所不同。

3．根据决策的常规性，组织决策可以分为程序化决策与非程序化决策；根据包含的风险，组织决策可以分为确定决策和不确定决策；根据组织中做出决策的主体，组织决策可以分为组织管理严密的决策和充分授权的决策。

4．由传统经济学的理性假设派生而来的标准决策模型强调人们的理性和信息的确定性，追求最优化的结果。西蒙的有限理性假设认为，人们的理性资源不足以保证做出最优化的决策，因而应该追求满意的而非最优的结果。卡尼曼和特韦斯基提出的前景理论更准确地描述了人们的实际决策行为。

5．人们的创造性存在个体差异，组织中的激励可以提高创造性决策。直觉决策是自动的，在某些情况下，直觉决策可以提高决策水平。

6．个体决策存在很多可以预测的偏差，包括证真性偏差、过度自信、易得性偏差、代表性偏差、锚定偏差、事后通偏差、随机性错误、承诺升级、框架效应等。改进个体决策的方法有：分析情境、了解偏差、理性分析与直觉有机结合、不要以为一种决策风格对每项工作都适合、努力提高你的创造性。减少决策偏差的方法有专注于目标、寻找违背你的信念的信息、不要试图从随机事件中寻找和创造意义、增加你的选项。

7．群体决策有许多规则。群体决策既有优点又有缺点，是否采用群体决策取决于具体的决策情境和衡量决策效果的标准。

8．危害群体决策的两种常见现象是群体极化和群体盲思。群体讨论会加强群体成员的初始倾向，造成更极端的观点。当群体凝聚力非常高，且相对不受外界影响时，很容易出现群体盲思。贾尼斯探讨了群体盲思的可能原因、主要症状，并提出了避免群体盲思的建议。

9．适当使用头脑风暴、名义群体和德尔菲等技术，可以提高群体决策的质量。

10．改进组织决策的方法有改进个体决策、训练群体成员、避免群体极化和群体盲思的不利影响、去除组织本身的限制因素、使用计算化的决策工具等。

思考题

1．简述个体决策偏差，举例说明实际工作中如何避免这些偏差。

2．论述改善组织决策的一般方法。

案例讨论

蓝色巨人掀起头脑风暴

——IBM 公司召集 10 万名员工在网上畅想创新

集体智慧的威力取决于集体规模的大小，IBM 的员工就是世上最为精明强干的一个群体。熟谙此道的公司首席执行官帕米萨诺（Samuel Palmisano）打算充分发挥这一群体的作用。他的做法是与该公司近 10 万名员工全力以赴合办一个互联网会议，借助他们的聪明才智推动一场声势浩大的技术创新运动，变革行业格局，改变人们的行为，并为 IBM 带来新型的商业经营模式。帕米萨诺将公司的这项计划称为“创新工作研讨会”。

诸如此类的活动对 IBM 来说可不是什么新生事物。早在 2001 年，该公司就曾举行过网上头脑风暴会议，专门讨论如何寻找新商机；2002 年和 2003 年，又分别讨论了提升管理效率以及 IBM 价值体系的问题。然而，本届会议的规模可谓空前，而且首次采取公开征求意见的形式。为了发掘新的理念和构想，IBM 甚至邀请客户、行业咨询人员和员工家属共同参与有关公司未来信息技术发展的研讨。这次会议分成两个阶段进行，分别持续 72 小时，会议期间提出的任何奇思妙想都不归 IBM 所有，通过网络建言献策的任何个人都面对着一个公平竞争的氛围。

帕米萨诺披露，IBM 将出资 1 亿美元奖励提出最佳建议的人。他告诉公司员工们，这是有史以来“第一家技术公司对外公开它最为珍惜的商业秘密，并且告诉世人它要如何行事”。

对于 IBM 来说，大规模的经营创新和技术突破从没有像现在这样重要。该公司在持续创新方面名不见经传，因而未能吸引外来的投资。公司最近 3 年来的股票业绩亦毫无起色，2006 年 7 月 24 日，即这次网络会议开幕当天，收盘价格只有每股 75.99 美元，近期的收入增长主要得益于公司压缩成本的努力，而并非开展新型业务的结果。随着 Infosys 技术公司等亚洲企业开始蚕食其核心业务，IBM 急需把新型产品和服务推向市场。

IBM 做了充分准备以确保各位受邀嘉宾上网参会。它设置了一个交互式网站，带有音响点击、网络路径指南和背景信息视频摘要等功能。2006 年 7 月 24 日上午 10 点刚过，这个网络大会即告开始。两位主持人联袂主持了4个议题的讨论，包括交通运输、医疗保健、环境保护以及金融和商业运营。最初，由于成千上万的参会者同时上网，登录网站的速度一度十分缓慢，但随后IBM的员工设法把上网闲聊的人排除在外，从而使网速大为加快。参会者就所列议题进行了广泛的讨论：有人提出用带有无线射频识别功能的手环来改进旅行者在机场待机的体验，有人主张对流行疾病设置早期预警制度，还有人建议电影院在放映影片时应该提供诸如移动座椅和喷洒水汽等感官经历，由此又有人提问说："电影院里喷洒水蒸气是否会损坏我的助听器？"

IBM公开征求创新理念的方式自然也隐含着一定的风险。在该公司研讨未来发展战略之际，它的67个客户都对此高度关注，这其中包括美洲银行、Circuit City公司以及麻省理工学院。其竞争对手也可能会潜入这次网络会议的在线聊天室，留意别人提出的任何真知灼见。不过，IBM市场调研部门主管信息联通的副总裁、本次会议的主要策划者之一贝文（Ed Bevan）却不这样看，他说："要是没有风险，也就不会有任何创新的可能。"

这次头脑风暴的收获可能还不仅仅是一些新想法。它将为IBM树立一个具有超前意识的跨国公司的形象，还将向国外竞争对手表明，在规模高达6500亿美元的信息技术服务市场中，IBM依然是佼佼者。

任何头脑风暴会议都会产生许许多多的新理念，但真正能够付诸实践的理念仅为沧海一粟。IBM的这次研讨会也不例外。在接下来的一个月里，公司将组织专人对张榜公布的各类想法进行筛选，并从中优选最有可能实施的。2006年9月12日至15日将是这次会议的第二阶段，与会者将应邀重返会议网站，根据商业价值的标准评定其中的最佳理念。

（来源：蓝色巨人掀起头脑风暴[EB/OL].（2006-10-20）. http://www.hroot.com/contents/5/112707.html.）

讨论问题：

1．IBM为何要采用网上头脑风暴来产生创新想法？
2．在头脑风暴中，什么样的激励机制会促进新想法的产生？
3．哪些因素可能会影响此次头脑风暴的效果？

心理测试

决策风格测试

1. 我的主要目标是（　　）。
   A. 拥有一个职位　　B. 在我的领域成为最优异者
   C. 使我的工作获得认可　　D. 在工作中感觉到安全
2. 我喜欢的工作是（　　）。
   A. 技术性的并且能清楚定义的　　B. 有相当多的变化
   C. 允许单独行动的　　D. 与人合作的
3. 我希望为我工作的人是（　　）。
   A. 高效率的　　B. 很有能力的

C. 忠诚且有责任心的　　D. 能接纳建议的

4. 在工作中我寻找（　　）。

A. 切实的结果　　B. 最好的解决办法

C. 新的方法和意义　　D. 一个良好的工作环境

5.（　　），我可以很好地和别人沟通。

A. 在一个直接的面对面的场合　　B. 在书面上的时候

C. 在小组讨论时　　D. 在正式的会议上

6. 在我的计划中我强调（　　）。

A. 当前问题　　B. 实现目标

C. 未来目标　　D. 员工职业生涯的发展

7. 当面对要解决的问题时我会（　　）。

A. 依赖经过证实是可行的方法　　B. 仔细分析

C. 寻求创新的方法　　D. 凭直觉处理

8. 当要使用信息时我倾向于（　　）。

A. 具体事实　　B. 精确而完整的数据

C. 覆盖面广的多种选择　　D. 容易理解的有限数据

9. 当我不能很确定做什么时，我会（　　）。

A. 凭直觉　　B. 搜集证据

C. 寻找一种可能的折中方法　　D. 在做出决策之前等待

10. 无论如何我都会避免（　　）。

A. 长时间的争辩　　B. 未完成的工作

C. 使用数字和公式　　D. 和其他人发生冲突

11. 我特别擅长（　　）。

A. 记忆数据和事实　　B. 解决困难的问题

C. 发现机遇　　D. 与别人合作

12. 当时间变得重要时，我会（　　）。

A. 很快地决定和行动　　B. 按部就班

C. 反对压力　　D. 寻求指引和支持

13. 在社交场合我通常会（　　）。

A. 和其他人谈话　　B. 思考别人的话

C. 观察将要发生什么事情　　D. 聆听别人的谈话

14. 我会擅长记忆（　　）。

A. 人的名字　　B. 我到过的地方

C. 人的相貌　　D. 人的性格

15. 我的工作使我（　　）。

A. 影响别人的权力　　B. 能面对有挑战性的工作任务

C. 实现个人目标　　D. 得到集体的接纳和认同

16. 我能和（　　）一起很好地工作。

A. 充满野心和力量的人　　B. 自信的人

C. 思路开阔的人　　D. 有礼貌并值得信任的人

17. 在压力下，我会（　　）。

A. 变得焦虑　　B. 全神贯注于面临的问题

C. 变得灰心丧气　　D. 变得健忘

18. 其他人认为我是一个（　　）。

A. 好勇斗狠的人　　B. 循规蹈矩的人

C. 富于想象的人　　D. 友善的、乐于助人的人

19. 我决策的风格是（　　）。

A. 现实而直接的　　B. 系统而抽象的

C. 广泛而富有弹性的　　D. 能体会到别人的需要

20. 我不喜欢（　　）。

A. 失去控制　　B. 沉闷的工作

C. 循规蹈矩　　D. 被拒绝

评分表：

项目分值题号	A	B	C	D	项目分值题号	A	B	C	D
1	1	4	8	2	11	1	2	8	4
2	8	2	1	4	12	8	2	1	4
3	2	4	8	1	13	2	4	1	8
4	8	4	1	2	14	1	8	2	4
5	8	1	4	2	15	2	1	4	8
6	4	8	2	1	16	1	2	8	4
7	2	8	4	1	17	8	4	2	1
8	2	8	1	4	18	1	8	4	2
9	4	8	2	1	19	8	4	2	1
10	4	8	1	2	20	8	4	2	1
合计分值					合计分值				
类型	定向	分析	概念	行为	类型	定向	分析	概念	行为

各型分析

1. 定向型：办事效率高，是一个“砌砖者”，能早来晚归，一丝不苟。

2. 分析型：办事效率较定向型低，稳健沉着冷静，是一个“砌墙者”，能按时上下班，有管理能力，但也有官僚主义特点。

3. 概念型：视野开阔，创新意识强，不注重细节，不专守时间规则，是一个“纵火犯”，管理能力较差。

4. 行为型：人缘好，无主观主义意见，是一个“跟屁虫”，适合做综合方面管理和基层管理。

（来源：决策风格测试[EB/OL].（2012-03-08）. https://wenku.baidu.com/view/dbf35ad676eeaead1f33016.html.）

参考文献

[1] 迈尔斯．社会心理学：第 8 版[M]．张志勇，乐国安，侯玉波，译．北京：人民邮电出版社，2006．

[2] 戴元星．新形势下民族地区高校学生社团建设的策略研究[J]．长春理工大学学报（社会科学版），2011，24（2）：121-123．

[3] 戴冰．群体盲思的成因与防范[J]．兰州石化职业技术学院学报，2013，13（1）：43-45．

[4] 段婧，刘永芳，何琪．决策者角色及相关变量对风险偏好的影响[J]．心理学报，2012，44（3）：369-376．

[5] 刘耀中，晏建萍．直觉决策在企业中的应用[J]．中国商贸，2012（30）：42-43．

[6] 罗宾斯．组织行为学：第 10 版[M]．李原，孙健敏，译．北京：中国人民大学出版社，2005．

[7] 罗宾斯．组织行为学：第 12 版[M]．李原，孙健敏，译．北京：中国人民大学出版社，2008．

[8] 罗宾斯．管理学：第 8 版[M]．毛蕴诗，译．北京：机械工业出版社，2013．

[9] 孙慧明，傅小兰．直觉在军事决策中的应用[J]．心理科学进展，2013，21（5）：893-904．

[10] 汤志伟，彭志华，张会平．框架效应对政府危机决策质量影响的实证研究[J]．社会科学研究，2011（6）：42-46．

[11] 王国平，阎力．头脑风暴法研究的现状和展望[J]．绥化学院学报，2006（3）：173-175．

[12] 王玲玲．专家成员在群体决策中作用的研究[D]．上海：华东师范大学，2005．

[13] 王宁，赵胜洋，杨学成．基于自我归类理论的群体极化模型与仿真[J]．情报杂志，2020，39（3）：130-139．

[14] 熊艾伦，王子娟，张勇，等．性别异质性与企业决策文化视角下的对比研究[J]．管理世界，2018，34（6）：127-139．

[15] 张冉冉，黄列玉，陈永，等．大学生人格特质与性别因素和风险决策行为的关系[J]．中国心理卫生杂志，2020，34（1）：56-60．

[16] 周治金，赵晓川，刘昌．直觉研究述评[J]．心理科学进展，2005，13（6）：745-751．

[17] ADAM R J, ERICSSON A E. Introduction to cognitive processes of expert pilots[J]. Journal of Human Performance in Extreme Environments, 2000, 5(1): 44-62.

[18] AMABILE T M. Motivational synergy: Toward new conceptualizations of intrinsic and extrinsic motivation in the workplace[J]. Human Resource Management Review, 1993,3(3): 185-201.

[19] AMABILE T M, CONTI R, COON H, et al. Assesing the work environment for creativity[J]. Academy of Management Journal, 1996, 39(5):1154-1184.

[20] BOTTGER P C. Expertise and air-time as bases of actual and perceived influence in

problem-solving groups[J]. Journal of Applied Psychology, 1984, 69(2): 214-221.

[21] BOTTGER P C, YETTON P W. Group problem solving: Roles of resources, strategy, and creativity[D]. Sydney: University of New South Wales, 1984.

[22] BOTTGER P C, YETTON P W. Improving group performance by training in individual problem solving[J]. Journal of Applied Psychology, 1987, 72(4): 651-657.

[23] BROCKNER J. The escalation of commitment to a failing course of action: Toward theoretical progress[J]. Academy of Management Review, 1992, 17(1): 39-61.

[24] DIEHL M, STROEBE W. Productivity loss in brainstorming groups: Toward the solution of a riddle[J]. Journal Of Personality And Social Psychology, 1987, 53(3): 497-509.

[25] DIJKSTERHUIS A, BOS M W, NORDGREN L F, et al. On making the right choice: The deliberation-without-attention effect[J]. Science, 2006, 311(5763): 1005-1007.

[26] EL-MURAD J, WEST D C. Risk and creativity in advertising[J]. Journal of Marketing Management, 2003, 19(5): 657-673.

[27] GALLUPE R B, DENNIS A R, COOPER W H, et al. Electronic brain-storming and group size[J]. Academy of management journal, 1992, 35(2): 350-369.

[28] GANSTER D C, WILLIAMS S, POPPLER P. Does training in problem solving improve the quality of group decisions?[J]. Journal of Applied Psychology, 1991, 76(3): 479-483.

[29] GOLDBERG P. The intuitive edge: Understanding intuition and applying it in everyday life[M]. Bloomington: iUniverse, Inc, 2006.

[30] GUDYKUNST W B. An anxiety/uncertainty management (AUM) theory of effective communication: Making the mesh of the net finer[M]//GUDYKUNST W B. Theorizing about intercultural communication. Thousand Oaks, CA: Sage, 2005: 281-322.

[31] JANIS I L. Groupthink: Psychological studies of policy decisions and fiascoes[M]. Boston, MA: Houghton Mifflin, 1982.

[32] JIANG F, ANANTHRAM S, LI J. Global Mindset and Entry Mode Decisions: Moderating Roles of Managers' Decision-Making Style and Managerial Experience[J]. Management International Review, 2018, 58(3): 413-447.

[33] HARRISON F. The managerial decision making process[M]. Boston. MA: Houghton Miffiin Company, 1995.

[34] IRWIN J R, DAVIS J H. Choice/matching preference reversals in groups: Consensus processes and justification-based reasoning[J]. Organizational Behavior and Human Decision Processes, 1995, 64(3): 325-339.

[35] ISENBERG D J. How senior managers think. (cover story)[J]. Harvard Business Review, 1984, 62(6): 81-90.

[36] KAHNEMAN D, TVERSKY A. Prospect theory: An analysis of decision under risk[J]. Econometrica, 1979, 47(2): 263-292.

[37] KEEFER L K, LANDAU M J, SULLIVAN D, et al. The Object of affection: Subjectivity uncertainty increases objectification in close relationships[J]. Social Cognition,

2014, 32(5): 484-504.

[38] LANGER E J. The illusion of control[J]. Journal of Personality and Social Psychology, 1975, 32(2): 311-328.

[39] LICHTENSTEIN S, FISCHHOFF B, PHILLIPS L D. Calibration of probabilities: The state of the art to 1980[M]//KAHNEMAN D, SLOVIC P, TVERSKY A. Judgment under uncertainty: Heuristics and biases. New York, US: Cambridge University Press, 1982: 306-334.

[40] LINDGREN H C. Evaluation of student study guides[J]. Contemporary Psychology, 1981, 26(2): 153.

[41] MINTZBERG H, RAISINGHANI D, THEORET A. The structure of 'unstructured' decision processes[J]. Administrative Science Quarterly, 1976, 21(2): 246-275.

[42] MULLEN B, ANTHONY T, SALAS E, et al. Group cohesiveness and quality of decision making: An integration of tests of the groupthink hypothesis[J]. Small Group Research, 1994, 25(2): 189-204.

[43] MULLEN B, JOHNSON C, SALAS E. Productivity loss in brainstorming groups: A meta-analytic integration[J]. Basic and Applied Social Psychology, 1991, 12(1): 3-23.

[44] NEUMANN J V, MORGENSTERN O. Theory of games and economic behavior (2d rev. ed) [M]. Princeton, NJ: Princeton University Press, 1947.

[45] NUTT P C. The formulation processes and tactics used in organizational decision making[J]. Organization Science, 1993, 4(2): 226-251.

[46] NUTT P C. The identification of solution ideas during organizational decision making[J]. Management Science, 1993, 39(9): 1071-1085.

[47] REEVES D W, WALSH B M, TULLER M D, et al. The positive effects of participative decision making for midlevel correctional management[J]. Criminal Justice and Behavior, 2012, 39(10): 1361-1372.

[48] ROWE A J, MASON R O. Managing with style: Guide to understanding, assessing and improving decision making[M]. San Francisco, CA: Jossey-Bass Inc, 1987.

[49] ROWE D C. Resolving the person-situation debate: Invitation to an interdisciplinary dialogue[J]. American Psychologist, 1987, 42(3): 218-227.

[50] RUSSO J E, SCHOEMAKER P H. Managing overconfidence[J]. Sloan Management Review, 1992, 33(2): 7-17.

[51] SIMON H A. The new science of management decision[M]. New York: Harper & Row, 1960.

[52] SIMON H A. Administrative behavior[M]. 3rd ed. New York, NY: Macmillan, 1976.

[53] SIMON H A. Rational decision making in business organization[J]. American Economic Review, 1979, 69(4): 493-513.

[54] SIMON H A. Making management decisions: The role of intuition and emotion[J]. Academy of Management Executive, 1987, 1(1): 57-64.

[55] SIMON H A. Explaining ineffable-AI on intuition, in-sight and inspiration topics[M].

Proceedings of the Four-teenth International Joint Conference on Artificial Intelligence, 1995: 939-948.

[56] STASSER G, TAYLOR L A, HANNA C. Information sampling in structured and unstructured discussions of three and six person groups[J]. Journal of Personality and Social Psychology, 1989, 57(1): 67-78.

[57] STONER J. A comparison of individual and group decisions involving risk (Unpublished doctoral dissertation)[M]. Massachusetts Institute of Technology, Cambridge, 1961.

[58] SHEN W, HOMMEL B, YUAN Y, et al. Risk-Taking and Creativity: Convergent, but Not Divergent Thinking Is Better in Low-Risk Takers[J]. Creativity Research Journal, 2018, 30(2): 224-231.

[59] SUARI Y, WATI L, DHARMA S. Analysis of Gender Differences in Determining Online Purchase Decision-Making Style on Fashion Products in Padang City[J]. Andalas Management Review, 2019, 3(2): 1-13.

[60] TAYLOR D W, BERRY P C, BLOCK C H. Does group participation when using brainstorming facilitate or inhibit creative thinking?[J]. Administrative Science Quarterly, 1958, 3(1): 23-47.

[61] TVERSKY A, KAHAMAN D. The framing of decisions and the psychology of choice[J]. Science, 1981, 221(4481): 453-458.

[62] WALLACH M, KOGAN N, BEM D J. Group influence on individual risk taking[J]. Journal of Abnormal and Social Psychology, 1962, 65(2): 75-86.

[63] WARD W C, JENKINS H M. The display of information and the judgment of contingency[J]. Canadian Journal of Psychology/Revue canadienne de psychologie, 1965, 19(3): 231-241.

[64] WEDLEY W C, FIELD R H. A prededsion support system[J]. Academy of Management Review, 1984, 9(4): 696-703.

[65] WHYTE G. Escalating commitment in individual and group decision making: A prospect theory approach[J]. Organization Behavior and Human Decision Processes, 1993, 54(3): 430-455.

[66] WITTE E, JOOST N, THIMM A L. Field research on complex decision-making processes-the phase theorem[J]. International Studies of Management and Organizations, 1972, 2(2): 156-182.

第四篇　情绪管理

➔ 第十章　情绪劳动与管理
➔ 第十一章　应激与挫折管理
➔ 第十二章　员工卷入与管理

第十章　情绪劳动与管理

学习目标

- 了解情绪劳动的概念和结构
- 理解情绪劳动的四种策略
- 了解情绪劳动中的心理健康问题
- 理解工作倦怠的概念和影响因素
- 掌握缓解工作倦怠的措施

引例：败于情绪失控的英雄

《三国演义》中的刘备，因为东吴夺取了荆州并杀害了他的结拜兄弟关羽，一怒之下发动了对东吴的战争，战将百员，御驾亲征。东吴面临十分严峻的形势，孙权起用陆逊为大都督，抵御刘备。陆逊以柔克刚，后发制人，火烧蜀军营盘，刘备七十余万人马被杀得大败而归。刘备一生做事谨慎，这次冲动，成为他人生最大的败笔。如果刘备能控制好自己的情绪，三国的历史也许会重新改写。

（来源：杨子，2013）

20 世纪中叶以前，由于生产力发展水平所限，劳动往往被看作一种体力付出的过程，而情绪作为影响人们工作和生活的重要心理因素并没有得到足够的重视。到了 20 世纪 70 年代，随着心理学对情绪所进行的广泛而深入的探索，理论研究者和实际工作者才把兴趣逐渐转移到组织中的情绪问题上来。随着服务业的快速发展，越来越多的企业要求员工在与服务对象的接触中，注意自身情绪的表达方式——即使精疲力竭、情绪低落也必须微笑地面对顾客。这样，员工在劳动或工作中的情绪问题就被人为地压制起来，积少成多，最终威胁到员工的身心健康。在这种情况下，一个新的概念——情绪劳动（emotional labor）吸引了研究者们的注意。至此，劳动内涵被注入了新的内容：劳动不仅是一种体力、脑力的付出，也是一种情绪资源的付出。这种不可见的资源付出作为员工工作内容不可分割的组成部分，应被纳入薪酬计量中加以计算。本章将对情绪劳动的相关内容进行阐述，之后将对由此引发的员工心理健康问题进行探讨。

第一节　情绪劳动概述

一、何谓情绪劳动

可以说，我们每个人的世界都存在着情绪劳动。面对怒气冲冲的客户、产生冲突的同事、挑剔批评的领导，你会如何去应对这些情况？一般来说，我们会控制和调节自己的情绪，从而使工作顺利进行下去。我们所做的这些就是情绪劳动，可以说，古往今来我们每个人都进行过情绪劳动。

情绪劳动的概念最早由霍奇柴尔德（A. R. Hochschild）于1979年提出，基于对Delta航空公司空乘人员的调查，她在《情绪管理的探索》一书中把情绪劳动定义为：个人致力于情绪管理，以便在公众面前创造一个适当的面部表情和身体动作（1983）。她从戏剧的角度来阐述情绪劳动，认为员工白天工作时就是舞台上的演员，扮演着特定的角色。她对空乘人员进行观察，发现她们被要求扮演的角色应该满足顾客所有的期望：友好又有礼貌，保障舒适和安全，时刻保持冷静，更重要的是做所有的事情都要保持微笑。她认为我们个人的感受已经被赋予了商业价值，被兑换成了工资和小费，具有了交换价值。

随后，又有许多学者对情绪劳动的内涵进行界定。莫里斯和费德曼（Morris & Feldman，1996）认为，情绪劳动是指人际交往中为了表达出组织所期望的情绪，员工必须进行的努力、计划和控制等活动。第芬多夫和格罗斯朗德（Diefendorff & Gosserand，2003）则更直接地将情绪劳动定义为：响应组织有关情绪表现规则以完成组织工作任务而对个人情绪表现进行管理的过程。虽然到目前为止情绪劳动的概念还没有统一，但是我们从上述概念中可以看出，情绪劳动应具备以下几个条件。

（1）情绪劳动需在与顾客面对面、声音对声音的互动中完成。

（2）情绪表达要用来影响他人的情绪、态度和行为。

（3）情绪表现需要遵循一定的规则。

因此，综合以上内容，情绪劳动可以定义为：为了获得一定报酬而对自己的情绪进行控制，以营造出公众可以看到并接受的面部表情和身体动作的劳动过程。

资料 10-1

【资料】

“泛美式微笑”和“杜胥内微笑”

加州大学伯克利分校的两位心理学家达彻·肯特纳和丽安·哈克教授，研究了20世纪50年代米尔斯女子大学的150名学生在毕业照上的笑容。他们把这些笑容按照肌肉特征分为“泛美式微笑”和“杜胥内微笑”。“泛美式微笑”是指如同泛美航空公司空姐一般职业性、礼节性的笑容；而“杜胥内微笑”是指从内心发出的、真诚的微笑。随后他们开始研究这些女性半个世纪的人生经历，结果发现：与露出“泛美式微笑”的女性相比，那些展现“杜胥内微笑”的女性更有可能获得并维持满意的婚姻。

“泛美式微笑”是一种高成本的情绪劳动，“杜胥内微笑”是一种低成本的情绪劳动。因为情绪的特殊性，看不见摸不着，有一些没有回报的低效“情绪劳动”没有引起我们的重视，而是不断重复，不断消耗自己有限的幸福感，日积月累就成为收不回来的坏账，最终压垮了我们的人生。

（来源：被大家忽视的“情绪劳动”，才是最累人的[EB/OL].（2018-07-25）. https://www.sohu.com/a/243176012_164623.）

二、情绪劳动的结构

在不同情绪劳动概念的基础上，不同学者对情绪劳动的划分标准也不尽相同。

（一）四维度划分

莫里斯和费德曼（Morris & Feldman，1996）基于情绪劳动的工作属性将其划分为四个维度：（1）情绪表达频率（frequency of emotional display），是员工在工作中被要求表达情绪的次数，是情绪劳动研究中最常被考察的内容。在判断某种工作是否为情绪劳动时，许多研究者都将服务人员与顾客之间互动的频率作为一项核心指标。（2）情绪表达规则所需的注意力（attentiveness to required display rules），是为了满足工作的需要，情绪表达规则所需要的注意力水平，包括互动的持续时间和情绪表现要求的强度。情绪表达需要的注意力水平越高，对员工心理能量和努力程度要求就越高，因此员工就必须付出更多的情绪劳动。（3）情绪表达的多样性（variety of emotions required to be expressed），是指工作角色需要表现情绪的类别，如高兴、愤怒、冷漠、悲伤、同情等。不同工作对情绪表达多样性的要求是不同的，一般而言，需要表达情绪越多的工作，其情绪劳动强度越强。（4）情绪失调（emotional dissonance），是指员工真正感受到的情绪状态和组织需要表现的情绪状态之间的冲突（Middleton，1989）。当企业要求员工表达的情绪与员工真实体验到的情绪冲突时，员工就需要对自己的情绪进行控制和调整，也就意味着员工需要付出更多的情绪劳动。情绪劳动四个维度之间是有一定联系的（Morris & Feldman，1996），如图 10.1 所示。

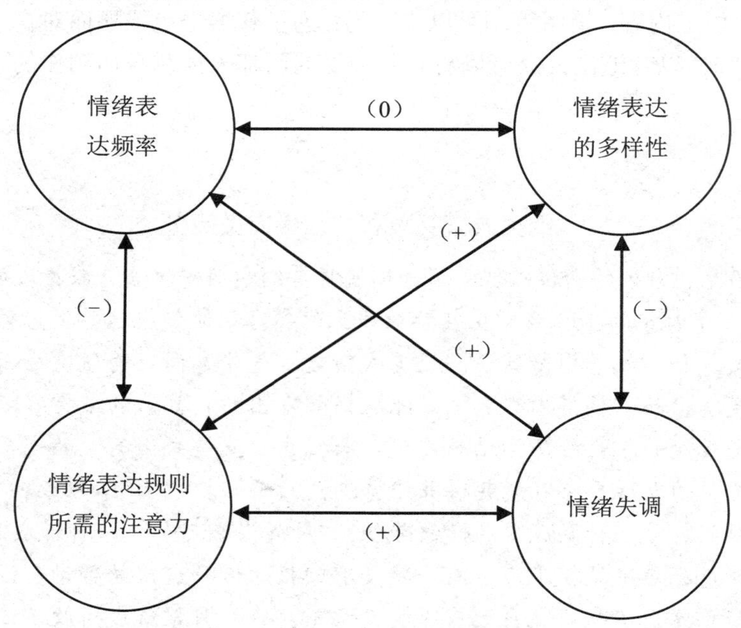

图 10.1　情绪劳动四个维度的关系

（来源：Morris & Feldman，1996）

（二）六维度划分

大卫（Davies，2002）在莫里斯和费德曼四维度划分基础上提出了六维情绪劳动理论。他将原本包含于情绪表达规则的注意力中的持久性和强度独立出来，各自组成情绪劳动的其中一维。因此，他的六维分别为情绪表达频率、情绪表达多样性、情绪失调、情绪表达强度、情绪努力（emotional effort）以及情绪表达持久性。此外，Brotheridge 和 Lee（2003）提出的情绪劳动六维度结构也包含情绪表达频率、强度、多样性、互动持久性，但不同于大卫的划分标准，他们的另外两个维度为表层行为、深层行为。

Glomb 和 Tews（2004）也是情绪劳动六维论的支持者，但他没有沿着情绪劳动维度研究的原有道路继续前进，而是另辟蹊径地将情绪劳动分为真实情绪表达、扮演情绪表达和情绪压抑三个部分，而每个部分又分为积极情绪体验和消极情绪体验。即六个维度分别为真实情绪表达的积极体验、真实情绪表达的消极体验、扮演情绪表达的积极体验、扮演情绪表达的消极体验、情绪压抑的积极体验、情绪压抑的消极体验（吕勤，2015）。

三、情绪劳动的作用

情绪劳动受到如此关注，那么如何评估情绪劳动的价值？企业关注情绪劳动背后的原因何在？情绪劳动对企业、顾客、自身会产生什么影响呢？

（1）情绪劳动对顾客的作用。情绪劳动最核心的作用在于情绪劳动者可通过自己表现出来的情感，影响顾客的态度、情绪、情感及行为，这一点在服务性行业中尤为常见。通过服务人员的工作，如果顾客的态度、情感与行为达到了企业的预期（顾客购买了产品、企业获得了利润），那么可以认为服务人员的情绪劳动是有效的。对于顾客而言，消费过程满意与否不仅取决于产品和服务的功能，还取决于整个消费过程中的心理体验。这一方面来自于适当的产品或服务设计、恰当的消费环境，另一方面来自于服务人员的情绪劳动。服务人员恰当的言谈举止、真实的情感投入丰富了顾客的消费体验，满足了顾客的情感需求，使他们产生了积极的情感体验，创造了一份美好的回忆。

（2）情绪劳动对企业的作用。随着信息技术的进步和产品的日益丰富，企业仅仅通过产品的功能性服务已经很难完全满足顾客的需求。顾客越来越重视特定消费经历对内心情感和思想的触动。新加坡航空公司在此方面有相当成功的经验。公司十分注重选拔、培养和留用周到细致的空乘人员，新招聘的空乘人员都要接受为期 4 个月的培训，培训内容包括职业技能、人际交往和个人仪态等，高素质的空乘人员最终为顾客提供了卓越的服务，也让新加坡航空公司实现了连续 38 年盈利（林美珍，2011）。可见，为顾客创造美好的情感体验是企业增强自身竞争优势的途径之一。这就需要企业做好服务人员的选拔、任用及培养等工作，并通过建立情感性的企业文化和相应的制度激励服务人员的情绪劳动，提升顾客的消费体验，从而提高顾客的满意感和忠诚度。

（3）情绪劳动对服务人员自身的作用。服务人员的情绪劳动与其情感消耗之间有密切的联系，医生、教师、客服人员等为了做好分内的工作，在面对服务对象时，常常需要大量的感情投入，这种投入很容易使他们过度消耗自身的情感资源，表现出抱怨、精神压抑甚至人格解体等现象，从而降低服务人员的工作满意度（Goldberg & Grandey，2007），甚至产生心理问题（情绪劳动与心理健康的关系将在本章第二节详细探讨）。但是，如果这些付出可以得到企业的奖励，如更多的物质报酬或/和精神上的鼓励等，或者如果服务对象做出了积极的反馈，甚至彼此之间建立起良好的个人关系，那么服务人员的工作满意感就会相应提高。因此，建议企业将员工付出的情绪资源纳入薪酬计量之中，同时给予他们更多精神上的关怀，使情绪作为一种可再生资源能够不断投入工作中去。

资料 10-2

第二节　情绪劳动与员工心理健康

长期以来，企业较多关注的是员工的身体健康，对心理健康问题有所忽视，对职业心理保健投入很少。但是近年来，随着全球化竞争时代的到来，人们的工作、生活节奏越来越快。数字时代大量信息的冲击、人口爆炸带来的严峻就业形势、生态环境的恶化、林林总总的诱惑和选择、对职业发展和企业前景的疑惑、未来社会政治经济发展预期的不确定性，都使劳动者的心理健康问题凸显出来。心理亚健康、不健康的状况越来越困扰着企业员工。压抑、抑郁、焦虑、烦躁、苦闷、不满、失眠、恐惧、无助、痛苦等不良的心理反应像幽灵一样时时困扰着上至管理层、下至普通员工的心，严重时它可以使得企业停滞不前，在“内耗”中走向灭亡。

一、情绪劳动中的心理健康问题

情绪劳动者时刻进行着情感强化和情感置换的过程：一方面要增强自己和服务对象之间的亲密感，把陌生的服务对象想象成自己的朋友和亲人，对待他们像对待自己远方的亲人一样；另一方面则要隐藏起自己的真实情感，正确表达企业需要的情感。即使员工不喜欢甚至讨厌某个人，但一旦这个人成为自己的服务对象，仍然要流露出高兴快乐的表情。在这种情况下，员工长时间压抑自己的真情实感，很可能出现一些不良的后果，主要表现在情感耗竭、去人格化和工作满意度降低三个方面。

情感耗竭是指情绪劳动者由于角色负担过重、角色冲突强烈等问题而心情烦闷，甚至长期精神压抑，感觉自己已经被“掏空”，无法再继续付出，这在医护人员的情绪劳动中出现的频率相当高。去人格化是指在需要投入的情绪劳动频率过高、持续时间较长的服务中，情绪劳动者容易将服务对象当作一个需要服务的物体而不是有情有义的人来看待。情感表达因此成为一种程序化的无意识反应，他们表面上所表现出来的情感与内心的实际感受完全分离，他们的微笑和热情都只是为了完成分内工作而做出的一种机械动作。过度的情绪劳动还会降低服务人员的工作满意感，表现在对工作没有劲头，提不起精神，离职倾向明显，等等。

除此以外，社会学家和心理学家在研究了快餐店、航空公司、银行、酒店、医院等行业从事服务工作的员工后发现，情绪劳动者在进行角色转换过程中，还存在以下问题。

（1）角色混淆。长期从事情绪劳动的员工要按照企业要求掩藏个人真实情绪进行角色转换，他们可能分不清楚哪些情感是属于自己的情感，哪些情感是与工作相关的情感。如餐馆服务人员在与顾客交往过程中，始终保持友善的微笑、愉快的心情，活跃就餐气氛，镇定地应付突发事件和尴尬局面。在他们下班以后，他们可能仍然分不清哪一份情感是与工作相关的，哪一份情感是他们自己真实的情感。他们甚至说不清自己的真实感受，或者总感觉自己的情感不是特别的真实。长此以往，员工就会感到工作压力或对工作产生厌倦。

（2）角色冲突。服务性行业常常有许多明文规定的制度来规范员工的言行举止，员工为了更好地履行这些规则往往会将它内化为个人的行为准则。在员工下班后，如果不能及时转换角色，就会导致工作状态下和生活状态下的角色冲突。银行出纳的工作繁忙而紧张，排队等候的顾客经常对他们言语粗暴，因此银行出纳在 8 小时工作中始终处于极度消极的情感状态。下班后，如果他们能及时调整工作上的压抑紧张的情绪，在轻松祥和的家庭氛围中保持积极的心态，就可以在相当程度上减少对心理健康的损害。如果不能，就会把消极情绪带回家，影响家庭的氛围。

（3）角色分离。为了给顾客提供个性化的服务，企业往往要求员工与顾客之间建立一种“虚拟关系”，增进亲密程度，建立顾客对企业的信任感与归宿感。然而，长时间高强度的情绪劳动可能导致与企业期望相反的效果。员工的工作角色与其自身的感受出现分离与脱节，员工不能表现自己的真实情感，顾客体会到的只是一种职业化的服务，而不是一种发自内心的关怀。

然而，情绪劳动对员工的影响不一定全都是消极的，近年来有不少研究者都发现了情绪劳动对员工和组织均可能发生正向影响（Bhave & Glomb，2013；Humphrey，Ashforth & Diefendorff，2015）。Humphrey 等（2015）的元分析总结发现，深层扮演（唤起一个人想要表现的适当情感）通常会产生积极的结果。与表层扮演（表现出人们实际上没有感觉到的情绪）不同，深层扮演不但不会损害员工的幸福感，而且与员工的工作满意度、组织承诺和工作绩效均呈正相关。

二、情绪劳动的策略

在情绪劳动中，员工如何进行情绪管理以降低对身心健康的损害呢？在霍奇柴尔德（Hochschild，1979）以及阿什福斯等人（Ashforth & Humphrey，1993）研究的基础上，根据员工情绪劳动时所动用的情绪资源层次不同，第芬多夫等研究者总结了以下三种情绪劳动的策略（Diefendorff，Croyle，Gosserand，2005）。

（一）表层扮演（surface acting）

表层扮演注重情绪的外部表现，是指个体通过抑制自身真实情绪或伪造情绪表达来使之符合工作的需要，是情绪调节中的反应聚焦（response-focused）过程。换句话说，提供服务的员工可能已经非常不耐烦了，但仍然通过改变面部表情、动作姿态、语气语调等活动，在表面上符合组织要求的情绪表达规则（黄敏儿，吴钟琦，唐淦琦，2010）。表层扮演时，员工尽量调控情绪，表现出组织要求的情绪，而内心的真实感受并不发生改变，只是“强颜欢笑”。表层扮演意味着内心的感受与外部表情之间的分离，但不失为一种策略。因为在无法改变现有的内心感受时，就必须以表面的装扮来开展工作，这就是日常所说的“赔笑脸”。对于一个表层扮演水平较高的员工来说，掩饰情绪是一件很容易的事，不会体会到太多的痛苦。但是，如果扮演拙劣的话，就可能被对方识破，效果自然适得其反（文书生，2004）。

（二）深层扮演（deep acting）

当表层扮演因为太过于表面化而不能满足顾客对真诚人际关系的需要时，深层扮演就变得非常必要。深层扮演是指个体对情境进行重新评估，或者聚焦于正面事件结果等方法改变内心认知，从而从内部体验到与组织要求相一致的情绪（Grandey，2000），是情绪调节中的原因聚焦（antecedent-focused）过程，即在负面感受被唤起之前，通过认知努力，个体已经对情绪进行了调节。例如，在面对一名因为航班延误怒气冲冲的乘客时，使用深层扮演策略的空乘人员在负面情绪产生之前，先通过认知努力聚焦于该事件的积极方面，如“在这种状况下都能够让乘客满意，那么该乘客以后肯定会成为我们公司的忠诚客户”，唤醒自身的积极情绪，并且通过表情、语气、姿势等表现出来。事实上，在 Hochschild 提出表层扮演和深层扮演理论时，就将深层扮演分成了主动深层扮演（positive deep acting）和被动深层扮演（passive deep acting）。其中主动深层扮演就是一般意义上的深层扮演，而被动深层扮演则是一种无意识的情绪调节策略（吕勤，2015）。

（三）表达自然情绪（display of naturally felt emotions）

除了表层扮演和深层扮演，第芬多夫等将表达自然情绪也当作情绪劳动的策略（Diefendorff，Croyle，Gosserand，2005）。表层扮演和深层扮演都需要员工的认知努力，表达个体自然感受到的真实情绪时，员工也需要一定程度有意识的努力，因为他们要确认这种真实表达的情绪是否为组织所支持。表达自然情绪在工作环境中是很常见的，会带给顾客真诚的感受，而发自内心的真诚往往也是服务优质的标志。此外，这种策略较少引起员工的情绪衰竭等负面后果。第芬多夫等通过结构方程建模，发现表达自然情绪与表层扮演、深层扮演是相互独立的维度，其使用频率甚至比表层扮演和深层扮演都高（Diefendorff，Croyle，Gosserand，2005）。

【资料】

员工如何使用情绪劳动策略

情绪劳动在服务岗位上非常重要，前期研究者主要关注情绪劳动的过程，从公司对员工情绪的要求，到如何调节情绪符合这种要求，再到员工面对顾客时如何恰当地表达情绪（Barger & Grandey，2006）。近期，研究者开始以员工为中心，关注员工个体如何使用情绪劳动策略，2014 年知名期刊《应用心理学》（*Journal of Applied Psychology*）就刊登出这样一项研究。研究者对美国和新加坡服务性岗位员工进行了大样本的调查，使用潜在剖面分析（latent profile analysis）方法对数据进行分析，发现根据使用情绪劳动的策略，可以把员工分为五种类型：不扮演员工（non-actors）、低扮演员工（low actors）、表层扮演员工（surface actors）、深层扮演员工（deep actors）和调整扮演员工（regulators）。这项研究为情绪劳动的管理提供了新的思路，从人力资源甄选的角度看，如果能够将岗位的情绪劳动要求和员工的情绪劳动特点进行恰当匹配，那么该岗位的员工会有很高的幸福感和较少的离职意向。从培训和绩效管理的角度看，组织应该对员工进行情绪管理培训，鼓励员工尽量多使用深层扮演策略。如果员工的情绪劳动已经出现问题，那么组织应该想办法对他们进行帮助，如对工作进行重新设计、为员工提供社会支持系统、提供休假等。

（来源：Gabriel，Daniels，Diefendorff，Greguras，2015）

第三节 员工工作倦怠分析

员工在工作中会遇到各种各样的压力与应激，可能会产生各种工作问题和情绪问题，最终会影响员工本人的心理健康，其中工作倦怠是影响最持久、危害最大的情绪问题之一。马斯拉奇（C. Maslach）等研究者指出，工作倦怠已经成为一个全球性的问题，特别是在经济快速发展、社会快速变革的发展中国家，如中国和印度，工作倦怠尤其需要得到关注和重视（Schaufeli，Leiter，Maslach，2009）。

一、工作倦怠的概念与结构

工作倦怠（job burnout）也称职业倦怠，国内也有研究者翻译为工作耗竭、职业枯竭等。20 世纪 70 年代，精神病学家弗洛登伯格（Freudenberger）将“倦怠”概念引入心理学研究，用来描述护理人员由于长期面临情感和人际压力而产生的认知与情感上的反应（1975）。马斯拉奇则将工作倦怠研究推向深入，并最终受到社会各界的关注，她对工作倦怠的定义也被广为接受：在以人为服务对象的职业领域中，个体的一种情感耗竭、去人格化和个人成就感降低的症状（Maslach & Jackson，1981）。研究者经常用燃烧的火焰来比喻倦怠的过程，有足够的能源补充时，火焰会持续燃烧；当能源消耗殆尽，火焰自然也就熄灭了。倦怠的员工就如同熄灭的火焰，已经无法照亮他人了（Schaufeli，Leiter，Maslach，2009）。

马斯拉奇在对专业助人行业（如教师、护士、社工等）的工作者进行研究时发现，从事这类服务性职业的人往往希望他们在工作中一贯地为他人提供优质的服务，这种期望造成他们在进入职业之后，不得不持续地投入大量的情绪、生理等方面的精力来应付服务对象的要求，久而久之，就容易形成身心俱疲的症状。在访谈和个案研究基础上，1981 年，马斯拉奇等编制了工作倦怠量表（Maslach Burnout Inventory，MBI），从三个维度测量工作倦怠，即情感耗竭（emotional exhaustion）、去人格化（depersonalization）和个人成就感降低（diminished personal accomplish）。情感耗竭是指情绪劳动者由于角色负担过重、角色冲突强烈等问题而心情烦闷，甚至长期精神压抑，感觉自己已经被“掏空”，无法再继续付出的状态，被认为是工作倦怠最具代表性的指标（Maslach & Jackson，1981）。去人格化是指在情绪劳动频率过高、持续时间较长的服务中，劳动者容易将服务对象当作一个需要服务的物体而不是知冷暖的人来看待。情感表达成为一种程序化的无意识反应，他们表面上所表现出来的情感反应与内心的实际感受完全分离，他们的微笑只是为了完成分内工作而做出的一种机械动作。其特征是视服务对象为“物”，而不当成“人”看待，表现为对他人消极、冷淡。去人格化是员工过度紧张或耗竭时的一种防御性反应。个人成就感降低指的是个体对自己进行负性评价的趋势，个体对所从事工作的胜任感和从工作中获得的成就感降低，经常感觉自己的工作缺乏进步，甚至是在原有的水平上有所降低。

在后来的研究中，马斯拉奇将 MBI 量表运用到其他非专业助人行业中，将其修订为 MBI-GS（MBI-General Survey）量表，并将原有理论中的三个维度调整为耗竭（exhaustion）、疏离（cynicism）和无效能感（inefficacy）。耗竭是指个体的心理资源（包括情绪资源和认知资源）被耗尽的感觉；疏离描述的是个体产生的对工作多个方面（包括对人、对事等）的一种消极的、冷漠的或与工作极度分离的反应；无效能感则是自我效能感低、缺乏成就感等几个方面的综合（Maslach，Schaufeli，Leiter，2001）。马斯拉奇提出的三维度理论在一定程度上反映了工作倦怠现象的本质，成为目前工作倦怠研究领域影响最大、居主导地位的理论模型。

二、工作倦怠的影响因素

关于工作倦怠形成的原因，存在两类观点：第一类观点称为工作环境成因论，认为工作环境等外部因素是倦怠形成的主要原因。按照应激资源理论，当工作环境等外部因素对个体的要求持续超过个体拥有的应对资源时，就会发生资源枯竭。长期超负荷工作、工作环境差、报酬低于自己的期望值是导致工作倦怠形成的重要原因，经常体验到组织不公平感和对组织管理变革持消极态度的个体也容易产生倦怠。第二类观点称为人格特质论，认为个体的人格、态度等内部因素以及某些人口统计学变量可以更有效地解释工作倦怠的形成，因为面对相似甚至相同的工作环境要求，不同的个体产生倦怠的情况也存在差异。性格被动、退缩和沉默寡言的个体容易受到情感耗竭、成就感降低的困扰，对组织、工作以及自己的绩效表现抱有很高期望或者期望水平变化波动较大的个体，发生倦怠的概率也比较高。此外，防御性应付、低自尊、A 型行为模式等人格变量与工作倦怠关系密切。

如果把环境因素再细分为与工作直接有关的因素、与组织有关的因素和与社会环境有关的因素，可以认为工作倦怠受到个体变量、工作变量、组织变量和环境变量四类变量的影响，如表 10.1 所示。

表 10.1　工作倦怠的前因变量类型

变量类型	具体变量
个体变量	大五人格、工作价值观、核心自我评价、情绪智力、自尊、控制点、自我效能
工作变量	工作要求、工作资源、工作压力、工作特征、角色冲突、角色模糊
组织变量	分配公平和程序公平、组织承诺、领导风格、组织认同、组织气氛
环境变量	社会支持

（一）个体变量

在相似的工作环境中，有些员工倦怠水平较高，有些员工倦怠水平则较低，表明个体因素会显著影响工作倦怠。现有关于个体因素影响工作倦怠的研究中，主要分析了人口学变量（如年龄、性别）、人格变量（如大五人格）、与工作相关的态度变量等对工作倦怠的影响。

人口学变量中，年龄与工作倦怠的关系较为稳定，年轻员工的工作倦怠水平高于中年员工。看起来似乎是青年员工受到工作倦怠的困扰更严重，不过我们还必须意识到“幸存者偏差”（survival bias）——那些早期有较高职业倦怠的员工可能已经离开现有工作岗位，因此剩下的“幸存者”自然工作倦怠水平较低（Maslach，Schaufeli，Leiter，2001）。性别与工作倦怠的关系较为复杂，一些研究发现女性工作倦怠高于男性，而另一些则发现相反的结果。较为一致的结果是，男性有较高水平的疏离或去人格化倾向，女性则有较高水平的情感耗竭。已婚的员工的倦怠水平低于未婚的员工（尤其是男性），未婚的员工倦怠水平又低于离婚的员工（Maslach，Schaufeli，Leiter，2001），可以推测稳定的婚姻关系对员工情绪健康也是非常重要的，与古谚“成家立业”是一致的。

员工的人格特征与工作倦怠有一定的联系。例如，“大五”人格中的神经质维度与倦怠呈正相关，神经质的个体更容易受到工作倦怠的侵扰，工作倦怠中的情感耗竭维度与A型性格（喜欢竞争、爱好有压力的生活方式、有较强控制欲）也呈正相关（Maslach，Schaufeli，Leiter，2001）。核心自我评价（core self-evaluation）是人们对自己能力和价值的最基本评价，是以自尊、控制点、一般效能感和神经质为基础的高阶人格特质，研究者发现，个体的核心自我评价越高，其工作倦怠水平越低（孙配贞，郑雪，许庆平，余祖伟，2011）。然而，马斯拉齐等研究者认为，虽然个体特征的确会影响工作倦怠，但这种影响比环境因素的影响小，工作倦怠更大程度上受到工作环境因素的影响（Maslach，Schaufeli，Leiter，2001）。

（二）工作变量

一些工作特征与员工的工作倦怠有较为密切的联系。首先，工作负荷与工作倦怠呈正相关，如果需要在短时间内完成大量高强度的工作，员工的工作倦怠（尤其是情感衰竭维度）很容易就产生了（Leiter & Maslach，2009）。例如，针对我国台湾记者的研究发现工作负荷与员工的工作倦怠相关显著（Liu & Lo，2018），每天工作时间和单位工作时间需要服务的顾客人数与工作倦怠也呈正相关（Maslach，Schaufeli，Leiter，2001）。其次，工作压力会导致工作倦怠。赵简和张西超（2010）对通信企业员工进行了研究，发现工作压力与工作倦怠的三个维度均显著正相关，其他学者针对不同群体的研究也发现了类似结果（李志鸿，任旭明，林琳，时勘，2008；郭玲，等，2018）。与此同时，角色冲突与角色模糊也会导致工作倦怠。Chong，Monroe 和 Cahan（2015）针对初级会计师的研究发现，角色模糊、角色冲突和工作相关紧张是工作倦怠的重要前因。角色模糊和角色冲突最初会影响员工对工作相关紧张的感知水平，而工作相关紧张则与工作倦怠相关。

（三）组织变量

除了工作特征，员工所在组织的特征也会影响其工作倦怠。马斯拉奇等（2001）对医院和学校等组织的特征进行分析，发现那些等级森严、规则较为死板的组织，员工较容易出现工作倦怠。我国学者研究发现，在控制了人口统计学变量之后，组织的分配公平和程序公平都会影响工作倦怠（李超平，时勘，2003）；组织气氛对工作倦怠也有显著的影响（詹文慧，高金金，陈毅文，2013）。员工的组织认同会影响其工作倦怠，例如有研究者发现有较高组织认同的员工，其情感耗竭和去人格化水平较低（Wegge，van Dick，Fisher，Wecking，

Moltzen，2006），我国学者也发现组织认同与去人格化、个人成就感降低呈负相关（申继亮，李永鑫，张娜，2009）。

（四）环境变量

员工从环境中获得的资源与其工作倦怠有紧密联系，目前研究最多的资源是社会支持。员工获得的社会支持越多，工作倦怠水平越低；如果员工没有获得足够的社会支持——尤其是来自直接上级的支持，那么该员工很有可能受到工作倦怠的困扰（Maslach，Schaufeli，Leiter，2001）。社会支持在外界压力和工作倦怠之间起着缓冲器的作用，即如果有足够的社会支持，较大的压力也很难造成工作倦怠；如果社会支持不够，较大的压力就很容易让员工陷入工作倦怠的泥淖。有学者对护士、教师和商业服务人员中的职业女性进行调查，发现来自工作单位、家人、朋友和社会团体的支持越多，职业女性的工作倦怠水平越低（李丽英，刘惠军，2008）；也有学者以武警警官为研究对象，发现来自组织的支持显著降低了警官的工作倦怠水平，同时还提高了警官的心理健康状况（裴改改，李文东，张建新，雷榕，2009）。

三、工作倦怠的干预措施

工作倦怠对员工个人和组织都有消极负面的影响，因此必须对员工的工作倦怠进行干预。干预措施可以从个体、工作和组织三个层面进行。

（一）个体层面的干预措施

从个体因素来看，首先，要帮助员工正确认识自己的情绪。企业可以利用宣传栏、内部刊物、自助卡、健康知识讲座等多种形式使员工关注工作倦怠，正视情绪问题。同时定期由专业人员采用科学的情绪评价方法评估员工情绪，并找出情绪问题产生的原因，对症下药，及时将问题解决于萌芽状态。其次，对员工进行情绪管理培训。将心理学的理论、理念、方法和技术应用到企业日常管理和企业拓展训练活动中，通过设置系列课程，如压力管理、挫折应对、心态调整、社会支持、人际沟通技巧等，使其了解职业心理健康知识，掌握调整情绪的基本方法，增强心理承受能力，降低受工作倦怠影响的概率。

（二）工作层面的干预措施

从工作因素来讲，以下做法有助于减轻员工的工作倦怠。（1）做到人—职匹配。招聘、甄选、任用这些环节之前或之后必须注意工作本身对员工的要求，尽量做到匹配。对企业内的各职位进行工作分析时，要充分考虑每个职位对人员情绪管理能力的不同要求，最终得到的岗位说明书可以包含对情绪管理的要求。在员工招聘与甄选过程中，加入对情绪管理技能的考察。（2）对工作中的员工要做好工作培训和工作维护，增加社会支持。及时做好情绪评估是情绪管理的第一步，根据情绪评估结果，可以开展诸如拓展训练等活动，提高员工们的情绪管理能力，并加入对个别岗位有针对性的情绪智力训练。可通过在企业内部设立专门的不良情绪宣泄场所和心理咨询室，帮助员工及时有效地发泄不良情绪，减少工作压力，调整心理状态，使其更好地为实现组织目标和个人目标而工作。

（三）组织层面的干预措施

从组织因素来讲，可以从如下几个方面入手，减少工作倦怠发生的可能性：（1）去除不良环境对员工情绪的影响。环境因素包括硬环境和软环境。企业的硬环境主要是工作环境，包括工作场所的美化、整洁等。由于受条件限制，许多企业员工仍处在肮脏、混杂的工作环境中，心境和情绪容易失控。企业的软环境主要指企业内部管理，包括人际关系的和谐性、利益关系的合理性和员工的稳定性等。有些企业用人不当、分配不公、是非颠倒、风气不正，导致员工心灰意冷，应该尽量减少甚至杜绝这些事情的发生。（2）倡导积极有效的组织文化。组织文化引导组织的发展方向、价值观念和行为方式，从而塑造着组织的工作气氛，具体可以参考本书第十七章的相关内容。

【资料】

工作倦怠的理论解释

在如何看待工作倦怠的问题上，学者们提出了以下几类理论解释。

1. 基于资源的理论。资源保存理论（conservation of resource theory，COR）从资源（包括时间、金钱、自主性、自尊、社会支持等）的损失和收益角度解释倦怠过程，员工会努力去获取和保留这些资源，如果工作中的资源消耗大于从工作中获得的回报，个体就有可能产生工作倦怠。有研究者在资源保存理论的基础上，提出了工作需求—资源模型（job demands-resources model，JD-R），认为任何工作都有两类特征：工作需求（job demands）和工作资源（job resources）。工作需求意味着在工作中持续投入身心两方面的努力，常常与特定的生理和心理代价（如工作倦怠）相联系。工作资源则指组织提供的用于完成工作目标、减少健康问题概率、促进员工成长和发展的内容（Demerouti，Bakker，Nachreiner，Schaufeli，2001）。当工作需求和工作资源基本平衡时，员工不容易产生倦怠；当工作需求很高，工作资源却不充分时，员工很容易产生工作倦怠。

2. 努力—奖酬平衡理论。努力—奖酬平衡理论（effort-reward imbalance model）主要关注员工在工作中的努力是否得到相应的回报，那些付出很多努力，但是回报（指经济收益、社会评价、晋升前景和社会支持等）甚少的员工，容易感受到较大的压力（Siegrist，1996）。依据该理论，员工投入的个人努力和获得的奖酬之间的不平衡也是倦怠产生的根源。在努力方面，组织可以通过减少工作时间，提供休息室、休闲娱乐设备来改善；奖酬方面，不仅要保证公正的物质性奖酬，还要注重提供非物质性奖酬。领导可以通过倾听、及时反馈和提供社会支持等让员工认识到自己工作角色的重要性，从而获得自尊感的满足。

3. 人—职匹配理论。根据人—环境匹配理论（person-environment fit theory），工作特征和个体承担工作的能力之间需要具有一致性或匹配性，不匹配就会导致诸多问题（Caplan & Harrison，1993）。虽然个体因素和环境因素都会影响员工的工作倦怠，但工作倦怠本质上来看，并不是单纯的个体问题或者工作特征问题，而是个人与工作情境的互动关系。个体和职位匹配程度越低，越容易产生工作倦怠。具体而言，个人和组织在以下六个因素上的不匹配可能引起工作倦怠：（1）工作量；（2）控制感；（3）报酬；（4）一致性；（5）公平性；（6）价值（王晓春，甘怡群，2003）。

本章小结

1．情绪劳动是为了获得一定报酬而对自己的情绪进行控制，营造出公众可以看到并接受的面部表情和身体动作的劳动过程。

2．情绪劳动划分为四个维度：情绪表达频率、情绪表达规则所需的注意力、情绪表达的多样性和情绪失调。

3．情绪劳动策略有三类：表层扮演、深层扮演和表达自然情绪，组织应鼓励员工尽量使用后两种策略。

4．工作倦怠是在以人为服务对象的职业领域中，个体的一种情感耗竭、去人格化和个人成就感降低的症状。马斯拉奇等编制的工作倦怠量表（MBI）和 MBI-GS（MBI-General Survey）经常用来测量员工的工作倦怠。

5．影响员工的工作倦怠的因素可以归为四类：个体变量、工作变量、组织变量和环境变量。

6．对员工的工作倦怠进行干预，可以从个体层面、工作层面和组织层面来进行。

思考题

1．工作倦怠受到哪些因素的影响？如何缓解员工的工作倦怠？

2．论述情绪劳动的价值。

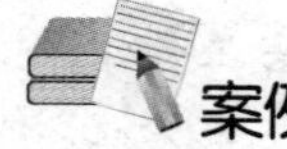

案例讨论

云宏，在外资企业工作 11 年，现在是该公司的销售部经理。11 年来他一直非常勤奋，孜孜不倦。每天加班到很晚，工作身先士卒，达不到业绩誓不罢休。然而云宏一直有一个坏毛病，就是脾气特别不好，动辄向下属发脾气，还常常抱怨其他部门和同事合作度不够。私底下，云宏也常常觉得自己很累，太累了；偶尔跟好友闲谈的时候也常常提出疑问："我这样的生活到底值不值得？"虽然他很迷惘，但不敢做很大的改变，因为云宏认为现在的一切都是通过这样的生活方式得到的。

讨论问题：

1．你认为云宏在以后的工作中会遇到哪些问题？

2．你认为应该如何解决这些问题？

参考文献

[1] 郭玲，崔瑛，郝凯军，等．山东省感染性疾病科护士工作压力及工作倦怠的现状

及其影响因素研究[J]. 中华护理杂志，2018，53（12）：1444-1450.

[2] 黄敏儿，吴钟琦，唐淦琦. 服务行业员工的人格特质、情绪劳动策略与心理健康的关系[J]. 心理学报，2010，42（12）：1175-1189.

[3] 李超平，时勘. 分配公平与程序公平对工作倦怠的影响[J]. 心理学报，2003，35（5）：677-684.

[4] 李丽英，刘惠军. 职业母亲的工作倦怠与自尊、社会支持的关系[J]. 心理发展与教育，2008（1）：66-71.

[5] 李志鸿，任旭明，林琳，等. 教学效能感与教师工作压力及工作倦怠的关系[J]. 心理科学，2008，31（1）：218-221.

[6] 林美珍. 服务性企业的服务创新问题：以新加坡航空公司为例[J]. 中国人力资源开发，2011（2）：68-70.

[7] 吕勤，童时萍，吴玉华. 情绪劳动及其影响因素的研究综述[J]. 北京第二外国语学院学报，2015，37（7）：13-25.

[8] 裴改改，李文东，张建新，等. 控制感、组织支持感及工作倦怠与武警警官心理健康的结构方程模型研究[J]. 中国临床心理学杂志，2009，17（1）：115-117.

[9] 申继亮，李永鑫，张娜. 教师人格特征和组织认同与工作倦怠的关系[J]. 心理科学，2009，32（4）：774-777.

[10] 孙配贞，郑雪，许庆平，等. 小学教师核心自我评价、应对方式与工作倦怠的关系[J]. 心理发展与教育，2011（2）：188-194.

[11] 王晓春，甘怡群. 国外关于工作倦怠研究的现状述评[J]. 心理科学进展，2003，11（5）：567-572.

[12] 文书生. 西方情绪劳动研究综述[J]. 外国经济与管理，2004，26（4）：13-19.

[13] 杨子. 败于情绪失控的英雄[J]. 文学与人生，2013（11）：13.

[14] 詹文慧，高金金，陈毅文. 组织气氛对工作倦怠的影响：工作压力的中介作用[J]. 浙江大学学报（理学版），2013，40（1）：112-118.

[15] 赵简，张西超. 工作压力与工作倦怠的关系：心理资本的调节作用[J]. 河南师范大学学报（自然科学版），2010，38（3）：139-143.

[16] ASHFORTH B E, HUMPHREY R H. Emotional labor in service roles: The influence of identity[J]. Academy of Management Review, 1993, 18(1): 88-115.

[17] BARGER P B, GRANDEY A A. Service with a smile and encounter satisfaction: Emotional contagion and appraisal mechanisms[J]. Academy of Management Journal, 2006, 49(6): 1229-1238.

[18] BHAVE D P, GLOMB T M. The Role of Occupational Emotional Labor Requirements on the Surface Acting-Job Satisfaction Relationship[J]. Journal of Management, 2013, 42(3): 722-741.

[19] BROTHERIDGE C l M, LEE R T. Development and validation of the Emotional Labour Scale[J]. Journal of Occupational and Organizational Psychology, 2003(76): 365-379.

[20] CAPLAN R D, HARRISON R V. Person-environment fit theory: Some history, recent developments, and future directions[J]. Journal of Social Issues, 1993, 49(4): 253-275.

[21] CHONG V K, MONROE G S, CAHAN S. The impact of the antecedents and consequences of job burnout on junior accountants' turnover intentions: a structural equation modelling approach[J]. Accounting & Finance,2015, 55(1): 105-132.

[22] DEMEROUTI E, BAKKER A B, NACHREINER F, et al. The job demands-resources model of burnout[J]. Journal of Applied Psychology, 2001, 86(3): 499-512.

[23] DIEFENDORFF J M, GOSSERAND R H. Understanding the emotional labor process: A control theory perspective[J]. Journal of Organizational Behavior, 2003, 24(8): 945-959.

[24] DIEFENDORFF J M, CROYLE M H, GOSSERAND R H. The dimensionality and antecedents of emotional labor strategies[J]. Journal of Vocational Behavior, 2005, 66(2): 339-357.

[25] GLOMB T M, TEWS M J. Emotional labor: A conceptualization and scale development[J]. Journal of Vocational Behavior, 2004, 64(1): 1-23.

[26] GRANDEY A A, DIEFENDORFF J M, RUPP D E. Bringing Emotional Labor into Focus: A Review and Integration of Three Research Lenses[M]. Routledge, 2013:23-48.

[27] FREUDENBERGER H J. The staff burn-out syndrome in alternative institutions[J]. Psychotherapy: Theory, Research and Practice, 1975, 12(1): 73-82.

[28] FRIJDA N H, ORTONY A, SONNEMANS J, et al. The complexity of intensity: Issues concerning the structure of emotion intensity[M]//CLARK M S. Emotion. CA: Sage Publications, 1992: 60-89.

[29] GABRIEL A S, DANIELS M A, DIEFENDORFF J M, et al. Emotional labor actors: A latent profile analysis of emotional labor strategies[J]. Journal of Applied Psychology, 2015, 100(3): 863-879.

[30] GOLDBERG L S, GRANDEY A A. Display rules versus display autonomy: Emotion regulation, emotional exhaustion, and task performance in a call center simulation[J]. Journal of Occupational Health Psychology, 2007, 12(3): 301-318.

[31] GRANDEY A A. Emotion regulation in the workplace: A new way to conceptualize emotional labor[J]. Journal of Occupational Health Psychology, 2000, 5(1): 95-110.

[32] HOCHSCHILD A R. Emotion work, feeling rules and social structure[J]. American Journal of Sociology, 1979, 85(3): 551-575.

[33] HOCHSCHILD A R. The Managed Heart: Commercialization of human feeling[M]. Berkeley, CA: University of California Press, 1983.

[34] HUMPHREY R H, ASHFORTH B E, DIEFENDORFF J M. The bright side of emotional labor[J]. Journal of Organizational Behavior, 2015, 36(6): 749-769.

[35] LEITER M P, MASLACH C. Nurse turnover: The mediating role of burnout[J]. Journal of Nursing Management, 2009, 17(3): 331-339.

[36] LIU H L, LO V H. An integrated model of workload, autonomy, burnout, job satisfaction, and turnover intention among Taiwanese reporters[J]. Asian Journal of Communication,2018, 28(2): 153-169.

[37] MASLACH C, JACKSON S E. The measurement of experienced burnout[J]. Journal of

Occupational Behaviour, 1981, 2(2): 99-113.

[38] MASLACH C, SCHAUFELI W B, LEITER M P. Job burnout[J]. Annual Review of Psychology, 2001, 52(1): 397-422.

[39] MIDDLETON D R. Emotional style: The cultural ordering of emotions[J]. Ethos, 1989,17(2): 187-201.

[40] MORRIS J A, FELDMAN D C. The dimensions, antecedents, and consequences of emotional labor[J]. Academy of Management Review, 1996, 21(4): 986-1010.

[41] SCHAUFELI W B, LEITER M P, MASLACH C. Burnout: 35 years of research and practice[J]. Career Development International, 2009, 14(3): 204-220.

[42] SIEGRIST J. Adverse health effects of high-effort/low-reward conditions[J]. Journal of Occupational Health Psychology, 1996, 1(1): 27-41.

[43] WEGGE J, VAN DICK R, FISHER G K, et al. Work motivation, organizational identification, and well-being in call centre work[J]. Work & Stress, 2006, 20(1): 60-83.

[44] WHARTON A S, ERICKSON R J. Managing emotions on the job and at home: Understanding the consequences of multiple emotional roles[J]. Academy of Management Review, 1993, 18(3): 457-486.

自测题

复习题

第十一章　应激与挫折管理

学习目标

主编导语

- 理解应激的基本概念
- 理解应激源和应激感受性
- 了解应激的作用以及应激管理策略
- 理解挫折的基本含义及其来源
- 掌握如何进行挫折管理

引例：可怕的星期一

很多人都有过这样的体验，周一清早风风火火去上班，那阵势犹如兵临城下。遗憾的是，工作时却犹如梦游，无精打采，注意力难以集中，毫无效率可言。人们理所应当地认为，这是周一综合征在发作而已。

对很多人而言，周一综合征犹如上班的生理周期，固定且规律地横亘在每周一大清早。有研究称，周一无精打采是可以用生理学知识解释的：经过周末的精神与身体放松，人体生物钟难以自律地从懒散状态回归工作步调，难以适应工作应激状态。

10 年前，《英国医学杂志》发表的一项研究发现，苏格兰地区在星期一因冠状动脉心脏疾病死亡患者数量较其他时间增多。英国格拉斯哥大学的研究者分析了各种因素也没能找到合理解释。最后，作者认为这可能与周末的纵情豪饮有关，而周一大清早的工作应激状态可能也难辞其咎。

数年前，日本东京女子医科大学一项研究称，周一清早会让人血压上升。研究者选取了 175 名志愿者，监测他们一周七天的血压波动后发现了上述结果。有意思的是，血压上升主要表现在上班人群中。这意味着，很可能是工作应激状态导致了周一血压升高。美国 CNN 在报道上述研究发现时，非常直接地写道：“周一清早，有害健康。”

（来源：星期一是礼拜几[EB/OL].（2015-06-11）. http://cn.ui.vmall.com/thread-4608910-1-1.html.）

从第十章中我们知道，情绪对个体的身心健康、工作质量有很大影响。然而，情绪并非无源之水、无本之木，它常常来源于工作和生活中的压力和挫折。人生在世，不如意事十之八九。面对林林总总的坎坷磨难，很多人会产生怨天尤人的哀叹、悲天悯人的愁思。这种负面情绪如果不能及时得到有效缓解，就会转化为一种无形的压力，弥散于心灵之上，让人无法呼吸。当这种状况扩散开来，波及工作、学习、生活等诸多方面时，挫折感就产生了。面对压力，应该怎么办？遭受挫折，应该怎样应对？本章将对应激和挫折的本质、来源、影响因素进行分析，并对应激管理和挫折应对提出建议。

第一节 应激管理

一、应激的概念

应激（stress）也称为压力，是每个人在工作和生活中都没法完全回避的，也是健康心理学中最为重要的概念之一，对个体的生理系统和心理系统均有广泛而深远的影响（Baum & Posluszny，1999）。这个概念与爱的概念有几分相似之处，每个人都知道这个概念所指的意思，但是几乎没有两个人会用同一种方式来定义它。当我们大多数人谈到压力时，通常指的是我们所感受到的来自周围的压力：学生谈到压力可能是因为考试成绩不理想，或者是一篇重要论文的最后期限到了；父母谈到的压力可能是因为养家糊口而带来的经济负担；教师谈到的压力可能是因为一方面他们要保持自己在专业领域内的成就，另一方面还要把课堂教学做好；医生、护士与律师谈到的压力可能是因为他们要应付病人或当事人提出的无休止的要求。

在当代科学文献中，应激这个概念至少有三种不同的含义：第一种，应激是指那些使人感到紧张的事件或环境刺激。从这个意义上来讲，应激是外部的。在本书中，我们倾向于将这种意义上的应激称为应激源（stressor）。第二种，应激指的是一种主观反应，是紧张唤醒的一种内部心理状态，它是人体内部出现的解释性的、情感性的、防御性的应对过程。第三种，应激是人体对内部需要或伤害性侵入的一种生理反应。以上三种含义各有侧重之处，但是心理状态和生理反应常常相伴而生，不可能单独出现，所以应激是人对某种意外环境刺激做出的适应性反应，既包括生理反应，又包括心理反应，既有遗传的成分，也有习得的成分。在应激状态下，人们往往会六神无主、寝食不安，身心发生剧烈变化。不管遭遇到何种应激事件，身体都会在紧急情况下自动产生一系列的反应，如血压升高、手心出汗、心跳加速等。应激引起的心理反应范围很广，既有认知上的反应，如知觉范围变小、记忆功能失调、思维紊乱等，又有情绪上的反应，如愤怒、害怕、沮丧、焦虑、悲伤等。

加拿大医生汉斯•塞里（Hans Selye）首先使用“应激”一词来描述身体的生理反应机制。塞里认为应激是身体对强加于自身的外部要求的非特异性反应，通过“一般适应综合征”（General Adaptation Syndrome，GAS）表现出来（Selye，1978）。针对外部应激环境，个体有一套一般性的反应系统，大部分时候可以有效应对来自外部环境的应激，但如果出现极端情况，那么适应系统就会出现问题。图 11.1 给出了一般适应综合征模型。

第一阶段为警戒期。刚出现应激事件时，警戒反应就会发生。个体处理该应激事件的水平会很低（低于平时的水平）。但是，随后人体会迅速动员自身的身体和心理资源，做出自我保护性的调节。如果调节有效，警戒就会解除，个体恢复到正常状态；如果无法恢复，那么就进入下一个阶段。

第二阶段为抵抗期。如果个体未能在第一阶段解除危机，致使应激源继续存在，那么个体将会试图调动更多的、更加重要的身心资源去排解压力。如果能够奏效，危机就可以在不伤害生理或心理健康的情况下得到解决，否则就会进入第三个阶段。

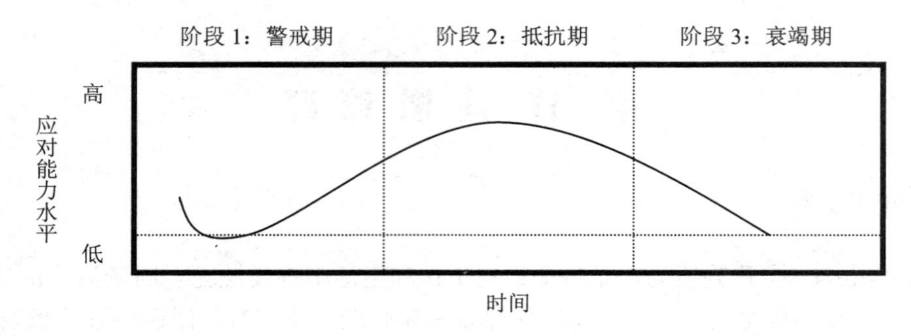

图 11.1　一般适应综合征模型

（来源：Selye，1978）

第三阶段为衰竭期。个体的身心能量是有限的，如果应激情境一直持续下去，个体的适应能力就会下降，身心能量就会耗尽，直至精疲力竭，陷入崩溃状态。实际上，长期或反复的应激是引起许多疾病（心血管疾病、关节炎等）的重要风险因素。

上述过程会因为个体应激感受性和适应能力的差异而表现出不同的模式。一般来说，那些应激感受性较低且适应能力较高的人第一阶段和第二阶段持续的时间比较长，而那些应激感受性偏高且适应能力偏低的人则很快就会到达最后阶段。也就是说，同样的心理性应激源作用于不同的个体时，应激程度存在个体差异（Wang & Yang，2015）。此外，GAS 也可以通过训练来操纵，定期承受压力可以提高身体对其的适应能力（Buckner，et al，2017）。就像长跑运动员需要接受耐力训练，以适应并应对较长时间的体力消耗那样。

二、应激源和应激感受性

引起应激感受的客观因素有很多，主要分为两类：一类是自然或物理事件应激源，如突如其来的恶劣天气、意外交通事故等。这类应激源持续的时间较短，且不会引起人们社会情绪方面的反应，相对比较容易应对。另一类是社会事件应激源。这类应激源又可大致分为两种：一种是与组织或工作相关的应激源，称为工作应激源；另一种是与组织或工作无关的应激源，称为生活应激源。

社会事件应激源通常持续的时间较长，引起的社会情绪反应较为强烈而持久，应对起来比较困难，所以下面我们着重分析这类应激源及其产生作用的过程。

（一）工作应激源

工作场所中所发生的几乎任何事情都可能造成应激，所以工作应激源有多种形式。工作应激源在员工个体的应激感受性调节下，对应激水平产生影响，如图 11.2 所示。

1．工作应激源

（1）工作负荷。对许多人来说，有太多的工作要做。如果没有足够的时间、资源或能力来完成他的工作，就会产生应激。这会让员工超负荷工作，加班加点，导致身心疲惫，工作效率降低。换句话说，超负荷工作是工作应激的重要来源。反过来说，工作太少、过于安闲又会怎样呢？从忙碌中突然闲下来的人也可能会产生应激问题，如刚刚退休的人或从领导岗位上退下来的人，也会感到很不适应。而且，长期处于闲置状态也常常构成应激事件。

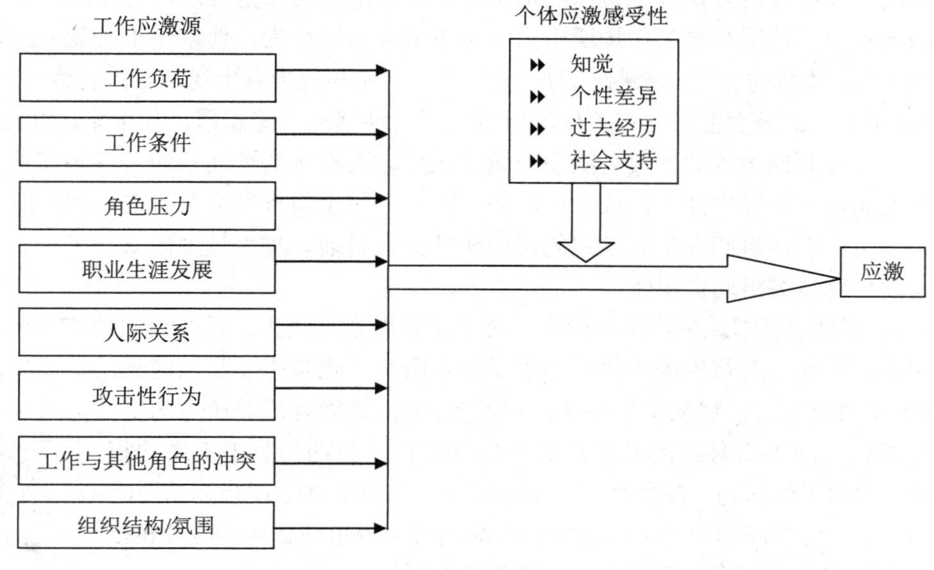

图 11.2 工作应激源及其作用机制

（2）工作条件。恶劣的工作环境和条件是另一种重要的应激源。工作场所空间狭窄拥挤、温度过高或过低、噪声过大、光线太暗或太亮、辐射和空气污染等都会引起员工的应激。此外，旨在改善工作条件的新技术也会带来应激，技术压力[①]就是其中一种。

（3）角色压力。工作中，当员工面临组织更高的角色期待与要求却感到力不从心时，就会体会到不同程度的角色压力（role stress）。角色冲突（role conflict）、角色模糊（role ambiguity）和角色超载（role overload）是三种主要角色压力源（role stressor）。当员工遭遇不兼容的角色期望时，就会产生角色冲突；当岗位职责不明确，员工不清楚自己应该做什么和怎么做时，就会产生角色模糊；当员工缺乏必要的能力与技能或足够的时间而无法顺利完成各种角色需求时，就会产生角色超载（李晴蕾，王怀勇，2018）。因此，大部分员工在工作中面临这三种角色压力源时有可能会感受到巨大的压力，进而产生应激反应。

（4）职业生涯发展。组织情景中与职业生涯规划和发展相关的应激源包括工作安全感、晋升机会、培训机会等。工作不稳定，担心随时被炒鱿鱼，或没有培训机会、缺少晋升机会和发展空间，都是企业员工应激的重要来源（马超，凌文辁，2004）。员工晋升过慢（没按照期望的进度）或过快（晋升到超过个人能力的工作岗位）都会感到压力和产生应激。

（5）人际关系。与上司、同事、下属愉快相处，保持良好的工作关系，是组织生活极其重要的方面，也是员工在组织中要实现的主要目标之一。复杂而紧张的人际关系、防不胜防的组织政治行为、“办公室政治”等是工作应激的重要来源，其对员工造成的压力常常超过工作本身带来的压力。

[①] 技术压力（techno-stress），是指以计算机为核心的现代信息与通信技术给人们带来的压力，这种压力又辐射到其他高新技术领域，使现代人的工作和生活显现出相对于技术的无所适从感（赵磊，2012）。

（6）攻击性行为。组织中的攻击性行为常以暴力侵害或性骚扰等形式出现。对员工造成实际的生理或心理伤害的攻击性行为被称为工作场所暴力。在工作场所受到暴力侵害或暴力威胁的个体更有可能体验到负面的情绪，并产生消极的行为反应，包括较低的生产率和较高的缺勤率。性骚扰是工作场所中另一种主要攻击性行为，通常指不受欢迎的、有着性意味的举动，不仅包括身体接触行为，也包括口头和其他带有上述性质的行为（邓子鹃，2015）。有相当一部分女性员工在工作场所中受到过性骚扰（陈志霞，徐荣华，2013）。

（7）工作与其他角色的冲突。除职业角色之外，人在生活中还扮演着许多其他角色。这些角色可能与工作发生冲突，成为应激源。例如，员工与家庭成员待在一起的愿望可能和其他必须工作以促进职业生涯发展的愿望相冲突。目前，越来越多的双职工夫妇，已将工作和家庭角色冲突引向尖锐化。

（8）组织结构/氛围。在组织结构中，员工是否能参与决策，以及组织的管理模式和组织的沟通方式等均会对员工的工作压力水平产生影响，也是引发员工应激的重要来源。例如，允许员工做决策可以提高员工在工作中的控制感，进而降低其压力感受；而组织管理模式的不完善或沟通方式的不到位则往往会挫伤员工工作的积极性，进而增加工作压力。在当今社会中，组织行为对个体心理行为的影响是重大的，它不但会成为个体的应激源，也影响组织成员的认知、情绪和行为过程，如对压力的评价、应对方式及行为的选择等。

资料 11-1

2．应激感受性

工作应激源只是造成工作应激的客观条件，它们是否带来应激或造成何种程度的应激还与个体的应激感受性有关。应激感受性是指个体对应激源或应激事件的敏感程度。有些人应激感受性高，周围环境有一点儿风吹草动，就会引发他的应激状态或反应，这类人易受应激事件的影响，产生较高水平的应激；而另一些人则相反。应激源就是经由个体应激感受性的调节而最终产生应激状态的。

一个人应激感受性的高低既与他的个性和心理特点有关，也与他的生活经历和所处的环境有关。具体地说，个体对特定事件的应激感受性主要受以下四个因素的影响。

（1）个体对情境的知觉。员工对应激事件的知觉可能影响他如何体验应激事件。例如，两个员工同样面对工作职责的巨大变化，一个员工可能会觉得新职责是学习新技能的机会，并把这种变化知觉为上司对自己工作能力的肯定；另一个员工可能把这种变化知觉为一种威胁和上司对自己的不信任，因此应激与个体归因特点也有关系（苏丽娜，刘永芳，2006）。

（2）个性差异。个体在动机、态度、个性和能力方面的差异也会影响员工是否体验到工作应激和对应激事件的反应强度和方式，如有完美主义倾向的员工，其工作应激水平比普通员工要高（刘洪举，张兴福，2007；Wang & Yang，2015）。

（3）过去经历。一个人在特定环境中感受到的应激水平依赖于他对该环境的熟悉程度或该环境与他所经历过的环境的相似程度，同样地，当个体遇到一件突如其来的事情时，他所感受到的应激水平取决于他以前是否经历过类似的事情。例如，刚刚走上工作岗位的新员工或刚来到新单位工作的人，常常会体验到更多的应激。经验或阅历可以降低一个人的应激感受性，培训或训练也可以使新员工尽快地适应新环境，降低应激感受性。

（4）社会支持。一个人遇到应激事件时，实际得到的社会支持或得到社会支持的可能性大小，将会影响他的应激感受。面对同样的应激源，孤立无援的个体显然要比受到多方援助的个体承受更大的压力，如段万春等（2013）对我国新生代员工进行研究，发现社会支持对应激有显著的预测作用。

（二）生活应激源

值得注意的是，工作应激源并非影响工作应激的唯一来源。发生在工作场所以外的社会生活事件产生的持久应激也会被带到工作中来，从而影响工作应激。因此，有必要对生活应激源加以介绍和分析。

“天有不测风云，人有旦夕祸福。”生活应激源形式多样，内容各异，但大体上可以区分为以下两类。

1．重大生活事件

人们在生活中可能会遇到一些突发性的或重大的生活事件（Stressful Life Events，SLE），如离婚、结婚、亲人亡故等。这样的事件会对人们的身心健康产生什么影响呢？这个问题引起了健康心理学家们的广泛注意，他们开展了大量的生活事件研究，试图弄清楚生活事件、应对方式和身心健康之间的关系。表 11.1 列出了有关研究所确认的重要生活事件及其应激指数。应激指数从 1 到 100，分数越高表明该事件引起的应激水平越高。

表 11.1　各种生活事件及其应激指数

生活事件	应激指数	生活事件	应激指数
配偶死亡	100	怀孕	40
离婚	73	密友死亡	37
夫妻分居	65	孩子离家出走	29
入狱	63	与配偶、家属有麻烦	28
家庭成员死亡	63	与老板发生矛盾	23
受伤或生病	53	搬迁	20
结婚	50	放假	13
被解雇	47	圣诞节	12
退休	45	轻度违法	11

（来源：Holmes & Rahe，1967）

2．日常生活事件

日常生活中充满了无数令人烦恼的小事。虽然这些事情的应激指数不高，但发生的频率很高，这些事件被称为日常生活事件（daily hassles）。它们可能发生在生活的各个方面，包括家务的烦恼、时间压力烦恼、经济烦恼、交通拥挤、排队等，人们经常遇到的应激事件都属于此类应激事件。日常生活事件一方面可以通过累加效应使身体疲惫，导致疾病；另一方面也可能与重大生活事件相互作用（例如与配偶吵架之后又遇到严重的交通拥堵），进而引发身体或心理问题（Taylor，2011）。

三、应激的作用与后果

应激是工作、生活不可分割的一部分，而且对人的工作和生活造成的影响并非全是负面的和消极的。适度的应激可以让人处于正常的唤醒、紧张状态，并保持一定的张力，这对人们的身心健康和正常工作生活不仅有益无害，而且是必要的（张淑敏，2012）。在一定意义上，生活就是应激。

然而，过度的或不适当的应激却会带来严重的身心后果，进而影响工作效率和生活质量，如图 11.3 所示。下面从三个方面着重谈谈应激的负面影响。

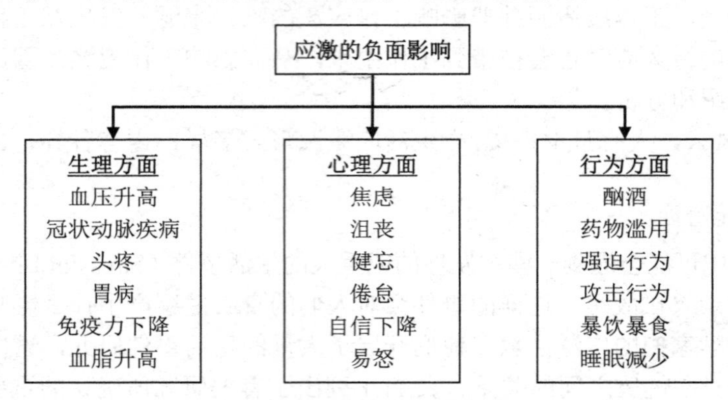

图 11.3　应激的负面影响

（来源：Baum & Posluszny，1999；Taylor，2011）

（一）应激与身体健康

过度应激的直接生理后果是血压增高、心率加快、出汗、呼吸急促和肠胃活动紊乱等。有证据表明，个体的身体健康和其承受的应激之间有着非常紧密的联系（Kivimäki，et al，2006）。一些专家估计，应激与 50%～70%的各种各样的生理疾病有关，其中有些严重的、威胁个体生命的疾病，如心脏病、中风、溃疡、头痛、糖尿病以及癌症等。许多研究表明，高水平应激会增加患某些传染病的概率，如上呼吸道感染以及各种细菌性传染病（Steptoe，Hamer，Chida，2007）。总之，应激常常会对个体健康带来消极影响。与应激有关的疾病给个人和组织都带来了巨大的精神压力和经济负担。

（二）应激与心理健康

过度应激的心理后果包括愤怒、焦虑、抑郁、较低的自尊等（Lindegard，Wastensson，Hadzibajramovic & Grimby-Ekman，2019）。当人们长期处于应激状态而无力自拔时，他们的精神就会被拖垮，出现各种各样的心理症状。第十章所介绍的工作倦怠就是组织情境中个体长期处于应激状态导致的一种综合性心理症状。

（三）应激与工作绩效

过度应激还有很多行为后果，如退缩、逃避、撒谎、攻击等。在组织情境中，过度应激常常导致不按时上班、缺勤、消极怠工、离职等行为，严重的还可能表现为破坏或盗窃公司物品等，从而降低个人的工作绩效，阻碍组织目标的实现（Amstad，Meier，Fasel，Elfering & Semmer，2011；Ebya，Casperb，Lockwooda，Bordeauxb & Brinley，2005）。例如，我国学者对海军潜艇艇员进行调查，发现低应激艇员的士气高于高应激艇员的士气（江楠楠，李晓文，余浩，2009）。

那么，组织情景中员工应激水平过低又会怎样呢？图 11.4 详细地描述了应激水平与工作绩效的关系。纵坐标表示从低到高变化的工作绩效水平，横坐标表示从低到高变化的应激水平。它表明：过低和过高的应激都未达到最佳的绩效水平，只有在适度的应激水平上，员工的绩效达到最高。在低应激条件下，员工的警觉性低，缺乏挑战性刺激，处于低唤醒的状态，不能发挥他们最好的水平；而在高应激条件下，环境太具有威胁性，导致员工唤醒水平过高，处于疲于应付状态，也不能尽力于工作。

管理者常想知道他们自己和下属最恰当的应激点在哪里，但是很难准确回答这个问题。例如，员工经常缺勤，原因可能是工作过重（应激水平太高），也可能是厌倦（应激太少）。因此，图 11.4 中的曲线会因不同的人或任务而呈现不同的形状。也就是说，不同的人在不同的任务上，所需要的最佳的应激水平是不一样的。

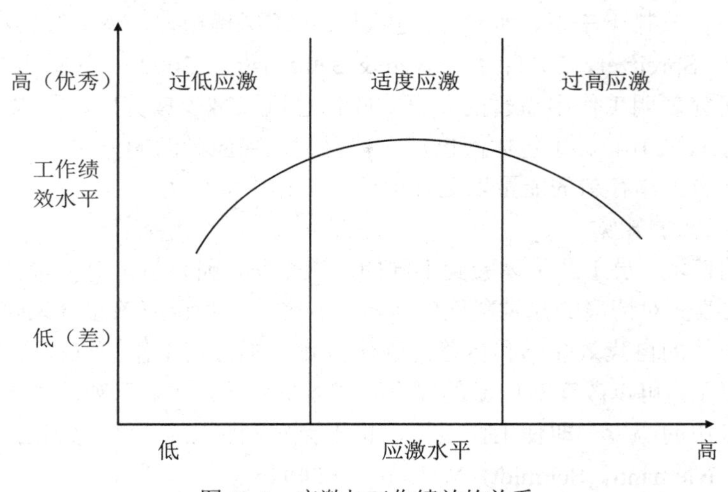

图 11.4　应激与工作绩效的关系

四、应激管理策略与员工援助计划

当应激可能或已经威胁到个体的身心健康和正常工作效率时，应激就成了需要管理的问题。应激管理就是个人或组织采取策略和方法来应付和处理应激问题的过程。鉴于应激对个体的身心健康和工作绩效都有显著的影响，因此对员工进行应激管理非常重要。下面从常用的应激管理策略和 EAP 的理论与实践两个方面谈谈应激管理问题。

（一）应激管理策略

1．消除应激源

解决应激问题最有效的途径就是消除应激源。有好几种方法有助于消除工作场所中的应激源：一是授权给员工，这样员工就会对他们的工作和环境有更多的控制，减少来自上司的压力造成的应激。二是有效选拔和安置员工。使他们的能力与工作要求相匹配，这样可以降低与工作相关的应激。三是改善工作条件，如减少噪声和安全隐患等应激源，也可以降低由工作条件较差而造成的应激。

员工在消除应激源的过程中也起着重要作用。例如，如果员工的应激体验是由于模糊的角色预期，他就要努力从他人那里获得更多的信息来区分这些预期。如果一项工作太具有挑战性，那么员工可以把它分成一系列更小的任务，降低它的挑战性。

2．远离应激源

消除应激源可能是一种理想化的策略，但是很多情况下并不可行，因为你根本无法消除应激源。远离应激源是另一种应激管理的策略（Richardson & Rothstein，2008）。它有两种：一种是永久地远离应激源，例如把员工调换到更适合他的工作岗位上去。如果没有合适的岗位，就让员工离开组织。另一种是暂时远离应激源。例如在连续工作一段时间后实行集体放松，要求员工集体做深呼吸，也可以做一些肢体伸展运动，缓解肌肉张力，加速血液在体内的循环，帮助把氧气输送到大脑，使得员工在身心方面得到放松，而不是一直消耗资源（Trougakos & Hideg，2009）；安排下午茶、水果等，可以使员工保持精力，调节行为和情感来执行任务（Fritz，Lam，Spreitzer，2011；Muraven & Baumeister，2000），让员工暂时远离紧张的工作环境。有研究表明工作中短暂的非正式的休息可以减少疲劳感，带来活力（Zacher，Brailsford，Parker，2014）。短暂休假也是一种暂时远离应激源的方法，许多公司都采用带薪休假的办法让员工储存新的能量以更好地应对工作中的压力。

资料 11-2

3．改变对应激的知觉

面对同样的情境，员工经常体验到不同的应激水平，因为员工对情境的知觉是不同的。因此，可以通过改变对情境的知觉降低应激水平。这并不是说应该忽视风险或其他应激源，而是说要增强个体的自我效能感和自尊，强化自我，不再把工作的挑战看成一种威胁。通过积极的自我暗示，可以改变对应激的知觉，把坏事变成好事。乐观的思维习惯一旦形成，就会使人保持愉快的心境，即使工作很忙，也不会感到紧张，而是感到活得很充实、有自信（Grossman，Niemann，Schmidt，Walach，2004）。

4．控制应激后果

应对工作应激还有一类方法，就是控制应激的后果。一种最常见的办法就是健身运动。大多数的美国公司都鼓励员工使用这种应激管理策略，他们要么在公司内部建立健身中心，要么为在公司外健身的员工提供经济支持。体育锻炼有助于员工降低他们的肌肉紧张、生理节律等，因此可以减少应激造成的不良生理后果。

资料 11-3

另一种控制应激生理后果的办法是放松和冥想。放松可以缓解脑力和体力的紧张，让人摆脱烦恼和焦虑，肌肉松弛，内心宁静。一般的放松程序是：（1）选择舒适的位置；（2）闭上眼睛；（3）放松肌肉；（4）监视你的呼吸；（5）当思维浮现时，保持积极态度；（6）持续一段时间（如约 20 分钟）。这些方法能有效降低人们的心跳频率、血压、肌肉紧张和呼吸频率（Chiesa & Serretti，2009）。

5．接纳社会支持

接受来自上级、同事、家庭、朋友和其他人的支持是一种有效的应激管理策略。社会支持可以提供给员工情感上或信息上的帮助，缓解应激感受（Viswesvaran，Sanchez，Fisher，1999）。第一，社会支持可以让员工觉得他

资料 11-4

们自己是有价值的，这就可以提高员工的自尊，增强处理应激源的信心。第二，社会支持可以提供信息帮助员工去解释、理解甚至消除应激源。第三，来自他人的情感支持可以直接缓解员工的应激体验。

（二）EAP 的理论与实践

1．员工援助计划的概念

员工援助计划（Employee Assistance Program，EAP）是组织为员工设置的一套系统的、长期的福利与支持项目，它通过专业人员为组织、员工提供诊断、评估、培训、专业指导与咨询，帮助员工自身及其家庭成员解决各种心理和行为问题，目的在于提高员工在组织中的工作绩效和身心健康，并改善企业的组织气氛与管理效能（王雁飞，2005）。EAP 可以看作企业通过员工心理和行为管理来提高企业整体绩效的有效途径。

EAP 的应用范围非常广泛，在企业、政府部门、非政府组织都可以成功地应用，不同组织实施 EAP 的内容也不尽相同，但都需要遵循如下几个原则（刘亚林，2006）：（1）保密原则。EAP 中的许多内容和员工的心理健康有关，而且这些问题基本上都是员工的隐私，因此保密是 EAP 最重要的原则之一。（2）自愿原则。EAP 是组织为员工提供的一种福利，员工是否使用这种福利，完全从员工本身的意愿出发，员工可以选择 EAP，也可以不选择 EAP。（3）免费原则。作为组织的一种福利，EAP 已经纳入了组织的成本。只要是在组织提供的 EAP 的范围之内，员工本人是不需要承担任何费用的。当然，如果员工的需求超出了组织提供的 EAP 的范畴，那就另当别论了。（4）知晓原则。组织提供的 EAP 应该让全体员工知晓，一般而言，组织为员工提供 EAP 服务时，都会通过网站等形式予以公布，有的企业还印发宣传册，帮助员工了解 EAP。（5）针对性原则。在不同组织，员工面临的问题是多种多样的，组织在设计 EAP 时，必须充分了解员工的需求，提供有针对性的 EAP 服务。

2．员工援助计划的实施程序

EAP 实施程序通常包括以下几个步骤。

（1）诊断与评估。由专业人员采用专业的心理健康测量方法评估员工心理生活质量现状及其问题产生的原因，为下一步工作打下基础。

（2）EAP 宣传与推广。做好职业心理健康宣传，利用海报、自助卡、健康知识讲座等多种形式，引导员工对心理健康形成正确认识，鼓励其遇到心理困扰问题时积极寻求帮助。

（3）改善环境。改善环境包括两方面：一方面，改善工作硬环境——物理环境；另一方面，通过组织结构变革、领导力培训、团队建设、工作轮换、员工生涯规划等手段改善工作的软环境，在企业内部建立起支持性的工作环境，丰富员工的工作内容，指明员工的发展方向，消除心理问题的诱因。

（4）全员培训。开展员工和管理者培训，通过压力管理、挫折应对、保持积极情绪等一系列培训，帮助员工掌握提高心理素质的基本方法，增强对心理问题的抵抗力。

（5）心理咨询。组织多种形式的员工心理咨询，对于受心理问题困扰的员工，提供咨询热线、网上咨询、团体辅导、个人面询等多种形式的服务，改变个体自身的弱点，即改变不合理的信念、行为模式和生活方式等。

3．实施员工援助计划的作用

EAP 在美国非常普及，企业、政府部门和军队都广泛采用此类服务（郭朝晖，2006）。目前在美国有四分之一以上的企业员工常年享受着 EAP 服务，大多数员工超过 500 人的企业目前已有 EAP 服务，员工数在 100～490 人的企业 70%以上也有 EAP，并且这个数据还在不断增加中（李清，程利国，2004）。目前世界财富 500 强中，有 90%以上的企业总部为员工提供了 EAP 服务（郭朝晖，2006）。英国、加拿大、法国、澳大利亚、日本等国家的许多企业、政府部门和军队均广泛开展了此项服务。在我国，近年来 EAP 的应用范围正在逐步扩大，由最初的外资企业发展到政府部门、军队等其他领域。EAP 已成为帮助组织成员缓解精神压力、改善生活方式、促进身心健康，进而提高企业工作效率的一种重要方式，如表 11.2 所示。具体而言，EAP 得到应用的具体效果可归纳为以下三个方面。

表 11.2　EAP 在员工个人、管理人员和组织机构方面的作用

员工个人	管理人员	组织机构
▸ 改善家庭/工作关系 ▸ 降低失业率 ▸ 提高工作绩效和满意度 ▸ 更融洽地和他人相处 ▸ 减少酗酒、吸烟及其他服用药物等成瘾问题 ▸ 改正不良习惯 ▸ 挽救生命	▸ 减少来自于员工的投诉 ▸ 有效地处理与下属员工之间的关系 ▸ 避免涉入私人问题，提供错误建议 ▸ 有更多的时间关注其他问题 ▸ 提高追求目标，改善员工关系 ▸ 更有效地领导整个团队	▸ 改善管理效果 ▸ 降低缺勤率 ▸ 提高生产率 ▸ 减少招聘成本 ▸ 减少培训费用 ▸ 提高公司士气 ▸ 减少赔偿投诉

（1）企业通过 EAP，可以维持员工的身心健康，减少企业医疗保健费用的支出，降低离职缺勤率，从而降低组织成本。英国专家研究显示，每年由于压力造成的健康问题通过直接的医疗费用和间接的工作缺勤等形式造成的损失达整个 GDP 的 10%。正是在这种情况下，企业纷纷寻找出路，通过 EAP 维持员工的身心健康来抑制医疗费的增加。事实证明，EAP 为企业创造了可观的效益。据美国健康和人文服务部 1995 年的资料，在美国对 EAP 每投资 1 美元，将有 5～7 美元的回报。美国威达信集团公司（Marsh & Mclennon）曾对 50 家企业做过调查，在引进 EAP 之后，员工的缺勤率降低了 21%，工作中的事故率降低了 17%，而生产率提高了 14%；1990 年麦道公司（McDonnell Douglas）的研究报告显示，实施 EAP 项目 4 年来，共节约成本 510 万美元。

（2）企业通过 EAP 服务，可以培养员工积极健康的生活方式，提高员工满意度，提升劳动生产率。人是竞争的第一要素，员工的身心健康是企业的最大财富，同时，当今企业快速发展对员工在体能、智能和心理素质等方面也提出了更高的要求。因此，EAP 服务提倡关心人、爱护人、激励人、安慰人，为员工创造一个和谐的工作环境，以此提高员工满意度及增进组织的工作绩效。

（3）EAP 服务有助于建立“以人为本”的企业文化。企业文化是企业发展的精神动力，其核心是对人的重视和尊重。EAP 不只是把员工看成管理的对象，更重要的是作为伙伴和朋友，强调采用体贴、关怀的方式构筑企业和谐的气氛。EAP 不仅注意减轻员工在企业的

压力（如提供升职机会、安全保障等），而且努力帮助员工解决企业之外的压力（如协助员工购房、教育子女等）。EAP 不仅重视人力资源管理方面的软件开发（如激励、诱导等），还重视与人力资源管理有关的硬件开发（如兴建健身设施、提供服务项目等）。EAP 服务可以使员工产生对企业的认同感，增强员工对企业的忠诚度，从而使企业员工在心理上产生一种凝聚力。

在我国，EAP 员工援助计划虽然已并不陌生，但仍处于普及、推广、完善的攻坚时期，较为成熟的 EAP 项目在国内数量并不多。究其原因，一方面国内企业管理者对员工身心健康状态、福利政策关注不够，企业员工对 EAP 认识欠缺，接受度不高；另一方面，本土化 EAP 还没有较系统、广泛可借鉴的成功经验，照搬国外的模式并不可行，EAP 专业机构及人员相对匮乏，加上缺少相关法律法规的保障和支持，EAP 的实施困难重重。因此，因地制宜地建立符合中国国情的 EAP 员工帮助计划还需要大力的推广和漫长的探索，并在实践中总结、前行、逐步完善（张晓平，2019）。

资料 11-5

第二节 挫折管理

小王是一家化妆品公司的财务副主管，性格开朗，对工作充满热情，富有上进心，与同事相处也十分融洽，被认为是现任财务主管的接班人，他对此也充满信心。然而事与愿违，上级任命了另一位高学历的年轻人为财务主管，从那以后，小王整个人似乎都发生了转变，开始嗜睡和酗酒，有时还会无缘无故冲同事发火。

当小王升迁的梦想破灭时，他产生了强烈的挫折感。在工作场所中，除前面提到的应激和压力之外，挫折也会对员工的健康和工作绩效产生严重的负面影响。在本节中，我们将考察挫折的本质和影响，以及如何进行挫折管理。

一、挫折的本质及表现形式

（一）挫折的本质

在实际的工作中，员工和组织都不可能总一帆风顺，经常会遇到“挫折”（frustration）。那么什么是挫折？通常可以理解为失败、失意、遭遇困难等意思。从心理学的角度看，就是员工在实现其目标的过程中遭遇到种种干扰和障碍，使他们因无法实现目标而出现的消极情绪状态（Spector，1978；朱智贤，1989）。简单地说，挫折就是有目的的行为受到了限制（刘廷华，马智利，2004）。仔细分析这一定义，不难看出，它有两方面的含义：首先，挫折是一种客观的条件或状态，这种条件或状态阻挠了个体预设目标的实现或干扰了正在进行的工作；其次，它是指由于目标受阻而引起的内在消极情绪状态，即我们通常所说的“挫折感”。

（二）挫折的表现形式

挫折有两种表现形式：外部性挫折和内部性挫折。外部性挫折主要指由于外部因素的干扰而形成的挫折；内部性挫折则指由员工的主观原因引起的挫折。下面将分述两种挫折的具体表现形式。

1．外部性挫折

（1）条件性挫折。由于缺少外部条件的支持或强化致使目标无法实现而产生的心理挫折，有人也将其称为强化延迟。例如，工作中有上佳表现的员工迟迟得不到上级领导或主管部门的肯定；由于家庭或其他方面的原因而造成员工绩效不佳而长期得不到领导或上级的关心和信任。

（2）丧失性挫折。由于原来一直得到满足的需要突然丧失或者部分丧失而产生的心理挫折，有人把它称为持续强化的中断。例如，一直受到表扬的员工突然不再得到表扬；一直被委以重任的员工不再被重用。

（3）干扰性挫折。由于外力干扰或阻碍致使无法实现预期目标而产生的挫折。例如，由于父母、小孩生病而造成员工工作绩效的下降，或者由于交通拥堵导致员工总是迟到等都会使员工产生干扰性挫折。

2．内部性挫折

（1）生理性挫折。由于个体生理上的某些不足或缺陷而引起的心理挫折，也包括个体想象的身体缺陷导致的挫折。例如，有的员工认为自己的五音不全，致使在公司演讲或举办晚会时不能表现自己而产生心理挫折；有的员工认为自己的外表不够有吸引力而产生挫折。

（2）强烈的反应障碍。突发的个体需要与当前个体所处的状态产生矛盾而形成的挫折。例如，正在忙于工作的员工，突然产生了某种强烈的个人需要，但他又无法撇开工作去满足自己的需要。

（3）冲突性挫折。主要指由于个人不同动机之间的冲突而产生的挫折。例如，双趋冲突，既想在人力资源管理部工作，又想去财务部工作；趋避冲突，既想做主管，又不想努力地工作；双避冲突，既不想受罚，又不愿意积极工作。

（4）怀疑性挫折。纯粹因为个人的主观怀疑而导致的挫折。例如，总是怀疑领导不信任自己，怀疑同事在背后议论自己，怀疑自己做的工作是否有价值，等等。

【资料】

跳蚤变“爬蚤”

生物科学家曾经把跳蚤放在桌上，一拍桌子，跳蚤就立即跳起，跳起的高度均在其身高的100倍以上。然后科学家在跳蚤头上罩一个玻璃罩，连续多次碰壁后，跳蚤改变了起跳高度以适应环境，每次跳跃总保持在罩顶以下；接下来科学家逐渐缩小玻璃罩与桌面的距离，跳蚤都在碰壁后主动改变了自己的跳跃高度；最后，玻璃罩接近桌面时，跳蚤已无法再跳了。这时科学家去除玻璃罩，再拍桌子，跳蚤仍然不会跳，变成“爬蚤”了。只会爬的跳蚤并非真的丧失了跳跃的能力，而是由于一次次碰壁习惯了，麻木了。最可悲的是，当造成障碍的玻璃罩已经不存在时，跳蚤连“再试一次”的念头都没有了。科学家把这种现象叫作“自我设限”。

“自我设限型”挫折是指由于多次受挫，组织中员工开始放弃达成原定正确、可行的目标的欲望，并且自己扼杀了部分或全部原本所具有的达成目标的能力，而甘愿听任环境的摆布，接受失败。针对员工中出现的“自我设限型”挫折，应用逆商（AQ）理论是有效的解决方案。逆商（AQ），就是逆境商数（adversity quotient）的简称，是人们面对逆境时的一种能力商数，用来测量每个人面对逆境时的应变能力和适应能力的大小。面对逆境，使员工披荆斩棘，勇往直前，最终达到目标，就要靠逆商。

实际上组织中的每一个员工都有惊人的潜力，只要立志发挥它，在科学态度和方法的指导下，往往能渡过难关，创造职业生涯中的奇迹。法国大作家巴尔扎克有一句名言：“苦难是人生的一块垫脚石，对于强者是笔财富，对于弱者却是万丈深渊。”

（来源：白继恩，韦玖灵，2009）

二、挫折的来源

托尼早上赶去上班，可是发生交通堵塞，到单位时已经晚了半个小时，为此经理狠狠地批评了他。怀着郁闷的心情，托尼开始了一天的工作。这一系列事件组成了对托尼的挫折。那么，挫折的来源究竟有哪些呢？从企业管理的角度来看，可以将挫折的来源划分为以下几种。

（一）工作挫折

（1）角色压力。当员工因为无法清楚地了解所在岗位的职责和任务时会感受到角色模糊；当员工面对不同的角色期望而感到无法兼容时会感受到角色冲突；当员工受限于时间、技术和精力无法顺利完成上司分配的任务时会感受到角色超载。员工由于诸多原因而没有顺利完成绩效目标时，往往会产生强烈的压力感。职场生存、职业发展的诸重压力往往是让员工产生挫折感的重要原因之一。例如，刚进入公司不久的员工，工作热情通常都很高涨，但经过一段时间就可能变得松懈，除个性因素外，角色压力是造成这种情况的重要原因。

（2）人际关系。与同事的工作关系不融洽同样会使员工产生挫折感。人们都有交往的动机，即希望与他人建立并维持良好的关系，当这种动机遭遇障碍时，人们往往会体验到强烈的挫折感并对随后的行为产生不良的影响。在企业中，特别是在一个团队中，常常与其他成员发生矛盾的员工是很难顺利地完成任务并保持长久的良好工作态度的。

（3）不公平分配。员工努力工作的结果就是要获取回报。回报究竟是一种激励还是一种挫折，就取决于回报分配是否公平了。例如，一些企业的收入分配和职位升迁都强调论资排辈，那么那些能力强、对组织贡献大的年轻人往往就会有一种受挫感。

（4）组织文化、领导风格、组织气氛也是组织成员在工作中产生挫折感的原因之一。例如，有些领导人作风粗鲁，动辄责骂下属，这很容易挫伤下属的工作积极性。那些公司政治气氛比较浓厚的企业，也很容易挫伤那些有能力却不善于处理人际关系的员工的积极性。

（二）非工作挫折

每周有 168 个小时，而多数员工只工作约 40 小时。他们在非工作时间内遭遇的挫折同样可以带进工作场所。非工作挫折的主要来源是家庭、健康和人格因素。

（1）家庭因素。和睦的家庭是员工安心工作的前提和保障，家庭发生问题可以成为员工主要的挫折来源。越来越多的研究关注于“工作—家庭冲突”以及这种挫折给员工带来的负面影响及解决方法。试想，一位员工清晨出门前与妻子发生争吵，还能保持良好的心情去公司上班，并顺利地开展一天的工作吗？

（2）健康因素。无论是员工自己，还是家人、朋友患病或受伤，都会使员工产生挫折感和焦虑。一个告知其家人生病住院的电话会使原本聚精会神工作的员工产生强烈的挫折感，难以安心地继续工作下去。另外，在太短时间里经历过多的挫折会发生与挫折有关的健康问题，而健康问题本身就是挫折的来源。

（3）人格因素。弗里德曼（Friedman）将人格分为A型和B型。因其个性特征和工作理念不同，A型人格的员工对待挫折事件的方式与B型人格的员工也会有所不同，因为他们对自己的能力很自信，也更加努力，而当目标未实现时，A型人格的员工比B型人格的员工更容易体验到强烈的挫折感（Strube & Boland，1987）。

三、员工受挫后的行为表现

被经理批评后，托尼的心情很不爽，满腹牢骚地开始工作。午餐的时候，有个同事给他开了个不大不小的玩笑，放在平时托尼肯定会一笑了之，但这天他无法控制自己的情绪，与那位同事发生了争执。事后托尼很后悔，但他感觉当时确实无法控制自己，这是为什么呢？员工遇到挫折后，必然会有一定的行为表现。由于个人的生活经历和个性不同，行为表现也会各种各样。这些表现可分为理智性的和非理智性的。下面主要讨论一下非理智行为反应。

1. 攻击行为

1939年，耶鲁大学心理学家多拉德（J. Dollard）等出版了经典著作——《挫折与攻击》。在这本著作中他们首次提出了“挫折—攻击”假说。该假说最基本的观点是：攻击行为是以感知到的挫折为前提的，攻击是挫折的结果。根据这一理论，员工遇到挫折的时候，自然会产生不满的情绪。当这种情绪发展到“愤怒”的地步时，就可能对阻碍满足自己需要的障碍做出反抗，形成攻击行为（Spector，1978）。员工的攻击行为可以分为直接攻击与转向攻击两种。直接攻击是把攻击的矛头指向造成其挫折的人或物；转向攻击是把攻击的矛头进行转移，指向与挫折原因无关的目标。如托尼无法向经理发火，于是将愤怒发泄到开玩笑的同事身上。

那么，什么时候员工最容易产生攻击行为呢？这取决于以下四种条件：（1）受挫折的强弱；（2）受挫折的范围；（3）受挫折的频率；（4）攻击可能受到的惩罚。此外，员工对挫折的归因也会直接影响其是否产生攻击行为。当员工认为是他人或组织造成挫折事件的发生，特别是故意造成的时候，愤怒的情绪就会产生，相应的攻击行为就会出现。但是，面对职场中的挫折，并不是所有人都会以消极情感状态面对，Miles，Borman，Spector和Fox（2002）指出，若个人选择积极情感状态面对职场挫折，其会更倾向于表现出组织公民行为而非反生产行为。由此可见，挫折—攻击模型的内在过程因人而异。

2．退化行为

巴克（R. Barker）等人最先提出“挫折—倒退”理论，认为挫折不仅导致攻击，还导致退化，即在受挫后表现出活动水平的降低（胡韬，2009）。退化反应是指人在遭受挫折后，做出与其年龄不相称的幼稚行为，似乎又回复到儿童时期的习惯与行为方式。有的人在遭受挫折后大哭大闹、撒泼打滚，有的人在受挫后盲目地追随和相信别人。例如，一个平时有主见的员工在与上级管理者产生矛盾后，很可能听信那些关于自己上级的负面消息，矛盾越深，这种盲从的可能性就会越大。从职业生涯的角度看，一个人受到挫折，也可能从一定层次的职业阶梯位置下行，去从事那些简单、初级、低层次的工作，而不能做到职业维持和前进。

3．冷漠态度

冷漠是指个人受到挫折后不以愤怒和攻击的形式表现，而代之以一种貌似无动于衷的冷淡态度。当一个人在职业中受到挫折但又无法脱离这种工作时，往往会产生冷漠的反应，其结果是对工作丧失热情，以致消极怠工。根据弗洛伊德（S. Frued）的防御机制理论，受挫者绝不是没有心理上的不满和愤怒情绪，而是将这种情绪反应暂时压抑下去，在外部行为上表现出对使自己受挫的对象漠不关心，沉默冷淡。冷漠反应与受挫程度、心理承受力和自信心强弱等因素有关。

4．固执反应

固执是指人遭受挫折以后执意地重复某些没有目的的活动。在大多数情况下，这些重复性活动是没有效果的，是在做无用功。具有固执反应倾向的员工往往缺乏机敏的品质与随机应变的能力，他们找不到合理地解决问题的方法，只能不断地重复过去的活动以图减轻心理上的焦虑。

5．妥协反应

员工受挫后，有时会采取妥协的方式来减轻心理的紧张。认知失调理论认为，当人们遇到的情况与心里的想法不一致时就会产生认知冲突，解决的最常见的办法就是被迫服从，之后再设计合理的理由去解释，以减轻失调的紧张状态。

6．自我惩罚

有些员工遭受挫折后，没得到周围人的支持和帮助，可能会认为自己一无是处，产生万念俱灰的感觉。这种员工可能会将自己作为发泄的对象，进行自我惩罚。这可以看作一种变相的攻击行为，只不过对象不是他人而是自己。本节开始案例中的小王就是以酗酒作为应对挫折的方法。

四、挫折的积极和消极作用分析

（一）挫折的积极作用

一提到挫折，人们首先想到的就是怎样采取措施克服员工的挫折感。那么，是不是挫折一定会降低员工的工作积极性呢？让我们先来看一个现实的案例：约翰是一家医药公司的销售代表，他凭着出色的能力、经验以及游刃有余的社会关系，销售业绩非常好，领导以及同事给予他极大的信任和支持，认为只要有约翰在，公司的腰包就会越来越鼓。可是市场就是这样残酷，在激烈的竞争中，公司的销售陷入了泥潭，工人的工资都成问题。这使约翰在公司的地位一落千丈，公司的同事以及领导对他产生了疑问：他真的能行吗？约翰自身也感觉到了巨大的压力，为什么出现问题？他进行了自我归因，是产品还是自己的销售战略出了问题？他决定走出去，来了解当前大众的情况。他设计了几个问题让消费者回答：（1）以前你喜欢哪一家公司的产品？为什么？（2）现在喜欢哪一家公司的产品？为什么？通过这几个问题，他分析自己产品的劣势，吸取了其他公司营销的优势，改进了公司策略，最终带领公司走出困境。从这一案例可以看出，挫折并没有使约翰气馁，而是促使他更加努力工作，取得更加优异的成绩。

可见，挫折是有积极意义的，它的存在并不一定会降低员工的工作动机，相反适当适时的挫折还会对员工产生积极的影响。这主要体现在以下几个方面：（1）挫折增进了员工的适应性。只有在挫折面前，员工才会重新审视自己过去的经验和方法，从自身找出原因，改变对现实不恰当的态度，更好地适应环境。（2）挫折可以增加员工行为的复杂性。员工如果从没遇到过挫折，他们的行为模式就永远不会改变，工作时就像一台机器而不是一个人，就会缺少激情。只有老一套的工作程序或方法遭遇了挫折，员工才会试验或探索新的方法，进行技术或理念的革新。（3）挫折常常可以转化为行为的动力。“有压力，才会有动力”，当员工遇到挫折时，才会产生心理压力，迫使他们采取有效的措施来减轻压力，化挫折为动力。这给管理者的启示是：在实际的管理活动中，可以适当适时地安排一定的挫折情境，激发员工的工作热情。

资料 11-6

（二）挫折的消极作用

挫折的积极作用是有条件的。一般来说，只有当挫折的持续时间较短，个体有足够的能力或方法来应付它或有足够的“挫折容忍力”（frustration tolerance）时，挫折才能真正发挥积极作用。如果挫折持续的时间过长，超出了个体的挫折容忍力，它就会转化为内在的消极情绪状态。具体而言，组织情境中挫折有以下不良后果。

1．挫折对员工个人的影响

（1）影响身心健康。医学专家发现，50%～75%的疾病都与压力和挫折相关，高挫折可能导致身体上的许多疾病，包括关节炎、过敏症等，它也将潜在地引发抑郁和焦虑。不善于应付挫折的员工工作常常没有效果并可能伴随许多不良症状，如头疼、高血压等。当一些员工通过酗酒试图解决挫折引起的身体不适时，会使他们的健康进一步恶化。

（2）影响工作绩效。挫折像一根琴弦，绷得太紧或太松都不会达到理想状态，最佳程度才能获得最佳的绩效（Spector，1978）。挫折不足会导致厌倦，缺少激情，通过增加适当的挫折可使其集中精力工作。但是，如果挫折继续增加，就可能造成员工的焦虑，并消耗他们的工作精力，结果员工获得高绩效的能力就会下降（Elst，Van den Broeck，De Witte，De Cuyper，2012）。当挫折使人难以忍受时，员工可能会精力衰竭，无法正常工作，更谈不上绩效了。

2．挫折对组织的影响

员工由挫折引发的非理性行为反应可能会给组织造成极大的负面影响（Lewandowski，2003）。挫折造成的身心疾病使组织的花费大量增加。此外，当员工指责组织为挫折的根源时，他们可能会采取“报复性”的攻击行为，这种行为可能是语言上的辱骂、身体上的侵害、有意地怠工及破坏公物，如故意制造工作失误、毁坏产品、制造对组织形象不利的谣言等。

资料 11-7

五、挫折的应对措施

在管理工作中，一方面应尽量消除引起员工挫折的因素，避免员工遭到不应有的挫折；另一方面，当员工受到挫折时，应尽量降低挫折所引起的不良影响，提高员工对挫折的容忍力。具体而言，挫折管理应该注意以下几点。

资料 11-8

（一）开展挫折心理训练，提高员工挫折承受力

可以通过团体辅导方法，对挫折承受力较差的员工进行心理训练，以提高其挫折承受力。如角色扮演法，员工扮演自己在工作中的角色，辅导老师扮演制造挫折情境的人，给员工制造遭受挫折的心理经历，让员工学习应对困境；认知调节法，调节员工对挫折的不良归因习惯和非理性认知。

（二）采取宽容的态度

对领导者来说，对受挫者的攻击行为采取宽容的态度是很重要的。帮助受挫者是领导者的责任之一，应耐心细致地做工作，避免采取针锋相对的反击措施来对付攻击行为。因为以反击对付攻击不仅不符合互助友好的原则，而且收不到良好的效果，严重时还可能使矛盾激化。

（三）消除导致挫折事件发生的根源

1．改善组织管理制度与管理方式

国外研究发现，来自组织的支持是影响员工挫折的重要因素（Perkins & Oser，2014）。因此，组织应该根据环境变化及时调整组织结构，调整有碍员工积极性发挥的不合理管理制度，改善人力资源制度，实行参与制、授权制、建议制等（徐智华，2008）。

2．改善组织内的人际关系

组织内上级与部属间的关系不协调，过分强调单向沟通，员工没有机会向上级反映自己的意见，是影响人际关系的重要原因（Harlos，2001）。因此管理者要注意改善领导与部属、管理者与被管理者的关系，建立起相互信任、相互帮助、相互支持、相互尊重的组织氛围（陈兵，2012）。

（四）采用精神发泄法

由于人们处于挫折情境时会以紧张的情绪反应代替理智行为，所以只有使这种紧张的情绪宣泄出来，才能恢复理智状态。精神发泄法就是创设一定的情境，使受挫者可以自由地表达他们受压抑的情感（纪巍，2004）。日本一家电气公司设立所谓“情绪发泄控制室”。在这家公司的墙上挂着公司老板和蔼微笑的照片，室内放橡皮做的模拟人形，旁边架子上有各种棍子，有气的员工可以进去用棍子或拳头痛打人形靶，以发泄自己的情绪。

精神发泄还可以采用其他形式。可以让受挫者用写申诉信的办法发泄不满，当他把不满情绪都写出来时，就会心平气和了（Harlos，2001）。也可以采用个别谈心的办法，或让他们在一定的会议上发表意见，领导人和同事们耐心听取他们的意见，并对其正确的方面给以充分肯定。

本章小结

1．应激又称为压力，是人们对应激情境产生的身心反应。应激反应的模式包括警戒期、抵抗期和衰竭期三个阶段。

2．引起应激感受的客观因素称为应激源。应激源可以分为自然事件应激源和社会事件应激源，而社会事件应激源又可以分为工作应激源和生活应激源。应激感受性是个体对应激事件的敏感程度。

3．应激对个体的身体健康、心理健康和工作绩效都有影响。中等程度的应激水平最有利于工作绩效的提高，过低或过高的应激水平都会阻碍员工的发挥。

4．应激管理的策略主要有：消除应激源、远离应激源、改变对应激的知觉、控制应激后果和接纳社会支持。员工援助计划是组织为员工设置的一套系统的、长期的福利与支持项目，它通过专业人员为组织、员工提供诊断、评估、培训、专业指导与咨询，帮助员工自身及其家庭成员解决各种心理和行为问题，目的在于提高员工在组织中的工作绩效和身心健康，并改善企业的组织气氛与管理效能。

5．挫折是有目的的行为受阻后产生的情绪，有外部性挫折和内部性挫折两种表现形式。环境因素和个人因素都会引起挫折。挫折有积极影响的一面，也有消极影响的一面。

6．人们面对挫折时可能会出现以下行为反应：攻击、退化、冷漠、固执、妥协、自我惩罚。

7．管理者应积极采取措施帮助员工应对挫折。一方面，应尽量消除引起员工挫折的因素，避免员工受到不应有的挫折；另一方面，当员工受到挫折时，应尽量降低挫折所引起的不良影响，提高员工对挫折的容忍力。

思考题

1．举例说明（如工作上、学习中、体育活动中）应激和绩效水平之间的关系。

2．描述你在日常生活中遇到的一次挫折。这次挫折产生的原因是什么？

3．列举几种你在日常生活中处理应激的方法和技巧。

案例讨论

吉姆的烦恼

吉姆驾车在拥挤的道路上缓慢地往前移动着。傍晚交通拥挤是正常的，但是今天似乎格外严重。吉姆不耐烦地点起一根烟，让他沮丧的是——他和客户见面要迟到了。

作为一家出售压缩气体公司的销售代表，吉姆负担不起让客户久等的代价。市场竞争越来越激烈，其他的压缩气体供应商不停地采取各种措施抓住新的客户，而对客户来说，从一家供应商转向另一家也变得越来越容易。吉姆熄灭了还剩一半的香烟，加快油门驶向另一条路。

压缩气体的买家也知道现在市场对他们有利，因此他们不停地要求降价，同时缩短运输时间。举例来说，吉姆有一个非常苛刻的客户给他打电话要他第二天早上就把货运到很远的目的地。为了满足要求，吉姆必须填好交货表格，然后亲自确保运输队在第二天的早上将货送到。吉姆很不喜欢这样，但是没有办法。客户要求产品打折也让吉姆很不高兴，因为这会降低他的奖金。

与此同时，吉姆所在的总公司正在给销售代表施加更多的压力。他们抱怨销售代表不够积极主动，因此要求地区总监更严格地监督每个销售代表每月的销售额。当车子再次被堵住的时候，吉姆又摸出一支烟点了起来。

两个月前，地区销售主管和吉姆谈了一次话，主要是讨论吉姆的销售额下降和丢掉了一个很重要客户的问题。尽管这还不至于被解雇，但是吉姆对工作开始焦虑，晚上也开始失眠。他需要给潜在客户多打电话，但是他发现只有在晚上回家完成指定的文字工作后才能找到一点时间，可是这又影响他和家人的关系。

更糟糕的是，吉姆听说德国的母公司准备卖掉美国这家分公司，也就是吉姆所在的公司。主要是竞争对手想买下这家公司以扩展业务。吉姆担心这家公司可能不需要那么多的销售代表，那他有可能面临失业。当吉姆行驶在高速公路上望着那些红色的汽车尾灯时，头又开始痛了。

即使不丢掉工作，吉姆也担心一旦现在的公司被竞争对手收购，自己晋升到管理层的希望非常渺茫。尽管吉姆并不特别强烈地希望成为一名管理者，但是他的妻子非常渴望，因为这样吉姆就不用经常出差，而且薪水也不用按照每月的销售额来确定。

终于，吉姆到了客户的停车场。他迅速从他的包里找出一些阿司匹林吞下，以缓解他的头痛。他抬手看了一下手表，长叹了口气，他比约定的时间迟到了 15 分钟。

讨论问题：

1. 吉姆正在经历什么样的应激症状？
2. 在这个案例中，你能区分出哪些应激源？
3. 吉姆应该怎样做才能降低他的应激反应？

管理训练

担忧练习

每个人都出现过担忧，这是自然的事情。然而，问题在于这种担忧是积极的担忧还是破坏性的担忧。运用此技巧库可以帮助你担心一些你能控制的事情，因为担心你不能控制的事只会给你的生活增加压力。这项练习有助于你向建设性担忧目标迈进，并会增加你洞察别人担忧的能力。

1. 训练过程

（1）逐条列出你最有可能担心的事情，包括你生活中各个方面的问题。

（2）将全班分成五人一组的小组。

（3）每个小组成员都要向其他成员描述他所担忧的每件事情。

（4）小组的其他成员一起讨论这些令你担忧的事情，并判断其属于下图中的哪一类。

	重要	不重要
可控	值得关注	不值得担忧
不可控	不值得担忧	不值得担忧

（5）重复这个过程，直到每个成员都将自己的担忧归类为止。

（6）活动结束后，每个小组对着全班成员报告归类结果。

2. 问题讨论

（1）其他人是怎样将你所担忧的事情归类的？绝大多数人的担忧都会归到不值得担忧的类别吗？你同意这个归类结果吗？

（2）班级成员承认自己曾经担忧过一些不重要和不可控的事情吗？

（3）你认为人们为什么会担忧一些不值得担忧的事？这样做有意义吗？这样做会有什么不利影响呢？

（4）你认为人们可以不去担忧那些不重要的事情或处于自控范围以外的事情吗？

参考文献

[1] 白继恩，韦玖灵．挫折管理[J]．企业管理，2009（9）：80-83．

[2] 陈兵．企业挫折管理的心理分析与应对策略[J]．企业改革与管理，2012（4）：5-7．

[3] 陈志霞，徐荣华．矛盾性别偏见与工作场所性骚扰态度的相关研究[J]．妇女研究论丛，2013（4）：54-60．

[4] 邓子鹃．国内工作场所性骚扰研究回顾与展望[J]．淮阴工学院学报，2015，24（1）：83-88．

[5] 段万春，张劲梅，傅红．社会支持对新生代员工组织变革应激的影响研究[J]．昆明理工大学学报（社会科学版），2013，13（4）：48-52．

[6] 郭朝晖．企业员工援助计划（EAP）的应用效果及导入[J]．科技与管理，2006（2）：151-153．

[7] 胡韬．国外主要挫折理论及其教育启示[J]．贵州教育学院学报（社会科学），2009，25（2）：13-16．

[8] 纪巍．挫折管理在人力资源管理工作中的应用[J]．社会心理科学，2004，20（2）：56-59．

[9] 江楠楠，李晓文，余浩．潜艇艇员工作应激与士气关系的研究[J]．心理科学，2009，32（6）：1483-1485．

[10] 李清，程利国．员工帮助计划（EAP）：提高企业员工心理健康的有效途径[J]．闽江学院学报，2004，25（2）：125-128．

[11] 李晴蕾，王怀勇．组织中的角色超载[J]．心理科学进展，2018，26（11）：2046-2056．

[12] 林美珍．部门管理人员感知的组织支持与组织氛围对旅游企业员工角色压力的影响[J]．旅游科学，2014，28（1）：31-43．

[13] 刘洪举，张兴福．现代企业员工的完美主义倾向与工作应激的相关性分析[J]．东北师大学报（哲学社会科学版），2007（6）：87-91．

[14] 刘廷华，马智利．挫折管理的三个流程[J]．企业改革与管理，2004（2）：16-17．

[15] 刘亚林．EAP（员工援助计划）研究综述[J]．经济与管理研究，2006（6）：67-71．

[16] 马超，凌文辁．国有大中型企业员工心理应激研究[J]．心理科学，2004，27（3）：651-653．

[17] 苏丽娜，刘永芳．工作应激与个体归因特点关系的研究[J]．心理科学，2006，29（4）：826-829．

[18] 王雁飞．国外员工援助计划相关研究述评[J]．心理科学进展，2005，13（2）：219-226．

[19] 徐智华．论员工的挫折管理[J]．管理科学文摘，2008（4）：83-84．

[20] 张淑敏．零售业企业员工的积极应激因素探索：基于哥本哈根社会心理问卷的分析[J]．理论与现代化，2012（5）：75-78．

[21] 朱智贤．心理学大词典[M]．北京：北京师范大学出版社，1989．

[22] 张晓平．我国 EAP（员工援助计划）的研究与应用[J]．时代报告，2019（3）：176-178．

[23] AYYAGARI R, GROVER V, PURVIS R. Technostress: Technological antecedents and implications[J]. MIS Quarterly, 2011, 35(4): 831-858.

[24] AMSTAD F T, MEIER L L, FASEL U, et al. A meta-analysis of work-family conflict and various outcomes with a special emphasis on cross-domain versus matching-domain relations[J]. Journal of Occupational Health Psychology, 2011, 16(2): 151-169.

[25] BAUM A, POSLUSZNY D M. Health Psychology: Mapping biobehavioral contributions to health and illness[J]. Annual Review of Psychology, 1999, 50(1): 137-163.

[26] BUCKNER S L, MOUSER J G, DANKEL S J, et al. The General Adaptation Syndrome: Potential misapplications to resistance exercise[J]. J Sci Med Sport, 2017, 20(11): 1015-1017.

[27] CHIESA A, SERRETTI A. Mindfulness-based stress reduction for stress management in healthy people: A review and meta-analysis[J]. The Journal of Alternative and Complementary Medicine, 2009, 15(5): 593-600.

[28] ELST T V, VAN DEN BROECK A, DE WITTE H, et al. The mediating role of frustration of psychological needs in the relationship between job insecurity and work-related well-being[J]. Work & Stress, 2012, 26(3): 252-271.

[29] EBYA L T, CASPERB W J, LOCKWOODA A, et al. Work and family research in IO/OB:

Content analysis and review of the literature (1980—2002)[J]. Journal of Vocational Behavior, 2005, 66(1): 124-197.

[30] FRITZ C, LAM C F, SPREITZER G M. It's the little things that matter: An examination of knowledge workers' energy management[J]. Academy of Management Perspectives, 2011(25): 28-39.

[31] GROSSMAN P, NIEMANN L, SCHMIDT S, et al. Mindfulness-based stress reduction and health benefits: A meta-analysis[J]. Journal of Psychosomatic Research, 2004, 57(1): 35-43.

[32] HARLOS K P. When organizational voice systems fail: More on the deaf-ear syndrome and frustration effects[J]. The Journal of Applied Behavioral Science, 2001, 37(3): 324-342.

[33] HOLMES T H, RAHE R H. The social readjustment rating scale[J]. Journal of Psychosomatic Research, 1967, 11(2): 213-218.

[34] Kivimäki M, VIRTANEN M, ELOVAINIO M, et al. Work stress in the etiology of coronary heart disease - A meta-analysis[J]. Scandinavian Journal of Work, Environment & Health, 2006, 32(6): 431-442.

[35] LEWANDOWSKI C A. Organizational factors contributing to worker frustration: The precursor to burnout[J]. Journal of Sociology and Social Welfare, 2003, 30(4): 175-185.

[36] LINDEGARD A, WASTENSSON G, HADZIBAJRAMOVIC E, et al. Longitudinal associations between cardiorespiratory fitness and stress-related exhaustion, depression, anxiety and sleep disturbances[J]. BMC Public Health, 2019, 19(1): 1726.

[37] MURAVEN M, BAUMEISTER R F. Self-regulation and depletion of limited resources: Does self-control resemble a muscle?[J]. Psychological Bulletin, 2000(126): 247-259.

[38] PERKINS E B, OSER C B. Job frustration in substance abuse counselors Working with offenders in prisons versus community settings[J]. International Journal of Offender Therapy and Comparative Criminology, 2014, 58(6): 718-734.

[39] RICHARDSON K M, ROTHSTEIN H R. Effects of occupational stress management intervention programs: A meta-analysis[J]. Journal of Occupational Health Psychology, 2008, 13(1): 69-93.

[40] SELYE H. The stress of life[M]. New York: McGraw-Hill, 1978.

[41] SPECTOR P E. Organizational frustration: A model and review of the literature[J]. Personnel Psychology, 1978, 31(4): 815-829.

[42] STEPTOE A, HAMER M, CHIDA Y. The effects of acute psychological stress on circulating inflammatory factors in humans: A review and meta-analysis[J]. Brain, Behavior, and Immunity, 2007, 21(7): 901-912.

[43] STRUBE M J, BOLAND S M. Type A behavior pattern and the self-evaluation of abilities: Empirical tests of the self-appraisal model[J]. Journal of Personality and Social Psychology, 1987, 52(5): 956-974.

[44] TAYLOR S E. Health psychology[M]. London: McGraw Hill Higher Education, 2011.

[45] TROUGAKOS J P, HIDEG I. Momentary work recovery: The role of within-day work

breaks[M]. Current Perspectives on Job-Stress Recovery, 2009: 37-84.

[46] VISWESVARAN C, SANCHEZ J I, FISHER J. The role of social support in the process of work stress: A meta-analysis[J]. Journal of Vocational Behavior, 1999, 54(2): 314-334.

[47] WANG Y, YANG J. The Modulation Effect of Personality Traits on the Psychosocial Stress Response[J]. Advances in Psychological Science, 2015, 23(8): 1453.

[48] ZACHER H, BRAILSFORD H A, PARKER S L. Micro-breaks matter: A diary study on the effects of energy management strategies on occupational well-being[J]. Journal of Vocational Behavior, 2014, 85(3): 287-297.

自测题

复习题

第十二章 员工卷入与管理

学习目标

- 了解心理契约的概念及类型
- 理解工作价值观的概念和结构
- 理解组织承诺的概念及类型
- 理解工作满意度的概念及影响因素
- 掌握如何进行员工卷入管理

主编导语

引例：真正的老板懂授权

一个人去买鹦鹉，看到一只鹦鹉前标：此鹦鹉会两门语言，售价二百元。

另一只鹦鹉前则标道：此鹦鹉会四门语言，售价四百元。该买哪只呢？两只都毛色光鲜，非常灵活可爱。这人转啊转，拿不定主意。结果突然发现一只老掉了牙的鹦鹉，毛色暗淡散乱，标价八百元。这人赶紧将老板叫来："这只鹦鹉是不是会说八门语言？"店主说："不。"这人奇怪了："那为什么又老又丑，又没有能力，会值这个数呢？"店主回答："因为另外两只鹦鹉叫这只鹦鹉老板。"

这故事告诉我们，真正的领导人，不一定自己能力有多强，只要懂信任，懂放权，懂珍惜，就能团结比自己更强的力量，从而提升自己的身价。

江铃汽车集团实施"项目经理制"，集团根据市场发展趋势选好项目和项目经理后，赋予项目经理一个项目的全部指挥权、用人权、财权和奖励分配权，让优秀的员工直接参与公司管理中。这一机制极大地激发了集团的科技创新能力，营造了每季度出个新产品和产销量、企业效益持续快速增长的鲜活局面。

（来源：真正的老板懂授权[EB/OL].（2019-12-10）. https://wenku.baidu.com/view/8920e71a68dc5022aaea998fcc22bcd127ff42d5.html?fr=search.）

资料 12-1

员工在心理上对企业的认同及由此产生的积极情感（如自豪感）是一种无形的力量，可以使员工发自内心地为公司着想，为顾客服务，也是企业盈利的关键所在。员工卷入（employee involvement）又称员工参与，指的是员工介入管理决策制定和实施，通过与管理层的交互作用，参与和影响管理行为的过程（Cotton，1993）。员工卷入常常不能直接从员工外在工作表现推断出来，也就是说，员工外在的工作表现并不一定意味着心理上的有效参与或卷入，他们完全可能迫于规章制度的压力、出于自身利益的考虑而表现出良好的工作行为，而内心深处并不喜欢和关心工作。有卷入地工作和无卷入地工作是两个不同层次的境界，也将导致不同的工作绩效和组织的不同发展结果。本章将对与员工卷入有关的几种心理现象加以解析，并探讨它们在组织中的表现及对组织行为的影响。其中，心理契约和工作价值观可以视为员工卷入的心理前提和条件，而组织承诺和工作满意度可以视为员工卷入的心理后果和表现。也就是说，组织可以通过对员工心理契约和工作价值观的培养、教育和管理，使员工具有较高水平的组织承诺和工作满意度，从而实现员工有效的心理参与和卷入。

第一节 心理契约

每位员工在加入企业的时候，都会签订一份劳动合同，形成了双方在经济上的契约关系。个人得到一份工作、一份薪水，而企业则得到了个人创造的价值。然而，企业与个人的关系并非如此简单，除明文规定的书面协约之外，双方彼此抱有一系列微妙而含蓄的期望，心理学将这一期望称为心理契约（psychological contract）。这就好像婚姻关系，结婚证只是约束双方合法关系的“婚姻合同”，而双方能否相亲相爱、白头偕老还取决于他们彼此之间的心理契约。

一、心理契约的概念及特点

追溯其研究渊源，首先将心理契约作为一个心理学概念提出并进行详细讨论的是心理学家阿吉里斯（Argyris，1960），他用心理契约来说明员工与雇主之间的关系。他强调在雇佣关系中，员工与雇主之间除了正式的经济契约规定的内容外，还存在着隐含的、非正式的、未公开说明的相互期望和理解，这是雇佣双方各自对于对方责任的认知。其后，心理契约被广为关注并引发了一系列研究。最初研究者大多认为心理契约是组织与其成员对于双方责任与义务的期望，它有个体期望和组织期望两个水平（Levinson，Price，Munden，Mandl，Solley，1962），但是因为组织在作为契约中的一方时，其主体性并不明确，所以后来的研究多倾向于从个体角度出发，而将组织作为心理契约形成的背景和环境来看待（Rousseau，1989）。心理契约在 20 世纪 80 年代中期以后逐渐成为管理心理学研究中的一个热点问题。

对于如何界定心理契约这一概念，存在不同的观点，其中比较有代表性的是沙因（Edgar H. Schein，1980）的定义：心理契约是在组织中，每个成员和不同的管理者，以及其他人之间，在任何时候都存在的没有明文规定的一整套期望。有的期望是比较明确的，如企业员工对薪水的期望；而有的期望则可能是不明确的，如对长期晋升的期望，等等。总体来看，相对于传统的工作合同而言，心理契约具有以下几个特点。

1．主观隐蔽性

心理契约大多是非正式的，并且是隐含的，而不是公开的。因此，它本质上是主观的。心理契约没有形成正式的文字记录，而是以心理期望的方式埋藏在契约双方的内心深处，期望着对方去理解、估测（李原，郭德俊，2002）。由于这种心理契约是一种主观感觉，个体对于他与组织之间的相互关系有自己的体验与见解，往往会造成自己的期望与组织的理解不一致。

2．不确定性

正式雇佣契约的内容、职责、权利都是明确稳定的，不能随契约一方的主观意愿改变而改变。例如，供电公司与客户间的契约是非常正式具体的，公司必须保证不断供电，同时客户需定期支付电费。而心理契约的本质是一种心理期望，它会随着工作的社会环境以及个人心态的变化而发生变化。人们在一个组织中工作的时间越长，心理契约所涵盖的范围就越广，在雇员和组织之间的关系上，相互期望和义务的隐含内容就越多，这也使心理契约的内容具有更大的不确定性。

3．双向性

心理契约是组织与组织成员之间建立的一种双向性的联系。一方面是员工对自己在组织中的权力、发展等方面的期望，另一方面是指组织对于员工忠诚、责任等方面的期望。可以说，组织与组织成员在心理契约中都处于主体地位，是完全平等的。因此，组织与组织成员在向对方提出期望和要求的同时，应多注意双向沟通，尽量去领会并满足对方对自己的期望。只有通过契约双方的相互交流，相互沟通，对组织与个人的发展达成共识，营造良好的工作环境，才能发挥心理契约的激励作用。

4．动态性

心理契约的主观性与不确定性决定了它具有动态发展的特点，这就要求心理契约双方根据环境变化和企业发展来确定心理契约的内涵（李原，郭德俊，2002）。心理契约没有固定的模式与统一的标准，适用于一个组织的心理契约不一定适用于另一个组织。例如，许多过去在心理契约中非常重要的因素，如员工以忠诚、遵从和努力为条件换来的工作稳定感，正在逐渐减弱或占据次要位置，而一些新的内容，如对灵活性、公平性、变革创新的要求，在心理契约中所占的比重越来越大。因此，个人和组织都需要根据组织内外环境的变化不断调整和完善心理契约。

二、心理契约的内容

依照承载主体的不同，员工和企业之间的心理契约可分为员工心理契约和组织心理契约两大类别。在每一类别的心理契约中又都分别含有“组织对员工的责任”（简称“组织责任”或“雇主责任”）和“员工对组织的责任”（简称“员工责任”或“雇员责任”）两个方面。

早期的心理契约研究重点在于探讨员工和组织的相互要求，如员工对工作的胜任和忠诚，组织对员工的理解认同、工资保障以及长期雇用。后期的许多研究大多仅从员工的单一角度对组织责任或是员工责任进行探讨，尤其集中在员工心理契约的组织责任方面（陈加州，凌文辁，方俐洛，2003）。

1990 年，卢梭（Rousseau）对 129 名 MBA 毕业生的心理契约内容进行调查。结果发现，员工心理契约中的雇主责任包括提升、高额报酬、绩效奖励、培训、长期工作保障、职业发展、人事支持七个方面。员工心理契约中的雇员责任包括加班工作、忠诚、自愿从事职责外的工作、离职前预先通知、接受内部工作调整、不帮助竞争对手、保守公司商业秘密、在公司至少工作两年八个方面。

1997 年，赫里欧等研究者（Herriot，Manning，Kidd，1997）对英国各地区各行业的 184

名管理者和 184 名员工的心理契约内容进行调查，这项调查涉及员工和组织双方，从视角和责任上对心理契约进行全面研究。结果发现，两类心理契约中共同涉及的组织责任项目有：（1）培训；（2）公正；（3）关怀；（4）协商；（5）信任；（6）友善；（7）理解；（8）安全；（9）有恒一致；（10）薪资；（11）福利；（12）工作稳定。员工责任项目有：（1）守时；（2）务业；（3）诚实；（4）忠诚；（5）爱护资产；（6）体现组织形象；（7）互助。比较两类心理契约可以发现，双方在组织责任上的要求有所不同，员工更强调安全、薪资和工作稳定，而组织更强调友善、理解和福利；对员工责任的要求也存在差异，员工强调爱护资产、体现组织形象，而组织更强调忠诚。

马金等（2000）将心理契约与经济契约进行了对比，详细分析了二者在内容和过程上的区别，并通过表 12.1 和表 12.2 来表示。

表 12.1　心理契约与经济契约内容和过程的区别

契约类别	内　　容	过　　程
经济契约	金钱	违纪时的程序
心理契约	其他效果的奖励	有协商的权利

（来源：马金，库伯，考克斯，2000）

表 12.2　心理契约与经济契约的区别

契约类别	个人期望	组织期望
经济契约	金钱	工作
心理契约	体谅	品德

（来源：马金，库伯，考克斯，2000）

表 12.1 表示的是两种契约在内容和过程上的区别。“内容”说明的是交换什么，“过程”则说明怎样交换。该表只是为了说明两类契约的相对差别，并非将二者绝对对立起来。例如，任何工作契约最明显、最核心的特征就是金钱与工作的交换。但在契约中也有其他内容，还会包括休假和生病时付酬等项目。在过程上，多数工作契约都有对违反纪律和对公司抱怨行为的处理程序。但总的来说，经济契约更强调内容，心理契约则更强调过程。此外，心理契约更强调的是个人与组织间的心理关系，而不仅是相互之间的“交换”。人们期望被对待的方式，以及他们实际被对待的方式，对他们的工作行为有很大的影响。正如沙因指出的，“虽然它并没有写明，心理契约却是组织中行为的强有力的决定因素。”

不论是经济上还是心理上的契约，期望和义务都是双向的。如同个人对组织的期望一样，组织也对个人有一定的期望。表 12.2 列出了两类契约在类型和期望来源上的差异。

一般来说，心理契约所包含的大部分内容都可以体现在“体谅”与“品德”这两大范畴内。在“体谅”之下，个体期望在工作活动中的任何变革执行之前，他们有协商的权利。例如，在重新安排工作，引入灵活性的工作时间，或提出“加班”政策时，都应该有商量的余地。作为对这种体谅的回报，他们可以表现出更多的有利于组织要求的品德行为，包括如果工作负荷突然增加，他们有做额外工作的愿望，或在与别人谈论其组织时，更多地谈到它的优点，支持它的目标。

需要指出的是，上述研究只是众多研究中的几项，并不能代表所有的研究。心理契约作为“一整套期望”，是一个复杂的心理结构，针对其内容进行的研究根据研究者对心理契约的认识以及研究背景的不同，所得到的结果也不尽相同。

【资料】

心理契约的过程

心理契约的过程是一个 EAR 循环，是指心理契约建立（Establishing，E 阶段）、调整（Adjusting，A 阶段）和实现（Realization，R 阶段）的过程。

E 阶段。企业应了解员工的期望，并使员工明确企业及其所在部门的现状及未来几年内的发展状况，从而帮助其建立一个合理预期，促使其趋同预期而努力工作。

A 阶段。心理契约建立在对企业未来预测的基础上，当现实与预测产生偏差时，调整不可避免。企业应及时与员工沟通出现了什么新情况，所以期望其进行调整。特别当企业的状况发生重大改变以致引起员工的心理剧烈波动时，高层的及时沟通能降低员工的心理负担，降低负面影响。

R 阶段。企业应及时考察实现程度，了解员工的合理预期在多大程度上已变为现实：工作环境是否如所希望的那样变好了？是否接受了必要的培训？职务变动了吗？薪水提高了吗？哪些期望已经实现？实现的原因是什么？尚未实现的是源自员工的能力问题，还是企业方面的原因？这样一系列问题找到答案以后，企业就将随着员工进入下一个阶段的 EAR 循环。

简而言之，虽然“心理契约”只存在于员工的心中，但它的无形规约能使企业与员工在动态的条件下保持良好、稳定的关系，使员工视自己为人力资源开发的主体，将个体的发展充分整合到企业的发展之中。所以，只有充分把握心理契约，参与员工 EAR 循环过程的始终，企业才能创造出永远充满活力的组织。

（来源：https://baike.sogou.com/v138022.htm?fromTitle=%E5%BF%83%E7%90%86%E5%A5%91%E7%BA%A6.）

三、心理契约的类型

心理契约类型划分是对心理契约主要内容的提炼和概括。卢梭（Rousseau，1995）根据时间结构和绩效要求两个维度将心理契约划分为四种类型。时间结构维度指的是雇佣关系的持久性程度；绩效要求维度指的是作为雇佣条件的绩效描述的清楚程度。根据两个维度划分的心理契约类型如图 12.1 所示。有研究者曾对美国一所大学的 170 名博士生和他们的 46 名导师之间合作关系的契约性质进行调查。结果证实了交易型、关系型、平衡型和变动型四种契约类型的存在，超过 75%的学生和导师都报告说他们之间的关系是“关系型”和“平衡型”（Wade-Benzoni，Rousseau，Li，2006）。

资料 12-2

除此之外，Tusi 和 Pearce 等（1997）根据组织给员工的诱因与期望员工的贡献划分为准交易型、投资不足型、过度投资型和相互投入型。在心理契约本土化的研究中，我国学者李原和郭德俊（2006）强调文化差异及社会关系因素，将心理契约划分为人际、发展和交易型三类。

时间结构 \ 绩效要求	明确界定的	没有明确界定的
短时的	**交易型** 特点：低工作模糊性 高流动率 低员工承诺 低身份感 例：销售旺季时临时雇用的销售人员	**变动型** 特点：高工作不确定性 高不稳定性 高流动率 例：处于组织减员或公司并购过程中的员工
长时的	**平衡型** 特点：高员工承诺 高身份感 不断开发 相互支持 动态性 例：高参与性工作团队中的成员	**关系型** 特点：高员工承诺 高感性投入 高身份感 稳定性 例：家族企业中的成员

图 12.1　心理契约的类型

（来源：Rousseau，1995；李原，郭德俊，2002）

四、心理契约的影响

无论是对于个体的行为还是对于组织的绩效而言，心理契约都是一个重要的影响因素。心理契约的履行可以通过员工认为自己受到公平对待的程度来衡量（Kutaula，Gillani，Budhwar，2019）。成功履行的心理契约可以作为正式文本契约的补充，降低员工的不确定性、不安全感，对组织成员的工作满意度、离职倾向、缺勤率、组织承诺等均有重要影响（Kutaula，et al，2019）。契约双方的一致性越高，上述几个指标的情况越好，越有利于组织健康发展。

但如果心理契约遭到破坏（基于对情境的知觉与主观解释），就会带来相反的结果。一般来说，当组织成员感到组织实际履行的义务与被期望执行的义务之间出现差异时，违约现象就发生了。违约对组织与员工均有负面影响（Baruch & Rousseau，2019）。对员工来说，心理契约的违背会导致强烈的情绪反应和被背叛的感觉，程度较轻的违约会带来高离职率、低工作满意度、低信任度等后果，并将导致契约的交易性增强、关系性减弱，即组织成员更多地关注金钱与物质方面的眼前利益。对组织来说，有研究发现对这种交易型关系的进一步破坏可能会导致员工表现出三种行为结果：公开谈判、调整工作投入或辞职（Herriot，Manning，Kidd，1997），无论哪一种结果对组织而言都是不利的。

五、心理契约的有效管理

如何能让员工为组织的发展付出更多的努力，承担更多的责任，并且同时提高员工的工作满意度，减少流动性，增强其对企业的情感承诺？心理契约的管理作为企业管理的重要组成部分，对此起着关键性的作用。心理契约也可以作为一项管理工具，帮助企业形成和发展更加积极的雇佣关系。因此，

资料 12-3

对于心理契约应该根据心理契约的发展情况进行动态管理。

（一）心理契约的构建

心理契约的建立以个体与组织之间相互期望的实现为条件，因此招聘过程中传递真实有效的信息是建立心理契约的基础。新员工在刚开始工作的几个月里有很高的离职率，其主要原因是工作无法满足新员工的期望，也就是说，其心理契约遭到了破坏。招聘环节在某种程度上需要为此负一定的责任。有时为了吸引更多的人来应聘，招聘人员通常只宣传工作好的那一面，也有许多企业在招聘时夸大薪酬福利、职业培训与发展机会。应聘者怀着美好愿望与组织达成了心理契约，可是当他们真的进入企业工作后，会发现情况并非如此，由此新员工的心理契约就遭到破坏。他们会对组织产生怀疑，甚至选择离开。为了在雇佣初始阶段得到一个满意的心理契约，人力资源管理人员需要把真实的工作情况告诉应聘者，即在招聘过程中应向应聘者真实介绍组织现在的结构、劳务合同的主要内容、新员工的工作项目和职责以及工作的具体要求等，让员工对组织有个相对真实的总体印象。客观真实地介绍组织情况，虽然在一定程度上会降低应聘者的接受率，但却有效地减少了离职率，增加了员工的工作满意度和组织忠诚度。

（二）心理契约的调适

新员工进入企业后，企业管理者应加强与他们的沟通，促进相互了解。误解是心理契约违背的一个重要来源。因为心理契约的形式是主观的，员工和企业双方对契约内容的理解难免会存在偏差，因此，沟通对于员工心理契约的建立和完善具有重要的意义。首先，沟通提供了一种情绪表达机制，员工可以通过沟通来表达自己的挫折感和满足感，在坦诚表达情感、互相鼓励的过程中，建立和增进感情，从而培养员工的信任度；其次，沟通便于上级与下级间相互了解，减少因为理解歧义而带来的消极情感。新老员工的交流也有助于心理契约的调适。新员工进入企业后，管理者应该提供在日常工作之外交流的机会，如一个部门内的人员的工作交流，或者是组织一次讲座，也可以是外出参观，小规模、小范围的出游等，让新老员工有私下交流的机会，让心理契约明晰化。

（三）心理契约的修补

由于企业环境条件的不断变化和人们对心理契约的理解歧义，心理契约违背几乎是不可避免的。当发生心理契约违背时，企业应该采取有效措施，对心理契约进行修补。首先，心理契约遭到破坏时，组织应该做出合理解释。觉察到心理契约的变化、破坏和违背，并不一定就会导致员工情绪和行为方面的变化，起关键作用的是员工对心理契约变化、破坏和违背所做出的解释。这种解释的过程实际上是一种归因和对公平性认识的过程，如果员工归因于双方对心理契约理解的不同，公平性的作用似乎就不存在了；而归因于企业组织故意违反契约，那么公平性的作用就很重要。因此，当企业确实因为各种困难无法兑现当初对员工的承诺的时候，管理人员不能推诿或遮掩回避，而应当及时地向员工做出解释和说明，以求得员工的理解和谅解。其次，采取补偿措施，降低心理契约违背的负面影响。在员工知觉到某个承诺企业没有履行时，如果企业能及时在其他方面给予补偿，员工对该补偿项目的接受程度可以抵偿未履行的项目，心理契约违背就不会影响员工的忠诚度。

（四）心理契约的维护

心理契约会受文化环境的影响。良好的企业文化无疑给达成与维持心理契约创造良好的氛围、空间，增强员工努力工作的热情与信念，鼓励企业与员工信守各自的承诺。另外，要对员工增加有关组织文化和价值观的培训，使员工更多了解组织的意图和动机。组织文化是组织的人格化，员工心理契约的“个性”与组织文化的“共性”保持良好的互动关系可以推动组织前进，减少组织中的内耗，本书第十七章将对组织文化进行详细分析和介绍。

第二节　工作价值观

工作占据了人们大部分的时间，甚至成为大多数人生活中最主要的内容。那么，人们究竟是为了什么而工作？在工作中最看重的是什么？工作的价值又是什么呢？这就涉及人们的工作价值观。工作价值观不仅影响个人行为，还影响群体行为和组织行为，进而影响组织的绩效与发展。

一、工作价值观的概念

工作价值观（work values）是个人价值系统的一部分，其含义是从价值观的含义延伸而来的，与生活价值观有密切关系（Kinnane & Gaubinger，1963）。工作价值观可以说是一般价值概念的特殊用法，是指个人对于一般性工作的态度，而不是对于某一特定工作的态度，是经由社会化的过程逐步累积经验而形成的（Wollack，Goodale，Wijting，Smith，1981）。

工作价值观的概念最早是由赛普尔（Super，1970）提出来的。他在查阅工作满意度的文献时发现，工作满意度与工作的某些特质，如收入、成长、独立性等密切相关。赛普尔将早期观察到的工作特质进行归类，并将这些因素命名为工作价值观。随后学者们提出了许多工作价值观的定义，但至今学术界尚没有一个统一的定义。

不同学者的定义大致可以分为两种取向：一是倾向于从需求满足的角度来定义工作价值观。例如，赛普尔将工作价值观定义为与工作相关的目标表达，反映了个人的内在需求及其从事活动时所追求的工作特质（Super，1970）。二是倾向于从信念、标准、偏好等心理特征的角度下定义。例如，艾利泽（Elizur，1984）认为，工作价值观即个体关于工作行为及其在工作环境中获得的某种结果的价值判断，是一种直接影响行为的内在思想体系。纵观上述两种取向，可以认为工作价值观是指员工关于自己能够从工作中获得什么成果及在工作上应该如何表现的信念。它既反映了员工想要通过工作达到的外在目标，又反映了员工想要通过工作实现的内在价值。例如，国内学者霍娜和李超平（2009）综合这两种取向，将工作价值观定义为超越具体情境，引导个体对与工作相关的行为与事件进行选择与评价，指向希望达到的状态与行为的一些重要性程度不同的观念与信仰。工作价值观是整个人生观、价值观的重要组成部分，在个性心理结构中居于核心和基础的地位，对员工的影响也更加持久而广泛。

工作价值观问题引起了国内外学者的广泛关注，目前国际上已经成立了工作价值观研究学会，并在美国、德国、以色列、加拿大和土耳其等国家举行了多次国际学术会议，对各个国家人们的工作价值观进行了分析和比较。

二、工作价值观的结构维度

不同的研究者对工作价值观的结构维度有不同的看法。下面我们简单介绍几种有代表性的观点。

资料 12-4

罗基奇等（Rokeach & Regan，1980）认为，价值观包括两种：终极价值观和工具性价值观。终极价值观是个体努力追求的最终存在状态，如世界的和平和美好、平等、智慧和舒适的生活。根据赋予的权限不同，可以将终极价值观分为以自我为中心的价值观和以社会为中心的价值观两种。工具性价值观是指那些有助于实现终极价值目标的行为模式，包括以道德为中心和以能力为中心两种。以道德为中心的工具性价值观包括行为模式中诸如诚实和责任感之类的内容；以能力为中心的工具性价值观则主要包括行为模式中诸如符合逻辑和自我控制之类的内容。通常，管理者更关注工具性价值观，因为它能塑造员工的行为，使其与组织价值观相一致。

赛普尔（1970）将工作价值观划分为三大类：一是内在工作价值，是指工作本身的性质和内容带来的内在满足和价值感；二是外在工作价值，是指工作结果给他人或社会带来的价值；三是外在报酬，即工作给自己带来的外部回报。赛普尔根据自己的理论研制了“工作价值问卷”（Work Values Inventory，WVI）得到了较为广泛的应用，该量表包括十五个因子：智力刺激、利他主义、经济报酬、变动性、独立性、声誉、美感、同事关系、安全性、生活方式、监督关系、工作环境、成就、管理、创造性。此后也有学者质疑其效度，并对其进行过不同程度的修订（Leuty，2013）。赛普尔的量表在中国文化中的适应性也得到了不同学者的检验（侯方烜，李燕萍，涂乙冬，2014；张建人等，2019；Wong & Yuen，2015）。

工作价值观也可以分为内在工作价值观和外在工作价值观（Wollack，Goodale，Wijting，Smith，1971），如表 12.3 所示。内在工作价值观是与工作本身特质相关的工作价值观；外在工作价值观是与工作结果有关的工作价值观。

表 12.3　内在与外在工作价值观比较

内在工作价值观	外在工作价值观
有趣的工作	薪水
具有挑战性的工作	工作保障
学习新事物	工作福利
重大贡献	社会地位
工作潜力完全发挥	与社会接触
责任感与自主能力	家庭时间
发挥创造力	休闲时间

（来源：Wollack，Goodale，Wijting，Smith，1971）

三、工作价值观的影响

探析员工的工作价值观对工作绩效的影响，对于员工的绩效管理具有较强的理论和实践意义。Fishbei 提出一个模型来说明工作价值观对工作态度及工作表现的影响，他认为工作价值观会先影响工作满意度，进而影响行为和行为本身所表示出来的结果，即工作绩效。以往学者们在考察工作价值观和相关变量的关系时，发现工作价值观可对与工作有关的态度类变量和行为类变量产生不同程度的影响（侯方炟等，2014）。

其一，态度类变量包括工作满意度、组织承诺、离职倾向等。例如 Vansteenkiste 等（2007）则认为工作价值观与满意度存在多元差异关系。Marilyn 证实物质主义、安全感、自主性、工作条件均能在很大程度上影响员工的组织承诺度。Vianen，Pater 和 Dijk（2007）发现相对于同源工作价值观匹配度而言，不同源的工作价值观匹配与离职倾向间有更显著的相关关系。其二，行为类变量包括组织公民行为、工作行为和工作成果等。例如，Ryan（2002）研究表明新教徒工作道德观与组织公民行为呈正相关。Siu（2003）发现工作价值观作为重要的调节变量，影响着工作压力和业绩之间的关系（霍娜，李超平，2009）。

四、工作价值观管理

既然工作价值观在组织相关研究中占有如此重要的地位，那么如何管理员工的工作价值观才能更好地提高组织绩效，达到组织和个人的双赢呢？

（一）不同性别、年龄、职位与行业的工作价值观差异

1．性别与价值观管理

工作价值观在性别变量上存在差异。文化传统对男女两性的要求和影响是不同的，女性更重视社会适应方面的问题，具体表现在以下两个方面：一方面，受中国传统的“男主外、女主内”文化影响，女性员工在渴望独立、渴望成功、追求自身价值的同时，在对家庭的回归上和对生活质量的要求上，比男性有更强烈的愿望，因此女性更加重视工作生活平衡。另一方面，女性的传统心理也更加细腻、敏感，更注重工作对心理、对精神因素的影响，而男性的传统心理趋向坚强、粗犷，对工作带来的心理感受不如女性敏感，或者对工作压力带来的负面心理影响忍受力更强，因此男女在和谐愉悦维度上差异显著，女性更加重视和渴望和谐愉悦的心理感受。这些研究也告诉管理者，除平等对待男女员工在职业之路上的追求和发展之外，在管理价值观方面，更应重视女员工的社会适应方面的问题。

2．年龄与工作价值观管理

工作价值观的形成与发展深受社会历史发展的影响，不同年龄群体所经历的社会事件和由此带来的人生体验和感知积累不同，导致工作价值观在不同的社会发展阶段有不同的内涵，如 30 岁及以下员工与 50 岁以上员工由于社会阅历等方面存在着较大的差异，对自我发展认知差异较大。随着时代的发展、新老员工的更替，30 岁及以下的员工会逐渐成为组织的中坚力量。过重的工作任务使年轻员工加班过多、压力过大，看起来可能会节约组织的成本，促进员工成熟，但这种管理模式却不能满足这部分员工的工作与生活平衡的愿

望，因而未必是组织的最佳选择。对于管理者来说，应更加重视员工的工作与生活的协调及对员工的自我发展愿望的“投资”；开展继续教育、培训、晋升、精神鼓励等，以满足这部分员工的自我发展的愿望，可更好地实现组织目标，达到员工和组织的“双赢”。

3．职位和工作价值观管理

处于组织较高层次的管理人员，最重视尊重声望，对工作生活平衡及和谐愉悦维度的重视程度不太高；行政服务人员既重视工作生活平衡，又重视和谐愉悦；技术操作人员对尊重声望及和谐愉悦的重视程度均较低。也就是说，组织层次较高的员工更重视需要层次较高的精神感受。那么，对于管理者，对于不同组织层次的员工，应满足其不同需要层次的精神感受。

4．行业与工作价值观管理

工作价值观会影响个体的职业选择偏好，不同行业人员工作价值观可能存在一定的差异。研究发现制造业和咨询业员工对保健因素的重视程度更高；IT、咨询和服务业的管理人员对激励因素的重视程度要高于制造业管理者。专业和职业一脉相承，不同专业学生的工作价值观也有区别。文科和工科学生比理科学生更看重经济报酬与工作环境；工科学生比理科和外语类学生看重组织文化与管理方式；对于社会地位与企业发展，文科和工科学生比理科学生更看重（霍娜，李超平，2009）。因此，对于管理者来说，了解不同行业员工的工作价值观差异，可利用这些信息来做出更优的人力资源决策，并对员工施以与之契合的管理方式。

【资料】

工作价值观的代际分化

将在职员工分为“文革代”（1966—1979 年）和“新生代”（又称“改革开放代”，1980—2000 年）两个群体，“新生代”又包含两个世代——“80 后”（1980—1989 年）和“90 后”（1990—2000 年）（尤佳，孙遇春，雷辉，2013）。李春玲（2015）指出，“80 后”和“90 后”的价值观与前几代人之间存在显著差异，其价值观呈现以下特征：从个体层面看，“80 后”看重物质利益，将金钱和财富作为衡量成功的标准；“90 后”对物质利益的追求逐步弱化，更注重生活品质和个人爱好。相对“80 后”而言，“90 后”价值观中的个体化倾向更明显，自我表达需求更高，利他行为参与度更高。

“世界价值观调查”的中国数据表明：从“50 后”“60 后”“70 后”到“80 后”，职业冒险性呈上升趋势；“50 后”“60 后”“70 后”的工作进取心差别不大，“80 后”的工作进取心显著增加；从“50 后”到“80 后”职业世俗性逐渐降低。风笑天（2011）根据工作的意义将工作价值观分为三类：谋生取向（工作主要是为了挣钱）、理想取向（工作是实现自己理想的方式）和需要取向（工作是人生的一种需要）。父辈（48～60 岁）样本中，谋生取向比例最高（73.8%），理想取向比例最低（9.6%）；子辈（17～29 岁）样本中，理想取向最多（40.2%），谋生取向和需要取向分别占 37.6%和 22.2%。与中老年人注重工作的现实意义不同，青年更在意工作的发展价值。相对“60 后”和“70 后”而言，“80 后”和“90 后”的休闲价值观、外部价值观和内部价值观稳步上升，“90 后”显著高于“80 后”；在社会价值观和利他价值观方面，“新生代”与“文革代”无显著差异，“80后”与“90后”之间亦无显著差异。张建人等（2019）发现，“90后”择业时比“60后”“70后”“80后”更重视“能力匹配与发挥”和“晋升”，其他标准没有显著代际差异。从不同代际价值观的相似性可以看出，价值观变迁是一个继承与发展并存的过程。

（来源：邓子娟，2020）

（二）价值观的管理对策

由于工作价值观是多维度、多结构的，管理员工的工作价值观也应该从多个角度来出发，才能更有针对性，取得更好的效果。这里从工作价值观对员工忠诚度的影响作用角度出发，提出以下员工价值观的管理对策。

第一，从员工招聘开始，注意选择有积极的工作价值观导向的员工，建立员工工作价值观档案。招聘是企业选择人才的第一步，企业要想拥有忠诚的员工，就要把好招聘这关。考察了解员工的工作价值观，选择能够与本企业的企业文化和企业目标相一致和融合的员工，并为招聘到的员工建立工作价值观档案，方便日后根据员工的价值观采取有针对性的激励措施，满足员工需求，增强他们对企业忠诚和依附的感情。

资料 12-5

第二，进行企业文化和价值观的宣讲，从精神上鼓舞员工。在员工入职之后，要对他们进行企业文化的培训和宣讲工作。帮助他们深入地了解企业文化的本质和精髓，参照企业的价值观调整自己的工作价值观，并尽快地融入企业中去。要让员工认同企业文化，明白建立与企业目标一致的目标是保证今后工作能够顺利开展并不断进步的基础。当员工的工作价值观与企业需要的价值观和企业的奋斗目标和谐统一时，员工的价值才能最大地得到发挥。

第三节　组织承诺

我国从计划经济向市场经济的转轨打破了对工作单位转换的限制。劳动力的自由流动，一方面使组织之间的人才争夺愈演愈烈，另一方面也使员工与组织之间的关系发生了深刻的变化。在这样的形势下，对员工的组织承诺进行探讨和研究就显得日趋紧迫和重要。

一、组织承诺的概念

组织承诺（organizational commitment），也有译为“组织归属感”“组织忠诚”等。这一概念最早是贝克（Becker）在1960年提出的，他将承诺定义为由单方投入（side-bet）产生的维持“活动一致性”的倾向（Becker，1960）。在组织中，这种单方投入可以指一切有价值的东西，如福利、精力、已经掌握的只能用于特定组织的技能等（胡卫鹏，时勘，2004）。他认为组织承诺是员工随着其对组织的“单方投入”的增加而不得不继续留在该组织的一种心理现象。因此组织承诺与前面介绍的心理契约是不同的。组织承诺强调的是员工对组织单方面的投入，而心理契约强调的是组织与成员的双向关系。

Porter 等人从态度性角度提出了新的解释，他们认为组织承诺是个体认同和卷入特定组织的相对强度，包括：（1）对组织目标和价值的高度信奉和接受；（2）愿为实现组织目标付出极大的努力；（3）保持组织成员资格的强烈愿望（Porter，Steers，Mowday，Boulian，1974）。

近几十年来研究者对组织承诺进行了深入的研究，尤其是在组织承诺对员工行为的解释和预测方面。目前研究者们对于组织承诺持有不同的观点，因此尚未形成一个完整的解释模式，但大多数都将组织承诺解释成一种忠诚的表现，可以用来测量留任的意愿（Beck & Wilson，2001）。

二、组织承诺的类型

（一）组织承诺的三因素结构

Meyer 和 Allen（1991）提出的三因素结构是目前受到广泛关注与普遍认同的划分标准，他们将组织承诺划分为以下几种。

1．情感承诺（affective commitment）

情感承诺是指员工由于认同组织潜在的目标和价值而持续为一个组织工作的强烈愿望。情感承诺水平高的员工留在组织中是因为认同组织的一切，并愿意协助组织达到目标。当组织面临变革时，员工会对他们的个人价值是否仍能与他们为之工作的组织价值保持一致产生怀疑。出现这样的情况时，他们可能会问自己是否仍然属于这个组织，如果他们认为自己不再属于变革后的组织的话，就会辞职。

2．规范承诺（normative commitment）

规范承诺反映的是员工对继续留在组织的义务感，它是员工由于长期受组织影响而形成社会责任，愿意留在组织内的承诺。规范承诺水平较高的员工非常关心自己一旦离职，其他员工会有什么想法。他们不愿意让管理层失望，担心同事可能会由于他们的离职而看不起他们。

3．持续承诺（continuance commitment）

有的人仅仅因为烦恼于寻找新的工作而一直从事同一份工作。持续承诺是指这种由于个人认为离开某一组织付出的代价太大而在这一组织内供职的意愿的强度。

人们在一个组织中供职的时间越长，他们在此付出的就越多，而一旦他们离开，其损失也就越多（如退休金、亲密的友谊等）。许多人仅仅因为不愿意失去这些而宁愿保留原来的工作。一般地说，这些人具有高度的持续承诺。然而，有迹象表明，当今员工的持续承诺水平已经不像以往那么高了。传统上人们找到一份工作以后便终生为之努力，许多人终生从事同一份工作，从起点开始到终点结束，这种情形在今天已经很难见到了。

（二）组织承诺的其他结构

除上述组织承诺的三因素结构以外，也有研究者提出了组织承诺的其他结构划分方式。一是单因素结构，在研究早期 Becker（1960）提出的单方面投入理论实际上意味着组织承诺是一个单维结构，这种投入包含一切有价值的东西（如福利、薪酬、技能等）。二是双因素结构，Mayer 和 Schoorman（1998）根据行为结果，将组织承诺划分为持续承诺（与离开和继续留在组织中的行为相关）和价值承诺（与为达成组织目标而尽心尽力的行为相关）。三是五因素结构，中国学者凌文铨、张治灿和方俐洛（2001）将组织承诺划分为理想承诺（指组织重视个人的成长和理想的实现，为员工实现理想提供相应机会等）、经济承诺（因担心离开组织会蒙受经济损失，所以才留在该组织）和机会承诺（留在组织的根本原因是找不到其他更满意的去处），为组织承诺研究提供了新的视角。到目前为止，这一理论模型更适合用来指导中国的企业员工管理实践。

三、组织承诺对工作的影响

（一）对员工离职的影响

根据 Price 的离职意图路径模型，环境变量直接对工作寻找行为和离职意愿起作用，而个体变量和结构化变量则通过组织承诺对离职意愿起作用，其中，环境变量包括亲属责任和机会（Price，1997），如图 12.2 所示。

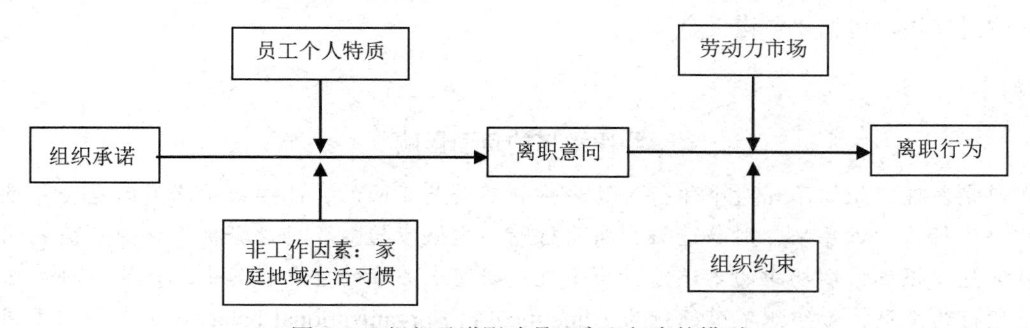

图 12.2　组织承诺影响员工离职行为的模型

（来源：Price，1997）

后续研究证实了组织承诺与离职呈显著的负相关，即组织承诺愈高，离职倾向愈低（Steers，1977；Michaels，Spector，1982），我国研究者也发现了相似的结果（张勉，张德，李树茁，2003）。由此可见，提高员工的组织承诺是降低员工离职和离职率的有效措施。

（二）对员工绩效的影响

目前学术界对组织承诺与员工绩效的关系尚没有明确的界定。一方面，不少研究认为组织承诺与员工绩效存在显著的正相关。例如，韩翼（2007）的研究发现，情感承诺既对角色内绩效和角色外绩效有直接的正向影响，又可通过规范承诺对角色内绩效和角色外绩效进行间接的正向影响。李金波、许百华和张延燕（2006）的研究认为三种组织承诺会分别影响工作绩效的不同方面，即情感承诺主要影响周边绩效，规范承诺主要影响任务绩效，而持续承诺则对两种绩效都有显著的影响。马凌、王瑜和邢芸（2013）的研究也发现组织承诺对工作绩效有正向的作用。另一方面，也有研究者持反对意见，他们认为组织承诺对员工绩效的影响较小。例如，Mathieu 和 Zajac（1990）元分析发现组织承诺与工作绩效的相关系数仅为 0.13。这些研究结果的差异可能源自研究对象的不同；中介变量的作用也可在某种程度上解释这一结果，如工资报酬等有可能在组织承诺和工作绩效之间起调节作用，中介变量不同，组织承诺对工作绩效的影响也可能不同（马飞，孔凡晶，孙红立，2010）。

（三）对个体行为的影响

组织承诺的束缚力在不同因素之间产生的作用是不相等的。个体因为期望而产生的情感承诺会使他们产生依附组织的更强倾向。现实组织中存在大量的事件对人的行为产生影响，当个体以情感承诺为主时，他们受到的影响（干扰）会比较小，从而能够专注于自己稳定的行为表现。而以持续承诺为主的个体，则更可能偏离“束缚”，表现出和承诺不一致的行为。例如，当克莱斯勒公司处于财政危机时，公司的执行总裁李·艾柯卡（Lee Iacocca）将自己的年薪降到 1 美元，充分表现了他对公司的忠诚。现实生活中，许多员工在公司遇到危机时，表现出了与企业同生死、共患难的勇气和决心，这些都是高组织承诺的直接后果。因此，可以说组织承诺是企业最宝贵的财富，特别是在企业处于危难中时，员工高度的组织承诺更显得弥足珍贵，可谓“一诺千金”。

资料 12-6

【资料】

组织承诺的负面影响

研究发现，组织承诺对个体行为的影响并不全是正面的，高组织承诺有时也会导致负面的个体行为。近年来，财务造假、商业行贿、虚假宣传、职场性骚扰等企业道德丑闻也是频繁见诸报端，职场中的不道德行为一直是研究者关注的重点。其中，作为一种特殊的不道德行为类型，亲组织不道德行为（unethical pro-organizational behavior）也得到了国内外组织行为研究者的广泛探讨。亲组织不道德行为最早由 Umphress 等人于 2010 年提出，指“员工为了使组织获益而采取的不道德行为”，例如为了促进销售而故意隐瞒产品缺陷。随后，Umphress 和 Bingham（2011）对亲组织不道德行为的定义进行了更为细致的表述，将亲组织不道德行为界定为“意在促进组织或其成员有效性，但却违背社会核心价值观、道德、法律或合理行为标准的行为”。

Matherne 和 Litchfield（2012）研究发现，情感承诺水平越高的个体越可能采取亲组织不道德行为。Schutts 和 Shelley（2014）聚焦于规范承诺，研究发现，规范承诺正向影响亲组织不道德行为。进一步地，吴明证等（2016）将情感承诺、规范承诺、持续承诺同时纳入考量，研究发现，作为整体构想的组织承诺对亲组织不道德行为亦具有正向影响。此外，罗帆和徐瑞华（2017）验证了高承诺人力资源管理实践对亲组织不道德行为的促进作用，这在一定程度上也间接支持了组织承诺对亲组织不道德行为的正向影响。

（来源：程垦，林英晖，2019）

四、组织承诺的管理

组织承诺会对组织员工的行为产生显著的影响，尤其是情感承诺高的员工能够表现出更好的工作绩效。那么，组织在日常的管理实践中可以通过哪些途径来建设和培养员工的情感承诺呢？

1．通过招聘甄选合格的员工

一个组织在招聘员工时，建立员工情感承诺是第一个环节，对那些希望和员工建立起长期稳定关系的组织来说需要考察以下几点：首先，要注意鉴别出那些有频繁跳槽经历的人，详细考察他们离职的原因是什么。因为在这类群体中，有相当一部分人很难对一个组织建立起稳定的承诺关系，他们或者是为了追求一种多变的生活，或者是通过频繁的跳槽来达到薪酬的不断增加。这类群体的个性和价值观决定了他们很难稳定地在一个组织中工作。其次，要考察应聘者和组织之间价值观（特别是核心价值观）的匹配程度。如果个体和组织之间的价值观取向差异很大，那么进入组织后，会觉得很难适应，也不能建立起对组织的情感承诺。最后，通过实现工作预览的方法来甄选那些可能建立高情感承诺的员工。也就是说，通过一些具体的事例告诉应聘者，尤其是如实告诉他们将要面临的挑战，这样，一些应聘者会通过自我判断而选择退出，那么最终进入组织的员工也通过实现工作预览，对组织有了比较切实的了解和期望。这种方法有助于他们更快地适应组织中的生活，进而为建立情感承诺打下基础。

2．通过内部晋升来培养情感承诺

组织可以通过偏重从内部晋升的方式来培养员工的情感承诺。在晋升标准中，明确地要求员工要全身心地融入组织的文化中去，这样，那些组织中工作多年、对组织有深厚感情的员工会有更大的机会得到晋升，而且他们晋升后，又起到将组织的理念进一步传承下去的中坚作用。

3．通过培训和宣传来培养情感承诺

在员工刚进入组织的半年内，对周围的事物最敏感，接受新事物的可能性也最大。因此，新员工加入组织不久后组织就要对其开展细致的培训活动，向新员工灌输组织的价值观、行为规范和历史传统。抓好这一阶段的培训工作，员工对组织的情感承诺就会有大幅度的提升。另外，宣传组织理念的活动也可以培养员工情感承诺。例如，日本的很多公司常利用齐唱公司歌、齐颂公司理念的方法来培养员工对公司的归属感；联想公司将员工符合公司理念的优秀表现制成漂亮的幻灯片、卡片，通过公司内部网络在全体员工中传阅，公开表扬这些员工的具体行为，起到了培养员工情感承诺的作用。

4．通过沟通和支持来培养组织承诺

对多数员工而言，情感承诺是通过具体的人来建立的，因此组织中的上下级之间、同事之间的沟通和支持非常重要，尤其是各级领导对下属的言行显得特别重要。领导采用正确的沟通方式，让下属感受到来自领导的工作支持，可以增强员工的情感承诺；相反，糟糕的沟通和领导方式会极大地损害员工的情感承诺。例如，联想公司推行了“不称总”运动，下级可以直呼上级的名字，拉近了上下级的距离，公司还按部门定期组织部门内的交流沟通活动，大家可以在轻松的氛围中讨论工作和生活，增强了部门的凝聚力。

资料 12-7

第四节　工作满意度

在当今的管理心理学中，工作满意度是使用最为广泛的术语之一。随着经济全球化趋势的到来，人们比以往任何时候都更加强烈地意识到，企业不仅要追求效率和利润最大化，也要追求员工满意度的最大化，达到以利益为中心和以人为中心的双重管理目标。

一、工作满意度的概念及其影响因素

工作满意度的概念源于工业社会学的创始人、人际关系理论的代表梅奥，其出自在 1927 年到 1932 年进行的霍桑实验（the Hawthorne experiments）研究的启示，是指员工从工作中产生某种满意的感受或获得某种程度的满足。其后不同的研究者也做出了大量的努力来研究工作满意度，但因为其理论构架和研究对象的不同，对其的定义也不尽相同。工作满意度有时被认为是一个单维度的概念，例如，洛克（Locke，1976）认为工作满意度是员工在对个人工作或工作经历的评估中产生的愉悦的或正向的情感状态。然而，它实际上涉及工作的各个方面，是对工作诸方面态度的集合。较为流行的工作满意感量表——工作描述指标（Job Descriptive Index，JDI）就从工作的五个方面来界定工作满意度：报酬、提升、管理、工作本身、同事（Smith，Kendall，Hulin，1969）。很显然，一名员工可能会对其中几个方面满意，而对其他方面不满意。

我国台湾学者许士军（1977）将工作满意度的概念归纳为以下三大类：（1）综合性的定义（overall satisfaction）。即对工作满意度做一般性的解释，认为工作满意度是一个单一的概念，主要针对整体工作满意而言，也就是工作者对其工作和有关环境所持的一种态度，即工作者对其全部工作角色的情感反应。（2）差距性的定义（exception discrepancy）。此定义主要指工作满意的程度是在工作环境中工作者所得的报酬与其预期认为应得的报酬的差距范围。工作者期望所得和实际所得的差距越小，工作满意程度越高。这种定义也被称为需求缺陷性（need deficiency）定义。（3）参考架构性的定义（frame of reference）。此定义是将工作满意度视为工作者根据一定参考框架对于工作的特性加以解释后所得到的结果，持此类定义的学者认为，组织或工作情况中的客观特征并不是影响人态度及行为的最重要的因素，反而是人们对这些客观特征的主观知觉与解释才是最重要的因素，而且这种知觉与解释会受到个人自我参考框架影响。

影响员工工作满意度的因素有哪些呢？下面从五个方面加以分析。

（1）工作环境。① 工作空间质量。对工作场所的物理条件、企业所处地区环境的满意程度。② 工作作息制度。合理的上下班时间、加班制度等。③ 资源配备齐全度。工作必需的条件、设备及其他资源是否配备齐全、够用。④ 福利待遇满意度。对薪资、福利、医疗和保险、假期、休假的满意程度。

（2）工作群体。① 合作和谐度。上级的信任、支持、指导，同事的相互了解和理解，以及下属领会意图、完成任务情况，得到尊重。② 信息开放度。信息渠道畅通，信息的传播准确高效等。

（3）工作内容。① 兴趣相关度。工作内容与性格、兴趣相吻合，符合个人职业发展目标，能最大限度地发挥个人的能力，从自己的工作中获得快乐。② 工作强度。个人能否承受和容忍某种工作强度，一方面取决于该工作能否满足个人需要，带来收益和满足，另一方面取决于它是否超出了个人能承受的工作负荷量。

（4）企业背景。① 企业了解度。对企业的历史、企业文化、战略政策的理解和认同程度。② 组织参与感。意见和建议得到重视，参加决策，企业发展与个人发展得到统一，有成就感和归属感等。③ 企业前景。对企业发展前景看好，充满信心。

（5）个人观念。这里主要指容易引起员工不满意的个人观念。其中包括：① 理想主义和完美主义。对企业各方面情况的理想化期望和完美主义要求，易走极端，一旦遇到困难就变得愤世嫉俗，产生不满。② 消极心态。将人际关系方面的问题和工作中的困难、挫折全部归因于客观原因或他人（外归因），难于沟通，人际关系不和谐，产生不满。③ 狭隘主义。过于重视个人利益，一旦与个人利益有冲突，就会产生不满情绪。

此外，一些研究表明，年龄、工作经验和性别也会对工作满意度产生影响（Suzanne H. Lease，1998）。年长者通常比年轻人的工作满意度要高，但有趣的是，工作满意度并非随年龄的增长而保持同样的增长速度。人们通常在30多岁时（当他们取得初步成功时）对自己的工作更为满意，在40多岁时（此时他们大多抛弃了自己的梦想）工作满意度稍有下降，然而在50多岁时（他们已经安于生活的现状）工作满意度再次回升。有工作经验的人比没有工作经验的新手对工作更满意。女性比男性对工作更容易感到不满。

【资料】

大五人格与工作满意度

Judge、Heller和Mount经过元分析发现，神经质与工作满意度的相关最强，紧接着是责任心和外倾性、宜人性和经验开放性与工作满意度的相关程度。神经质和外倾性与工作满意度相关显著，且在跨研究中取得一致的结果。尽管责任心和宜人性与工作满意度的平均相关也显著，但并未取得一致的结果（在约10%的研究中，责任心与工作满意度的相关为零或为负）。他们还发现：外倾性、责任心和神经质都是工作满意度的显著预测源，而大五模型与工作满意度的复相关显著。在对调节变量的分析中，他们发现：有些测量工作满意度的方法会令人格与工作满意度间的相关性高些；间接测量人格的方法令人格与工作满意度的关系有增强的趋势；而横向和纵贯研究对结果并没太大影响。

员工的人格不仅影响着其自身的工作满意度，还很可能影响着他们下属的工作满意度以及下属对他们的满意感。Judge和Bono在研究大五人格特质和领导有效性的关系时发现，管理者的外倾性和宜人性与下属对他们的满意感显著正相关，但并没发现管理者的大五人格与其下属的工作满意度有显著关系。孟慧以中国员工为样本所得的结论正好相反：管理者的大五人格与下属对他们的满意感无显著相关，但责任心和宜人性与下属的工作满意度显著正相关。这种差异是由不同的文化背景或是研究设计的差异造成的还不得而知，研究员工的人格对相关他人工作满意度的影响，是工作满意度研究的新课题。

（来源：张兴贵，郭杨，2008）

二、工作满意度模型

图 12.3 给出的工作满意度模型具体说明了工作满意度的产生过程和机制。

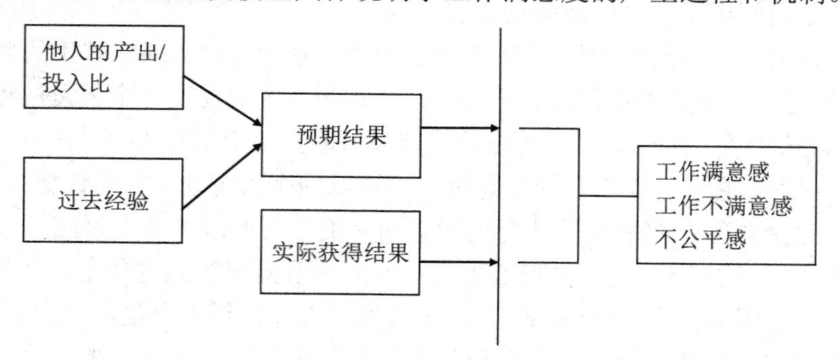

图 12.3　工作满意度模型

该模型是建立在差异理论（discrepancy theory）和公平理论（equity theory）的基础上的。差异理论认为，工作满意度的大小依赖于个人实际获得的工作结果与预期结果之间的差异程度。当实际获得的结果低于预期结果时，不满意感就产生了。差异程度越大，满意度水平越低；当实际获得的结果等于甚至高于预期结果时，工作满意感就提高了。

公平理论（参见第五章）认为，当个人和参照对象有相似的产出/投入比时，才会感到公平。这和工作满意度也是相关的，因为人们对工作结果的预期在一定程度上是建立在与他人比较基础上的。公平理论解释了为什么当人们实际获得的结果远远超过预期时，工作满意感并没有持续提高。当人们实际获得的报酬远远高于预期时，他们通常感到内疚，认为组织对待他人是不公平的。在这种过度奖赏情况下，人们首先会调高自己的预期来获得公平感受。如果过度奖赏持续不断，以至于无法通过自我调节达到平衡，不公平感就产生了，对组织的不满意感也随之出现。

总之，差异理论和公平理论认为，当实际结果达到甚至超过预期时，工作满意度将提高。然而，如果实际报酬远远高于预期以至于产生内疚感和不公平感，工作满意度就会下降。因此，该模型暗示让员工满意的一个有效的办法就是弄清楚他们想得到什么，并尽可能地给予满足。

三、工作满意度与工作行为的关系

许多公司都在想方设法提高员工的工作满意度。有些公司（如富士施乐、北电网络、美国最大的百货零售商 Sears）甚至把主管人员的奖金和员工的满意度联系起来。正如美国大陆航空公司 CEO 戈登·贝休恩所说：只有员工工作满意度水平高的企业，才能获得成功。工作满意度确实影响着员工的组织行为，但其影响力究竟有多大呢？下面着重从两个方面进行分析。

（一）工作满意度与员工离职

当员工对工作不满意时，他们会尽量逃避和远离工作，这种现象就是员工离职（employee

turnover)。研究者们大多认为工作满意度与离职倾向之间存在负相关(Zhang，Meng，Yang & Liu，2018)。例如，我国学者程骏骏等(2015)对国内多家单位员工的调研发现，当员工对工作的内在满意度和人际关系满意度较高时，会更愿意留在组织中。那么，员工对工作越是不满意，离职倾向就越高吗？有研究发现，情况并非如此(Mobley，1977)。也就是说，员工不满意程度与离职倾向之间的相关程度并不很高。这表明，工作不满意可能只是影响员工离职倾向的众多因素之一。例如，即使人们真的不喜欢他们的工作，但如果他们认为工作对于维持自己的生计或完成一个重大项目有重要意义的话，他们也可能不会选择离职。另外，一些员工可能非常不喜欢他们的工作，但他们只是在工作中“偷懒”或消极怠工，以表示自己的不满，而不是选择离职。

(二)工作满意度与工作绩效

很多人认为，开心的员工生产率更高，但这是真的吗？换句话说，工作满意度和个人工作绩效或组织生产率直接相关吗？在管理实践中，大部分管理者认为只有满意的员工才能出色地完成工作，但是在研究者看来，工作满意度在预测工作绩效时还有一定的不确定性(黄春生，2004)。为什么工作满意度和工作绩效之间的相关程度如此有限呢？这其中有多种原因。

首先，一般态度并不能很好地预测具体行为。人们都有自己独特的价值观和经历，因此面对同样水平的工作满意度，每个人的反应是不同的。同样对工作不满意，有的人可能会减少对工作的投入，有的人则可能在寻找其他工作的同时依然不减少对现在工作的投入。而且，工作绩效不仅依靠个人的努力，还依赖一个人的能力和资源。

其次，当工作绩效和员工报酬联系在一起时，是工作绩效影响工作满意度，而不是反过来。绩效水平高的员工由于获得更多的报酬，会比由于绩效水平低而得到较低报酬的员工满意度高。工作满意度和工作绩效之间相关性较低是因为许多组织并不按员工的绩效进行奖赏，从而使高绩效未能带来高满意度。

最后，工作满意度和工作绩效之间的相关性偏低还可能是因为工作满意度结果变量的多样性。也就是说，高工作满意度的结果并不一定直接表现为良好的工作行为，还可能表现为良好的组织公民行为(organizational citizenship behaviors)，如在工作职责之外做一些有利于组织的事情、乐于帮助他人、积极参与组织的公益活动、营造积极的工作氛围等。后一种行为并不能直接导致工作绩效的提高。

尽管工作满意度与工作绩效之间的相关度并不高，但这并不意味着工作满意度对于组织而言是无关紧要的。一方面，员工的工作满意度是组织管理的目标之一，是组织管理水平的重要体现或衡量标准；另一方面，提高和维护员工的工作满意度，让工作本身变得更为愉快和有趣，是稳定员工队伍、增强员工卷入水平、树立良好企业形象、最终实现组织长远发展目标的重要途径。因此，加强员工工作满意度的管理，在防止员工对工作产生不满情绪的同时，设法提高员工对工作诸方面的满意度，是管理工作的重要内容之一。

四、提高工作满意度的方法

管理者可以从以下几个角度入手，提高员工的工作满意度。

（1）让工作变得更加有趣。与那些无趣和令人烦恼的工作相比，人们对他们所喜欢的工作更满意。当然有些工作本质上就是令人厌烦的，但几乎任何工作都可以注入一定程度的趣味元素。实际上，各个企业和组织都在使用一些极富创意的技巧来让工作变得更有趣。例如，让员工在工作间隙玩击鼓传花的游戏；拍摄别人在工作时间里幽默的瞬间并张贴在布告栏里；组织员工开展讲笑话比赛，并在午餐休息时进行评比。这些技巧可能不会使工作本身变得更令人满意，但可以通过增加工作场所的趣味来降低员工对工作的不满。

（2）组织公正。如前所述，公平感是工作满意感的前提条件。如果员工认为组织的薪资体系和分配制度等不公平，就会对工作产生强烈不满；如果员工无参与决策的权力，培训、晋升机制和运作程序不公开、不透明，也会引起员工的不满；管理层在与员工交流互动过程中居高临下、态度粗暴，也会影响员工的满意度。因此，加强组织的分配公正、程序公正和人际互动公正建设，尽可能实现分配体系和其他组织程序的公开化、透明化，是降低员工对工作不满情绪的关键所在。

（3）让员工从事感兴趣的工作。人们都有自己的兴趣和爱好，但这些很少能够在工作中得到满足。现在许多企业，如美国电话电报公司、IBM、福特汽车公司、壳牌石油公司以及柯达公司等，都在为员工提供系统的测试和咨询，以便他们的工作职位能够与他们的技能和兴趣相匹配。其他一些公司，如可口可乐公司、迪士尼公司等甚至为员工提供个人化的咨询，让他们识别自己的个人兴趣和职业兴趣，并使两者尽可能匹配。

资料 12-8

（4）避免乏味的重复性工作。如果允许员工在工作中通过自己的方式取得成功，那么他们对自己的工作就会更加满意。

本章小结

1．员工卷入是指员工介入管理决策制定和实施，通过与管理层的交互作用，参与和影响管理行为的过程。心理契约、工作价值观可以视为员工卷入的心理条件，而组织承诺和工作满意度可以视为员工卷入的心理结果和表现。

2．心理契约是指在组织中，每个成员和不同的管理者，以及其他人之间，在任何时候都存在的没有明文规定的一整套期望。心理契约与经济契约不同，其本质是对无形的心理内容的期望。

3．心理契约大多是非正式的，并且是隐含的，而不是公开的，因此具有主观隐蔽性、不确定性、双向性和动态性等特点。根据绩效要求和时间结构两个维度可以将心理契约划分为交易型、变动型、平衡型、关系型四种类型。心理契约可以作为正式文本契约的补充，对组织成员的工作满意度、离职倾向、缺勤率、组织承诺等具有重要影响。心理契约的有效管理一般应从构建、调适、修补和维护四个环节着手。

4．工作价值观是指员工关于自己能够从工作中获得什么成果及在工作上应该如何表现的信念。它既反映了员工想要通过工作达到的外在目标，又反映了员工想要通过工作实现的内在价值。

5. 组织承诺是指员工心甘情愿地参与组织各种活动的情感，是一个人对组织的认同和投入程度。有三种不同形式的组织承诺，即持续承诺、情感承诺和规范承诺。一般可以从类型和过程两个方面加强员工组织承诺的管理。

6. 工作满意度是指个体对工作的认知、情感和评价性反应。影响工作满意度的因素主要有工作环境、工作群体、工作内容、企业背景、个人观念等。

思考题

1. 十几年前，人们大多希望能有一份稳定的工作，组织也希望员工能忠诚于自己，但现在，员工与组织之间的心理契约似乎发生了变化。你认为现在的员工与组织之间的心理契约发生了哪些变化？将来的趋势会怎样？

2. 有人说“为了生活而工作”，也有人说“为了工作而生活”。你同意哪种观点？为什么？

3. 一名员工对他的工作和组织非常不满意，但却没有试图跳槽去寻找一份新的工作。你如何理解他的行为？这名员工在工作上会有什么表现？

4. 一名员工对工作各方面都很满意，却没有获得良好的工作绩效。为什么？

案例讨论

糟糕的石油开采公司

苏珊教授正在办公室备课，约翰轻轻地敲了几下她开着的办公室的门，介绍自己道：“您好，教授，我想你可能不认识我了。”苏珊教授带的是个大班，但是她想起来了，约翰是她几年前《管理心理学》课上的学生。约翰毕业后去了一家石油开采公司，现在把工作辞了又来到学校继续读书。

“欢迎回来！”苏珊把约翰领进了办公室。“我听说你曾在一家油田工作。怎么样？”

“还好，教授，”约翰说，“我在一家石油开采公司工作了两年。当时我特别想去这家公司。据说这家公司待遇很好，而且有不少假期，因此有很多人都想来。经过激烈的竞争，我很幸运地成为这家公司的一员。由于这次招聘吸引了很多人来应聘，因此引起了媒体的关注，一家报纸还报道了这件事。

“所以，我们这些被选中的人都非常开心，而且感到很自豪。我对此次的招聘官们印象非常深刻，因为他们似乎特别关心我们在井上工作的安全及福利问题。后来，我才知道他们都来自一家咨询公司，而且专门负责员工招聘。实际上，在那次招聘会上这家公司的管理者一个也没出现。

“来这家公司工作后，我们感到非常震惊。我们都没想到会做那么糟糕的工作。在凛冽的寒风中我们干着最脏的活。尽管这样，在前几个月里我们大多数人还是向管理层表示我们很希望把工作做好。而且我们一起被招进来的这些人相处得很好，建立起了很紧密的联系，这可以帮助我们战胜恶劣的天气和完成艰难的任务。

“可是这家公司的管理者都是令人厌恶的工头。刚开始的几个月，我们尽量忍受各种虐待。后来由于要修理机器，生产被迫停了两次，这下情况变得更糟糕了。这家公司的高层对此很不满，给基层管理者施加了更多的压力，他们又把这种压力转嫁到我们头上。

“他们开始不顾安全程序一个劲儿地催促我们快点干活。他们经常当着其他员工的面，谩骂、侮辱员工。有些同事被解雇了，还有些同事辞职了。有一天我也差点被解雇，仅仅因为我的老板认为我故意偷懒。他不知道，也根本不关心我正在连接的设备坏了。有好几个同事尽量避免见到上级，尽可能少做工作。一些员工开始撒谎说背痛，请假不上钻台。

“在这些令人恶心的上级控制之下，我们对钻台上的问题一无所知。这些上级让我们不要对那些与我们无关的事太感兴趣。但是钻台上的问题以及以后的合同问题，对于我们这些不想辞职的人来说非常重要。我们的工作是否有保障依赖于我们钻台的生产水平以及能否签到合同钻新的油井。

“由于有人不正确地操作了机器使得皮特在工作中死掉了。这事引起了很大的关注。事故调查团认为皮特的死是因为他没有经过系统的培训，并且在没有任何安全警告的情况下去工作。当调查团还在调查事故的时候，好几个工人决定在钻台上成立工会，并且很快就有很多人签名加入。这让这家公司乃至整个石油开采行业非常震惊。

“从那以后，公司管理层想方设法欲解散工会。他们甚至给钻台派来一个安全检查官，可是我们发现他是公司雇来的一个顾问，目的是破坏工会组织。

“教授，我怀着满腔热情来到这家公司，结果在上个月非常失望地离开这家公司。这真的让我很苦恼，因为我总是被告诉不管情况多么恶劣，要尽全力去工作。”

讨论问题：

1. 请用工作满意度模型解释一下为什么这家公司的员工对他们的工作不满意。

2. 这家公司员工表达他们工作不满意的方式有哪些？

3. 在这家公司工作的两年里，约翰对这家公司的满意感在不断地下降，直到离开公司。请分析一下影响他工作满意感的因素是什么。

技巧库

你的组织承诺水平如何

1. 指导语

在下面每一个陈述的左边空白处写下最能反映你同意程度的数字。（1. 根本不同意；2. 不同意；3. 同意；4. 比较同意；5. 完全同意）

（1）我留在原来的工作岗位上，不是因为我想留而是因为我不得不留。

（2）我强烈地感觉到我属于某个组织。

（3）一旦我在某公司工作，我就不愿意离开。

（4）离开我的工作，需要做出很大的个人牺牲。

（5）我感觉到我和公司紧密相连。

（6）如果我离开公司，老板会很失望。

（7）我没有其他选择，只能留在原来的工作岗位上。

（8）我感到自己是所工作的公司大家庭中的一员。

（9）我感到我有责任留在原来的工作岗位上。

（10）如果我放弃现在的工作，我的生活会一团糟。

（11）在这个组织中度过我工作的剩余时间，我感到很开心。

（12）我留在原来的工作岗位上，是因为人们会因为我的离开而看轻我。

2. 记分方法

A. 将（1）、（4）、（7）、（10）题的得分相加，反映你持续承诺的得分。

B. 将（2）、（5）、（8）、（11）题的得分相加，反映你情感承诺的得分。

C. 将（3）、（6）、（9）、（12）题的得分相加，反映你规范承诺的得分。

3. 思考题

（1）这个问卷揭示你哪一方面的承诺最高？哪一方面的承诺最低？这些承诺差别很大还是很相似？

（2）这个问卷在多大程度上反映了你的组织承诺水平？在多大程度上涉及你想放弃工作和接受一个新职位的利益问题？

（3）你对这些问题的回答和你的同事相比如何？你的反应和他们的反应一样吗？你认为这是为什么？

参考文献

[1] 马金，库伯，考克斯．组织和心理契约[M]．2 版．王新超，译．北京：北京大学出版社，2001．

[2] 陈加州，凌文辁，方俐洛．心理契约的内容、维度和类型[J]．心理科学进展，2003，11（4）：437-445．

[3] 程垦，林英晖．动机视角下的亲组织不道德行为[J]．心理科学进展，2019，27（6）：1111-1122．

[4] 程骏骏，苏勇，王妤扬．能力匹配、可雇佣性和离职倾向：工作满意度的中介作用[J]．当代财经，2015（2）：66-75．

[5] 邓子娟．改革开放 40 年来大学生工作价值观变迁回顾[J]．扬州大学学报（高教研究版），2020，24（2）：88-96．

[6] 风笑天．工作的意义：两代人的认同与变迁[J]．社会科学研究，2011（3）：83-90．

[7] 韩翼．组织承诺对雇员工作绩效的影响研究[J]．中南财经政法大学学报，2007（3）：53-58．

[8] 霍娜，李超平．工作价值观的研究进展与展望[J]．心理科学进展，2009，17（4）：795-801．

[9] 胡卫鹏，时勘．组织承诺研究的进展与展望[J]．心理科学进展，2004，12（1）：103-110．

[10] 黄春生．工作满意度、组织承诺与离职倾向相关研究[D]．厦门：厦门大学，2004．

[11] 侯方烜，李燕萍，涂乙冬．新生代工作价值观结构、测量及对绩效影响[J]．心理

学报，2014，46（6）：823-840.

[12] 李金波，许百华，张延燕．组织承诺对员工行为和工作绩效的影响研究[J]．人类工效学，2006，12（3）：17-19.

[13] 李原，郭德俊．组织中的心理契约[J]．心理科学进展，2002，10（1）：83-90.

[14] 凌文铨，张治灿，方俐洛．中国职工组织承诺研究[J]．中国社会科学，2001（2）：90-102.

[15] 李春玲．静悄悄的革命是否临近？——从80后和90后的价值观转变看年轻一代的先行性[J]．河北学刊，2015（3）：100-105.

[16] 刘志安．松下幸之助与松下电器的经营理念[J]．现代日本经济，2001（6）：44-46.

[17] 李原，郭德俊．员工心理契约的结构及其内部关系研究[J]．社会学研究，2006（5）：151-168.

[18] 马凌，王瑜，邢芸．企业员工工作满意度、组织承诺与工作绩效关系[J]．企业经济，2013（5）：68-71.

[19] 马飞，孔凡晶，孙红立．组织承诺理论研究述评[J]．情报科学，2010，28（11）：1007-7634.

[20] 许士军．工作满意、个人特性与组织气候[J]．政治大学学报，1977（35）：37-54.

[21] 尤佳，孙遇春，雷辉．中国新生代员工工作价值观代际差异实证研究[J]．软科学，2013（6）：83-88.

[22] 张勉，张德，李树茁．IT企业技术员工离职意图路径模型实证研究[J]．南开管理评论，2003（4）：12-20.

[23] 张兴贵，郭杨．工作满意度研究的特质取向[J]．心理科学进展，2008，16（1）：143-153.

[24] 张建人，皮丹丹，甘怡群，等．时间视角下工作价值观的内容分析：基于反应频次的分析[J]．中国临床心理学杂志，2019（2）：247-253.

[25] ARGYRIS C. Understanding organizational behavior[M]. Oxford: Dorsey, 1960.

[26] BECK K, WILSON C. Have we studied, should we study, and can we study the development of commitment? Methodological issues and the developmental study of work-related commitment[J]. Human Resource Management Review, 2001, 11(3): 257-278.

[27] BECKER H S. Notes on the concept of commitment[J]. American Journal of Sociology, 1960, 66(1): 32-40.

[28] COTTON J L. Employee involvement: Methods for improving performance and work attitudes[M]. Thousand Oaks: Sage Publications, 1993.

[29] ELIZUR D. Facets of work values: A structural analysis of work outcomes[J]. Journal of Applied Psychology, 1984, 69(3): 379-389.

[30] HERRIOT P, MANNING W E G, KIDD J M. The content of the psychological contract[J]. British Journal of Management, 1997, 8(2): 151-162.

[31] KINNANE J F, GAUBINGER J R. Life values and work values[J]. Journal of Counseling Psychology, 1963, 10(4): 362-367.

[32] KUTAULA S, GILLANI A, BUDHWAR P S. An analysis of employment relationships in Asia using psychological contract theory: A review and research agenda[J]. Human Resource Management Review, 2019, 10(7):7.

[33] LEASE S H. Annual review, 1993-1997: Work attitudes and outcomes[J]. Journal of Vocational Behavior, 1998, 53(2): 154-183.

[34] LEUTY M E. Stability of Scores on Super's Work Values Inventory-Revised[J]. Measurement and Evaluation in Counseling and Development, 2013, 46(3): 202-217.

[35] LEVINSON H, PRICE C R, MUNDEN K J, et al. Men, management, and mental health[M]. Cambridge: Harvard University Press, 1962.

[36] LOCKE E A. The nature and causes of job satisfaction[M]//DUNNETT M D. The handbook of industrial and organizational psychology. New York: Holt, Reinhart & Winston, 1976: 1297-1349.

[37] MATHIEU J E, ZAJAC D M. A Review and meta-analysis of the antecedents, correlates, and consequences of organizational commitment[J]. Psychological bulletin, 1990, 108(2): 171-194.

[38] MEYER J P, ALLEN N J. A three-component conceptualization of organizational commitment[J]. Human Resource Management Review, 1991, 1(1): 61-89.

[39] MICHAELS C E, SPECTOR P E. Causes of employee turnover: A test of the Mobley, Griffeth, Hand, and Meglino model[J]. Journal of Applied Psychology, 1982, 67(1): 53-59.

[40] MOBLEY W H. Intermediate linkages in the relationship between job satisfaction and employee turnover[J]. Journal of Applied Psychology, 1977, 62(2): 237-240.

[41] PORTER L W, STEERS R M, MOWDAY R T, et al. Organizational commitment, job satisfaction, and turnover among psychiatric technicians[J]. Journal of Applied Psychology, 1974, 59(5): 603-609.

[42] PRICE J L. Handbook of organizational measurement[J]. International Journal of Manpower, 1997(18): 305-558.

[43] ROKEACH M, REGAN J F. The role of values in the counseling situation[J]. The Personnel and Guidance Journal, 1980, 58(9): 576-582.

[44] ROUSSEAU D M. Psychological and implied contracts in organizations[J]. Employee Responsibilities and Rights Journal, 1989, 2(2): 121-139.

[45] ROUSSEAU D M. New hire perceptions of their own and their employer's obligations: A study of psychological contracts[J]. Journal of Organizational Behavior, 1990, 11(5): 389-400.

[46] ROUSSEAU D M. Psychological contracts in organizations: Understanding written and unwritten agreements[M]. Thousand Oaks, CA: Sage, 1995.

[47] SCHEIN E H. Organizational Psychology[M]. Englewood Cliffs, NJ: Prentice Hall, 1980.

[48] SMITH P C, KENDALL L M, HULIN C L. The measurement of satisfaction in work and retirement: A strategy for the study of attitudes[M]. Oxford: Rand Mcnally, 1969.

[49] STEERS R M. Antecedents and outcomes of organizational commitment[J]. Administrative

Science Quarterly, 1977, 22(1): 46-56.

[50] SUPER D E. Manual of work values inventory[M]. Boston: Houghton Mifflin, 1970.

[51] TUSI A S, PEARCE J L, PORTER L W, et al. Alternative Approaches to the Employee-organizational Relationship:Does investment in employee Pay off? [J]. Academy of Management Journal, 1997, 40(5): 1089-1121.

[52] WADE-BENZONI K A, ROUSSEAU D M, LI M. Managing relationships across generations of academics: Psychological contracts in faculty-doctoral student collaborations[J]. International Journal of Conflict Management, 2006, 17(1): 4-33.

[53] WOLLACK S, GOODALE J G, WIJTING J P, et al. Development of the survey of work values[J]. Journal of Applied Psychology, 1971, 55(4): 331-338.

[54] WONG S W, YUEN M. Super's Work Values Inventory: Issues of Subtest Internal Consistency Using a Sample of Chinese University Students in Hong Kong[J]. Journal of Employment Counseling, 2015, 52(1): 29-35.

[55] ZHANG W, MENG H, YANG S, et al. The Influence of Professional Identity, Job Satisfaction, and Work Engagement on Turnover Intention among Township Health Inspectors in China[J]. International Journal of Environmental Research and Public Health, 2018, 15(5): 988.

自测题

复习题

第五篇　行为管理

➔ 第十三章　领导与领导理论

➔ 第十四章　领导行为及策略

➔ 第十五章　胜任特征模型及领导干部选拔

第十三章　领导与领导理论

学习目标

- 理解领导及其内涵
- 了解领导与管理之间的差别
- 掌握传统领导有效性理论
- 理解当代领导有效性理论

引例：马云谈领导力：坐牢也要推出支付宝

马云在参加完2018年冬季达沃斯年会“推动电商发展”的分论坛后，又进行了一场专场对话。在谈到领导力的话题时，马云举出了阿里巴巴当初推出支付宝背后的故事。

马云提到，如果没有支付宝，电商很难把规模做大，但当初阿里巴巴推出支付宝面临着种种困难。首先是银行不提供相应的服务，“我当时就问银行，你能帮助电商转账吗？然后银行说，这个我们不接受。”面对银行的不支持，马云也在思考推出支付宝，“但那个时候不太敢推出，你如果没有执照做金融的话，那个时候是要坐牢的。”而2004年在达沃斯的经历改变了马云的看法。“我当时听了一个国家领导人关于领导力的讲话。他说领导力是责任，你相信，但是其他人不信，但是如果你觉得这个事情非常重要，那么付出一切代价都要做它。这就改变了我的想法，我立刻给团队打了电话，我说我们推出支付宝吧，一个月我们推出，如果有人要坐牢的话就让我去坐吧，如果我坐牢的话你继续做我的工作，如果你坐牢的话我们公司的第三把交椅就继续做这个工作。”

马云总结，支付宝的决策是在达沃斯上做出的，现在支付宝不仅推出了，而且拥有8亿多用户，“这就是领导力”，马云说。

（来源：马云讲述当年支付宝背后故事：冒着坐牢的风险上线[EB/OL].（2018-01-25）. https://tech.sina.com.cn/i/2018-01-25/doc-ifyqwiqk3652740.shtml.）

第一节　领导的概念与功能

一、领导的概念

尽管从20世纪30年代，领导学已被纳入科学领域，得到系统的研究，但关于领导的定义仍然众说纷纭，概括起来，比较具有代表性的看法有以下几种。

（一）领导是一种行为过程

泰瑞（George R. Terry，1971）认为领导是影响人们自动地达成群体目标而努力的一种行为。斯托格狄尔（R. M. Stogdill，1948）也认为领导是对一个组织起来的团体，为确立目标和实现目标所施加影响的过程。

（二）领导是一种影响力

坦南鲍姆等（Tannenbaum & Massarik，1957）认为，领导就是在某种情况下，经过意见交流过程所实现的一种为了达成某个目标的影响力。阿吉里斯（C. Argyris，1996）指出，领导即有效的影响，为了施加有效的影响，领导者需要对自己的影响进行实地了解。达夫特（Richard L. Daft，2008）认为领导是在领导者和追随者之间有影响力的一种关系。

（三）领导是一种权力

杜平（R. Dupin）认为领导即行使权威与决定。科·杨（K. Young）认为，领导是一种统治形式，其下属或多或少地愿意接受另一个人的指挥和控制（俞文钊，2002）。

（四）领导是一门艺术

孔兹（H.koontz，1959）认为，领导是一门促使其部属充满信心，满怀热情来完成他们任务的艺术（俞文钊，2002）。

（五）领导是一个群体认同过程

普拉图等人（Platow，et al，2015）认为，领导力是一个群体过程，即领导者必须是“我们中的一员”。这一理论认为领导力通过群体内的社会影响发挥作用，强调领导者需要被追随者接纳为群体内成员，才有对群体施加影响的能力。

从上述各种定义中可以看出，虽然领导这个概念目前没有一致的定义，但各位学者的不同表述有助于全面理解领导的含义：第一，领导的本质是一种人与人之间的关系。领导者实施领导行为的过程，实质上就是领导者通过人际交互作用，影响团体每一成员，激发集体和个人共同努力。第二，领导是有目的的活动。领导行为的目的是实现团体或组织的目标。第三，领导行为是一种动态的过程。这个过程由三方面相关的因素构成，即领导者、被领导者和环境。其中，领导者是起主导作用的因素，被领导者、组织环境是影响领导有效性的重要因素。领导行为由这三个因素的交互作用决定，用计算公式表示为：领导行为=领导者×被领导者×组织环境。因此，研究领导行为时，必须充分考虑各种因素的相互作用。根据上述分析，我们认为：领导是指引和影响个人或组织，在一定条件下，实现某种目标的行动过程。其中，把实施指引和影响的人称为领导者，把接受指引和影响的人称为被领导者，一定的条件是指所处的环境因素。

另外，我们还要把领导与管理、领导者区别开来。

资料 13-1

（1）“领导”与“管理”的区别。领导偏重于决策与用人，而管理侧重于执行决策、组织力量完成组织目标。管理是建立在合法的、有报酬的和强制性权力的基础上对下属施加命令的行为。领导除建立在合法的、有报酬的和强制性权力的基础之上外，更多建立在领导者的影响力、专长及模范作用等基础之上。

（2）“领导”与“领导者”的区别。在英语中，“领导”（leadership）与“领导者”（leader）是两个不同的单词。在汉语中区别并不明显。事实上，领导者是实施领导行为的人，而领导则是领导者实施领导行为的过程。在这里，领导行为是关键，正是领导行为造就了领导者。凡是实施了领导行为的人都是真正意义上的领导者，凡是没有实施领导行为的人都不是真正意义上的领导者。

【资料】

领导与管理

领导与管理是组织不可缺少的职能和活动，二者原本是二位一体的概念，即将领导和管理作为等同概念。然而，随着社会实践的发展，二者逐渐分离。从广义上来看，管理行为是领导行为的组成部分。领导行为包含着一些管理活动，人们一般把组织中的中层和基层领导者称为管理者，其领导行为称为管理活动。从狭义上来看，二者有着本质的区别，领导不能代替管理。管理可以这样来定义：它通过计划、组织、配备、命令和控制组织资源，从而以一种有用的、高效的方法来实现组织目标。领导和管理的区别具体体现在以下几个方面。

（1）任务不同。领导注重愿景和长远未来，要求创立一个可以激发组织和团队士气的未来愿景，并制定长期的战略规划，为实现组织愿景进行相应的变革。管理关注的是具体目标和短期结果，侧重于为获得特定的、具体的结果而制订详细的计划和日程安排，然后分配资源以完成计划。

（2）目标不同。领导者是设计师，主要负责决策，其主要任务是解决组织中带有方向性、战略性和全局性的问题，领导过程是通过与员工交流和沟通组织的愿景，发展出共同的组织文化和一套核心的价值观，从而把组织引向渴望的未来。管理者是工程师，主要负责执行，其主要任务是实现组织的效率和效益。管理过程是为了实现既定的目标，建立一定的管理框架，然后用员工来填充这个框架，制定相应的政策、程序和系统来指导员工并且监督计划的实施。

（3）角色差异。一般称领导者为“帅才”，即具有“运筹于帷幄之中，决胜于千里之外”的领导才能，“帅才”可以不必过问方案的实施细节，“能将将者，谓之帅才也”。管理者一般称为“将才”，“能领兵者谓之将才也”，“将才”必须重点考虑方案的实施细节。实际上，在西方社会，二者最初分离就是在军事领域。

（4）地位与数量差异。领导者一般居于组织或团体的高层，具有相当的影响力，人数较少；而管理者包括组织或团体的中低层管理人员和从事业务管理职能的一般管理人员，人数相对较多，如财务、营销管理人员等。

二、领导的功能

领导者在领导活动中所表现出来的行为就是领导行为。领导行为的影响和作用称为领导功能。通常，领导的功能表现为以下几个方面。

（一）计划功能

在人们的集体活动中，需要有头脑清晰、胸怀全局、能高瞻远瞩的领导者来帮助人们认清所处环境，明确活动目标和实现目标的途径。因此，领导者有责任计划组织这些活动的开展。具体地说，计划工作包括规定将来评定组织成绩的标准，建立各种规章和业务处理的程序，指定工作计划，对执行决策过程中的条件和环境进行分析和预测。了解组织和环境正在发生和可能或将要发生的变化，并引导组织成员认识和适应这种变化。

（二）组织功能

在集体活动中，即使有了明确的计划，由于每一位成员的能力、态度、性格、地位等不同，加上各种外部因素的干扰，人们在思想上发生各种分歧、行动上出现偏离目标的情况也是不可避免的。因此需要领导者来协调人们之间的关系，把大家团结起来，朝着共同的目标前进。具体地说，领导的组织工作包括设立组织开展业务所需的各个部门，给组织的员工分派工作，对下属进行授权，建立职权指挥系统，明确交换和沟通的渠道，对所管辖的人员的工作进行协调。

（三）人事功能

人事工作是通过确定劳动力的需求，招聘和选拔人员，使他们能有效地完成自己的工作，并补充、充实组织机构的职位。具体地说，领导的人事工作包括进行人员的招聘和选拔、设立衡量员工工作绩效的标准、训练和培养员工、对员工的业务水平进行辅导、评定员工的业绩、对成绩优异的员工进行奖励。

（四）激励功能

激励功能是领导的主要功能之一。领导者各项决策的制定、组织目标的实现都是借助于发挥和调动团队和员工的积极性来完成的。任何一位领导者，如果不能有效地发挥激励功能，即使目标决策再好、组织设计再合理、管理制度再完善、管理手段再科学，也难以实现既定的目标，也不能算是一个好的领导者。领导的激励功能主要包括：（1）领导者的“榜样”激励。领导者以身作则在职工中起模范带头作用，对于调动职工的积极性是至关重要的，无论是哪一级领导均如此。管理实践表明：若领导者自身对组织目标缺乏信心或者缺乏实干精神，或者以权谋私，不忠于职守，必然会大大挫伤职工的积极性。（2）使用“员工参与”激励。领导者要善于将员工的个人目标与组织目标相统一，实行参与式的民主管理，鼓励员工参与目标制订和决策的积极性，创造有利于员工参与的组织和团队氛围，达到激励员工的目的。（3）实行“素质提高”激励。首先，领导者要鼓励员工确立个人发展目标和职业生涯规划，激发员工的成就需要和自我实现需要；其次，组织要努力创造条件为员工提供各种在职培训和外出培训机会，提高他们的业务能力，这样既能为组织的发展培养后备人才，也能起到激励员工的效果。（4）需要“满足”激励。激励的因素很多，合理地满足职工的多种需要（物质需要、安全需要、精神文化需要、社会交往需要、尊重荣誉需要、劳动成就需要等）是激发被领导者实现组织目标热情的关键因素。但在满足职工的多种需要时要根据职工的贡献与绩效综合分析、合理解决。

（五）控制功能

控制工作是对业绩进行衡量与矫正，以便确保组织目标能够实现和为达到目标所制订的计划能够得以完成。具体地说，领导的控制工作包括对各项业务设定完成情况的标准，按期检查员工的工作是否达到了规定的标准。如果没有达到，要分析其中原因，例如，因客观因素或员工本人能力不足，要适时修正和采取调整措施；因员工个人热情不高，要采取适当的方法对其进行激励。

三、领导者的影响力

领导者进行有效管理的前提是必须具备影响力。所谓影响力是指一个人在与他人交往中影响和改变他人心理与行为的能力。它包括权力性影响力和非权力性影响力两方面。

（一）权力性影响力

权力性影响力又称强制性影响力，是指领导者借助其作为权力的拥有者这一特殊地位而对他人所产生的一种有强制性的影响力。

权力性影响力有四个特点：权力性影响力具有强制性和不可抗拒性，以服从为前提；权力性影响力的大小和权力大小成正比；权力性影响力只与权力有关，而与本人因素无关；权力性影响力产生的激励是有限的，会使人们产生服从感、敬畏感和敬重感。

构成权力性影响力的因素有：（1）传统因素，主要是指人们对领导者的一种传统观念，认为领导者是不同于常人的特殊群体，他们有权，有才干。由于受这种传统观念的影响，人们就会对领导者产生服从感。这种传统附加给领导者的力量会给领导者的言行增加影响力。（2）职位因素，领导者具有一定的职位，就自然拥有一定的权力并使下属产生敬畏心理。通常，职位越高，权力越大，影响力也越大。（3）资历因素，主要是指领导者以往的生活阅历、工作经验也会对别人产生较大的影响力。资历因素会使被领导者产生一种敬重感，它在一定条件下也会影响领导的有效性。资历较深的领导者更容易通过其言行去影响他的下属，因为他的言行容易在人们的心理上占有重要的位置，更易信服。由于资历因素主要与一个人过去所任的职位有关，是一种历史的产物，因此它存在于领导者实施领导行为之前，因而它产生的影响力在性质上仍然属于强制性影响力范围。

（二）非权力性影响力

非权力性影响力又称自然性影响力，这种影响力非社会赋予，而是由自身因素在被领导者对领导者的崇敬、信服的基础上产生的。

非权力性影响力的特点是：不具备法定性质，是自然产生的；领导者完全依赖个人修养决定其在被领导者心目中的形象与地位；比权力性影响力有更强、更持久的影响力量。

构成非权力性影响力的因素主要包括：（1）品格因素，主要指蕴含在领导者言行之中的道德、品行、人格、作风等。优良的品格会给领导者带来巨大的影响力，使人产生敬爱感，增强领导者对人们的吸引力，促使人们去效仿他。领导者的职位无论多高，一旦他的品格出了问题，其影响力就会大大地下降。（2）能力因素，是指身居领导地位的人应该具备与其职位相符的能力和才干。如果凭借其才能给组织的发展带来了成功的希望，就会使人们对他产生敬佩感。（3）知识因素，如果领导者具有广博的知识面，专业技术知识也很扎实，那么就会使被领导者对其产生信赖感，自觉地服从与执行领导者的命令和指示，从而增强其影响力。这种影响力可以称之为专长权力。一个具备专长权力的领导者比不具有这种影响力的人，在行使权力上具备更加优越的条件。（4）情感因素，如果领导者与下级具有比较良好的感情关系，如领导者能时刻关怀体贴下属、把下属的冷暖温饱经常放在心上、能经常从下属的需要出发去考虑问题，真正体现以人为本的管理思想，就容易给人一种亲切感，其影响力往往也比较大。相反，如果领导者与下属关系紧张，在实际的工作中处处体现的是个人意志，一味地发号施令，不把员工的利益作为出发点，就会给双方造成心理距离，会使被领导者觉得其不可亲近，从而大大降低领导者的影响力。

资料 13-2

领导者实施领导，靠的是影响力，因此，领导者的影响力越大越好。由于领导者的影响力是由权力性影响力和非权力性影响力两个方面构成的，而权力性影响力总是相对稳定的，所以，非权力性影响力比权力性影响力具有更重要的意义，是提高领导者影响力的关键。

第二节　传统领导有效性理论

传统领导有效性理论的发展经过了三个阶段：第一个阶段主要是研究领导者的个人特性，以期预测选拔具备什么素质的人作为领导最合适，即领导者特质理论。第二个阶段是试图根据领导者所采取的行为来解释领导，探求有效领导行为方式和风格，即领导行为理论。第三个阶段主要探讨领导的有效性，其是由领导者、被领导者及其环境因素共同决定的，要根据具体情况来选择领导方式，于是出现了权变领导理论。

一、领导有效性的特质理论

（一）传统特质理论

始于 20 世纪早期的领导特质理论的理论渊源可以追溯到苏格兰哲学家 Carlyle 的“伟人论”，即“世界史无非是伟人们的自传”。Terman 在 1904 年第一次正式以心理学的研究方法来讨论领导者与非领导者的品质区别（文晓立，陈春花，2014）。早期的领导特质理论认为具有某种特质者较能做好领导工作；反之，不具备此种良好特性者，则不会成为有效的领导者。

然而，随着研究的深入和实践的反馈，传统特质理论受到了巨大的挑战，归纳起来有四个方面：（1）据有关统计，自 1940 年至 1947 年的 124 项研究中，所得出的天才领导者的个人特性众说纷纭。但各特性之间的相关性不大，有的甚至会互相矛盾。（2）进一步的研究发现，领导者与被领导者、卓有成就的领导者与平庸的领导者有量的差别，但并不存在质的差异。例如有研究者分析了 19 位成功的领导者，其中有 11 位比一般人情绪稳定，有 3 位情绪不稳定，还有 5 位情绪稳定性与普通人相同（Stogdill，1948）。（3）许多被认为具有天才领导者特性的人并没有成为领导者。（4）随着研究的展开和深入，被当作领导者特性的条目越来越多，而且有不断增多之势，这导致理论上的争执和混乱。由于在传统的特性研究中出现了上述种种问题，使许多心理学家逐渐体会到在领导特性问题的研究中，遗传决定论的观点是错误的，于是出现了现代领导特质理论。

（二）现代特质理论

20 世纪 80 年代以来，随着魅力型领导及变革型领导的出现和管理实践的发展及领导理论的深化，领导特质理论迎来了又一次研究的高峰，可称之为现代领导特质理论。现代领导特质理论认为，领导者的特质不是与生俱来的，而是在后天社会实践培养和锻炼中形成并不断增强的。

主张现代特质理论的学者提出了不少富有见地的观点，归纳起来有四个方面：（1）Lord 等（1986）以及 Kenny 和 Zaccaro（1983）对早期的领导者特质研究重新统计检验后发现，领导者特质与领导的产生和效能之间的相关性远比研究者原先的估计要高（文晓立，陈春花，2014）。（2）对领导特质的研究进行系统的分类，并聚焦于关键特质的研究。具有某些关键特质的人更可能寻求和达到领导位置，并在领导位置上做出更大的贡献。（3）逐渐重视导致无效领导和破坏性领导的黑暗面人格特质研究。例如，Judge 等（2009）从四个维度全面探讨了领导者光明特质的光明面和黑暗面、黑暗特质的光明面和黑暗面对领导效能的影响。（4）领导特质对领导效能的影响依赖于具体的情境。在不同的情境下（社会、文化、制度等）领导者特质与领导效能的关系可能不同。例如，Zaccaro 等（2012）认为应该构建特定的更加细致的整合领导特质与领导过程和结果的模型，从多个视角来剖析领导这一复杂的组织现象。

资料 13-3

【资料】

管理学家、社会系统学派的代表人物切斯特·巴纳德（Chester I. Barnard）于 1971 年在《经理人员的职能》一书中，认为领导者应该具备的基本特质是：（1）活力和忍耐力；（2）当机立断；（3）循循善诱；（4）责任心；（5）智力。

心理学家斯托格迪尔（R. M. Stogdill）于 1974 年在《领导手册》（*Handbook of leadership: A survey of theory and research*）一书中，提出了领导者应该具备的十项特质：（1）才智；（2）强烈的责任心和完成任务的内驱力；（3）坚持追求目标的性格；（4）大胆主动的独创精神；（5）自信心；（6）合作性；（7）乐于承担决策和行动的后果；（8）能忍受挫折；（9）社交能力和影响别人行为的能力；（10）处理事务的能力。

美国管理协会曾对在事业上取得成功的 1800 名管理人员进行了调查，发现成功的管理人员一般具有下列二十种品质和能力：（1）工作效率高；（2）有主动进取精神；（3）善于分析问题；（4）有概括能力；（5）有很强的判断能力；（6）有自信心；（7）能帮助别人提高工作能力；（8）能以自己的行为影响别人；（9）善于用权；（10）善于调动他人的积极性；（11）善于通过谈心做工作；（12）关心别人；（13）能使别人积极而乐观地工作；（14）能实行集体领导；（15）能自我克制；（16）能自主做出决策；（17）能客观地听取各方面的意见；（18）对自己有正确评估，能以他人之长补己之短；（19）勤俭；（20）具有管理领域的专业技能和管理知识。

日本企业界认为，有效的领导者应具备十项品德和十项才能。十项品德为：使命感、责任感、信赖性、积极性、忠诚老实、进取心、忍耐性、公平、热情、勇气。十项能力为：思维决断能力、规划能力、判断能力、创造能力、洞察能力、劝说能力、理解能力、解决问题能力、培养下级能力、调动积极性能力。

（来源：成功领导者所具有的品质是天生的？[EB/OL].（2017-12-13）. https://news.mbalib.com/story/240647.）

上述领导特质理论，无论是传统特质理论，还是现代特质理论，都从某些方面为选拔与培训领导者提供了依据，但现在已有的研究还没证实哪些特性是成为成功领导者必需的条件。虽然不同研究者对领导特质在提法和表述上各有千秋，但是从中我们能够发现其共同点：（1）了解部属。一个优秀的领导者必须了解他的下级，及时掌握下级人员的心理状态，对于他们的需要、希望、问题与困难，应及时关怀并予以解决。（2）尊重人格。领导者应尊重部属人员的人格与自尊心，善于控制自己的情绪，尽量避免当众训斥下属。（3）善于激励。企业职工对于他们的劳动或工作，不仅希望得到合理的报酬，而且珍惜领导的肯定和表扬。作为领导者必须善于运用激励手段去调动人们内在的积极性。（4）以身作则。领导者不能只追求个人的利益，自己的品行要端正，信仰要坚定，不能放纵自己，凡事以身作则。（5）精明果断。领导者每天面临的工作任务是错综复杂的，并且往往在匆忙中必须表态或做出决定。为此，领导者必须有敏锐的观察力、果断的判断力，一旦做出决策，不可轻易改变。

二、领导有效性的行为理论

由于领导特质的研究有其限制，加上行为主义心理学的崛起，20 世纪 40 年代末至 60 年代，研究者开始把目光转向具体的领导者表现出的行为上，他们想了解有效的领导者是否在行为上有独特之处。下面介绍三种不同的行为理论（behavioral theories of leadership）。

（一）领导行为四分图模式

1945 年，美国俄亥俄州立大学工商企业研究所在斯托格迪尔（Ralph Stogdill）的领导下开展了一项范围广泛的关于领导问题的调查。一开始，他们列举了一千多种刻画领导行为的因素，通过筛选，最后概括为“抓组织”“关心人”两大类。“抓组织”是指领导者把工作重点放在组织设计、明确职责与关系、沟通途径、确定实现工作目标进程等方面。“关心人”是指领导者关心下级、善于倾听下级意见，并积极在员工之间建立互相尊重、互相信任的人际关系。概括来讲，“抓组织”是以工作为中心，“关心人”是以人际关系为中心。按照这两类内容，他们设计了“领导行为描述问卷”。问卷中“抓组织”和“关心人”两项各列出 15 个问题，分发调查。调查结果表明，两类领导行为在同一个领导者身上有时一致，有时并不一致。因此，他们认为领导行为是两类行为的具体结合。

领导行为可以用两度空间的“四分图”来表示，如图 13.1 所示。这个四分图是从两个角度考察领导行为的首次尝试，为以后进行领导行为的研究开辟了一条新途径。

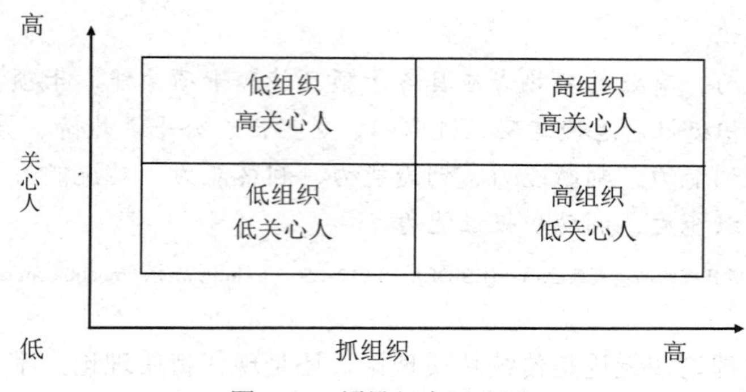

图 13.1 领导行为四分图

从图 13.1 中可以看出，领导行为可分为四种情况：（1）低组织低关心人的领导者，对组织和人都不关心，这种领导方式效果比较差；（2）高组织低关心人的领导者，最关心的是工作任务；（3）高组织高关心人的领导者，对工作和人都比较关心，这种领导方式的效果比较好；（4）低组织高关心人的领导者，较为关心领导者与下级之间的合作，重视互相信任和互相尊重的气氛。当然，四种领导行为哪种最好、哪种最差，不能一概而论，要视具体情况而定。

（二）管理方格图理论

管理方格图理论是美国得克萨斯州立大学心理学教授布莱克和莫顿提出的（Blake & Mouton，1964）。布莱克和莫顿指出，任何一位管理者的管理策略都会体现在对人和生产这两个基本要素的关注程度上。一个管理者可能对生产高度关注而对人不太关心，或者相反，也可能处于两者的中间状态。因此，这两个要素的组合可以清晰地揭示出领导者的类型及其管理方式。如果分别以这两个要素为纵坐标和横坐标，并将这两个坐标轴都划分成九个刻度，便形成了图 13.2 所示的能表示 81 种领导方式的管理方格。要评价某个管理人员，可在 9 点评分量表上对其关心人和关心生产的程度分别进行量化记分，然后在管理方格图上找到两个分数对应的交叉点，就可以确定他所属的领导方式或管理类型。例如，某领导者关心人的程度达到了 7 分，而关心生产的程度只得到 2 分，那么，他就是 2.7 型的管理者。

在图 13.2 的基础上，布莱克和莫顿概括出了以下五种典型的管理方式，并具体描述了它们的含义及特征。

（1）（9.1）型管理者：又称任务型管理者。这种类型的管理者非常关心生产，但不关心人。为了克服和预防人们对生产带来的不利影响，常常使用控制、统治、支配等权力形式。这类管理者往往固执己见，忽视或者压制不同意见。在短期内他们可能会带来较高的生产效率，但由于不关心员工，不注意提高员工士气和保护员工的积极性，从长远看将会导致工作效率的下降。

（2）（1.9）型管理者：又称乡村俱乐部型管理者。这种类型的管理者只强调关心人而不关心生产。高度重视友好关系的重要性，认为只要团队的气氛和谐、融洽就能带来好的绩效，只要管理者自己能得到员工的支持和拥戴，他就是安全的。这类管理者倾向预见他人的欲望和要求，很少引起冲突。在这样的管理方式下，生产效率一般是不高的。

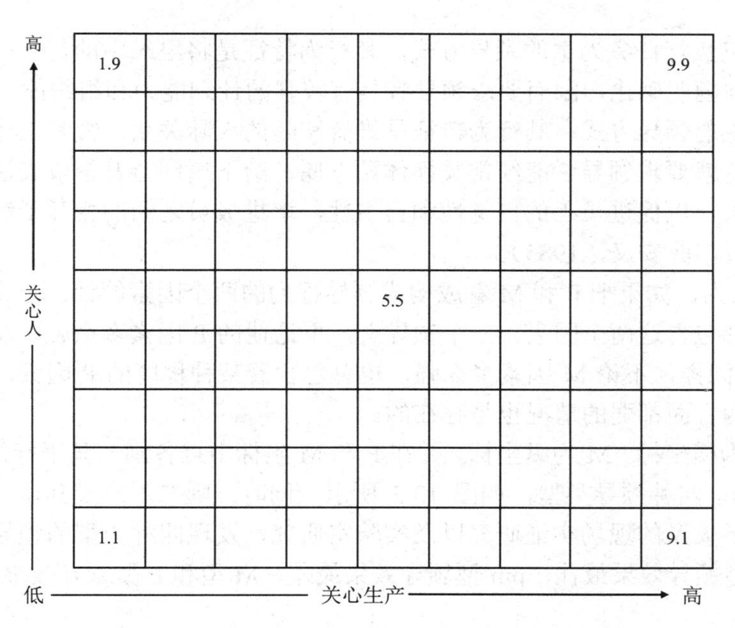

图 13.2 管理方格图

（3）（1.1）型管理者：又称贫乏型管理者。这类管理者既不关心生产，又不关心人。具有这种管理方式的领导者经常逃避责任，回避义务，缺乏管理哲学和支配工作情境的志向和愿望，也无心去博得员工的喜爱与好评，得过且过，生产效率自然不会很高。

（4）（5.5）型管理者：又称中庸型管理者。这类管理者既要完成必要的管理任务，又要保持必要的士气，推崇对问题的折中处理，追寻一种平衡式的解决方案，在追求的目标上，不去寻求对生产和员工都有利的最佳方案，而是寻求两者可以妥协的解决办法，把生产目标定位在员工和组织尚可接受的中间位置。

（5）（9.9）型管理者：又称团队型管理者。这种类型的管理者既十分关心生产，又十分关心人，把员工的愉快和舒适与达到工作目标放在同等重要的程度来关注。这类领导者不断鼓励、激励自己和他人做到最好，领导者的每个举措都是为了做得更好，而不只是为了使人感到愉快。当领导者对人和结果都高度关注的时候，如果有人滥用权力或者利用其他成员，领导者将会直面问题并能果断处理，从而避免给整个团队带来不利的影响。当生产与员工利益发生冲突时，领导者总是努力去寻找“双赢”的解决方案而不是折中处理。

很显然，(9.9）型管理者是最佳的管理类型。研究也表明，具有这种管理风格的领导者的确比其他类型的领导者取得了更好的领导效果，既促进了生产效率，也更受员工的拥戴。

（三）PM 领导行为类型理论

PM 领导行为类型理论是日本大阪大学的心理学教授三隅二不二提出的，由于在 PM 理论上的贡献，他与丰田汽车公司董事长丰田喜一郎一起获得首届全日经营管理科学奖（卢存岳，宋寅，1986）。三隅二不二认为领导方式可分为两大类：一类是以绩效为导向（performance directed）的领导方式，简称为 P 型领导；另一类是以维持群体关系为导向（maintenance directed）的领导方式，简称为 M 型领导。二者合起来，称为 PM 理论。

资料 13-4

P 型是指以执行任务为主的领导方式，其行为特征是将组织中的每一个成员的注意力引向目标，使问题明确化，因而要求领导者具有较强的计划能力和组织能力。M 型是以维持群体关系为主的领导方式，其行为特征是维持和睦的人际关系，缓和工作中可能产生的对立和抗争，这就要求领导者能经常关怀体贴下属，给下属创造发言或表达意见的机会，满足部下的需求，以促进员工的自觉性和自主性，增进成员之间的相互了解与交流（徐联仓，陈龙，王登，薛安义，1985）。

PM 理论认为，如果把 P 和 M 看成构成领导行为的两个因素的话，那么领导者的任何一种领导行为都包含这两个因素。一个领导者，不论他的 P 因素多么强，总包含有某种强度的 M 因素；同样，不论 M 因素多么强，也总包含着某种程度的 P 因素。此外，P 和 M 两方面都强或两方面都弱的情况也是存在的。

如果以 P 为横坐标，M 为纵坐标，并在 P 和 M 坐标中点各画一条平行线，就可划分出 PM、P、M、pm 四种领导类型，如图 13.3 所示。同时三隅二不二及其研究小组还对四种领导类型进行了大量的现场实证研究以及实验室研究，发现四种类型的领导效果存在差异性，其中 PM 型领导效果最佳，pm 型领导效果最差，M 型和 P 型领导效果居中。

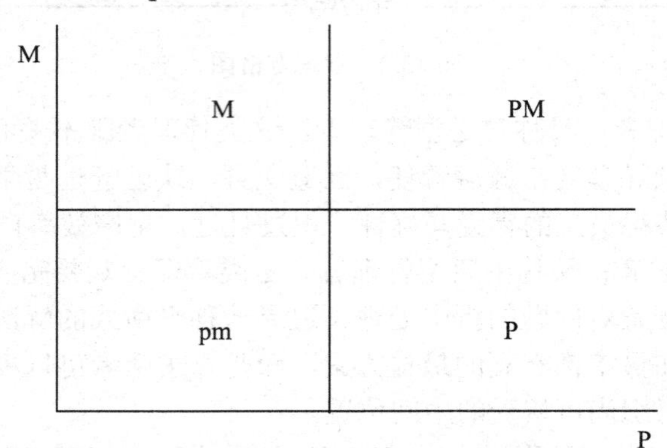

图 13.3　PM 领导行为类型图

我国学者凌文辁等人（1987）在三隅二不二研究基础上，结合我国的文化特点，根据大规模的问卷施测结果，采用因素分析和聚类分析等方法，提出了领导行为的三因素结构模型，即中国人领导行为的 CPM 模型。该模型由三个维度构成：个人品德因素 C（character）、工作绩效因素 P（performance）、团体维系因素 M（maintenance）。他们提出，中国文化与西方文化存在差异，中国人自古以来就强调人的“德”方面的因素，因此评价中国领导者的领导行为，有必要考虑领导者个人的品德因素。

三、领导有效性的权变理论

20 世纪 60 年代以后，关于领导有效性研究转入权变理论（或情境理论）阶段。权变理论认为，领导的有效性不是取决于领导者不变的品质和行为，而是取决于领导者、被领导者和情境条件三者的配合关系，即领导有效性是领导者、被领导者和领导情境三个变量的函数。

资料 13-5

领导有效性=f(领导者,被领导者,领导情境)

权变领导理论把领导看作一个动态的过程。由于特质理论不能准确地预测领导者的行为，甚至难以解释不同情境下领导者行为的多样性，而行为理论在解释某些领导行为时又显得过于简单，有时甚至难以自圆其说，如同一种领导行为在不同的群体中产生了不同的效果，因此研究者把注意力转移到了领导情境方面。影响领导有效性的大量情境因素逐渐被识别出来，于是研究者试图将这些情境变量整合起来，形成了多种权变领导理论模型，比较有代表性的有领导有效性权变模型、路径—目标理论、领导—参与模型和领导生命周期理论。

（一）费德勒的领导有效性权变模型

费德勒（F. E. Fiedler，1967）在 20 世纪 50 年代末提出了第一个综合的权变模型。他认为，任何一种领导类型都可能是有效的，也可能是无效的，关键在于领导风格和具体组织情境的匹配程度。领导效果的好坏取决于三个维度上的条件：领导者与被领导者的关系、任务结构以及领导者的职权。如果这三个维度上的条件都好的话，情境对领导是有利的。具体地说，如果领导者被追随者接受和尊敬（第一个维度），任务是高度结构化的，即每件事情都可以描述和有程式化的运作方式（第二个维度），且领导者的职位权力和权威非常正式化且稳固（第三个维度），那么这个情境对领导者是有利的。但是，如果出现相反的情况（三个维度都低），那么情境对于领导者而言就是非常不利的。费德勒通过他的研究证明，情境有利和领导风格共同决定了领导有效性。

总体来看，在非常有利和非常不利的情境下，任务取向或者顽固和独裁型的领导者是最有效的；当情境只是适度有利时，人性取向或民主型的领导者是最有效的。

1．确定领导风格

费德勒相信，影响领导成功的一个关键因素是个体的基本领导风格，因此他首先试图了解这种基本风格。为此目的，他设计了最难共事者问卷（Least Preferred Co-worker Questionnaire，LPC），用以测量个体是任务取向型还是关系取向型。LPC 问卷由 16 组对照形容词构成（如快乐—不快乐、高效—低效、开放—防备、助人—敌意）。费德勒让做答者回想自己共事过的所有同事，并找出一个最难共事者，在 16 组形容词中按 1～8 等级对他进行评估。费德勒认为，在 LPC 问卷的回答基础上，可以判断出人们最基本的领导风格。如果以相对积极的词语描述最难共事者（LPC 得分高），则回答者很乐于与同事形成友好的人际关系，也就是说，如果你把最难共事的同事描述得比较积极，费德勒称你为关系取向型。与此相对照，如果你对最难共事的同事看法比较消极（LPC 得分低），你可能主要感兴趣的是生产率，因而你被称为任务取向型。另外，大约有 16%的回答者的分数处于中间状态，很难被划入任务取向型和关系取向型中进行预测，因而下面的讨论都是针对其余 84%的人进行的，他们在 LPC 上的得分不是高就是低。费德勒认为，一个人的领导风格是固定不变的，如果情境要求任务取向的领导者，而在此领导岗位上的领导者却是关系取向的时，那么要想达到最佳效果有两种办法：第一，你可以替换领导者以适应情境；第二，你可以改变情境以适应领导者。

2．领导情境的确定

费德勒分离了三个情境因素，他认为这是决定领导行为有效性的关键。（1）领导者与被领导者的关系。双方的信任程度，被领导者对领导者的忠诚、尊重和追随程度。（2）任务结构。工作任务的程序化（结构化）程度，如工作是常规的还是非常规的、工作规范明确与否。（3）领导者的职权。领导者是否拥有权力、对下属是否能直接控制、被上级和组织的支持程度。

对上述三个变量的评估结果，就是领导者所处的情境状态。如一个有利的情境是：领导者与被领导者的关系很好、任务结构化强、领导职位权力强，在这样的情境中，领导者拥有较高的控制和影响力。相反的情境下，领导者的控制力则很小。费德勒对三个情境变量综合分析后，得到了八种领导情境，每个领导者位于其中之一，如图 13.4 所示。

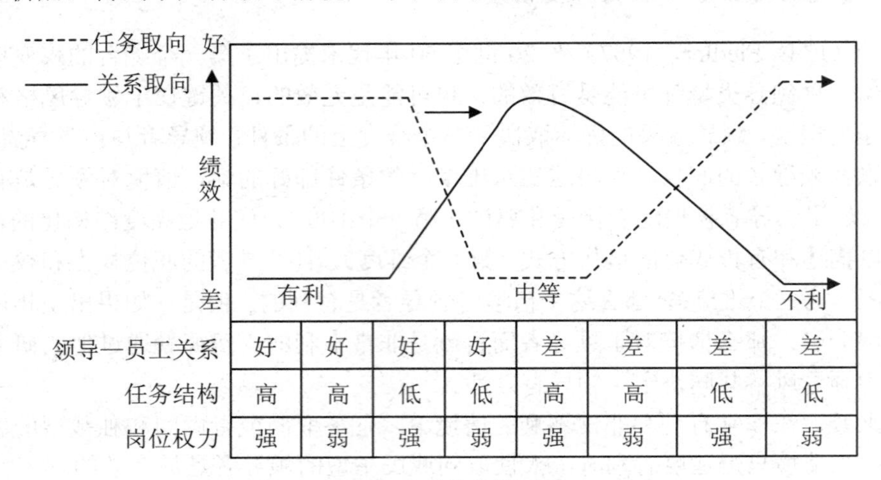

领导—员工关系	好	好	好	好	差	差	差	差
任务结构	高	高	低	低	高	高	低	低
岗位权力	强	弱	强	弱	强	弱	强	弱

图 13.4　费德勒模型图

3．领导风格与情境的匹配

在确定了领导者固有的行为风格和对其领导情境进行评估后，利用费德勒建立的匹配模型，可以得知和预测领导效果。费德勒的研究结论是：在非常有利和非常不利的情境下，“任务取向”的领导行为会比“关系取向”的领导行为更有效。关系取向的领导者在中等有利的情境中工作绩效会更好。

大量的研究对费德勒模型的总体效度提供了支持，并得出了相当积极的结论。但这一模型在实践应用中也存在着缺陷，需要进一步改进。如一些研究对 LPC 量表的使用方法质疑，而三个情境因素在实践中的评估也过于复杂，即很难确定领导者与被领导者的关系、工作任务的结构化以及领导者究竟有多大的权力。

（二）路径—目标理论

路径—目标理论是加拿大多伦多大学的伊迈斯（M. G. Evans）提出，后由豪斯（R. J. House）开发确立的，它是最受推崇的领导行为理论之一。这一理论采用俄亥俄州立大学的结构和关系两个维度观点同激励的期望理论相结合，认为领导者的主要任务是提供必要的支持以帮助下属达到他们的目标，并确保他们的目标和群体与组织的目标相互配合、协调一致。所谓“路径—目标”，意味着为下属清理实现目标路程中的各种路障和危险，使下属的工作更为顺利。

在路径—目标理论中存在四种领导行为：（1）指导型（结构维度）——让下属明了对他的期望，以及完成工作的方法、程序和时间等；（2）支持型（关系维度）——对下属亲切友善，关心他们的需求；（3）参与型——与下属共同磋商，在决策前充分考虑下属的建议；（4）成就导向型——设定富有挑战性的目标，期望下属充分实现自己的最佳水平。

与费德勒的领导行为观点相反，豪斯认为领导者是弹性灵活的，同一领导者可以根据不同的情境表现出任何一种领导风格。如图 13.5 所示，路径—目标理论提出了两类情境或权变变量作为领导行为与结果之间关系的中间变量，它们是：（1）下属控制以外的环境因素，如任务结构、权力系统、工作群体等，这一权变因素决定了领导者采用哪一种行为最有效果；（2）下属的个人特征，如经验、能力、内控型还是外控型个性特征等，这些因素决定了环境因素与领导行为的相互作用，当领导行为与下属特点不适应时，领导效果则不佳。

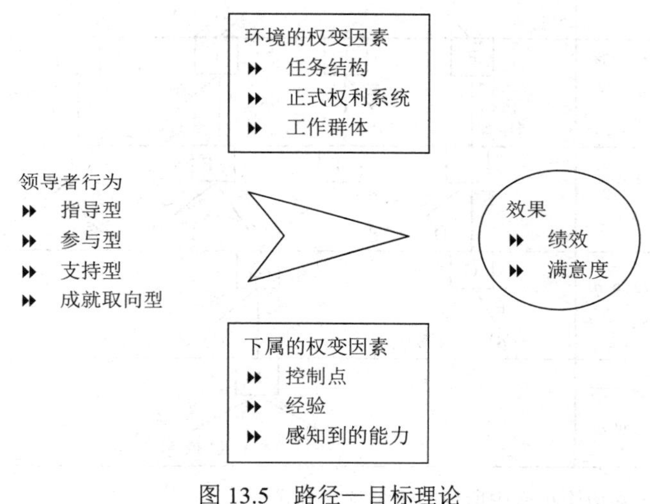

图 13.5　路径—目标理论

路径—目标理论的逻辑得到许多研究的证实，即领导者若能补偿员工本人或工作情境中所缺乏的东西，员工的工作绩效和工作满意感会大大提高。但是，如果工作结构明确、任务清晰，而员工也有能力和经验时，则不必进行指导，否则员工会认为这种指导性行为不仅多余，而且是干扰和侵犯。

（三）领导—参与模型

维克多·弗罗姆（Victor Vroom，1973）和菲利普·耶顿（Phillip Yetton，1973）提出了领导—参与模型（leader-participation model）。该模型将领导行为与参与决策联系起来，提出有效的领导者应根据不同情况，让职工不同程度地参与决策，领导方式主要取决于下属参与决策的程度。

领导—参与模型与费德勒的领导有效性权变模型的区别在于：费德勒的领导有效性权变模型将领导人的行为特点看成固定不变的，主张根据不同环境选择不同领导人。而领导—参与模型则认为领导模式不是机械的，而是应根据环境的具体需要随时变动。领导—参与模型是规范化的，采用决策树的形式提出一系列应遵循的连续规划，以确定在不同情境下参与决策的方式和程序，如图 13.6 所示。

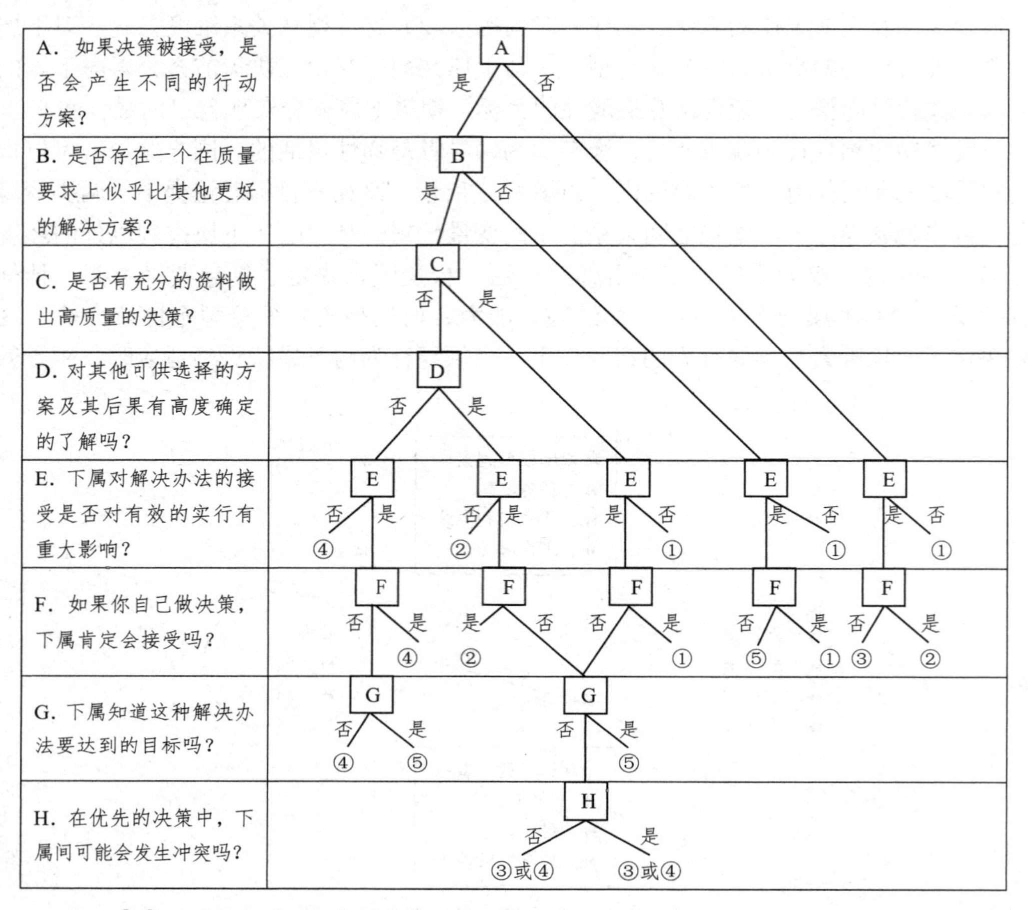

注：①②……对应于正文中所说的五种领导方式。

图 13.6 弗罗姆与耶顿的领导—参与模型

弗罗姆和耶顿认为，领导在进行决策时，可能会遇到图 13.6 中 A～H 这八种情境因素。领导者分析自己所面临的情境，可以在决策树上选择一种最有效的方式，有以下五种领导方式可供选择：（1）领导者运用手头的资料，自己做出决策，单独解决问题。（2）领导者从下级取得必要的供决策所用的信息资料，然后自己做出决策。向下级收集资料时，可能说明原因，也可能不说明原因。下级只是提供资料，并不提供或者评价解决问题的方案。（3）领导者与个别有关的下级直接接触，获得他们对决策的意见。但这些下级并不属于决策成员，领导者在决策时可能吸取下级的意见，也可能不吸取下级的意见。（4）领导者把决策意图告诉下级，让下级集体讨论，提出意见和建议，然后领导者做出是否考虑下级意见的决策。（5）让下级集体了解问题，并且领导者与下级共同提出和评价可供选择的方案，尽量取得解决问题的一致意见，领导者只是以决策成员的身份参与讨论，并不强求下级遵从他的意见，而是接受和贯彻整个集体所支持的决策。

弗罗姆和亚瑟·加哥（Arthur Jago）又对该模型进行了修订。新模型依然保留了五种领导风格的备选方案，但他们增加了一系列问题类型，并将情境因素扩展为十二个。虽然新修订的模型在有效性方面得分更高，但通过对原始版和修订版领导—参与模型的考察并没有得到十分积极的结果。更重要的是，由于该模型过于复杂，以致一般管理者很难在实践中使用它。

（四）领导生命周期理论

领导生命周期理论是由俄亥俄州立大学学者卡曼（Korman，1966）首先提出，后由保罗·何塞（Paul Hersey）和肯尼斯·布兰查德（Kenneth Blanchard）予以发展的。该理论结合了“领导行为四分图”和“不成熟—成熟理论”，创造了三度空间领导效率模式。

领导生命周期理论认为，有效的领导行为应该把工作行为、关系行为和被领导者的成熟程度结合起来考察。卡曼在分析“领导行为四分图”时加入了被领导者的成熟程度这一因素。他认为，随着职工年龄的增长、技术的提高，由不成熟逐渐向成熟发展，领导行为也应该按照下列顺序逐渐推移：低工作高关系→高工作高关系→高工作低关系→低工作低关系，如图 13.7 所示。

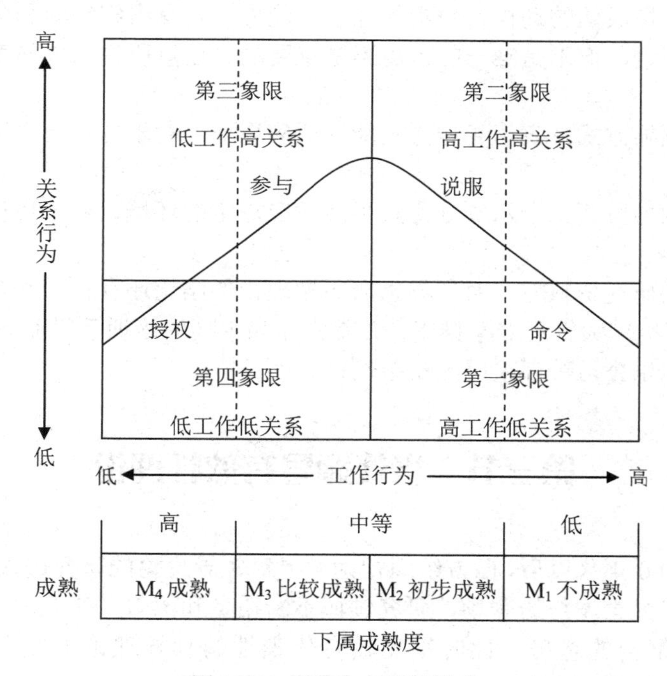

图 13.7　领导生命周期模式

图 13.7 中，模式上面部分的曲线表示变动着的领导方式，其中横坐标代表以抓工作为主的工作行为，纵坐标代表以关心人为主的关系行为；下面部分表示下级的成熟度，右边代表不成熟，由右向左，逐渐成熟，分别用 M_1、M_2、M_3、M_4 表示不成熟、初步成熟、比较成熟、成熟四种不同的成熟程度。按照下级不同的成熟程度，领导方式大致分为四种，用四个象限来表示。

（1）第一象限：命令型领导。当下级处于不成熟阶段时，领导者应采用高工作低关系的领导行为类型，以单项沟通方式向下级规定任务：干什么，怎样干。

（2）第二象限：说服型领导。当下级进入初步成熟阶段时，领导者应采用高工作高关系的领导行为类型，领导者与下级通过双向沟通的方式，相互交流信息，相互支持。

（3）第三象限：参与型领导。当下级进入比较成熟阶段时，领导者应采用低工作高关系的领导行为类型。领导者与下级通过双向沟通方式，相互交流信息，相互支持，欢迎下级参与决策，通过鼓励的方式激励下级努力工作。

（4）第四象限：授权型领导。当下级发展到成熟阶段时，领导者应采用低工作低关系的领导行为类型。成熟度达到这个阶段的下级一般具有担负起工作重任的能力和愿望。所以，领导者可授权给下级，领导者只是起到监督保证作用，让下级“各行其是”。这样，他们取得工作成果后会有胜任感和成就感。

另外，何塞和布兰查德还对模式中的每个部分都赋予特定的含义。

（1）工作行为：表示领导者采取单项沟通方式向下属人员说明应该干什么，在何时、何地、用何种方法去完成任务。

（2）关系行为：表示领导者采取双向沟通的方式，通过心理关怀、社会情感培养等措施指导下属，并照顾他们的福利。

（3）成熟度：指成熟的动机，负责的意愿和能力，具有组织经验和受过一定教育。年龄是一个成熟的因素，但不是唯一的，更不是重要的。这里所说的成熟度是指心理上的，而非生理上的。

（4）有效的领导方式：表示领导方式能够适应环境，对于各种特定的情境，能够做出正确的决定。

（5）无效的领导方式：表示领导方式不能适应规定的环境，对于各种特定的情境，不能提供正确的领导。

尽管从目前的研究资料看，对领导生命周期理论的结论还存在一些争议。但这一理论自提出以来，一直被广大管理专家推崇，并常常作为主要的培训手段而应用，如北美银行、美孚石油公司、施乐公司等都采用此模型理论。

第三节　当代领导有效性理论

进入 20 世纪 80 年代以后，西方组织行为学界对领导理论的研究进入了大发展的时期，众多的领导理论研究学派纷纷登场，研究领域不断拓宽和深入，研究成果呈爆发之势，但目前还没有形成整合的态势。此时期比较有代表性的领导理论主要有以管理学家巴斯（Bernard M. Bass）为代表的魅力领导理论，以费德勒和乔·葛西亚为代表的领导认知资源理论，以伯恩斯和巴斯（Mac G. Burns & Bernard M. Bass）等人为代表的交易型领导和变革型领导理论，以克尔和杰米尔（Kerr & Jermier）为代表的领导替代理论，以及以格拉斯和斯腾伯格（Graves & Sternberg）等人为代表的内隐领导理论等。

一、魅力型领导理论

1977 年，罗伯特·豪斯（R. House）在《1977 年的魅力型领导方式理论》中，基于观察过程的可检验性，提出魅力型领导理论。认为“魅力”一词应从领导者对追随者的影响，或领导者与下属关系的角度来进行描述。所以，魅力型领导指的是领导者通过本身的卓越才能和超凡魅力来影响下属，

资料 13-6

从而使既定目标得以实现。

魅力型领导的特质可以归纳为：自信、远大的理想和目标、清楚的表达能力。所谓自信是对自我决策与处世能力充满自信；远大的理想和目标是指倡导清晰、动人的愿景；清楚的表达能力是指有明白表达该愿景的能力（Conger & Kanungo，1987）。罗伯特·豪斯等人的研究表明，魅力型领导与部下的高绩效和高工作满意度之间显著相关，即魅力型领导的部下会因受到激励而付出更多的工作努力，并获得更高的业绩，因而具有更高的满意度。

美国南加州大学马歇尔商学院的杰伊·康格（Jay A. Conger）等人认为，具有魅力的领导人和不具有魅力的领导人存在性格差异，主要表现在表 13.1 所示的几个方面。

表 13.1　具有魅力的领导者和不具有魅力的领导者的对比

维　　度	不具有魅力的领导者	具有魅力的领导者
亲切度	分享观点从而使领导亲切	分享观点和理想愿景使得领导亲切，并成为值得尊敬的英雄
可信赖程度	对说服中的说话艺术不感兴趣	会花费大量的成本和面对极大的风险热情地进行说服
和现状的关系	试图保持现状	创造革新的气氛
未来目标	将目标限制在与现状差别不大的范围	与现状有很大差别的理想
清晰度	对领导的目标和动机不是很清晰	对领导的前景和动机有很清楚的认识，并且具有灵感
竞争	在已经存在的结构中采用可获得的方法实现目标	采用超出现存秩序的非传统的方法
行为	传统的，与公认标准一致	非传统的，与公认标准相反
影响	基于来自于职务的权力	超越职位，来自于专家权力以及对领导的尊敬和赞赏的个人权力

如今，魅力型领导已成为领导理论研究的新焦点。它强调愿景的建立、使命的承担与领导魅力的重建，这不仅能获得下属的追随和忠诚，还能获得下属的尊敬、信赖和崇拜，更能激发组织成员追求自我实现目标。但时至今日，有关魅力型领导的研究仍相当有限，尚属初创阶段。

二、变革型和交易型领导理论

20 世纪 80 年代以来，交易型领导与变革型领导一直是领导理论研究的重要内容。美国政治学家詹姆斯·麦克格雷格·伯恩斯（James Macgregor Burns）在 1978 年撰写的《领导力》一书中划分出了两种领导过程类型：交易型领导与变革型领导，认为前者的特征是强调交换，后者的特征是强调改变。1985 年，巴斯（Bernard M. Bass）提出了一个范围更广、更为精确的交易型和变革型领导学说，认为交易型领导和变革型领导并不是一个连续体的两端，而是两个独立的概念，各有不同的内涵。

（一）变革型领导

资料 13-7

变革型领导（transformational leadership）是指领导者通过让员工意识到所承担任务的重要意义和责任，激发下属的高层次需要或扩展下属的需要和愿望，使下属为团队、组织和更大的政治利益超越个人利益。

在巴斯等研究者看来（Bass & Avolio，1990），变革型领导包含四个维度：（1）领导魅力（charisma or idealized influence），是指领导者给追随者树立榜样，追随者认同领导者，并愿意效仿领导者，领导者通常有较高的道德标准、价值观念和道德行为，领导者给追随者提供目标愿景，给追随者一种使命感。（2）感召力（inspirational motivation），是指领导者对追随者寄予很高期望，通过动机激励使他们投身于实现组织愿景的事业中去。在实践中，领导者利用信念和情绪感染力来凝聚组织成员，以取得比个人利益更大的成就，因此这种因素增强了团队精神。（3）智力激发（intellectual stimulation），是指领导者激发其追随者创造和革新的意识，对其自身和领导者的信念和价值观质疑，对组织的信念和价值观也质疑；领导者支持追随者尝试新理论、创造新方法来解决组织的问题，鼓励追随者独立思考和解决问题。（4）个人化关怀（individualized consideration），是指领导者创造一种支持性氛围，仔细聆听追随者的个体需求，领导者在帮助个体自我实现时扮演着教练和建议者的角色，帮助追随者实现其自身的需求和发展（Avolio，Zhu，Koh，Bhatia，2004）。具备以上四个维度的领导者通常具有强烈的价值观和理想，他们能成功激励追随者超越个人利益，达到组织既定目标。我国学者也对变革型领导的结构进行了考察，发现在中国文化背景下，变革型领导也是四因素的结构，包括愿景激励、领导魅力、德行垂范和个性化关怀（李超平，时勘，2005）。

变革型领导能够激发起员工的愿景，提高组织内员工的凝聚力和合作性，因此能够提高组织的绩效（Judge & Piccolo，2004）。例如 Ng（2017）的研究发现，变革型领导可以正向预测员工的工作绩效。陈春花等（2016）的研究则证明了中国情境下变革型领导对员工个体绩效（任务、关系、创新绩效）、团队绩效、组织绩效均有显著的促进作用。

（二）交易型领导

资料 13-8

交易型领导（transactional leadership）重视下属的责任，阐明对下属的期望和下属必须完成的任务，以及下属达到预期标准后所能获取的回报（Judge & Piccolo，2004）。交易型领导的主要特征有：（1）权宜酬赏。权宜酬赏是交易型领导者的主要领导方式，它是指领导者与下属交换的过程。在这一过程中，领导者向下属提供一定的报酬以换取下属的服从和工作。就任务分配及相应条件的报酬，交易型领导者会尽量与下属达成一致协议。（2）例外管理。例外管理指的是对下属工作中出现的错误和偏差进行纠正。它包括积极的例外管理和消极的例外管理。积极的例外管理是指领导者一般在问题发生前密切监督员工行为防止问题的产生，并对可能偏离规范的员工行为加以纠正。消极的例外管理则是指领导者往往在问题已经发生或者标准未能满足需要时才采取行动，对下属批评或惩罚。

交易型领导与变革型领导的不同在于前者的特征是强调“交换”，后者的特征是强调“改变”。交易型领导通过与员工的交换而获得合作，并监督这种交换关系，而变革型领导以魅力和预测性沟通为基础，在愿景的实现过程中同时使个体在工作能力、道德水平上得到提升和自我完善（Kittikunchotiwut，2019；Lan，Chang，Ma，Zhang & Chuang，2019）。苗宏慧（2019）的研究表明，变革型领导风格和交易型领导风格对员工创新绩效均具有积极影响。

交易型领导与变革型领导二者是共存的、互动的。交易型领导并非一定过时，而变革型领导也绝非放之四海皆准的灵丹妙药。采取什么样的领导方式，还必须因人、因时、因地进行灵活的选择。

三、领导替代理论

权变领导理论侧重于对领导的类型、追随者的特性以及环境的特征进行综合研究。最新的研究指出，环境因素的变化往往是极其重要的，它常常取代了领导，或者削弱了领导的作用。克尔和杰米尔（Kerr & Jermier，1978）通过实证研究得出了这样的结论：环境变量总是趋向于取代领导或者削弱领导的作用。

资料 13-9

克尔和杰米尔区分了替代领导的三类变量，即组织特性、任务特性和追随者特性。它们分别可以替代或者削弱领导者的不同作用，如表 13.2 所示。

表 13.2　三类变量对领导作用的替代与削弱

变　　量	任务导向领导	关系导向领导
组织特性：		
有凝聚力的组织	替代	替代
低职位权力	削弱	削弱
正式化（角色、程序）	替代	无
死板（规则、政策）	削弱	无
工作地点分散	削弱	削弱
任务特性：		
任务高度结构化	替代	无
自动反馈	替代	无
内在满意任务	无	替代
追随者特性：		
职业、专业导向	替代	替代
经验、能力、训练	替代	无
漠视奖励	无	削弱

（来源：Kerr & Jermier，1978）

克尔和杰米尔的研究表明，在某些特定的情境下，领导的作用是可以代替或者削弱的（耿晓伟，郑全全，2007）。从组织和团队层面上看，在有详细的规则、制度和政策的组织中，当部属掌握了行为规则和政策时，就很少需要指导。如果规则和政策是非常刚性的，就阻止了试图改变工作分工和工作程序的努力。当部属的工作地点分散时，如销售代表的工作，任务型的指导也是无力的。另外，对于凝聚力强的组织而言，领导更加显得可有可无，因为团结的工作群体不需要领导努力去鼓动下属和调配任务。从任务特性看，日常性的任务、结构化的任务、简单的任务是可以替代任务型领导的，如果任务本身能够提供是否完成的自动反馈，领导就不必提供更多的反馈。如运用计算机网络系统工作的员工就不需要更多的监督。另外，对于部属感兴趣的工作也无须领导者进行支持、引导与鼓励。从部属特性看，当部属有丰富的经验和足够的训练时，他们已经拥有做什么和如何做的知识和技能，需要更少的指导，如药剂师、飞机领航员、会计师等。同样，专业工作者受到他们的价值观、需要和道德的内在激励，也不需要领导者的鼓励就能提高工作质量。此外，如果部属希望花更多的时间与他们的家人在一起，他们就会对超时间工作而获得的金钱或其他奖励不感兴趣。

四、内隐领导理论

我们知道，领导是指领导者和被领导者之间在特定组织情境中交互作用和影响的过程。那么被领导者是如何看待领导者，如何理解领导者的行为，对领导者做出什么样的反应呢？近来，关于探究下属员工对其上司领导行为的知觉判断过程正成为领导研究的一个热点。研究者们假定，员工在与其上司交往的过程中，头脑中往往存在某种“理想化”的领导者特质或行为，员工的这种心理预期被称为“内隐领导理论”（Sternberg，1985）。内隐领导理论（Implicit Leadership Theories，ILTs）是追随者拥有的关于领导者应该具有特质或行为的预期和信念，是个体用于区分领导者与非领导者的“内部标签”（卢会志，刘永芳，许科，2008）。简单地说，内隐领导理论是指被领导者“内心”关于领导者和领导行为的概念、看法、观点和信念体系。

（一）内隐领导理论的加工方式

1．识别基础的加工和推论基础的加工

当判断目标是否是领导时，我们会根据目标人物的行动、特质等特征是否与知觉者的内隐领导理论相匹配来判断。这种基于对目标人物的特征及在领导原型识别的基础上的加工就是识别基础的加工。洛德等的研究发现个体对目标领导的评价依赖于目标与个体原型的匹配，证明了识别基础的加工。内隐领导理论的另一种加工方式是，根据与个体或者情境相关的任何结果推断目标人物是否是领导，这就是推论基础的加工。

2．自动加工和控制加工

对领导的知觉可以通过自动加工，也可以通过控制加工。前者不需要意识参与，不会与其他认知任务相互作用，并且只要最小努力；后者则是需要意识参与的、有意的、会与其他认知任务发生相互作用的、需要努力的加工。

在领导知觉中，识别基础的加工—推论基础的加工与自动加工—控制加工的组合形成四种加工：（1）自动的、识别为基础的加工，即通过面对面的交往进行原型匹配的加工；（2）自动的、推论基础的加工，即知觉引导的，包含简化的原因分析的加工；（3）控制的、识别基础的加工，即利用社会性的交流信息进行原型匹配的加工；（4）控制的、推论基础的加工，即逻辑基础的，同时包含了复杂的原因分析。

（二）内隐领导理论的因素构成

关于内隐领导理论的因素构成，国内外学者进行了大量的探讨。在国外，奥夫曼等研究者（Offermann，Kennedy，Wirtz，1994）等人通过大量的问卷调查产生了 41 个领导特质的列表，因素分析将其聚合成领导特质的八个维度：敏感性、献身精神、专制、感召力、吸引力、男性气质、智力和力量。霍姆伯格和阿卡伯姆（Holmberg & Akerblom，2000）发现了瑞典人内隐领导理论的十二个结构主题，即表现、行动、有魅力、有预见性、诚实、谦逊、实用主义、团队建设、平等、共识、企业家观念和程序化，并提出了杰出领导者的六大主题，即行动、合作、平等、表达能力、热心和激励。

中国人的内隐领导理论研究起步较晚，研究成果相对较少。郑伯埙（1990）将美国俄亥俄州立大学的“督导行为描述问卷（SBDQ）”翻译成中文，对华人企业员工进行施测，因素分析的结果发现华人对领导行为的认知中除了原有的“体恤”及“结构”两因素外，可能尚存有一个“公正严明”的因素。凌文辁等发现中国人的内隐领导理论的内容由个人品德、目标有效性、人际能力和多面性四个因素构成（凌文辁，方俐洛，艾尔卡，1991）。卢会志（2008）使用因素分析得到了中国人内隐领导理论八个维度：品德、人际敏感性、工作感召力、工作内驱力、智力、吸引力、专制和男性化，这八个因素还可以聚合成正性原型特质与负性原型特质因素。

（三）内隐领导理论的作用

内隐领导理论在组织内部的潜在作用是突出的。首先，领导效力来自于追随者的认同，要求组织中的领导者要善于识别追随者的内隐领导理论类型并采取合适的领导方式，这是领导有效性的前提。其次，未来的研究需要探测内隐领导理论如何影响没有经验的新员工。例如强刺激环境（如军队）可能培养共同的理想化领导概念，而弱刺激情境中个体差异将更加显现。此外，自我确认理论认为，内隐领导理论涉及自我概念，有理由假定，组织通过塑造强组织文化模式可以引导员工的自我概念，从而改善追随者的内隐领导理论（卢会志，刘永芳，许科，2008）。

五、服务型领导理论

（一）服务型领导理论的概念

服务型领导（servant leadership）又译为公仆型领导，是指超越个人的利益，努力去满足追随者的生理、心理和情感的需求的领导活动。Greenleaf（1977）在《做一个像仆人的领导者》一书中提出了“服务型领导”概念，其理论灵感来自于《通往东方的旅程》（1956）一书，该书讲述一群人结队进行长途旅行的故事。团队中有一个叫作 Leo 的人，他负责照顾团队中的其他人，像仆人一样帮助他们做一些杂事，为团队成员带来舒适和方便，当 Leo 留在团队时，旅行进行得非常顺利，而当 Leo 离开团队时，这群人则陷入了混乱不堪的状况，最终不得不放弃旅行。Greenleaf 认为 Leo 是一个领导者，但是本质上是一个仆人和服务者，虽然 Leo 最初并没有成为领导者的动机，但是因为服务于他人，领导力被赋予到他的身上使其成为团队的真正领导者（杨廷钫，凌文辁，2008）。

（二）服务型领导理论的因素构成

Spears（1998）依据 Greenleaf 的著作提出服务型领导的十种特征：倾听、同理心、抚慰、警觉性、说服力、深谋远虑、远见、精神管家、对他人成长负责和建立社群，但 Spears 并没有把这些特征进行操作化（王碧英，高日光，2014）。Van Dierendonck 和 Nuijten（2011）编制了服务型领导量表，将其分为八个维度：授权、负责、背后支持、谦逊、真诚、勇气、体谅、管家精神。Dennis 和 Winston（2003）通过因素分析的方法，发现服务型领导可以从三个维度来进行测量，如表 13.3 所示。Sendjaya 等（2008）则提出了一个六维度的模型。我国学者从领导者尊重员工、关心员工、帮助员工发展、构思愿景、平易近人、甘于奉献、清正廉洁、开拓进取、指导员工工作、承担社会责任以及授权十一个维度来考察服务型领导风格（汪纯孝，凌茜，张秀娟，2009）。总的来说，服务型领导构成因素尚没有形成统一的看法。

表 13.3　服务型领导三维度结构

因　　素	项　　目
因素 1：授权	积极寻找每个人为团队做出贡献的方式
	重视团队中的每一个人
	当员工犯错误时，能够原谅，并帮助他们从错误中成长
	设置清晰且现实的目标
	提出他人能够接受、有助于问题解决的措施
	发挥每个人的优势来提高满意度
	认为每个人都要提高生产效率，并且做出表率
	乐意让员工挑战自己的观点
	不要求员工做自己不愿意做的事情
	乐意与他人分享自己的权力和权威
因素 2：服务	在服务他人时，不要求赞誉和回报
	能够从他所服务的下属身上进行学习
	在服务他人时，愿意做出个人牺牲
	寻求为他人服务，而不是被他人服务
	认为领导不仅是一个职位，更是一种责任
因素 3：愿景	受高层次驱动力的激励
	受超越个人利益和物质需要的价值观的驱动
	认为每个组织都需要更高层次的目标
	能够清晰阐述组织未来的方向和目标
	意识到组织的目标，以及组织能够为社会做出怎样的贡献
	通过自身的热情和自信来激励他人
	专注工作并训练有素
	通过榜样来进行领导

（来源：Dennis & Winston，2003）

（三）服务型领导的作用

服务型领导对组织与个体均有积极的作用。我国学者李超平和毛凯贤（2018）在对多年来服务型领导的综述性研究中总结发现，服务型领导在个体和组织两个层面上均发挥着积极作用。在个体层面上，服务型领导能够显著影响员工的满意度、创造力和工作投入，提升员工绩效和组织承诺，也能够促进组织公民行为、建言行为，并降低他们的离职倾向。在组织层面上，服务型领导可以营造服务型文化，有利于提升团队创新和绩效，也有利于提高组织绩效与顾客满意度（Liden，Wayne，Liao，Meuser，2014）。

六、诚信领导理论

在如今这个变动不居和充满挑战的时代，组织为了求生存、谋发展，其领导者的自信、乐观、满怀希望、富有意义感及韧性等特点就显得尤为重要。此外，近年来出现的一系列公司丑闻和管理渎职现象，也引发了人们对领导者道德问题的思考。鉴于此，组织行为学家 Luthans 和 Avolio（2003）以领导学、道德学、积极心理学及积极组织学等领域的相关研究为基础，提出了诚信领导（authentic leadership）理论。

资料 13-10

诚信领导是指一种把领导者的积极心理能力与高度发展的组织情境结合起来发挥作用的过程。诚信领导者对自己、对他人都是真诚的，他们自信、乐观、充满希望、富有韧性，具有高尚的品德，并且是未来导向的（詹延遵，凌文辁，方俐洛，2006）。

诚信领导理论由以下四个维度构成：（1）自我意识。自我意识是指对个体自己的个人特征、价值观、动机、情感及认知的意识和信赖。具体到诚信领导者而言，了解自我、忠于自我是他们的本质特征。另外，积极自我概念和高水平情绪智力对真实的自我意识也具有显著的预测效度。（2）无偏见加工。无偏见加工是指主体在对与自我相关的信息进行加工时，能够不否认、不歪曲自我知识、内部经验及外部评价信息。（3）诚信行为。诚信的行为成分是指个人是否以一种与其真我（true self）相一致的方式行事。诚信行事意味着个人的行为与其价值观、偏好和需要具有一致性，而不是仅仅为了取悦他人或通过虚假行为去达到趋利避害的目的。诚信领导者对自我表达行为与周边环境之间的适合性非常敏感，对自己的行为可能带来的影响也具有清醒的意识。领导者的他人导向型自我监控程度越低，越有可能表现出诚信行为。（4）诚信关系导向。诚信关系导向指重视并努力达到关系中的坦率、诚信，它是一个自我展现和发展相互亲密及信任关系的积极过程（Avolio & Gardner，2005）。

进入 21 世纪，领导理论变革的钟声已经敲响，这一变革的目标在于发现真正的领导者在哪里，如何赋予领导者社会发展的能力。如果我们多做一点深层的思考，就会惊奇地发现，在一些情境中，领导不仅是重要的，而且是有效的；在另一些情境中，领导却是无关紧要的，是没有什么效果甚至是有副作用的。因为，在现代社会，员工受教育的程度普遍提高，个人的能力和素质明显增强，他们对领导者的依赖程度明显下降，被领导者在许多方面替代了领导者，许多被领导者不仅能够参与重大决策，而且能够替代领导者直接去做许多具体的业务上的决策。另外，工作任务的常规化和程序化以及组织文化和规章制度的凝聚和约束作用，也会减少对领导者的依赖。总之，我们要突破传统理论的个体化取向，重视团队合作、共享领导，使领导更加科学化和艺术化，这将是我们在21世纪领导理论研究中的重点。

七、中国文化背景下的领导理论

大多数领导力研究都是在西方文化背景下进行的。直到近些年来，一些学者试图对不同文化背景下的领导力开展系统研究时，这种情况才有所改变。大多数研究者都认同领导效能受文化背景的限制。中国文化背景下的家长式领导和上文提到的CPM领导理论，都反映了东西方文化背景下领导行为的差异。

家长式领导以儒家价值观为基础，被定义为“把严格的纪律和权威与父亲般的仁慈相结合的一种风格”。在中国文化背景下，家长式领导是一种较为普遍的领导风格，并且在集体主义社会中也较为显著，如土耳其、马来西亚、巴基斯坦和印度等国家也普遍存在。

樊景立和郑伯壎（2000）认为，可以从三个维度对家长式领导进行描述：威权、仁慈和德行领导。

威权：领导的立威行为，会使下属表现出服从和畏惧。威权领导使员工服从。

仁慈：包括领导对下属一般福祉的关心，也会延伸到他们的家庭和个人生活；下属也会表现出感激，回报领导的关怀。仁慈领导使员工感激，并设法报答。

德行：领导者表现出“卓越的个人品德、自律，以及无私”的行为方式。领导的树德行为会使下属认可和接受该领导的价值观，从而对他们的工作产生影响。德行领导带来尊重和认可。

家长式领导是一种风格类型论，该理论中，领导者被描述为领导力的主要来源。但该理论缺少了执行力方面的因素，尤其是完成团体目标的执行力。并且，家长式领导效能是否被接受取决于国家和组织的文化价值观（如信念和认知）。在西方文化中，过于权力化反而会使一个领导无法成为领导者，因而限制了领导力的产生。所以，家长式领导也强调了环境作为其领导来源、认知作为其领导效能的影响机制。

本章小结

1．领导是指引和影响个人或组织，在一定条件下，实现某种目标的行动过程。实施指引和影响的人称为领导者，把接受指引和影响的人称为被领导者，一定的条件是指所处的环境因素。

2．领导者在领导活动中所表现出来的行为就是领导行为，领导行为的影响和作用称为领导功能。通常，领导的功能表现在计划功能、组织功能、人事功能、激励功能和控制功能五个方面。

3．领导者进行有效管理的前提是必须具备影响力。所谓影响力是指一个人在与他人交往中影响和改变他人心理与行为的能力。它包括权力性影响力和非权力性影响力两方面。

4．传统领导有效性理论可分为领导的特质理论、行为理论和权变理论。特质理论强调领导者自身要有一定数量的、独特的并且能与他人区别开来的品质与特征；行为理论强调领导者的行为方式或类型的重要性；权变理论以领导有效性权变模型、路径—目标理论、领导—参与模型和领导生命周期理论为代表，强调领导者、被领导者和情境条件三者的配合关系。

5．当代领导理论包括魅力型领导理论、变革型和交易型领导理论、领导替代理论、内隐领导理论、服务型领导理论、诚信领导理论等。

思考题

1．领导理论的发展大致经历了什么阶段？各自有何特点？

2．请比较交易型领导与变革型领导的区别。你认为哪一个更适合当今社会的需求？为什么？

3．詹姆斯·库泽斯、巴里·波斯纳说，“领导力就是带领其他人走到他们从未走过的地方的能力”，根据领导的功能，你怎么理解这句话？

4．假如你是职场新人，你更希望你的领导属于哪种特质类型？请说明原因。

5．举例说明领导特质理论、行为理论以及权变理论在现代组织管理中的应用。

案例讨论

“古板”的经理欧阳健

蓝天技术开发公司由于在一开始就瞄准成长的国际市场，在国内率先开发出某高技术产品，其销售额得到了超常规的增长，公司的发展速度十分惊人。然而，在竞争对手如林的今天，该公司和许多高科技公司一样，也面临着来自国内外大公司的激烈竞争。当公司经济上面临困境时，公司董事会聘请了一位新的常务经理欧阳健负责公司的全面工作，而原先的那个自由派风格的董事长仍然留任。欧阳健来自一家办事古板的老牌企业，他照章办事，十分古板，与蓝天技术开发公司的风格相去甚远。公司管理人员对他的态度是：看看这家伙能待多久！看来，一场潜在的“危机”迟早会爆发。第一次“危机”发生在常务经理欧阳健首次召开的高层管理会议上。会议定于上午9点开始，可有一个人姗姗来迟，直到9点半才进来。欧阳健厉声道：“我再重申一次，本公司所有的日常例会要准时开始，谁做不到，我就请他走人。从现在开始一切事情由我负责。你们应该忘掉老一套，从今以后，就是我和你们一起干了。”到下午4点，竟然有两名高层主管提出辞职。然而，此后蓝天公司发生了一系列重大变化。由于公司各部门没有明确的工作职责、目标和工作程序，欧阳健首先颁布了几项指令性规定，使已有的工作有章可循。他还三番五次地告诫公司副经理徐钢，公司一切重大事务向下传达之前必须先由他审批，他抱怨下面的研究、设计、生产和销售等部门之间互相扯皮，踢皮球，结果使蓝天公司一直没能形成统一的战略。欧阳健在详细审查了公司人员工资制度后，决定将全体高层主管的工资削减10%，一些高层主管向他辞职。研究部主任这样认为：“我不喜欢这里的一切，但我不想马上走，因为这里的工作对我来说太有挑战性了。”生产部经理也是个不满欧阳健做法的人，可他的一番话颇令人惊讶：“我不能说我很喜欢欧阳健，不过至少他给我那个部门设立的目标我能够达到。当我们圆满完成任务时，欧阳健是第一个表扬我们的人。”采购部经理牢骚满腹。他说：“欧阳健要我把原料成本削减 20%，他一方面拿着一根胡萝卜来引诱我，说假如我能做到的话就给我油水丰厚的奖励。另一方面则威胁说如果我做不到，他将另请高明。但干这个活简直就不可能，欧阳健这种‘大棒加胡萝卜’的做法是没有市场的。从现在起，我另谋出路。”但欧阳健对被人称为“爱哭的孩子”的销售部胡经理的态度则让人刮目相看。以前，销售部胡经理每天都到欧阳健的办公室去抱怨和指责其他部门。欧阳健对付他很有一套，让他在门外静等半小时，见了他对其抱怨也充耳不闻，而是一针见血地谈公司在销售上存在的问题。没过多久，大家惊奇地发现胡经理开始更多地跑基层而不是欧阳健的办公室了。随着时间的流逝，蓝天公司在欧阳健的领导下逐渐恢复了元气。欧阳健也渐渐地放松控制，开始让设计和研究部门放手去干事。然而，对生产和采购部门，他仍然勒紧缰绳。蓝天公司内再也听不到关于欧阳健去留的流言蜚语了。大家这样评价他：欧阳健不是那种对这里情况很了解的人，但他对各项业务的决策无懈可击，而且确实使我们走出了低谷，公司也开始走向辉煌。

（来源：领导理论案例[EB/OL].（2011-03-29）. http://wenku.baidu.com/view/dfaa7b3031126edb6f1a10a1.html. ）

讨论问题：

1．欧阳健进入蓝天公司时采取了何种领导方式？这种领导方式与留任的董事长的领导方式有何不同？这种方式有什么优缺点？

2．当蓝天公司各方面的工作走向正轨后，为适应新的形势，欧阳健的领导方式将做何改变？为什么？

3．有人认为，对下属人员采取敬而远之的态度对一个经理来说是最好的行为方式，所谓“亲密无间”会松懈纪律。你如何看待这种观点？你认为欧阳健属于这种领导吗？

参考文献

[1] 陈春花，苏涛，王杏珊．中国情境下变革型领导与绩效关系的 Meta 分析[J]．管理学报，2016，13（8）：1174-1183.

[2] 方兴东，张雪征．马云如何构建网络空间领导力[J]．中外管理，2014（11）：46-47.

[3] 樊景立，郑伯埙．华人组织的家长式领导：一项文化观点的分析[J]．本土心理学研究，2000（13）：126-180.

[4] 耿晓伟，郑全全．领导替代理论[J]．人类工效学，2007，13（3）：70-71.

[5] 郭俊杰．发展视角下领导与管理的关系研究[J]．学理论，2018（06）：85-86.

[6] 达夫特．领导学原理与实践[M]．杨斌，译．北京：机械工业出版社，2008.

[7] 李超平，时勘．变革型领导的结构与测量[J]．心理学报，2005，37（6）：803-811.

[8] 李超平，毛凯贤．服务型领导影响工作繁荣的动态双向机制[J]．心理科学进展，2018，26（10）：1734-1748.

[9] 李明，毛军权．领导力研究的理论评述[J]．上海行政学院学报，2015，16（6）：91-102．

[10] 凌茜，汪纯孝．饭店各级管理人员的公仆型领导风格对员工服务质量的影响[J]．旅游科学，2009，23（5）：29-38．

[11] 凌文辁，陈龙，王登．CPM 领导行为评价量表的建构[J]．心理学报，1987（2）：199-207．

[12] 凌文辁，方俐洛，艾尔卡．内隐领导理论的中国研究：与美国的研究进行比较[J]．心理学报，1991（3）：236-242．

[13] 卢存岳，宋寅．来自异国的同道：介绍三隅二不二先生和他的 PM 理论[J]．领导科学，1986（11）：14-16．

[14] 卢会志，刘永芳，许科．内隐领导理论：认知革命在领导研究领域的新拓展[J]．心理科学，2008，31（1）：242-244．

[15] 卢会志．内隐领导理论的认知结构与影响因素[D]．上海：华东师范大学，2008．

[16] 苗宏慧．变革型和交易型领导风格对员工创新绩效的影响[J]．社会科学战线，2019（12）：24．

[17] 汪纯孝，凌茜，张秀娟．我国企业公仆型领导量表的设计与检验[J]．南开管理评论，2009，12（3）：94-103．

[18] 王碧英，高日光．中国组织情境下公仆型领导有效性的追踪研究[J]．心理科学进展，2014，22（10）：1532-1542．

[19] 文晓立，陈春花．领导特质理论的第三次研究高峰[J]．学科建设，2014（35）：33-35．

[20] 徐联仓，陈龙，王登，等．心理学为提高企业素质服务[J]．心理学报，1985（4）：339-345．

[21] 杨廷钫，凌文辁．服务型领导理论综述[J]．科技管理研究，2008（3）：204-207．

[22] 俞文钊．管理心理学[M]．上海：东方出版中心，2002．

[23] 詹延遵，凌文辁，方俐洛．领导学研究的新发展：诚信领导理论[J]．心理科学进展，2006，14（5）：710-715．

[24] 郑伯埙．组织文化价值观的数量衡鉴[J]．中华心理学刊，1990，32（3）：31-49．

[25] ARGYRIS C, Schön D A. Organizational learning: Theory, method, and practice[M]. Reading MA: Addison-Wesley, 1996.

[26] AVOLIO B J, GARDNER W L. Authentic leadership development: Getting to the root of positive forms of leadership[J]. The Leadership Quarterly, 2005, 16(3): 315-338.

[27] AVOLIO B J, ZHU W, KOH W, et al. Transformational leadership and organizational commitment: Mediating role of psychological empowerment and moderating role of structural distance[J]. Journal of Organizational Behavior, 2004, 25(8): 951-968.

[28] BASS B M. Leadership and performance beyond expectations[M]. NY: Free Press, 1985.

[29] BASS B M, AVOLIO B J. Developing transformational leadership: 1992 and beyond[J].

Journal of European Industrial Training, 1990, 14(5): 21-27.

[30] BLAKE R, MOUTON J. The managerial grid[M]. Houston, TX: Gulf, 1964.

[31] BURNS J M. Leadership[M]. NY: Harper & Row, 1978.

[32] CHESTER I. Barnard, The functions of the executive[M]. Cambridge, MA: Harvard University Press, 1971.

[33] CONGER J A, KANUNGO R N. Toward a behavioral theory of charismatic leadership in organizational settings[J]. The Academy of Management Review, 1987, 12(4): 637-647.

[34] DENNIS R, WINSTON B E. A factor analysis of Page and Wong's servant leadership instrument[J]. Leadership & Organization Development Journal, 2003, 24(8): 455-459.

[35] FIEDLER F E. A theory of leadership effectiveness[M]. NY: McGraw-Hill, 1967.

[36] GREENLEAF R K. Servant-leadership: A journey into the nature of legitimate power and greatness[M]. Mahwah: Paulist Press, 1977.

[37] HOLMBERG I, AKERBLOM S. The production of outstanding leadership: An analysis of leadership images in the Swedish media[J]. Scandinavian Journal of Management, 2001, 17(1): 67-85.

[38] HOUSE R J. A 1977 theory of charismatic leadership[M]//HUNT J G, LARSON I L. Leadership: The Cutting Edge. Carbondale, IL: Southern Illinois University Press, 1977: 189-207.

[39] HOUSE R J, MITCHELL T R. Path-goal theory of leadership[M]. Washington Univ Seattle Dept of Psychology, 1975.

[40] JUDGE T A, PICCOLO R F. Transformational and transactional leadership: A meta-analytic test of their relative validity[J]. Journal of Applied Psychology, 2004, 89(5): 755-768.

[41] JUDGE T A, PICCOLO R F, KOSALKA T. The bright and dark sides of leader traits: A review and theoretical extension of the leader trait paradigm[J]. The Leadership Quarterly, 2009, 20(6): 855-875.

[42] KERR S, JERMIER J M. Substitutes for leadership: Their meaning and measurement[J]. Organizational Behavior and Human Performance, 1978, 22(3): 375-403.

[43] KITTIKUNCHOTIWUT P. Role of transformational leadership and transactional leadership on organization innovation[J]. Business & IT, 2019, 9(2): 2-17.

[44] KORMAN A K. "Consideration," "initiating structure," and organizational criteria-A review[J]. Personnel Psychology, 1966, 19(4): 349-361.

[45] LAN, CHANG, MA, et al. Influences of Transformational Leadership, Transactional Leadership, and Patriarchal Leadership on Job Satisfaction of Cram School Faculty Members[J]. Sustainability, 2019, 11(12): 3465.

[46] LIDEN R C, WAYNE S J, LIAO C, et al. Servant leadership and serving culture: Influence on individual and unit performance[J]. Academy of Management Journal, 2014, 57(5): 1434-1452.

[47] LUTHANS F, AVOLIO B J. Authentic leadership: A positive development approach[M]// CAMERON K S, DUTTON J E, QUINN R E. Positive organizational scholarship. San

Francisco: Barrett-Koehler, 2003.

[48] NG T W H. Transformational leadership and performance outcomes: Analyses of multiple mediation pathways[J]. The Leadership Quarterly, 2017, 28(3): 385-417.

[49] OFFERMANN L R, KENNEDY J K, WIRTZ P W. Implicit leadership theories: Content, structure, and generalizability[J]. The Leadership Quarterly, 1994, 5(1): 43-58.

[50] PAUL H, KENNETH H B. Life cycle theory of leadership training and development[J]. Training & Development Journal, 1969, 23(5): 26-34.

[51] PEARCE C L, CONGER J A. Shared leadership: Reframing the hows and whys of leadership[M]. Thousand Oaks, CA: Sage Publications, 2003.

[52] PLATOW M J, HASLAM S A, REICHER S D, et al. There is no leadership if no-one follows: Why leadership is necessarily a group process[J]. International Coaching Psychology Review, 2015, 10(1): 20-37.

[53] SENDJAYA S, SARROS J C, SANTORA J C. Defining and measuring servant leadership behaviour in organizations[J]. Journal of Management Studies, 2008, 45(2): 402-424.

[54] SPEARS L C. Insights on leadership: Service, stewardship, spirit, and servant-leadership[M]. New York: Wiley, 1998.

[55] STERNBERG R J. Implicit theories of intelligence, creativity, and wisdom[J]. Journal of Personality and Social Psychology, 1985, 49(3): 607-627.

[56] STOGDILL R M. Personal factors associated with leadership: A survey of the literature[J]. The Journal of Psychology: Interdisciplinary and Applied, 1948, 25(1): 35-71.

[57] STOGDILL R M. Handbook of leadership: A survey of theory and research[M]. New York: Free Press, 1974.

[58] TANNENBAUM R, MASSARIK F. Leadership: A Frame of reference[J]. Management Science, 1957, 4(1): 1-19.

[59] TERRY G R. Principles of management[M]. New York: SAGE, 1971.

[60] VROOM V H, JAGO A G. Decision making as a social process: Normative and descriptive models of leader behavior[J]. Decision Sciences, 1974,5(4): 743-769.

[61] VROOM V H, YETTON P W. Leadership and decision-making[M]. Pittsburgh, Pa.: University of Pittsburgh Press, 1973.

[62] ZACCARO S J, ELY K, SHUFFLER M. The leader's role in group learning[M]. Work Group Learning: Understanding, Improving and Assessing How Groups Learn in Organizations, 2012.

第十四章　领导行为及策略

学习目标

- 理解领导者授权的方法
- 了解树立威信的几种方法
- 掌握领导者处理人际关系的手段
- 掌握员工职业生涯管理的策略

引例：松下幸之助的伟大领导

在松下幸之助的经营管理中，很关键的一条是：不轻易解雇员工，不因企业经营的困境裁员。虽说企业的负担暂时加重，松下却认为能由此培养出热爱企业、和企业成为一体的员工，这种收获是些小损失所不能比拟的。

1929 年，美国的经济恐慌波及世界各地，日本也不例外。一时间，裁员、减薪、缩小经营规模，比比皆是，层出不穷。当时的松下公司刚刚在大阪福冈区设立了工厂不久，有了些规模气象。但在不景气的世界形势下，产品不断地制造出来了，却无法卖出去，仓库积压成堆。针对这种情况，干部们拟定了“生产减半，员工减半”的企划案，报请松下指示。当时的松下身体欠佳，却在病榻上毅然做出了决定：一个员工也不解雇。

松下的决策，虽然加重了公司的负担，却换来了员工的感动。虽说生产减半，员工们只上半天班，却没有一个员工休息。大家全力以赴推销库存产品，不到两个月就把仓库里堆积如山的产品销售得一干二净，工厂也恢复了全天的运转，企业的难关渡过了。经营者虽然不必是一个持轮回报应观念的人，但好的意愿和效果总会导致一些好的做法。松下尊重人的人道主义精神，就得到了应有的回报。

（来源：李汝良，2011）

第十三章我们介绍了领导有效性的理论，即关于什么东西决定领导效果的一些观点。实际上，无论有什么样的领导理论，也无论有多么好的领导者，如果不能将好的领导理念或领导特质及行为很好地落实到具体行动上的话，也很难达到理想的领导效果。好的领导理念或领导特质是通过领导者的一言一行、一举一动实现的。领导是需要讲究策略和方法的。本章将对领导过程几个重要环节上的策略和方法问题加以探讨。

第一节　领导者人力资源管理的行为及策略

一、领导者授权的策略与方法

（一）授权的概念

简单地说，授权就是领导者向下属下放权力和责任的一种管理方法。授权意味着作为下属的员工获得了他的领导者的授意，可以自主地完成特定任务，同时，这种授权对员工来说不仅是参与，还是承担相应的责任，即接受授权的下属表现为“权责并行”。领导授权具体表现为鼓励参与决策、共享信息以及提供帮助指导等行为（Liu，2015）。研究表明，成功的领导授权往往会带来更高的员工工作绩效，对员工的工作行为与工作态度均有正向影响，例如，促进员工的建言行为与组织公民行为，提高其工作满意感与组织承诺等（李朋波，孙雨晴，雷铭，2019；Liu，2015）。因此，掌握有效的授权技巧与艺术，是领导者必备的技能之一。

（二）授权的意义

对组织的领导者来说，有效授权的重要意义体现在以下几个方面：第一，授权将领导者从烦琐的杂务中解放出来，为领导者从事更重要的活动节省了宝贵时间。领导的本质就是通过与其他人的共同努力实现目标，而不是大包大揽，独立完成所有的工作。通常，领导者都承担着很多责任，有很多事情要做，而领导的精力又是有限的，必须将那些下属能做的事情委派给他们，明智地投入只有领导者才能胜任的活动中去，为群体和组织带来最大的利益。第二，授权使追随者得到了锻炼和成长的机会。下属的成长是领导者重要的责任之一，将重要的任务委派给下属是支持其成长的最好方法。通过授权能够使下属在接受控制和指导的实践中发挥主动性、创造性，从而获得解决问题、创新、管理和决策的技能。授权下的实践是经验积累的过程，也是接受培训的过程和机会。第三，授权使组织系统得到巩固。授权具有激励功能，它向下属传递了这样的信号：他们是被信任的，他们的成长是非常重要的。有技巧的授权在本质上能提高工作本身的意义和员工的满意度，进而使下属的工作做得更好。同时，一个组织通过完善的授权系统可以开发员工潜能，使整个组织的管理水平、能力及活力得到提升。

（三）授权中常见的错误

在现实的领导实践中，不少领导者回避授权，这可能是由于以下几种误解：一是认为授权太浪费时间。从短期看，领导者必须花费时间培训下属完成任务，但从长期看，授权能为领导者节约时间。二是认为授权有危险。授权使领导者对工作过程的控制减少，但责任并不减少，这似乎是将领导者自己的声誉押在了其他人的技能和绩效上。其实，衡量和评价领导者是以团队的绩效和成功为依据的，失败团队的领导者不可能得到好的评价。这就要求领导者在委派工作任务时，设置绩效期望和目标，确保任务被下属理解和接受，同时对任务的实施过程和责任状态进行适时适当的监控。三是认为下属不能胜任工作。通常领导者是组织中最有经验的人，很容易认为下属在技术能力上不如自己，授权会使工作受到损失。其实，即便如此，也没有什么可担心的。领导者应当允许下属在得到授权之初犯一些错误，这是他们成长必须付出的代价。对一个组织来说，领导者对错误的完美主义式的恐惧可能比错误本身更有害。在授权时，领导者不应该以自己的水平来评估下属，而应该用发展的心态对待下属。四是认为授权会降低领导者的威望。任务是权力和威望的源泉，将重要的任务交给下属会使领导者认为自己失去了一定的权力和威望。其实不然，当把重要的和关键性的任务授权给下属时，也增强了下属对领导者的信任和依赖。信任是相互的，只有领导者将重要的任务授权给下属，才能让下属相信领导者是真正信任自己的。另外，通过关键性授权，领导者有机会与下属一起讨论工作目标、任务难度以及实施方案的可行性等问题，避免在重要问题的决策上出现大的失误，这对领导者本身的成长和提高也是非常有利的。

【资料】

心理授权

授权的研究主要沿着两条路径进行：关系路径和动机路径。20 世纪 90 年代以前，学者们沿着关系路径研究组织中的授权现象，涉及的学科领域主要为管理学。所谓关系，是指个体对其他人在控制、影响或支配方面的相对关系。从关系路径研究授权，授权意味着权力的分享或转移，或是一方对另一方控制的减弱。可以说，关系路径是站在组织的层次或者管理者层次来研究授权的，研究者把授权看作企业的一系列管理措施，包括上级管理人员授予下属员工决策权力、为下属员工提供信息和资源、工作丰富化等，研究者假设这一系列措施将会导致组织期望的结果，而把授权的对象（员工）的心理状态当成一个黑箱或者抛开。

20 世纪 90 年代以后，学者们沿着动机路径研究组织中的授权现象，涉及的学科领域主要为心理学。从动机路径研究授权，授权意味着赋能，强调个人内在的心理状况。可以说，动机路径的研究者是站在微观层次或个体层次来研究授权，授权的核心内容就是创造条件来发展员工的自我效能感，从而增强其工作动机。

在认知评价授权模型的基础上，Spreizer 于 1992 年提出心理授权的概念，并总结出四个心理授权的维度：意义（meaning）、胜任力（competence）、自我决定（self-determination）和影响力（impact）。Spreizer（1992）还发展了授权指数的计算公式：心理授权=意义×个人控制（胜任力+自我决定+影响力）。

心理授权的研究者认为，授权干预及其工作丰富化的努力不一定导致积极的结果，必须考虑个体通过对任务进行评价的授权体验的中介作用。心理授权研究者宣称，是个体对授权措施的感知而不是措施本身决定了授权的程度。可以说，心理授权概念的提出大大丰富了组织授权的理论，也为管理实践提供了思路和方法。

（来源：刘云，石金涛，2010）

（四）授权的策略与方法

那么，是不是授权越多越好？是不是什么样的授权都好呢？当然不是。授权是一门艺术，需要讲究策略与方法。一般地说，领导者在实施授权时应注意做好以下几个环节。

（1）决定授权的内容。在授权之前，领导者应该对自己目前所承担的或将要承担的所有任务心中有数，评估这些任务所需要花费的时间及其重要和紧迫程度，删除不必要的和益处较小的活动，然后根据情况确定需要授权的活动和任务。

（2）决定授权对象。将合适的工作任务交给适合完成该项工作的下属去做，这是领导授权的一般原则。但是，在具体授权时要注意各个下属或下级群体之间任务和发展机会的平衡性，既不能使工作最出色的部分员工负担过重，即所谓的“鞭打快牛”，也不能使工作胜任力不强的部分员工得不到授权，失去成长和锻炼的机会，造成所谓的“会哭的孩子有奶吃”，领导者要兼顾不同下属的能力、发展与需要来合理确定授权对象。

（3）任务清晰具体。领导者授权时必须确保下属理解任务的内容和具体要求。常见的沟通错误是信息的发出者会高估自己表达的清晰度，领导者在对特定任务进行表达和描述时也常常会如此。一项任务的实施步骤和潜在陷阱对领导者来说可能是显而易见的，但对下属来说可能并不清楚。因此，授权时领导者要欢迎下属提问题，并对任务和问题做出详细和耐心的说明和解释，必要时还要对关键的注意事项做出书面说明。

（4）指明目标而不是确定程序。领导者在授权时主要是告诉下属要完成什么而不是如何完成。不应该认为自己的方法是最好的，要允许下属使用其他的方法，并鼓励下属提出新观点和进行改革与创新。

（5）对绩效进行监控。有效的授权既不是对下属所做的一切进行事无巨细的管理，也不是对下属放任自流。领导在授予下属一定的工作自主权的同时，还要进行必要的指导与监控，包括在下属遇到难题时的“援助”和下属犯了错误时的纠错、谅解与鼓励。惩罚会挫伤下属创造和革新的动机与热情，尽量不要采用。同时，领导者需要建立具体的程序以便定期评价下属的绩效，提醒和督促下属按照规定的时间和目标要求完成任务。

（6）多赞许，少责备。领导者在把任务交代给下属的同时，也必须将相应的权威一并给予下属，但必须保留对所授权任务需要承担的全部责任和义务，一旦出了问题，领导者应当承担全部的责任，不能推诿。在对下属的绩效提供反馈时，多强调下属做得正确的一面，绩效评价的方法常用所谓的“三明治”法，即“正面评价—负面提醒—正面评价”，至少让下属感到正面与负面的比例平衡，这对于激励下属继续更好地完成被授权的任务是必要的。

资料 14-1

二、领导者树立威信的策略与方法

（一）领导者的威信的概念

领导者的威信是指领导者在下属的心理上所受到的肯定、尊敬和信任程度，是下属对领导者的主观评价。威信反映了领导者和下属的心理距离，威信越高，与下属的心理距离越短，反之亦然。威信决定着领导者的影响力和执行力，威信高的领导者能对下属产生强烈的吸引力和感召力，下属更加自愿地服从领导，自觉地按照领导的要求行事。现代管理心理学的研究表明，借助于工资、奖金等激励措施，只能调动员工积极性的60%，其余的40%主要依靠领导者的威信来调动（谭亚莉，2000）。因此，领导者的威信高低是领导有效性和领导者成败的关键因素之一。

（二）领导者威信的构成

领导者的威信主要由政治威信、道德威信和职业威信三部分组成。（1）领导者的政治威信体现在下属对领导者的政治立场、政治信念和政策水平的信任，这要求领导者具有较高的政治素养和远见卓识，具有较强的政治洞察力和政策敏锐性，在组织面临重大的政策变化和困难时能够立场坚定、明辨是非，为组织和下属确立正确的目标并指明前进方向，并能够给下属以信心和勇气，带领下属共渡难关。（2）道德威信是下属对领导者的道德观念、道德修养和道德行为的认可和接受程度。这要求领导者一方面对自己要有严格的道德约束尺度，清正廉洁，洁身自爱，品德高尚，生活作风严谨、正派；另一方面要求领导者在工作上处事公平、公正，以自己高尚的人格魅力感染下属、影响下属和激励下属，发挥道德示范作用。（3）职业威信是下属对领导者的专业知识、专业技能和领导才能的肯定和信任程度。这要求领导者不但要掌握某一领域的专业知识和技能，而且在处理重大问题和做出重大决策时，能够积极征求和采纳有关方面专家的意见，博采众长，兼收并蓄。虚怀若谷是领导者职业素养的必然要求，也是领导者职业威信的具体体现。实践证明，领导者威信是领导行为有效性坚强的支柱。

（三）领导者的威信感

领导者的威信感是领导者本人对自己威信的主观感受。威信感有真假之分，真实威信感是符合客观实际的威信感，即领导者对自己威信的主观感受与下属对领导者的评价相一致；虚假威信是不符合客观实际的威信感，即领导者的自我感受与下属的评价相悖。领导者的虚假威信主要有以下几种形式：（1）压服威信。用权力压服下属，员工强烈不满，但敢怒不敢言，领导者反而感到自己很有威信。（2）夸夸其谈威信。对下属空洞说教，言之无物，员工表面认可，背后指责，领导者自我感觉良好。（3）妄自尊大威信。领导者自高自大，盛气凌人，员工表面上忠诚，背后唾骂，领导者觉得自己有威信。（4）收买威信。利用自己的职位权力收买人心、送人情、拉关系、搞帮派，以换取员工的支持，这种交易式的收买具有短期的效果，却得不到员工的长期认可。（5）距离威信。领导者有意与员工保持距离以抬高自己的身份、地位，领导者高高在上或自视清高，不愿接近员工，难以和员工形成有效的沟通和情感交流，这样的威信也是虚假的，最终也难以得到员工的认可、理解和支持。

（四）领导者树立威信的策略与方法

领导者的威信归根到底是由其领导素养决定的，但领导者树立正确的威信观，采取适当的策略和方法，也有助于其威信的形成与树立。我国学者张树岭（2012）认为，领导者树立威信应该做到以下几点：（1）尊重下属；（2）以身作则；（3）宽容他人；（4）善于兼听；（5）知人善任；（6）勇担责任。我国管理心理学家俞文钊（2004）认为，领导者与员工之间的水平距是指领导者在知识、才能、决策、意志等方面高于员工的程度，感情距是指领导者在情感

资料 14-2

上与员工的融洽程度，二者与领导者威信之间的关系是

$$领导者的威信=\frac{领导者与员工之间的水平距}{领导者与员工之间的感情距}$$

也就是说，领导者的威信与水平距成正比，而与感情距成反比。两种距离交互作用就形成了图 14.1 所示的领导者的四种威信状况。

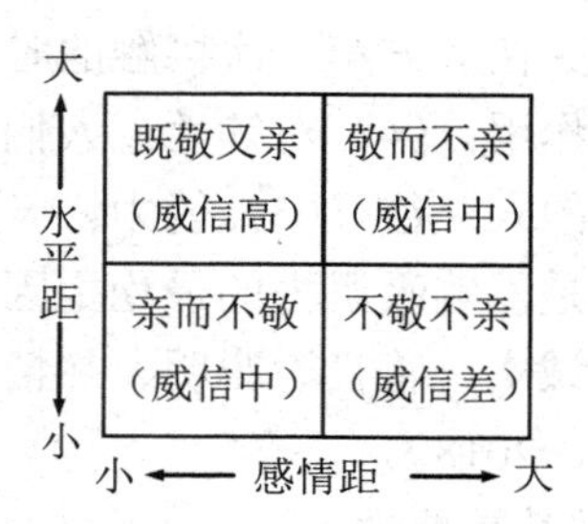

图 14.1　水平距和感情距交互作用形成的四种威信

由此看来，领导者与员工水平距的最大化和感情距的最小化是获得较高威信的关键所在。那些不学无术而又官气十足的领导者难以在员工心目中树立威信。

三、领导者处理人际关系的策略与方法

（一）领导者人际关系概述

1．人际关系的含义、特点及影响因素

人际关系是人们在共同的社会活动过程中彼此之间心理上的距离与联系，是社会交往的结果。它既包括心理关系，也包括行为关系。不同的人际关系会引起不同的情感体验。人与人之间如果能够满足对方的社会需求，则能够形成与保持接近的心理关系，表现为相互友好、相互喜爱的情感，双方就会感到心情舒畅，心理距离就会越来越近；反之，就双方关系就会疏远或紧张。

相对于其他关系而言，人际关系有其自身的特点。首先，社会性是人际关系的根本特征，是把人类群体关系同动物群体关系区别开来的特征。人是社会的人，一个人的生存和发展离不开与别人的交往和联系。人除物质、经济的需求以外，还有社会的、心理的需求，这些需求是通过人际交往来满足和实现的。社会性的另一个表现是人们在交往过程中必须遵循一定的社会规范，包括一定社会历史条件下形成的法律规范和道德规范。离开或违背了这些规范，难以形成良好的人际关系。其次，人际关系具有情感性特征。人是富有感情的动物，人们之间的交往是带有感情色彩的，感情因素维系着人际互动，同时人际交往的目的之一就是满足人们的情感需求。感情是人与人交往的基础，是亲密人际关系建立的基本条件。最后，人际关系具有复杂性。在人们的交往过程中，各种关系交织在一起，错综复杂。心理的、行为的、感情的、利益的以及政治、经济、伦理等各种因素共同制约和影响着人际关系。

人际关系的亲近与疏远表现为人们彼此之间吸引力的大小。影响人际吸引的因素主要有：（1）临近性和熟悉性。俗话说："近水楼台先得月，向阳花木易逢春。"一般情况下，

交往频率越高，相互之间越熟悉，就越有可能彼此吸引。地理位置上临近，相互接触机会就多，也就更容易了解对方。（2）相似性与互补性。在社会交往中，人们对于那些与自己具有某些相似特征，特别是在年龄、职业、社会地位、文化水平、经历以及价值、态度等方面与自己相似的人，容易产生好感。互补性是指当一方具有的品质正好是另一方所不具备的时候，前者对后者就会有吸引力。（3）外貌。个人的长相、衣着打扮、姿态等都会对彼此的吸引力产生一定影响，尤其在双方第一次接触的时候，由于第一印象的作用，人的外表对双方关系的发展具有重要作用。（4）对等性。人们总是希望自己被他人所接受，因此更乐意与喜欢自己、欣赏自己的人交往。（5）能力。一般情况下，能力越强的人越受人欢迎。（6）人格品质。人格品质是影响吸引力的最稳定因素，也是个体吸引力最重要的因素之一。一般来说，人们对具有诚实、善良、聪明、热情等积极的个性品质的个体会更加喜欢（佐斌，高倩，2008；周立，2018）。

2．领导者的人际行为模式及其重要性

领导者的人际行为模式是影响领导有效性和领导者影响力的重要因素之一。领导者处理人际关系的不同方式会引起员工不同的感受和反应，从而影响领导效果，如表 14.1 所示。

表 14.1　领导者八种人际行为模式及其不同后果

领导行为模式	下属的反应
管理、指挥、劝告、教育	尊重和服从
关心、帮助、支持	信任和接受
合作、同意、友好	协助和温和
尊敬、信任、赞扬、请求帮助	劝导和帮助
害羞、礼貌、服从	骄傲或控制
反抗、疲倦、怀疑	惩罚或拒绝
攻击、惩罚、不友好	敌对和反抗
激烈、拒绝、夸大、炫耀	不信任或自卑

（来源：时蓉华，1986）

显而易见，领导者的人际关系比一般的人际关系更为复杂。领导者以放射型的方式同上级、同事、下级和其他群体发生着全方位的人际交往。每一位领导者都时刻面临着如何处理好这些关系的问题。无论哪方面的关系不协调，都很难顺利开展工作。即使领导者与下属关系融洽，领导者群体也很团结，但如果与上级关系不好，仍将一事无成，最终可能被调离或者被降职；如果领导者与上级、下级的关系很好，但领导者群体内部不团结，人际关系不融洽，工作中不能劲儿往一处使，形不成有效的合力，也难以把工作做好；如果领导者与下属关系不好，领导者的意图不能很好地被下级贯彻落实，难以有效地调动下属的工作热情与积极性，不仅难以完成工作任务，还会导致下属的抵制、对抗情绪和行为，久而久之，就会使组织处于相当被动和不利的局面。

（二）领导者处理与上级关系的策略与方法

对于处在组织中特定职位的领导者来说，上级就是比自己拥有更多权力和权威的人。领导者处理好与上级的关系无论对组织发展，还是对领导者个人的发展，都是非常重要的。

从组织发展的角度看，良好的上下级关系，共同的价值观、态度和方法，可以减少矛盾和冲突，相互提供更多的支持，这有利于工作的顺利开展和目标的如期实现。从领导者个人发展的角度来看，拥有良好的上下级关系，有利于得到上级更多的提携，在决策中拥有更多的发言权，并获得一些重要的工作任务，在职业生涯上得到支持。相反，如果与上级的关系不好，不仅难以得到有效的支持，甚至难以得到公正的评价，当然也不会有好的前途。

在处理与上级的关系时，很多领导者往往有一些误解，认为自己与上级的关系纯粹是运气决定的，自己处于被动地位，是否被上级喜欢和器重不是由自己决定的。其实不然，上下级关系的质量并非完全取决于上级，下属应学会采取积极的步骤来加强与上级的联系。实际上，不管个人处于组织的何种职位，都有可能帮助上级取得成功。领导者处理与上级的关系主要应该注意以下两个方面。

（1）理解上级的目标和意图。首先，在了解了上级的价值观、偏好和个性的基础上，弄清楚上级做事情的真正目标和意图，这有助于下级更好地贯彻执行上级的指示，增强双方的关系。其次，下级也要意识到，上级不是超人，他们也有弱点，在贯彻执行上级目标和意图过程中，方法上要有创意和创新，弥补上级的弱点和不足，这不仅可以得到上级的赞赏，更重要的是有助于提高和改善组织绩效。最后，设法使上级更多地了解自己，多征求上级的意见和建议，强化上下级关系。很少有上级不喜欢倾听下级汇报、了解下级工作情况和对下级提出意见和建议的。

（2）主动适应上级的领导风格。领导风格是一种客观存在。上级与下级在工作中互相间的风格，适则两利，悖则两伤（李光炎，2010）。下级领导者应当牢记，适应上级的领导风格是自己的责任。不同的领导者有不同的领导风格。例如，有的领导者雷厉风行，有的领导者做事缜密；有的领导者只管结果不问过程，而有的领导者事无巨细都要过问；有的领导者喜欢听下级的口头汇报，有的领导者则喜欢书面汇报和下达书面指示等。因此，作为下级需要灵活地适应上级的决策风格、问题解决策略、沟通方式和互动策略等。此外，有些领导者会主动地讲清楚他们对下级的角色要求，但大多数领导者不愿意或讲不清楚对下属的角色要求，他们期望下属能够明白自己应该做什么、怎么做。下级可以主动地列出自己的主要工作职责，然后与上级进行沟通和交流，征求上级领导的意见和建议，这样也可以加强与上级领导的关系。

（三）领导者处理与下属关系的策略与方法

1．领导者与下属关系的重要性

领导者与下属的关系既是决定领导者影响力的前提条件，也是影响领导行为有效性的重要因素。领导决策的成功取决于与下属之间的关系。具有合作目标和权利的管理者依赖合作，有效影响员工，并对员工的工作和承诺做出贡献。领导就是领导者与下属不断产生互动的过程，领导者最重要的职能就是激励下属完成目标和提高下属的工作满意度。能否做到这一点，取决于领导者与下属互动的效果，即互动所导致的领导者与下属的人际关系。成功的领导者总是能够把各方面的专门人才团结在自己周围，让他们心情舒畅地工作，以集体的力量来建功立业。美国钢铁大王卡内基的墓志铭上写着这样一句话："这里长眠着一位善于同高于自己的人一道工作的强人。"这句话一言道破了领导者与下属关系的重要性。

2．领导者处理与下属关系的原则

在处理与下属的关系时，领导者应遵循以下原则：（1）以身作则。要求下属做到的事情领导者首先要做到，甚至做得更好，以起到示范作用。（2）尊重下属人格。尽管在组织关系中领导者与下属有上下级之分，但在人格上是平等的主体关系，下属的人格地位是独立的，领导者应予以足够的尊重。（3）相互利益。领导者主动关心下属的利益，并尽可能满足下属的需要，使下属产生敬重和服从感。（4）积极激励。领导者要不断地开放和持续地激励下属的工作积极性，做到持之以恒。（5）沟通授权。领导者要通过沟通网络，经常与下属进行交流，增加彼此的了解，还要及时有效地进行授权，营造互助与合作的氛围。（6）民主参与。领导者要尽量扩大下属民主参与的机会，用“权力平衡”来代替“简单的命令服从”，增强下属的责任意识、主动意识以及对领导者的信任和依赖。

3．领导者缩短与下属心理距离的策略与方法

我国管理心理学家俞文钊（2002）认为，领导者要想缩短与下属的心理距离，融洽与下属的人际关系，需要做到以下几点。

（1）深入了解下属的行为动机。从理论上讲，每一个工作群体都有一个共同的目标，全体员工都应该有共同的认识，但事实上，由于每个人的人生观和价值观不同、经历和教育程度不同、所处的社会地位不同以及考虑问题的角度和重点不同，下属的想法和领导者的想法不可能完全一致，认识和动机也是千差万别。因此，领导者要深入了解下属的不同想法，只有这样，才能有助于双方达成共识，最终实现个人目标与组织目标的统一。

（2）重视下属的尊重需要。每一个人都有自尊的需要，领导者对待下属要特别注意方式方法，不能使他们失去面子。实际上，下属为了维护领导的面子，总是千方百计地去满足领导者和同事的要求，如果领导者不考虑下属的面子，就容易使下属格外伤心，从而丧失前进的勇气，有的甚至会自暴自弃或反目成仇。因此，不伤害并千方百计地保护下属的自尊心，是领导者处理与下属关系的第一要务。

（3）正确对待下属的过失行为。当下属有过失行为时，领导者既要留有情面，又要不失时机地予以处理，做到仁至义尽和赏罚分明并重。具体而言，应注意以下几点：① 不当众责骂下属。② 与下属谈话时，不带蔑视的口气和情绪。③ 不扩大下属的错误和过失，不上纲上线。④ 以平等的态度对待下属。⑤ 尽可能体谅和容忍下属的过失，给下属创造改正错误的机会。

资料 14-3

对于有过错的下属，领导者如果处理得当，会使下属和自己的关系更加亲近，否则会使下属疏远自己，甚至离心离德，有的会成为领导者的对立面，带来不利的影响。

第二节　领导者人力资源开发的策略与方法

人力资源开发（HRD）正在逐步取代人力资源管理（HRM）而成为组织管理实践的重心。其所以如此，一方面是因为在崇尚人性化管理的今天，人在组织中的成长和发展越来越受到重视，逐渐成为企业人力资源管理要实现的目标之一。人力资源开发是实现这个目标的重要途径。另一方面是因为，在不断变化的竞争环境中，企业的发展或组织目标的实

现需要不断提升员工的知识、技能水平，更新员工的观念，塑造员工的态度。越来越多的企业认识到，与其不断地招聘和引进新员工，不如就地开发和挖掘现有员工的潜能和价值，而要做到这一点，仅依靠过去的人力资源管理手段，如岗位分析、招聘、培训、考评、薪酬等是远远不够的。下面我们从几个方面分析组织人力资源开发的策略与方法。

一、员工职业生涯管理的策略与方法

（一）组织职业生涯管理的概念和意义

组织职业生涯管理（Organizational Career Management，OCM）指的是由组织实施的一系列“对个体的职业发展产生有利影响”的管理活动，包含培训活动、指导评价、职业建议等，旨在开发员工潜力，帮助员工探索和实现个人职业目标，满足员工自我实现的需要（翁清雄，卞泽娟，2015；Kong，Okumus & Bu，2019）。许多企业，如 IBM、Xerox、Hewlett-Packet、Disney 等都相继在企业中实施了组织职业生涯管理，而且取得了比较理想的效果，成为许多企业纷纷仿效的榜样。

组织职业生涯管理对组织和个人的发展都具有十分重要的意义。从组织的角度看，首先，职业生涯管理是企业人力资源合理配置的首要问题。人力资源是一种增量资源，特别是随着知识经济时代的到来，知识已成为企业获取竞争优势的重要资本，而掌握和创造这些知识的是“人”，因此企业更应注重人的智慧、技艺、能力的提高与全面发展。其次，职业生涯管理具有长效的激励功能，虽然其成效不如薪酬那么及时，但它能充分调动人的内在积极性且作用比较持久，可以留住员工的心，使员工具备持续发展的潜力。从个人的角度看，首先，组织职业生涯管理为员工更好地认识自己提供了机会。职业计划和职业管理既能使员工了解自身的长处和短处，养成对环境和工作目标进行分析的习惯，又可以使员工合理计划、分配时间和精力完成任务、提高技能，从而在不断认识自我的过程中增加自身的竞争力。其次，它有利于员工过好职业生活，实现职业目标。职业生涯管理可以帮助员工从更高的角度看待工作中的各种问题，将各分离的事件联系起来，从而使职业生活更加充实和富有成效。它还有助于员工平衡职业生活同个人追求、家庭目标等之间的关系，避免陷入顾此失彼的困境。最后，职业生涯管理能满足个人的归属需要、尊重需要和自我实现需要，使个体实现自我价值的可能性不断提升和超越。工作的最初目的可能仅仅是找一份养家糊口的差事，进而追求的可能是财富、地位和名望。职业生涯管理可以帮助员工实现职业目标的不断提升，使工作目的超越财富和地位，追求更高层次的自我价值实现。

（二）组织职业生涯管理的原则和步骤

1．组织职业生涯管理的原则

（1）可行性原则：规划设计要以员工自己的实际情况和组织现实为依据，设计的方案要可行，一切主观虚构的美好幻想和不着边际的梦想都是没有意义的。

（2）适时性原则：规划是预测未来的行动，在确定职业目标时，要有时间上和时序上的妥善安排，对行动的实施和完成时间要有具体的描述，以作为检查行为的依据。

（3）适应性原则：设计未来的职业生涯目标，涉及诸多方面的可变因素，因此规划要有适度的弹性，以增加其适应性。

（4）持续性原则：职业生涯规划的每一个阶段要连贯衔接、循序渐进，不可跨越或跳跃。

2．员工的职业生涯管理的步骤

（1）综合评估与职业定位：通过对员工特点及环境的综合分析，对其能力、兴趣、潜力、职业生涯需求及追求目标做出评估，帮助员工选择和设计他们的职业道路。其内容主要包括对员工的职业价值观、职业能力、职业锚以及职业发展潜能进行评估，常用的方法有职业倾向测验、能力测验等。它能使员工在职业生涯规划中充分考虑个人责任，检查过去的职业选择效果，鼓舞员工尝试新的工作，挑战更加艰巨的任务。在这个过程中，员工深刻的自我剖析也是非常重要的。

（2）职业生涯发展机会评估：首先要对员工所处的社会环境、行业环境、组织环境以及目前职业状况进行分析，在此基础上，评估各种环境因素对其职业发展的影响，根据员工的兴趣、爱好与特长，结合其性格、气质与能力等特征，对其职业发展的各种机会进行评估。SWOT 分析技术是广泛使用的评估工具，即通过员工自身因素与社会因素的比较，寻找优势、劣势、机会与威胁。

（3）职业生涯目标设定：在对员工的综合素质和发展机会充分认知的基础上，对其职业生涯的短期目标、中期目标和长期目标进行规划。目标设定一般要遵循以下原则：① 目标的明确性，即要明确描述个人在完成每一目标时的行动方案；② 目标的可测量性，目标要有定量的数据指标，便于检查；③ 目标的时限性，要设定目标的特定完成时间；④ 目标的可实现性，目标要是通过一定努力可以实现的。

（4）制订职业生涯规划实施方案：在帮助员工制订好职业生涯目标之后，还要制订切实可行的实施方案，督促员工严格按照计划行事，保证方案最大限度得到贯彻执行，当然也包括为员工提供条件、打通路径、扫除障碍等配套组织措施。

（5）职业生涯规划调整：员工在实施职业生涯方案时，可能会遇到这样那样的困难或挫折，所以需要经常地给予帮助和支持，最重要的是帮助他们掌握应付困难和挫折的策略和方法，如自觉地总结经验和教训、评估规划和调整认知、纠正目标偏差和修改行动路线、变更策略计划等。具体而言，可以采用以下几种策略：① 经常回顾自己的构想和行动规划；② 如果理想蓝图发生变化，行动规划要及时做出适当调整；③ 常与朋友和领导讨论构想和行动方案；④ 抓住组织提供的可能机会；⑤ 每三个月检查工作进度；⑥ 学会拒绝应酬，增加精力投入等。

（三）员工职业生涯管理的策略与方法

格特瑞杰（Thomas G. Gutteridge）等概括了西方组织职业生涯管理的方法，具体包括：给个人提供自我评估的工具和机会；进行个别职业发展咨询；发布内部劳动力市场信息；设置潜能评价中心；实施培训、发展项目等（Gutteridge，Leibowitz，Shore，1993）。

领导者在员工职业生涯开发、规划和发展过程中发挥着重要的指导作用。一方面要对员工的需要和发展能力做出总体判断，另一方面还要组织各项管理制度和人事制度的制定，提出未来组织人力资源发展的战略规划。一般情况下，组织最高领导者较少，也不应该参与个体员工职业生涯的指导，通常只应该处理有潜能的员工和组织高层员工的职业生涯发展问题。但是，人力资源管理者和员工的直接上级在员工职业生涯管理上扮演着重要的角色，其作用主要体现在：（1）对员工职业潜能定位；（2）通过不同工作任务分派来促使员工发挥自身潜能；（3）根据对员工的评估对其职业生涯提供指导，充当顾问角色；（4）利用权力促进员工在组织内的职业发展和晋升。可以说，每一个组织领导者都从不同层次和侧面影响着员工职业生涯规划和发展，组织应建立员工职业生涯管理的工作体系，以更好地促进组织和员工的共同发展。

资料 14-4

二、员工培训的策略与方法

（一）员工培训的含义及功能

员工培训是为了实现组织目标而进行的提高员工知识、技能和能力的过程。狭义的培训是针对特定岗位的知识和技能培训；广义的培训还包括能力开发、观念更新等范畴，强调获得对目前和将来具有适应性的能力或观念，侧重于综合能力的培养和开发。

组织的领导者们越来越深刻地认识到了员工培训的重要性。许多组织把它列为人力资源开发战略的首要任务。特别是当组织进行重构和发生战略转变时，培训就显得更加重要。员工要适应变化的形势就必须通过接受培训来更新知识、技能和观念。同样地，管理者也需要参加培训以增强他们的决策能力、指挥能力和领导水平。培训不仅可以带来生产率的提高，还能够形成新的生产力，同时好的培训有助于增强组织凝聚力和向心力，增强组织的竞争力。

（二）培训的种类或形式

从培训的内容来看，目前培训的内容十分广泛，几乎涉及组织和员工个人的各个方面，如新员工适应、管理绩效评估、计算机操作、团队建设、领导才能、性骚扰应对、新设备操作、人才选拔过程以及对培训者的培训等。

从培训的方式上看，可分为组织内部培训和外部培训两种形式。内部培训有：（1）岗位技能培训。即针对员工特定工作岗位的操作技能培训，这种培训节省了派出员工接受培训的费用开支，但如果培训者素质不过硬或培训条件不具备的话，常常达不到预期效果，容易在后期的工作中产生较高成本（如顾客流失和设备损坏），同时这种培训通常不具有激励员工的功能，因为员工一般不把这种培训理解为一种福利或发展机会。（2）技术培训。通常是针对更新的通用技术（如新的技术设备、新开发的管理软件、新的绩效考核方法等）的使用问题，在组织内部抽出专门时间，将需要培训的员工集中起来，由专门人员进行培训。（3）非正式培训。这种培训是通过内部员工之间的互相影响和反馈实现的，即员工通过观察、模仿或向其他员工请教等非正式途径来获得技能、观念、态度，以适应工作。外部培训是在内部培训资源不足的情况下组织所采取的培训方式。通常有：（1）依靠产品供应商培训；（2）依靠社会专门培训机构培训。许多企业利用供应商来培训自己的员工，如软件供应商举行用户会议、计算机供应商为商户提供技术资格证书培训等，这种培训对组织来讲花费较低。有时，组织根据需要派员工到社会上的专门培训机构和高等院校接受培训，如会计师资格证培训、审计师资格证培训、MBA 学历培训等。资格证培训和学历培训是组织选拔、培养和激励员工的有效方式，有利于培养组织核心员工，增加员工对组织的忠诚感，起到稳定和留住优秀人才的作用。

（三）员工培训的策略与方法

实践证明，领导者是否重视和积极参与员工培训直接关系培训的效果，并间接地影响组织的绩效和发展。有远见的领导者都能够将员工培训作为人力资源开发的首选途径来看待，从来不会因为吝惜培训成本而忽视或放弃培训。无数成功领导者的经验表明，在员工培训问题上，领导者应该也能够做到以下几点：（1）领导者要有学习型组织的观念，教育和引导员工积极参与培训，鼓励员工不断提高自身能力水平，更新观念，追求自我成长和发展；（2）领导者要指导人力资源管理部门建立员工内训和外训管理体制和实施计划，做到规范化、制度化和系统化；（3）领导者要成为积极参与培训的表率，起到示范带头作用；（4）领导者要把员工培训与对员工的绩效考核、晋升等结合起来。

资料 14-5

三、员工“工作—家庭”平衡的策略与方法

（一）员工的工作—家庭冲突

工作和家庭对个体来说是最主要的两大活动领域。工作—家庭冲突（Work-Family Conflict，WFC）是工作和家庭交互影响的结果，其对个体和组织而言都是重大的挑战（王桃林，龙立荣，张军伟，张勇，2019）。任何一个员工在生活中都必然会遇到工作与家庭的矛盾或冲突问题，如何在二者之间取得平衡，化解二者之间的冲突和矛盾，是员工面临的难题之一。而这个难题解决得如何直接影响员工的工作态度、工作表现、绩效水平和职业前景，进而影响组织的发展，所以员工的工作—家庭平衡问题也是组织人力资源开发面临的重要课题之一。

实际上，除了工作和家庭外，员工还有自己的个人生活空间和自我发展问题。图 14.2 给出了员工生活的三个区域及其相互之间的冲突模型。每一个员工都需要将一部分时间和精力投入自我发展区（A 区），如自己的业余爱好、社团生活、友谊等，也需要将一部分时间和精力投入工作区（B 区），还需要把一部分时间投入家庭生活区（C 区）。这三者之间并非相互独立、互不影响的，而是经常会相互挤占对方的空间，产生冲突与矛盾。

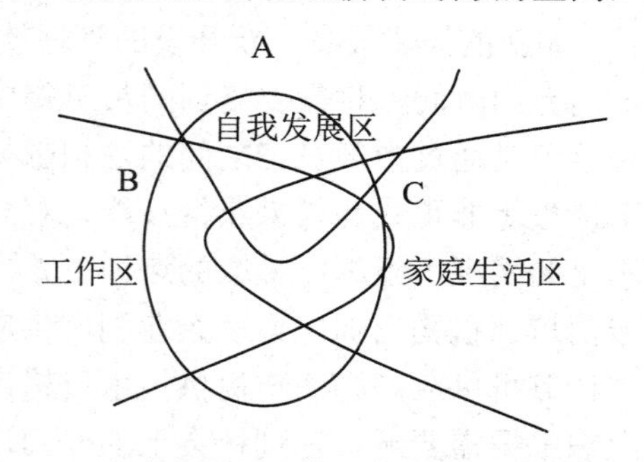

图 14.2　自我发展、工作和家庭之间的冲突模型

员工的工作—家庭冲突主要表现在以下几个方面：（1）工作占用了与家庭成员相聚的时间和承担家务的时间；（2）工作地点与家庭所在地之间的矛盾，也就是说，员工所喜欢的家庭居住地很可能不是工作单位的所在地；（3）在工作上的收入水平、职位高低及职业声望与在家庭中的角色地位之间的矛盾；（4）围绕工作的感情气氛与家庭成员的感情气氛之间的相互影响。这四个方面的关系如果处理不当，常常导致各类冲突的发生，如时间冲突、情绪冲突、行为冲突和角色冲突等，这都将给工作和员工个人发展带来不利的影响。

（二）工作—家庭平衡的理论基础

关于工作—家庭关系的研究非常活跃，早期较有影响的理论是“溢出理论”和“补偿理论”。“溢出理论”（spillover theory）认为，一个领域（工作/家庭）的变化会引起另一个领域（工作/家庭）类似的改变，即工作中的情绪和行为会带到家庭中，反之亦然。“补偿理论”是对“溢出理论”的补充，该理论认为，假定在工作和家庭之间存在相反的关系，在一个领域中丧失就会在另一个领域中投入更多，企图弥补（Staines & Pleck，1984）。后来，美国学者克拉克（Clark，2000）在批判性地总结了前人研究的基础上，提出了“工作—家庭边界理论”。该理论认为，工作和家庭属于两个不同性质的生活领域，二者之间不存在天然的联系，却存在明显的边界。将工作与家庭联系起来的不是感情，而是人。人们每天在工作和家庭的边界上徘徊，被迫不断地在工作和家庭两个领域间穿梭转移，同时塑造着两个领域的边界，边界影响着不同领域内的成员关系。在领域穿行的过程中，人们不断调整焦点目标及个人的“内心风格”以适应每个领域独特的要求。边界理论告诉我们，虽然工作和家庭之间的冲突难以调和，但个体可以通过调整工作与家庭的边界来达到二者的平衡。平衡是实现工作和家庭生活满意度和减少工作与职业角色冲突的桥梁。该理论既描述了工作—家庭冲突的原因，又给出了解决工作—家庭冲突问题的框架，为组织和员工更好地处理工作与家庭关系提供了工具性支持。

（三）工作—家庭平衡计划

工作—家庭平衡计划是组织为帮助员工协调和平衡工作—家庭冲突而建立的社会支持系统和心理保健系统，是组织人力资源开发计划的重要组成部分。一般地说，该计划的实施需要做好以下几项工作。

（1）加强与员工的信息沟通，及时了解和切实关心员工的家庭困难，有针对性地给予帮助，如提供弹性工作制、建立婴儿与老人照料中心等。

（2）向员工提供家庭问题和压力排解的咨询服务。如设立专门机构，选配专业人员，向员工提供家庭问题或心理问题的咨询服务。如第十一章详细介绍过的员工援助计划就是解决员工工作—家庭平衡问题的重要途径之一。

资料 14-6

（3）实施职务分担制度，即由两名或多名员工共同承担某项全职工作，以便员工有时间照料家庭。

（4）组织支持性服务，如对员工进行培训、灵活的福利计划等。

本章小结

1．授权就是领导者向下属下放权力和责任的一种管理方法。授权将领导者从烦琐的杂务中解放出来，使追随者得到了锻炼和成长机会，还能够起到激励员工的作用。

2．领导者的威信是指领导者在下属心理上所受到的肯定、尊敬和信任程度，是下属对领导者的主观评价。它主要由政治威信、道德威信和职业威信三部分组成。

3．组织职业生涯管理是指由组织实施的一系列“对个体的职业发展产生有利影响”的管理活动。它对组织和个人的发展都具有十分重要的意义。组织职业生涯管理应遵循可行性原则、适时性原则、适应性原则、持续性原则等。

4．员工培训是为了实现组织目标而进行的提高员工知识、技能和能力的过程。培训的内容十分广泛，培训的方式主要有组织内部培训和外部培训两种形式。

5．工作—家庭冲突是员工面临的难题之一，也是组织人力资源开发面临的重要课题之一。工作—家庭平衡计划是解决这个问题的有效途径，它是组织为帮助员工协调和平衡工作—家庭冲突而建立的社会支持系统和心理保健系统。

思考题

1．假如你是领导者，你会如何对员工进行授权？

2．优秀的领导者需要理解下属，你认为优秀的领导者应如何做才能更好地理解和贴近下属？

3．根据你以往的工作和学习经验，请举例说明进行员工生涯管理的策略与方法。

4．根据你的经验，请举例说明培训员工的策略和方式。

案例讨论

管理者麦卡锡

The parlor 是旧金山的一家经营三明治和小型晚餐的营业店，它主要的吸引力在于用高品质的老式苏打泉水制成的优良的圣代冰激凌和汽水，优质的三明治也颇受食客的青睐，开业七年来，生意一直稳步增长。

随着经营规模的不断扩大，The parlor 经营店的所有者、管理者理查德·帕维斯决定雇用一名营业经理，以便使自己把更多的时间和精力投入其他更重要的工作中。经过一个月的招聘和面试，他选择了保罗·麦卡锡，麦卡锡曾经做过镇上久负盛名的滑稽表演剧场的点心、饮料部门的管理者。

麦卡锡第一天上班是在没有人陪同的情况下走入营业店的（当时帕维斯不在镇上），他介绍了自己，雇员们才得知他的身份。

在开始的几个星期，麦卡锡很负责地完成他的管理工作，看起来很有效率。根据合同，他的报酬是固定薪水加上为店里各项节约费用的百分比提成，别的雇员的报酬是按照固定的小时工资支付的。

一个月后，麦卡锡全身心地投入节约计划之中，这样可以提高他的收入。他武断地做出了许多决定，如更换原料供应商、减少菜单上每种菜的份额、延长低工资率雇员的工作时间、减少高工资率雇员的工作时间等，当雇员们对麦卡锡的新举措提出质疑时，他发誓说这些举措对公司没有负面影响。于是一批老雇员纷纷离开，只能重新招聘新人。

罗恩·夏普是附近大学的会计系学生，在麦卡锡来这里之前曾做了5个月的夜班快餐厨师，工作尽职尽责，工作记录一直保持良好。一天，夏普的一名同事（负责白班的厨师）因迟到5分钟且与麦卡锡大吵，麦卡锡立刻解雇了他，因此，在夏普凌晨3点下了夜班之后，麦卡锡要求他顶替那位被解雇的厨师在早晨9点继续上班（按规定夏普通常上班的时间是下午4点）。但是，当夏普困倦不堪地在上午10点钟到达时（上了一节8点钟的会计课），麦卡锡大发脾气，暴跳如雷，他警告夏普，“再有一次你就可以去找另一份工作了。如果你为我工作的话，就要按照我的方式做事，否则你就别在这里工作。”“这对我来说真是好极了。”夏普立刻回击了过去，愤然将围裙扔进了水池里。

讨论问题：

1．帕维斯的授权得当吗？请说明理由。

2．麦卡锡的领导风格、领导艺术到底出了什么问题？

参考文献

[1] 李光炎．年轻下级如何适应上级的领导风格[J]．领导科学，2010（7）：52-53．

[2] 李朋波，孙雨晴，雷铭．权力何以授予：目标理论视角下领导授权行为的形成机制[J]．心理科学进展，2019，27（7）：1167-1182．

[3] 李汝良．一分钟读懂管理学[M]．北京：北京工业大学出版社，2011．

[4] 刘云，石金涛．授权理论的研究逻辑：心理授权的概念发展[J]．上海交通大学学报（哲学社会科学版），2010，18（1）：54-59．

[5] 时蓉华．社会心理学[M]．上海：上海人民出版社，1986．

[6] 谭亚莉．领导魅力表现正反谈[J]．领导科学，2000（3）：42．

[7] 王桃林，龙立荣，张军伟，等．类亲情交换对工作家庭冲突的作用研究[J]．管理评论，2019，31（2）：180-189．

[8] 翁清雄，卞泽娟．组织职业生涯管理与员工职业成长：基于匹配理论的研究[J]．外国经济与管理，2015，37（8）：30-42．

[9] 俞文钊．管理心理学[M]．上海：东方出版中心，2002．

[10] 俞文钊．现代领导心理学[M]．上海：上海教育出版社，2004．

[11] 张树岭．领导者如何以信取威[J]．许昌学院学报，2012，31（6）：132-134．

[12] 佐斌，高倩．熟悉性和相似性对人际吸引的影响[J]．中国临床心理学杂志，2008，

16（6）：633-636.

[13] 周立．人际吸引的影响因素[J]．商情，2018（19）：1673-4041.

[14] CLARK S C. Work/family border theory: A new theory of work/family balance[J]. Human Relations, 2000, 53(6): 747-770.

[15] GUTTERIDGE T G, LEIBOWITZ Z B, SHORE J E. Organizational career development: Benchmarks for building a world-class workforce[M]. San Francisco: Proquest Info & Learning, 1993.

[16] KONG H, OKUMUS F, BU N. Linking organizational career management with Generation Y employees' organizational identity: The mediating effect of meeting career expectations[J]. Journal of Hospitality Marketing & Management, 2019, 29(2): 164-181.

[17] LIU Y. The Review of Empowerment Leadership[J]. Open Journal of Business and Management, 2015, 3(4): 476-482.

[18] STAINES G L, PLECK J H. Nonstandard work schedules and family life[J]. Journal of Applied Psychology, 1984, 69(3): 515-523.

[19] TJOSVOLD D, ANDREWS I R, STRUTHERS J T. Leadership influence: Goal interdependence and power[J]. The Journal of Social Psychology, 1992, 132(1): 39-50.

自测题

复习题

第十五章 胜任特征模型及领导干部选拔

学习目标

- 理解胜任特征模型的概念
- 了解胜任特征模型的建立过程
- 掌握领导干部选拔的几种方式
- 理解结构化面试和非结构化面试的方法

引例：任正非谈接班人要求

华为颁布了2019年048号总裁办电子邮件，其中转发了摘自《管理新视野》上的一篇任正非十几年前的谈话，涉及了正职、副职的能力与要求，也提到了干部需要具备的素质、提拔干部的核心理念，还包括了对华为接班人的要求。在对干部提拔的态度上，任正非表示，干部无须拘泥于逐级提拔，应以经验为标准遴选干部人才；在优秀管理者需具备的品质方面，任正非认为，管理者要展开视野、看清行业的变化，视野不完全来自经验，还来自学习，这样才能适应未来的变化；在管理体制上，任正非推崇对事负责制，简化不必要确认的东西，减少在管理中不必要、不重要的环节，以保证公司高效运行。

在接班人要求方面，任正非提炼了四个核心点：（1）具备对价值的高瞻远瞩和驾驭商业生态环境的能力；（2）具有全球市场格局的视野，交易、服务目标执行的能力；（3）具有对新技术与客户需求的深刻理解，而且具有不故步自封的能力；（4）有端到端对公司巨大数量的业务流、物流、资金流等，简化管理的能力。此前，任正非曾数次对外放话，家人子女不会接班，甚至之前已任首席财务官、被选为副董事长的女儿孟晚舟也不在他考虑之列。任正非坦言孟晚舟的横向领导力很强，但是缺乏领袖的纵向突破能力："要看得见十年、二十年以后的未来，对这种未来的洞察，一定是具有技术背景的人。没有技术背景，他不能洞察十年、二十年后的东西。"

（来源：任正非谈接班人要求：要具有对新技术与客户需求的深刻理解[EB/OL].（2019-05-07）. https://www.tmtpost.com/3928574.html.）

第十三章和第十四章对领导和领导者的概念、领导有效性理论及领导策略、方法等问题进行了探讨，这只是回答了怎样让已有的领导者做得更好的问题，却没有回答如何科学地选拔和培养领导者的问题。实际上，后一个问题也是许多组织和企业非常关心的问题。本章将从胜任特征模型入手，引申出领导者胜任特征模型的概念，然后对近年来出现的、应用较多的领导者评价和选拔方法加以介绍。

第一节　胜任特征模型

一、胜任特征的概念

美国哈佛大学著名心理学家麦克莱兰（David C. McClelland）于 1973 年发表了一篇题为《测量胜任特征而不是“智力”》的论文，明确提出了胜任特征（competency）的概念，并指出胜任特征是指那些能够区分在特定工作岗位和组织环境中绩效水平的个人特征（McClelland，1973）。这一概念使当代的人才观发生了巨大转变，由单纯以智力为标准转变为以个人综合素质为标准，将人员的素质特征与实际工作岗位特点直接联系起来，突出了实际工作中解决问题的能力（许多拥有高智商的个体不一定能胜任某些实际工作）。

胜任特征概念一经提出，便迅速成为研究的热点。在大量研究基础上，斯本塞等（Spencer & Spencer，1993）于 1993 年重新对胜任特征进行了界定：胜任特征是指与参照效标有因果关联的个体的潜在特征，或者说是能将某一工作岗位上表现优秀者和表现一般者区分开来的个体潜在特征。道尔顿（Dalton，1997）认为，胜任特征就是那些让个体在工作中脱颖而出的实际行为。虽然上述几种表述略有差异，但本质是一致的：首先，胜任特征是指一组个体拥有的特征；其次，这组特征与高绩效（表现优秀）具有因果关系，或者说是导致高绩效的直接原因。

胜任特征模型广泛应用于美国、英国、日本等发达国家的企业人力资源管理中。不但学术界热衷于进行有关胜任特征的研究，而且很多社会机构和企业也应用胜任特征理论来指导管理实践。根据 Shippmann 等（2000）提供的数据，美国 1996 年就有超过三分之二的公司在使用胜任特征模型。目前，许多世界著名的公司，如 A&T、IBM 等都建立了自己的胜任特征体系。进入 21 世纪以来，国内一些著名企业纷纷开始运用胜任特征来塑造企业核心竞争力，如联想、华为、蒙牛、中国移动等已经开始将胜任特征模型运用到人力资源管理中。实践表明，基于胜任特征的企业员工评价研究对于员工的招聘、安置、培训、考核等都具有深远的理论指导意义和实践意义。

资料 15-1

二、胜任特征模型的构成及分类

（一）胜任特征的冰山模型

胜任特征模型是指担任某一特定任务角色所需要具备的胜任特征的总和，是一种包含多种胜任特征的结构。它描述了有效完成特定组织工作所需要的知识、技能和特征的独特结合。由于胜任特征定义中包含外显的行为和内隐的动机等，所以胜任特征模型中有一部分是内隐成分，人们将胜任特征模型形象地比喻成漂浮于水中的一座冰山，如图 15.1 所示。斯本塞等（1993）界定了胜任特征包含的内容，它们是知识、技能、自我概念、特质和动机。麦克莱兰（1973）认为胜任特征除包含上述五个方面外，还包括社会角色。他们认为，胜任特征模型（competency model）可以划分为两大部分：水上冰山部分（知识和技能），即基准性胜任特征（threshold competency），这只是对胜任者基础素质的要求，但它不能把表现优异者与表现平平者区别开来；水下冰山部分包括社会角色、自我概念、特质和动机等胜任特征，可以统称为鉴别性胜任特征（differentiating competency），是区分表现优异者与表现平平者的关键因素。下面详细阐述这六个层次的具体内容。

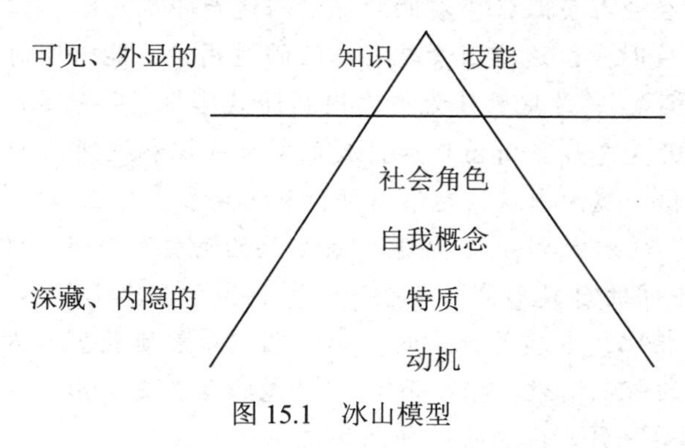

图 15.1　冰山模型

（来源：Spencer & Spencer，1993）

（1）动机（motives）：是指一个人对于某件事的渴望，以及他自身的信念或自我期许，动机会驱使自己去做相关的选择，并会有付诸行动的念头。例如，当某人开始对于某件事情产生动机，就会持续关注某件事情，并设立目标。具有成就动机的人会为自己设立具有挑战性的目标，并持之以恒地行动与自我挑战来达成目标，同时也会通过经验法则去不断改善修正。

（2）特质（traits）：典型的行为方式（如善于倾听他人、谨慎、做事持之以恒等），例如，有些人遇到挫折时不气馁，坚持完成目标。而一些消极被动的人不会主动求取表现机会，所以他们在工作中经常表现一般。

（3）自我概念（self-concept）：关于一个人的态度与价值观，以及对于自我的印象。例如自信心，一个自信的人在任何状况下都可以如期完成任务，这可以说是自己对于自我概念的设定。一个人的价值观是对现象的回应或反应式的动机，可以预测个人在一段时间内由别人操控所呈现的意向。

（4）社会角色（social role）：是指与人们的某种社会地位、身份相一致的一整套权利、义务的规范与行为模式，它是人们对具有特定身份的人的行为期望，它构成社会群体或组织的基础。例如，项目经理需要具备良好的人际沟通协调能力，并能够及时关心团队中其他成员的发展状况，而不能仅仅会安排和分配工作。

（5）知识（knowledge）：是指胜任某一工作岗位所必须拥有的知识，在形式上体现为一组包含事实、规则和程序的信息，它是发展岗位能力与形成岗位技能的基础，包括技术知识、程序知识和商业知识。例如，咨询顾问在管理学上的专业知识，以及医生对于医学方面的专业知识。

（6）技能（skill）：是指能够轻松而准确地完成组织任务的能力，通常指需要借助身体运动、视觉等完成的心理运动类活动。例如，一个外科医师能够以熟练的技巧在有效时间内为病人开刀，成功地完成手术。

【资料】

胜任素质的“洋葱模型”

1981 年，理查德·博亚齐斯（Richard Boyatzis）在麦克莱兰研究的基础上，提出了与“冰山模型”类似的“洋葱模型”。

博亚齐斯通过对经理人员胜任素质的原始资料进行重新分析，归纳出一组可以辨别优秀经理人才的胜任素质因素，这些因素具有广泛的适用性，能够同时应用于差别很大的不同公司。所谓“洋葱模型”，是把胜任素质由内到外概括为层层包裹的结构，最核心的是动机，然后向外依次展开为态度、价值观和自我形象及知识和技能，如图 15.2 所示。越向外层，越易于培养和评价；越向内层，越难以评价和习得。大体上，“洋葱”最外层的知识和技能，相当于“冰山”的水上部分；“洋葱”最里层的动机和个性，相当于“冰山”水下最深的部分；“洋葱”中间的自我形象与角色等，则相当于“冰山”水下浅层部分。“洋葱模型”同“冰山模型”相比，本质是一样的，都强调核心素质或基本素质。对核心素质的测评，可以预测一个人的长期绩效。相比而言，“洋葱模型”更突出潜在素质与显现素质的层次关系，比“冰山模型”更能说明素质之间的关系。

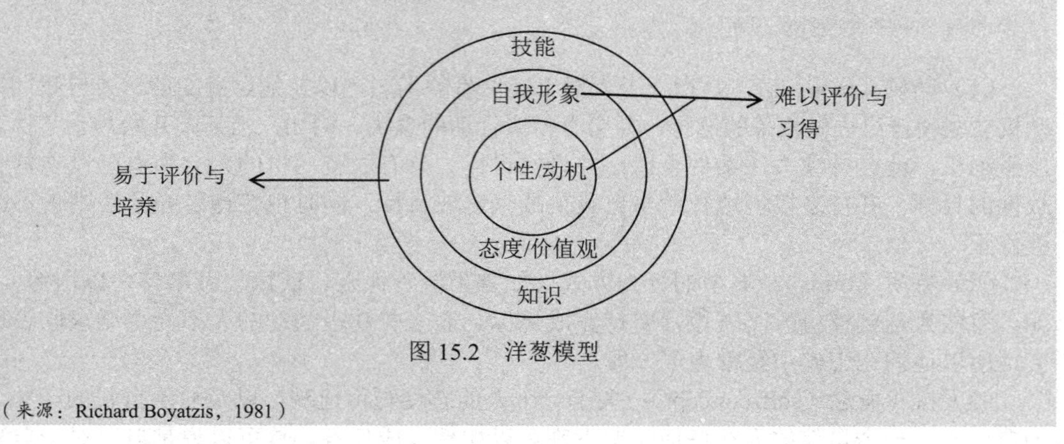

图 15.2　洋葱模型

（来源：Richard Boyatzis，1981）

（二）胜任特征词典

在胜任特征的分析基础上，Spencer 等（1993）建立了一个胜任特征词典（competency dictionary），包括 6 大簇群 20 项胜任特征，如表 15.1 所示。

表 15.1　胜任特征词典

簇　　群	胜 任 特 征
动机与行动	成就取向；关注秩序、质量与精确性；主动性；信息寻求
帮助和服务他人	人际理解；客户服务导向
影响他人	影响他人；组织敏感性；建立关系
管理胜任特征	发展他人；决断性；团队合作；团队领导
认知胜任特征	分析性思维；概念性思维；技术的/专业的/管理的专业知识
个人效能	自我控制；自信；灵活性；组织承诺

（来源：Spencer & Spencer，1993）

（三）胜任特征的分类

诺德哈格（Nordhaug，1998）认为，胜任特征包含三个维度：任务具体性、行业具体性和公司具体性。任务具体性（task specificity）是指胜任特征与完成一项具体工作任务的相关程度。低任务具体性意味着胜任特征基本上与任何一项具体工作任务没有特殊关系，而与更大范围内的不同任务关系密切，如分析能力、与他人协作的能力、问题解决能力、沟通技能等。如果一种能力仅适用于某一公司，就是公司具体性（firm specificity），公司具体性胜任特征可以让组织和员工因利益一致而产生长期的契约。行业具体性是与某一行业密切相关的胜任特征，某些非公司具体性的特征可以成为行业具体性特征。诺德哈格将任务具体性、公司具体性和行业具体性三个维度结合起来，构成了表 15.2 所示的胜任特征分类框架。

表 15.2　诺德哈格的胜任特征分类表

任务具体性	公司具体性		
	低		高
	行业具体性		
	低	高	
低	I 元胜任特征	II 行业通用胜任特征	III 组织内部胜任特征
高	IV 标准技术胜任特征	V 行业技术胜任特征	VI 特殊技术胜任特征

（来源：Nordhaug，1998）

（1）I 型：元胜任特征。该类胜任特征是非公司或行业具体性的，可用于完成大量的不同任务，包含广泛的知识、技能和态度。例如，读写能力、学习能力、分析能力、创造能力、感知和操作环境信号与事件的能力、容纳和掌握不确定性的能力、与他人沟通和合作的能力、谈判的能力、应变的能力等。

（2）II 型：行业通用胜任特征。该类特征具有低任务具体性和高行业具体性，拥有完成某一行业任务的能力。例如，拥有产业结构及其目前发展状况的知识，具有分析竞争对手战略和运作方面的能力、在行业中同其他公司形成合作和联盟的能力等。

（3）III 型：组织内部胜任特征。该类特征具有低任务具体性和高公司具体性的特点，具有关于组织文化、公司内部沟通渠道、组织中的政治动态和公司的战略及目标等方面的知识。

（4）IV 型：标准技术胜任特征。该类特征具有高任务具体性、低行业具体性和低公司具体性特点。它是一个范围较广的具有定向操作的胜任特征。例如，打字和速记技能、普通预算技能、计算机编程技能等。

（5）V 型：行业技术胜任特征。该类特征具有高任务具体性、高行业具体性、非公司具体性的特点。它在行业内可被跨公司流动使用，并且仅仅可用来完成一个或少量有限的工作任务。例如，建造自动机械、拼接计算机硬件等。

（6）VI 型：特殊技术胜任特征。该类特征具有高任务具体性和高公司具体性的特点，仅仅被用来解决一个公司内部的具体任务，与独特技术和日常操作的知识和技能有关，例如，在公司里与使用特殊工具进行精巧制作相关的技能。

从胜任特征的含义和构成及其分类可以发现：胜任特征模型从工作中表现优异者的特征出发，直接收集数据，不但能直接考察知识、能力、技能等的作用，还可以直接考察个性特点、动机、信念等的作用，并综合这些要素使之成为有效的胜任特征单元，如工作中的关系建立、影响力、授权等，这些都是现今有效领导的胜任特征之一。另外，从功能的角度来考察胜任特征的结构可以发现：首先，胜任特征是一个涵盖了K、S、A、O四方面内容的结构。K（knowledge）是知识，指胜任某一工作岗位所必须拥有的知识，在形式上体现为一组包含事实、规则和程序的信息，它是发展岗位能力与形成岗位技能的基础；S（skill）是技能，指能够轻松而准确地完成组织任务的能力，通常指需要借助身体运动、视觉等完成的心理运动类活动；A（abilities）是能力，指完成工作所需要的认知能力，知识是这种认知能力的基础；O（other characteristics）是其他，包括个性、动机、态度等。岗位不同，构成其胜任特征模型的上述四要素的比例亦不相同。其次，胜任特征是成功适应工作环境、任务要求的个体K、S、A、O的整合，即个体对工作环境的成功适应（胜任特征）是通过整合能力、恰当的知识、情感以及行为模式等而获得的，是一种整合了的内部结构。从功能上对胜任特征的结构进行界定，使胜任特征具有了情境依存性，即不同的工作环境可以产生不同的胜任特征，胜任特征是多元的。

三、胜任特征模型的特点

与传统的工作分析相比较，胜任特征模型具有自己的突出特点。

（1）强调“O”的功能作用。在传统的工作分析中，通常以现有的量表（如MMPI、16PF等）测量员工的个性特点，然后与工作绩效进行相关分析，发现个性特点等与工作绩效的相关甚低，由此忽略“O”的作用。胜任特征模型从工作中表现优异者的特征出发，直接收集数据，不受任何现有量表的限制，不但能直接考察知识、能力、技能等的作用，还可以直接考察个性特点、动机、信念等的作用，如工作中的利他行为、团结协作精神等，认为这些行为或精神是影响个体或组织绩效的重要因素，尤其在今天及未来的企业中，当合作变得越来越重要，越来越多的企业摆脱手工操作、依赖个体精神努力时，“O”的作用愈发显得重要。

（2）可以从个体和组织（核心竞争力）两个层面建立胜任特征模型。就目前国内的研究现状来看，多从个人层面建立胜任特征模型，如对电信行业员工胜任特征的研究、对家族企业高层管理者胜任特征的研究、对IT企业项目管理者胜任特征的研究等，都是从某一行业或职位的特点出发，从个体层面整合K、S、A、O，构建模型。随着研究的深入及组织的发展，建构组织胜任特征模型成为必需。山奇士等（Sanchez，Heene，Thomas，1996）将组织胜任特征定义为以各种方式维持协调、调度资源以实现组织目标的能力。卡洛斯（de Carolis，2003）将组织胜任特征定义为可能给公司带来竞争优势的知识、技能、技术体系。组织胜任特征通常被称为核心胜任特征（core competencies），它是组织中独特的、具有竞争优势的各种资源的综合，包括组织的战略、知识、技术、技能、价值观、文化等成分，是组织中个人和组织胜任特征的整合，随时间和组织的发展而积累，难以被竞争对手模仿，因此核心胜任特征是组织核心竞争力的重要源泉。

（3）胜任特征模型是未来定向的、规定性的，或者说是针对现在与未来的组织发展策略而建构的特征模型，它通常以组织推崇的价值或经验丰富的管理者的组织发展愿景为出发点，以工作发展的未来趋势对个体或组织 K、S、A、O 的要求为基础。例如，某一组织的胜任特征模型包括下列十种胜任力：商业敏感性、沟通能力、团队精神、坚韧不拔、影响他人、关键性思维、管理冲突与变化、结果定向、创新、表现优秀。就目前来讲，这些特征是未来组织发展的必备特征，只有具备这些特征，才能在未来竞争激烈、全球化趋势的商业大潮中求生存、求发展。以这些特征为准绳选拔人才、培训职工，才能使组织占得先机，立于不败之地。而传统的工作分析，由于以现有的工作岗位为基础，得出的结论必然是“过去式”的、总结性的，滞后于组织发展。

（4）操作简单、省时。胜任特征模型只对比在工作中表现优秀者和一般者之间的差异，选择优秀特征构成模型，因此与照顾到方方面面的传统工作分析相比较，更加经济。

四、胜任特征模型的作用

在现代人力资源管理和开发中，运用胜任特征模型可以为组织与企业选拔优秀人才，有针对性地培训人才，灵活设计薪酬和激励员工提供依据。

（1）人才选拔。首先，由于胜任特征是基于工作中表现优秀者的特征，因此以这些特征作为效标选拔人才，可以为组织招募到优秀员工。其次，由于胜任特征是表现优秀者的核心的、潜在的特征，或者说是影响工作绩效的本质特征，因此，以这些特征挑选人才，可以为组织选拔到具有核心竞争力的员工。相对于传统的人员选拔（注重教育背景、知识水平、相关的工作经验）而言，择人标准更加直接，重点突出，避免了仅凭学历水平而选择人才“赝品”的尴尬。最后，胜任特征可以针对未来职位的工作特点做出规定性的描述。当今世界，市场与科学技术的变化日新月异，企业往往需要在短时间内完成转型，企业结构与战略方向的改变会导致新岗位的出现、旧岗位的消失。基于胜任特征的人才选拔可以前瞻性地为组织或企业的不断改组与发展做好后续人才的准备工作。

（2）员工的培训与发展。培训的目的是帮助员工弥补不足，从而达到岗位的要求；培训的原则是投入最小化、收益最大化。基于胜任特征的培训，可以做到量身定做，因此可以帮助员工弥补自身不足，有的放矢地突出培训重点。其次，最重要的，最能体现基于胜任特征模型培训特点的是，胜任特征模型是未来定向的、规定性的，就好比事先已经塑造好了某类人才的模型，根据这种理想模型展开培训，针对性强，便于设定培训的内容与模式，更好地促进员工的发展。例如，布莱克等（Black & Gregersen，2000）曾根据全球性领导应该具有的胜任特征模型，提出培训的根本目标：拓宽个体思路，形成一个可以包容全世界的心理图式（mental map）。由此提出培训模式：重构心理图式，即用某些新观念影响旧有的心理图式，以使它迅速解体并形成新的心理图式。

资料 15-2

（3）薪酬设计。基于胜任特征模型的薪酬设计奖惩分明，便于量化，与传统的薪酬设计相比较，更有利于促使员工产生组织所需要的行为，激发员工的工作热情，形成良性循环。

五、领导胜任特征模型的建立

一个完整的胜任特征模型的建立过程一般至少包括以下几个步骤。

（一）确定关键绩效领域

建立针对工作内容的胜任特征，首先需要分析工作文档，了解员工的工作责任和任务，工作文档分析包括工作描述、招聘材料、政策和程序、组织结构图、培训手册、报告或备忘录、常规材料和表现记录等。其次，需要与熟悉工作的人力资源专员、直接上级领导、相关领域的专家等人员共同讨论，确定绩效优秀的标准和人员。

（二）选取分析样本

样本的选取可以使用多个团体，从多角度获得准确的信息来源。如那些直接监督目标工作岗位的管理层或上级，他们能提供成为实际管理者所需要什么样胜任特征的信息。假如目标工作岗位包括与客户高水平的交互作用，就应当将这些客户纳入样本中，因为他们能提供一个有用的角度和观点。对于一些工作角色，也应当适当地包括同事或团队成员，以致获得他们独一无二的视角和观点。样本要聚焦绩效水平高的个体，因为能够提供关于良好表现的精确数据的人是那些在工作中有良好表现的人。然而，仅仅定义高绩效者与低绩效者之间差异性的胜任特征是存在不足的，因为胜任特征模型应该包括能表现出高绩效的所有胜任特征。

（三）选择数据收集的方法

建立胜任特征模型的方法有许多种，目前最常用的是行为事件访谈法（Behavioral Event Interview，BEI）。

行为事件访谈法是由麦克莱兰首先提出来的，是目前公认最有效的方法。该方法采用开放式的行为回顾式调查技术，要求被访谈者列出他们在管理工作中发生的关键事例，包括成功事件、不成功事件或负面事件各三项，并且让被访者详尽地描述整个事件的起因、过程、结果、时间、相关人物、涉及的范围、影响层面以及自己当时的想法或感想。访谈者在征得被访者同意后应采用录音设备把内容记录下来，对行为事件访谈报告进行内容分析，记录各种胜任特征在报告中出现的频次，然后对优秀组和普通组的要素指标发生频次及相关程度统计指标进行比较，找出两组的差异特征，根据显著性差异特征，建立绩效优秀者胜任特征模型。为得到每个事件的完整信息，通常需要被访者不断地回答下列问题。

- 当时的情形怎样？为什么会这样？
- 事情涉及哪些人？
- 当时您是怎么想的？您的感受如何？您打算怎么做？
- 实际上您是怎么做的？您说了些什么？
- 最终结果如何？

确定胜任特征有多种方法，很多组织使用多种方法的联合，用来平衡不同方法的优缺点。在选择收集数据方法时，需要考虑下面三点：人力资源和时间的要求、收集到的准确信息的广泛可接受性、确认的胜任特征能够满足有效的行为表现。

（四）确定胜任特征和建立胜任特征模型

根据访谈报告进行编码，编码的作用是将访谈中收集到的行为细节加以分类并量化后，将其转化为胜任特征可以遵循的各项知识、技能、个性心理特征等品质，然后对绩优组和普通组的要素指标发生频次及强度进行比较，找出两组的共性与差异特征，归纳出绩效优秀的胜任者的差异特质并分出层级。例如，某企业胜任特征工作小组分析访谈报告后发现，单项目经理绩优组和普通组的主要差异之一是计划、监控、风险和资源管理等。工作小组讨论后确认为该企业多项目经理（同时管理多个项目的经理）的核心胜任特征之一，命名为"过程监控"，同时根据企业具体情况将其分级，得出这一胜任特征的定义和层级标准。再将发现的其他核心胜任特征按同样的方法命名和分级，按一定体系构建起来便形成了该企业营销人员的胜任特征模型。

（五）验证模型

模型初具规模之后，构建过程并没有结束，还需要通过绩效考评进行效度验证。只有在一定时间后，员工的绩效符合模型中的预测，才能证明此模型是有效的。而这一步却往往被很多企业所忽视，构建出的模型也就失去了区分绩效的实际效用。验证可以采用回归法及其他相关验证方法，采用已有的优秀与一般的有关标准或数据进行检验，关键在于企业选取什么样的绩效标准来做验证。

资料 15-3

第二节　领导者胜任特征模型

一、领导者胜任特征模型的含义

领导者胜任特征模型是运用上述胜任特征模型的理论及建模方法研究领导有效性或领导力的一种方法。在第十三章中我们已经详细介绍了许多领导有效性的理论。与那些理论不同的是，领导者胜任特征模型研究另辟蹊径，从具体领导岗位出发，以领导者自身特征为主要研究对象，试图甄别有效领导者的主要特征。它与过去的领导有效性理论具有以下几点区别。

（1）两者的概括水平不同。过去的所有领导有效性理论都试图建立一种普适性的理论。例如，变革型领导认为应该能够"预见未来趋势，激发追随者理解并包容一种新的可能性的愿景，使追随者成长为领导者或更好的领导者，把组织或团体建设为一个受到挑战与获得回报的学习者的集体。"变革型领导理论是当今社会经济和组织发展对领导力诉求的一种理想表达，普适于政治、经济、文化领域的所有领导者。而领导者胜任特征模型只研究某一具体领导岗位所需要的领导特征，具有具体性的特点。例如，姚翔、王垒和陈建红（2004）对项目管理者胜任特征的研究发现，项目管理者应该具有计划性强、全局观念、沟通能力、协调能力、责任心强、勇于承担责任等二十三个胜任特征；仲理峰和时勘（2004）对家族企业高层管理者胜任特征进行了研究，发现我国家族企业高层管理者应该具有自信、主动性、信息寻求、组织意识、影响他人、权威导向、仁慈关怀等十一项特征。

（2）两者研究的范围不同。过去的领导有效性理论涵盖领导有效性的方方面面，只要对领导有效性有所贡献的方面都可以包含在内，包括环境、任务、个性品质等。例如，领导者的权变理论认为领导有效性并不取决于领导者自身的行为和个性，而取决于领导者、被领导者和环境三者之间的关系，领导有效性是三者的函数（参见第十三章）。而领导者胜任特征模型只关心领导者自身拥有的个性及行为特征，而不涉及其他方面，具有专一性的特点。

（3）两者的出发点或针对性不同。过去的领导有效性理论主要针对现在，是为了说明和解释现有领导者的领导有效性问题，弄清楚它的影响因素，为现有的领导者及其上级出谋划策。而领导胜任特征模型则主要是针对未来的，是为聘用和选拔未来领导者服务的，具有前瞻性的特点。

尽管领导者胜任特征模型与过去的领导有效性理论具有显著的不同，但它们之间也存在着千丝万缕的联系。领导者胜任特征模型常常以过去的领导有效性理论作为自己建模的理论基础和参照。例如，奥德基等（Alldredge & Nilan，2000）为 3M 公司建立的全球性领导者胜任特征模型由三类十二个胜任特征组成：第一类是根本的胜任特征，是新职工被雇用时就应该具备的特征，包括伦理道德和真诚、智力技能、成熟和判断；第二类是必需的胜任特征，这些特征可以为提升到更高和更复杂职位做准备，包括消费者定向、培养和激励他人、商业健康和结果；第三类是远景性（visionary）胜任特征，包括全球性观念、远景和战略、培育创新、建立联盟、组织灵活。根据伯恩斯（Burns，1978）和巴斯（Bass，1985）对变革型领导的界定，变革型领导应该具有下列行为特征：个性魅力、激发他人动机、启迪他人智能、个人关怀等。其中激发他人动机是指创设愿景，描述组织的美好未来，以使追随者获得工作的意义和迎接工作中的挑战；启迪他人智能是指能够质疑问题假设、重塑问题结构以及产生崭新观点和解决问题方法的能力。对比奥德基为 3M 公司建立的全球性领导者胜任特征模型和伯恩斯等人提出的变革型领导理论，不难看出二者之间的联系。

二、领导者胜任特征模型的现有研究成果

领导者胜任特征模型和领导有效性理论的差异决定了领导者胜任特征模型存在的必要性，它的具体性、专一性和前瞻性等特点为领导选拔和培养提供了切实可行的依据和工具。因此，领导者胜任特征模型的研究范式一经产生，便得到迅速发展，目前国内外已有大量研究成果。

1970 年，McBer 公司和美国管理协会对 1800 名管理者进行了长达 5 年的跟踪研究，结果识别出优秀管理者的五个重要胜任特征：专业知识、心智成熟、企业家成熟度、人际间成熟度、在职成熟度。1982 年，理查德（Richard Boyatzi，1982）对 12 个行业 41 个管理职位的 2000 多名管理人员进行研究，建立了管理人员胜任特征的通用模型，该模型包括六个特征群（目标和行动管理、领导、人力资源管理、指导下属、关注他人、知识）和十九个子胜任特征（效率定向、主动性、关注影响力、判断性地使用概念、自信、概念化、口才、逻辑思维、使用社会权力、积极的观点、管理团队、准确的自我评价、发展他人、使用单向的权力、自发性、自控、自觉的客观性、精力和适应性、关注亲密的关系）。Hay Group 公司利用自己遍布全球的分公司力量，建立了丰富的胜任特征模型库，认为优秀领

导者的胜任特征包括四个因素：信息搜寻、概念思维、战略定向和客户服务定向，并开发了相应的领导胜任特征问卷。有研究者总结出管理人员具有的五项基本胜任特征：概念技能与独创性、领导、人际技能、行政管理和技术（Sandwith，1993）。美国明尼苏达大学的研究人员经过多年的研究和实践，提出了领导者应具有的二十多种胜任特征，如获取信息的技能、分析思考的技能、概念思考的技能、策略思考的技能、人际理解和判断的技能、帮助服务定向的技能、对他人的影响技能、对组织的知觉技能、建立和管理人际关系的技能、发展下属的技能、指挥技能、小组工作和协作技能、小组领导技能等。

我国对胜任特征模型的研究也逐渐深入，并已得到政府、企业组织的认可，如北京市西城区宣布2006年将运用胜任特征模型作为辅助手段选拔正处级干部。国内一些研究者也正致力于各级各类胜任特征模型的研究与建立工作，并产生了一些成果。如时勘等对通信企业高层管理者胜任特征的研究，发现高层管理者的胜任特征模型包括影响力、组织承诺、信息寻求、成就欲、团队领导、人际洞察力、主动性、客户服务意识、自信和发展他人共十项胜任特征（时勘，王继承，李超平，2002）。

目前胜任特征模型的研究方兴未艾，期望将来的研究能够更加细化、科学化，为各级各类领导者选拔和培训提供可靠基础。

第三节　领导干部的选拔

领导干部选拔是一项严肃而复杂的工作。传统的领导干部选拔有一套严格的组织程序，通常采取两种方式：一种是自上而下的组织任命方式，即由上级组织经过培养、考察、民主评议、个别谈话、研究讨论等步骤，最终决定领导干部的人选；另一种是自下而上的选举方式，即完全依靠群众投票选出领导干部。也有些组织采用介于这二者之间的选拔方式。目前，我国党政机关、事业单位、国有企业的领导干部选拔开始出现了一些新的做法。例如，通过公开招考方式（如公务员考试、局处级干部招考等）选拔领导干部，这种方式通常也会结合一定的组织程序（如考试资格审查、政审等），有时候还会采用一些与心理学相关的测试手段（如结构化面试、无领导小组讨论、结构化访谈等）。而在非公企业或组织（如外资企业、私营企业、私立学校、私营机构）中，领导干部的选拔则采用不同的程序和方式，总体上看，其特点是目标更加明确化（如岗位职责具体明确）、程序更加公开化（如向社会公开招聘）、形式更加多样化（如依靠猎头公司、专业人才评价机构、高校专家等；采用书面考试、面试、各种形式的心理测验等）。下面着重对近些年来涌现出来的、在企业领导干部选拔中经常采用的几种心理学方法加以介绍。

一、360度反馈评估

360度反馈评估（360-degree feedback assessment），又称多评价者评估（multi-rater assessment）、多源反馈（multi-source feedback，MSF）或全方位评价（full circle appraisal）。它针对特定的个人（通常为主管），以包含被评价者自己在内的多位评价者来进行鉴定（时雨，张宏云，范红霞，时勘，

资料 15-4

2002）。其主要观念是根据主管的领导行为或管理才能，由主管自己、上司、直接下属、同事甚至外部顾客等进行全方位的评价，并在评价之后给予反馈。360 度反馈有别于传统由直接主管打分的绩效考核方式，可以多方面地提供反馈，并具有全面性、匿名性和客观性，更能真实反映被评价者工作表现的全貌。

360 度反馈评估方法有两个最基本的前提假设：（1）对个体从多角度进行观察将得出更有效和可靠的结论。首先，个体行为是立体的、多方位的、多层次的，传统的自上而下评估方式只能提供被评估者的单方面信息。如果把一个人比作一座山的话，“横看成岭侧成峰，远近高低各不同”，不同的人观察的角度不同，看到的景象就会不同。即便是上级主管，也只能看到被评估者的某一侧面；而下属或同事与被评估者之间有着不同的交往和关系，他们可以提供一些从上级主管那里难以获得的关于被评估者的信息；同样，来自顾客或其他相关人士的评价也会很不相同。研究表明，同事能够提供最可信的评价，其次是下属，最后才是上级。其次，多源反馈可以减少误差。研究表明，如果所有参与评价者事先被告知，他们的评估结果会与其他人的评估结果相比较，他们就会在评估过程中表现得更加客观。（2）行为的改变贯穿于被评估者自我意识增强的过程之中，如果自我意识改变了，其行为也将发生改变。360 度反馈评估通过反馈向被评估者表明“什么是需要学习和改进的”，使他们可以据此改变自己的行为。例如，有研究者发现，在收到下属评价的反馈结果后，最初绩效较低的管理者的绩效有明显的提高，并在随后两年继续改善（Reilly，Smither，Vasilopoulos，1996）。其他研究也发现，最初收到负面反馈（也就是最低评分）的管理者，其行为的改善最大（London & Smither，1995）。他们认为，这种现象可以用“自我一致性理论”加以解释。当管理者发现他人对自己的评分低于自我评分时，就会考虑自己的实际行为是否与其自我印象相一致，并为了维护其自我印象而试图改善绩效，以减小自我认知与他人印象之间的差距，恢复认知平衡。研究者指出，自评与他评一致性和评价者之间一致性（如下属之间、上级与同事之间）的交互作用将影响被评估者对反馈的接受程度和态度，被评估者越是愿意接受反馈，其绩效越可能得到提高。

目前用于 360 度反馈评估的主要工具是问卷调查，因此问卷设计的合理性和科学性直接影响 360 度反馈评估的效果。为了保证评估的可靠性，在设计问卷时应注意以下几个方面的问题：（1）以工作分析的结果、组织倡导的价值观、组织期待的工作行为等为标准设定项目。例如，通用公司设计问卷的标准包括眼界、对顾客/服务质量的关注程度、完整性、责任心/投入与承诺、沟通/影响力、组织协调/授权、知识/能力/智力、主动性/快速性等。（2）根据不同的评估目的设定不同的项目。对于领导者的选拔而言，偏重于对个体能力的诊断与评估，在项目设定上应侧重于考察个体的潜在品质与能力。许多研究者建议此种情况下应基于胜任特征模型构建 360 度反馈评估问卷。胜任特征本身虽然不能直接作为评价指标，但它与各种管理行为指标有直接联系，借助胜任特征模型能产生相应的行为评价指标。就目前情况来看，国内外研究和实践所使用的问卷结构千差万别，尚缺乏系统的评价结构。（3）问卷的长短对评价效果有影响。问卷的设计不能过长，否则会加大评估者的考核误差，尤其当评估者考核多个对象时，表现得更为明显。但问卷也不能过短，否则不能包含所有相关行为项目，会影响评估的质量。问卷的长度一般以评定者能在 5～10 分钟内完成为标准。（4）必须坚持反馈的匿名原则。如果不是匿名反馈，那么很多员工就会担心自己对上级和同事的评价会对自己产生不利影响，从而影响其评价的客观性。

360 度反馈评估也存在不足之处：（1）由于评价参照标准的不确定性，往往使得评价只关注一般特质，而不是特定工作行为。（2）评价是以个体记忆为基础的，可能会受到个体记忆偏差的影响，不能完全真实反映被评估者过去的工作行为。（3）评价者不能观察到被评估者的全部工作行为，易以偏概全。（4）在实施 360 度反馈过程中，如果培训和运作不当，可能会在组织内部造成紧张气氛，影响组织成员的工作士气。

二、评价中心技术

评价中心（assessment center）是近年来被广泛使用的一种人员选拔方法，其把雇用或提升的候选人放置到模拟的工作环境中，以观察和评价他们在压力情境下的行为表现。它应用现代心理学、管理学、计算机科学等相关学科的研究成果，通过无领导小组讨论、文件筐、角色扮演等情境模拟技术，对人的知识、能力、个性、动机等进行测量，从而实现对人的个性、动机和能力等较为准确的把握，做到人—职匹配，确保人员达到最佳工作绩效。

评价中心起源于 1929 年德国所建立的一套用于挑选军官的多项评价程序，在这套评价程序中，评价人员可以自由使用多种方法对行为样本做出评价。第二次世界大战期间，英国及美国军队在模仿德国评价活动的基础上对其进行改造和发展，综合应用无领导小组讨论、团队任务、深度面谈等方法和技术，把被测评对象置于更现实的环境中进行评价。1945 年，英国文职人员委员会最先把评价中心应用于非军事目的，并把情境模拟测验的本质变成反映领导和管理才能的测评方式，他们采取八种评选方法选拔文职人员，包括一组语言和非语言测验、面谈、资格考试成绩、个人和小组的情境模拟练习等。他们的工作为评价中心最终应用于工商业领域创造了条件。1956 年，美国电话电报公司（AT&T）将评价中心从军事领域引入商业领域。他们综合应用了文本筐、情境模拟等评价中心技术对 422 名员工进行评价，在将评价结果对公司的高层保密了 8 年之后，将员工实际发展情况与评价结果进行核对，发现以前预测会升迁的候选人中已经有近 64%的人被提升为中层干部，以前预测不会晋升的候选人中，只有 32%的人上升为中层主管；在被提升到中层主管的员工中，有 78%与评价中心的评价鉴定是一致的，在未被提升的员工中，有 95%与评价中心在 8 年前认定的确定潜在管理能力的判断是吻合的，从而有力地证明了此次测评采用的技术的有效性，并将此次测评所使用的各个测评技术统称为评价中心技术（宗月琴，1992）。之后，美国许多著名大公司，如通用电气公司（GE）、福特汽车公司（Ford）等也都采用此种技术，并建立相应的评价机构来评价管理人才。1975 年 5 月，第三届评价中心国际大会在加拿大魁北克举行，会上通过了《关于评价中心的实施标准和道德准则》，评价中心技术走向规范化。我国随着市场经济的发展、企业对选才工作的重视以及众多管理咨询公司的成立，评价中心技术逐步被应用于我国企业的人力资源管理工作中。

（一）文件筐技术

文件筐技术，通常又叫公文处理测验，是评价中心最常用的技术之一。该测验要求应试者在规定时间内，对各种与特定领导工作有关的函电、报告、声明、请示、文件、报表等公文进行处理，内容涉及人事、资金、财务、市场信息、政府的法令、工作程序等。考官根据应试者处理公文的方式、方法、结果等情况，对其计划、授权、组织、预测、决策和沟通等相关能力和个性特征做出相应的评价。作为一种个人综合性笔试测验，特别适用于中、高级管理人员的能力测评。

编制文件筐测验需要结合实际的拟任职位特征和要求，共同研究开发新的合适的题目，收集不同的文件，并对文件进行典型化处理，将各个文件串联起来成套编制并标准化。文件筐测验高度仿真，接近管理实战，非常有利于激发被测评者的积极性和创造性，对于在很短的时间内全面、准确掌握管理者的能力、潜能以及个性心理特征的某些关键要素具有不可替代的重要作用，是不折不扣的“管理者实战演习”。两小时左右的文件筐测验对被测评者自身综合素质状况、工作经验积累、专业知识和相关知识的系统整合与娴熟应用的考察效果，为其他许多人事测验所望尘莫及。

（二）无领导小组讨论

领导小组讨论是评价中心技术中经常使用的一种测评技术。无领导小组讨论由一组应试者组成一个临时工作小组，讨论给定的问题，并做出决策，由于这个小组是临时组成的，并不指定谁是负责人，目的就在于考察应试者的表现，尤其是看谁会从中脱颖而出，成为自发的领导者。在整个讨论过程中，让所有受测者自行安排，自行组织，评价者只是通过安排应试者的讨论题目，观察每个应试者的表现，给应试者的各个要素评分，从而对应试者的能力、素质水平做出判断。

资料 15-5

在无领导小组讨论中，考官评价的依据标准主要是：受测者参与有效发言次数的多少；受测者是否能提出自己的见解和方案，同时敢于发表不同意见，并支持或肯定别人的意见，在坚持自己的正确意见基础上根据别人的意见发表自己的观点；受测者语言表达、分析问题、概括或归纳总结不同方面意见的能力；受测者反应的灵敏性、概括的准确性、发言的主动性等。

（三）角色扮演

要求被评价者每人扮演一个角色，模拟实际工作中的一系列活动，借以考察他们多方面的能力，如组织协调能力、合作能力、实际工作能力、处理突发事件的能力等。

资料 15-6

在角色扮演练习中，角色扮演者将和一至两位被评价人员进行互动，在这一过程中，角色扮演者将设立种种障碍，强调各种理由，说明被评价人员的决策是错误的，而被评价者要竭尽全力让角色扮演者接受自己的决策方案。通过角色扮演活动，评价者可以了解被评价者的敏捷性、坚韧性、责任心以及处理冲突的能力。角色扮演的优势在于，它费时较少，一般给被试者 10～15 分钟的准备时间，然后利用 15～30 分钟的时间进行正式的谈话。角色扮演较之无领导小组讨论更能体现被试者的一些人际技巧，如人际理解、行为塑造和说服能力等。角色扮演的缺点是，它需要另一个人与被试者进行合作，来扮演相对应的角色，这样就增加了人员配备上的要求。

除此之外，评价中心技术还包括管理游戏、案例分析、演讲、模拟面谈等。

上述评价中心的不同方法在测量能力方面各有所长。在长期的评价实践中，人们积累了一些经验，发现了一些最佳匹配，如表 15.3 所示。

表 15.3 不同管理技能的最佳测评方法

评 价 技 能	最佳的测评方法
经营管理技巧	文件筐技术
人际关系技巧	无领导小组讨论、管理游戏
智力状况	纸笔测验
工作的恒心	文件筐技术、无领导小组讨论、管理游戏
工作动机	投射测验、面试、情境判断测验

针对中高层管理人员的选拔与评价，评价中心技术具有其他测评方法不可比拟的优势。首先，评价中心技术综合使用了多种测评技术，由多个评价者进行评价，因此它提供了从不同的角度对被评价者的目标行为进行观察和评价的机会，而且各种测评手段之间可以相互验证，从而能对被评价者进行较为可靠和有效的观察与评价。其次，评价中心技术所采用的测评手段很多是对真实情境的模拟，而且很多情境是与拟任工作相关的情境。在这种情况下，被测评者不易伪装，会全心全意投入模拟情境中展示出自己所具有的能力素质。最后，评价中心技术不仅能挑选出颇具潜力的管理人才，还能在选拔测评的过程中训练他们的管理与合作能力，使选拔过程成为培训过程。

评价中心技术在实际的应用过程中，也存在一定的局限性。其一，在评价中心技术所采用的情境性测验中，评价的主观性程度较高，制定统一的评价标准比较困难，并且这种测验形式由于其任务的复杂程度较高，任务的设计和实施中的控制也比较困难。其二，评价中心技术操作难度大，对主试的要求很高，必须有相当的管理经验并受过专门训练。同时，测评需要的案例和材料需花费相当多的时间和精力，成本较高。其三，当模拟工作的内容与实际工作有误差时，测评中的能力表现与实际工作能力存在差距。另外，测评的内容主要是管理技能和某些方面的心理素质，难以全面真实反映被试人的思想品德等内容。

三、结构化面试与非结构化面试

面试是一种经过精心设计，在特定场景下，主试与应试者双方以面对面地观察、交谈等双向沟通方式，由表及里测评应试者有关素质的一种方式。面试为主试和应试者提供了进行双向交流的机会，在主试了解应试者的情况下，应试者也可以了解主试所在单位的情况，从而双方都可更准确做出聘用与否、受聘与否的决定。它具有对象单一、内容灵活、直接互动、信息丰富等特点。

面试按其结构化程度可以简单地分为非结构化面试和结构化面试。

（一）非结构化面试

非结构化面试是指没有事先准备面试提纲和固定模式的一种面试方式。在非结构化面试中，主试先提出某一问题，然后根据应试者的回答进行追问。因此对于不同的应试者，提出的问题、测试过程和问题的答案，往往都是因人而异的。由于没有明确的评分标准，主试根据应试者回答问题的角度、方式和风格等特征加上自己的主观判断进行评分，在这一过程中，可能会反映出主试自己的一些偏向或偏见，因此各测评人员之间的评分常常缺乏一致性。

总而言之，非结构化面试的主要特点有：（1）面试问题的不确定性。尽管面试的问题是相同的，但是主试的追问是根据应试者的回答提出的，因而具有很大的不确定性。（2）面试答案的非标准性。同一问题可以有不同的答案，这些答案在一定的条件下都是合理的，无法给出唯一的“标准答案”。（3）面试过程的发散性。结构化面试的过程是线性的，表现为“问题—答案”这样一种单向线性过程；而在非结构化面试中，一个问题可以有多种回答，对每一种回答，又可以提出多个问题，追问可以向多个层面展开。（4）面试评分标准的模糊性。非结构化面试的评分没有一个明确的标准，不是根据答出多少个要点判定多少分，主要是根据应试者回答问题的角度、方式和风格等特征来评分，所以面试设计中难以预先给出明确的评分标准，而只能给出一些模糊的标准，由主试根据应试者的特征自主评分（宋太平，2003）。

为了弥补非结构化面试的不足，可以采取表 15.4 的面试评价表来总结主试对应试者的印象。

表 15.4　面试评价表

你可以用面试评价表来总结你的印象：

求职者姓名：　　面试时间：　　职位：

填写者：　　日期：

说明：在每个标准的数字上打勾，然后把数字相加。

具体的工作和工作相关知识

0．没有什么知识　1．比我们想要的少　2．能满足录用要求

3．超出了对一般求职者的期望　4．对工作和工作相关领域精通

经历

0．没有这项工作经验，也没有相关的经验　1．很喜欢这份工作，工作经验丰富

2．工作经验丰富　3．工作很有经验　4．在所有的相关领域都有经验

沟通能力

0．不能沟通，在很多工作中可能会严重受阻　1．有一些困难，会降低工作绩效

2．沟通能力足以获得所要求的工作绩效　3．超出了工作的要求　4．在沟通上有出色的能力

对职位和公司的兴趣

0．没有显示出任何兴趣　1．有些缺乏兴趣　2．表现出真正的兴趣

3．非常有兴趣，似乎很喜欢所申请的这类工作

4．完全被工作内容所吸引，传递出只有这份工作才能使自己着迷的感情

成就动机

0．没有显示出来　1．对晋升表现出较少的兴趣　2．对晋升表现出一般的兴趣

3．高成就动机，强烈渴望晋升　4．更高的动机，对成功和晋升有着非常强烈的渴望

镇定和自信

0．极端地心不在焉和困惑，表现出不稳定的情绪

1．充分表现出困惑或者发脾气，从而影响工作绩效

2．对完成工作充分镇定和自信

3．在面试中没有惊慌失措，自信有能力处理压力

4．在压力下表现出惊人的镇定，以及不同寻常的自信和安全感

理解力

0．不理解很多观点　1．不理解一些观点　2．理解绝大多数所讨论的观点和技能

3．很快地掌握了所有的新观点　4．非常敏锐，理解细微的观点和潜在的动机

总分：

备注：

（来源：德斯勒，曾湘泉，2006）

（二）结构化面试

结构化面试也称标准化面试，是根据事先制定的评价指标，预先设计好问题、评价方法和评价程序，并严格按照计划进行的面试。它是领导干部考试与测评方法体系的重要组成部分，是在笔试基础上进一步测试应试者在领导能力素质和个性特征等方面与选拔职位的匹配程度的一种重要方法。

【资料】

结构化面试应用实例

结构化面试的题目一般采用行为性题目，即考察面试对象在过去的经历中是否表现出目标岗位所必须具备的素质。设计行为性面试题目通常采用“STAR”技术，即通过文字面试对象在何种情境下（situation）执行过何种任务（task），自己在任务中都采用了何种措施（action），最后取得了什么样的结果（result），来判断他是否具有某一方面的能力和素质。以下便是盛湘集团人力资源部设计的渠道销售部部长的部分面试问题。

（1）你以前在产品销售过程中，出现过顾客投诉吗？请举一个你遇到过的顾客投诉的例子，并告诉我你当时是怎样处理的。

（2）请举一个你印象最深的合同签订过程的例子，是否出现有争议的条款？请讲述一下你们最终是怎样达成协议的。

（3）你以前是怎样给你的下属安排工作并进行考核的，有没有因为考核不公而出现下属投诉？请举例说明。

（来源：邵芳，2016）

由于吸收了标准化测验的优点，也融合了传统的经验型面试的优点，结构化面试的测验结果比较准确和可靠。其突出特点如下。

（1）根据工作分析的结构设计面试问题。这种面试方法需要进行深入的工作分析，以明确在工作中哪些事例体现良好的绩效，哪些事例反映较差的绩效，由执行人员对这些具体事例进行评价，并建立题库。根据工作分析确定的结构化面试测评要素一般有以下三大类：① 一般能力。包括逻辑思维能力和语言表达能力。② 领导能力。包括计划能力、决策能力、组织协调能力、人际沟通能力、创新能力、应变能力、选拔职位需要的特殊能力。③ 个性特征。面试中表现出来的气质风度、情绪稳定性、自我认知等个性特征。如考官为了考察参加面试者的责任感、人际与表达能力以及与他人合作的能力，分别出了下面的试题，“假如你是 A 部门的一名普通员工，下班时看见 B 部门的副经理从你们办公室往外搬设备。这时你会怎么做？”“请具体描述你与他人合作共同完成一项任务的情形，并评价你的作用和表现。”

（2）向所有应试者提出同一类型的问题。问题的内容及其顺序都是事先确定的。常见的两类有效问题为：以经历为基础的问题，与工作要求有关，且求职者所经历过的工作或生活中的行为；以情境为基础的问题，在假设的情况下，与工作有关的求职者的行为表现。

提问的秩序结构通常有：由简易到复杂地提问，逐渐增加问题的难度，使候选人在心理上逐步适应面试环境；由一般到专业内容地提问。问题一般涉及STAR能力面试的四个要素：① 情境（situation），即描述求职者经历过的特定工作情境或任务；② 目标（target），即描述求职者在特定情境当中所要达到的目标；③ 行动（action），即描述求职者在特定情境当中所要做出的行动；④ 结果（result），即描述行动的结果，包括积极的和消极的结果、生产性的和非生产性的结果。这四个要素的英文首字母缩写就是“STAR”。

（3）采用系统化的评分程序。从行为学角度设计出一套系统化的具体标尺，每个问题都有确定的评分标准，针对每一个问题的评分标准，建立系统化的评分程序，能够保证评分一致性，提高结构有效性。

结构化面试排除了非结构化面试中考官提问的随意性和评价的主观性，还具有结构化的评价要素、评价标准等客观评价指标，从而使结果更公平、可靠以及多个面试小组的评价结果之间具有可比性，同时提高了面试的效果和效率。但是，结构化面试的灵活性比较弱，不能根据面试者的具体情况开展有针对性的深入访谈。

资料 15-7

本章小结

1．胜任特征是能将某一工作岗位上表现优秀者和表现一般者区分开来的个体潜在特征。

2．领导者胜任特征模型的构建步骤是：确定关键绩效领域、选取分析样本、选择数据收集的方法、确定胜任特征和建立胜任特征模型、验证模型。

3．近年来在企业领导干部选拔中经常采用的几种心理学方法有360度反馈评估、评价中心技术、结构化面试和非结构化面试等。

4．360度反馈评估是一种全方位整合信息的评价形式。它有两个最基本的前提假设：（1）对个体从多角度进行观察将得出更有效和可靠的结论；（2）行为的改变贯穿于被评估者自我意识增强的过程之中，如果自我意识改变了，其行为也将发生改变。

5．评价中心技术是把雇用或提升的候选人放置到模拟的工作环境中，以观察和评价他们的评价方法，具体包括文件筐技术、无领导小组讨论、角色扮演、管理游戏、案例分析和演讲等。

6．结构化面试和非结构化面试是面试的两种不同形式。

思考题

1．结合实际谈一谈在现代人力资源管理与开发中，胜任特征模型可以在哪些方面发挥作用？

2．某公司想招聘一名人力资源主管，思考：公司可以采用哪些方法选拔合适人选？人力主管的胜任素质有哪些？

案例讨论

支持大范围的组织变革：美国国家银行

在美国国家银行和另外一家大型的银行机构合并之后，新的美国国家银行金融部的许多员工发现，他们现在所接受的指令与以往完全不同，而且要面对一系列新的需要优先考虑的事情。而且在合并之后，美国国家银行大力强调团队工作、多样化以及内部顾客为中心等问题，而这些问题在原来的体制中从来没有被重视过。因此，现在对会计师或其他一些员工的评估不再仅仅依据他们的专业成绩，而是要根据他们对一些问题的敏感性来进行，而且这些问题他们从未听说过，评估也是突击性的。还有一个适应外部不断变化的环境的问题，当今环境下的竞争要比以前遇到的任何环境下的竞争都激烈。

金融部面临的需要是为该职能部门制定一个新的愿景并确定本部门的新价值观所在，以及帮助员工了解公司对他们的日常要求和期望。于是，它决定把胜任特征模型作为解决问题的出路。它决定最初把胜任特征模型开发的重点放在总监及以上层次，此后再进行副总裁及以下层次的胜任特征模型建设。这种模型应该清楚说明需要的是哪些技能和知识，以及员工在这样一个最好的金融组织中怎样受到评估。

（来源：何非，顾磊，蔺益，2005）

讨论问题：

1. 应用构建领导胜任特征模型的知识，谈谈你会如何构建金融部总监及以上岗位新的胜任特征模型？

2. 在构建金融部总监及以上岗位新的胜任特征模型的过程中，通常会遇到哪些问题？需要用哪些方法来解决这些问题？

参考文献

[1] 何非，顾磊，蔺益．破解企业人才测评中十大难题[M]．北京：机械工业出版社，2005．

[2] 德斯勒，曾湘泉．人力资源管理[M]．北京：中国人民大学出版社，2006．

[3] 邵芳．招聘与人员测评[M]．西安：西安电子科技大学出版社，2016．

[4] 时勘，王继承，李超平．企业高层管理者胜任特征模型评价的研究[J]．心理学报，2002，34（3）：306-311．

[5] 时雨，张宏云，范红霞，等．360 度反馈评价结构和方法的研究[J]．科研管理，2002，23（5）：124-129．

[6] 宋太平，史承民．人员素质测评理论与方法[M]．石家庄：河北人民出版社，2003．

[7] 吴志明．招聘与选拔实务手册[M]．北京：机械工业出版社，2006．

[8] 姚翔，王垒，陈建红．项目管理者胜任力模型[J]．心理科学，2004，27（6）：1497-1499．

[9] 仲理峰，时勘．家族企业高层管理者胜任特征模型[J]．心理学报，2004，36（1）：

110-115.

[10] 宗月琴. 运用评价中心的方式选拔管理人员[J]. 应用心理学，1992，7（2）：12-16.

[11] ALLDREDGE M E, NILAN K J. 3M's leadership competency model: An internally developed solution[J]. Human resource management, 2000, 39(2-3): 133-145.

[12] BASS B M. Leadership and performance beyond expectations[M]. New York: Free Press, 1985.

[13] BLACK J S, GREGERSEN H B. High impact training: Forging leaders for the global frontier[J]. Human Resource Management, 2000, 39(2-3): 173-184.

[14] BOYATZI R E. The competent management: A model for effective performance[M]. New York: Wiles & Sons, 1982.

[15] BURNS J M. Leadership[M]. New York: Harper & Row, 1978.

[16] DALTON M. Are competency models a waste?[J]. Training and Development, 1997, 51(10): 46-49.

[17] DE CAROLIS D M. Competencies and imitability in the pharmaceutical industry: An analysis of their relationship with firm performance[J]. Journal of Management, 2003, 29(1): 27-50.

[18] LONDON M, SMITHER J W. Can multi-source feedback change perceptions of goal accomplishment, self-evaluations, and performance-related outcomes? Theory-based applications and directions for research[J]. Personnel Psychology, 1995, 48(4): 803-839.

[19] MCCLELLAND D C. Testing for competence rather than for "intelligence"[J]. American Psychologist, 1973, 28(1): 1-14.

[20] NORDHAUG O. Competence specificities in organizations: A classificatory framework[J]. International Studies of Management & Organization, 1998, 28(1): 8-29.

[21] REILLY R R, SMITHER J W, VASILOPOULOS N L. A longitudinal study of upward feedback[J]. Personnel Psychology, 1996, 49(3): 599-612.

[22] SANCHEZ R, HEENE A, THOMAS H. Dynamics of competence-based competition[M]. New York: Wiley & Sons, 1996.

[23] SANDWITH P. A hierarchy of management training requirements: The competency domain model[J]. Public Personnel Management, 1993, 22(1): 43-62.

[24] SHIPPMANN J S, ASH R A, BATJTSTA M, et al. The practice of competency modeling[J]. Personnel Psychology, 2000, 53(3): 703-740.

[25] SPENCER L M, SPENCER S M. Competence at work: Models for superior performance[M]. New York: Wiley, 1993.

自测题

复习题

第六篇 组织管理

➔ 第十六章 组织的基本概念与理论
➔ 第十七章 组织气氛和士气
➔ 第十八章 组织变革和发展

第十六章　组织的基本概念与理论

学习目标

- 了解组织管理的基本概念
- 掌握组织结构的构成要素和基本类型
- 理解影响团队效能的因素
- 理解团队建设的重要性

引例：华为组织结构运行机制的演变

美国学者钱得勒曾提出：“目标决定企业战略，战略决定组织结构。”华为从成立至今绝不墨守成规，而是随着时代的发展，不断调整战略并进行公司组织架构的调整和重组。华为组织结构演变呈现出如下特点：一是明确自身定位，合理制定组织结构。华为随着企业成长周期的推移，不断更迭组织结构，从创业之初的直线职能制到事业部制，到混合矩阵结构，再到全球矩阵结构，最后发展成如今的模块化矩阵结构。二是不墨守成规，结合战略目标及时调整。华为从成立到现在的组织结构演变更多的是根据战略目标的制订来调节的，同时为了保证能够顺利完成战略目标，企业的组织结构必须及时地调整更新以适应企业的发展需要。华为一直在不断调整、优化组织结构，逐步成长为世界通信行业的巨头和中国最大的民营企业。三是集权与分工配合默契，最大化组织结构运行效率。华为现已形成了非常清晰的纵向分权和横向分权机制，这需要集权和分权的默契配合，即一方面需要总部和区域总部对各地区部和事业部进行统一管理，另一方面需要各业务集群和职能平台对各地区部和事业部进行分权管理和辅助支撑。

（来源：韩晶，朱兆一，2019）

组织作为不同于个体的行为主体，有其自身的运作机制和行为规律。组织及其运作机制和行为规律是管理心理学研究的重要内容之一。本章将对组织的概念、组织结构以及组织中的团队进行分析和介绍。

第一节　组织的概念及功能

一、组织的基本概念

组织一直存在于人类社会，从原始氏族到目前的网络社区，都是组织的不同形式。在汉语中，组织最初的意思是丝和麻制成的布帛，《诗经》中有“素丝组之，良马五之”的诗句，这里的“组”即编织的意思，“织”是编织布帛的总称。因此，汉语中的组织一方面可以表示组合的过程，另一方面也可以表示经过联合而形成的整体（刘延平，2010）。西方使用的组织（organization）一词来源于“organ”（器官），指的是器官组合成生物整体（organism）、器官之间的协调动作（organize）和动作结果（organization）。1873 年，英国哲学家和社会学家斯宾塞（Herbert Spencer）首次将“组织”一词引入社会科学，把组织看作是已经组合的系统或社会，然后组织逐渐成为经济学、管理学等学科的核心概念。

现代意义上的组织一般可作两种解释：其一为动词，是指为了实现特定目标或完成特定任务，按照一定顺序或程序开展的一系列活动；其二为名词，是指为了实现特定目标、按照一定形式建立起来的结构。其中，广义的组织可理解为由诸多要素按照一定方式相互联系形成的系统，包括各种各样的物理结构、生物组织、机体组织、动物的群体组织以及由人构成的各种组织等。管理心理学研究的组织是狭义的组织，是指人们为实现特定目标相互依赖、彼此协作而形成的机构或团体，其要点有四个：第一，组织就是聚集在一起的一些人；第二，这些人有共同的目标；第三，这些人相互依赖，需要按照特定的规则或规范彼此协作；第四，这些人需要特定的空间和条件开展活动。其中目标或目的的共同性或一致性是组织的本质特征。

二、组织的功能

（一）组织的社会功能

组织源于人类的生产与社会实践。在长期的实践活动中，为了实现一定的目标，人们产生了与他人发展协作关系，创造群体合力，并不断优化这种关系以提高群体效能的需要，而组织正是人们为满足或实现这种需要而努力的结果。在现代生活中，组织已成为社会的基本单元，其影响已渗入社会领域的方方面面，它凝聚了个体的智慧，形成了推动社会进步与发展的一股股力量。

（二）组织的管理功能

一方面，组织负有协助政府对人们进行管理的职能，毋宁说，各级各类组织本身就是政府管理公民的重要途径或工具。组织是联系个人和社会的桥梁和纽带，正是通过一个个组织，人们的生活才变得井然有序，社会才得以安定。另一方面，组织自身的目标也要靠组织来实现。组织既是各种管理活动展开的舞台或背景，又是实施和推行管理措施的主体或依托。

（三）组织的个人功能

组织不仅可以为个人带来收入和经济保障，更重要的是，可以为个体带来归属感、价值感。组织为个人提供了施展自己抱负、发挥自己才华、实现自身价值的舞台，可以满足个人的自我实现需要。

三、研究组织的意义

研究组织及其运作机制和行为规律有两个层面的意义：对于组织管理者来说，有助于更加科学有效地设计、建立、规范和管理组织，更好地发挥组织的功能。对于生活和工作于组织中的个体来说，可以帮助他们更好地理解和预测组织中发生的事情，有效地参与和影响组织事件，质疑或重新建构自己的组织概念和理论，以便在组织情境中更加有效地工作。此外，从学术意义上看，研究组织还有助于积累关于组织的系统知识，形成组织完备的理论。

【资料】

组织理论的发展趋势

伴随着计算机技术和网络技术的发展，人们的工作方式、生活方式发生了巨大的变化，人类的生产组织和生活组织受到了越来越严重的冲击，工作群体与非工作群体的界限越来越模糊，个体与组织、组织与环境的关系也在经受着同样的冲击和变革。这些挑战构成了组织理论发展面临的困境和危机，同时也是组织理论发展的新契机。当前组织理论的发展存在着以下几个趋势。

1. 从单一范式的研究到多范式的研究

早期，组织理论有科学管理和人际关系学派；20 世纪 60 年代到 90 年代出现了有限理性、权变理论、交易成本理论、资源依附理论、社会技术系统、组织生态学、制度理论、社会网络等。这些研究范式之间缺少共同的逻辑。

之所以会出现这种情况，是因为研究组织的学者来自不同的学科背景，他们把自己原来学科的研究习惯带到对组织的研究中了。例如，政治科学家马奇和西蒙（Marchand & Simon）关注的是制度设计和集体决策的问题；社会学家勃朗和斯科特（Blauand & Scott）关注的是权威结构和利益分配；心理学家 Katz & Kahn 关注的是个人福利与组群之间的关系；经济学家威廉姆森则关注交易成本理论。

关于多范式研究，有人（Jeffrey Pfeffer）主张范式的统一，认为研究视角的统一是提高学术影响力的重要源泉；有人（Burrell & Morgan，et al）主张范式多样化是有益的；也有人主张研究范式在多样性基础上进行整合。

2. 从单一文化研究到多文化研究

我们关于组织的认识主要来源于对现代美国组织的研究，这是不够的。霍夫斯坦德的跨文化研究体现了一种进步。目前，学术界的关注点不再局限于西方发达国家的组织现象，而呈现出从西方到东方、从北方到南方的总体趋势。

3. 从以当前为中心到注重纵向研究和历史研究

组织研究不再仅仅关注组织当前的状态，而是更多地了解组织的过去及其对现在的影响，其中较为知名的有制度学派和功能主义。

4. 从微观研究转向宏观单位和水平的研究

组织的边界不再是固定或稳定的。人们不再把组织看成封闭的系统，而是一个不断与外界环境进行交换的开放系统。

5. 从结构的研究到过程的研究

以前，人们认为组织是一个有边界的社会实体，它有能力采取自治行动。现在，人们认为组织是一个动态的系统，要生存就要适应，要适应就要改变。英国社会学家安东尼·吉登斯的建构主义理论对这一趋势的发展起了很大的推动作用。

6. 组织研究与文化研究之间的边界越来越模糊

这里的组织指的是劳动、技术和资源之间的理性合作，以便生产出资本主义市场上需要的产品或服务。文化指的是一个更加宽泛的结构和实践的领域。在这种领域里，社会意义被再生产、论争和变革。组织是社会中的一个个节点，而文化通过这些节点进行传播。有学者认为，对组织的研究和对文化的研究之间已经形成了一种融合，这种融合可能会对我们理解组织、变革组织做出贡献。

（来源：谢芳，2017）

第二节　组织结构

一、组织结构及其构成要素

（一）组织结构的概念

组织结构（organizational structure）是指组织内部的工作分配以及指导组织活动的协调、沟通、工作流程和正式权力的模式。组织结构在一定程度上反映了组织内部的文化与各种权力关系，是组织设计的重要依据。形成组织结构应具备两个必要条件：一是工作分配；二是工作协调。工作分配导致社会分工，使任务专门化，而工作协调则有利于维持组织内部工作节奏的和谐与统一。常见的工作协调机制主要包括非正式沟通、正式层级管理与标准化。非正式沟通通常比较适用于小规模组织的管理，它对于组织成员分享信息、形成共同的心理模型、维持工作活动的正常化具有重要作用。此外，由于非正式沟通手段的多样性与灵活性，它还是应对非常规情境的重要协调机制。正式层级管理是指将合法权利赋予个体，由权力执行者配置资源并指导工作进程。由于正式层级管理主要通过结构性较强的层层监督来协调工作，因此比较适合较大规模组织的管理，但是正式层级管理也存在一些潜在的问题。例如，一个管理者可进行有效监督的员工人数往往是有限的，而且有时命令链的层层传达不如员工间直接交流来得及时与准确。此外，这种等级森严、以权制人的管理方式容易受到那些崇尚自由的员工的质疑和挑战。标准化是指建立行为或产出的常规模式，其方法主要包括制定标准化工作流程、确立标准化任务目标以及执行标准化操作技能等。

（二）组织结构的构成要素

基于组织中的工作分配与工作协调机制，组织结构主要包括以下四个基本要素。

1. 控制幅度（span of control）

控制幅度是指在组织层级管理中直接向上级报告的下属的人数，它决定着组织内部层级的设置与管理人员的配备。根据控制幅度的规模与分布，可以将组织结构区分为纵高型（tall structure）与扁平型（flat structure）两类，如图 16.1 所示。纵高型组织内部分工明确、结构严密、等级森严、便于监管。但随着经济全球化的发展，纵高型组织结构的弊端已日益突显。而扁平型组织结构由于减少了组织层级，增大了控制幅度，因此能够有效节省组织的管理成本，提高上下层之间信息传递的效率，并有助于实现工作内容的丰富化，因此扁平型组织结构已为越来越多的组织管理者所采纳。

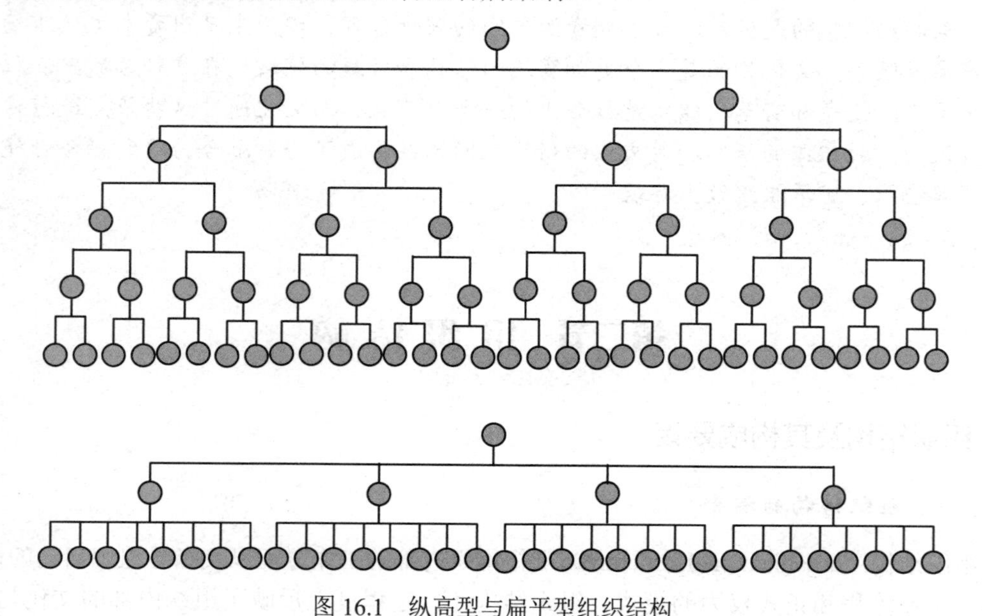

图 16.1　纵高型与扁平型组织结构

（来源：McShane & Glinow，2000）

2．集权化（centralization）

集权化是指在组织层级管理中由少数几位高层管理者掌控正式决策权。在组织建立之初，创建者通常会采取集权化管理，以确保组织的正常运作与目标的实现。在组织发展的关键时期，施行集权化管理也有助于增强领导者对组织事务的控制力。但是集权化所带来的权力过分集中问题也不容忽视；此外，随着组织的发展与壮大，工作活动的细化与业务范围的拓展往往会使领导者感到力不从心，因此与集权化相比，在应对组织内部发展与外部环境的复杂性方面，分权化通常更具有优势。所谓分权化（decentralization）是指将组织决策权散布于不同的层级。分权化管理若运用得当，则不仅能够弱化权力过分集中所造成的不利影响，而且能够调动下属的工作热情，减轻高层管理者的决策负担，促进权责结合。

3．正规化（formalization）

正规化是指通过各种规章制度、工作程序、正式培训等方式实现组织内部操作的标准化。由于采用了标准化的工作流程、任务目标及操作技能，因此正规化比较适用于常规工作的管理。但是，正规化管理也存在一些潜在问题。例如，严格规定的规章程序容易削弱组织活动的弹性，不利于应对瞬息万变的发展形势；此外，一些繁复的制度有时反而会影响组织效率。

4．部门化（departmentalization）

部门化具体规定了如何将员工及其工作活动归为一个组群。通常可以根据职能、产品或地理位置等因素对组织进行部门化管理。部门化管理是协调组织活动的重要机制，它有利于在组织内部确立监督指导体制，建立绩效考核系统，并且可以为员工提供更多非正式交流的机会。

资料 16-1

二、组织结构的基本类型

根据构成组织结构基本要素的特征，可以大致上将组织结构区分为两类：机械式结构（mechanistic structure）与有机式结构（organic structure）。机械式结构通常控制幅度较窄，高度集权化并且高度正规化，主要采取自上而下的信息交流模式；而有机式结构通常控制幅度较大，结构趋于扁平化，决策过程分权化，组织正规化程度较低，拥有全面完整的信息交流模式。机械式结构比较适用于稳定的常规性组织活动的管理。而在瞬息万变的今天强调信息共享，能够灵活应对环境变化的有机式结构往往更有利于组织的发展。具体地讲，组织结构主要包括以下四种基本类型。

（一）简单式结构（simple structure）

简单式结构是指正规化程度较低，但却高度集权化、控制幅度较大的“扁平化”组织。在组织建立之初，通常会采用这种结构方式。简单式结构具有灵活性较强、运营成本低、责任明确等优势，比较适用于小型企业组织，但是随着组织规模的扩大，其决策风险会增大，难以应对复杂环境，因此当组织规模发展到一定程度时，往往不再适用。

（二）职能式结构（functional structure）

职能式结构是指根据员工共同的专业知识、经验将其组织在一起的结构。绝大多数组织在其发展的某个时期或阶段都会采用职能式结构。职能式结构有利于培养员工的职业定向，便于管理者进行直接监督，此外，专业分工还有益于规模经济的产出，能够减少人员与设备重复配置等浪费现象。但是，职能式结构也存在一些局限性：根据共同兴趣或背景进行分组会加剧不同职能单元之间的分化，不利于各部门之间的协作与交流。此外，还往往容易出现员工过分追求职能目标而忽视组织整体利益的现象。因此，采用职能式结构时，管理者应注意针对这些问题进行必要的干预与协调。

（三）分部式结构（divisional structure）

分部式结构又称战略经营单位（Strategic Business Units，SBUs），是指由自我包容的自治单位构筑形成的组织结构，通常组织会根据地理位置、顾客群体或某项产出（产品或服务）来建立分部。与职能式结构相比，分部式结构具有更多自主权，分部经理全面负责本部事务，拥有充分的运营决策权，这有利于实现权责结合，易于进行绩效评估；此外，分部式结构还有利于包容与适应组织的发展，因此当组织发展到一定规模时，往往会采取这种组织结构设计方法。但是分部式结构也有其局限性。其最大的弊端在于容易造成活动与资源的重复配置，从而导致组织资源利用率降低，总成本上升。此外，各自相对独立、拥有较多自治权的分部之间还容易出现协作不力的现象。

（四）矩阵式结构（matrix structure）

如上所述，在组织结构设计中，职能式结构与分部式结构各有利弊。采用职能式结构能够有效地整合资源，但却缺乏对产品与市场需求的关注；采用分部式结构，虽然强调以产出为中心，但是却容易造成资源的重复配置与浪费。而矩阵式结构则试图整合这两种组织结构方式的优点，兼顾市场需求与资源优化配置的双重要求。

所谓矩阵式结构是指在传统纵向职能部门系统基础上结合横向产品部门系统形成的组织结构。在矩阵式结构中，通常将职能部门的员工指派到一个或多个项目组中，由项目经理来领导。矩阵式结构创造了双重命令链，员工需接受项目经理与职能经理的双重管理。矩阵式结构若能合理运用，既可以实现资源的优化配置，也能兼顾市场需求。此外，与职能式结构相比，矩阵式结构能够有效加强横向联系与协作，提高项目实施的灵活性，有利于激发员工的创新意识。但是，在矩阵式结构中，由于存在着双重领导，因此有时难以明确责任，而且容易诱发组织冲突，引发权力斗争。为了避免员工应对“一仆二主”状况的尴尬，项目经理与职能经理应经常保持沟通，并注意协调他们对员工提出的各种要求。

在实际组织结构设计中，除上述四种基本结构形式以外，还普遍存在着融合各种结构要素的所谓“混合式结构”（hybrid structure）。为确保组织的健康发展与效率，无论是哪一种组织结构，都应注意平衡其内部各部门之间的权力分配。

三、组织结构的新发展

随着信息技术的发展与劳动力队伍的变化，组织结构亦有新发展，出现了以下两种典型的新型组织。

（一）网络结构（network structure）

网络结构亦称组合式结构（modular structure），是指由若干组织联合以进行产品开发或提供服务的组织结构。通常在网络结构中存在着一个核心企业，其周围分布着一些卫星组织。核心企业经营其中某些关键业务，并负责协调各卫星组织之间的关系。目前，凭借先进的信息技术，可以在各个组织之间方便地实现基于网络的通信与协作。网络结构具有极强的灵活性，它使组织不再是一台一成不变的生产机器，而能根据环境变化的要求及时地进行调整。此外，网络结构采取业务外包的形式，有利于资源的整合利用，实现以较少资本推动大规模生产与经营。但网络结构也存在一些潜在的局限性。与传统组织结构相比，核心企业对组织的控制力不足，市场竞争容易导致成本加大，而组织所取得的创新成果也很容易被窃取。

资料 16-2

（二）团队型结构（team-based structure）

团队型结构是指主要以团队为基本工作单元来负责完成组织任务的结构模式。在团队型结构中，通常层级较少，正规化程度较低，工作团队本身具有较多的自主权。由于团队型组织赋予员工更多权责，因此能够激发员工的创新性与责任感，有利于增强组织活力

（Cross，Yan & Louis，2000）。此外，团队型组织还有利于冲破传统层级制度的界限，增进员工之间的交流与协作。但团队型组织的维系与发展需要花费较多的时间和精力，这便对管理者提出了更高的要求。鉴于团队型结构已经成为一种日益普及的组织形式，第三节我们将专门对其加以介绍。

【资料】

团队型结构的应用和优缺点

团队型组织以自我管理团队 SMT（Self-managed Team）为基本构成单位，使组织内部的相互依赖性降到了最低程度。惠普、施乐、通用汽车等国际知名的企业均采取了这种组织方式。

团队型组织的基本特征是：工作团队做出大部分决策，选拔团队领导人，团队领导人是"负责人"而非"老板"；信息沟通是通过人与人之间直接进行的，没有中间环节；团队将自主确定并承担相应的责任；由团队来确定并贯彻其培训计划的大部分内容。

团队式具有明显的优点：每个成员始终了解团队的工作并为之负责。此外具有很大的适应性，能接受新的思想和新的工作方法。但团队式也具有较大的缺陷：小组的领导人如果不能提出明确的要求，团队就具有模糊性；它的稳定性不好，经济性也差；团队必须持续不断地注意管理；最后，小组成员虽然了解共同任务，但不一定对自己的具体任务非常了解，甚至可能因为对别人的工作过于感兴趣，而忽略了自己的工作。

（来源：团队型组织结构[EB/OL].（2013-03-30）. https://wenku.baidu.com/view/38338ed16f1aff00bed51e2e.html?fr=search.）

第三节　组织中的团队

一、团队及其类型

（一）团队的概念

团队（team）是指由两人或多人组成的群体，其成员相互作用、相互影响，为实现特定的共同目标而承担相应责任。团队成员拥有共同目标，他们通过彼此间的相互依赖以及为实现共同目标而进行的合作紧密联系在一起。为了更好地分享信息与协调工作，团队内部需要各种有效的沟通渠道。

（二）团队的类型

组织中存在着多种类型的工作团队，常见的主要包括以下三类。

1．固定团队（permanent team）

固定团队通常负责组织中一组特定的任务。一个部门可能就是一个固定团队，但也存在着非团队取向的部门。在非团队取向的部门中，员工独自工作，并且单独对上级负责。员工们虽然聚集在一起，但他们之间缺乏联系，因此从严格意义上讲不能称之为团队。只有鼓励员工彼此之间不断进行直接信息交流以协调工作进程的部门，才是真正意义上的固定团队。

作为团队型组织的基础，自我指导工作团队（Self-Directed Work Teams，SDWTs）也属于固定团队。但与团队取向的部门不同，作为工作单元的自我指导工作团队是围绕着工作进程组织起来的，因此小组内部工作高度自治，较少需要上级的管理与监督（Amelsvoort & Benders，1996）。此外，自我指导工作团队的成员通常拥有多种互补性而非单一相似性的知识、技能与经验。

2．临时团队（temporary team）

临时团队通常负责执行组织中的一些短期项目或某些决策活动，如公司从不同部门中召集员工来开发一种新产品等。当下，企业为了灵活有效地在有限时间内完成某项工作或创造性地解决问题，普遍采用了临时团队的组织形式，将不同部门、不同公司具有不同知识技能的员工整合在一起，优化配置人力物力，目的是在有限时间内完成任务，达到绩效最优。临时团队动态、灵活的特点为组织核心能力及资源的快速整合提供了绿色通道，但同时也给临时团队的管理带来挑战（许科，赵来军，2012）。在组建临时团队时，组织应该在人力、物力、关系等资源方面给予支持，并且鼓励团队内部形成人性化、方便、快捷的氛围，提高团队成员快速相互信任和知识共享的效率（秦开银，杜荣，李燕，2010）。

【资料】

高效临时性团队的“四位一体”模型

通过理论研究与实践探索，学者认为临时团队应该围绕“四位一体”的构建模式开展建设，通过增强凝聚力、学习力、决策力与执行力等，团队应付多变复杂环境的能力能够快速提升。

1．凝聚力是基础

通过一系列的活动培养成员的团队意识、责任意识和危机意识，增强自信心，塑造团队文化氛围，提振团队士气，建立快速信任机制，快速建立成员彼此之间的信任感，提升团队的凝聚力。

2．学习力是核心

面对复杂多变的环境，只有提升团队动态学习能力才能打破固有的心智模式，开放心态，共享知识，创造性地解决问题。

3．决策力是关键

决策代表组织的发展方向，决策力的培养具有引领作用。为了做出正确的决策，首先要明确基本的决策原则是“民主集中制”，在方案讨论过程中要充分发挥大家的知识与技能的多样性与互补性优势，避免思维定式和个人决策的非理性，广开言路，在充分民主的基础上制订多个可行方案；其次要明确决策的流程，一旦决策全体通过，所有成员必须服从，并在执行过程中不能再提异议，以免影响团队士气，然而当环境发生明显变化时，可以开展新一轮的决策；最后是团队负责人要知识面广、经验丰富，并在决策中具有绝对权威。

4．执行力是保证

执行力是指有效利用资源、保质保量达成目标的能力，是把企业战略、规划、目标转化成为效益、成果的关键保证。

（来源：黄文富，2018）

3．虚拟团队（virtual team）

虚拟团队是指成员之间凭借电子科技手段跨越时空与组织界限进行沟通的团队。通过先进的电子科技，可以更方便团队执行任务，同时也能够超越时空限制组建优秀的临时团队来开发新产品或进行决策。

虚拟团队日益普及与发展的原因主要有以下四个方面：第一，科技的进步促进了虚拟团队的发展。各种新兴的通信手段（如 E-mail、视频会议、电子聊天室、内联网等）为虚拟团队的组建提供了技术支持。第二，工作任务性质的转变为虚拟团队的发展提供了可能性。传统的基于产品的任务开发通常需要员工集合在一起进行生产活动，而基于知识的工作往往并不要求员工聚集在一起，即使相隔很远，也可以通过信息技术手段进行协作。第三，全球化的发展趋势召唤新的团队形式。随着全球化的发展，跨国公司日益普及，不同地域的集团之间合作与联系越来越密切。而传统的团队形式无法有效地满足这种发展需要。第四，虚拟团队本身的优势是其发展的内因。虚拟团队的超时空特性更有利于知识的共享与使用，同时团队配合的方式可以有效地提高决策的质量。

总之，在组织管理中，团队已发展成为非常重要和普遍的工作单元。团队灵活多样的形式使其无论是在组织的常规工作中，还是在执行短期项目时，均能有效发挥作用。此外，凭借先进技术手段组建而成的虚拟团队在全球化发展趋势盛行的当今更是不可或缺的组织形式。优秀的团队在无须上级严格督管的情况下，可以高效协调其内部成员的工作，通过集思广益的合作方式，做出更富有创造性且更加可靠的决策。

但是，在团队中也存在一些潜在的问题。由于团队是需要花费时间与精力去发展和维护的，因此可能会出现得不偿失的过程损失现象①（process losses）；此外，在团队中还容易出现社会惰化现象（social loafing），人们在团队中工作时比单独工作时更不努力。因此，如何加强团队建设，提高团队效能，就成为当代组织管理的首要问题。

二、团队效能及其影响因素

（一）团队效能

团队效能（team effectiveness）是指团队实现其目标、满足其成员需要以及维持自身生存与发展的能力或有效性。衡量工作团队效能的首要标准是其组织目标的实现程度，其次应考虑成员的幸福感和满意度，此外还应考虑团队的生存能力，即维持成员对团队的组织承诺感，确保团队拥有一个优越的发展环境。

（二）团队效能的影响因素

图 16.2 给出了一个团队效能的模型。从中可以看出，影响团队效能的因素主要有以下三类。

① 过程损失是指团体交流过程中，导致无法达成最优解决方案的情况。因为要说服一个团体同意个体的观点会比较困难，当人们面临众多的反对意见和怀疑的观点时，个体将不得不保持沉默，然后眼睁睁地看着团体做出错误的决策，这就是过程损失。

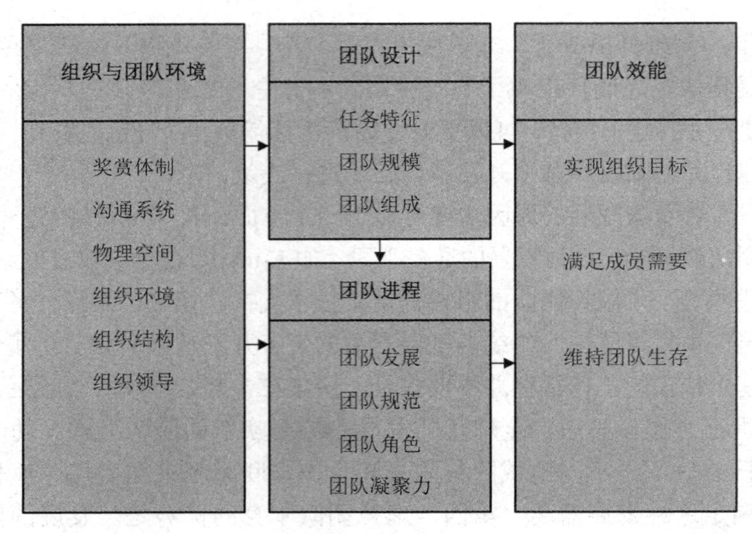

图 16.2　团队效能模型

（来源：McShane & Glinow，2000）

1．组织与团队环境

组织与团队环境因素通过作用于团队设计与团队进程间接影响着团队效能，它主要包括以下六个方面。

（1）奖赏体制。研究发现，将成员对团队的贡献作为论功行赏的标准之一往往更有利于团队的成长与发展。与个人奖励相比，采用固定工资与团队奖金相结合的奖赏体制，通常能够更加有效地激发团队的活力。

（2）沟通系统。沟通系统是影响团队成功的重要因素。不良的沟通系统要么会使信息不畅，缺乏反馈，要么会导致信息超载，无从应对。因此，无论是成员聚集在一起进行面对面交流，还是虚拟团队的工作方式，选择和运用恰当的沟通手段都是至关重要的。此外，团队的沟通系统还应与团队的任务和结构相适应。

（3）物理空间。合理布局的物理空间不仅能够促进成员之间的沟通，有时还会直接影响团队完成任务的速度与质量。研究发现，布局合理的物理空间有助于团队成员形成整体意识，对其所属团队产生一种自主感。

（4）组织环境。团队所处的组织环境会直接影响团队的工作。如果组织无法确保必要的资源，就会影响团队的生产力。在竞争性较强的环境下，当成员将团队合作视为保持竞争力的最佳策略时，他们往往能够更加紧密无间地进行合作。

（5）组织结构。鼓励和支持团队成员彼此之间不断进行直接信息交流，以有效协调工作进程的组织结构形式，有利于提高团队效能。这类组织结构赋予团队更多的自主权，能够增强成员间的沟通与联系。

（6）组织领导。团队需要组织领导者的不断支持。领导者可以通过调整各种环境因素（如奖赏体制、沟通系统、组织结构等）来扶持团队的发展，还可以适时地充当“缓冲器”，保护团队免受各种组织政治手段的侵害。此外，崇尚集体努力的企业价值体系是团队赖以发展的土壤，也需要领导者积极倡导和建立。

2．团队设计

如图 16.2 所示，团队设计中的结构性特征既会直接影响团队效能，也会通过作用于团队进程间接地影响团队效能。团队设计中的结构性特征主要包括以下三个方面。

（1）任务特征。明确规定的任务有助于团队成员迅速进入角色，而定义模糊的任务则需要耗费团队大量的时间来进行沟通以确定任务分工及方案。除任务的明确性以外，另一重要的任务特征是任务的互依性。团队非常适合执行互依性较强的任务，因为互依性较强的任务能够激发团队成员一起工作的责任感，而团队配合的工作方式也有利于成员之间的协作。

（2）团队规模。最佳团队规模取决于多种因素。确定团队规模的基本原则是团队应有足数的成员以确保任务的顺利完成，在此前提下，团队规模应尽可能小，以使每个成员都能积极投入团队活动，保持有效的合作与协调。控制团队规模可以缓解前面提到的社会惰化现象，使每个成员的贡献能够清晰地展现出来。因此，很多成功的企业都采用了小团队协作的工作方式。

（3）团队组成。在团队组建之初，企业就应设法采取各种措施（如挑选具有团队意识的员工、集中培训、建立基于团队的奖赏体制等）以确保员工具备必要的合作动机与能力，使成员意识到合作的重要性和有效性，培养员工的协作能力，如良好的情绪智力和管理冲突的技巧等。

除关注员工的合作动机与能力以外，团队组成还应考虑其成员的多样性问题。根据团队成员的特征，可以将团队区分为同质性团队（homogeneous team）与异质性团队（hetero-geneous team）。同质性团队是指由具备相似技术专长、种族特性、经历或价值观念的成员组成的团队，而异质性团队是指其成员具有多样化的人格特征及背景的团队。同质性团队往往比较适合需要高度协作的任务，而异质性团队则适用于应对复杂的项目或需要创造性解决方案的工作。

3．团队进程

如图 16.2 所示，影响团队效能的团队进程主要包括以下四个方面。

1）团队发展

团队发展需要过程，在此期间，团队成员必须互相了解、领会各自的角色、发现恰当以及不恰当的行为并学会协作。新成员不断加入和旧成员不断离去，使团队始终处于不断变化的过程之中。如图 16.3 所示，图克曼（Bruce Tuckman）关于团队发展的五阶段模型形象地描述了团队这种递进演变的过程（图中虚线部分表示随着新成员的加盟或其他因素的影响，团队发展可能会出现暂时倒退的现象）。这五个阶段具体如下。

（1）形成阶段（forming）：团队发展的第一个阶段。在这一阶段中，成员尝试着互相了解，衡量作为团体一员的获益和代价。在这个阶段，成员通常会表现得比较有礼貌，乐意遵从现有领导者的权威与规则，并尽力去适应团队。

（2）爆发阶段（storming）：在团队发展的爆发阶段，成员往往会主动出击去担当某种角色，由于竞争经常会出现人际冲突。这是团队发展过程中比较脆弱的阶段。在这一阶段中，团队成员开始慢慢厘清各种角色的特定要求，并且开始认同承担角色的人选。

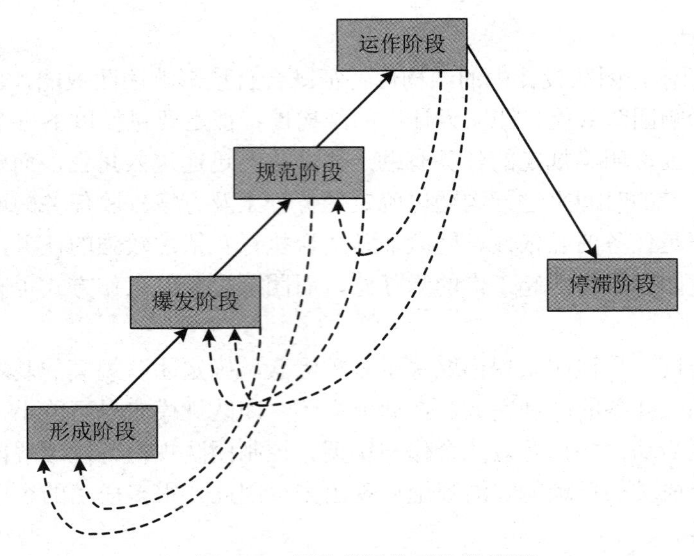

图 16.3　团队发展的五阶段模型

（来源：McShane & Glinow，2000）

（3）规范阶段（norming）：在团队发展的规范阶段，角色确立并且围绕团队目标的意见逐步统一。成员形成了相对一致的心理模型，而这种共同的预期和设想有利于他们之间更加积极有效地进行互动，推动团队进入下一个发展阶段。

（4）运作阶段（performing）：在团队发展的运作阶段，其重心由确立和维系关系转变为实现目标。团队强调以任务为中心，为完成任务而努力。在这一阶段中，团队成员已能较好掌握积极进行协作和解决冲突的方法。

（5）停滞阶段（adjourning）：由于各种原因，如项目结束、人员调离、成员辞职或被解雇等导致团队解体。

2）团队规范

团队规范是指团队用于约束其成员行为的非正式规则与期望。团队规范通常被用来管理对团队比较重要的成员行为，如共享资源的办法、接待客户的方式等。有些团队规范与组织目标一致，而有些团队规范则与组织目标相冲突。

成员遵守团队规范的动力主要来源于三个方面：① 同事的压力，不符合团队规范的行为往往会遭到同事的抵触甚至排斥；② 高层领导的强化，上级的表扬或奖励会直接强化规范的执行；③ 成员对团队的认同，成员往往会自觉遵守通行的规范，因为他们认同团队，希望自己的行为能够与团队所推崇的价值观念保持一致。

影响团队规范形成的因素主要有四个方面：① 团队中发生过的重要历史事件，如一些灾难性事故能够加强安全操作规范的执行；② 团队形成不久发生的事件，团队成立之初成员之间的交互方式会对他们将来的行为模式产生深远的影响；③ 团队成员的认知，若团队成员意识到某种行为能够帮助他们更加有效地行使职责，维持团队的生存，则有助于这种行为规范的确立与执行；④ 团队成员自身的信念与价值观，每一个成员先前的经历及其观念一经带入团队中，便会影响团队规范的形成与执行。

虽然许多团队规范根深蒂固，但有时却需要矫正和改变。改变团队规范的途径主要有：① 以绩效为导向，采取公开讨论的方式筛选并推行有效的团队规范、纠正无益的规范；② 挑选能够有效贯彻规范的成员，并积极发挥他们的影响力；③ 必要时解散并重新组织新的团队。

3）团队角色

团队角色是指团队中处于某一位置上的人所应履行的一套行为。通常每个团队成员都会具有多种正规角色，这些角色规定着成员应达到的目标以及应负责的事务等内容，引导他们从事各种与任务相关的行为活动。在一定程度上讲，成员完成工作任务的绩效取决于他们对自身角色的认知，即角色知觉。当出现角色模糊、角色间冲突或个人—角色冲突时，这些正规角色往往会给个体造成压力。

除了各种正规角色外，在团队中还存在着各种成员自愿承担的角色以及随时可以发生互换的非正规角色。无论是哪一类角色，其关键在于成员应能尽职履行角色所承担的责任以确保团队能够正常运作。

4）团队凝聚力

团队凝聚力是指团队对其成员的吸引力以及激励他们甘愿成为团队一员的程度。团队凝聚力是影响团队成功与否的重要因素，它像胶水一样黏结着团队成员，以确保每人都能各尽其责。凝聚力更多的是一种情感体验，而不仅是利益得失的计量。只有当团队成员真正认同团体的理想和信念，形成强烈的团体归属感时，凝聚力才可成为紧密联结个人与集体的纽带。

任何一个团队要想生存下去，必须具备一定的凝聚力。与低凝聚力的团队相比，凝聚力较强的团队其成员往往会利用更多的时间在一起分享信息，进行互动交流。他们彼此体谅，互有好感，人际关系和谐，因此很少会发生冲突。即使有冲突，他们往往也能及时有效地解决问题。在面临压力时，成员之间也能彼此照应、相互支持。由于拥有良好的协作环境，因此当团队规范与组织目标一致时，凝聚力较强的团队通常能够取得较好的任务绩效。

影响团队凝聚力的因素主要包括以下六个方面。

（1）成员相似性：尤其是在团队发展的早期阶段，具有相似背景的同质性团队较之多样性的异质性团队通常更易产生较强的凝聚力。因为与彼此相似的人沟通会强化自身的价值观念，稳定自我同一性。此外，同质性团队成员往往容易就团队目标、实现方法以及团队规范等重要问题达成一致，这会进一步增进成员间的信任，减少冲突的发生。但是，在很多情况下，团队需要面对复杂的任务或需要创造性地解决问题，这时异质性团队往往更为高效。因此在组织管理中，应注意权衡成员相似性所带来的利弊。

（2）团队规模：小规模的团队通常更易产生较强的凝聚力，因为人数较少更便于协作，容易达成一致。但这并不意味着人数越少越好，因为那样难以保证完成既定的任务。因此，比较有效的方法是在确保任务顺利完成的情况下，尽量精减人员。

（3）成员的互动：当团队成员直接互动的机会较多时，有助于团队形成较强的凝聚力。直接互动强调面对面的交流，而单凭网络进行远程沟通，会使成员产生离群索居、孤军奋战的感觉，不利于团队产生深厚的凝聚力。

（4）加盟的难度：如果加盟一个团队稍微有些难度，那么这个团队通常会对其成员产生较强的凝聚力。但是如果难度过大，结果往往会适得其反。适当的加盟难度有助于团队树立威望，增强团队的吸引力。与此同时，由于自身也有过类似的经历，因此团队中的老员工往往也会乐于帮助那些刚刚“过五关、斩六将”的新员工。

（5）团队的成功：随着团队不断取得成功，其凝聚力会得到增强。成员在团队的成功中可以获得更强的社会同一性，并且增强对团队未来发展的信心。因此，向成员宣布并庆祝团队的胜利有助于振奋人心，提高团队的凝聚力。

（6）外部竞争与挑战：当面对外部竞争或具有挑战性的任务时，团队的凝聚力会得到加强。这既包括来自于外部竞争对手的威胁，也包括与组织内部其他团队之间进行的“友谊赛”。总之，各种竞争与挑战能够使团队成员紧密团结在一起，寻求协作与社会支持，以实现团队目标。当然，外部竞争也不宜过盛。研究发现，若竞争压力过大，虽然团队凝聚力在提升，但团队的工作效率仍会有所下降。

资料 16-4

三、团队建设

团队建设是指旨在增进团队发展与改善团队机能的各种正式活动，它既适用于新建团队，也适用于在团队发展过程中出现倒退现象的老团队。优质的团队建设活动能够促进团队发展，增强团队凝聚力。

（一）团队建设的活动

常见的团队建设活动主要包括以下四种。

1．角色定义

角色定义的主要目的是检查团队成员之间的角色期待，并使他们明确将来各自应履行的角色责任。通常，团队成员先各自描述一下对自身角色的认知以及对他人角色的期待，然后基于这种角色知觉的讨论，成员修正并完善各自的角色。

2．人际互动

人际互动的主要目的是通过消除潜藏的误解以使团队成员之间建立真诚互信的沟通环境。人际互动活动通常会为团队设计一个特殊的挑战（如野外探险等），通过让成员在陌生情境下解决各种问题来了解彼此的长处和缺点，发现良好人际关系对于他们潜能发挥的重要作用，使他们深刻体会到信任和尊重对团队协作的必要性。

此外，还可以通过对话的方式增进团队成员之间的相互了解，通过团队成员之间正式或非正式的交谈来加强沟通，在了解各自基本设想与心理模型的基础上建构团队共同的思维模式。

3．目标设置

目标设置的主要目的是使团队成员明确团队的绩效目标，增强团队实现目标的动机，并就团队成员的操作绩效建立有效的反馈机制。研究发现，目标设置是团队建设中很重要的一个维度。

4. 问题解决

问题解决的主要目的是检查团队中与任务相关的各种决策活动，并设法使其更有效。有些团队通过参加一些模拟游戏来提高解决问题的技巧，通过在假设的情境下进行各种决策活动，不仅有助于团队成员提高决策本领，还可以完善人际互动过程。

（二）团队建设应注意的问题

随着团队在组织中的普及，团队建设活动也越来越普遍。但是如果应用不当，团队建设活动将无法体现其应有的价值。因此，进行团队建设时还应注意以下四个方面的问题。

（1）对症下药：开展团队建设活动的误区之一是预先没有把握好团队的真正需要。上述四种团队建设活动服务于不同的目的，并没有适合所有团队所有情况的灵丹妙药。因此，在组织团队建设活动时，必须考虑团队的类型与需要。

（2）不断强化：团队建设活动不是“预防疫苗”，不能一蹴而就。团队建设是伴随团队成长和发展的一个不断前进的过程，一些训练项目之所以失败就是因为缺乏必要的后续措施，无法持续发挥项目的作用。

（3）学以致用：团队建设活动的宗旨是服务于团队发展。因此，应鼓励团队成员在实际工作中积极进行反思，将在各种训练活动中获得的体会和领悟有机地融入工作中，为团队发展贡献力量。

资料 16-5

（4）寻求平衡：团队建设活动可能会导致其成员过分地效忠所属团队。而这种倾向虽然能够有效地增强团队内部的凝聚力，但同时也会成为诱使团队与组织中其他部门之间发生冲突的潜在因素。

本章小结

1. 组织是指人们为实现特定目标相互依赖、彼此协作而形成的机构或团体。它是社会生活的基本单元，是联系个人和社会的桥梁和纽带。

2. 组织结构是指组织内部的工作分配以及指导组织活动的协调、沟通、工作流程和正式权力的模式。形成组织结构的两个必要条件是工作分配与工作协调。

3. 组织结构主要包括控制幅度、集权化、正规化与部门化四个基本要素，其基本类型主要有简单式结构、职能式结构、分部式结构与矩阵式结构。随着信息技术的发展与劳动力队伍的变化，出现了网络结构、团队型结构等新型组织。

4. 团队是指由两人或多人组成的群体，其成员相互作用、相互影响，为实现共同目标而承担相应责任。组织中常见的工作团队有固定团队、临时团队和虚拟团队。

5. 团队效能是指团队实现其目标、满足其成员需要以及维持自身生存与发展的能力或有效性。影响团队效能的因素有组织与团队环境、团队设计和团队进程。

6. 组织与团队环境因素通过作用于团队设计与团队进程间接影响着团队效能，它主要包括奖赏体制、沟通系统、物理空间、组织环境、组织结构和组织领导。

7. 团队设计中的结构性特征既会直接影响团队效能，也会通过作用于团队进程间接地影响团队效能。团队设计中的结构性特征主要包括任务特征、团队规模和团队组成。

8．同质性团队是指由具备相似技术专长、种族特性、经历或价值观念的成员组成的团队，它往往比较适合需要高度协作的任务；异质性团队是指其成员具有多样化的人格特征及背景的团队，通常适用于应对复杂的项目或需要创造性解决方案的工作。

9．影响团队效能的团队进程主要有团队发展、团队规范、团队角色和团队凝聚力。团队发展大致经历形成、爆发、规范、运作和停滞五个阶段。

10．团队凝聚力是指团队对其成员的吸引力以及激励他们甘愿成为团队一员的程度。影响团队凝聚力的因素主要有成员相似性、团队规模、成员的互动、加盟的难度、团队的成功以及外部竞争与挑战。

思考题

1．试述现代组织理论的主要思想。

2．试述你对组织生命周期的理解。

3．结合组织发展的相关知识，联系实际谈谈我国大中型企业组织发展的趋势。

4．结合管理实践，谈谈团队建设应该注意的问题。

5．结合自身经验，谈谈如何建设一个高绩效团队。

案例讨论

京东的组织变革之路

2019 年第二季度，京东实现了净收入 1503 亿元人民币，同比增长 22.9%，增幅远超华尔街预期；本季度经营利润达到 23 亿元人民币。业绩强劲增长的背后是组织架构调整见效、下沉市场成效显著的体现。

1. 十大事业部转变三大事业群

2018 年 1 月，京东商城组织架构调整，将十大事业部变为三大事业群。生鲜事业部、消费品事业部、新通路事业部上升为大快消事业群；家电事业部、3C 文旅事业部、全球售业务部上升为电子文娱事业群；居家生活事业部、时尚事业部以及 TOPLIFE、拍拍二手业务部上升为时尚生活事业群。分别由王笑松、闫小兵、胡胜利出任各事业群总裁，直接向刘强东汇报事业群的相关问题，而原有的事业部负责人直接向三位事业群的总裁汇报。

2018 年 7 月 16 日，京东商城宣布实施轮值 CEO（首席执行官）制度，由京东集团 CMO（市场总监）徐雷兼任首任京东商城轮值 CEO，向京东集团 CEO 刘强东汇报，三大事业群总裁向徐雷汇报。

2. 前台、中台、后台三部曲

历经数年的沉淀，京东在自身的系统中，是一块完全个性化、无法复用的拼图，而积木型组织必然要求对接客户的前端组织能够敏捷响应需求，因此位于前端与后台之间的“中台”便至关重要。

在此次组织架构调整中，前台、中台、后台部门分别细分出更多的条线和负责人。根据调整细则，京东前台部门主要围绕C端和B端客户建立灵活、创新和快速响应的机制。新成立了平台运营业务部和拼购业务部，整合生鲜事业部并入7 Fresh，另外还包括新通路事业部和拍拍二手业务部。京东中台部门主要是通过沉淀、迭代和组件化地输出可以服务于前端不同场景的通用能力，不断适配前台。事业群按业务模式和业务场景调整为3C电子及消费品零售事业群、时尚居家平台事业群、生活服务事业群，另外，中台研发调整为技术中台和数据中台两个部门，商城用户体验设计部服务和支持所有部门的业务也属于中台属性。京东后台部门主要是为中台和前台提供保障和专业化支持，包括为整个商城提供基础设施建设、服务支持与风险管控的职能。

京东组织架构调整是必然趋势。在经历了超过十几年的高速发展之后，整个行业正在迎来巨变。对于人口红利的消失要更加精细化地满足客户需求、技术和商业模式的演进需要，要持续不断地创新，针对竞争环境的变化需求更加敏捷和灵活地响应。关于未来布局，其思路可总结为突破与裂变两块。所谓突破，是指在现有零售生态中扩展用户与业务，这也是当前京东零售集团向下沉市场、向社交电商等分支发展的轨迹；裂变则是全新的脉络，涉及技术、物流、数字科技等领域的对外拓展与输出。

（来源：网经社，2019）

讨论问题：

1．为什么说“京东组织架构调整是必然趋势”？

2．京东组织变革的过程中可能会遇到哪些问题？需要用哪些方法来解决这些问题？

参考文献

[1] 黄文富．临时高效能学习型团队建设[J]．现代企业，2018（6）：26-27.

[2] 韩晶，朱兆一．华为组织结构运行机制对国企的借鉴[J]．人民论坛，2019（34）：28-29.

[3] 刘延平．组织理论代表人物评析[M]．北京：经济科学出版社，2010.

[4] 钱焱，刘洪．论构建临时团队的快速信任机制[J]．南京师大学报（社会科学版），2007（3）：71-75.

[5] 秦开银，杜荣，李燕．临时团队中知识共享对快速信任与绩效关系的调节作用研究[J]．管理学报，2010，7（1）：98-102.

[6] 邱泽奇．在工厂化和网络化的背后：组织理论的发展与困境[J]．社会学研究，1999（4）：1-25.

[7] 谢芳．组织理论的回顾及其发展趋势[J]．北京石油管理干部学院学报，2017，24（1）：71-73.

[8] 许科，赵来军．临时团队成员内群体认同对合作行为的影响：一个被调节的中介模型[J]．软科学，2012，26（10）：116-120.

[9] 张晓玲．专访万科总裁郁亮：拥抱互联网新常态 万科组织结构谋变[N]．21世纪经济报道，2014-09-30.

[10] 张承耀．两只眼睛看企业 企业管理与管理企业[M]．广州：广东经济出版社，2001．

[11] AMELSVOORT P V, BENDERS J. Team time: A model for developing self-directed work teams[J]. International Journal of Operations & Production Management, 1996, 16(2): 159-170.

[12] CROSS R L, YAN A, LOUIS M R. Boundary activities in 'boundaryless' organizations: A case study of a transformation to a team-based structure[J]. Human Relations, 2000, 53(6): 841-868.

[13] Mcshane S L, VON GLINOW M A. Organizational behavior[M]. Boston, MA: McGraw-Hill, 2000.

第十七章 组织气氛和士气

学习目标

- 理解组织气氛的内涵
- 了解组织权力的来源
- 理解组织政治及其影响因素
- 掌握冲突处理的办法

引例：成就高效团队的沃尔玛和谐文化

沃尔玛从一家不起眼的小店发展成为当今世界上最大的零售企业，有其独特的经营之道。约翰·科特在进行企业文化与企业业绩关系的研究中惊奇地发现，沃尔玛这家服务性公司在企业文化力量方面平均得分值排名第一，而与此同期的企业经营业绩增长指数排名也位居前列，排名第二。在众多成功因素当中，沃尔玛的文化和因其文化而聚集的团队起了首屈一指的作用。在美国管理界，沃尔玛被公认为是最具文化特色的公司之一，最适宜工作的公司之一。可以说，沃尔玛文化打造的团队是沃尔玛其他战略得以成功实施的肥沃土壤。

毋庸置疑，在今天的新经济环境下，和谐的组织文化对团队的成功、成就高效团队具有举足轻重的意义。音乐需要和谐，才能悦耳动听；美术需要和谐，才能赏心悦目。同样，一个组织需要和谐的组织文化，才能高效。

（来源：团队文化：团队管理的灵魂[EB/OL].（2013-08-03）. http://manage.nlp.cn/2013-08-03/75310.html.）

科学的组织结构和优秀的工作团队是组织发挥效能的物质前提和基础。但是仅有这些是远远不够的，还需要尽可能营造良好的组织气氛和士气。虽然它看不见、摸不着，但却真真切切地影响着组织或组织中的每个个体。如果说组织结构是组织的硬件的话，那么组织气氛和士气则是组织的软件。本章将对影响组织气氛和士气的几个重要因素进行详细分析。

第一节 组 织 文 化

一、组织文化的概念及构成要素

组织文化（organizational culture）是指支配组织成员在面对问题和机遇时进行思考和行动的共同设想、价值观以及信念的基本模式。它是规范组织行为的一种无形力量，是影响组织气氛和士气的重要因素。如图 17.1 所示，这些共同设想属于组织文化中最深层的部分，是组织成员思考和行动赖以产生的基本前提和假设，它们常常会以无意识的方式对人们产生不容置疑的影响。其中，信念代表着人们对于现实的认知和领悟，而价值观则是指比较稳定和持久的态度，它有助于人们对各种思想和行为进行价值判断。总之，作为组织文化的基本要素，共同设想、价值观、信念与态度通常潜伏在外显的组织行为背后，虽然不容易被直接观察，但它们的影响无处不在。

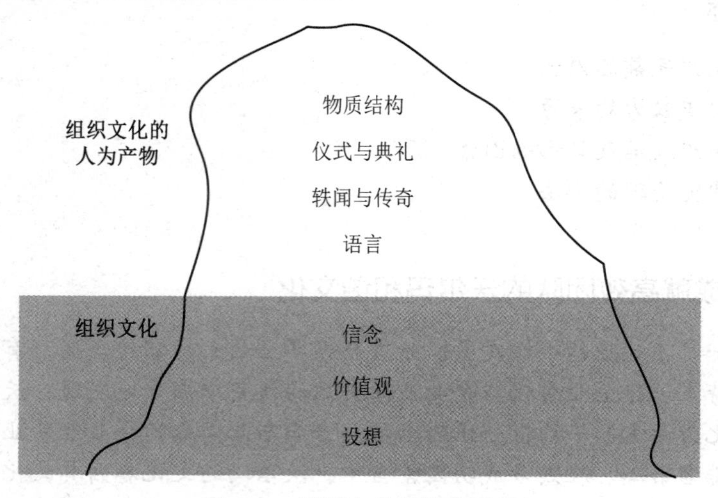

图 17.1　组织文化的构成要素

（来源：McShane & Glinow，2000）

为了理解组织文化的内涵，通常需要解读它的人为产物（artifacts），即通过表征组织文化的具体符号和标志来间接地理解其本质，解读组织文化的人为产物主要有组织语言、组织轶闻与传奇、组织仪式与典礼、组织的物质结构等。组织语言包括组织内部的流行语、称谓方式、领导者的口号与比喻说法等。组织轶闻与传奇记录着组织成员在某一特定情境下的具体反应，可以为其他组织成员充当示范榜样或反面教材。当组织轶闻与传奇真实可信，并且在组织内部广为流传时，能够有效地发挥传播组织文化的功能。组织仪式是指生动体现组织文化的日常组织生活的常规和惯例，而组织典礼则是指正式的仪式，如为表彰优秀员工举行的表彰会以及为庆祝新产品发布举行的庆功会等。组织的物质结构包括组织建筑的外观和风格、内部装饰和布局以及各种工作用品，如服装、信封等的标志。通过这些人为产物，可以感知、理解和解读组织文化。

通常所说的组织文化是指被绝大多数组织成员接受的主流文化（dominant culture）。相对于这种主流文化，在组织的不同部门、区域和群体中还存在着各自相对独立的亚文化（subculture）。有些亚文化支持主流文化所倡导的核心价值观，而有些亚文化则与其背道而驰，后一种亚文化通常被称为反文化（counterculture）。反文化容易在员工中造成混乱和迷惘，甚至引起矛盾和冲突，但正是由于它的存在，使组织的主流规则受到质疑和监督，经常被评判或评估，这在一定条件下能够为组织文化的发展提供动因。

资料 17-1

组织文化结构可以分为三个层面：精神层、制度层和物质层。精神层是组织文化的最深层结构，是组织文化的核心，包括了组织精神、管理哲学、组织道德、组织价值观和组织风貌等，阐释的是组织存在的意义。制度层是具有组织文化特色的规章制度、道德规范和职工行为准则的总和，包括组织规定、组织纪律等，目的是为了规范和统一员工的行为，达成组织的具体目标（樊耘，顾敏，汪应洛，2003）。物质层是组织文化的生产经营过程和产品的总和，还包括实体性的文化设施。

二、组织文化的功能

文化中蕴涵着力量，创造并维持一种适宜的组织文化是许多企业成功的秘诀。组织文化的功能主要表现在以下五个方面。

（一）导向功能

组织文化的导向功能体现在两个方面：一是引导组织成员的思想和行动；二是指导企业整体的价值取向和行为。

（二）约束功能

作为一种深入人心的社会控制形式，组织文化深刻地影响着其成员的决策与行为。

（三）凝聚功能

共有的设想、价值观及信念将组织成员联结在一起，形成团结一致的整体。

（四）激励功能

组织文化激发组织成员从内心产生一种高昂情绪和奋发进取的精神。

（五）辐射功能

良好的组织文化不仅会对组织成员产生影响，而且通过各种渠道向社会传播和扩散。

什么样的组织文化才能发挥上述五种功能呢？首先需要考虑的是组织文化的强度。当主流价值观念深入人心且长期被绝大多数成员支持和接受时，可以称其为强文化（strong culture）；相反，若主流文化持续时间较短、尚未被多数人所接受，只有管理层少数人倡导和支持，那么就可称其为弱文化（weak culture）。强文化对员工的影响大，但其是否有利于组织发展，还取决于组织文化的匹配性。只有当组织文化的内容与组织所处的环境相匹配时，强文化才能够有效地促进组织绩效和组织发展。如果是一种错误的或与组织环境不匹配的文化，那么它不仅不能促进组织发展，还会阻碍组织的发展。此外，由于组织所处环境是不断变化发展的，因此组织文化也不能一成不变，而应该具有适应性。只有不断关注环境中发生的变化，并且鼓励创新以紧跟变化节奏的适应性文化，才会更有利于组织发展。

资料 17-2

三、组织文化的冲撞与融合

在组织合并和重组过程中，预先考察两个或多个企业在组织文化上的兼容性，在此基础上采取有效实现组织文化融合的策略，对于组织合并或重组的质量及合并或重组后的管理是至关重要的。核心价值观截然对立的企业合并后往往会发生组织文化的冲撞，影响组织发展，因此有必要采取一定的措施来尽量减少文化冲撞带来的负面影响。研究者们在大量研究和总结实践经验基础上，提出了实现组织文化融合的四种策略，具体如下。

资料 17-3

（一）同化（assimilation）

同化是指收购方利用自身强大的文化优势消化被收购方文化，使被收购方员工自愿接受收购方的企业文化价值观。很显然，当被收购方原有的组织文化较弱，而收购方的组织文化比较强大且目标指向明确时，比较适合采取和实施同化策略。通过同化来实现组织文化融合不太会发生剧烈的文化冲撞，因为被收购方原有的文化不会产生太多阻碍，而员工本身也希望能够找到一种更好的选择。

（二）去文化（deculturation）

去文化是指收购方通过将自身的文化价值观强加于被收购方的员工来实现组织文化的融合。若被收购方原有的组织文化严重阻碍合并后的企业发展，则有必要采取去文化的策略。但去文化策略往往难以奏效，有时甚至会适得其反，因为这种文化入侵的方式容易遭到被收购方员工的抵制，严重延缓和干扰企业的并购过程。

（三）整合（integration）

整合是指联合两种组织文化，将其合成为一种崭新的、兼具先前各自优势的复合型文化。当双方原有的文化特征具有一定的共通性，且双方都意识到各自现有的文化本身存在一些问题，愿意采纳一套新的、更加有效的文化价值观时，整合策略最为有效。但是整合的过程比较缓慢，而且由于保守势力的存在，往往危机四伏。

（四）分离（separation）

分离是指合并双方达成一致，在文化或组织活动方面保持各自相对的独立性。当双方行业不同，而不同行业所要求的最适宜的文化价值观也不尽相同时，比较适合采用分离策略。然而，由于收购方总想控制决策权，因此很少有被收购方能够长期保持不受干扰的独立状态。

四、组织文化的巩固与发展

无论是实现组织文化的融合，还是重塑组织现有的文化价值观，组织领导者都必须了解巩固和发展组织文化的策略。如前所述，诸如组织语言、组织轶闻与传奇、组织仪式与典礼、组织的物质结构等人为产物能够有效地传播组织文化，因此在改变组织文化的过程中，应注意充分发挥人为产物的表征作用，通过消除旧的人为产物、引进和推行新的文化象征来巩固和发展组织文化。针对组织文化的巩固与强化问题，研究者们总结了以下五种有效的方法。

（一）通过创始人与继任领导者的行为活动

创始人是组织文化的开创者，他们在创立组织的同时也架构了支持其个人文化价值观的体系，创始人为组织打造的文化烙印往往会在相当长的时间里伴随着组织的成长与发展。除此之外，继任领导者的行为活动同样也会影响组织文化的巩固与发展。变革型领导通过传达和实践他们对于未来的构想进一步巩固和发展组织文化，这不仅需要口头鼓吹，更需要倾力而为。

（二）推行与组织文化一致的奖赏体系

具有不同组织文化的企业往往会采取不同的奖赏体系，而与组织文化一致的奖赏体系能够有效地巩固企业的组织文化。例如，为了发扬企业员工的主人翁精神，采用股票期权来激励优秀员工，通过让员工入股，使他们感受到自己是企业的一分子，个人利益与企业利益休戚相关，这样就可以进一步强化企业所倡导的组织文化精神。

（三）维持稳定的员工队伍

组织文化植根于每个员工的头脑中，组织轶闻通常是口耳相传，很少被正式记录下来；而在正规的程序手册中也很难找到组织仪式的具体规程。因此，维持相对稳定的员工队伍有助于传播和巩固组织文化。若组织内部大规模裁员或员工大量流失，则无形之中会削弱组织文化的力量；相反地，若组织在短期内迅速扩充人员或兼并大量企业，由于新进员工需要时间来理解和接受企业的组织文化，因此也不利于组织文化的巩固。鉴于此，可以通过适当调节员工增长率、解决人员流失问题来保持已有的组织文化。

（四）管理文化的传播网络

组织文化是通过学习不断获得的，因此建立有效的文化传播网络对于巩固和发展组织文化是非常必要的。传播组织文化的渠道主要包括正式传播途径（如公司的例会、内部刊物、企业内联网等）和非正式传播途径（如传播小道消息、员工私下交换意见等）。管理者应积极进入各种传播网络，创造机会与员工分享组织轶闻，实践组织仪式，宣扬企业精神。

（五）挑选员工并对其进行组织社会化

挑选与企业组织文化相匹配的员工并对其进行组织社会化，也是巩固组织文化的有效途径之一。良好的个人—组织匹配度有利于员工将来对组织环境的适应和接纳，同时也可以提高员工的工作满意度和组织忠诚度。组织社会化是指组织成员领悟胜任本职工作所必需的价值观念、行为表现以及社会知识的过程。理解并接纳企业文化所倡导的价值观是组织社会化活动的重要组成部分，它不仅影响员工将来的职业发展，也会影响企业组织文化的巩固与稳定。

第二节 组织权力

一、组织权力的概念

组织权力（organizational power）是指个体、团队或组织所拥有的影响他人的潜在能量。权力并非改变他人态度或行为的具体行动，而是可以实施这些行动的潜在力量。它是组织发挥作用、行使职能的重要方式和根本保证，是影响组织气氛和士气的重要因素。在很多情况下，拥有某种权力的人不知道自己拥有这种力量，因而并未行使自己的权利，而受对方影响的一方也可能不知道对方拥有的力量，因而没有表现出敬畏或服从的态度。所以，权力产生的前提是一方或双方意识到对方的存在，特别是一方意识到他有赖于另一方提供某种有价值的资源。

由于专门化分工的普遍性和资源的有限性，在组织中遍布着各种相互依存的权力关系，所以组织权力可以说是组织与生俱来的一部分。在权力关系中，除了强势方会对弱势方产生影响外，弱势方同样会对强势方产生一种反权力作用（counterpower）。只有在权力和反权力的共同作用下，才能有效地维系双方的互动。例如，在图 17.2 中，个人 A 对个人 B 拥有权力，属于权力关系的强势方，因为他不仅可以通过人际互动影响个人 B，还可以直接干预个人 B 目标的实现，而个人 B 虽然不能干预个人 A 目标的实现，但是可以通过人际互动实现自己的反权力作用。

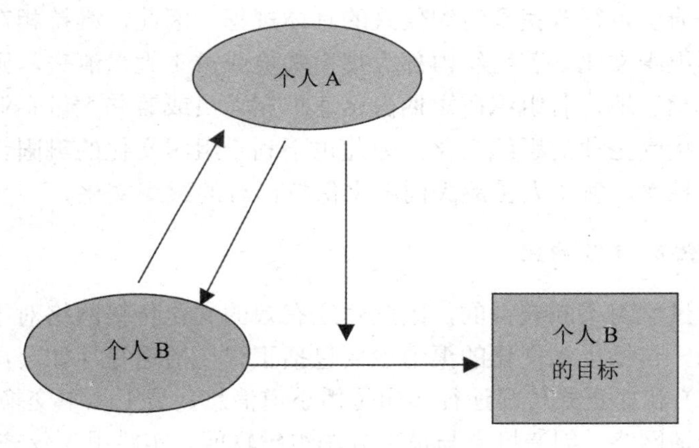

图 17.2 权力关系模型

（来源：McShane & Glinow，2000）

二、组织权力的来源和影响因素

图 17.3 给出了一个组织权力产生机制的模型，从中可以看出权力的不同来源及影响权力产生作用的一些因素。

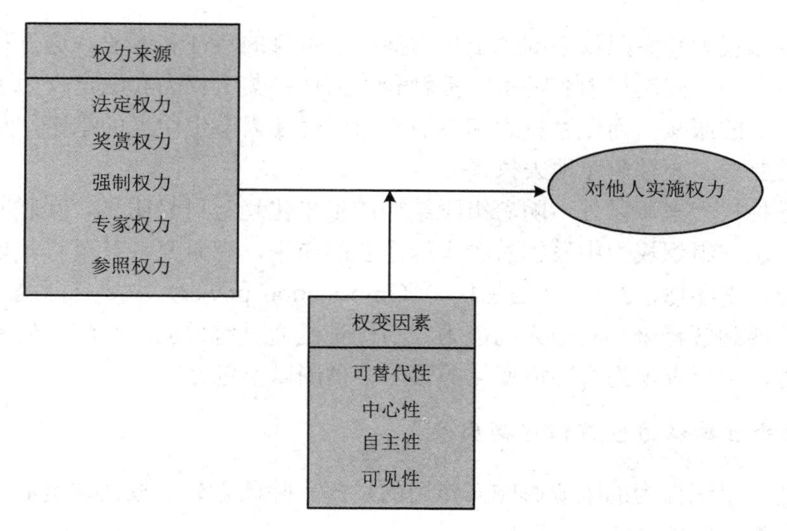

图 17.3 组织权力产生机制模型

（来源：McShane & Glinow，2000）

（一）组织权力的来源

1．法定权力（legitimate power）

法定权力是指通过正式的职权来影响他人的能力。法定权力基于个体在组织中的职位，但是它的有效行使还有赖于组织成员对它的认同程度。研究发现，权力距离（power distance）是影响组织成员服从行为的重要因素（王磊等，2008）。所谓权力距离是指组织成员对权力分配不均的接受程度（Hofstede，1980）。在高权力距离文化背景下，组织成员倾向于服从（梁建，2014）。此时，接受命令的人往往缺乏判断与分析，只是盲目地听从指令。

2．奖赏权力（reward power）

奖赏权力是指通过控制给予他人奖赏或消除惩罚来影响他人的能力。在组织中，上级可以通过控制加薪、升职、休假等机会的分配来对下属实施奖赏权力，而下属也可以通过组织的正当渠道（如第十五章介绍的 360 度反馈评估）实现对上级的奖赏权力。

3．强制权力（coercive power）

强制权力是指通过施加惩罚来影响他人的能力。管理者可以通过训斥、降职甚至解雇等方式对组织成员行使强制权力，而团队中的同伴压力有时也有助于发挥强制权力的作用。研究发现，借助于团队成员之间的相互监督能够有效地实现工作激励，提高团队成员的出勤率和绩效。

4．专家权力（expert power）

专家权力是指凭借专业知识和技能发挥影响的能力。在知识经济日益发展的今天，拥有专家权力的普通员工会越来越多。他们将专业知识转化为生产力，影响着组织目标的实现。

5．参照权力（referent power）

参照权力是指凭借他人的认同和尊重发挥影响的能力。参照权力主要基于个人魅力，因此形成的过程比较缓慢，但是它一旦形成，就会使追随者认同和信任。

在上述五种组织权力的来源中，法定权力、奖赏权力和强制权力主要基于权力拥有者的职位，而专家权力和参照权力则源于权力拥有者本身的特征和素质。这五种权力所产生的影响也有所不同。强制权力容易引发抵触和不信任；奖赏权力和法定权力常使人产生被动的、缺乏热情的服从；而专家权力和参照权力则会使人产生由衷的承诺，从内心里认同权力拥有者的要求，心甘情愿地去执行。

除上述五种权力来源以外，随着组织结构的扁平化趋势日趋明显、互联网和新媒体的快速发展，信息在组织权力中发挥着越来越重要的作用，有研究者甚至将其单列为一种组织权力的来源（王冬梅，2010）。信息权力（information power）主要有两类：一种是通过控制信息的流通和解释来影响他人的能力；另一种是通过有效应对组织中的不确定性来发挥影响的能力，主要表现为对环境变化的预防、预测以及包容。

（二）影响组织权力发挥作用的因素

如上所述，组织权力的来源影响其作用的发挥。除此之外，权力本身的一些权变特征也会影响权力作用的大小。

1．可替代性（substitutability）

可替代性就是权力拥有者被他人替代的可能性，或者说是指权力的受众选择余地的大小。当权力拥有者垄断资源时，其权力最大。为了提高自身的不可替代性以增强权力，权力拥有者常常会采取各种手段来表明或暗示自己拥有独一无二的资源。

2．中心性（centrality）

中心性是指权力拥有者和他人相互依赖的程度。中心性有两个维度：一是权力影响的范围；二是权力影响的速度。随着中心性的增加，权力的影响力会增强。

3．自主性（discretion）

自主性是指无须参照具体规则或征得他人许可进行决策的自由度。缺乏自主性会大大削弱权力的行使力度和速度，甚至使权力名存实亡。一些管理者甚至领导者在各种规则和要求面前感到束手无策，就是缺乏自主性的表现。

4．可见性（visibility）

可见性是指权力及其来源为他人知觉和意识到的程度。只有当自身的权力或其基础为人所知时，才会有效地发挥作用。因此，将自己拥有的权力公布于众，有效行使权力，扩大交际范围和频率，将自己的优势和特长充分展现出来，通过各种线索（如文凭、荣誉称号、衣着打扮、办公室的规模及布置等）传达自己拥有某种资源的信息等，都可以达到提高权力可见性的目的。

总之，各种权变因素会放大或缩小权力的影响力。这种影响力可能会导致抵触和不信任，也可能会令人被动服从，还有可能使人做出由衷的承诺。而权力的影响力不仅局限于对他人的影响，权力拥有者本身也会受其影响。如果没有正确的引导，不加节制地追逐或滥用权力，将会导致各种不良组织政治行为的滋长与蔓延。

【资料】

电影《权利的迷醉》

电影中的故事取材于法国最著名的ELF石油集团政治黑金丑闻，但导演把臭名昭著的贪腐大案弱化成为故事的背景，着力刻画了“权利”这把双刃剑对于一个成功女性的影响，人性的内省成了影片的重头戏。身材瘦小的法国重量级女星伊莎贝尔·于佩尔出神入化地演绎了一位重权在握的检察官热娜·夏尔芒。为了成功，为了至高无上的“权利”，热娜不仅牺牲了度假、休息，牺牲了正常的家庭生活，甚至不顾生命安危……然而，正在她一步步升职的时候，与丈夫的关系却越来越疏远，直到丈夫跳楼，热娜才幡然醒悟……

（来源：不能不看：九部经典电影中的职场启示[EB/OL].（2008-09-12）. http://www.ceconlinebbs.com/FORUM_POST_900001_900008_895205_0.HTM.）

第三节 组织政治

一、组织政治的含义及利弊

组织政治（organizational politics）是指通过一定手段来影响他人以达到个人目的的活动，是组织根深蒂固的一部分，对组织气氛和士气具有重要影响。在多数情况下，尤其是在以牺牲他人或组织利益为代价攫取个人权力时，组织政治无益于或有害于组织发展。为了获取权力而从事大量的组织政治活动往往会浪费工作时间，干扰正常的工作秩序和进程。同时过多的组织政治行为还会降低组织成员之间的信任感，阻碍组织沟通，损害组织凝聚力。在充斥着组织政治活动的团队中，员工经常处于应激状态，工作热情下降，人员流动增多。国外有学者使用元分析的方法对 118 项包含组织政治的研究进行综合考察，发现组织政治对组织信任和互动公平有很强的负面影响，对工作满意度、工作绩效和组织公民行为也有负面影响，还会导致员工的工作倦怠和工作效率下降（Bedi & Schat，2013），2009 年进行的另一项研究也获得了类似的结果（Chang，Rosen，Levy，2009）。然而，并非所有的组织政治行为都是有损于组织发展的（崔勋，瞿皎姣，2014）。例如，员工在工作环境中注意自己的衣着打扮、仪容仪表和言谈举止，与上司打交道时注意方式方法，采取一定的手段宣传自己的主张和建议等，尽管也是为了达到个人的目的，却可能有益于组织的管理和发展。

那么，究竟应该如何评判组织政治行为呢？一般应考虑以下三个基本原则：一是实用原则，即考虑该政治策略或行为是否能够为组织或组织中的大多数人带来最大利益；二是权利保障原则，即考虑该政治策略或行为是否侵犯了他人的合法权利，是否违背道德规范；三是公平分配原则，即考虑该政治策略或行为是否能够实现公正无偏的利益分配。

资料 17-4

二、组织政治行为的类型或表现

研究者们对组织环境中的各种政治行为进行了分类，主要包括以下六个方面。

（一）攻击或责备他人

攻击或责备他人是最常见、最直接的组织政治手段，其通过贬低他人，将问题的责任归咎于他人，为自己的过失寻找借口，以维护自身的形象，体现自身的优点和长处。

（二）控制信息

信息不仅是组织权力的来源，还可以充当组织政治的工具。这主要表现在：通过控制信息的流通和解释来限制对手的工作，增强自身的权力基础；通过操纵资料来突出自身的优点，掩饰不足；通过秘藏资料信息来强化自身的不可替代性，提高权力的影响力；通过控制信息沟通的渠道来维护自身的地位和利益。

（三）形成联盟或帮派

所谓联盟或帮派（coalition）是指试图通过组内成员资源共用、权力共享等方式来影响他人的非正式团体。当就某个共同目标达成一致，且单独行动无法实现目标时，容易结成联盟或帮派。通过数量上的优势和资源上的集结，联盟可以实现单人无法独立实现的目标，并且可以吸引关注，扩大影响。虽然形成联盟或帮派有时基于良好的意愿，但通常是为了实现少数人的目标，而且无形之中会给他人带来压力。

（四）培植网络、积聚人气

通过培植人际关系网来实现自己的目标，也是常见的组织政治手段。可靠的人际网能够帮助人们获得有价值的信息，增强自身的专家权力基础。广泛的人际网有助于培养同盟和支持者，为项目的申请和实施提供帮助。稳定的人际网还有助于成员增强自身的参照性权力，提高威信和声望。

（五）施恩图报

以德报德是人际互动的基本准则。通常人们会对曾经帮助过自己的人心存感激，在他们需要帮助的时候会更乐意去成人之美。因此，通过小恩小惠等方式拉拢人心，以图对方在必要的时候给自己以更大的回报，也是一种常见的组织政治手段。

（六）印象管理

印象管理（impression management）是指努力打造正面公众形象的一系列活动。当有意识地通过印象管理来迎合他人的要求以达到自己的目的时，印象管理可被视作一种组织政治手段。

【资料】

办公室政治的现象

（1）小圈子埋堆：因为利益、职级、性别、年龄、学历、工作年资背景及意识形态之不同，分门分派。

（2）魔鬼化、丑化对手，达至孤立对方，使之失去周边同事支援，工作表现失佳，最后在组织内外失势，甚至消失，下岗。

（3）白色恐怖：目的是排除异己及内奸。

（4）架空达至边缘化对手。

（5）知讯架空：组织开会，使对手不知情。企业有新方向，又使对手不了解。

（6）权力架空：让其他人以为某人不负责某些关键的工作，使之权力真空化，白做一些不被赞赏、非有贡献的工作。

（来源：https://wiki.mbalib.com/wiki/办公室政治.）

三、影响组织政治活动的条件和因素

组织政治行为在适当的条件下会更加活跃，不断滋长和蔓延，费理斯（G. R. Ferris）等提出了一个有较大影响的组织政治觉知模型（Ferris，Russ，Fandt，1989），如图 17.4 所示。影响组织政治活动的条件和因素主要有以下几大方面。

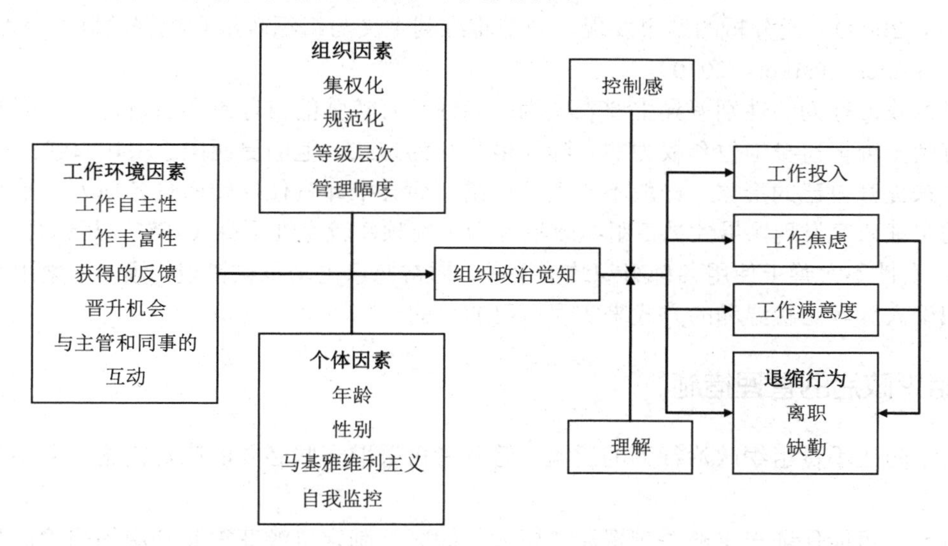

图 17.4 组织政治觉知模型

（来源：Ferris，Russ，Fandt，1989）

（一）组织因素

当组织中资源不足或资源分配的规则比较模糊或复杂，甚至根本无章可循时，员工倾向于使用组织政治手段，以确保自身利益免受侵害；当组织处于权力之争的特殊时期（如领导班子换届、改选、并购、重组等）时，组织政治活动更加活跃；当组织对各种组织政治行为比较宽容甚至是纵容时，会助长各种不良的组织政治行为。此外，组织权力集中程度、组织规章制度完善程度等也会影响组织政治（Ferris & Kacmar，1992）。

（二）工作环境因素

根据费理斯提出的组织政治模型，工作环境因素会影响员工的组织政治知觉，许多研究者进行了相关研究，但结果并不一致。阿汀克（Guclu Atinc）等研究者基于 82 项独立研究的数据，对影响组织政治的因素进行了元分析，发现与组织政治知觉联系较为紧密的工作环境因素有晋升机会、信任、领导—成员交换、参与决策、期望满足以及生涯发展机会（Atinc，Darrat，Fuller，Parker，2010）。换句话说，当一个组织中有较多晋升机会，员工与领导有顺畅的沟通和交流，员工受到重视、有机会发表自己意见和参与决策，组织为员工提供较为完善的生涯发展路径时，这个组织就会有较低的组织政治水平。

（三）个体因素

影响组织政治行为的个体特征包括人格因素和性别因素。人格因素主要表现为：有强烈权力欲望的个体倾向于更多地采用组织政治手段；与外控者相比，由于内控者相信自己是命运的主宰，因此在适当的情境下，更容易参与组织政治活动。信奉马基雅维利主义（machiavellism）的人否定政治活动与道德有关，认为诡计和欺骗在追求和维护政治权力的过程中是完全正当的，因此他们更喜欢运用各种组织政治手段来达到自己的目的（Valle & Perrewe，2000）。元分析的结果发现，马基雅维利主义与组织政治有很强的联系（Atinc，Darrat，Fuller，Parker，2010）。

组织政治行为的性别差异主要表现为：男性具有较强的自尊感和防御意识，因此喜欢采用有利于维护自身地位和权力的交际风格和行为方式。他们更倾向于采用直接的印象管理方法来提升自己的形象，一般不会主动认错，而会推卸责任，转而责备他人。基于我国企业的实证研究发现，男性员工组织政治行为实施频率较女性更高（陈红，胡远哲，刘霄，2016）。女性不太善于使用各种组织政治手段，通常愿意主动承认错误，倾向于采用组建联盟和积聚人脉等比较温和的方式来实现自己的目的。

四、组织政治的管理措施

为了防止不良组织政治行为的泛滥，管理者可采取一些必要的应对措施，主要包括以下几个方面。

（1）尽可能保证充足的关键资源。资源稀缺时，制定资源获得和利用的明确而具体的规则，并且完善其可操作性，杜绝暗箱操作。

（2）建立畅通无阻的信息交流系统。组织内部发生变动时应加强与员工的沟通，增加透明度，减少某些员工或群体以损害组织或他人利益为代价来获取自我利益的可能性。为员工提供公开公平的对话机会，以解决组织冲突。

（3）必要时重构团队和组织规范，以清除组织政治行为对组织目标的干扰。鼓励员工互相监督，打击工作中夹杂的不良组织政治行为。

（4）建立完善的人力资源管理制度，正确识人、选人、用人，避免权谋者当政。

第四节　组 织 冲 突

一、组织冲突的概念、种类及后果

组织冲突（organizational conflict）也是影响组织气氛和士气的重要因素之一。它是组织中员工之间、部门之间或员工与部门之间由于意见分歧或利益不一致而产生的心理和行为对抗，是一个从知觉到情绪，再到行为的心理演变过程。在这个过程中，个体或团队在各种条件的影响下首先意识到他或他们的利益正在受到另一个个体或团队的影响，产生知觉层面的冲突感受。如果情况并非知觉或想象得那样严重，或者对方的所作所为并没有对自己造成既成的后果，那么冲突就结束在知觉层面上；否则，就会发展演变为情绪上的对抗，乃至行为上的对立。冲突常常具有扩大化效应，一方面由于社会情境或他人的助长作用，冲突常常会不断升级；另一方面当事人双方的冲突行为会进一步影响双方的知觉和情绪，加深误解和情绪上的对抗，从而陷入恶性循环（Pondy，1967）。因此，防微杜渐，尽快尽早地使冲突双方澄清误会，解决问题，是十分重要的。

那么，组织冲突会带来哪些后果呢？要回答这个问题，首先需要区分不同类型的组织冲突。根据冲突产生的基础，可以将其区分为任务指向性冲突（task-related conflict）和社会情绪性冲突（socioemotional conflict）。前者是由于在工作问题上的分歧而产生的冲突，是围绕工作任务而展开的，目的在于更好地完成任务，较少涉及个人评价、人际关系等敏感的社会情绪性问题。一般地说，这种冲突不仅是无害的，而且是有益的和必要的。它常常起到"催化剂"的作用，促使冲突双方乃至旁观者重新审视问题，做出更好的决策，发现完成任务的新方法、新途径，还可以增强组织的活力，活跃组织气氛，因此是一种富有建设性的冲突。正如有人所说的那样："如果两个人是完全一致的，其中的一个就是多余的。"然而，社会情绪性冲突却常常具有强烈的破坏性。它是由于人际问题而引起的对人不对事的冲突，常常基于个人偏见或成见，并伴有浓烈的社会情绪色彩，目的是贬低对方而抬高自己。对组织而言，这种冲突会助长组织政治行为，分散冲突双方和其他组织成员的注意力，造成或加剧组织的紧张气氛，影响组织的正常业务和工作效率。对个人而言，这种冲突会给当事人双方带来巨大的心理压力，使其处于高度紧张的应激状态，降低其工作满意度，严重的还会产生工作倦怠、旷工、离职等心理或行为后果。

资料 17-5

二、组织冲突的来源

在组织情境中，下列因素可能是冲突的起因或来源。

（一）目标不兼容

当组织中不同个人或部门的目标互不兼容、相互干扰时，就会引起冲突。目标对各自来说越重要，特别是在能带来经济奖赏时，引起的冲突就会越大。

（二）差异化

当组织中的个体由于各自独特的背景和经历而持有不同的信念和态度时，差异化就产生了。差异化是冲突的重要来源。不同的教育背景、价值观念以及文化差异等都是导致冲突的重要因素。

（三）任务的依赖性

所谓任务的依赖性是指为实现目标，团队成员需共享资源、发生互动的程度。在一些情况下，成员的最终所得还会取决于他们共同努力的绩效。通常，任务依赖性越强，发生冲突的概率就越高。

如图 17.5 所示，根据任务依赖性由低到高的不同，可以将不同团队之间的关系区分为三种类型：一是共用型，指各工作团队需共用某些公共资源，但其他操作均可独立进行；二是顺序型，指某一工作团队的输出会直接成为另一工作团队的输入；三是交互型，指工作团队之间需要不断进行协作和交流。

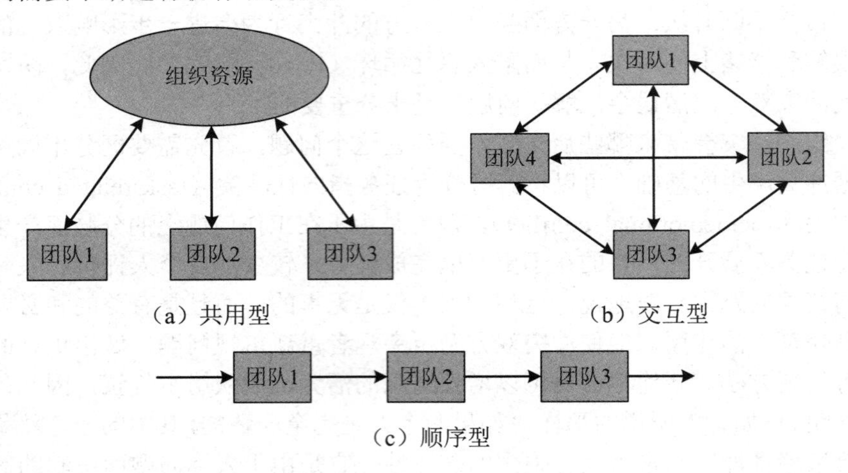

图 17.5　任务依赖性不同的团队关系

（来源：McShane & Glinow，2000）

（四）资源匮乏

当资源缺乏，不足以满足所有工作部门的需要时，容易引发冲突。资源匮乏会使人们通过和那些也需要这些资源的人竞争来获得资源。

（五）模糊性

模糊性是指工作进程中的不确定性，它会渲染团队之间相互竞争的气氛，增加目标相互干扰的可能性。若组织中有双方一致允诺和赞同的规则，则可以有效地控制由模糊性造成的潜在冲突。

（六）沟通不当

人们缺乏有效沟通的机会、能力或动机，是导致冲突的重要原因（Pondy，1967）。第一，若双方缺少沟通，则容易各自根据已有的心理定式来解释和预期对方的行为，而心理定式是一种先入之见，带有主观性，并伴有一定的情绪色彩，因此容易造成误解，引起冲突。此外，缺乏直接接触和交流机会导致双方难以形成心理上的认同和移情。第二，缺乏沟通的技巧和能力也是引发冲突的重要因素。当一方以过激的方式表达不同意见时，对方很可能会同样报以不合作态度。如此一来，冤冤相报，恶性循环，会导致冲突升级。第三，交流上的不顺畅会削弱双方再进一步沟通的动机。社会情绪性冲突所带来的强烈的负面情绪使人们回避沟通，而更少的交流则会进一步强化已有的心理定式，加剧冲突。

三、冲突管理

引领组织冲突研究的著名学者庞帝（Louis R. Pondy）指出，如果对组织结构进行合理设计，对员工进行正确的培训，再辅助冲突管理的方法和技术，最坏的冲突是可以避免的（Pondy，1992）。冲突管理（conflict management）是指采用一定的干预手段改变冲突的水平和形式，以最大限度地发挥其益处而抑制其害处。冲突管理是由认知、诊断、处理、效果、反馈构成的系统过程（马新建，2007），冲突管理的界定有狭义和广义之分，狭义的冲突管理侧重于对冲突的行为意向和行为两个阶段的管理，广义的冲突管理是对冲突从潜在的对立或失调阶段到最后的结果阶段的全过程的管理（刘兵，牛楠，李嫄，2019）。在组织情境中，通常可以从以下几个方面开展或加强冲突管理。

（一）确定适当的冲突管理风格

在人际互动过程中，组织成员对冲突的知觉、预期以及信念是各不相同的，因此首先应该有针对性地选择适当的冲突管理风格。

1．两种冲突管理取向

持不同的立场会影响成员解决冲突的方式和风格。双赢取向（win-win orientation）认为双方最终能够寻找到一种互惠、共赢的方式来解决分歧；而输赢取向（win-lose orientation）则认为双方的共有资源是有限的，若一方赢得较多，另一方的利益就会相应地受损。在组织沟通过程中，若双方均持有输赢取向的立场，则容易激化冲突。事实上，在很多情况下，如果双方不以非此即彼的方式来看待冲突，并能以建设性的态度来理解分歧，则会有更多机会实现互惠和双赢。

2．五种冲突管理风格

根据组织成员介入冲突的方式，研究者区分了五种冲突管理风格（Wall & Callister，1995）。如图 17.6 所示，每种风格均可用两个维度上的不同水平组合来标识。维度一为武断性（assertiveness），代表成员试图满足自身利益的动机；维度二为合作性（cooperativeness），代表成员试图满足他人利益的动机。这两个维度形成了以下五种典型的冲突管理风格。

（1）协同（collaboration），是指双方通过积极地解决问题来寻求互惠和共赢。其特征是双方乐于分享信息，并善于在此基础上发现共同点和最佳解决方法。通常，协同是首选的冲突管理方式。但只有当双方没有完全对立的利益，且彼此有足够的信任和开放程度来分享信息时，协同才能有效地发挥作用。

（2）回避（avoidance），是指试图通过逃避问题情境的方式来平息冲突。这种比较消极的冲突管理方式在应对不太紧要的问题时比较有效，此外，当问题需要冷处理时亦可作为权宜之计，来防止冲突进一步激化。但是回避无法从根本上解决问题，且容易导致自己和对方产生挫败感。

（3）斗争（competition），是指以他人的利益为代价，试图在冲突中占上风。这种极端不合作的冲突管理方式通常并不是最佳解决方案。但是，当确定自己是正确的，且分歧需要在较短时间内解决时，斗争是必要的。

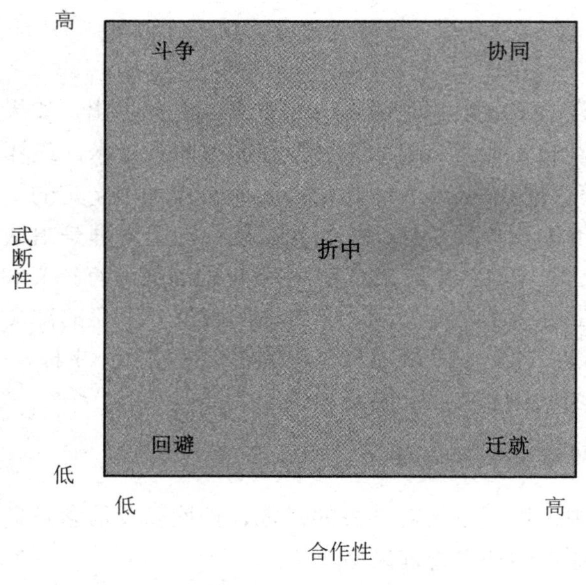

图 17.6　冲突管理风格

（来源：McShane & Glinow，2000）

（4）迁就（accommodation），是指完全屈从于他人的愿望，而忽视自身的利益。当对方权力相当强大或问题对于自身并不是太重要时，迁就是比较有效的方式。但它容易令对方得寸进尺，从长远看，迁就并不利于冲突的解决。

（5）折中（compromise），是指试图寻求一个中间位置，使自身的利益得失相当。这种方法比较适合难以共赢的情境。当双方势均力敌，且解决分歧的时间期限比较紧迫时，折中是比较有效的。但是由于忽略了双方的共同利益，因此折中往往难以产生非常令人满意的问题解决方法。

可以看出，协同是唯一完全体现双赢取向的风格。没有一种风格适用于所有的情境，而在某一种情境下，都有最适宜的冲突管理方式。因此，针对不同的情境采用不同的冲突管理风格，是冲突管理的精髓所在。

（二）选择合适的冲突管理策略

1．强调高级目标（superordinate goal）

高级目标是指超越冲突双方各自具体目标的更高一级的目标，是冲突双方服务和追求的共同目标。通过各种方法突出高级目标的重要性，有利于增强组织凝聚力，减少社会情绪性冲突。在解决由目标不兼容和差异化造成的冲突时，此种策略的作用尤为显著。通过提高成员对组织共同目标的忠诚度，可以有效地解决由部门目标不一致造成的分歧；在异质性团队中，若成员理解并认同了组织的共同目标，则能够有效地避免差异带来的潜在冲突，使团队成员能够各施所能，全力为组织的共同目标服务。由于该策略仅通过引入一个参照目标来抵制差异化，因此它无法从根本上消除组织内部各种潜在的多样性及其负面影响。

2．减少差异化

减少差异化是指通过改变或消除导致差异的各种条件直接抵制分化。它包括消除形式上的差别（如统一工作制服等）和培养共同经历（如鼓励通才式职业定向、实施团队轮换制）等方法。

3．增进沟通和理解

有效的沟通对冲突管理是至关重要的，它能消除刻板印象带来的偏见和负面情绪，增进彼此的理性认识。在组织管理中，常用的沟通方法有对话法（dialogue）和组间镜像法（intergroup mirroring）。对话法是指通过团队成员之间正式或非正式的交谈来讨论彼此的分歧，在了解各自基本设想的基础上建构团队共同的思维模式。组间镜像法一般适用于双方冲突已恶化到公开对立地步的情形，通常需要管理者有计划、有步骤地进行干预。其目标旨在为冲突各方提供一个充分表达各自观点、讨论分歧的机会，并最终通过改变错误观念来找到改善双方关系的途径。

4．降低任务依赖性

降低任务依赖性可以有效减少冲突发生的概率。对于共用型任务依赖，可以采用分离共用资源的方法，而对于顺序型和交互型任务依赖，则可以采用合并任务的方式来降低任务依赖性。此外，还可以通过建立缓冲带的方法（如建立专门的调解委员会）来协调不同部门的工作。

5．增加资源

解决由资源匮乏导致的冲突时，增加资源无疑是最直接、最有效的方法。当然管理者需权衡增加资源的成本及冲突带来的损失。

6．明确规则与程序

明确规则与程序能够有效解决由模糊性带来的冲突，尤其是当资源匮乏时，对如何分配和利用资源需要做出明确的规定。这有利于消除误解，建立公平、公正的工作环境，增强组织的凝聚力。

（三）采取必要的冲突管理措施

1．通过谈判解决冲突

谈判是指冲突各方试图通过重新界定他们之间相互依赖关系的条件来解决目标分歧。只要人们之间存在着彼此依赖的关系，谈判就是可能的，也是解决冲突的有效方法。

有研究者通过图 17.7 所示的交易区模型（bargaining zone model）来说明和解释谈判行为。在谈判过程中，冲突双方通常会确立三个基本点：起始点、目标点和阻抗点。起始点是各方开始时的报价或要求，代表了各自理想的目标或状态。目标点代表各方比较现实的目标，而阻抗点则代表谈判各方的底线。谈判之初，双方分别陈述自己的起始要求，随着谈判的进行，各方都会有所让步，要求也会相应地发生变化。只有当双方的要求均落入中间的交易区时，谈判才会达成协议，冲突才能得以解决。以下两类因素会影响谈判的效果和质量。

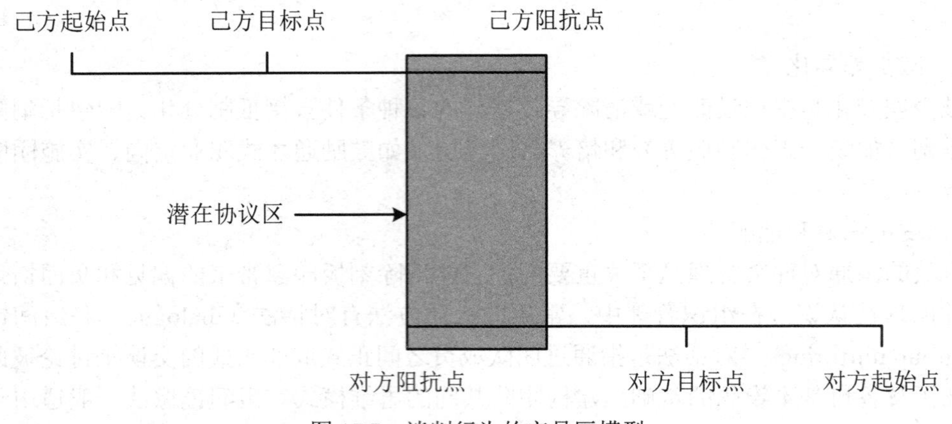

图 17.7　谈判行为的交易区模型

（来源：McShane & Glinow，2000）

1）谈判的情境因素

（1）谈判地点：在熟悉的环境下进行“主场”谈判可以使谈判者从容不迫，无须应付旅途劳顿及陌生环境带来的不便。鉴于此，很多谈判者会预先协商在某个中立地进行谈判。随着计算机技术的发展，双方可以方便地实现远程交流，这时不再存在谈判地点的问题。但是由于无法面对面交流，很多微妙的非言语线索容易被忽略，信息传达易被曲解，加之谈判问题本身的复杂性和不确定性，因此重要的谈判通常不采用这种远程交流方式。

（2）谈判场所的物理布局：谈判双方的距离、座位安排等布局形式会影响谈判者的态度和取向。通常，面对面的座次安排会加重对抗的意味。

（3）时间进程和最后期限：谈判时间越久，双方就会越希望能够解决分歧，达成协议，但同时也容易出现无原则让步的情况。最后期限会给谈判双方带来时间压力，通常随着最后期限的逼近，双方更容易做出让步，因此好的谈判者会善于运用最后期限来谋求利益的最大化。

（4）观众特点：当与谈判结果有利害关系的群体在场时，谈判者通常会表现得更加强硬，更不愿意做出让步。

2）谈判者的行为因素

（1）计划与目标设定：研究发现，合理的计划与目标设定能够提高谈判质量。谈判者预先应仔细考虑己方起始点、目标点和阻抗点，并要统一团队内部的意见。

（2）收集信息：在试图被对方理解之前，先要努力理解对方。在谈判过程中，应通过仔细聆听和积极询问来收集对方的信息，只有了解了对方的需要和利益，才能选择适当的策略。

（3）有效交流：谈判者的交流方式应能有效地维系彼此关系，如将焦点集中于“事务”本身、避免过激言行、采用有说服力的表达方式等。

（4）适度让步：有利于双方达成协议，让步的程度取决于对方的期望和彼此信任的程度。若过分强硬，则无法显示诚意，会破坏双方关系，而过分让步则会令对方得寸进尺。

2．第三方介入

第三方介入是指相对中立的第三方作为调解人或仲裁者，帮助冲突各方解决分歧。第三方介入主要应该达到以下几个目标。

（1）效率高。以最少的组织资源迅速解决争端。

（2）效果好。找到从长远看能够解决冲突根源的最佳方法。

（3）结果公平。冲突各方均认为第三方介入提供的解决方法是公平的。

（4）程序公正。冲突各方均认为解决分歧的过程是公正的。

根据第三方对冲突解决过程和结果的控制程度，可以将第三方介入区分为以下三类。

（1）调解（mediation）。调解者对冲突解决过程拥有较高水平的控制，而对于冲突解决的最终方案控制性较低。在调解过程中，第三方积极管理冲突各方互动的过程和背景，但最终仍需冲突双方做出决定。研究者发现，调解即使最终没有化解冲突，调解过程也有助于冲突双方的沟通，降低冲突双方的压力（王琦，杜永怡，席酉民，2004），因此有一份研究报告认为，75%的冲突双方对调解感到满意——即使调解最后没有达成协议（Kressel & Pruitt，1989）。

（2）仲裁（arbitration）。仲裁者对冲突解决的最终方案拥有较高水平的控制，而对于冲突解决过程控制性较低。大致而言，有四类仲裁模式（Wall & Callister，1995）：① 传统仲裁（conventional arbitration）中，仲裁者可以根据其选定的方法进行任何裁决。② 最后报价仲裁（final-offer arbitration）则要求仲裁者在冲突双方提供的最后方案中，选择其中一个。③ 调解—仲裁（med-arb）则遵循先进行调解，再进行仲裁的方式。④ 非约束仲裁（non-bonding arbitration）中，仲裁者给出一个建议方案，但冲突双方不一定非要接受。

（3）审判（inquisition）。审判者对冲突解决的过程和最终方案均拥有较高水平的控制。在审判过程中，第三方不但决定最终的冲突解决方案，而且决定冲突解决的过程将如何进行。

在组织管理中，当管理者充当第三方介入部门或个人冲突中时，需根据不同情境扮演不同角色，才能有效地帮助冲突各方化解分歧。研究发现，若管理者过多地充当审判者角色，往往不利于冲突的解决。因为在这种情况下，管理者搜集的信息往往有限，因此判决的有效性会大打折扣，而且由于组织成员对整个过程和决定缺乏控制，因此他们会认为审判有失公平。与此相比，调解往往会使组织成员产生最大的满意度，但有时其效率不佳。仲裁比较适用于应优先考虑组织目标而不是个体目标的情况，且由于其程序公正，容易被组织成员所接受。

资料 17-6

本章小结

1．影响组织气氛和士气的因素主要包括组织文化、组织权力、组织政治、组织冲突。

2．组织文化是指支配组织成员在面对问题和机遇时进行思考和行动的共同设想、价值观以及信念的基本模式。通过表征组织文化的具体符号和标志可以间接地理解组织文化的内涵。

3．组织文化具有导向、约束、凝聚、激励和辐射等功能。影响组织文化功能发挥的因素有文化强度、文化匹配性以及文化适应性。

4．在组织合并或重组过程中，应预先考察两个组织文化上的兼容性。实现组织文化融合的策略有同化、去文化、整合和分离等。

5．巩固和发展组织文化的途径主要有：通过创始人与继任领导者的行为活动，推行与组织文化一致的奖赏体制，维持稳定的员工人数，管理文化的传播网络，挑选员工并对其进行组织社会化。

6．组织权力是指个体、团队或组织所具备的一种影响他人的潜在能量。权力产生的最基本的前提是一方或双方意识到对方的存在和能量。组织权力来源主要有法定权力、奖赏权力、强制权力、专家权力和参照权力。

7．组织政治是指通过一定手段来影响他人以达到个人目的的活动。多数情况下，组织政治无益于组织的发展，但并非所有的组织政治行为都有损组织发展。对组织政治行为进行价值判断应考虑三个原则：实用原则、权利保障原则和公平分配原则。

8．常见的组织政治行为包括攻击或责备他人、控制信息、形成联盟或帮派、培植网络、积聚人气、施恩图报以及印象管理。组织环境和个体特征都会影响组织政治行为。

9．组织冲突是组织中员工之间、部门之间或员工与部门之间由于意见分歧或利益不一致而产生的心理和行为对抗，是一个从知觉到情绪，再到行为的心理演变过程。其来源主要有目标不兼容、差异化、任务的依赖性、资源匮乏、模糊性和沟通不当。

思考题

1．常见的组织政治行为有哪些？举例说明如何管理组织政治行为。

2．组织冲突的来源有哪些？举例说明如何管理组织冲突。

案例讨论

亚通公司的组织冲突

亚通网络公司是一家专门从事通信产品生产和计算机网络服务的中日合资企业。公司自 1991 年 7 月成立以来发展迅速，销售额每年增长 50%以上。与此同时，公司内部存在不少冲突，影响着公司绩效的继续提高。

因为是合资企业，尽管日方管理人员带来了许多先进的管理方法，但是日本式的管理模式未必完全适合中国员工。例如，在日本，加班加点不仅司空见惯，而且没有报酬。亚通公司经常让中国员工长时间加班，引起了大家的不满，一些优秀员工还因此离开了亚通公司。

亚通公司的组织结构由于是直线职能制，所以部门之间的协调非常困难。例如，销售部常抱怨研发部开发的产品不符合生产标准，销售部门的订单无法达到成本要求。

研发部胡经理虽然技术水平首屈一指，但是心胸狭窄，总怕他人超越了自己，因此常常压制其他工程师。这使得工程部人心涣散，士气低落。

（来源：丁兴良，2012）

讨论问题：

1．亚通公司存在的组织冲突是什么？原因是什么？

2．如何解决这些冲突？

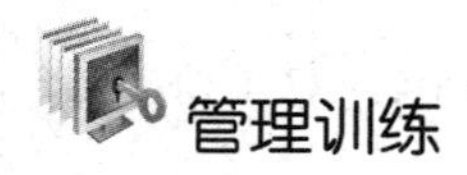

管理训练

齐　心　棍

项目类型：团队协作

器材：

1. 相对开阔的场地一块

2. 一根 1.5 米的木棍

时间要求：45 分钟

人员要求：12～15 人一组

操作程序：

1. 介绍——这个项目的名称叫齐心棍，挑战团队在遇到难题时大家共同协作去应对困难。

2. 小组成员分成两个小组，相距 15 米，以接力的形式进行。

3. 小组全员用食指支持木棍齐步向前跑 15 米。

4. 还是以食指支持的形式交接给下一组，下一组跑回来后活动结束。

引导分享：

1. 根据活动完成情况进行相应点评。

2. 团队的协作能力。

3. 在活动中如何应对挫折。

参考文献

[1] 崔勋，瞿皎姣．组织政治知觉对组织公民行为的影响辨析：基于国有企业员工印象管理动机的考察[J]．南开管理评论，2014，17（2）：129-141．

[2] 陈红，胡远哲，刘霄．企业员工组织政治行为呈现形式及影响因素：男女有别吗？[J]．商业研究，2016（7）：165-172．

[3] 樊耘，顾敏，汪应洛．论组织文化的结构[J]．预测，2003，22（3）：1-5．

[4] 梁建．道德领导与员工建言：一个调节-中介模型的构建与检验[J]．心理学报，2014，46（2）：252-264．

[5] 刘兵，牛楠，李嫄．基于演化博弈的 MTS 冲突管理研究[J]．工业技术经济，2019，38（10）：58-65．

[6] 马超，凌文辁，方俐洛．企业员工组织政治认知量表的构建[J]．心理学报，2006，38（1）：107-115．

[7] 马新建．冲突管理：一般理论命题的理性思考[J]．东南大学学报（哲学社会科学

版），2007，9（3）：62-67.

[8] 王冬梅. 信息权力：形塑社会秩序的重要力量[J]. 天津社会科学，2010（4）：56-59.

[9] 王垒，姚翔，王海妮，等. 管理者权力距离对员工创造性观点产生与实施关系的调节作用[J]. 应用心理学，2008，14（3）：203-207.

[10] 王琦，杜永怡，席酉民. 组织冲突研究回顾与展望[J]. 预测，2004，23（3）：26，74-80.

[11] ATINC G, DARRAT M, FULLER B, et al. Perceptions of organizational politics: A meta-analysis of theoretical antecedents[J]. Journal of Managerial Issues, 2010, 22(4): 494-513.

[12] BEDI A, SCHAT A C H. Perceptions of organizational politics: A meta-analysis of its attitudinal, health, and behavioural consequences[J]. Canadian Psychology, 2013, 54(4): 246-259.

[13] CHANG C H, ROSEN C C, LEVY P E. The relationship between perceptions of organizational politics and employee attitudes, strain, and behavior: A meta-analytic examination[J]. Academy of Management Journal, 2009, 52(4): 779-801.

[14] FERRIS G R, KACMAR K M. Perceptions of organizational politics[J]. Journal of Management, 1992, 18(1): 93-116.

[15] FERRIS G R, RUSS G S, FANDT P M. Politics in organizations[M]//GIACALONE R A, ROSENFIELD P. Impression management in organization. Hillsdale, NJ: Lawrence Erlbaum, 1989: 143-170.

[16] HOFSTEDE G. Motivation, leadership, and organization: Do American theories apply abroad[J]. Organizational Dynamics, 1980, 9(1): 42-63.

[17] KRESSEL K, PRUITT D G. Themes in the mediation of social conflict[J]. Journal of Social Issues, 1985, 41(2): 179-198.

[18] MCSHANE S L, VON GLINOW M A. Organizational behavior[M]. Boston, MA: McGraw-Hill, 2000.

[19] PONDY L R. Organizational conflict: Concepts and models[J]. Administrative Science Quarterly, 1967, 12(2): 296-320.

[20] PONDY L R. Reflections on organizational conflict[J]. Journal of Organizational Behavior, 1992, 13(3): 257-261.

[21] VALLE M, PERREWE P L. Do politics perceptions relate to political behaviors? Tests of an implicit assumption and expanded model[J]. Human Relations, 2000, 53(3): 359-386.

[22] WALL J A, CALLISTER R R. Conflict and its management[J]. Journal of Management, 1995, 21(3): 515-558.

自测题

复习题

第十八章　组织变革和发展

学习目标

- 理解何谓组织变革
- 掌握勒温力场分析模型
- 了解组织发展的概念和模式
- 理解组织公正的内涵

引例：美的组织变革策："无变革，不发展"

移动互联网对产业解构作用的深化，推动着美的走到了一个关键时刻。美的集团董事长方洪波思考的是：未来企业新的增长点在哪里？更长远的思虑是"如何从低成本竞争转向新的竞争驱动，如何融入移动互联网时代，如何走向全球化经营"。在方洪波看来，破坏和颠覆是互联网时代的特征，现阶段管理创新和组织再造比任何创新都重要。美的正在通过"合伙人"制度和文化的打造，电商平台、创新中心等平台价值再造，打破静态，实现美的新的增长空间。

2014 年 12 月，美的集团投资 30 亿元在广东顺德奠基了全球创新中心。这只是美的实施转型战略中的一步，该中心负责推动与产品性能相关的核心技术的升级和创新，同时推动产业机构创新，拓展美的原来不具备的跨界发展的产品形态和业务形态。同时，美的还设立了专项创新基金，建立了孵化器运行机制，以此鼓励全员创新；成立了与产业链投资相关的产业并购平台，设立了新业务与新产业投资基金。

2015 年以来，美的下了很大力气，"伤筋动骨"地对整个电子商务系统做了彻底改造。关键是通过电子商务转型，构建美的的大数据能力。改造后有了自己的商品系统，接入了第三方数据，在全国也形成了统一的库存系统、物流系统和人员结构系统等，并启动了对传统渠道的改造，用线上思维来改造传统业务。

美的集团副总裁兼创新中心总监胡自强介绍，配合创新业务的管理体制正在搭建。美的不仅鼓励员工创新，更鼓励外部专业人员进入创新中心。

（来源：石丹，2016）

从第十六章和第十七章可以知道，适当的组织结构、良好的组织气氛和士气是组织发挥作用的保障。然而，面对当今快速发展和变化的环境，组织还必须随时调整自己的战略、方针、结构、政策，以增强自己的生存和竞争能力。本章将对组织变革和发展的相关问题加以介绍和分析。

第一节 组织变革

一、组织变革的外部动因

回顾组织的发展历史，每一种组织形式和管理方式都是与当时的经济、政治、社会、文化和技术等因素相适应的，都有其合理性。传统的企业组织所采用的直线制、职能制、直线职能制、事业部制、分权制和矩阵制等形式适应资本主义工业化大生产时代的经济社会环境，极大地促进了经济和社会的发展。但是，随着知识经济时代的到来，企业所面临的各种环境条件发生了深刻的变化，最突出的就是“三化”和“三 C”。“三化”是指全球化、市场化和信息化，“三 C”是指 Change、Competition 和 Customer，即日新月异的变化、白热化的竞争和以客户为中心。在这种形势下，传统的企业组织管理模式已经无法适应新的要求，因此组织变革成为必然的、唯一的选择。具体而言，以下几个方面的变化构成了组织变革的外部动因。

（一）生产技术的发展

随着世界范围内生产技术的突飞猛进，许多商品和服务的成本在逐渐降低，质量和产量却在迅速提高和增加。商品的产量远远大于消费者的购买需求，使得消费者在购买商品和服务时拥有了充分的选择权，从而导致由卖方市场向买方市场的转变，真正的客户经济时代已经到来。企业只有不断调整和变革战略和结构，才能与不断变化的市场需求保持一致，吸引并保留有价值的客户。

资料 18-1

在技术高度发展的今天，生产技术不断地复杂化，分工也越来越精细。许多管理者发现他们对技术的了解越来越有限，而最了解生产技术和服务技巧的是处于生产一线的员工。正因为如此，现代的企业组织不得不由以前的集权制向授权制转变。基层的员工获得了相应的权力，从而使得生产和服务更加快速和周到。另外，技术的复杂化和快速发展使得企业单独行动的风险大大增加。为了降低风险，竞争对手之间的合作成为必要，联合开发和研制的管理模式越来越多地被不同企业所采用，战略联盟、企业集群等新的组织形式也登上了历史舞台。

（二）信息技术的进步

以互联网为核心的信息技术的发展对企业内、外部环境的影响是深远的。首先，信息技术的进步使组织结构变革成为必需。企业中信息的分布对企业中的权力分配有着重要的影响。在传统的组织模式中，企业的层级非常多，最高决策者依赖中层管理者将企业的信息自下而上传递上来，以此来做出企业经营管理的决策；同时中层管理者又将企业高层的决策自上而下传递，并监督实施。在信息技术高度发达的今天，这种信息流的质量和速度都不能满足企业竞争和发展的需要。在此种情况下，变革组织结构就显得极为重要了。信息技术的

资料 18-2

引入使得企业的信息无须通过中间层的经理就可以快速高效地传递到企业的决策层。中层管理者减少了，企业组织的层级得到了压缩，组织结构越来越扁平化了。

其次，信息技术的进步使组织形式的变革成为必需。在传统的企业组织形式中，信息的典型传递途径是链型、Y 型和轮型等，这也就决定了员工的工作也应该按照相应的方式进行组织。但是，在信息技术高度发达的今天，信息在组织内部的传递方式已经成为全通道型，即由于工作复杂性的加剧，组织内横向的信息交流非常频繁。也只有这样，组织才能适应不断变化的市场环境，从而得以生存。在这种情况下，企业的工作形式不得不发生变革，由跨越职能团队的形式来组织。

最后，信息技术的进步使顾客服务策略的变革成为必需。随着信息时代的到来，顾客的消费模式发生了巨大变化。一方面，他们可以利用先进的信息技术搜寻自己中意的产品，通过比较做出理性的选择；另一方面，消费者被大量的媒体所包围，市场上出现的问题被各类媒体快速地报道，各种信息互动的结果使得消费者之间的影响也不断增强。在这种情况下，生产商和供应商面临越来越大的压力，迫使他们密切地关注客户和竞争对手。过去以生产为中心的组织管理形式已经不再适合企业发展，以客户为中心的组织管理形式成为必然的选择。这种组织管理形式要求企业内部打破部门之间的界限，各种不同技能的员工充分地进行交流，从而从不同的角度认识企业的环境，丰富企业的知识。

（三）顾客需求的变化

在知识经济的今天，顾客的需求呈现出了个性化和高级化的趋势，而消费者的需求又是企业生产和服务的起点和归宿。所以，企业再也不能关起门来，按照自己固有的方式运转，而应充分重视和利用消费者的个性化需求，将其纳入企业的价值生产链中。越来越多的企业意识到应该以市场为导向，从多层次和多渠道上建立与市场的联系，从而导致企业的组织结构不断地分散化。同时，为了应对消费层次的高级化，企业必须不断拓展自身的知识创新能力。这就要求企业在进行组织设计时，充分考虑激发员工的创造性，鼓励员工进行自我监督和自我管理，同时还要管理好企业内部共享的知识，方便员工之间进行交流，从而提高企业的整体创新能力。

资料 18-3

作为企业内部顾客的员工的需求也在不断发生变化，这也是企业所必须重视的。雇员是最终外部顾客价值的创造者，企业在为客户创造卓越价值的同时，还必须为雇员创造价值。这也要求企业在进行组织设计时，充分考虑实现雇员价值方面的要求，如采用个性化的激励计划、充分授权、建立自主工作团队等。

（四）价值创造的新趋势

在传统的组织管理中，业务操作过程被分割成互不关联的片断，每个片断都处在相互隔离的部门之中。在这种情况下，组织管理流程中存在着相当数量没有产生价值的无效行动，难以实现以价值为核心的管理模式。为了更好地向顾客传递价值，企业必须打破内部的限制和障碍，围绕业务流程将企业的硬件设施、奖励制度、组织结构进行整合。目前，不少世界著名企业，如惠普、百事可乐、克莱斯勒、福特、壳牌石油等，都不同程度地实施了“企

资料 18-4

业再造”计划，取得了令人瞩目的成效。

创造价值的要求产生了虚拟整合。这意味着企业之间的“墙”被推倒了，不同企业之间紧密合作，各自完成自己最具优势、成本最低的工作，最终为客户创造最大的价值。之所以如此，是因为每个企业都不可能精通所有的工作。那些恪守垂直整合的企业必定会因为承担了自己不擅长的工作而不能充分地发挥自己的优势，从而增加了成本。

二、组织变革的过程

（一）从勒温的力场分析模型看组织变革过程

1．组织变革的驱动力与抵抗力

按照勒温（Kurt Lewin）的力场分析模型，任何一个组织都是一个“场”，其中交织着各种力量的斗争，如图 18.1 所示。当各种力量势均力敌时，组织就处于一种平衡或稳定状态，呈现出特定的组织结构形态。所谓组织变革就是组织由目前状态向预期状态转变的过程。在这个过程中，促使组织变革的驱动力与抵制组织变革的抵抗力在不同的水平上展开斗争，在不同的层次上取得平衡，逐渐向预期的状态过渡，直到在预期的状态上取得平衡。

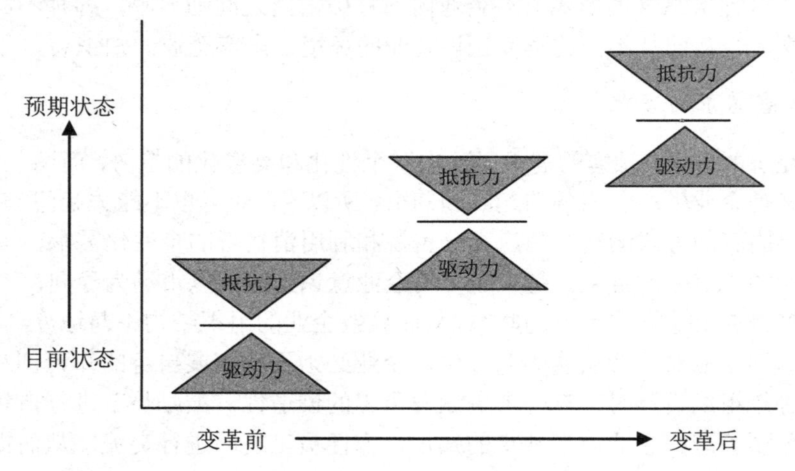

图 18.1　勒温的力场分析模型

（来源：McShane & Glinow，2000）

组织变革的驱动力包括组织外部的驱动力和组织内部的驱动力两类。前文所述的组织变革的外部动因都属于组织变革的外部驱动力，除此之外，还可能包括上级组织的指示或要求等。组织内部的驱动力包括组织内的权力和政治斗争、组织冲突、部门竞争、领导意志等。组织变革的抵抗力既可能来自组织外部，又可能来自组织内部。组织外部的抵抗力包括上级组织的阻力、竞争对手的阻挠、客户的抱怨和不满等。组织内部的抵抗力主要来自员工的担心、忧虑所引起的消极或抵制行为。

在组织变革过程中，员工通常会由于以下担心和忧虑而产生不配合甚至抵制行为：（1）直接代价，担心失去既得利益和现有地位；（2）爱面子，证明自己正确和怕丢面子的倾向；（3）规避不确定性和风险，担心不能适应变化而遭淘汰；（4）打破了惯例，不愿放弃不再适当的行为惯例，学习新的角色模式；（5）不一致的组织系统，担心新的奖励系统、选拔系统、培训系统给自己带来麻烦；（6）不一致的团队动力，担心不能适应新的团队规则和人际关系。

2．解冻、变革和重新冻结

1）解冻

解冻就是引入变革动因，打破现有的组织平衡或稳定状态。它是变革的前奏，是推行变革措施前的酝酿、宣传、说服和教育活动，其目的是统一思想，扫除变革的障碍。在这个过程中，组织一方面要设法增强变革的驱动力，另一方面要设法降低变革的抵抗力。

增强变革的驱动力，关键是要让员工认识到变革的迫切性。一般地说，可以从以下几方面入手来增强变革的驱动力：① 让员工理解竞争对手的情况；② 让员工了解顾客需求的变化；③ 让员工理解政府的政策。

降低变革的抵抗力是针对员工的担心、忧虑和消极抵制情绪展开的一系列活动，通常包括以下一些管理措施：① 通过沟通和对话消除员工的顾虑；② 通过培训改变员工的态度和提高员工适应变化的能力；③ 让员工参与变革的决策过程；④ 通过应激管理缓解员工的压力和紧张情绪；⑤ 通过谈判解决棘手的问题；⑥ 如果时间紧迫，机会成本过高，对少数经过上述工作仍固执己见的员工采取强制措施。

2）变革

变革即按计划实施和推行变革措施，过渡到预期状态。从形式上看，它可能是渐进的、微妙的变化过程，也可能是突进的、戏剧性的变化过程。无论采取哪种形式，员工都必须学习和内化新的行为模式。

3）重新冻结

即巩固变革成果，防止回到以前的角色和行为模式。为了做到这一点，管理上应该注意以下几点：① 组织结构要有助于锚定员工的角色和行为模式；② 奖励系统要鼓励所期许的行为；③ 信息（宣传）系统要表扬和赞许新的行为；④ 反馈系统要帮助员工知道做得如何、还应怎么做。

（二）组织实施和推行变革的重要举措

（1）战略规划。变革促进者应该事先制定清晰的、明确的未来状态的蓝图，明确角色知觉，指引未来行为。

（2）变革代理人。即有足够知识和权力指导和促进变革的人。其作用是斡旋、联络、沟通，促成变革，对未来状态做出承诺。人选可以是专家、顾问、组织领导、员工等。

（3）变革的推广。就是用试验性项目测试变革过程，然后将从试验中得到的经验推广到组织的其他部门。其益处在于具有更大的弹性和更小的风险。试验中得到的经验能否推广取决于一些条件：试验项目要在一两年内获得成功，有明显效果；相关措施不能太模糊，也不能太精确；试验组无离职者。

三、组织变革的结果

（一）从组织结构看组织变革结果

大多数组织变革理论都是从组织结构的变革推演而来的。它们都从宏观角度出发，认为组织结构的变化是组织变革的关键所在。近年来通过组织变革出现的新的组织结构形式主要有以下几种。

1．柔性动态型组织

为了适应环境的变化，现代企业迫切需要创建柔性组织系统，以平衡集权与分权、自主权与控制权、主管与参谋的关系，增强对意外风险的不断适应和调整能力。具体形式有以下几种。

（1）弹性动态型组织结构。传统的组织结构长期处于静止状态：群体由固定人员组成，个体永久性固定在一个岗位上，组织缺乏活力，员工的潜能被禁锢。这种机械性组织结构若处在较为稳定的外界环境中，尚可勉强应付，但若处在变化较快的环境中，则会出现反应缓慢、组织创造力衰退的情况。

近些年来，不少企业为了适应环境的发展和变化，已经开始采用有机性组织结构，如弹性动态组织结构。这种组织结构不再按照专业设置其科室，而是根据任务的需要和变化来设置科室。除办公室、人力资源部等常设机构外，其他机构依据任务的变化而随时调整、整合和重构。企业中不同科室、不同岗位、不同权力、不同机构依据不同情况而处在动态过程之中。其优点是：为组织机构增添了活力，增强了开放性；员工能够交流经验、方法和信息；工作有新鲜感、挑战性；员工潜能得到开发，组织“进可攻，退可守”，灵活性大大增强。

（2）浮动升降型组织结构。浮动升降型组织结构中的“浮动”主要体现在两个方面：一是责任升级化。如韩国大宇集团，在公司内设置分公司，分公司实行独立核算，并将许多裁决权授予分公司。这提高了内设机构的责任级别，逐步从一般管理中心上升到成本中心，从成本中心上升到利润中心，从利润中心上升到投资中心，从而不断增强企业抗风险能力。二是级别浮动化。韩国有许多商社将公司内设机构划分为“部”和“事业部”两大类别。如果某“部”效益增加，就提升为“事业部”，其待遇和决策权相应上升；如果“事业部”效益下滑就下降为“部”，其决策权也随之下降。这种方法将竞争机制引入内设组织机构，以绩效好坏决定其机构级别及待遇的升降，使机构处于上下浮动状态。企业内设组织浮动升降化，一方面使企业某些权力下放，有助于下级部门创造性地完成组织目标，另一方面组织机构引入了竞争机制，给下属施加压力，使人变得聪明和勤奋起来。

（3）小型发散式组织结构。小型发散式组织结构就是将人数众多、规模庞大的企业拆分开来，形成多家人数较少、规模较小的企业，这也是当今企业组织结构变革的一大趋向。其独特的功能在于：首先，体现了集权与分权的平衡。大权相对集中，从组织长远发展考虑，所有行动都需要密切配合，需要集中进行战略性决策；但是小权又要相对分散，下级组织拥有主动权，组织多元化，有利于发挥下级组织及员工对产品、市场、地区比较熟悉的优势。其次，体现了较强的抗风险能力。大型企业分散化，可以发挥全面性、动态性和发散性等特点，各卫星企业在管理方法上、方向上、内容上、结构上具有多样性。例如，三九集团下属 100 多家企业，形成了以药业为中心，农业、旅游业、酒业、食品加工业、房地产业、连锁商业、汽车制造业等八大产业并举的多元化发展格局。如果某一产业不景气，可以转产，不会从总体上影响集团公司的效益，船小好掉头，抗风险能力加强。最后，这种组织结构有利于管理人员能力的提高。在各分公司，管理决策层职务轮换，可以培养全面的高级管理人才；中层管理者轮换可以培养复合型人才；基层管理者轮换可以提高其专业工作能力。当然，企业小型化也有不足之处，资金和权力分散，不能集中财力、物力、人力从事集团化经营。

2．结构异化型组织

在相当长的一段时间内，我国企业采用的是直线职能式组织结构形式，这在环境稳定性较强的条件下曾起过一定作用，但是这种组织结构形式具有容易产生专断作风、淡薄下级参与意识、部门之间协调意识较差、不能随环境的变动而变动等弱点。现代企业组织趋向于结构异化，其主要表现形式有以下几种。

（1）扁平长方型组织结构。扁平长方型组织结构的特征表现在：管理层次少，管理费用低，利于精兵简政；管理跨度较大，员工与员工之间平等关系占优势；组织内平行关系多，垂直关系少。这样的组织形式可以使决策权下移，上下级沟通更加顺畅，民意可直接通达于上层，下层也可直接地了解上层领导的意图；可以使组织形成整体互动，创造巨大经济效益。组织外型扁平化已经受到中外企业的普遍青睐，GE 集团总公司从工厂车间到行政办公室总部的管理层已经从 9 层减为 4 层。日本 50%以上的企业组织运行程序已愈来愈少，业务流速愈来愈快。

当然，“扁平长方型”组织结构也有其不足之处，如管理者工作量大，难度高，权力较分散，严格监督下级的程度较低，等等。

（2）倒金字塔型组织结构。随着生产技术的发展及员工素质的提高，目前的组织改变了上层决策、中层管理、基层执行的传统组织管理格局，形成了组织机构的倒金字塔化，将现场决策权、管理权、考评权交给下级，激发下级的荣誉感、责任感，发掘下级的潜能，使第一线工作人员主动、积极、灵活地处理工作问题。由瑞典、挪威、芬兰三国共管的斯堪的那维亚航空公司就形成了上层为战略目标制订和监督层，中层为管理层，基层为现场决策层的组织管理新格局。

资料 18-5

倒金字塔型组织结构的实施是有一定条件的。从组织成员的构成上看，受过高等教育、文化修养较高的白领员工应占多数；从企业性质上看，产品含金量较高的高科技企业更为适合。

3．虚拟网络型组织

随着贸易经营范围的扩大、网络科技的发展，虚拟、寄生、网络型组织结构也日益成为组织变革的新趋向，主要表现为以下三种形式。

（1）委托代理型组织结构。委托代理型组织结构是在严格控制组织本身人员和机构数量的基础上，将部分非核心工作任务委托给其他组织代为完成的一种组织形式。这种尽可能将核心产业和技术以外的部分外包的委托经营方式具有两方面的优点：一方面可以克服组织机构过于庞大、人员过多而造成的官僚化、成本过高等缺陷；另一方面，从战略高度上看，它符合“一、二、三”的管理格局：“一”是指企业要有一元化的核心领导中枢；“二”是指企业既要有核心产业、核心技术、核心管理，又要涉足其他经营领域；“三”是指企业要有保命区、形象区和风险区。

（2）网络科技型组织结构。互联网的出现使人们产生了“天涯若比邻”的新视野，“网络化”组织机构应运而生。这种组织机构包含了两层含义：一方面，在企业内部，形成网络化联系。企业内部执行层的平行机构增加，每个平行机构通过计算机直接与决策层保持联系，形成企业内部的网络化组织结构。另一方面，在企业外部，形成了网络化指挥中枢。也就是说，企业通过发展连锁经营、代理商等方式形成庞大的销售网络。

总之，无论是企业内部还是外部网络化机构，既强化了指挥中枢，又给予执行层参与企业决策的机会，满足了员工的参与感，淡化了领导层与员工的界限，还为企业减少了开支和人与人之间的内耗，提高了企业效益。

（3）虚拟联盟型组织结构。虚拟联盟型组织结构也是当前世界企业组织变革发展的新亮点。台湾的洪成公司创造了名牌休闲鞋，但没有自己的生产线。这种没有自身生产设备和生产经营过程，依靠别人的力量来赚钱的经营形式称为虚拟经营，其组织机构称之为虚拟组织。虚拟组织多采用虚拟联盟型组织形式，包括战略联盟、知识联盟、技术联盟、产品联盟等。

虚拟联盟型组织结构有其不同于其他组织机构的特征、机制与功能，主要表现在：企业实体性组织与长期固定人员逐步减少，而临时性组织和临时性人员增加；组织决策的集中化程度很高，而部门化程度比较低，甚至根本就不存在什么实体部门；组织之间可以通过核心优势的联盟而结合在一起；组织有较大的灵活性，可以利用与联合其他企业的优势，也可以转让本企业劣势部门；可以变一级法人市场为多级法人市场，变一个积极性为多个积极性，变一条销售渠道为多条销售渠道；可以达成信息、技术、产品、知识的交流和互补；有助于企业利用其他企业优势产品、技术，抓住机遇，降低成本，迅速收回投资，获取利润。

资料 18-6

（二）从个人特征看组织变革结果

对员工来说，组织变革是重要的应激事件，使他们处于高度的紧张和焦虑状态，必须在认知、情绪和行为上做出重大的调整，才能有效应付变革带来的变化。员工对组织变革的反应，有积极的支持和消极的抗拒。其中，最著名的是 Farrell 的 EVLN 模型（exit，voice，loyalty，neglect）：退出（exit）是指辞职或调换部门；发言（voice）是指与主管讨论有关组织变革的问题，表达自己的看法；忠诚（loyalty）是指耐心等待组织变革好转，相信组织的决策是正确的；玩忽职守（neglect）是指迟到、早退、利用上班时间做个人事情等。他用建设/破坏、积极/消极两个维度对这四种反应进行了划分。退出属于积极、破坏性的反应，发言属于积极、建设性的反应，忠诚属于消极、建设性的反应，而玩忽职守属于消极、破坏性的反应（Farrell，1983）。

个体对于组织变革的核心反应之一，就是他们在多大程度上能够适应变革给自己工作和生活带来的不确定性。研究表明，当个体采取以问题为中心的应付策略，即直接应对应激源时，其心理操作和外显行为更为有效；相反，如果采用以情绪为中心的应付策略，即着眼于应激源所引发的情绪变化，则会引起不良的反应（Folkman，Lazarus，Gruen，DeLongis，1986）。换句话说，将注意力放在解决问题，改变自身以适应组织变革的个体，更有可能在组织变革中获得成功，而过分关注自己的不适感、失落感、不满意感等负面情绪的个体，则有可能被组织所淹没甚或淘汰（Callan，1993）。

王黎和张建新（2000）研究发现，影响组织成员应对策略选择的是个体自身的认知图式或知识结构，而个人的认知图式又深受其人格特质的影响。人格特质、认知图式、应付方式和对变革适应结果之间的关系可以用图 18.2 来表示。与组织变革关系密切的主要人格特质有以下几种。

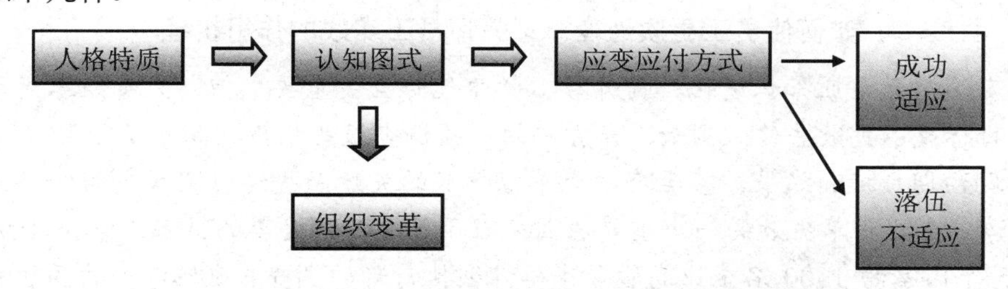

图 18.2　组织变革中个体的人格变量与应对方式之间的关系

（来源：王黎，张建新，2000）

1．控制源

所谓控制源是指个体对自己控制环境能力的知觉。内控型的人认为他们能够控制环境，并能取得事业上的成功，而外控型的人则认为自己的生活被外部因素（如机遇或者其他权威人物）所控制。内控型的人多使用以问题为中心的应付策略，对组织变革表现出更为积极的态度，较少受应激源的不利影响，对组织变革适应较好。

2．自我效能感

自我效能感是个体对自己是否有能力采取行动以产生某种特定结果的一种信念。自我效能感可以影响个人应付方式。当个体面临新奇、较难预料或解决的情境（如变换工作或失业等）时，自我效能感是个体可以利用的一种重要心理资源，它可以激励个体采取灵活的行动去适应环境的变化。

3．自尊

自尊代表了个体在多大程度上认为自己能干、重要、成功和有价值。高自尊与工作满意度、失业后成功地找到工作以及再就业后的成功等有着密切相关，它对雇员有效地适应组织变革有直接影响。

4．积极情感

积极情感代表着一种内在的人格倾向，通常表现为健康、自信、精力充沛、合群以及归属感等特征。一般地说，积极情感高的个体能体察并服从于组织的变革，着眼于问题，与同事和其他人建立积极的人际关系，缓解由变革带来的心理压力。

5．容忍力

由于组织变革中通常都包含着各种不确定性，所以对不确定性的容忍力就成为影响个体适应组织变革的重要人格变量。容忍力不仅与个体是否容纳和接受新事物有关，还与个体是否愿意改变自己对事物的观点相联系。不确定性容忍力较低的个体在面对组织变革时会表现出角色模糊与心理紧张。

6．风险偏好

组织变革对个体而言意味着风险，因此个体的风险偏好会直接影响其对变革的态度及相关行为。厌恶风险者在变革情境中常常感到不安，将新奇和风险情境视为否定的，试图脱离这种情境，常常不能成功地应付变革。

【资料】

如何使员工更欢迎变革：关怀员工实践的作用机理

企业变革对于企业知识进化、提升核心竞争优势至关重要。但是大量组织变革均未能实现预期目标或以失败告终。例如，麦肯锡的一项调查报告指出，高达 70% 以上的组织变革均未实现预期目标和结果，甚至有些变革以彻底的失败而告终。不考虑组织层面、系统层面的因素，企业变革失败的一个重要原因来自于员工对于变革的抵触。根据 IBM 针对来自全球 15 个国家的 1500 名企业高管和变革计划执行者的调查，60%以上的高管和项目经理认为，组织变革中最大的挑战是改变员工的心态和行为。这是因为这些变革会使员工产生工作焦虑感、负面情绪和迷茫的感觉，而这些不良感受会导致他们自身不支持变革或拒绝变革。企业的任何变革都需要通过员工来落实，"如果人们不改变（态度），组织无法变革"。即重大变革产生的一个必要条件是大部分员工都支持，甚至愿意做出短期牺牲。因此，如何提升员工对组织变革的开放态度，从何角度出发对此采取措施，是一个重要的实践和理论问题。

（来源：卢俊，王润娜，赵文文，2018）

第二节　组织发展

一、组织发展的概念、目标及模式

（一）组织发展的概念

组织发展（Organizational Development，OD）是近年来兴起的一个重要的研究领域，是对组织的某些部分或方面进行修正或整顿或对整个组织进行有计划的、系统的、长远的调整的过程，致力于改进组织和组织中的人。与组织变革不同的是，组织发展是一种改善或改良的策略，是使组织和组织中的人更加完善的方法。组织发展并没有一个统一且公认的定义，但对这一领域的描述却有很多相似的地方。概括起来有以下几点。

（1）组织发展是一种有计划的努力。一项组织发展计划涉及对组织的系统性诊断、组织改善的战略规划以及实施规划所需要的资源调配方案等。

（2）组织发展涉及整个系统。组织发展的努力事关整个组织的前途，涉及组织的方方面面，如文化、奖励制度以及整个管理战略上的改变。当然也可能会有一些与组织子部门相关的战术改变，但是整个变革系统是完整的。它是一个相对自治的系统，能自主决定自己的计划和未来。

（3）组织发展是自上而下进行的。在组织发展中，系统的高级管理层对整个计划倾注心血，并承担风险和责任。他们可能不直接参与具体的组织活动，但是他们必须具有控制计划实施过程的能力和达成目标的知识，并兑现有关的承诺，而且必须积极支持那些能够用来实现目标的方式方法。

（4）组织发展的目标是增进组织效能和健康。一个健康的组织有着清晰、可接受的组织目标，相对顺畅的沟通渠道，资源充分利用，人岗良好匹配，凝聚力适度，与环境相互适应。

（5）组织发展运用行为科学知识，通过有计划的干预来实现目标。组织发展的基本策略是改良或干预而非变革或强制。所使用的干预手段都是从行为科学中提炼吸收而来的，如个人动机管理、文化规范、问题解决、目标设置、人际关系、冲突管理等。

（二）组织发展的目标

作为增强组织有效性和改善组织成员工作生活质量的一种系统工具，组织发展出现在20世纪50年代。第二次世界大战以后，心理学、组织行为学、组织理论、管理学、人力资源管理等行为学科的发展，使有关组织的知识、研究和理论有了长足的进步，催生了组织发展系列问题的研究。组织发展的主要目标在于提高组织效益和组织的应变能力，具体表现在以下几个方面。

（1）建立一个自我更新、自我完善、自我发展的系统，它能够根据工作任务不同而运用不同的组织形式，灵活机动是该系统的典型特征。

（2）通过建立内部持续改善机制，使稳定的（基本组织构架）和临时的（使组织大部分工作任务得以完成的项目组、团队等）系统有机配合，实现效率最优化。

（3）相互依赖的部门或个体之间逐渐走向高合作低竞争的轨道。妨碍组织效率的主要阻力之一就是将精力消耗在无谓的竞争上，部门之间、员工之间为了某种利益明争暗斗，完成任务时却显得力不从心。如果将这种内耗的精力都用到生产和服务上，那么组织的生产效率和服务质量将会有大幅度的提升。

（4）创造条件使冲突暴露出来并予以管理。在一个不健康或者亚健康的组织中，最基本的一个问题是错误地把精力花在应付、回避或掩盖冲突上，而这些冲突在一个复杂的环境中是不可避免的。组织应该逐渐将冲突视为一种不可避免的情况，在决策之前必须解决它。

（三）组织发展的基本模式

（1）扩大经营规模，提升经营层次。企业组织通常采用扩大经营规模，采用跨区域乃至国际化经营的方式实施发展。改革开放以来，许多国外的著名企业纷纷在中国设立经营机构和场所，是扩大经营规模的典型方式。近年来国内的海尔、联想、华为、中兴等优秀企业，也纷纷以跨国经营的方式扩大企业的经营规模，而金融、零售等行业更是在增加经营网点、扩大经营规模方面提供了无数的现实案例。提升经营层次则主要体现在国内民营企业正在逐步建立起区域或国内总部，许多外资企业进入中国市场后，经营层次逐步由办事处升级为实体经营，进而升格为投资公司。

（2）实行跨行业、多元化经营。虽然对于企业的跨行业、多元化经营存在着不同的观点和争议，但许多成功的跨国公司几乎都采用或选择了跨行业、多元化经营的策略。多元化是企业寻求新的增长点、降低经营风险的一种有效方式。

（3）实施兼并与收购。近年来，企业组织纷纷采用兼并或收购的方式实现自身的发展。企业期望通过并购扩大经营规模、提高经营效益、争夺市场权力、实行多元化经营等，并期望充分发挥并购后的经营协同效应、财务协同效应、市场份额效应等优势，使并购双方在改善经营、降低成本、提高经济效益、增强技术优势和市场竞争力等方面得到改进。

（4）调整核心业务，拓展新的业务领域。通过调整核心业务，实行经营内涵的重大转型，也是企业组织的发展策略与模式。IBM 是一个很好的例子。作为具有几十年经营历史、以制造计算机硬件及整机为核心业务的计算机业“蓝色巨人”，近年来，IBM 根据全球计算机行业经营环境的变化及企业利润增长的需要，将其核心业务转到了计算机软件及经营管理咨询服务领域。

资料 18-7

二、组织发展过程中的组织公正

公正作为一种道德和价值标准一直是许多人的社会理想，也是许多学科共同感兴趣的问题。在组织发展过程中，组织规模扩大了，资源更加丰富了，同时资源如何分配的问题也进一步凸显出来。组织中的资源分配，向来是一个很敏感的问题，这种分配是否被组织成员认为是公正合理的，不仅直接关系他们的满意感、士气与行为表现，还会影响组织的稳定和秩序及组织发展的目标能否实现，例如，国外研究者使用元分析技术对 2000—2010 年的 66 篇实证研究进行分析，发现组织公正与组织效能的联系非常密切（Whitman，Caleo，Carpenter，Horner，Bernerth，2012）。实际上，组织公正不仅是组织发展的重要途径和手段，还是组织发展的重要目标之一。

（一）组织公正概念的界定

对于组织公正的概念内涵，至今没有统一的说法。究其原因，在于公正没有一个绝对的标准，每个人对怎样才算“合情合理、不偏不倚”的看法可能各不相同，公正与否实际上很难统一。因此，目前对于组织公正的界定大多从它的结构维度出发，从以下三个方面加以分析（Yean & Yusof，2016）。

1．分配公正（distributive justice）

分配公正是指对资源配置结果的公正感受。1975 年之前的公正研究主要集中在这一方面。亚当斯（Adams，1965）认为，公正是人们进行社会比较的结果。人们将自己的结果或收益与自己的投入或贡献（如学历、智慧和经验）的比率与参照对象的这一比率进行比较，若二者比率相等则产生公正感，若比率不相等则会产生不公正感（周浩，龙立荣，王燕，王忠军，吴怡，柯善玉，2005）。

2．程序公正（procedural justice）

程序公正更强调分配资源时使用的程序、过程的公正性。研究者发现，当人们得到了不理想的结果时，如果认为过程是公正的，也能接受这个结果。换句话说，假如争执者认为他们能控制做决策的过程（如可以提出自己的证据、有机会表述自己的意见），他们的公正感就会提高。这种现象被称为“公正过程效应”或“发言权”效应（李晔，龙立荣，刘亚，2003）。

3．互动公正（interactional justice）

互动公正主要关注的是当执行程序时，人际处理方式的重要性。互动公正包括两种：

一种是“人际公正”（interpersonal justice），反映了在执行程序或决定结果时，权威或上司对待下属是否有礼貌、是否考虑对方的尊严、是否尊重对方等；另一种是“信息公正”（informational justice），主要指是否给当事人传达了应有的信息，即给当事人提供一些解释，如为什么要用某种形式的程序或为什么要用特定的方式分配结果（李晔，龙立荣，刘亚，2003）。互动公正不仅会影响员工的任务绩效，也会影响员工的进谏行为及对主管的承诺（王怀勇，刘永芳，顾雷，2013）。

除了分配公正、程序公正和互动公正，近期也有研究者提出其他组织公正内容，例如机会公正（员工对组织中机会给予是否公正的感知）、第三方公正（指除组织和当事人以外的其他人对当事人经历的组织对待是否公正的感知）、群体公正（指组织中的群体关于组织对待是否公正的感知）等（张松，戴春林，李茂平，2010）。

（二）组织发展过程中的组织公正

在组织发展中，要提高员工的工作绩效和工作满意度，促使员工产生和保持对组织的承诺和组织公民行为，吸引和留住企业所需的人员，企业必须在人力资源管理的诸多环节保证组织的公正。这一点在绩效评价和薪酬管理两方面尤其显著。

1．绩效评价中的组织公正

不断改进绩效评价系统是组织发展的重要内容，也是体现组织公正的重要方面。评价结果可为许多其他的人力资源活动，如报酬分配（奖金、晋升等）、个人职业发展、培训需求的评估等提供有价值的绩效信息，以增进人力资源决策的有效性和满足员工对于绩效反馈的需求。在绩效评价中，公正主要体现在评价标准的合理性上，即评价标准应该建立在工作分析的基础上，通过对岗位的工作内容、职责、所需的知识的客观度量，确定适当的评价尺度，并严格按照该尺度进行评价。但是，在实际操作中，某些工作很难找到完全客观的评价尺度，主观性不可避免地会参入进来，而且被评价者情况各异、观点不同，很难做到或根本做不到绝对的公平合理，从而引起部分员工的不公正感。

因而，在评价程序上多做努力便成为弥补评价标准缺陷的一种重要方法。可以采用司法实践中“合法程序”的概念和方法来实施程序公正（罗尔斯，1988）。合法程序包括三个步骤：（1）足够的通知；（2）公正聆听；（3）基于证据的判断。将合法程序运用于绩效评价中，可以采用面谈评价法，或称员工谈话制度，以此来代替单纯的测验式或主观性评价。面谈评价法是由员工与其主管就其工作绩效进行面谈，做出等级评定，是有关员工工作绩效信息的双向沟通。运用合法程序模型进行绩效评价，结果发现，对于员工来说，即使得到较低的评定等级，却比没有采用合法程序评价的员工更能感受到评价标准的公正、决策信息的准确，对工作和组织的满意度较高，对管理者的评价较高，并更愿意改善自己的绩效和留在组织中；对于管理者来说，他们表示了对评价系统和工作的满意，认为这是解决问题的较好办法，并且他们较少因个人观点扭曲评价结果。无疑，评价程序的公开化、透明化是提高员工公正感、增进评价有效性的重要途径。

管理者给予负面的绩效反馈通常会引起员工的不满和拒绝，甚至可能产生工作场所的攻击行为。此时需要诚恳地解释为什么给予较低的评定等级、表示诚挚的遗憾、尊重被评定者、避免疏远被评定者。与此同时，在管理者不得不给予员工较低的评价反馈时，人际公正有助于防止负面情绪和行为的发生。因为员工在情绪激动的时候，也更容易对组织的公正性产生怀疑（Barsky & Kaplan，2007）。

2．薪酬管理中的组织公正

重新设计和塑造薪酬系统也是组织发展的重要内容，通常需要综合考虑岗位差异、员工个体特征（如资力、各种胜任特征等）和工作绩效等因素的平衡。一些组织采用的点排列法，以及对技术人员实行技术职位序列对应于相应的管理职位序列的报酬标准，都是保持分配公正、防止人员流失的措施。

然而，分配上绝对公正的薪酬体系只能是一个理想化的目标，因而需要采用程序公正和人际公正措施来弥补薪酬体系的不足，保证薪酬管理的有效性。在实践中，以下几个措施是行之有效的：（1）给予员工选择薪酬形式和参与薪酬系统设计的机会；（2）公开组织的报酬结构和计算方法，使员工了解薪酬决策的程序以判断其合理性；（3）做好有关薪酬结果的沟通；（4）当不得不打破自身的报酬等级而按市场价格招募所需的特别人才时，向其他员工详细地解释原因，使员工从心理上认同这是企业发展的需要。

当前在很多企业流行的保密工资制，在很大程度上是与程序和人际公正原则相左的。问题在于，这种工资制度形式本身就向员工传递了不信任的信息，而且容易引起员工的怀疑，产生各种各样的推测或联想。在美国和我国都发生过实行保密工资企业的报酬资料被窃取公开，从而在组织内引起轩然大波的事例。一旦发生这样的情况，无论企业的薪酬体系本身是否公正，都会极大地降低员工的满意度和组织士气。因此，如果出于某种原因一定要实行保密工资制的话，保密的也只能是每个人收入的具体金额，而工资的构成要素和计算方法不仅应该是公开透明的，还应该与员工进行充分的沟通，给予相应的解释。这提示我们：组织发展任重而道远，功夫在平时。程序公正与人际公正是组织发展过程中应加以关注的重要问题。

【资料】

组织公平感与员工行为的关系

组织公平的目标行为可分成以下三个方面。

（1）绩效效能：主要包括个人、工作团体、部门或组织生产结果的品质与数量方面的能力，如个人绩效、组织绩效等。

组织公平感与个人绩效的关系主要体现于分配公平和程序公平对绩效的影响。按照亚当斯的理论，如果个人对自己的投入与回报感到公平，他就会爱岗敬业，努力工作；否则就可能降低努力程度，消极怠工，最多达到工作要求。而实现程序公平，能保证员工的长期利益，会对绩效产生积极的影响。

（2）集体意识：主要包括为了组织的可持续发展和维持竞争力，个人、组织、部门、群体的状况，如员工的组织承诺、离职意愿、组织公民行为、与上级和同事的信任关系等。

现今，组织公平感与集体意识的研究比较多，这些研究主要体现在以组织承诺、组织成员行为、离职意愿、信任为结果变量的研究中。研究发现，分配公平、程序公平能有效地预测组织承诺中的情感承诺（affective commitment，即雇员在多大程度上认同自己的组织并以组织目标为自己的目标)。此外,程序公平产生信任,这里的信任包括对决策制定者和上级的信任。由于这些人在分配报酬和资源方面拥有较大的权力,对他们的信任会使员工形成集体意识。许多研究还认为,程序公平和分配公平都会影响组织成员的行为,而程序公平与组织成员行为之间的关系比分配公平更密切。组织成员行为是指自发的、没有明确回报的,但有助于提高组织功能的行为,是组织成员公德意识、伦理意识的体现,也是员工凝聚力的体现。另外,组织公平与员工的缺勤、离职和疏忽等行为和行为意图等也有明确的关系。

(3)个人价值:主要包括个人受尊重的程度、满意度、自我实现程度等。组织公平感与员工的许多积极的、有利于组织目标实现的行为都有关系。

组织公平感对员工的个人价值实现也有积极的影响。这类研究集中在以结果满意度(outcome satisfaction)和工作满意度(job satisfaction)相关的研究上。结果满意度主要包括对薪酬的满意度、晋升的满意度和对绩效评估的满意度等。工作满意度指员工对其工作的总体满意度。一般认为,分配公平与结果满意度的关系最为紧密,而程序公平对工作满意度的作用高于分配公平和互动公平。

(来源:https://wiki.mbalib.com/wiki/组织公平感.)

本章小结

1. 随着知识经济时代的到来,企业所面临的各种环境条件发生了深刻的变化,组织变革成为必然的、唯一的选择。具体而言,生产技术的发展、信息技术的进步、顾客需求的变化、价值创造的新趋势构成了组织变革的外部动因。

2. 按照勒温的力场分析模型,组织变革就是组织由目前状态向预期状态的转变过程。在这个过程中,促使组织变革的驱动力与抵制组织变革的抵抗力在不同的水平上展开斗争,取得平衡,逐渐向预期的状态过渡。

3. 解冻、变革和重新冻结是组织变革三个重要环节。解冻就是引入变革动因,打破现有的组织平衡状态。在这个过程中,组织一方面要设法增强变革的驱动力,另一方面要设法降低变革的抵抗力。

4. 制定战略规划、确定适当的变革代理人和推广变革成果是实施和推行组织变革的三大重要举措。

5. 组织变革的结果通常体现在组织结构的变化和员工个人的变化上。近年来通过组织变革出现了柔性动态型组织、结构异化型组织、虚拟网络型组织等新型的组织结构,每种组织结构又各自包含了不同的组织形式。

6. 组织发展是对整个组织进行有计划的、系统的、长远的完善和调整的过程,是一种改善或改良的策略,是使组织和组织中的人更加完善的方法。其目标在于建立自我更新、自我完善、自我发展的系统,建立内部持续改善机制,使相互依赖的部门或个体之间逐渐走向高合作低竞争的轨道,使冲突暴露出来并予以管理。

7. 组织发展的基本模式有:扩大经营规模,提升经营层次;实行跨行业、多元化经营;

实施兼并与收购；调整核心业务，拓展新的业务领域。

8．组织公正不仅是组织发展的重要途径和手段，还是组织发展的重要目标之一。它包括分配公正、程序公正、互动公正三个不同的维度，程序公正和人际公正可以弥补分配公正的不足。

思考题

1．结合我国企业的实际，谈谈组织变革的必要性。
2．举例分别说明在解冻、变革和重新冻结环节上应注意的问题。
3．个人怎样才能更好地适应组织变革带来的变化？
4．如何在组织发展中实现组织公正？

案例讨论

吉利并购沃尔沃

自1997年进入轿车领域以来，浙江吉利控股集团有限公司（以下简称“吉利”）采用逆向开发模式，模仿国外车企的成熟车型，再利用国内成熟的汽车零部件配套体系，生产低价位汽车，主打低端市场。凭借灵活的经营机制和持续的自主创新，吉利取得了快速发展，资产总值超过140亿元。但近年来，随着竞争的加剧，低价模式逐渐导致吉利陷入利润困局。为此，吉利开始着手战略调整，从技术、品牌方面进行提升，向中级、高级轿车领域进发，以获取高额利润。

并购沃尔沃就是吉利实践战略调整的重要一环。通过此项并购，吉利将100%拥有沃尔沃品牌，同时拥有沃尔沃的9个系列产品、3个最新平台的知识产权，接近60万辆产能、自动化程度较高的生产线，以及2000多个全球网络及相关的人才和重要的供应商体系。另外，吉利集团将保留沃尔沃在瑞典和比利时现有的工厂，同时也将适时地在中国建设新的工厂。

讨论问题：

1．吉利作为一家民营企业，何以能够并购北欧最大的汽车企业沃尔沃？
2．并购后将面临哪些风险呢？
3．并购之后如何处理好吉利和沃尔沃的文化差异？

参考文献

[1] 李晔，龙立荣，刘亚．组织公正感研究进展[J]．心理科学进展，2003，11（1）：78-84．

[2] 罗尔斯．正义论[M]．何怀宏，译．北京：中国社会科学出版社，1988．

[3] 王怀勇，刘永芳，顾雷．互动公正对员工绩效与主管承诺的影响及其机制[J]．心理科学，2013，36（1）：164-169．

[4] 王黎，张建新．从人格特质角度看管理人员应付组织变革[J]．心理学动态，2000，8（4）：57-62．

[5] 张松，戴春林，李茂平．组织公正研究：回顾与展望[J]．心理科学进展，2010，18（7）：1189-1192．

[6] 周浩，龙立荣，王燕，等．分配公正、程序公正、互动公正影响效果的差异[J]．心理学报，2005，37（5）：687-693．

[7] ADAMS J S. Inequity in social exchange[M]//BERKOWITZ L. Advances in experimental social psychology. New York: Academic Press, 1965: 267-299.

[8] BARSKY A, KAPLAN S A. If you feel bad, it's unfair: A quantitative synthesis of affect and organizational justice perceptions[J]. Journal of Applied Psychology, 2007, 92(1): 286-295.

[9] CALLAN V J. Individual and organizational strategies for coping with organizational change[J]. Work & Stress, 1993, 7(1): 63-75.

[10] FARRELL, D. Exit, Voice, Loyalty, and Neglect as Responses to Job Dissatisfaction: A Multidimensional Scaling Study[J]. The Academy of Management Journal, 1983, 26(4): 596-607.

[11] FOLKMAN S, LAZARUS R S, GRUEN R J, et al. Appraisal, coping, health status, and psychological symptoms[J]. Journal of Personality and Social Psychology, 1986, 50(3): 571-579.

[12] MCSHANE S L, VON GLINOW M A. Organizational behavior[M]. Boston, MA: McGraw- Hill, 2000.

[13] WHITMAN D S, CALEO S, CARPENTER N C, et al. Fairness at the collective level: A meta-analytic examination of the consequences and boundary conditions of organizational justice climate[J]. Journal of Applied Psychology, 2012, 97(4): 776-791.

[14] YEAN T F, YUSOF A A. Organizational Justice: A Conceptual Discussion[J]. Procedia - Social and Behavioral Sciences, 2016(219): 798-803.

自测题

复习题